D1728961

Bertolt Brecht
Notizbücher

Herausgegeben von
Martin Kölbel und Peter Villwock

im Auftrag des
Instituts für Textkritik (Heidelberg)
und der
Akademie der Künste (Berlin)

Band 4

Bertolt Brecht
Notizbücher 13-15

(1921-1923)

Suhrkamp Verlag Berlin

Gefördert durch die Otto Wolff Stiftung

Elektronische Edition (*EE*):
http://www.brecht-notizbuecher.de

Erste Auflage 2019

Fotografien: Karl Grob (Zürich)
Satz: Martin Kölbel, Peter Villwock (Berlin)
Druck: Memminger MedienCentrum AG
Printed in Germany

ISBN: 978-3-518-42884-9

Inhalt

Notizbuch 13 9

Notizbuch 14 197

Notizbuch 15 243

Anhang

Zur Edition 425
  Diakritische Zeichen 430
  Danksagung 431
Notizbuch 13
  Beschreibung 433
  Lagenschema und Seitenbelegung 435
  Erläuterungen 437
Notizbuch 14
  Beschreibung 485
  Lagenschema und Seitenbelegung 486
  Erläuterungen 487
Notizbuch 15
  Beschreibung 495
  Lagenschema und Seitenbelegung 497
  Erläuterungen 501
Zeittafel 535
Hanns Otto Münsterer, Aufzeichnungen 1922 543
Siglen und Abkürzungen 549
Literaturverzeichnis 551
Register
  Brecht: Sammeltitel 557
  Brecht: Einzeltitel 558
  Institutionen 565
  Personen und Werke 568
Editionsplan 576

Die archivische Zählung der *Notizbücher 13-15* entspricht nicht der zeitlichen Folge ihrer Nutzung; chronologische Ordnung:

Dezember 1921 bis Januar 1922 ***NB 14***
Februar bis Juni, Juli 1922 ***NB 13***
Ende November 1922 bis Juni, Juli 1923 ***NB 15***

Notizbuch 13

Die Sterbenden:

Ich vermache euch den blauen und
unverderblichen Himmel
ich das Geschrei der Menschenmärkte am
[m]*M*orgen
ich das blaue Obst
ich die wollüstigen Leiber
ich ein Menschgesicht
ich [Gäule]*Pferde* unter dem Schnee!
ich Wind!
ich Wasser!
ich Erde!

⟨Z. 1 Unterstreichung, Z. 2-12 violetter Kopierstift⟩
1 Sterbenden] ⟨Papierfehler bei letztem Buchstaben⟩

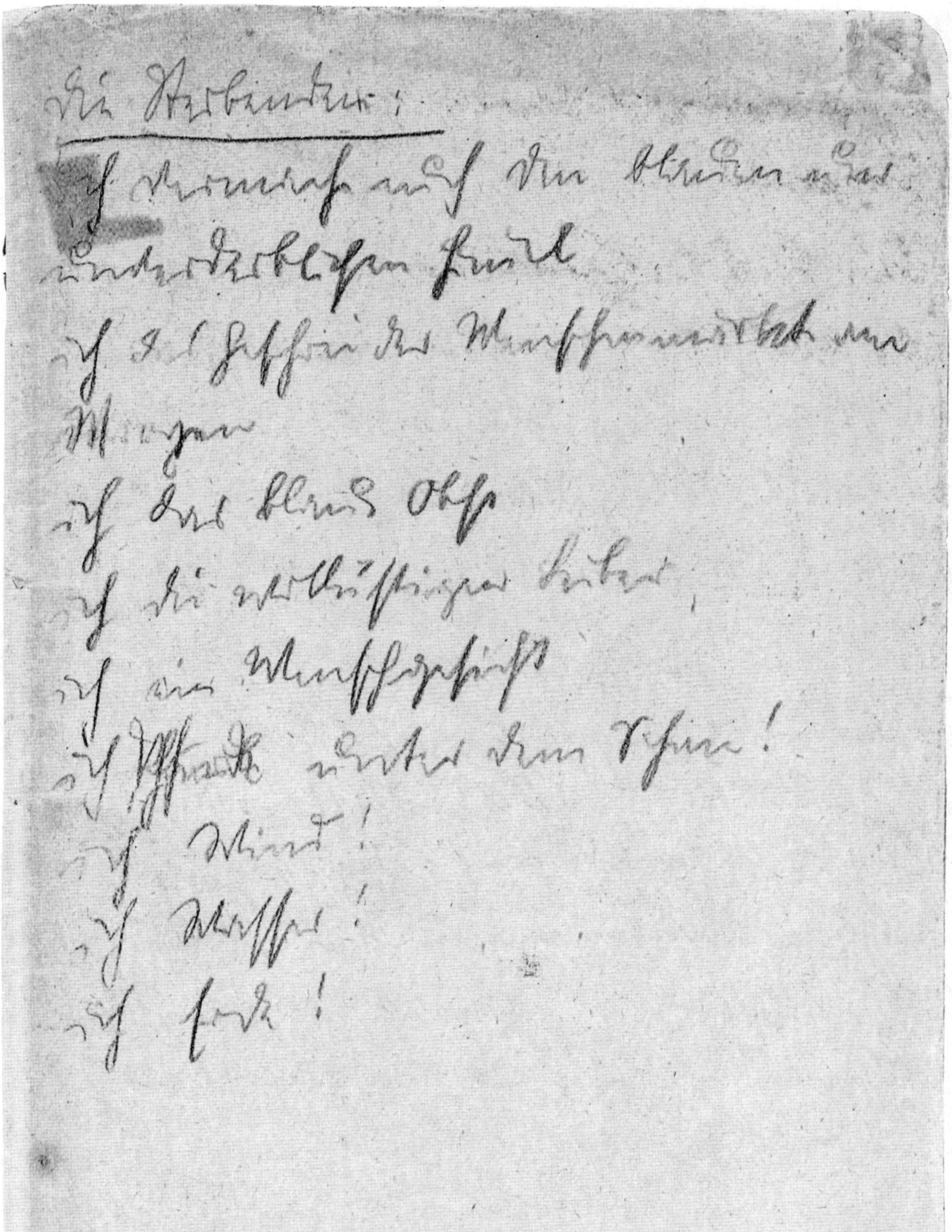
10436/1r

NB 13, 1r

[illegible]

[illegible]

27.2.22.

[illegible]

10436/1v

NB 13, 1v

Das Leben spielt sich in den Werkräumen ab.

Und wächst mir der Nagel am Fuß alsdann
ich schneide ihn jetzt nimmer.
Ich will [d¿]*nur* größere Stiefel han
sonst komm ich mit Gewimmer.

27. 2. 22.

Stück aus Jägers „Kranke Liebe" ⟨Hans Henrik Jægers⟩
Lustspiel. Farbe: Wald. Rostbraun.
Rot wie Eichhornschwanz. Dazu Absynth
und Bier unter tannennadeln. Schauckl-
stuhl, besoffenheit, klavier, impotenz,
revolver, schwärmerei, d[en]*er* degradierte,
das Fischen

Die Sommersymphonie vor diesem Karton!
Roter Wald! Lynchjustiz, ein paar
blockhäuser. Die besoffene Jagd am
stillen toten wasser hin, der zottige
walkürenritt unter den peitschenden
rostroten Kiefern.
gewinn: alles übersichtlicher, indi-
vidueller, tiefer. Dazu keine¿
kleinstättischen antitaplen.

4 stillen] ⟨danach Papierfehler⟩
7 gewinn] ⟨andere Lesart:⟩ gewinne

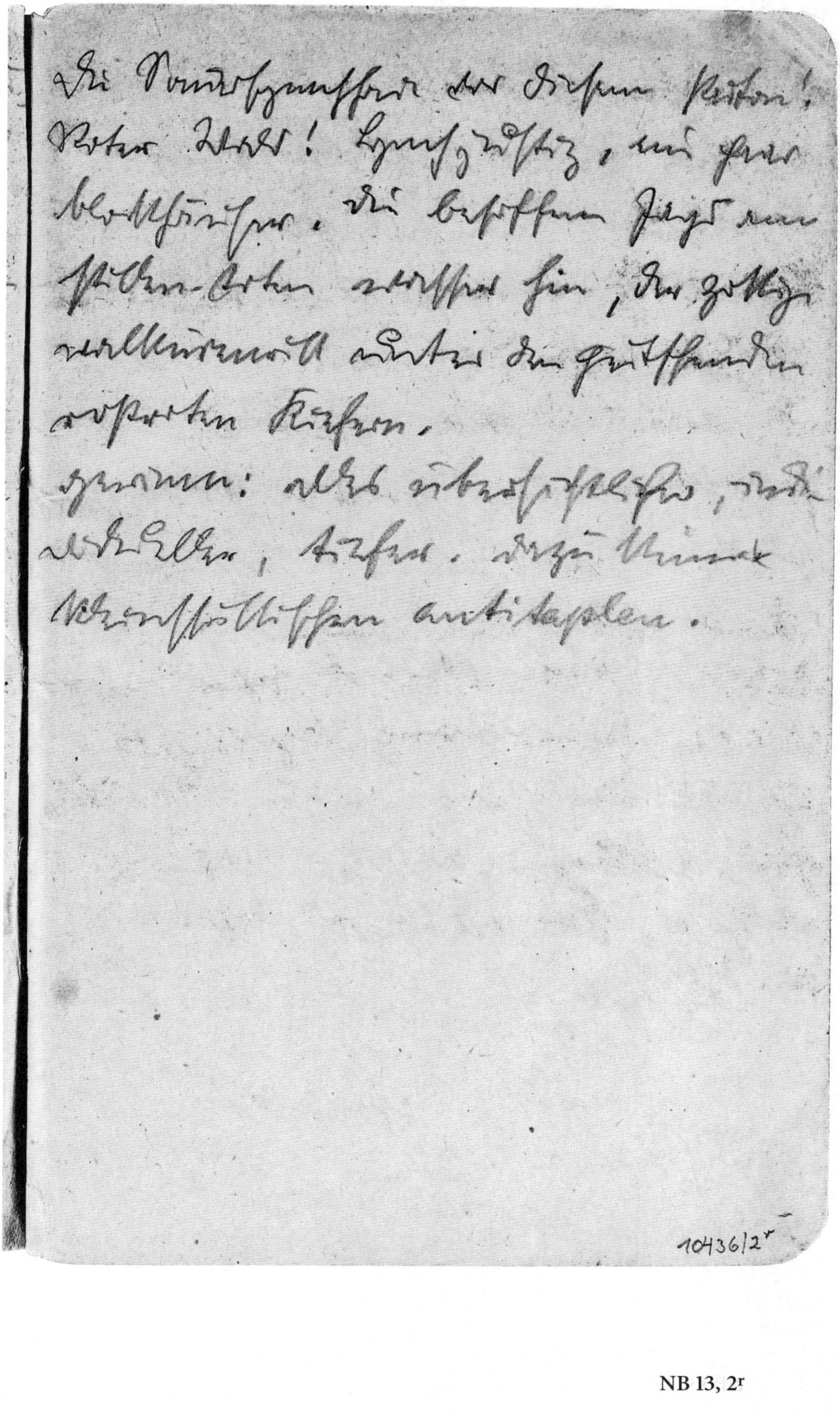

NB 13, 2r

[illegible]
[illegible]
[illegible]

x

[illegible]

x

[illegible]
[illegible]

x

[illegible]
[illegible]

x

[illegible]
[illegible]
[illegible]

x

[illegible]
[illegible]

10436/2v

NB 13, 2v

die liebhaber, die schlechtes tun
der dicke, bleich, steif, feierlich, der den brief
zu spät bringt, eine halbe stunde.

×

die teufel

×

Die Liebhaber beim Grogbier, bleich, ver-
sunken

×

Der das tote[n]*s*urteil bringt und dann
gerührt übern Sonnenuntergang spricht

×

Der Gefängnisdirektor <braun>
blaß und dunkel und trocken
<Leberleiden>

×

Pfui Teufel, diese Kälte!
Konfiszieren

⟨Sommer-Sinfonie⟩ S S

1

sie muß [ihn]*ihr*en Mann lieben <ist er

im potent? – es ist fast unnötig, sie

kann eine Dirne sein!>

2

er kann dabei sitzen, der Leichnam, wenn

sie schwört. <er kann sich selbst erledi-

gen, dann, es kann auch zweifelhaft sein,

noch

er kann bös artig sein, lügen ohne Mund[.]>

3

Drei Akte:

⟨zwischen⟩ 1) Kampf zw. [Han]*Teif* und dem Mammut

2)

3)

4

Kühn voran! sie ist einfach unschuldig.

es ist der Widerstand der jungfräulichen

Natur[.] gegen die Befruchtung.

⟨Z. 2, 6, 12 Ziffern nachgetragen, Z. 17⟩ 4 ⟨vielleicht nachgetragen; Bl. 3v unbeschrieben⟩

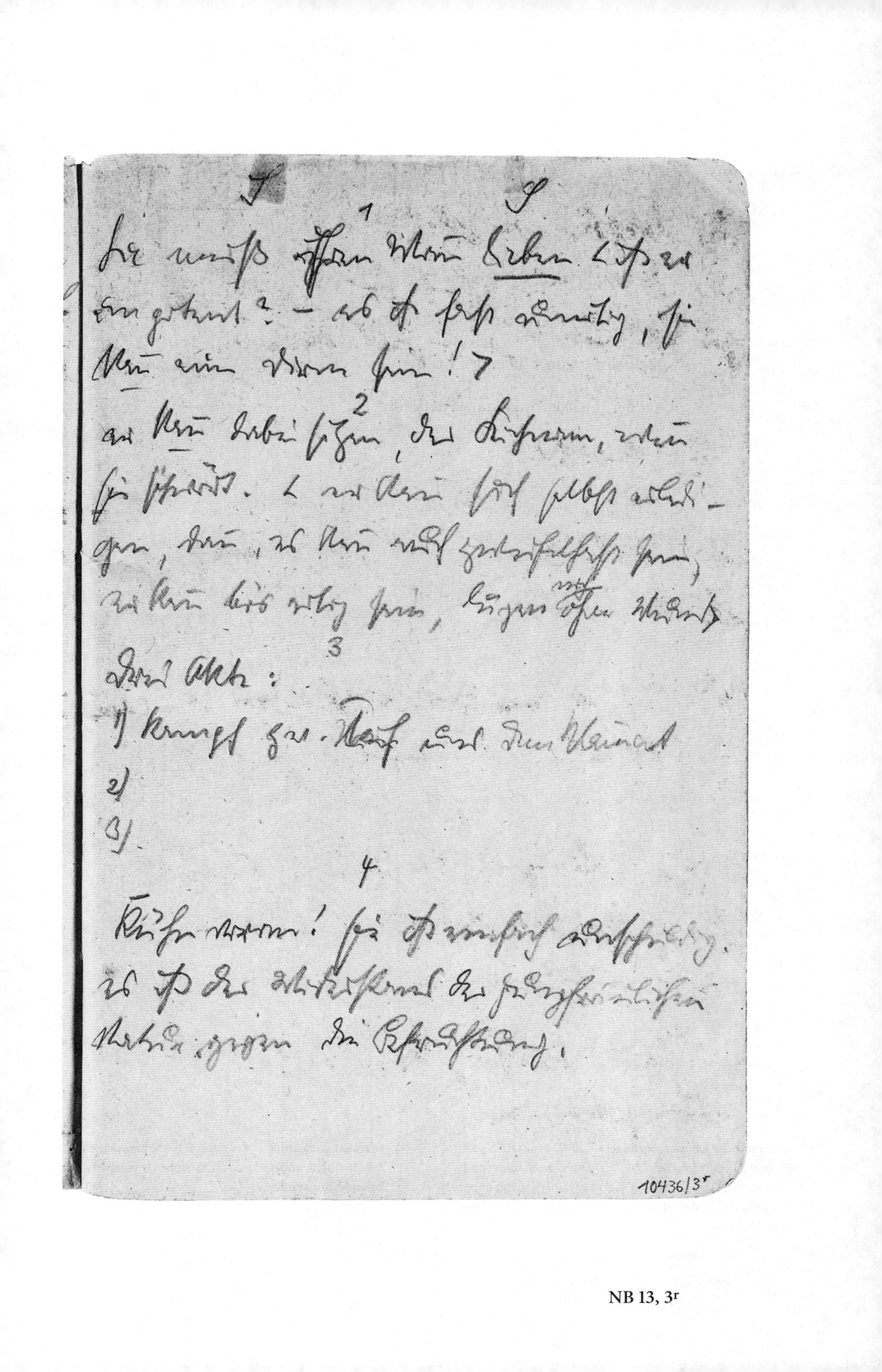

1

[illegible]

2

[illegible]

3

Drei Akte:

1) [illegible]

2)

3)

4

[illegible]

10436/3r

⟨Sommer-Sinfonie⟩ SS

Pfui Teufel diese verbrannten Zigar-

ren u. [Ei]*di*ese Eisbeine! Diese braunen

stinkenden Brüder! Der Sommer, das

ist das leichte Zittern in den obersten Baum-

wipfeln, ihr braun stinkenden Brüder!

<sagt der [g]Grogtrinker unter dem rost-

braunen Nadelbaum>

×

schamlose

⟨Alfred Polgar⟩ Der Dünnhäuter [SS]<Polgar>

⟨vermutliche Eintragungsfolge: 1. Z. 2-9⟩ Pfui *[…]* Nadelbaum> \ × ⟨und Z. 11⟩ SS ⟨2. Z. 11⟩ Der Dünnhäuter ⟨und Ergänzung Z. 1⟩ SS ⟨, dabei Z. 11⟩ SS ⟨radiert; 3. mit anderem Bleistift Z. 10⟩ schamlose ⟨und Z. 11⟩ <Polgar> ⟨; Bl. 3v unbeschrieben⟩

3-4 braunen stinkenden] ⟨zweites⟩ n ⟨von⟩ braunen ⟨verdeutlicht; andere Lesart: 1.⟩ braune stinkende ⟨2.⟩ braunen stinkenden

[illegible] 11 [illegible]
[illegible]
[illegible] Brüder! [illegible]
[illegible]
[illegible] Brüder!
[illegible]
[illegible]

[illegible]

[illegible]

10436/4r

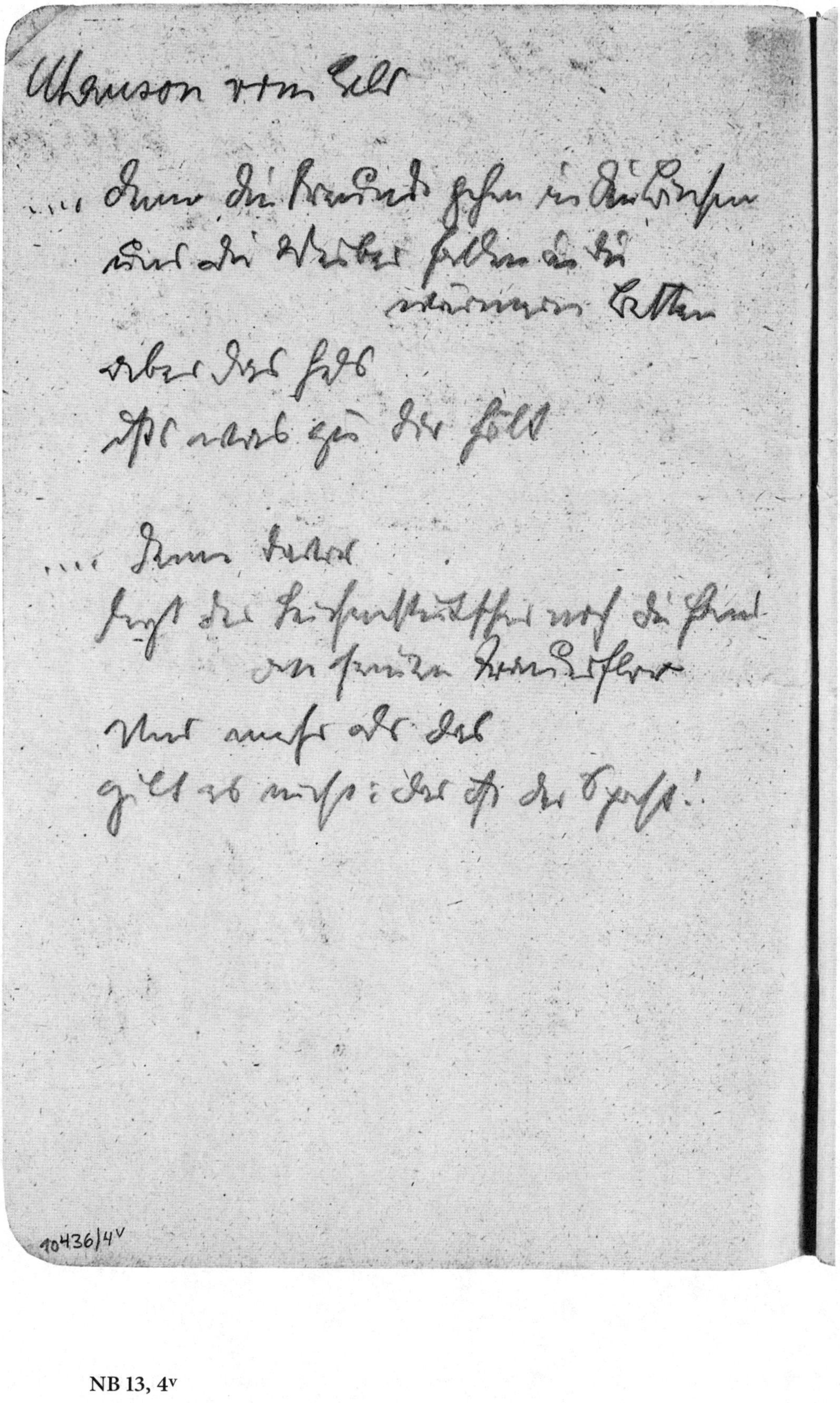
Chanson vom Geld
aber das Geld
und mehr als das
10436/4v

NB 13, 4v

Chanson vom Geld

.... denn die Freunde gehen in d[en]*ie* Binsen
und die Weiber fallen in die
wärmern Betten
aber das Geld
ists was zu dir hält

.... denn davor
legt der Leichenkutscher noch die Hand
an seinen Trauerflor –
Und mehr als das
gibt es nicht: das ist der Spaß!

11 gibt] ⟨andere Lesart:⟩ gilt

Ballade

Und als sie lag auf dem Sterbebett

da sprach sie zu ihm: Ich bin

dir treu gewesen an 14 Jahr

was hat es jetzt für Sinn?

Er sprach zu ihr und hielt ihr die Hand

das / zeug /

die schon weißer als Linnen war:

Ich danke dir mein liebe Frau

für diese 14 Jahr.

Ich bin gegangen, sagte sie

in einem grauen Kleid

und habe gegessen [S¿]Supp und Fisch

⟨→ 5v.2⟩ das tät mir beinah leid.

2 lag] ⟨verdeutlicht⟩
9 mein] ⟨andere Lesart:⟩ meine
14 tät] ⟨andere Lesart:⟩ tut

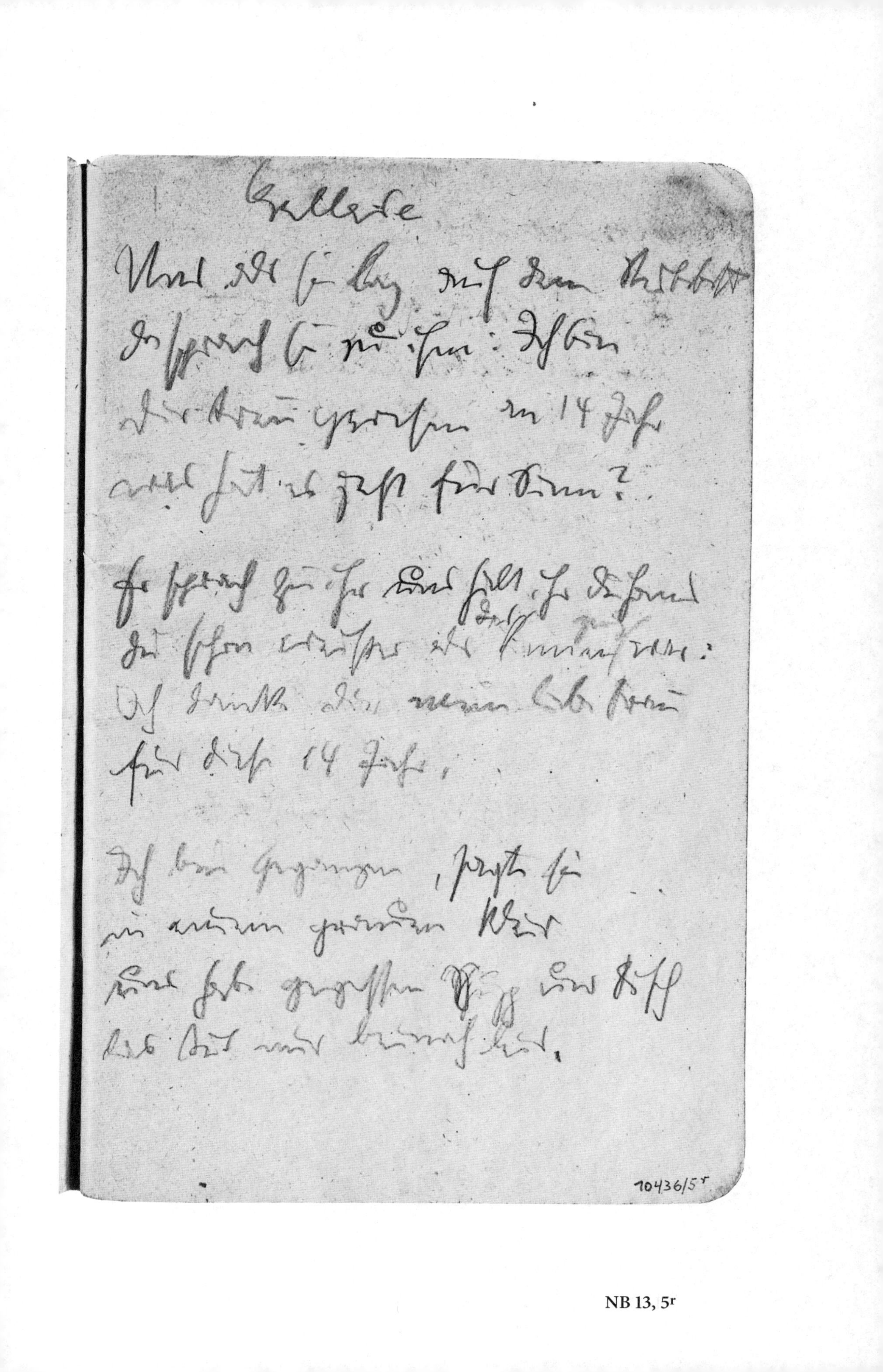

10436/5r

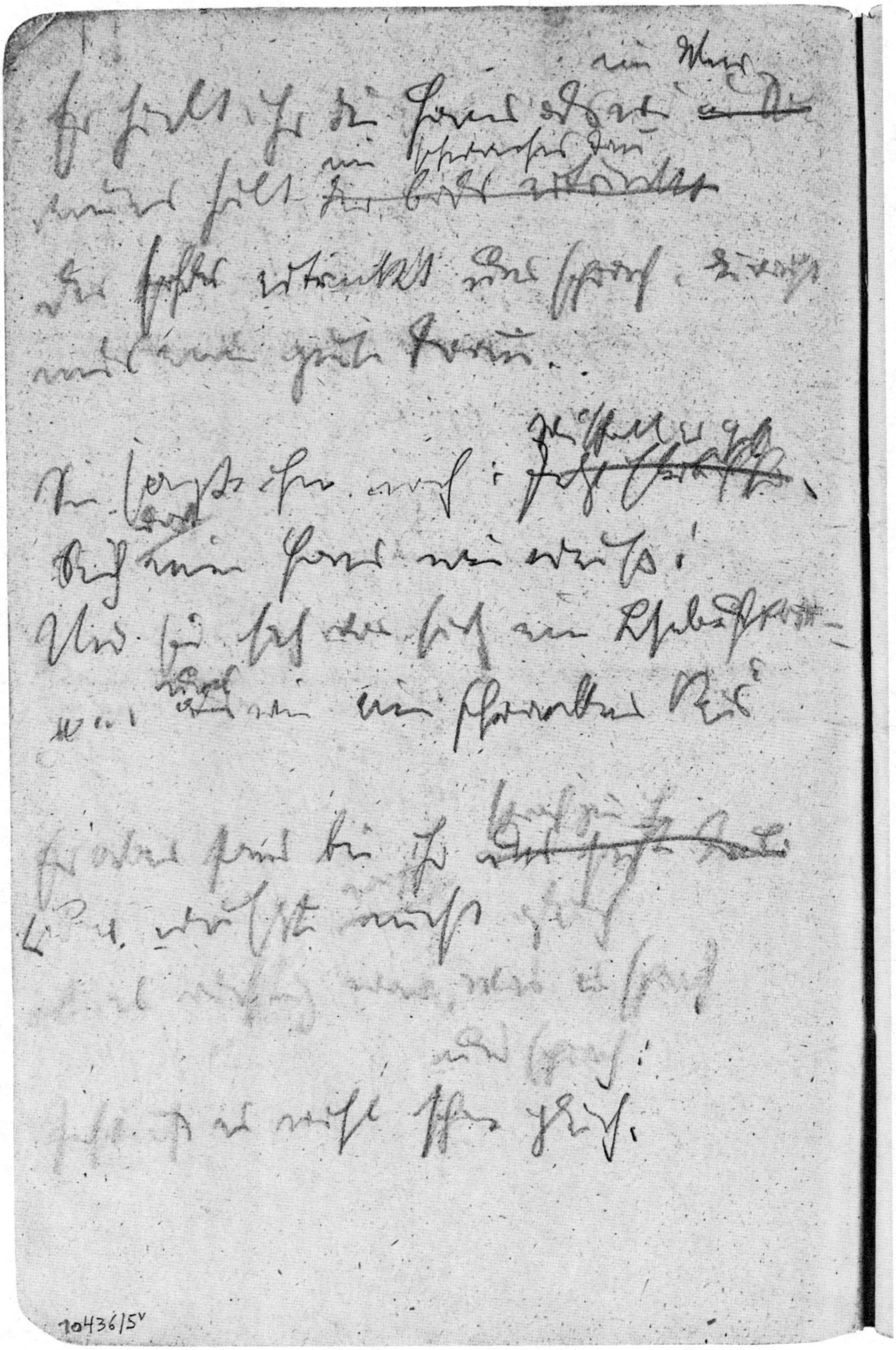

NB 13, 5ᵛ

im Meer
Er hielt ihr die Hand als wie ~~ein Tau~~
ein schwaches Tau
einer hält ~~der bald ertrinkt~~

der [bald]*schon* ertrinkt und sprach: Du warst

mir eine gute Frau.

Wie schnell es geht
Sie sagte ihm noch: ~~Jetzt sterbe ich so~~,
doch
Sieh mein Hand wie weiß!

Und sie sah vor sich ein Lesebuchblatt –
und
[¿]„… ~~als~~ wie ein schwankes Reis“

sprach zu ihr
Er aber stand bei ihr ~~und sagte drüb:~~
wohl
< und wußte nicht gleich

ob es richtig war, was er sprach

und sprach:

Jetzt ist es wohl schon gleich.

⟨5r.14←⟩

10 mein] ⟨andere Lesart:⟩ meine
13 schwankes] ⟨andere Lesart:⟩ schwankend

Der Sterbende

nicht
Und was hatte er alles gegessen!

hinein in seinen Leib: ecklige

Wildgerichte blutend in dünnen

Saucen, gesottenes Gras zu allen

Stunden hinein in seinen Leib!

Wieviel Fressen jedes Jahr mit

dreimal im Tag und nie Zeit

gewonnen, das Reine zu essen!

Milch, Reis, Obst.

×

Stück von den 2 Malaien, die kämpfen.

Die Güte als Mittel des Bösen.

×

Der Mann, der aufs Paßbüro 1 Flasche

Schnaps + Hausschuhe mitnimmt.

⟨ganze Seite Abdruck des Bleistifts eines zwischenzeitlich eingelegten auseinandergefalteten Blatts; Strich unten rechts nicht signifikant⟩

1 Der Sterbende] ⟨nachgetragen⟩

2 nicht] ⟨erst nach Z. 1⟩ Der Sterbende ⟨nachgetragen⟩

4 Leib:] ⟨andere Lesarten:⟩ Leib, ⟨,⟩ Leib;

5 Wildgerichte] ⟨darunter Tintenfleck⟩

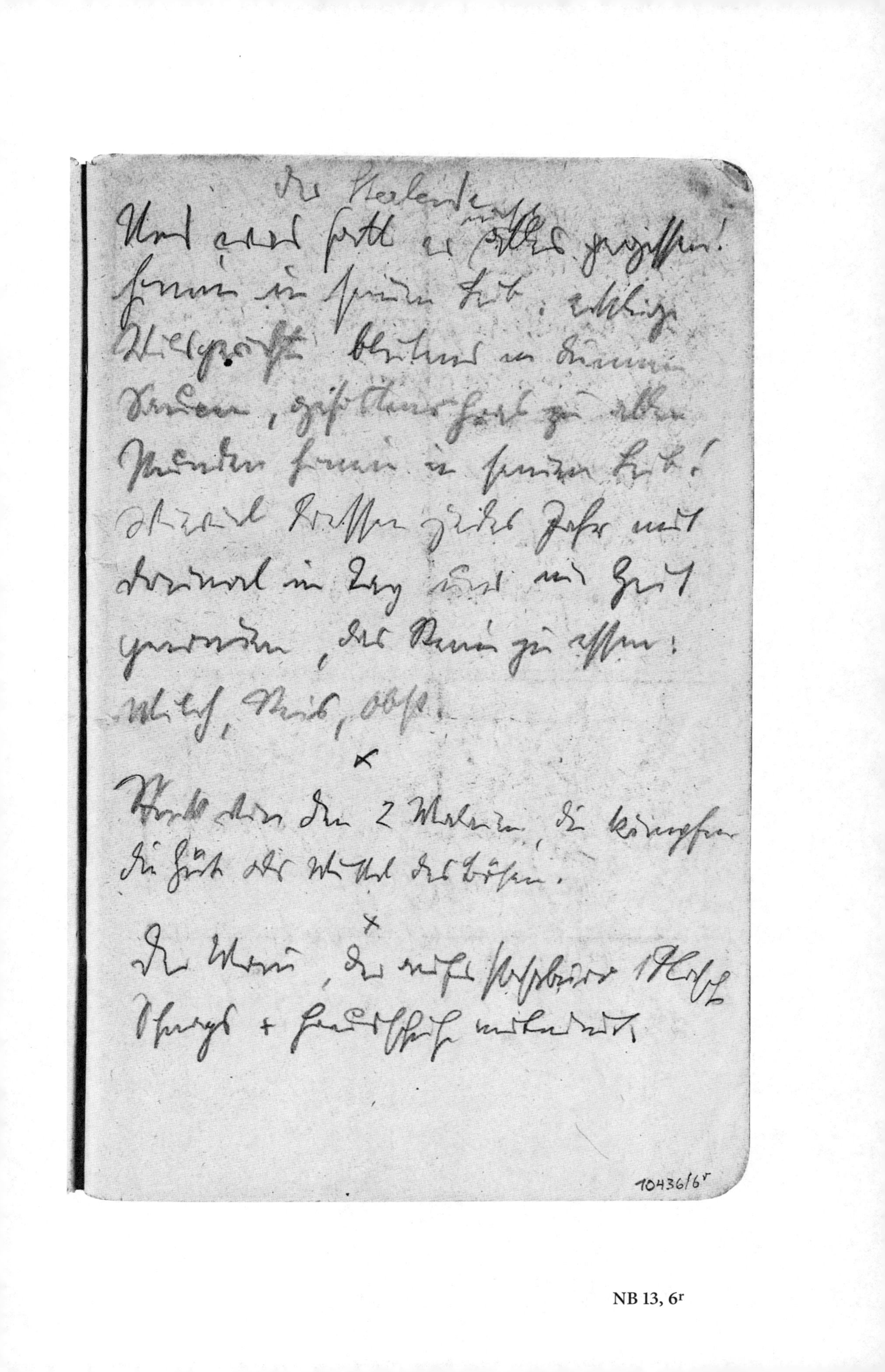

10436/6r

NB 13, 6r

[illegible], sich [illegible] zu stellen
[illegible]. Die [illegible]
[illegible], [illegible]
[illegible], ich kann morgens.

Ich muss zugeben dass ich das
Pferd vergessen. Ich habe mich lediglich
zu [illegible] beschränken.

×

Gegen d Schluss die [illegible]

Aber [illegible] gespielt.
hinten die unbeschäftigten Akteure [illegible]
[illegible], leise mit. Die ge-
spielten [illegible] entgleitet das
[illegible].

10436/6v

NB 13, 6v

Sh ⟨Shlink⟩

Statt, sich dem Licht zu stellen, mieten Sie eine Hyäne. Sie ist die zweite Hyäne, außer mir, sie ist nachts da, ich komme morgens.

G ⟨Garga⟩

Ich muß acht geben daß ich das sofort vergesse[:]. Ich habe mich lediglich zu leicht befunden.

×

Gegen Schluß des Dickicht

Alles vor Rundhorizont gespielt. Hinten die unbeschäftigten Akteure in zerstäubtem Licht, lesen mit. Der gestorbenen Jane Garga entgleitet das Buch usw.

4 ist] ⟨darunter Durchschlag des Tintenflecks von 6r.5⟩

Doch einmal ließ sies gelten
und bekam ein [G¿]*K*ind mit Gumischuhn
der Fall ist äußerst selten,

Der Frauenarzt kratzt sich sein Geld
zusammen

<u>Großes Schauspielhaus</u>

⟨Albert Bassermann⟩ Tamerlan <Bassermann>
der seinen Gegner sucht und ihn
findet in dem tibetanischen Pfa[¿¿¿]*ff*en
⟨Werner Krauß⟩ und Bett[el]*ler*~~mönch~~papst <Kraus>

Der sich am Ende in einer unsinnig
aufregenden Versammlung, die er spielend
bewältigt, über[fall]*wä*ltigt von Eckel und
Langeweile erhebt, hinausgeht, sich er-
h[a]*e*nkt.

⟨Z. 7-17 anderer Bleistift⟩
5 Frauenarzt] ⟨Strich unter zweitem⟩ a ⟨nicht signifikant⟩

Großes Schauspielhaus

Marat   13. Juli +

[illegible] im [illegible]?
[illegible]? [illegible]
[illegible] in der [illegible]? [illegible]
[illegible] „[illegible]?

10436/7v

NB 13, 7v

13. Juli †

Marat ⟨Jean Paul Marat⟩

Sind Sie nicht in Boudry geboren?

Bei Neuchâtel? Sie widerlegten

gräflicher
[<]*N*ewton in der Physik? Wurden Stall-

arzt, Journalist?

⟨Z. 7 Striche mit violettem Kopierstift unter⟩ arzt ⟨und mit Bleistift durch⟩ Journalist ⟨nicht signifikant⟩

4-6 Neuchâtel? *[...]* Newton] ⟨Eintragungsfolge: 1.⟩ Neuchâtel? \ < ⟨2. Ergänzung von⟩ Sie widerlegten Newton ⟨, dabei Überschreibung von⟩ <

Aber jetzt geht alles weiter.

Ich bin auf dem Balkone gesessen

jetzt bin ich unter dem ” .

Es ist nicht gut unten es ist

gar nich gut unten. Es ¿¿¿

einhalb

Die Verspottung der Einsamen....

⟨Strich unter Z. 5⟩ ¿¿¿ ⟨und beim Eselsohr unten rechts Bleistift, Striche unter und neben Z. 8⟩ Einsamen ⟨violetter Kopierstift, nicht signifikant⟩

8 Verspottung] ⟨tt-Strich verrutscht⟩

8 der] ⟨andere Lesart:⟩ des

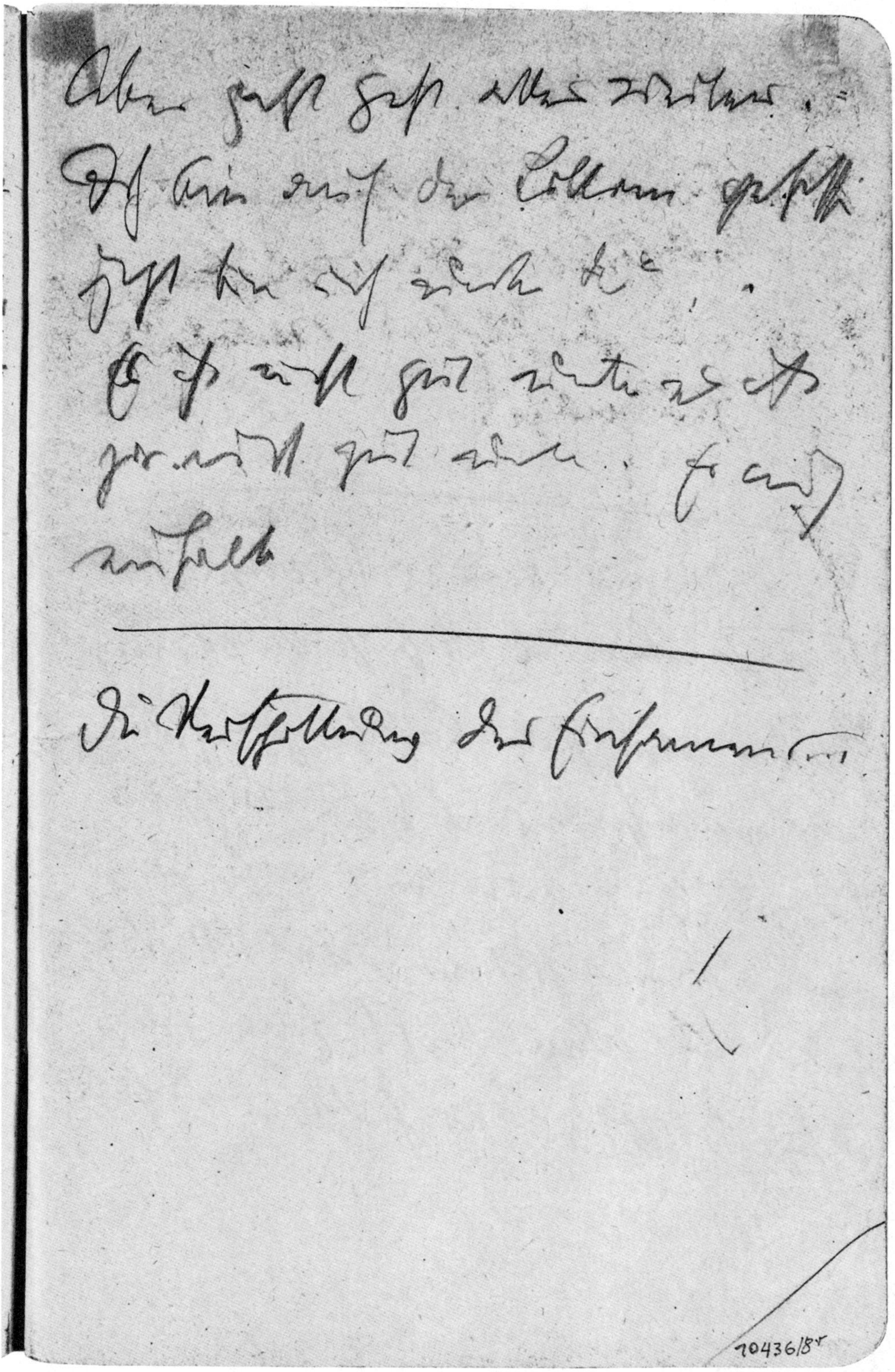

NB 13, 8r

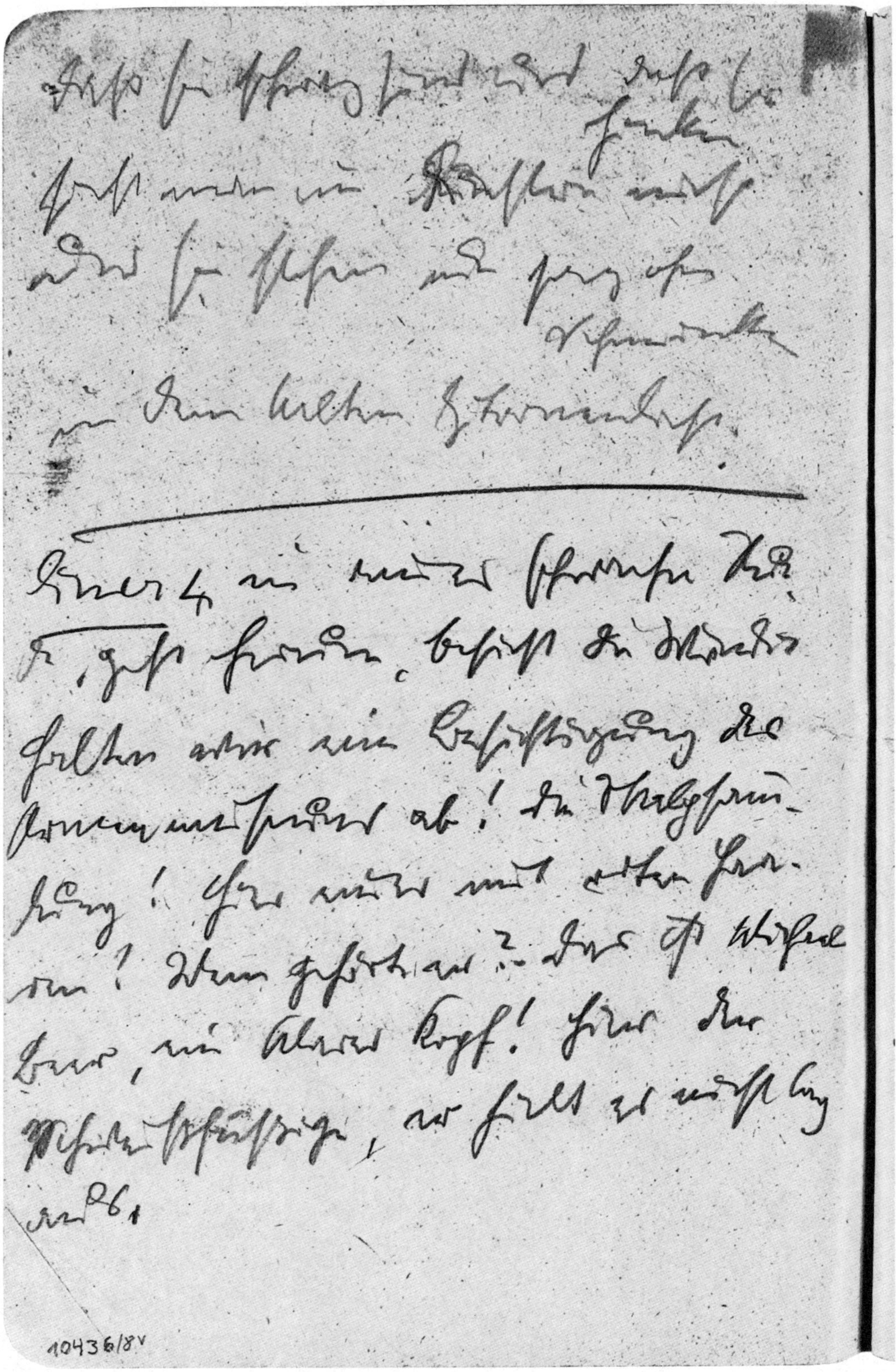

NB 13, 8v

Daß sie schwarz sind und daß sie
hinken
sieht man im [Dun]*Fin*stern nicht
und sie stehen nun ganz ohne
Schminken
in dem kalten Zitronenlicht.

Einer[,] <in einer schwachen Stunde, geht herum, besieht die Wände>
Halten wir eine Besichtigung des
Armenmuseums ab! Die Skalpsamm-
lung! Hier einer mit roten Haa-
ren! Wem gehörte er? – Das ist Michael
Beer, ein klarer Kopf! Hier der
Schweißfüßige, er hielt es nicht lang
aus.

⟨Z. 7-16 anderer Bleistift⟩
15 Schweißfüßige] S ⟨verdeutlicht⟩

Noch einmal sitzen unter den
gelben Gaslampenbällen in
den [r]ziegelroten Tapeten die
Gegner beisammen. Sie essen
noch. Der Mann mit dem kaput-
ten Zylinder <eingeschlagen, er
hat ihn dafür aufgehoben!>
kommt herein. Er hat Alles verloren, jetzt kommt die kleine Revanche.

Friedland

Wallen[¿]stein

– Bazaine

<Der verkommene Napoleon.>
Der Abfall des Milchhändlers von
der Molkereigesellschaft.>
Der Chauffeur Eicke – Max

16 Max] M ⟨wohl verdeutlicht; vielleicht Änderungs-vorgang⟩

Wallenstein Friedland

Bazaine

Max

10436/9r

NB 13, 9r

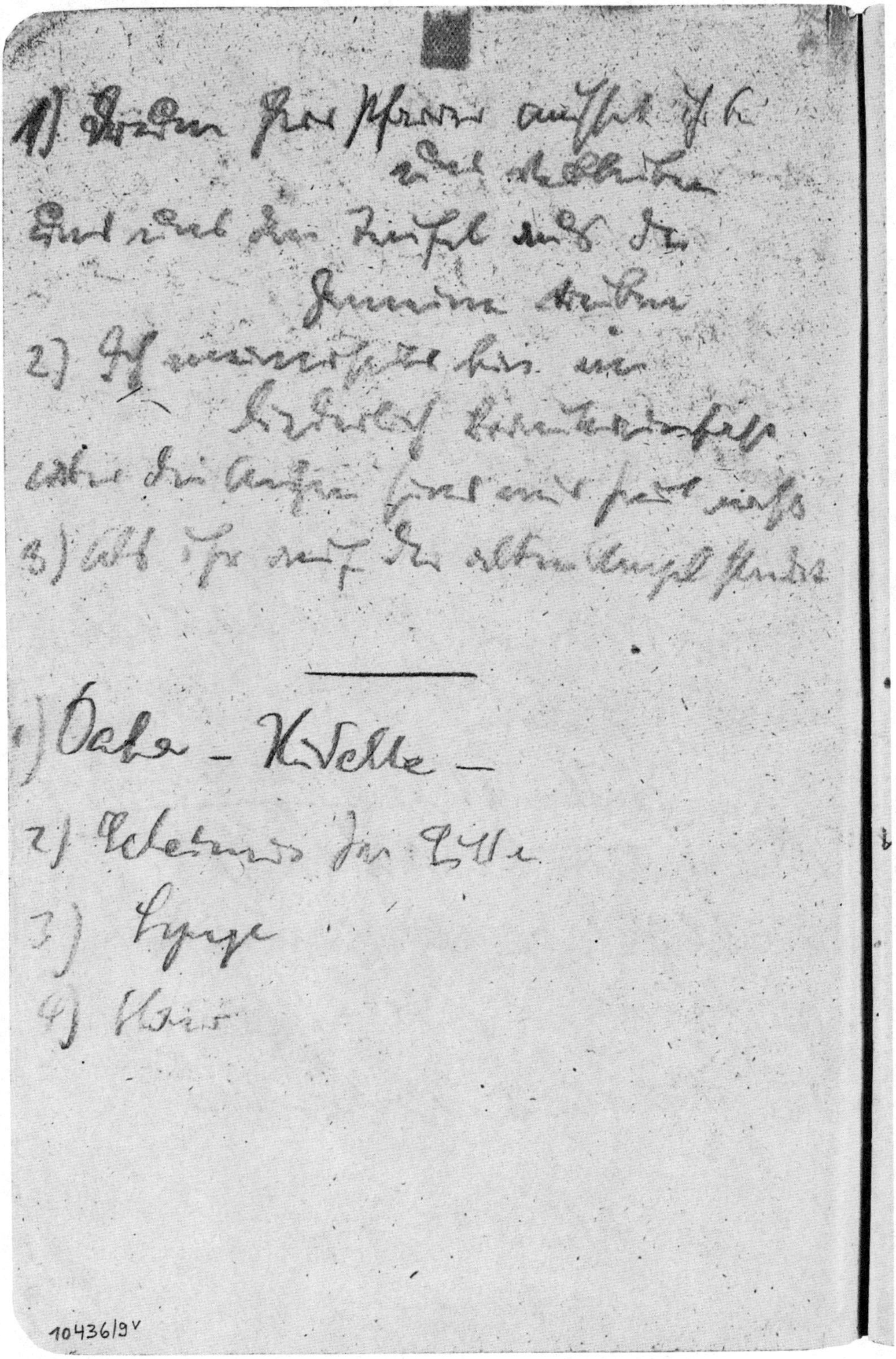

NB 13, 9v

1) Drum Herr Pfarrer müsset ihr bei
uns verbleiben
und uns den Teufel aus der
Gemeine treiben
2) Ich meinerseits bin ein
liederlich Branntweinfaß
aber die Augen sind mir heut naß
3) Als ihr auf der alten Kanzel standet

---

1) Oaha – Hidalla –
2) Geheimnis der Gilde
3) Synge ⟨John Millington Synge⟩
4) Shaw ⟨George Bernard Shaw⟩

.... seinem letzten Gesuch, mit
einem Leichenauto der A. G. Pietät
zur letzten Ruhestätte gefahren zu werden, konnte von der [t]*u*ntröstlichen
Witwe nicht stattgegeben werden: 4
unversorgte Kinder schrieen nach Brot.
×
×
Wenn man zur Polizei geht oder
ins Grab, da muß man Zeit haben.
×
Manche Damen eignen sich nicht
für Dinge
×
zehren
sich vom Fleische der Toten nähren

16 Fleische] ⟨andere Lesart:⟩ Fleisch

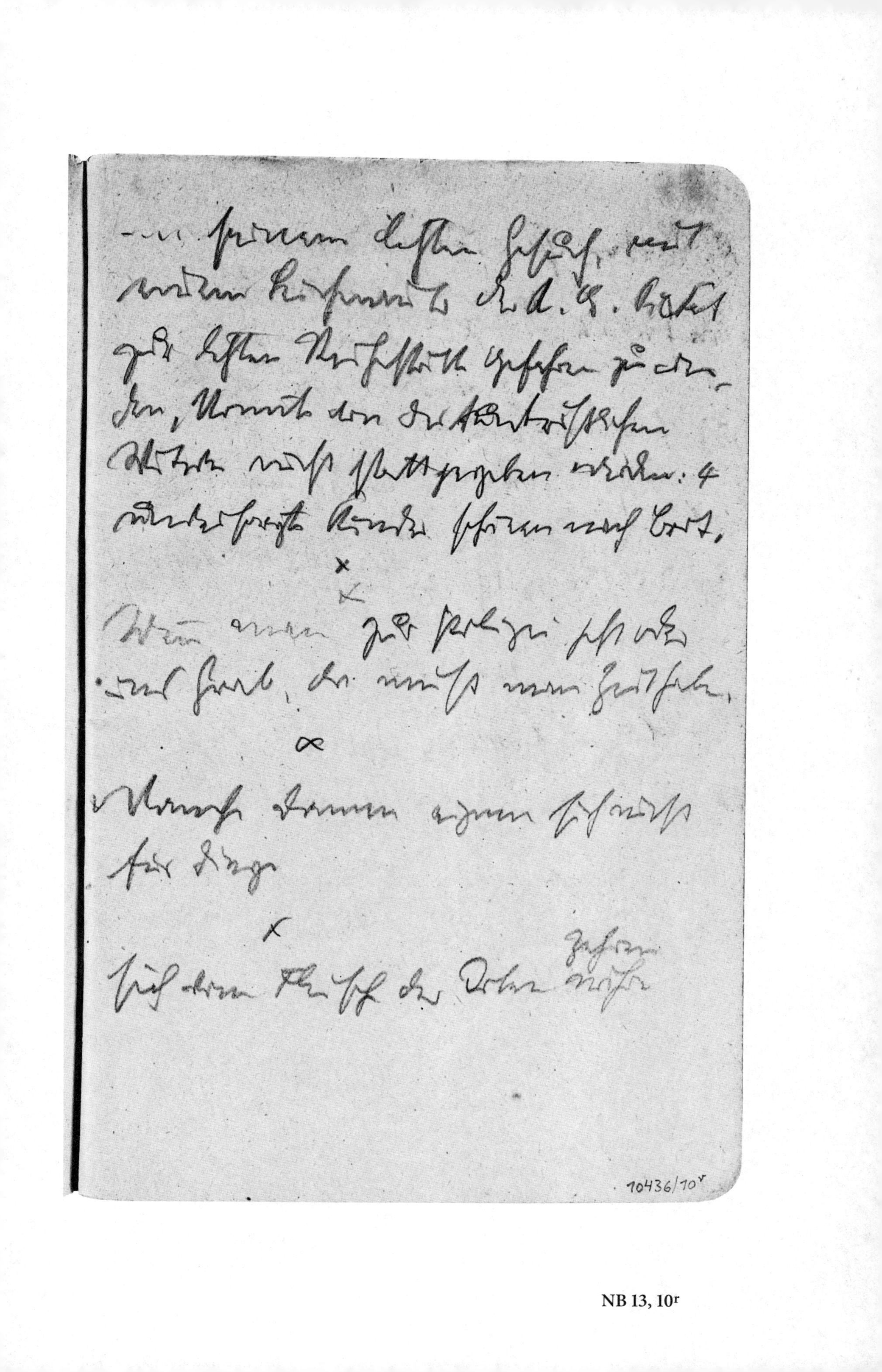

10436/10v

NB 13, 10r

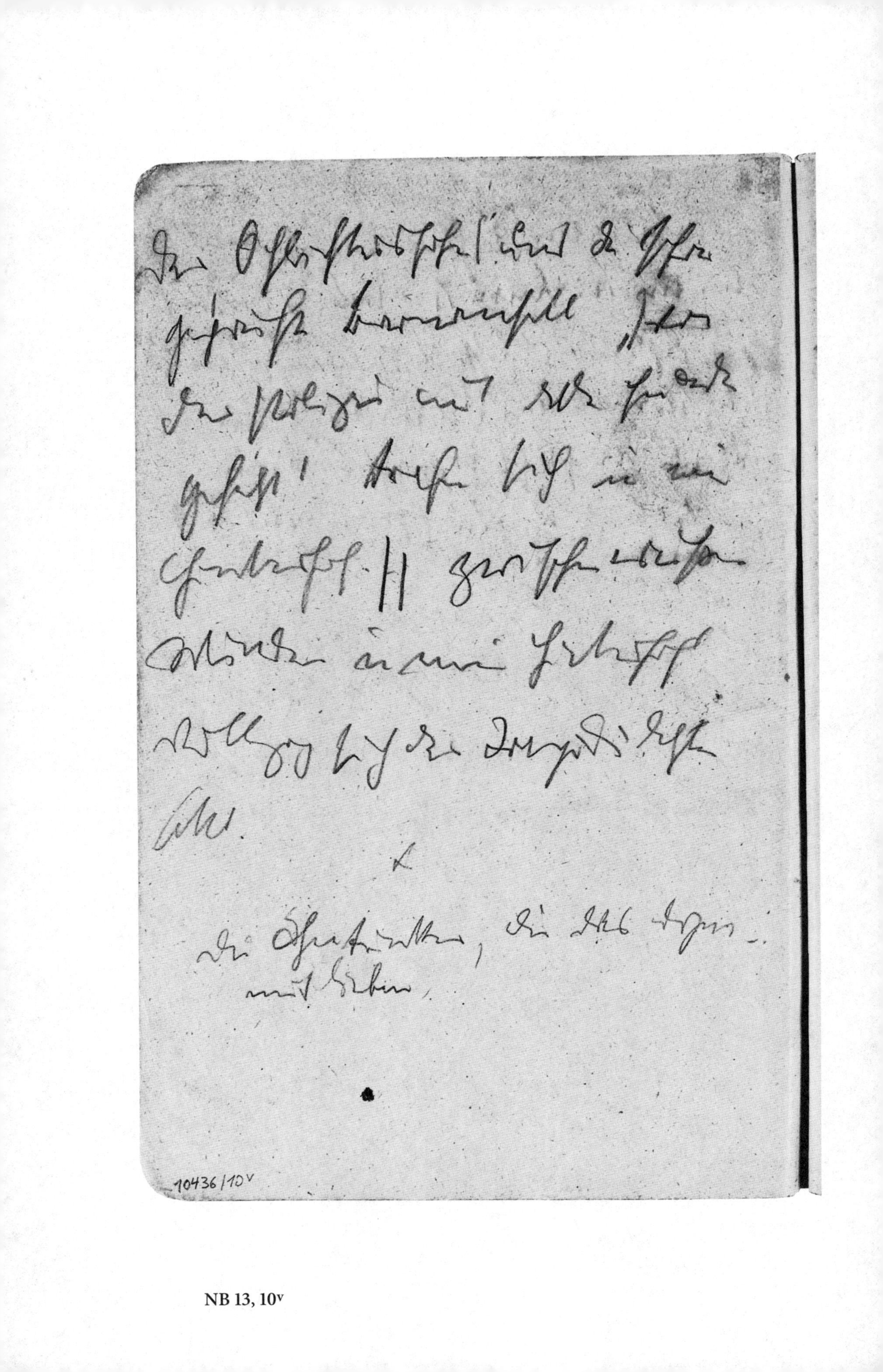

10436/10v

NB 13, 10v

Der Schlächterssohn | und die schwer
geprüfte Barmamsell, | von
der Polizei mit allen Hunden
gehetzt | trafen sich in einem
Hinterhof. || zwischen weißen
Wänden in einem Hinterhof |
vollzog sich der Tragödie letzter
Akt.

×

Die Theetrinker, die das Dynamit lieben

⟨danach Doppelblatt 41-42 eingelegt; Z. 10-11 violetter Kopierstift; unten schwarzer Tintenfleck⟩

Die Kellerrassel

⟨Werner Krauß⟩ Der <Kraus[m]> *M*ensch, der erkennend,
ruhig und gelassen durch Alles durch-
geht – der Viehtreiber.

×

1) In de[r]*n* finstersten Zeiten, vor Jahren, in
der Asphalttschungel,
2) als ich zwischen feuchten Tapeten wie
eine halbverdorrte Motte herumkroch
3) und ich blinzelnd ein unangenehm
wahrnahm
saures Licht bemerkte
4) schickte mir einer in einem Brief
eine Blechkapsel mit meinem Bild.
5) Ich betrank mich nicht an diesem
Tag, ich hing das Bild um den Hals
6) und von stund an ging es besser
mit mir, fast gut.

⟨davor Bl. 41-42 eingelegt; Z. 11⟩ wahrnahm ⟨, Z. 12⟩
bemerkte ⟨und Z. 13-18 violetter Kopierstift⟩
2 <Kraus[m]> *Mensch*] ⟨Eintragungsfolge: 1.⟩
Krausmensch ⟨2.⟩ <Kraus> Mensch
16 Tag,] ⟨über Komma bräunlicher Fleck⟩

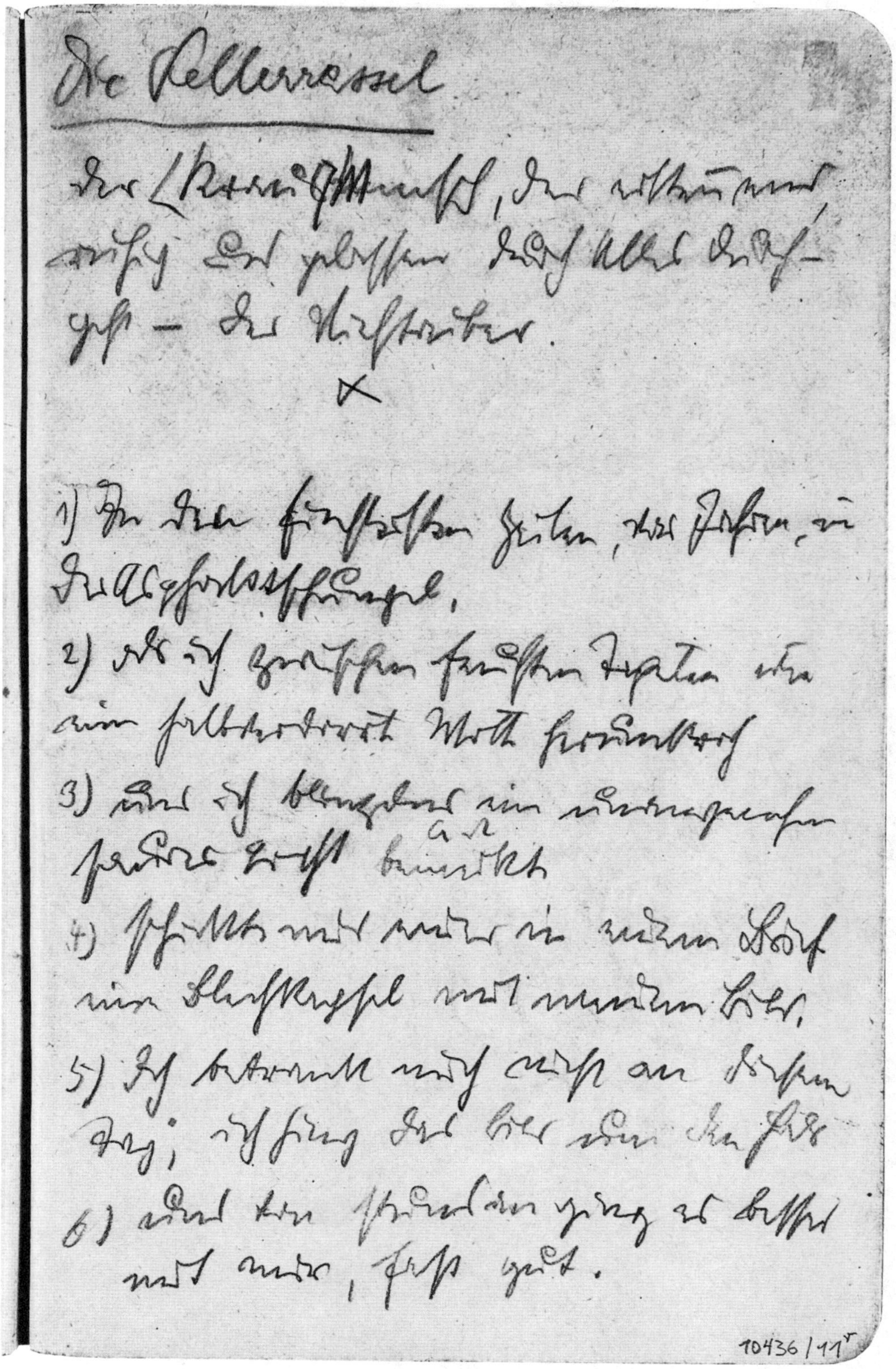

NB 13, 11r

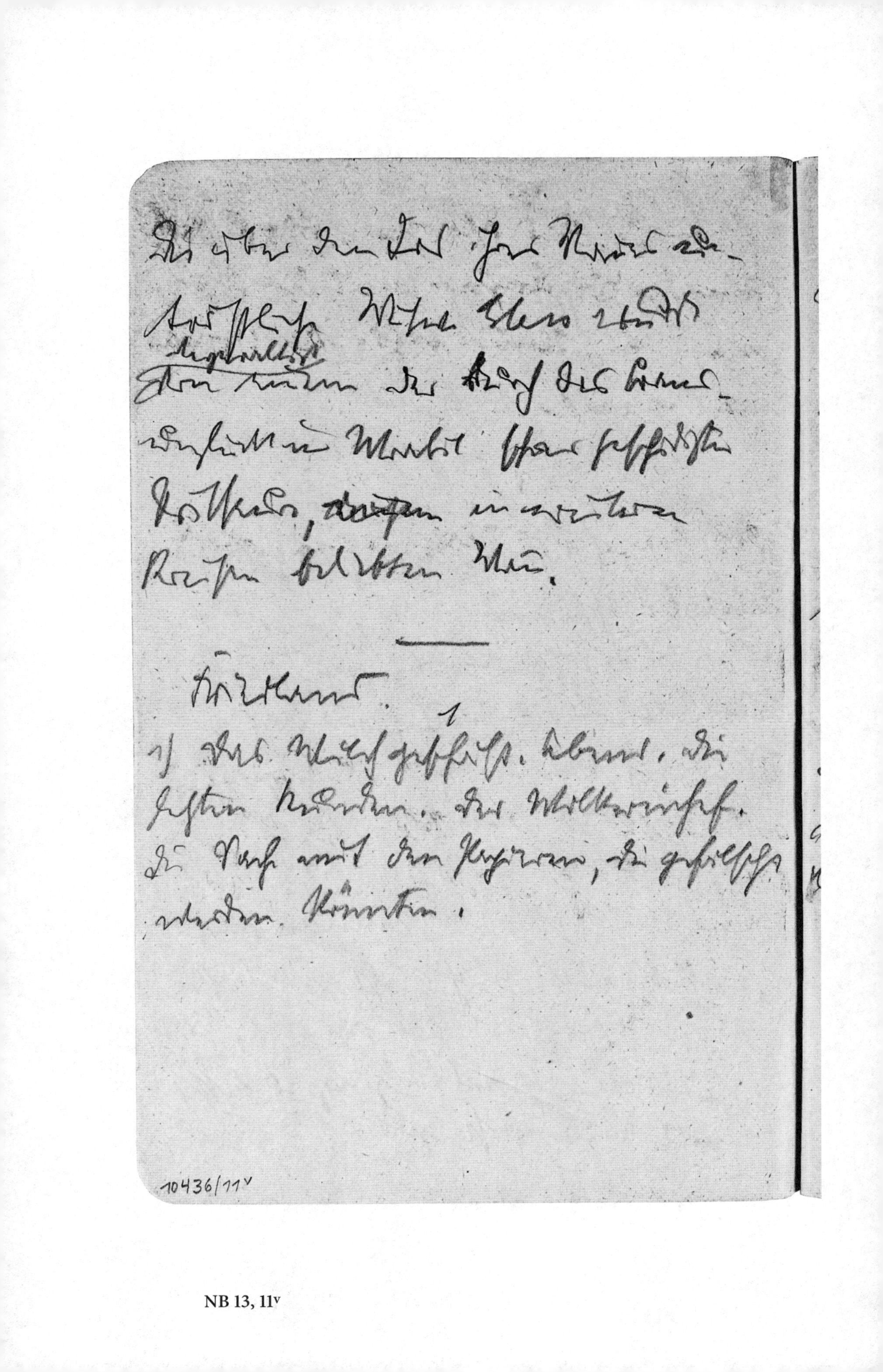

10436/11v

NB 13, 11v

Die über den Tod ihres Mannes un-

tröstliche Witwe Elers wurde

vergewaltigt

von einem der [b]*d*urch das Brand-

unglück in Moabit schwer geschädigten

Frisseur, [diesem]*einem* in weiteren

Kreisen beliebten Mann.

Friedland

1

1) Das Milchgeschäft. Abend. Die

letzten Kunden. Der Molkereichef.

Die Sache mit den Papieren, die gefälscht

werden könnten.

9 Friedland] ⟨danach bräunlicher Fleck⟩
10 1] ⟨zusammen mit den Ziffern Z. 12r.1, 6 nachgetragen⟩

4

Einmal: das Warten. Es geht schief, Max muß kommen, mit den Papieren, Max kommt nicht. Der Verräter wird verraten.

3

Das Gelage der Milchhändler. Die Verlobung.

Die Figur eines dicken Mannes, der erkrankt, Krebs, [Tub]*tebe* und Syphilis. Dadurch wird er eine große Gefahr. ⟨Tuberkulose⟩

⟨Z. 9-12 violetter Kopierstift; Z. 1⟩ 4 ⟨, Z. 6⟩ 3 ⟨zusammen mit der Ziffer Z. 11v.10 nachgetragen⟩

3-4 Papieren,] ⟨andere Lesart:⟩ Papieren.

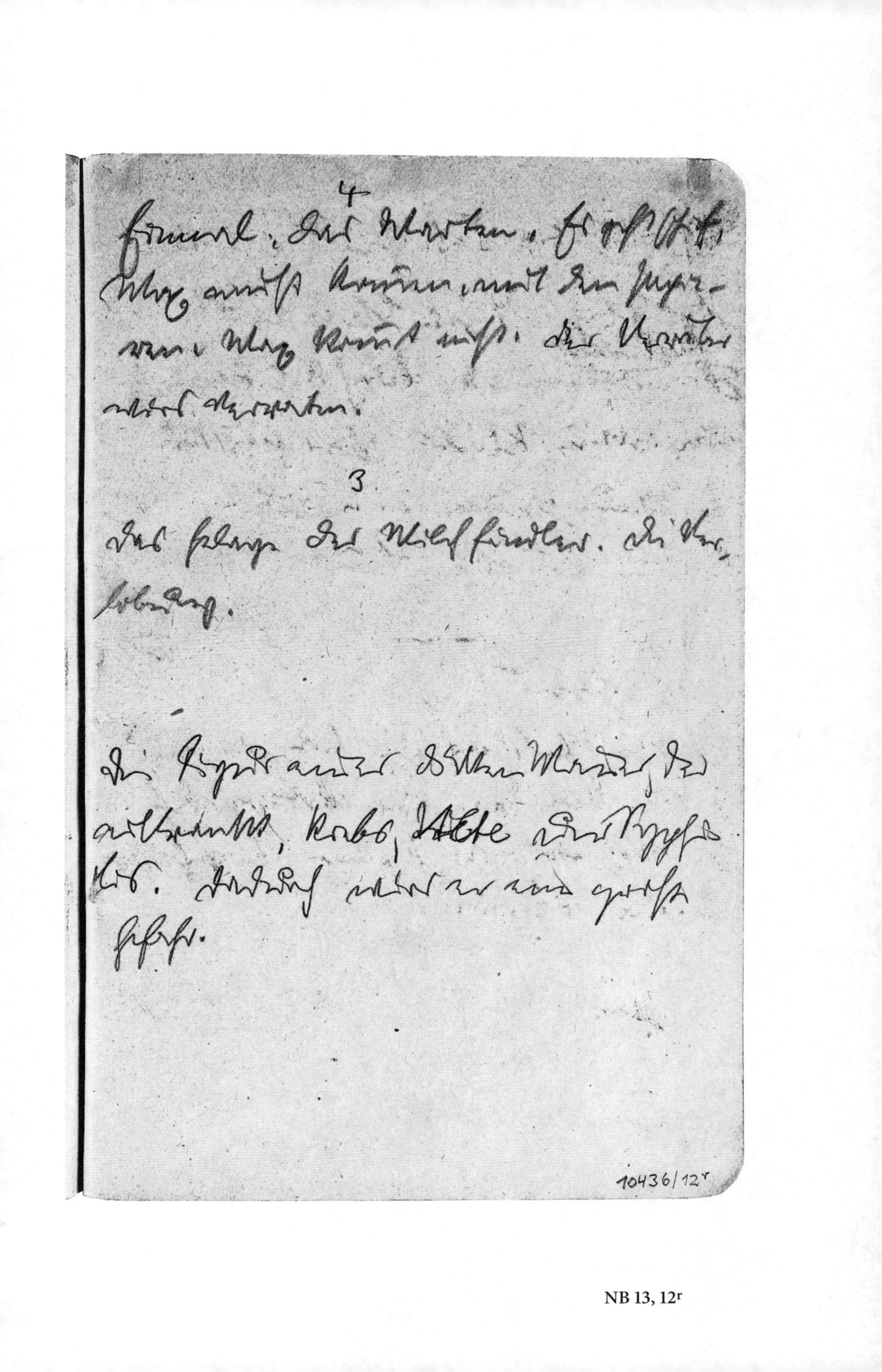

4

[illegible]

3

[illegible]

[illegible]

10436/12r

1

Ich, Bertolt Brecht, bin auch aus den
schwarzen Wäldern.
Meine Mutter trug mich in die
Städte hinein
als ich in ihrem Leibe lag. Es müssen
die Wälder
aber darum in mir geblieben sein.

2

In der Asphaltstadt bin ich daheim.
Seit [illegible] Jahren
[illegible]
die [illegible]
[illegible] Zeitungen und Tabak
und Branntwein
mißtrauisch und faul und
und zufrieden am End.

3

Aber in den Asphaltstädten [illegible]
[illegible]

10436/12v

NB 13, 12v

1

Ich, Bertold Brecht, bin aus den

schwarzen Wäldern.

Meine Mutter trug mich in die

Städte hinein
in ihrem
[in]*als* [ihrem]*ich* Leibe. lag. Es müssen

die Wälder
dennoch
aber in mir geblieben sein.

2

In der Asphaltstadt bin ich daheim.

Seit vielen Jahren

lebe ich dort als ein Mann, der
Städte
die [D]*T*schungel [bereist]*kennt*

zwischen Zeitungen mit Tabak

und Branntwein

mißtrauisch und faul und

und zufrieden am End.

3

Aber in den Bettstatten aus Tannenholz

war mir

⟨→ 13^{r}.1⟩

⟨ganze Seite violetter Kopierstift; ursprünglich nachfolgendes Blatt herausgerissen; 12^{v} bis 14^{r} Strophenziffern wohl zumindest teilweise nachgetragen⟩

6-7 in *[...]* lag.] ⟨1.⟩ in ihrem Leibe. ⟨2.⟩ als ich in ihrem Leibe lag. ⟨, dabei Punkt nach⟩ Leibe ⟨versehentlich nicht gestrichen⟩

⟨12v.23←⟩ immer kalt und das Schlechteste war
die Nacht.
[D]*V*on den vielen Kammern die ich
bewohnte
hab ich keine wohnlich gemacht.

4

In der Nacht sind die schwarzen
Wälder voll Unruh.
Kann sein: es treten Tiere zwischen
das Geäst!
Die großen Tannen haben viele Geschäfte.
[Und]*Pfui* Teufel wenn der bleiche
Himmel des Walds
einschlafen läßt!

5

Gegen Morgen in der grauen Frühe
⟨→13v.1⟩ pissen die Tannen

---

ein Stück mit lauter Biographien

⟨Z. 1-18 violetter Kopierstift; über Z. 1⟩ Schlechteste ⟨Bleistiftstrich, nicht signifikant; ursprünglich vorangehendes Blatt herausgerissen; 12v bis 14r Strophenziffern wohl zumindest teilweise nachgetragen⟩

5 hab] ⟨andere Lesart:⟩ habe
15 5] ⟨verdeutlicht⟩
19 ein *[...]* Biographien] ⟨vor den umgebenden Eintragungen notiert⟩

10436/13r

10436/13v

NB 13, 13v

Und ihr Ungeziefer fängt an (13r.17←)

zu schrein.

Um diese Stunde trinke ich den
aus
Branntwein und schmeiße

die Zigarre weg und schlafe

[besoff]*unr*uhig ein.

6

Denn ich spiele mitunter in viel

Gesichten Gitarre

und verstehe mich nicht gut und

bin leidlich allein.

[D]Sie fressen die rohen Wörter. Es

sind andre Tiere.

Ich aber liege und spüre im Rücken

noch einen Stein.

7

Mag sein, denke ich, ich bin in

Weiber und Papier verschlagen

und aus der Asphaltstadt komm

ich nie mehr heraus: (→ 14r.1)

⟨ganze Seite violetter Kopierstift; 12v bis 14r Strophenziffern wohl zumindest teilweise nachgetragen⟩

9 viel] ⟨darunter Abdruck des blauen Tintenstrichs über 14r.9⟩

⟨13v.21←⟩ so habe ich doch über den Dächern
einen bleichen Waldhimmel
für mich
und eine schwarze Stille in mir
und immer Tannengebraus.

8

Trinke ich oder nicht: wenn ich die
schwarzen Wälder sehe:
bin ich [in]*ein* guter Mann in meiner
Haut, gefeit.
Ich, Bertold Brecht, in die Asphaltstädte
verschlagen
aus den schwarzen Wäldern in meiner
Mutter [vor]*in* früher Zeit.

26. 4. 22 ⁄
nachts ½ 10
⟨Durchgangszug⟩ im Dezug

⟨ganze Seite violetter Kopierstift; 12v bis 14r Strophenziffern wohl zumindest teilweise nachgetragen⟩
9 ich] ⟨darüber blauer Tintenstrich; → 13v.9⟩

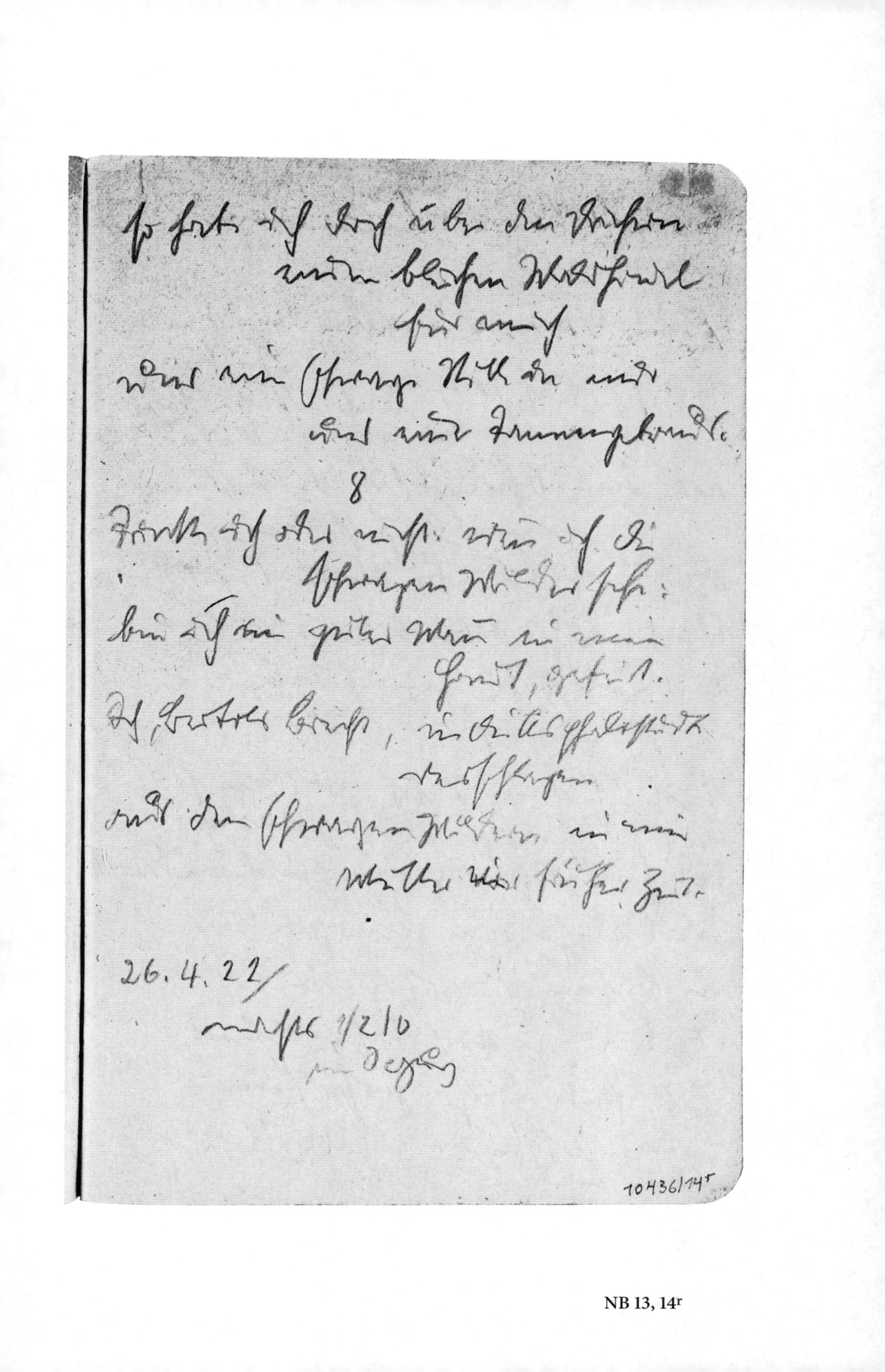

8

26. 4. 22

10436/14r

Ballade der Billigkeit

10436/14v

NB 13, 14v

Ballade der Billigkeit

....

und wenn wir allen verziehen

hätten

durch das Vorbild [des]*un*sres Herrn Jesu

Krist,

nie dem Schwein, das die letzten

Ruhestätten

und

der Menschheit: die Aborte vergißt!

Man muß dabei beharren bleiben

und muß ihm seinen Hut eintreiben.

1

Weil si[h]*c*h die Welt wohl mehr

als schicklich

durchaus viel gegen uns vermißt

weil unsere Lage unerquicklich

in diesem Jammertale ist,

weil einige [¿]*t*rotz diesem Elend

vergrößern unsre große Pein

drum müssen wir selbst schwach und fehlend ⟨→ 15r.1⟩

⟨ganze Seite violetter Kopierstift; 14v bis 16r Strophenziffern nachgetragen⟩

10 Menschheit:] ⟨Doppelpunkt durch Einweisungsbogen gestrichen⟩

⟨14v.21←⟩ – / und kommen überein

und müssen drauf beharren bleiben

und einigen den Hut eintreiben.

[[2]3]*5*

Die Weiber die ins Bett gehören

und es nur tun wann wir ihnen auch

die Gurgeln waschen mit Likören

und stopfen Krebse in den Bauch

Und lange wählen in den 7

Wochen wo sie bekömmlich sind

und überhaupt nur Einen [L]*l*ieben

und machen zuviel grünen Wind

Wir müssen drauf beharren bleiben

auch
und es ihnen schon eintreiben.

2

Die [Burschen]*Schurken*, die [uns]*grad* gehen wollen

und machen uns von Kind auf

schlapp
⟨und⟩ u mit
mit Tannen ~~[un]oder~~ Weihnachtsstollen

⟨→15v.1⟩ vom rechten Weg uns bringen ab

⟨14v bis 16r Strophenziffern nachgetragen; ganze Seite violetter Kopierstift⟩

10436/15r

NB 13, 15r

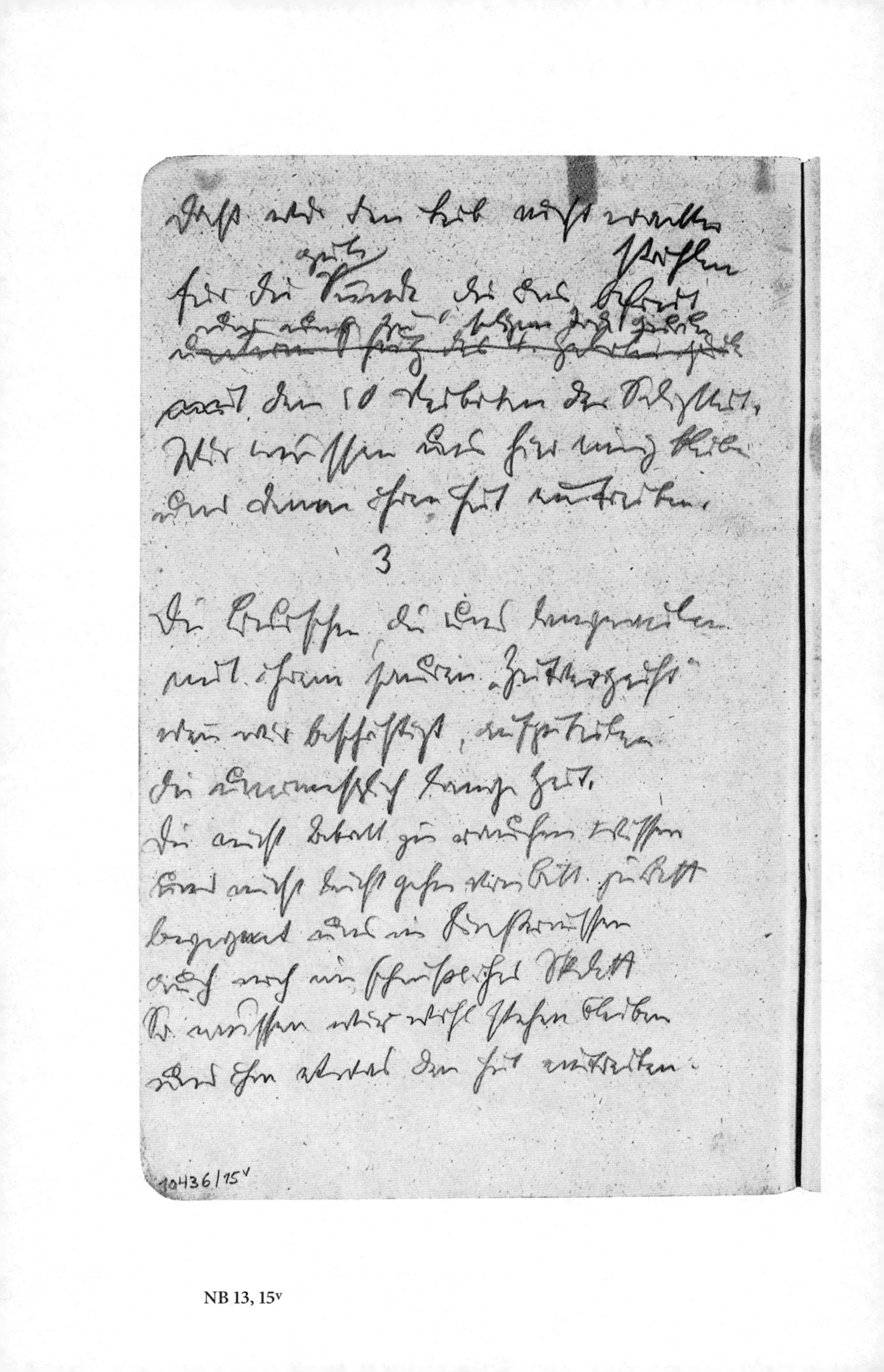

10436/15v

NB 13, 15v

daß wir den Leib nicht wacker ⟨15r.22←⟩

stählen

gute
für die Sünde, die uns befreit
und uns zu seligem Tode quälen
~~unterm Schutz des 4. Gebotes quälen~~

[¿¿¿]*mi*t den 10 Verboten der Seligkeit.

Wir müssen uns hier einig bleiben

und denen ihren Hut eintreiben.

3

Die Burschen, die uns langeweilen

mit ihrem sauren „Zeitvergeiht“

wenn wir beschäftigt, aufzuteilen

die unermeßlich lange Zeit,

die nicht Tabak zu rauchen wissen

und nicht leicht gehn von Bett zu Bett

begeg[nen]*net* uns in Finsternissen

auch noch ein scheußliches Skelett

So müssen wir wohl stehen bleiben

und ihm etwas den Hut eintreiben. ⟨→ 16r.1⟩

⟨14v bis 16r Strophenziffern nachgetragen; ganze Seite violetter Kopierstift⟩

⟨15v.20 ←⟩ 4

Die Burschen, die in Schleim zerfließen
[[beim]*und*]*im* Schwung in ihrer besten Zeit
<die Dinge dieser Welt genießen
kann nur fanatische Trockenheit –>
Wer uns durch Triefen seiner Fresse
die [paar]*teu*flisch wenige Lust vergällt
mit jener faden Totenblässe
den matt orangenen Tag im leichten Z[¿]*e*lt
bei dem muß man ein Zwinkern
lang verbleiben
und ihm den Hut etwas eintreiben.

6

⟨14v bis 16r Strophenziffern nachgetragen; ganze Seite violetter Kopierstift; Z. 5-8 Strich nicht signifikant; Bl. 16v unbeschrieben⟩

6 Triefen] T ⟨verdeutlicht⟩
9 Z[¿]*e*lt] ⟨danach bräunlicher Fleck⟩
12 eintreiben.] ⟨andere Lesart:⟩ eintreiben,

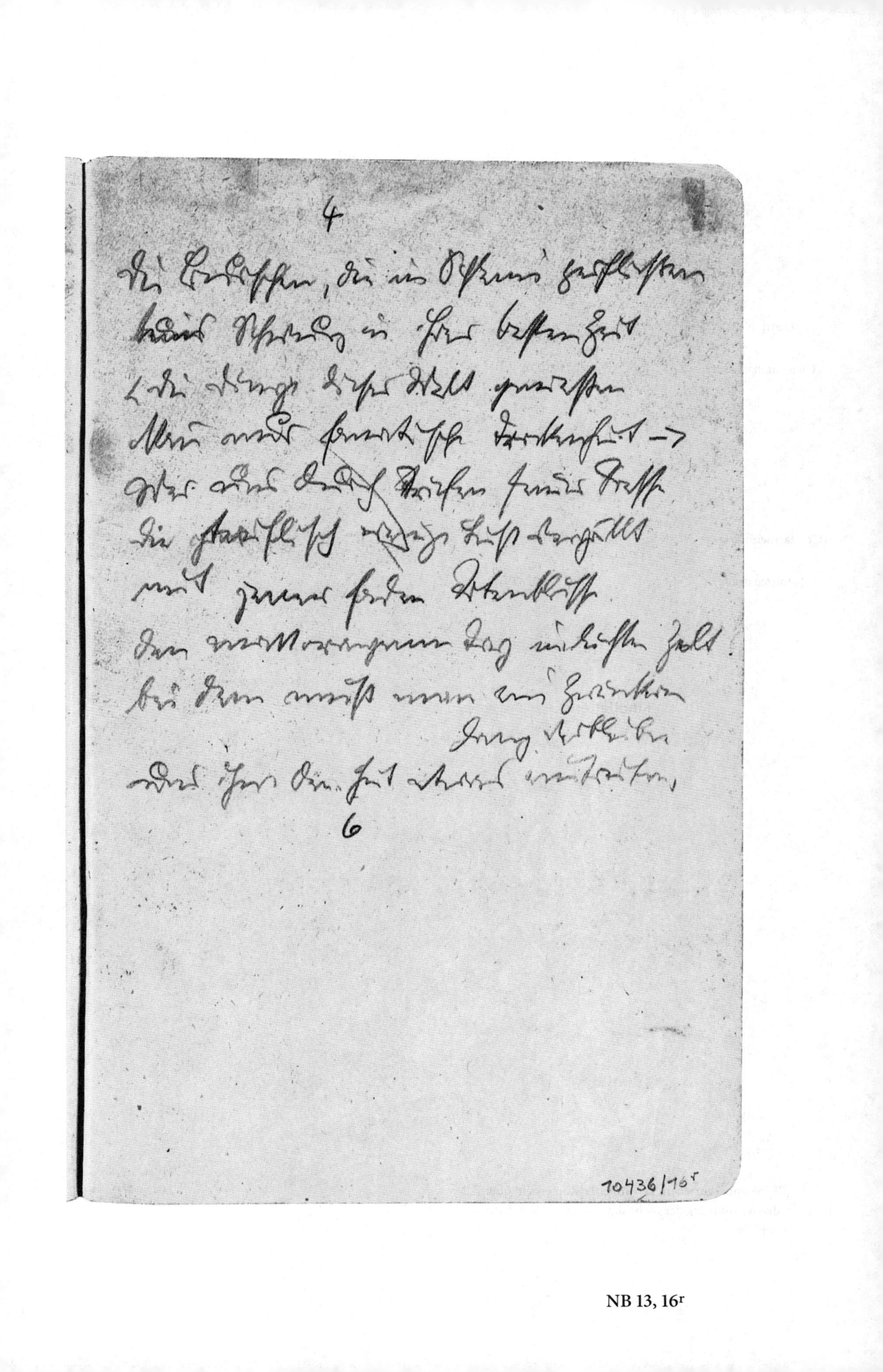

4

6

NB 13, 16r

⟨Georg Nauck⟩ Nauck

⟨Charlottenstraße⟩ Charlotten 74

K. J. Müller

⟨Gendarmenmarkt⟩ Gendarmen

⟨Mohrenstraße⟩ Mohren

Kindbetterin

⟨Bl. 16v unbeschrieben; Z. 6 violetter Kopierstift; über Z. 1 teilweise Abdruck der nicht signifikanten Bleistiftstriche von Bl. 16v⟩

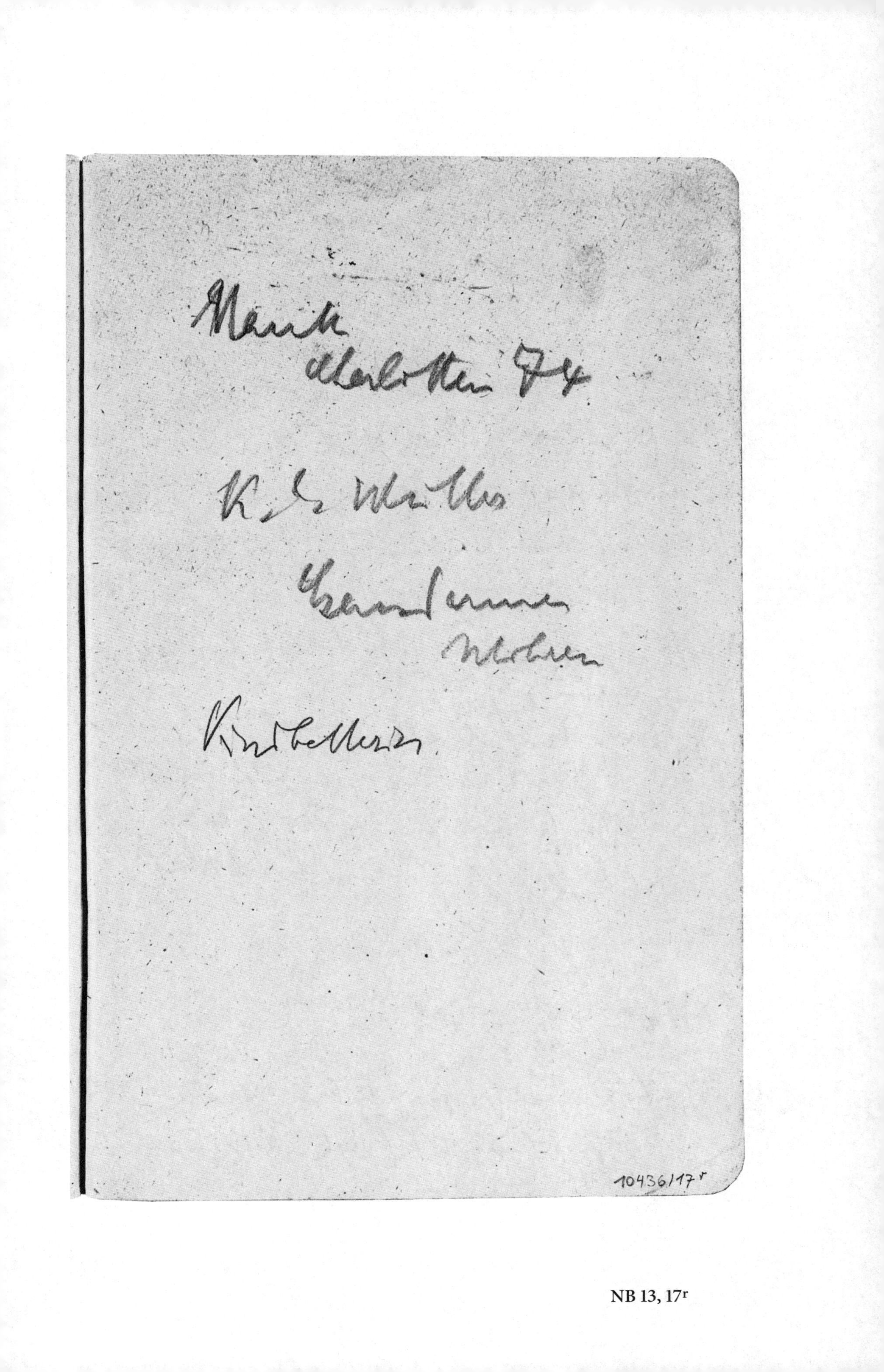

NB 13, 17r

[illegible]

[illegible]

Choräle:

1) Nun danket alle Gott [illegible]

[illegible]

2) [illegible]

[illegible]

10436/17v

NB 13, 17v

Die 42jährige Jungfer, die sich ermordet
weil kein Mann für sie geil genug
sei.

Die Erledigung des Idealisten
<unsachlich, nicht kalt und mit gering-
stem Aufwand lebend>

×

Choräle:
bittet
1) Nun danket alle Gott
daß er uns ein guten Leib gibt
harte Zucht für die Sünde, nicht
locker lassen, … ein fester Will

2) Geben ist seliger als nehmen
<Oh du
Der Leib muß hergegeben werden.
Verheert mit Schnaps, [T]*N*ikotin, Sy- ⟨→ 18r.1⟩

⟨ganze Seite violetter Kopierstift⟩
2 geil] ⟨andere Lesart:⟩ gut

⟨17v.17 ←⟩ philis

– / ¿¿ wir wucherten |

bei Gott mit unserm Pfund!

Friedland

⟨Eugen Klöpfer, Werner Krauß⟩ 2) Klöpfer – Friedland + Krauss, Schar-

lach. <Der Syphilitiker>

Scharlach entlarvt sich als unbürger-

lich. [K]*Friedland* fühlt ihm auf den

⟨Eugen Klöpfer, Arnolt Bronnen⟩ Zahn <Klöpf –> Bronnen>

⟨Friedland⟩ Friedl: [¿]*D*as ist ja alles ganz platt.

Hat dir das deine Mamma gesagt? –

⟨Scharlach⟩ Scharl: Jetzt hältst du aber deine

Fresse. [Wenn]*Du* weißt daß es nichts an-

deres gibt als diese Plattheiten! Wenn

du kotzen willst, geh auf den Abtritt.

Übrigens ich gehe mit auf den Abtritt.

<sie gehen schwerfällig hinaus>

⟨Z. 1-3 violetter Kopierstift⟩

6-7 Scharlach] ⟨Strich unter⟩ l ⟨nicht signifikant⟩

10 Klöpf –> Bronnen] ⟨andere Lesarten:⟩ [–]> ⟨,⟩ [>]–

13 deine] ⟨i-Punkt verrutscht und mit 2.⟩ e ⟨verbunden⟩

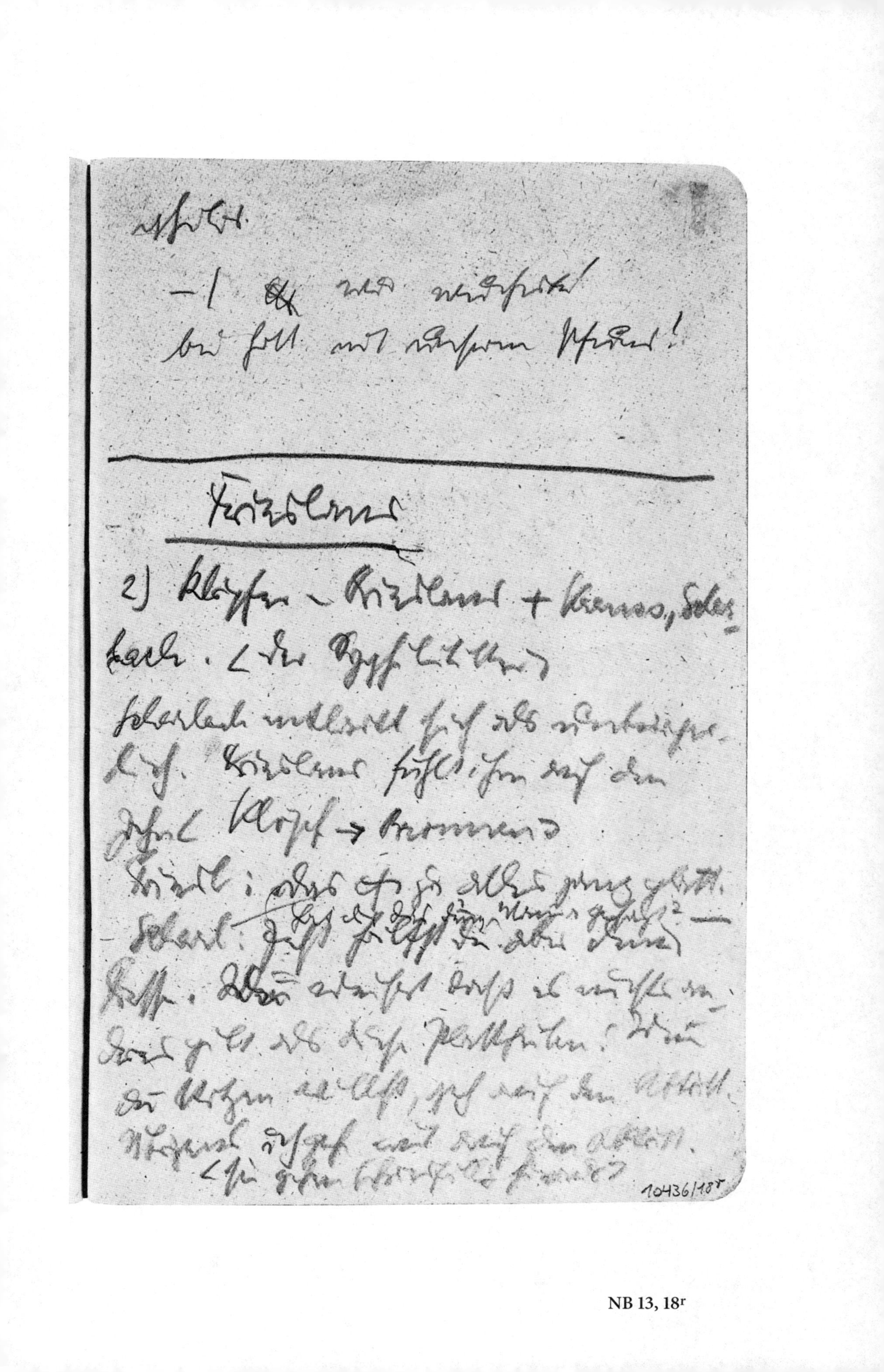

NB 13, 18r

10436/18v

NB 13, 18v

Lied Bruder
1) Wenn der Abend kommt was machst
du da?
Steck deine Zähn ein! Ich kann mich
betrinken ja.
2) Ich kann mich gut betrinken toll dann
daß ich den Abend nicht mehr
wahrnehmen kann.
6) Ich kann auch gehen mit meinem
Bein
in den Abend hinein.
3) Wenn dich einer fragt, was sagst
du da?
Ich kann mein Maul halten ja.
4) Wenn sie nichts Besondres an mir
sehn
werden sie vorüber gehn.
5) Ist es aber gut, Bruder, ist es gut?
Bruder was mich angeht
Ich ziehe immer meinen Hut.
Ich kann nicht wahrnehmen da
6) Zwischen nein und ja
einen großen Unterschied

6 toll] ⟨andere Lesart:⟩ wo⟨*h*⟩l

19-20 Bruder *[…]* Hut.] ⟨Eintragungsfolge: 1.⟩ Ich ziehe immer meinen Hut. ⟨2. Einfügung von⟩ Bruder ⟨durch Einweisungsbogen vor Z. 20⟩ Ich ⟨3.⟩ Bruder was mich angeht Ich ziehe immer meinen Hut.

21-23 Ich *[…]* Unterschied] ⟨Eintragungsfolge: 1.⟩ Zwischen nein und ja ⟨2.⟩ Ich kann nicht wahrnehmen Zwischen nein und ja \ einen großen Unterschied ⟨3.⟩ Ich kann nicht wahrnehmen da \ einen großen Unterschied Zwischen nein und ja

Friedland

Er macht die Kohlenstiftkreuze an

die Wand.

×

Kismetglaube – Kismetik

×

[Kr]*S*charlach – der höher entwickelte Mensch

×

⟨Werner Krauß, Eugen Klöpfer, Heinrich George, Alexander Granach⟩

Krauss – Klöpfer – George – Granach –

Kaiser – Friedland – Buttler – Max

auf den Gottesäckern die mit

(wind

in de[n]*m* weidenb[äu]*aume*~~n~~ poetisch sind

⟨Z. 1-10 violetter Kopierstift⟩

11 Gottesäckern] ⟨danach bräunlicher Fleck⟩

13 de[n]*m* weidenb[äu]*aume*~~n~~] ⟨Eintragungsfolge: 1.⟩ den weidenbäumen ⟨2.⟩ dem weidenbaume ⟨andere Lesart 2.:⟩ dem weidenbaum

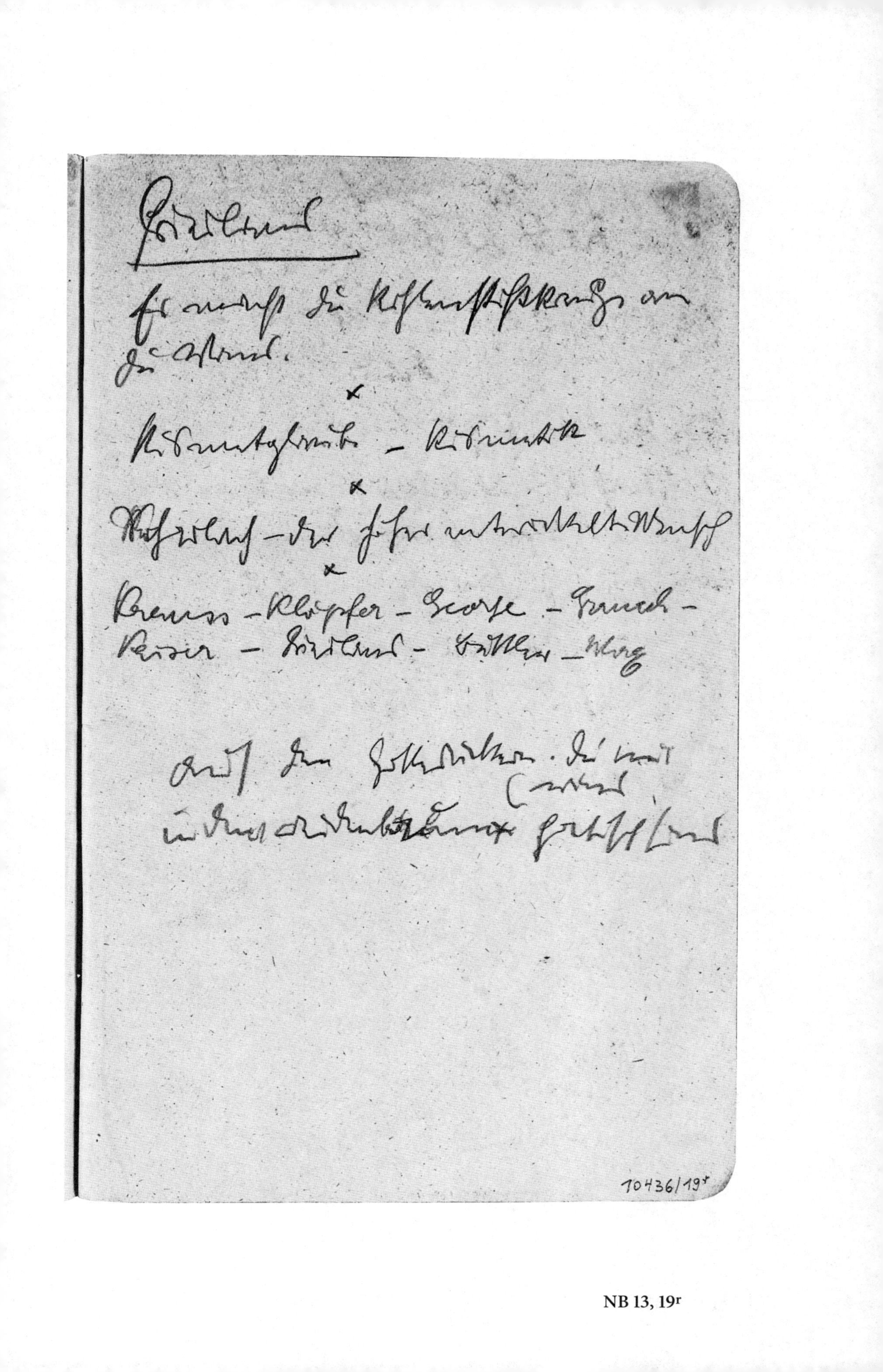

10436/19r

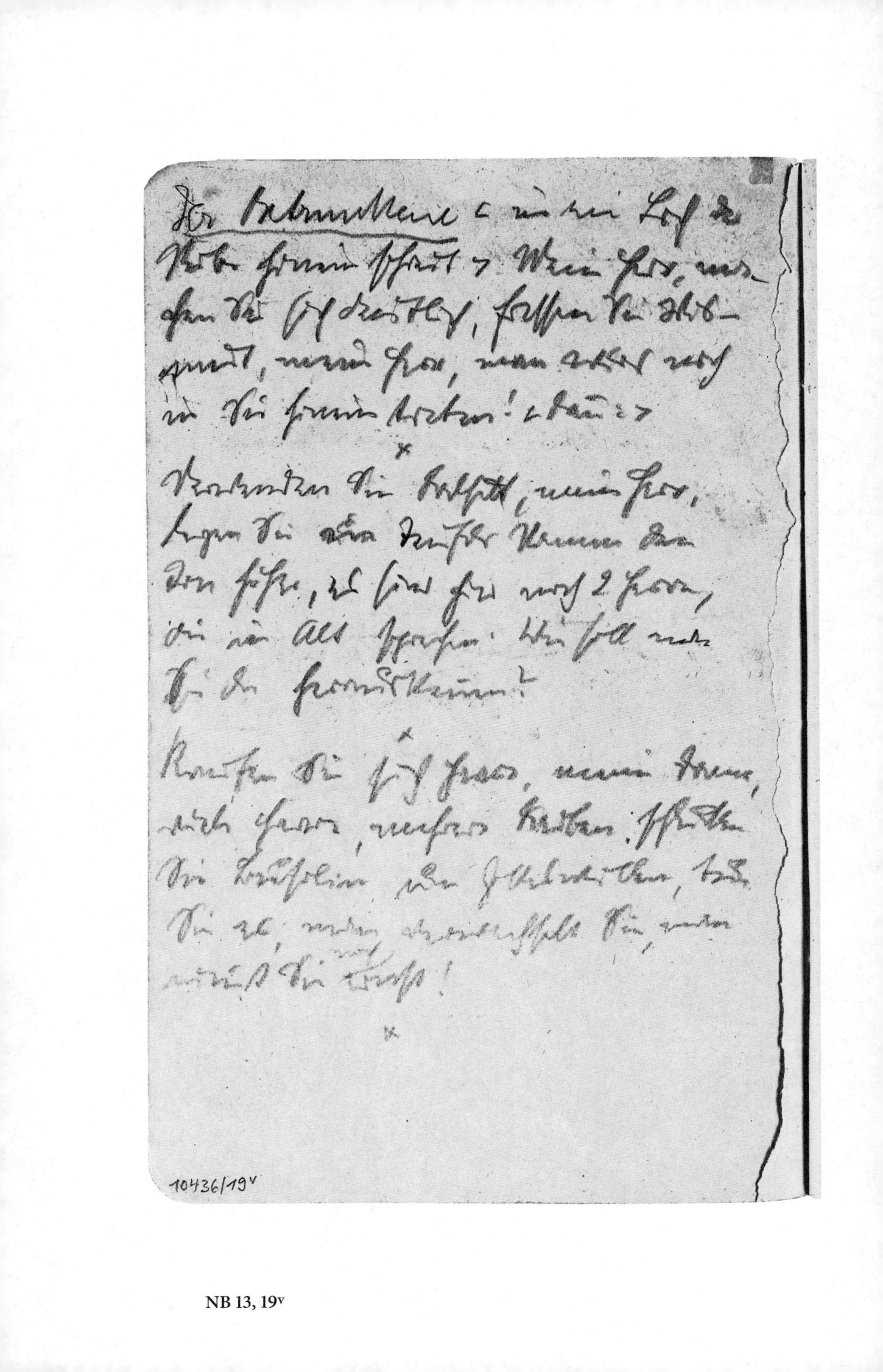

10436/19v

NB 13, 19v

der Betrunkene <in ein Loch der
Stube hinein schreit> Mein Herr, machen Sie sich deutlich, fressen Sie Wismut, mein Herr, man wird noch
in Sie hinein treten! <dann:>

×

Verwenden Sie Falsett, mein Herr,
legen Sie [um]*in* Teufels Namen den
Ton höher, es sind hier noch 2 Herrn,
die in Alt sprechen. Wie soll man
[s]*S*ie da herauskennen?

×

Kaufen Sie sich Haare, meine Dame,
viele Haare, mehrere Farben, schlucken
Sie Busolin um Gottes willen, tun
Sie es, man verwechselt Sie, man
noch
nimmt Sie ernst!

×

⟨ursprünglich nachfolgendes Blatt herausgerissen⟩
3-4 Wismut] ⟨Striche unter⟩ m ⟨nicht signifikant⟩
14 Farben,] ⟨andere Lesart:⟩ Farben.

[Deine]*Nichts* geht, sagt ein alter Spruch

über guten Geruch

Denn ein Weib mit dem Instinkt

sorgt auch daß es gelingt.

\Flibustiergeschichten/

Beschreibung der schwarzen Stadt –

×

Hanna Cash – auf dem Schiff, im

Schnee .....

Sie und das Schiff.

Hierauf wurde .... Kapitän der X X.

×

⟨Z. 5-13 violetter Kopierstift; ursprünglich vorangehendes Blatt herausgerissen⟩

1 Deine] ⟨andere Lesart:⟩ Denn

6 Flibustiergeschichten] ich ⟨verdeutlicht⟩

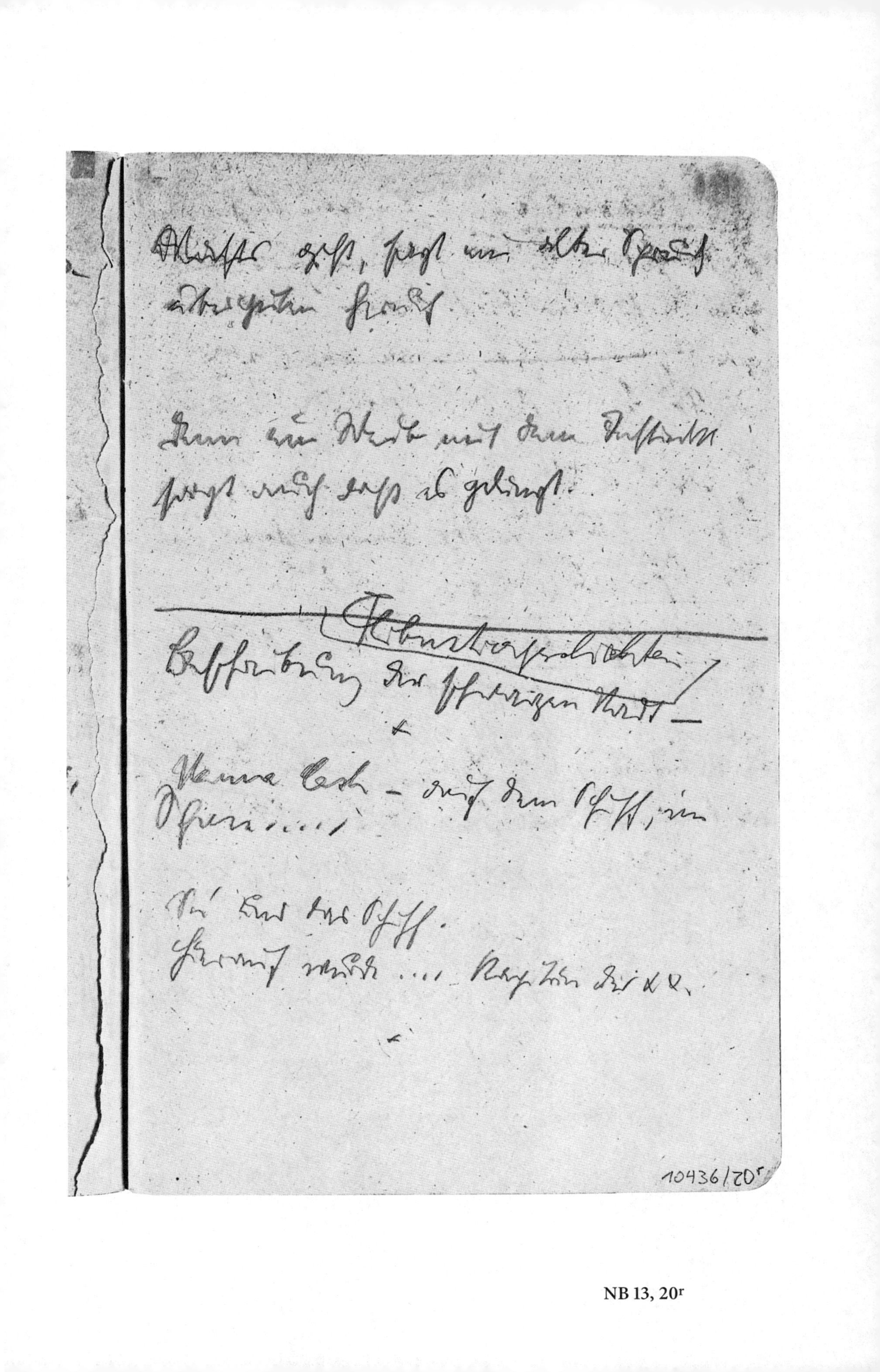

10436/20r

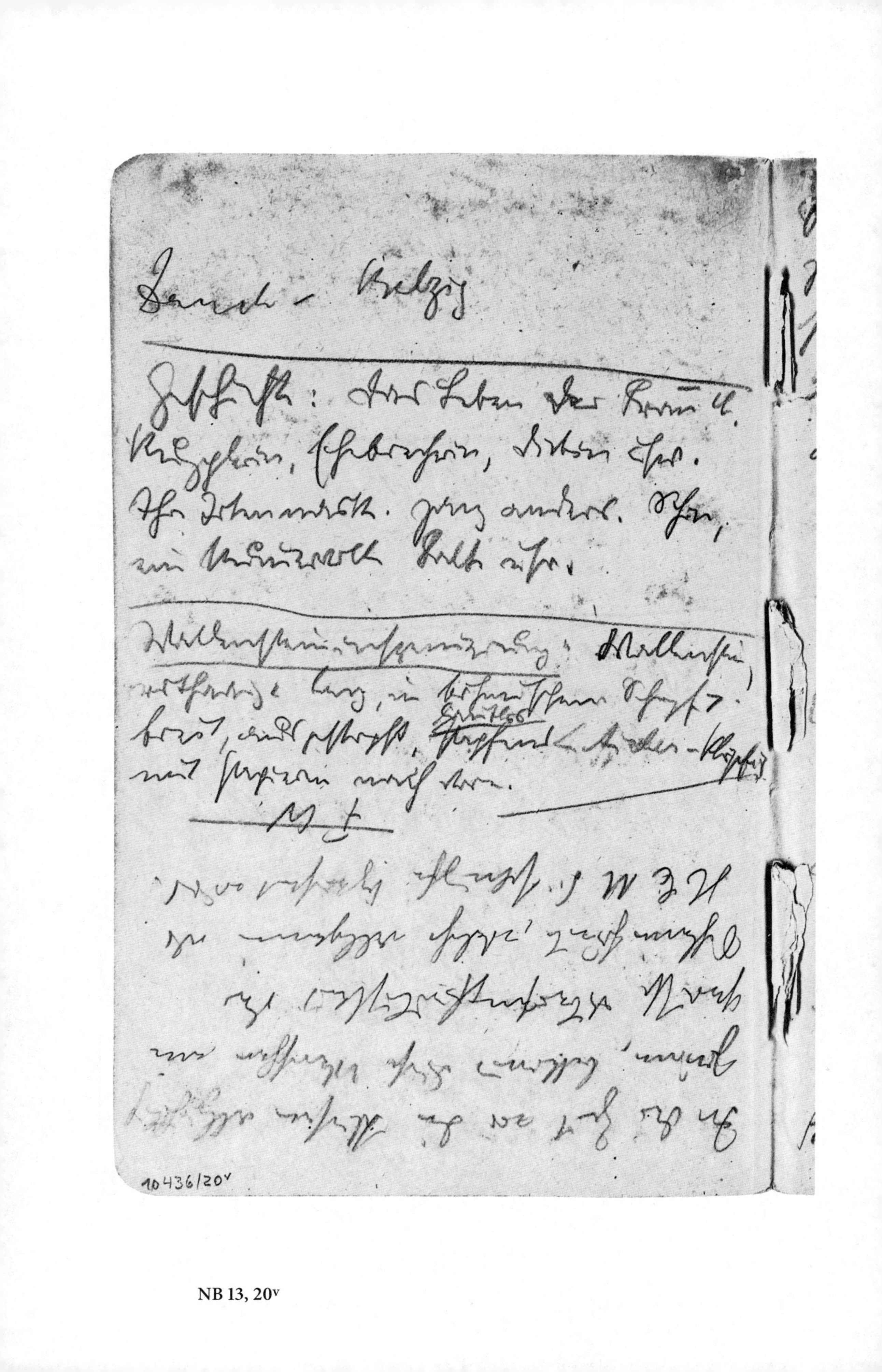

10436/20v

NB 13, 20v

Zauch-Belzig

Geschichte: Das Leben [vo]*de*r Frau C.
Kupplerin, Ehebrecherin, Diebin usw.
Ihre Totenmaske. ganz anders. Schön,
eine kummervolle Falte usw.

Wallensteininszenierung: Wallenstein,
rothaarig, lang, in böhmischem Schopf>
breit, ausgestopft, lautlos stapfend <Aicher – Klöpfer>
mit Papieren nach vorn.

⟨Rudolf Aicher, Eugen Klöpfer⟩ ⟨→ 21r.18⟩

In der Zeit wo die Wiesen alljährlich
grünen, bekommen diese Menschen eine
gewisse Über[f]empfindlichkeit der
Schleimhäute, welche allgemein als
H E U S[...]schnupfen bezeichnet wird.
~~F W.~~

⟨ursprünglich nachfolgende 9 Doppelblätter spätestens vor Eintragung des Zuweisungspfeils Z. 12 herausgerissen; Z. 2-13 und Z. 12 Zuweisungspfeil mit Kopierstift nachgetragen⟩

Riesen- mit weißen Vorhängen
Schluß: [V]*H*inter Fenstern Win[¿]*t*erhimmel,

grau, silbrig. Wallenstein, wie ein
zum Fenster, zieht auf, sieht hinaus
gefrorener Klotz, nach rechts ab. Es schneit
hinten
bis zum Fallen des Vorhangs.

—

Ton-
Bankett: die Generale mit Pfeifen

—

kleine Räume

—

der
Wer sein Kind lieb hat, bringt

es um.

⟨20ᵛ.12 ←⟩

⟨Herbert Ihering⟩ Ihering bitten, die Geschichte

der deutschen Theatererfolge schreiben

zu lassen!

!!!

Was? Warum?

Was nicht? Warum nicht?

Die Literaturgeschichte nach dem Erfolg.

Literatur als Macht.

⟨Z. 1-7 und Zuweisungspfeil Z. 18 violetter Kopierstift; ursprünglich vorangehende 9 Doppelblätter spätestens vor Eintragung des Zuweisungspfeils herausgerissen; Z. 8, 11, 14 Trennstriche wohl nachgetragen⟩
3 wie] ⟨danach bräunlicher Fleck⟩
10 Pfeifen] ⟨danach Papierfehler⟩
15 Wer] W ⟨verdeutlicht⟩
19 Ihering bitten] ⟨verdeutlicht⟩
26 Literatur] L ⟨verdeutlicht⟩

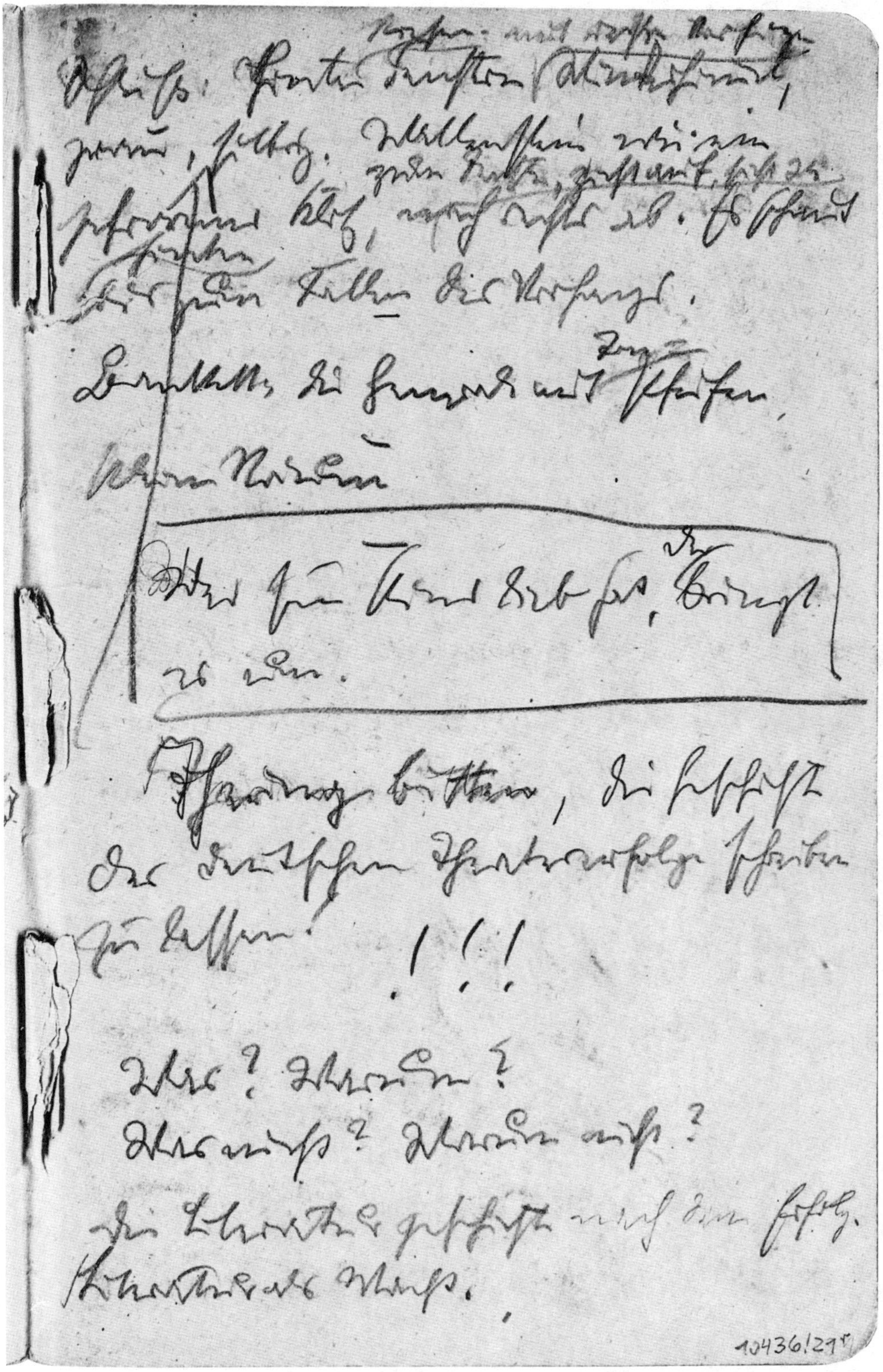

NB 13, 21r

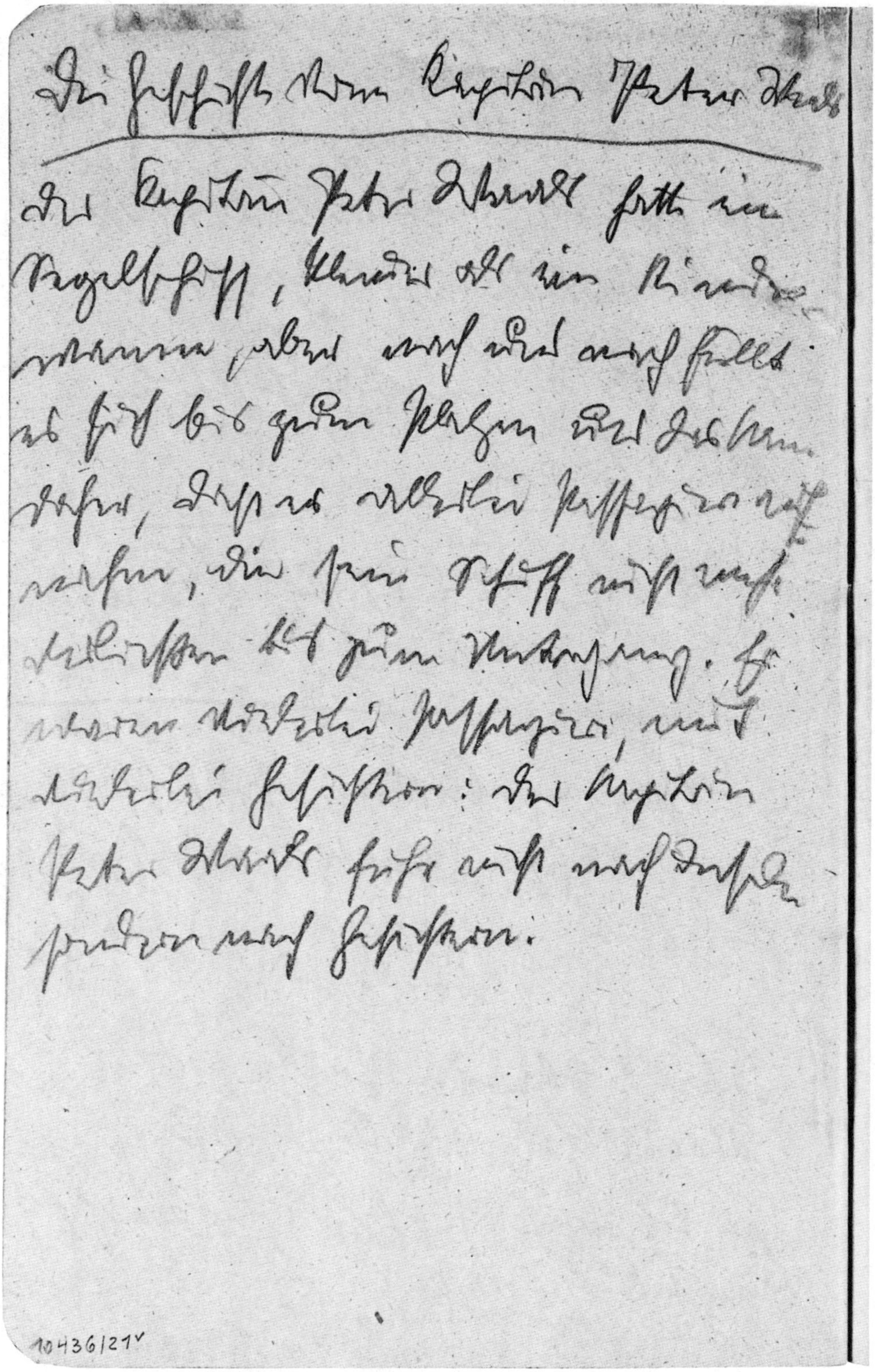

NB 13, 21v

Die Geschichte vom Kapitän Peter Waals

Der Kapitän Peter Waals hatte ein Segelschiff, kleiner als eine Kinderwanne, aber nach und nach füllte es sich bis zum Platzen und das kam daher, daß er allerlei Passagiere aufnahm, die sein Schiff nicht mehr verließen bis zum Untergang. Es waren vielerlei Passagiere, mit vielerlei Gesichtern: Der Kapitän Peter Waals fuhr nicht nach Inseln sondern nach Gesichtern.

⟨ganze Seite violetter Kopierstift; Bl. 22r unbeschrieben⟩

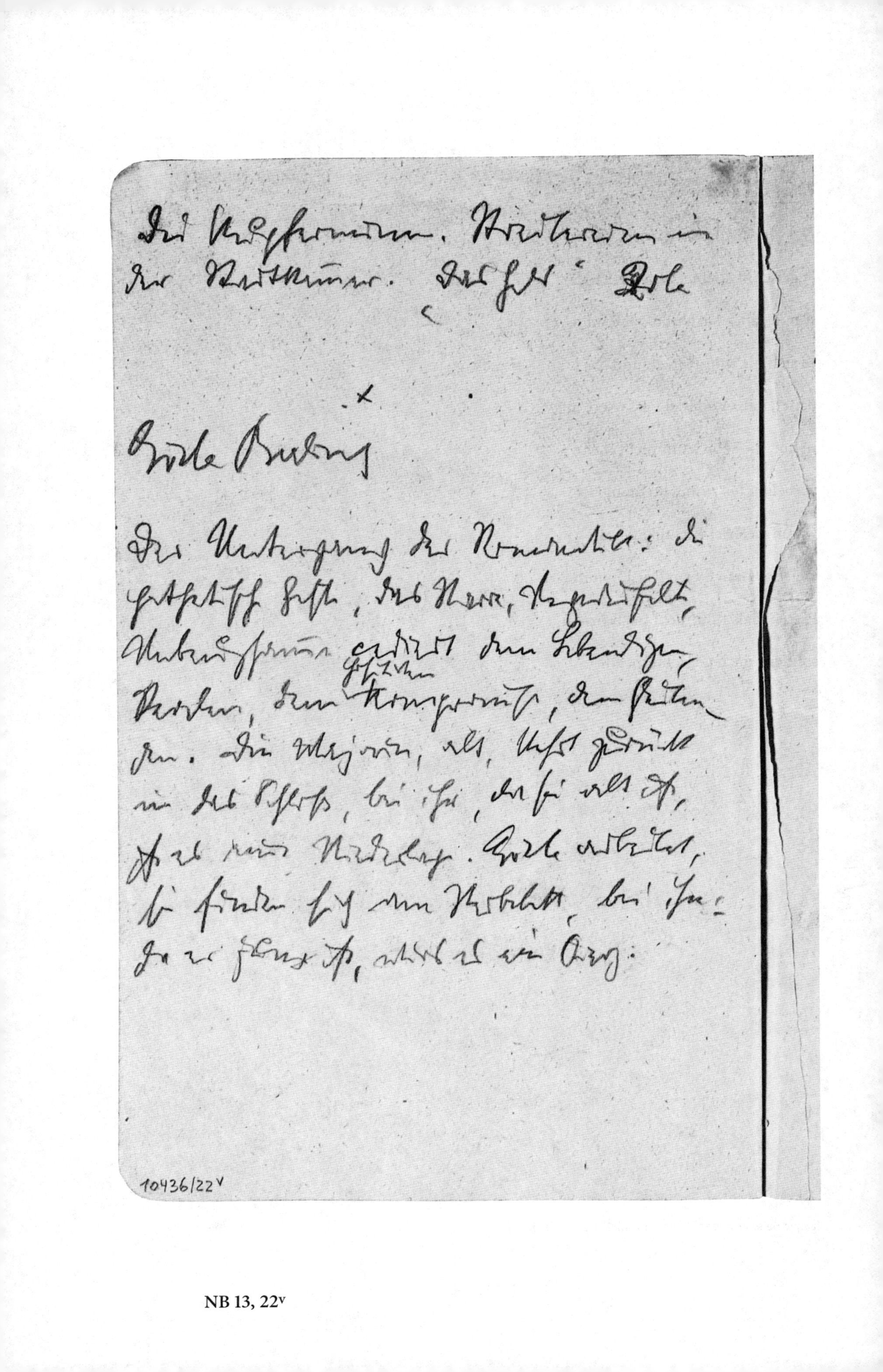

10436/22v

NB 13, 22v

Die Kupferminen. Streitereien in der
Stadtkammer. „Das Geld“ [¿]Zola ⟨Émile Zola⟩

×

Gösta Berling

Der Untergang der Romantik: Die
pathetische Geste, das Starre, Verzweifelte,
Unbeugsamme cediert dem Lebendigen,
Realen, dem positiven Kompromiß, dem Gleiten-
den. Die Majorin, alt, kehrt zurück
in das Schloß, bei ihr, da sie alt ist,
ist es eine Niederlage. Gösta arbeitet,
sie finden sich am Sterbebett, bei ihm:
Da er jung ist, wird es ein Sieg.

⟨ganze Seite violetter Kopierstift; Bl. 22r unbeschrieben; ursprünglich nachfolgendes Blatt herausgerissen⟩

Ich ging mitunter durch die
Gasse. Einmal war etwas. Es war
eine Spiegelung in den Scheiben. Da
meinte ich, sie sei es. Aber sie war
es nicht.

×

– S[ir]*ahib*, d[e¿]*as* Schiff ist [g]*a*ngekommen. Es ist
Post für [Sie]*dich* da. W[ollen]*illst* [Sie]*du* etwas
befehlen, daß gepackt werde?
– Ja. Natürlich. Man muß ~~sofort~~ packen
Sonst versäum[t]*en* wir das Schiff.
— — — — —

Steward vom
unten

– S[ir]*ahib*, d[as]*er* Schiff frägt, ob [Ihr]*dein* Gepäck
an Bord geholt werden soll? Es ist Zeit.
– Ja, daß es an Bord geholt wird! Vergiß
auch nichts!
— — — —
– Sahib, willst du nicht hinunter gehen,
⟨→ 23v.9⟩ das Schiff fährt ab. Das Gepäck ist an Bord.

⟨ursprünglich vorangehendes Blatt herausgerissen; 23r.6-21, 23v.8-18, 24r.12-15 erst nach 23v.1-7, 24r.1-11 eingetragen⟩

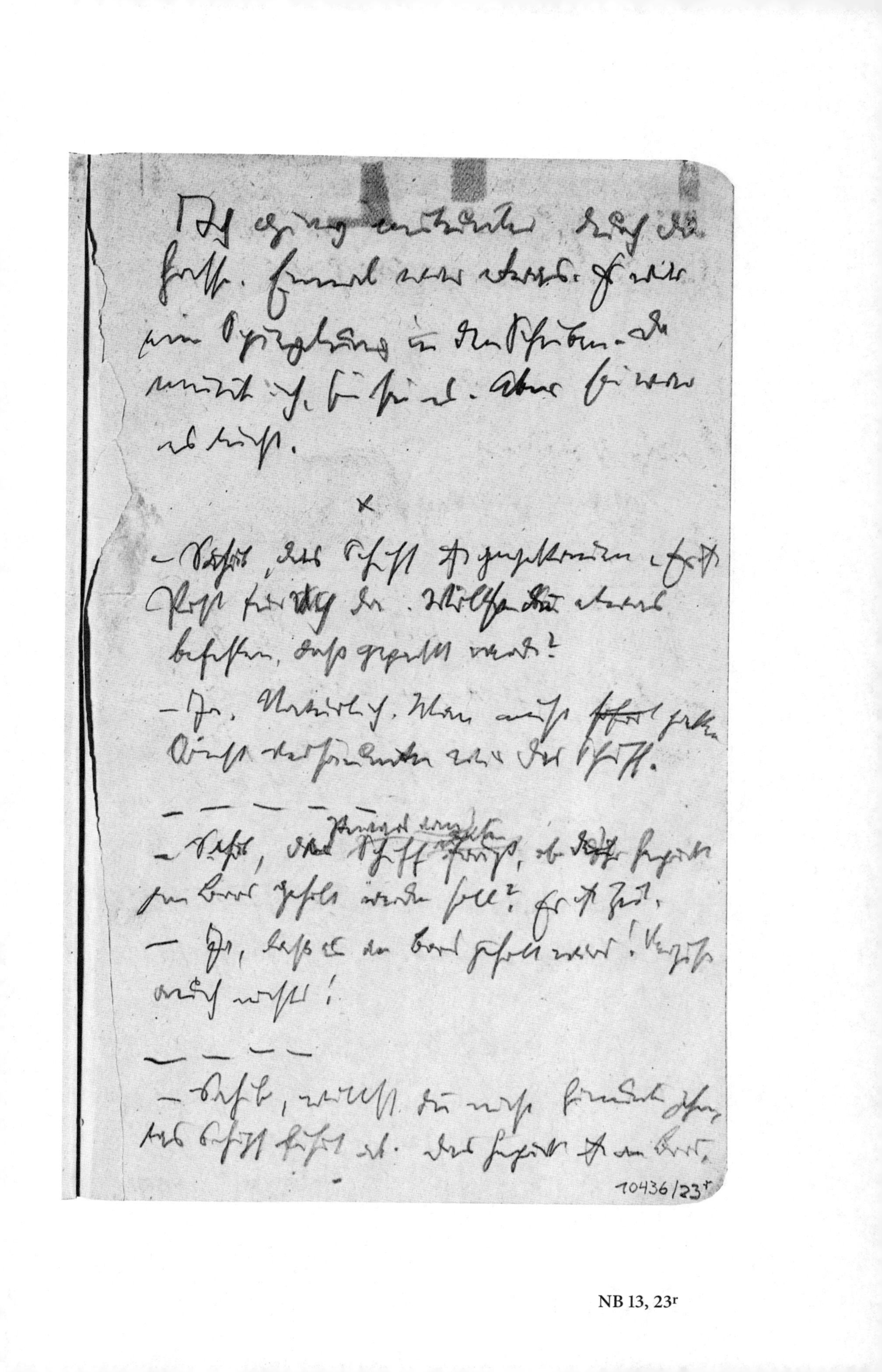

10436/23r

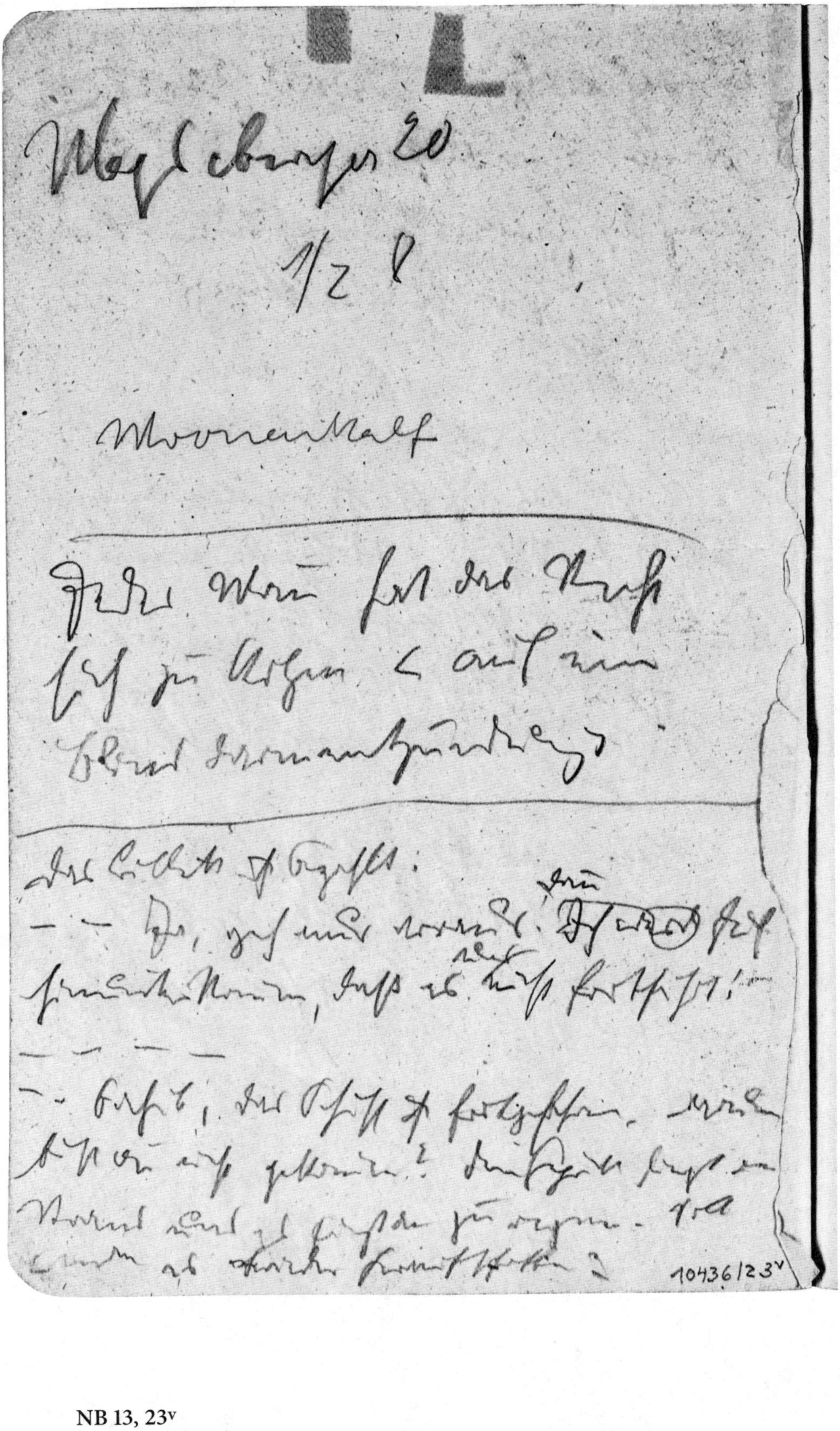

NB 13, 23v

Magdeburger 20

½ 8

Moonenkalf

Jeder Mann hat das Recht
sich zu kotzen <auf eine
Blinddarmentzündung>

Das Billett ist bezahlt. ⟨23r.21 ←⟩
Dann
– – Ja, geh nur voraus! Ich werde gleich
uns
hinunterkommen, daß es nicht fortfährt!
— — — —
– – Sahib, das Schiff ist fortgefahren, warum
bist du nicht gekommen? Dein Gepäck liegt am
Strand und es fängt an zu regnen. Soll
man es [*h*]*w*ieder heraufschaffen? ⟨→ 24r.13⟩

⟨Z. 4-7 violetter Kopierstift; ursprünglich nachfolgendes Blatt herausgerissen; 23r.6-21, 23v.8-18, 24r.12-15 erst nach 23v.1-7, 24r.1-11 eingetragen⟩

15 fortgefahren, warum] ⟨andere Lesarten:⟩ fortgefahren, – warum ⟨,⟩ fortgefahren … warum

Zu allen Zeiten wurde Getreide,

Wein und Ruhm geerntet. [Und]*Aber*

auch die Erntenden wurden ge[r]*e*rntet

und auch die Zeiten wurden geern-

tet.

Kein Tag war der letzte vor dem Abend.

×

Friedland

Verrat an

eine[n]*m* Menschen in der Zeit wo es

ihm schlechter geht.

⟨23v.18 ←⟩ – – <er schweigt>

<es regnet wieder>

aus den Rauchern

⟨Z. 1-11 violetter Kopierstift; ursprünglich vorangehendes Blatt herausgerissen; 23r.6-21, 23v.8-18, 24r.12-15 erst nach 23v.1-7, 24r.1-11 eingetragen⟩

8-10 Friedland *[...]* Menschen] ⟨vermutliche Eintragungsfolge: 1.⟩ einen Menschen ⟨, 2.⟩ Friedland \ einen Menschen ⟨3.⟩ Friedland \ Verrat an einem Menschen

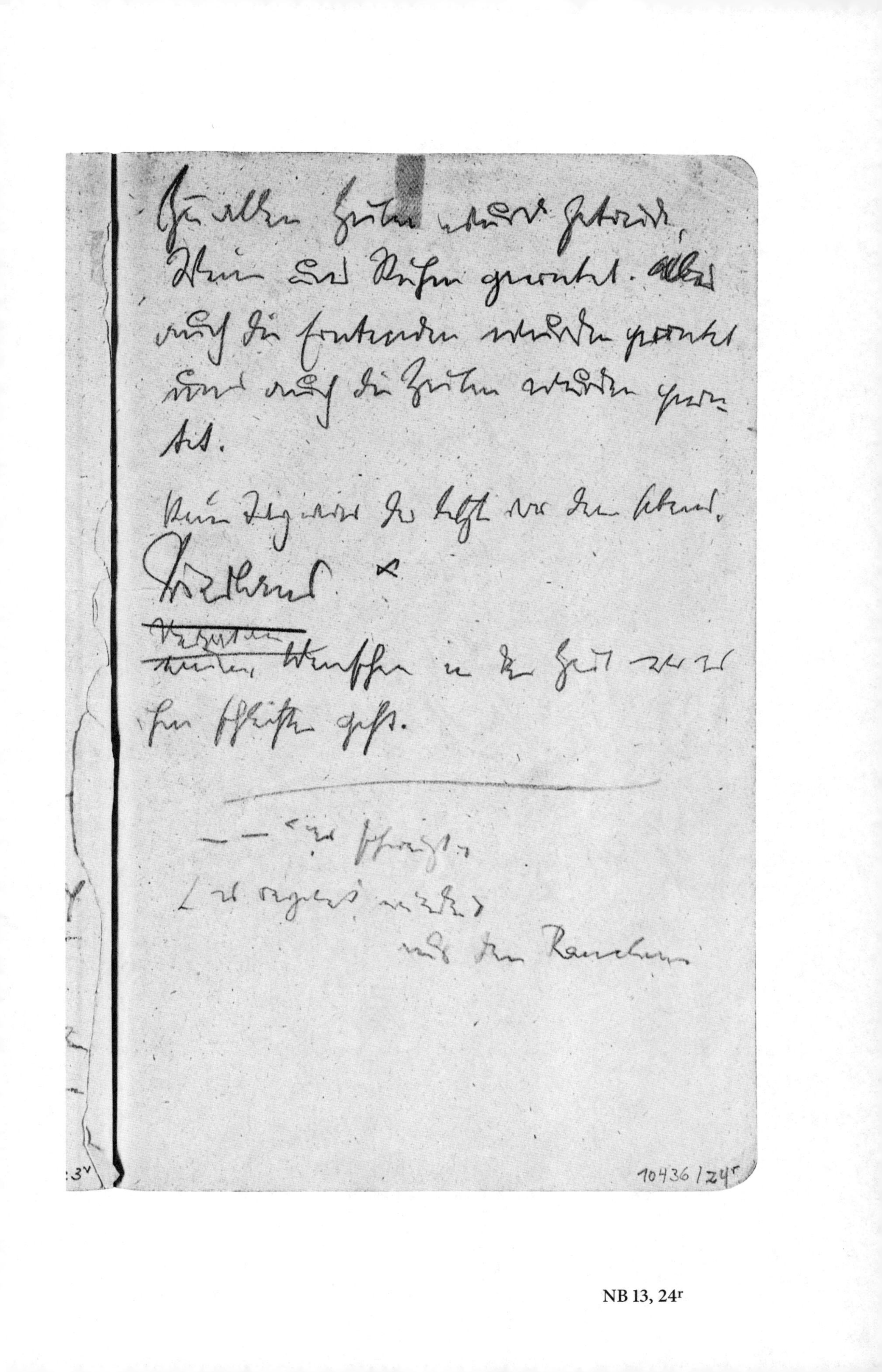

10436/24r

NB 13, 24r

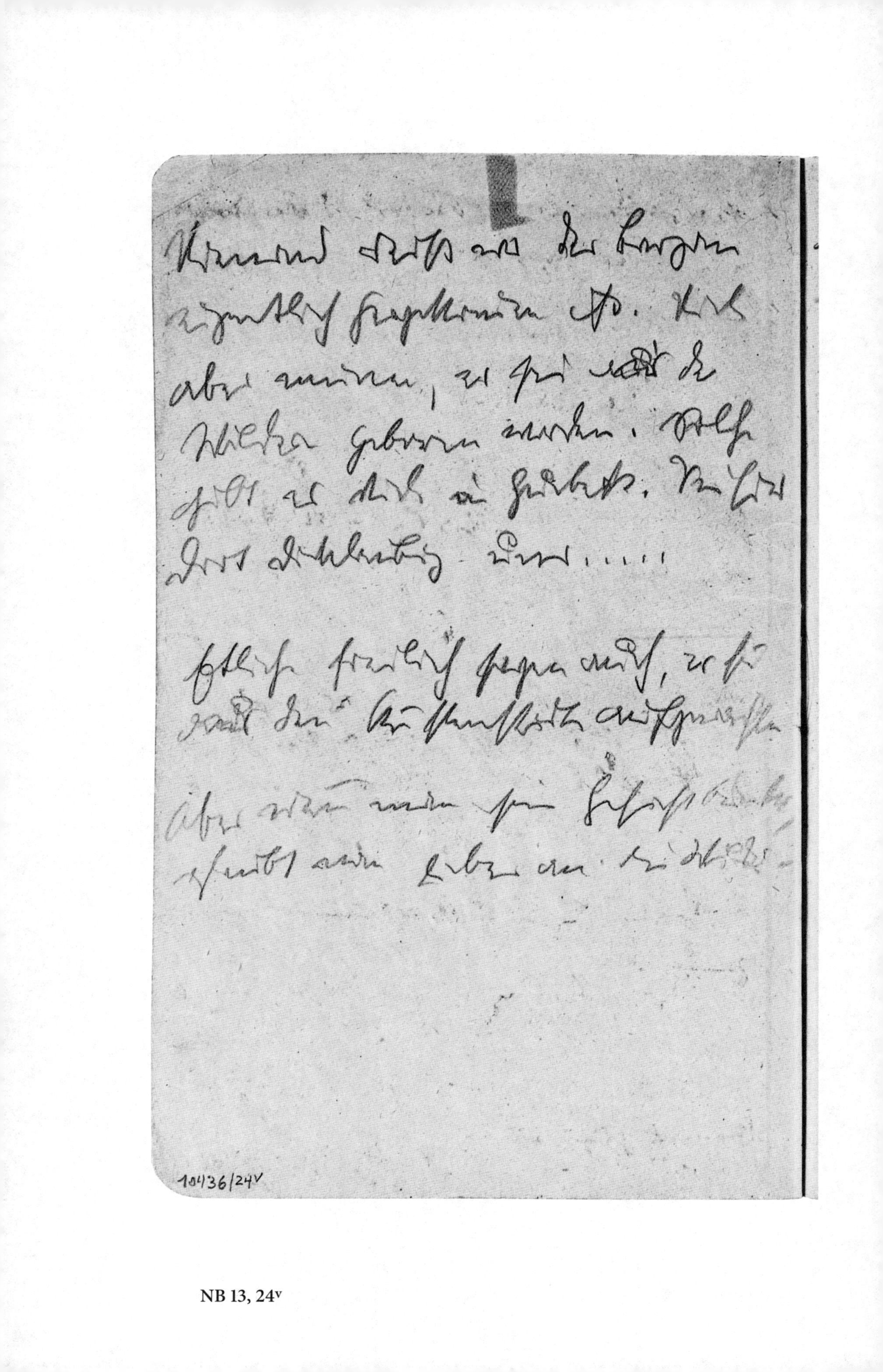

10436/24v

NB 13, 24v

Niemand weiß wo der Bargan
eigentlich hergekommen ist. Viele
aber meinen, er sei [aus]*in* den
Wäldern geboren worden. Solche
gibt es viele [¿]*in* Quebeck. Sie sind
dort dicklaubig und .....

Etliche freilich sagen auch, er sei
[aus]*in* den Küstenstädten aufgewachsen.

Aber wenn man sein Gesicht bedenkt,
glaubt man lieber an die Wälder.

⟨ganze Seite violetter Kopierstift⟩

1) der Bauer 2) der Soldat 3) die Handels-

dame 4) der Kaperer

5) krank bei der Frau

Der Narziß

1

Das violette Licht vom Hofe her
scheint noch um sein Gesicht. Oh es ist blaß.
~~sieht ihm in das Gesicht noch: [er]*es* ist blaß.~~

Man kann noch lesen. Doch es ist schon schwer.

Ein kühles Leuchten schwimmt in dem Gelaß.
durch das

2

Wie wird Maria, dir, wenn du ihn siehst?

Er schließt den Deckel. Taumelt. Ist er blind?

[e]*E*r [schließt den Deckel. Setzt sich]*knöpft die schwarze Hose auf* hin und liest

das weiße Blatt: es duftet nach Absynth.

¿ 3

~~Die Luft erbleicht fast; ach der schwarze Baum~~

~~im Fenster~~

Der schwarze Baum im Fenster steht im Licht.
jenem
daß [[dem]*im*]*am* Papier das Licht verblich
Er schwankt zu viel

¿ Er [s]*d*ichtet weiter <es ist ein Gedicht>

~~sieh nicht hinein Baum!~~

⟨→ 25v.1⟩ verlösche Licht! verlösche! [Er]*ER* liebt [Sich]*SICH*.

⟨überwiegend violetter Kopierstift, teilweise durch Feuchtigkeit verwischt; Z. 11⟩ durch das ⟨, Z. 22⟩ jenem ⟨, Einweisungsbogen und Z. 23⟩ [*im*]*am* ⟨Bleistift⟩

3 5)] ⟨wohl nachgetragen; Balken verrutscht⟩
20 Fenster] ⟨Strich über⟩ s ⟨wohl nicht signifikant⟩
22 daß] ⟨überschreibt u-Bogen von Z. 23⟩ zu

10436/25r

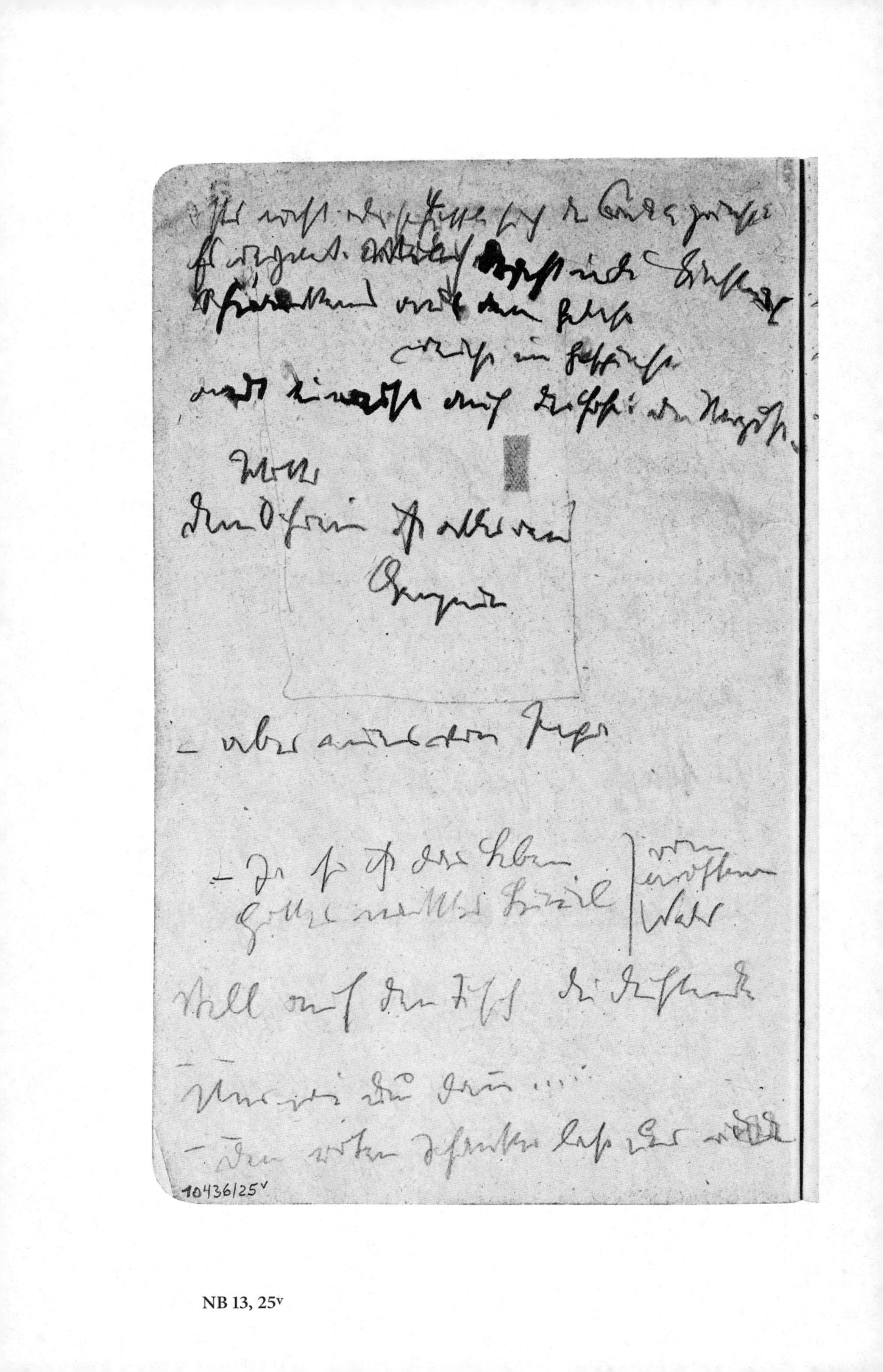

10436/25v

NB 13, 25v

4

⟨25r.26←⟩

Ists nicht als schüttle sich der Baum und grinst?
Es regnet. [Wieder]*Milch* tropft in die Finsternis

Schwankend aus dem Gelaß
weicht ein Gespinst
mit eiweiß auf der Hose: der Narziß.

Motto
Dem Schwein ist alles rein
Gauguin ⟨Paul Gauguin⟩

– aber eines von Papa

– Ja so ist das Leben
Gottes nackter Lümmel

vom
ersoffenen
Wald

Stell auf den Tisch die duftenden
— —
Und wie [er]*du* dann ....
— —
Den roten Schanker laß uns wieder

⟨Z. 1-3, 5-10, 12, 14, 16 violetter Kopierstift, teilweise durch Feuchtigkeit verwischt; Z. 4-11 Rechteck vor den übrigen Notaten eingetragen⟩

22 wieder] ⟨wohl verdeutlicht; vielleicht Änderungsvorgang⟩

Antonius u. Kleopatra

mit Zie*h*harmonika

Der Untergang ¿ des römischen Feldhauptmanns in Ägypthen. Kleopatra, die
[ä¿]*ä*thiopische Schlange! Im 3. Akt eine
Seeschlacht!

Ruhig s[aß]*itz* ich [an]*bei* den Wassern wieder
mit den [G]*g*leichen Tieren wie dereinst
und es fliegen auch die gleichen Lieder
in den Himmel, über die du weinst.

⟨Z. 7-10 violetter Kopierstift⟩
2 mit Zie*h*harmonika] ⟨wohl nachgetragen⟩
3 Feldhaupt-] ⟨Abdruck der Kopierstiftflecken von 25v.3⟩
7 [an]*bei*] ⟨andere Lesart:⟩ [bei]*an*

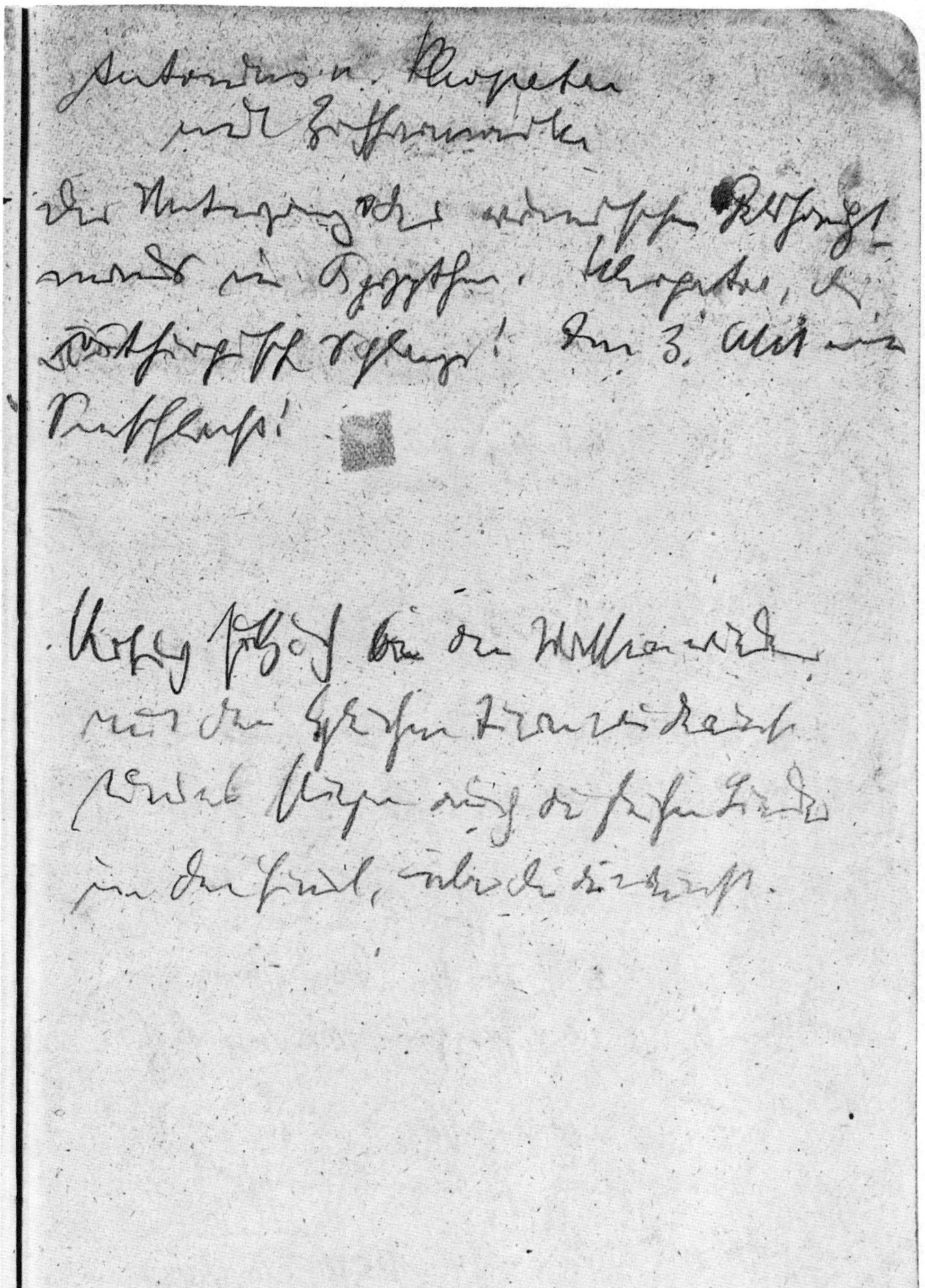

NB 13, 26ʳ

10436/26v

NB 13, 26v

Nicht als ob er [¿¿¿]*von* [d¿]*ge*wissen Künsten dieses Mannes nicht einiges hielte,
aber der Umstand daß der Mann
spätestens 1700 in keiner Form mehr
auf dem Planeten zu sehn war, kühlt
Bronnen doch sehr ab. ⟨Arnolt Bronnen⟩

×

Der kosmopolitische Klub

×

Kalenderballade

Zwar ist meine Haut von Schnee zerfressen
und von Sonne rot gegerbt ist
mein Gesicht.
Viele sagten aus sie kennten mich
nicht mehr. Indessen
ändert sich der gegen Winter ficht.

Sitzt er auch gelassen auf den Steinen
daß der Schwamm ihm auswächst im
Genick
die Gestirne die ihn kühl bescheinen
wissen ihn nicht mager und nicht dick ⟨→ 27r.1⟩

⟨Z. 7-21 violetter Kopierstift⟩

⟨26v.21←⟩ sondern die Gestirne wissen ¿¿¿

–

–

– sitzt er schauernd in der Sonne: ihm ist kalt.

Eine Zeit lang saß er in der Sonne.

Einen Satz sprach er gen Mittag zu.

Gegen Abend spürte er noch Wonne
wünscht:
und braucht nachts nichts mehr

als etwas Ruh

Einst floß Wasser durch ihn durch

und Tiere

sind verschwunden in ihm doch er

ward nicht satt.

⟨überwiegend violetter Kopierstift; Z. 4⟩ sitzt *[…]* kalt.
⟨mit Bleistift nachgetragen; ganze Seite Abdrücke eines herausgerissenen oder vorübergehend eingelegten Blatts⟩

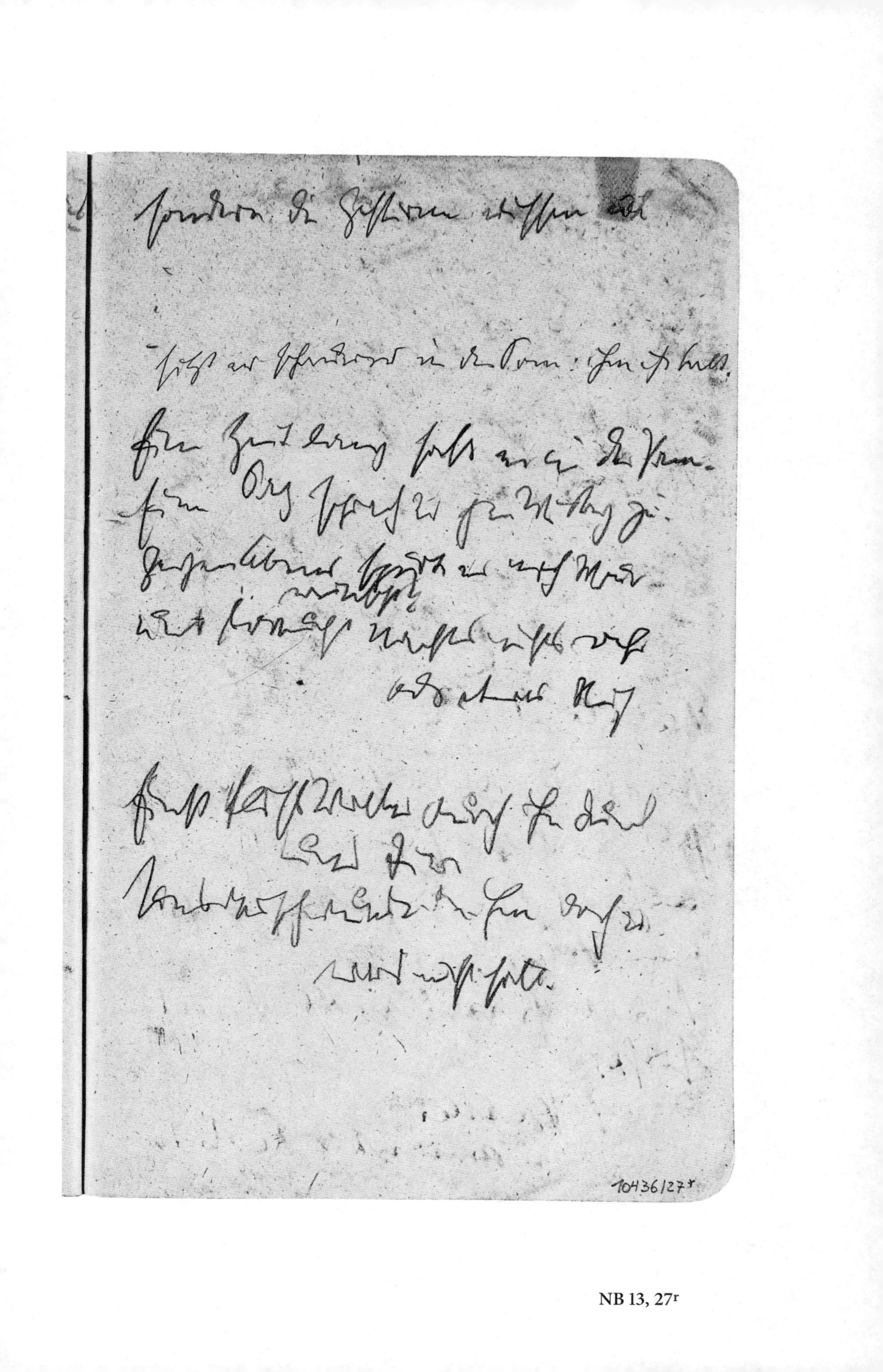

10436/27r

NB 13, 27r

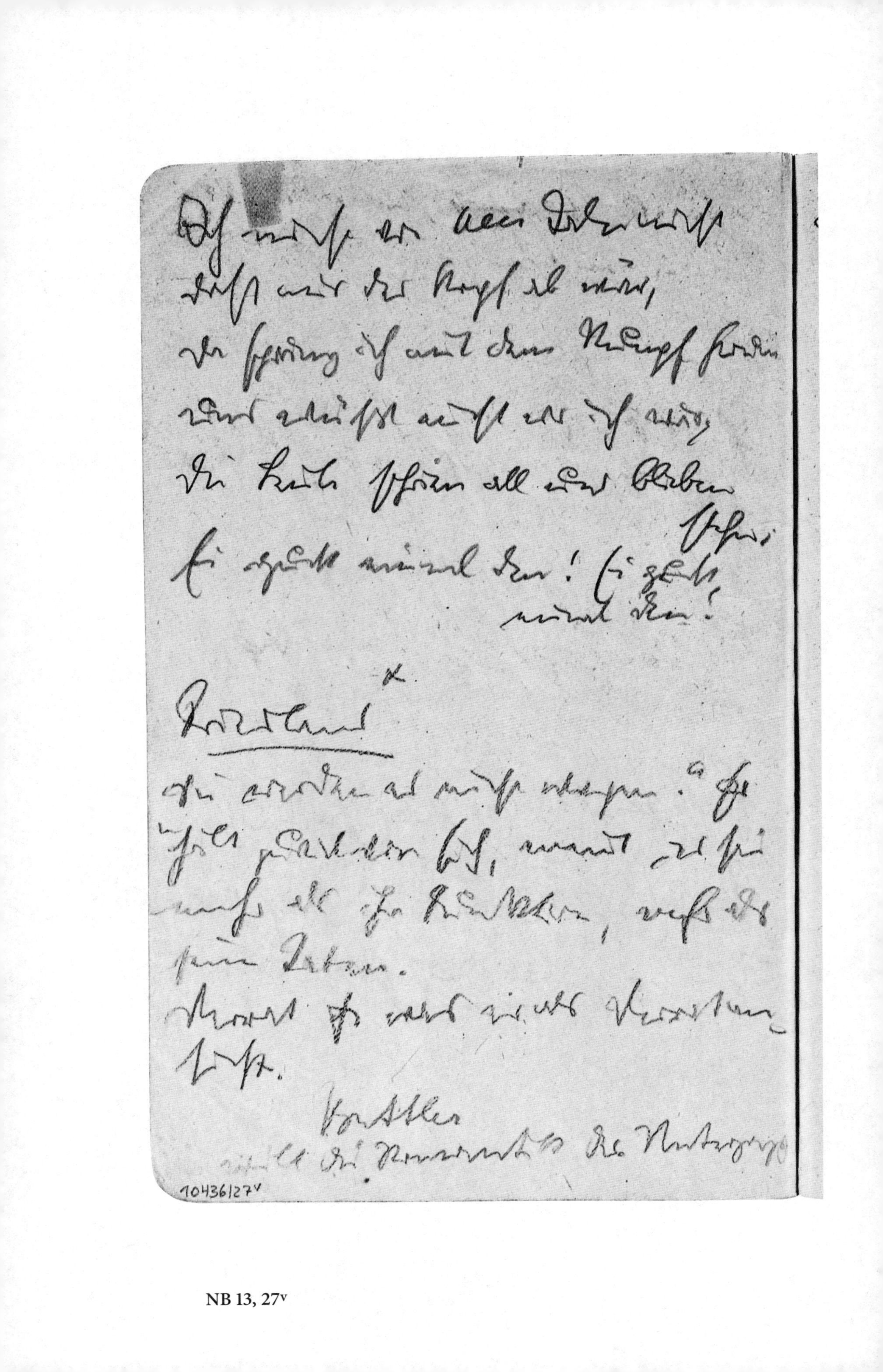

10436/27v

NB 13, 27v

Ich möcht vor Alle Taler nicht
daß mir der Kopf ab wär,
da spräng ich mit dem Rumpf herum
und wüßt nicht wo ich wär[.],
die Leute schrien all und blieben
stehn:
Ei guck einmal den! Ei guck
einmal den!

×

Friedland

„Sie werden es nicht wagen." Er
hält zuviel von sich, meint, er sei
mehr als ihre Funktion, mehr als
seine Taten.
Verrat ist was er als Verrat an-
sieht.

Buttler

will die Romantik des Untergangs

⟨Z. 9-18 violetter Kopierstift⟩
17-18 Buttler *[...]* Untergangs] ⟨vielleicht nachgetragen⟩

er ¿¿¿¿¿. Er muß, der andere soll
ohne zu müssen, ruiniert werden
können.

×

Sein Gestirn[geh], *an* das er glaubt. Er geht
ihm nach, blind, tappend, hellhörig,
dann geht er unter.

×

Er geht weiter nach,
<Die Entsühnung>

⟨ganze Seite violetter Kopierstift⟩

6-7 hellhörig, dann] ⟨andere Lesart:⟩ hellhörig. Dann

9 nach,] ⟨andere Lesart:⟩ nach.

erschöpft. Er merkt, der andere soll
ihn zu ermüden, erdrosselt werden
können.

x

Man hält ihn, [illegible], er glaubt. Er geht
ihm nach, bereit, [illegible] hilfsbereit.
Dann geht er unter.

x

Er geht weiter nach.
»Die Entscheidung«

10436/28r

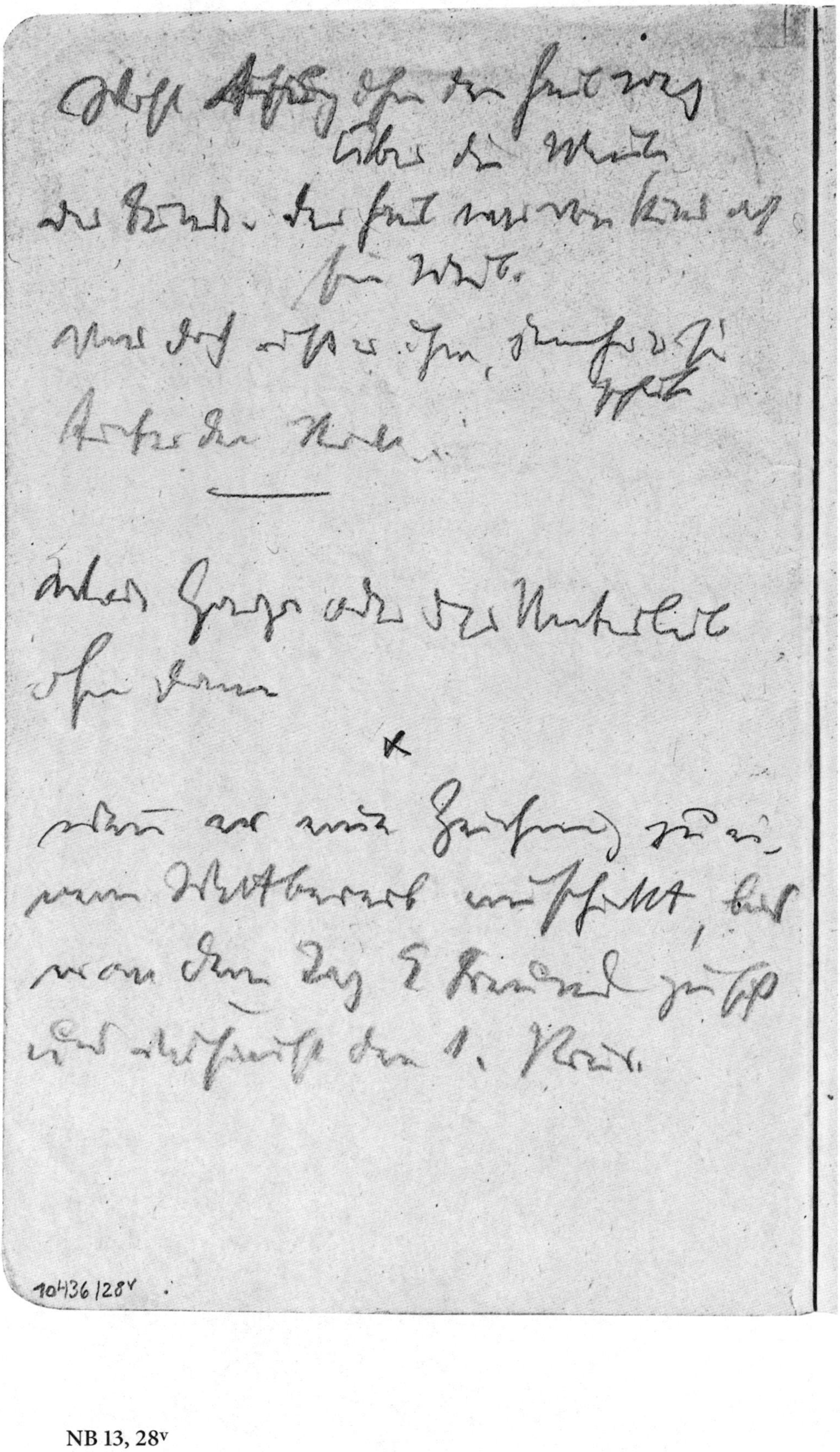

NB 13, 28v

Wohl [riß]*trug* ihn der Gaul weg
über die Meute
der Feinde. Der Gaul war von Kind auf
sein Weib.
Und doch riß er ihm, jemehr er sie
scheute
tiefer den Strick …

Marie Garga oder der Unterleib
ohne Dame

×

wenn er eine Zeichnung zu einem Wettbewerb einschickt, läd
er an dem Tag 2 Freunde zu sich
und versäuft den 1. Preis.

〈Z. 1-10 violetter Kopierstift〉

Kurfürst 20$_3$ ⟨Kurfürstenstraße⟩

Kalscher ⟨Fritz Kalischer⟩

Harden

Kurfürstendamm 223

neben~~n~~ <Schilling> ⟨Konditorei Schilling⟩

NB 13, 29r

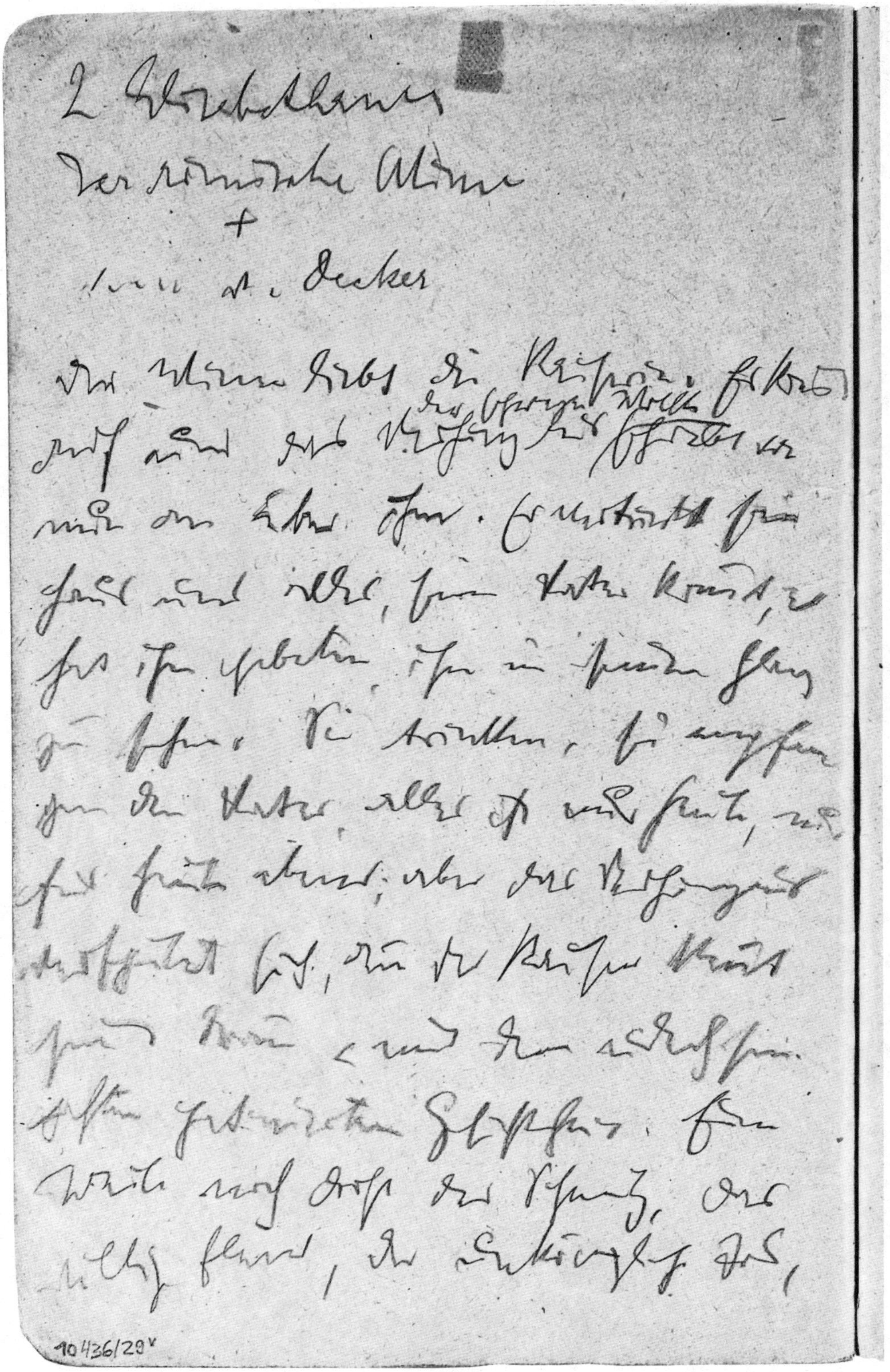

NB 13, 29v

2 Elisabethaner

Der römische Mime

+

/.... v. Decker

Der Mime liebt die Kaiserin. Es kommt auf und das Verhängnis der schwarzen Wolke schwebt von nun an über ihm. Er vertrinkt sein Haus und alles, sein Vater kommt, er hat ihn gebeten, ihn in seinem Glanz zu sehen. Sie trinken, sie empfangen den Vater, alles ist nur heute, nur für heute abend; aber das Verhängnis verspätet sich, denn der Kaiser kennt seine Frau <mit dem eidechsenhaften patinierten Gesichtchen>. Eine Weile noch droht der Schmutz, das völlige Elend, der unkönigliche Tod,

⟨→ 30r.1⟩

⟨danach Doppelblatt 43-44, *NB 14* und Bl. 45-47 eingelegt⟩

⟨29v.18←⟩ aber dann kommt es anders, der
die Konstabler erwartet empfängt
<wie im Traum> den Kaiser,
der Betrunkene verbirgt Trunk
Ruin und Genossen, und nimmt
die letzte Szene, das Duell auf of-
fener Szene <die unerhörte Ehrung>
wie ein erfiebertes Geschenk hin.

×

Die Liebschaft kommt in einer
Gerichtsszene auf.

⟨davor Doppelblatt 43-44, *NB 14* und Bl. 45-47 eingelegt⟩

10436/30r

10436/30v

NB 13, 30v

Enthaltsamkei ist das Vergnügen
an Dingen welche wir nicht kriegen.

Eine Ballade von Männer,
die rauchten, fluchten und
an sich hielten

1) „Ich will nicht sagen daß sie durchkamen, Messieurs,
2) daß sie je wieder jemand begegnet wären davon hat
man nichts gehört
3) etliche sagen sogar, sie wären
durchgekommen
4) wenn sie sich besser umgetan hätten
|| Aber sie lachten

⟨ganze Seite violetter Kopierstift; Bl. 31r unbeschrieben; Ziffern Z. 7, 9, 12, 14 wohl nachgetragen⟩
3 Ballade] ⟨Balken des⟩ B ⟨verrutscht⟩

10436/31v

NB 13, 31v

Komoedie
Kaisch
vom Impotenten, der feist wie
der Hofmeister, kahl, schwarz ist.
Schullehrer. Wälder draußen,
Tannenholz, Papier. Die 2 Weiber,
der Schwager. Die Männer boxen
im Salatgarten; dem Schwager werden die Eier eingetreten. Inzwischen
vögeln die Weiber in der Kammer.
Schlußtableau: Abendessen. Alle
bis auf den Kaisch[:], der
frißt: keinen
Apetitt.

⟨Z. 1⟩ Komoedie ⟨, Z. 3-5⟩ vom *[…]* Schullehrer. ⟨violetter Kopierstift; unteres Blattviertel herausgerissen; Bl. 31r unbeschrieben⟩

10 Kammer] ⟨Balken des⟩ K ⟨verrutscht⟩
11 Abendessen.] ⟨unter dem Punkt bräunlicher Fleck⟩
12 Kaisch[:], der] ⟨andere Lesart:⟩ Kaisch[:] *der*

Steglitz 853

⟨Anni Mewes⟩ Mewes

⟨Hans Carl Grandke⟩ Grandke

Bergstr. 4

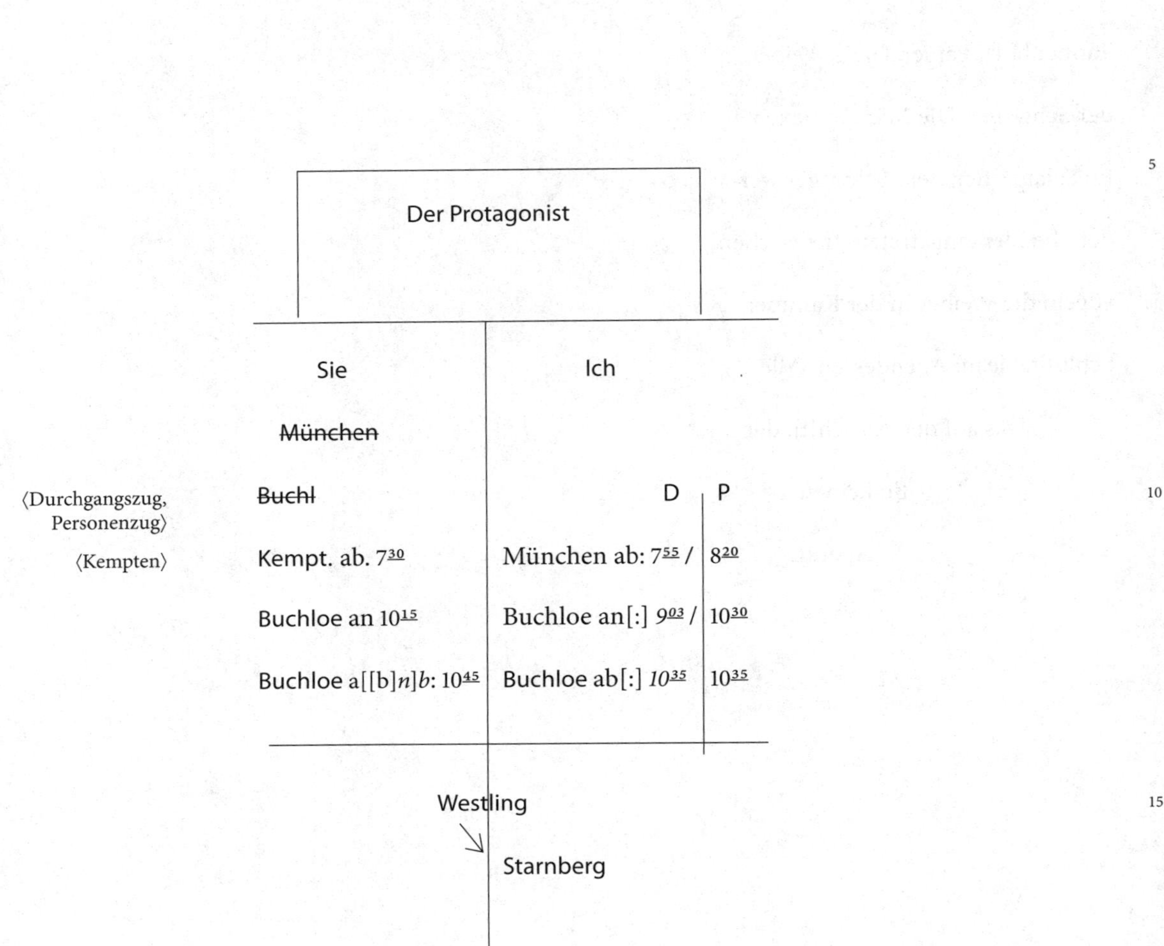

Der Protagonist
Sie
Ich
~~München~~
⟨Durchgangszug, Personenzug⟩
~~Buchl~~
D
P
⟨Kempten⟩
Kempt. ab. $7^{\underline{30}}$
München ab: $7^{\underline{55}}$ / $8^{\underline{20}}$
Buchloe an $10^{\underline{15}}$
Buchloe an[:] *$9^{\underline{03}}$* / $10^{\underline{30}}$
Buchloe a[[b]*n*]*b*: $10^{\underline{45}}$
Buchloe ab[:] *$10^{\underline{35}}$* $10^{\underline{35}}$
Westling
Starnberg

⟨Z. 2-3 mit Kopierstift nachgetragen; Z. 10-14 vertikaler Strich rechts verdeutlicht⟩

8-10 Sie *[…]* ~~Buchl~~] ⟨Eintragungsfolge: 1.⟩ Sie Ich ⟨2.⟩ München \ Buchl ⟨3. Streichung von⟩ München \ Buchl ⟨und Verdeutlichung von⟩ Sie Ich

Steglitz 883 Werner Grundtn

Bergstr. 4

Der Protagonist

Hin	Rück
Kempt. ab. 7 30	München ab: 7 / 8 30
Buchloe an 10 15	Buchloe ang. / 10 30
Buchloe abb: 10 45	Buchloe ab 10 35 / 10 3

Westling

→ Herrsching

10436132r

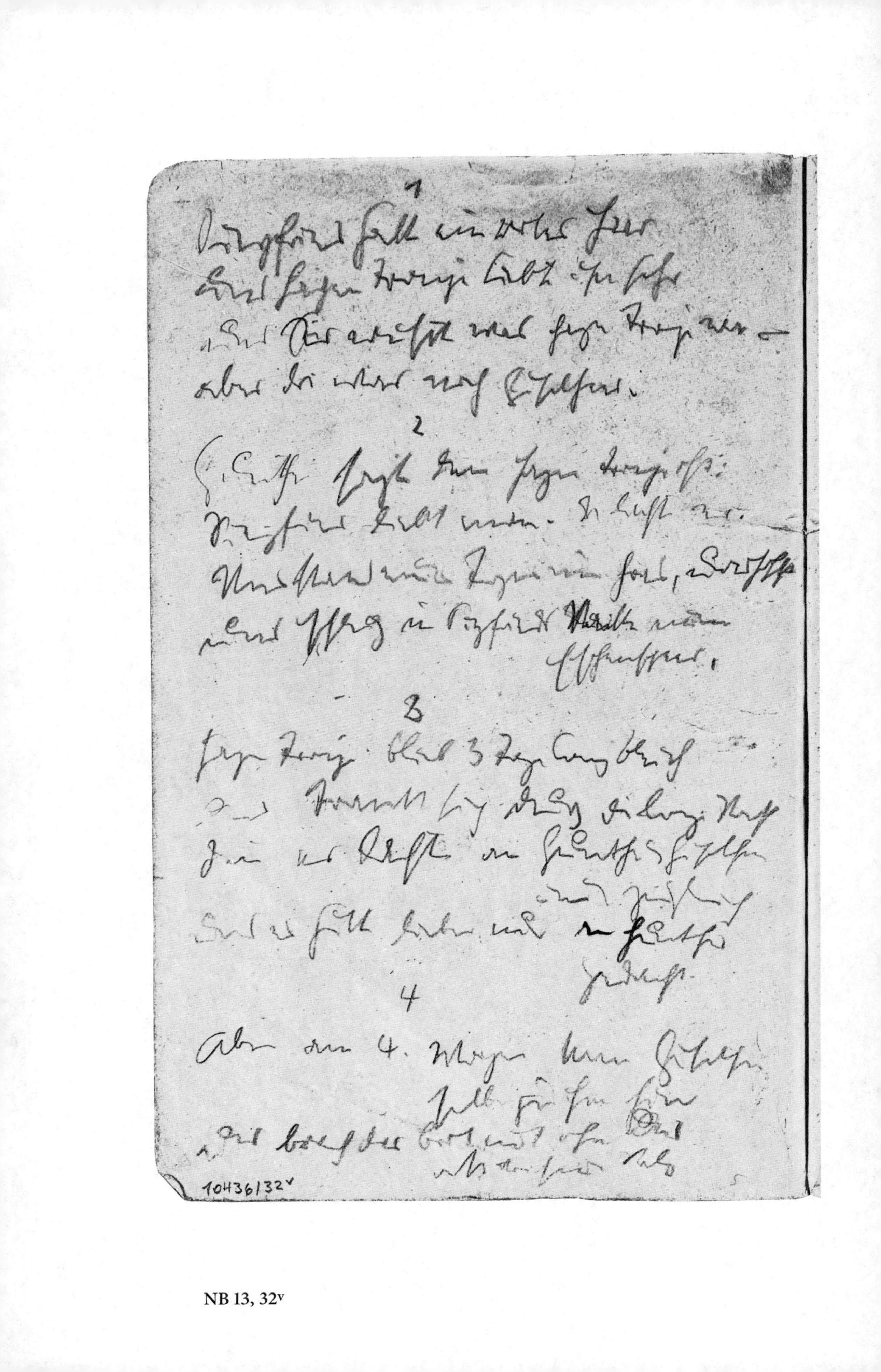

1

2

3

4

10436/32v

NB 13, 32v

1

Siegfried hatte ein rotes Haar
und Hagen Tronje liebte ihn sehr
und [sie]*er* wußte was Hagen Tronje war –
aber da war noch Giselheer.

2

Gunt*h*er sagte dem Hagen Tronje oft:
Siegfried liebt man. Da lachte er.
Und stand eines Tages im Gras, unverhofft
und schlug in Siegfrieds [Rüc]*Nack*en einen
Eschenspeer.

[2]*3*

Hagen Tronje blieb 3 Tage lang bleich
und trank sich durch die lange Nacht
denn er dachte an Gunther und Giselheer
immer zugleich
und er hätte lieber nur an Gunther
gedacht.

4

Aber am 4. Morgen kam Giselheer
selber zu ihm hin
und brach das Brot mit ihm und
und aß von seinem Salz ⟨→ 33r.1⟩

⟨Z. 15-23 violetter Kopierstift; Z. 1, 6, 12, 19 Ziffern vielleicht nachgetragen⟩

⟨32v.23 ←⟩ und sprach von Weiber und
Pferden mit dem Kinn.
Da ging dem Hagen Tronje wild der
Wind an seinen Hals.

———

Und ich bat, es möchte mir
ein gut Wort gegeben werden
daß ich als ein gutes Tier
geh von einer guten Erden.

⟨Z. 1-4 violetter Kopierstift⟩

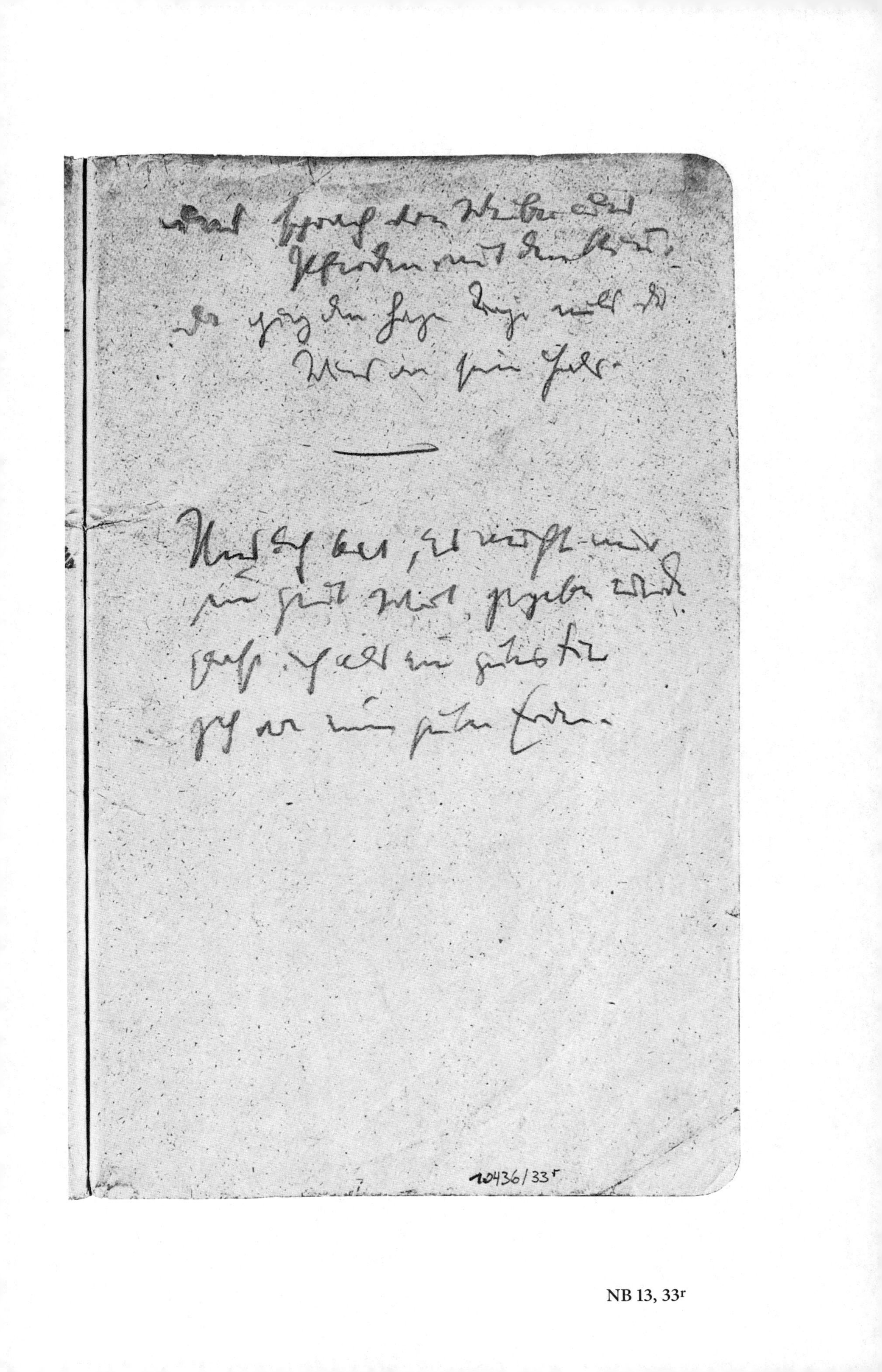

10436/33r

NB 13, 33r

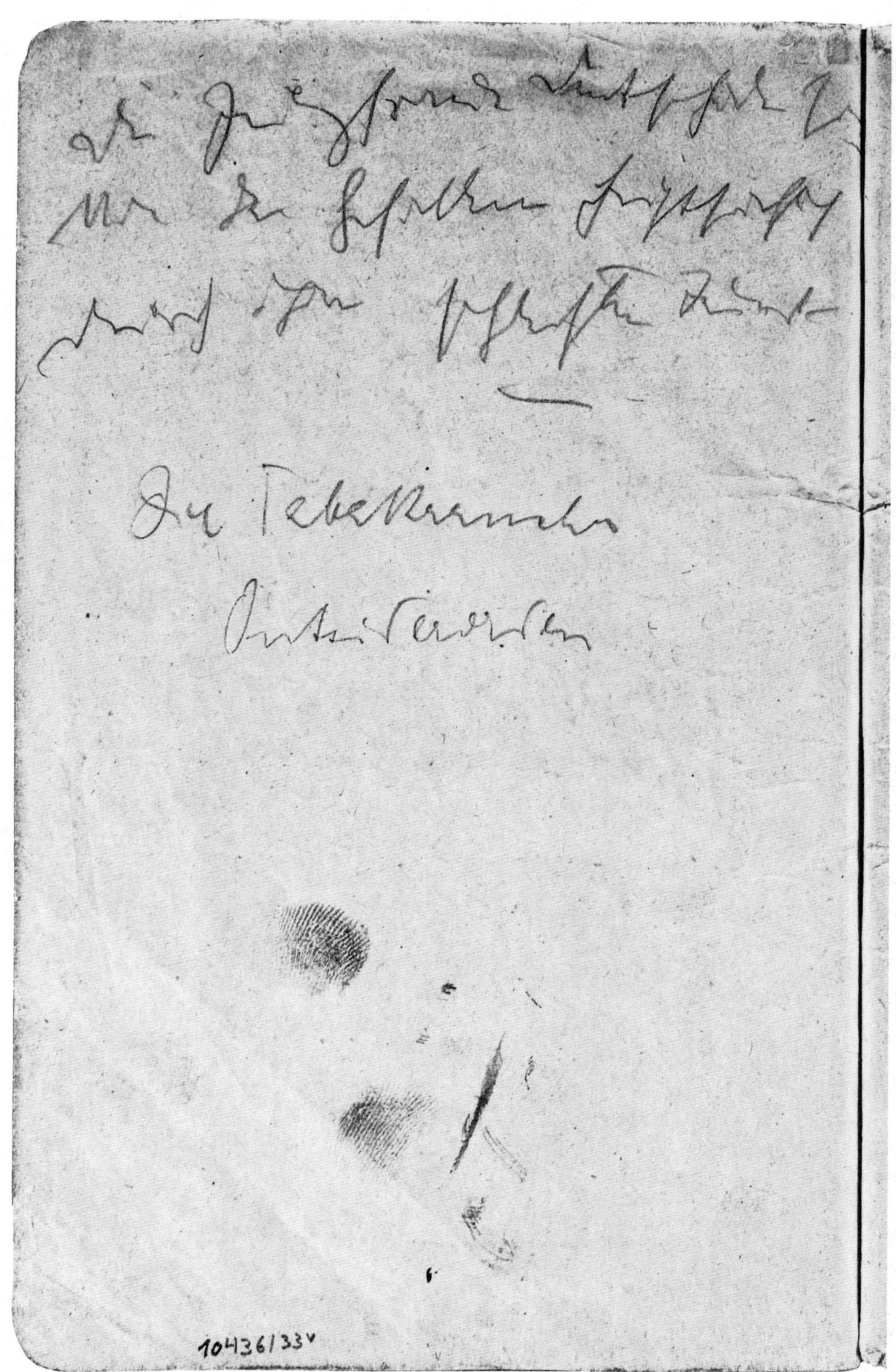
10436/33v

NB 13, 33v

Die Jungfrauen [e]*u*ntscheiden sich

von den Gefallenen hauptsächlich

durch ihren schlechten Teint –

———

Die Tabakraucher

Outsiderorden

1 [e]*u*ntscheiden] ⟨Änderung zu⟩ unterscheiden ⟨nicht zu Ende geführt⟩

⟨Erwin Faber⟩ 31422 Faber

⟨Blandine Ebinger⟩ 20416 Ebinger

Chausseestr. 59

NB 13, 34r

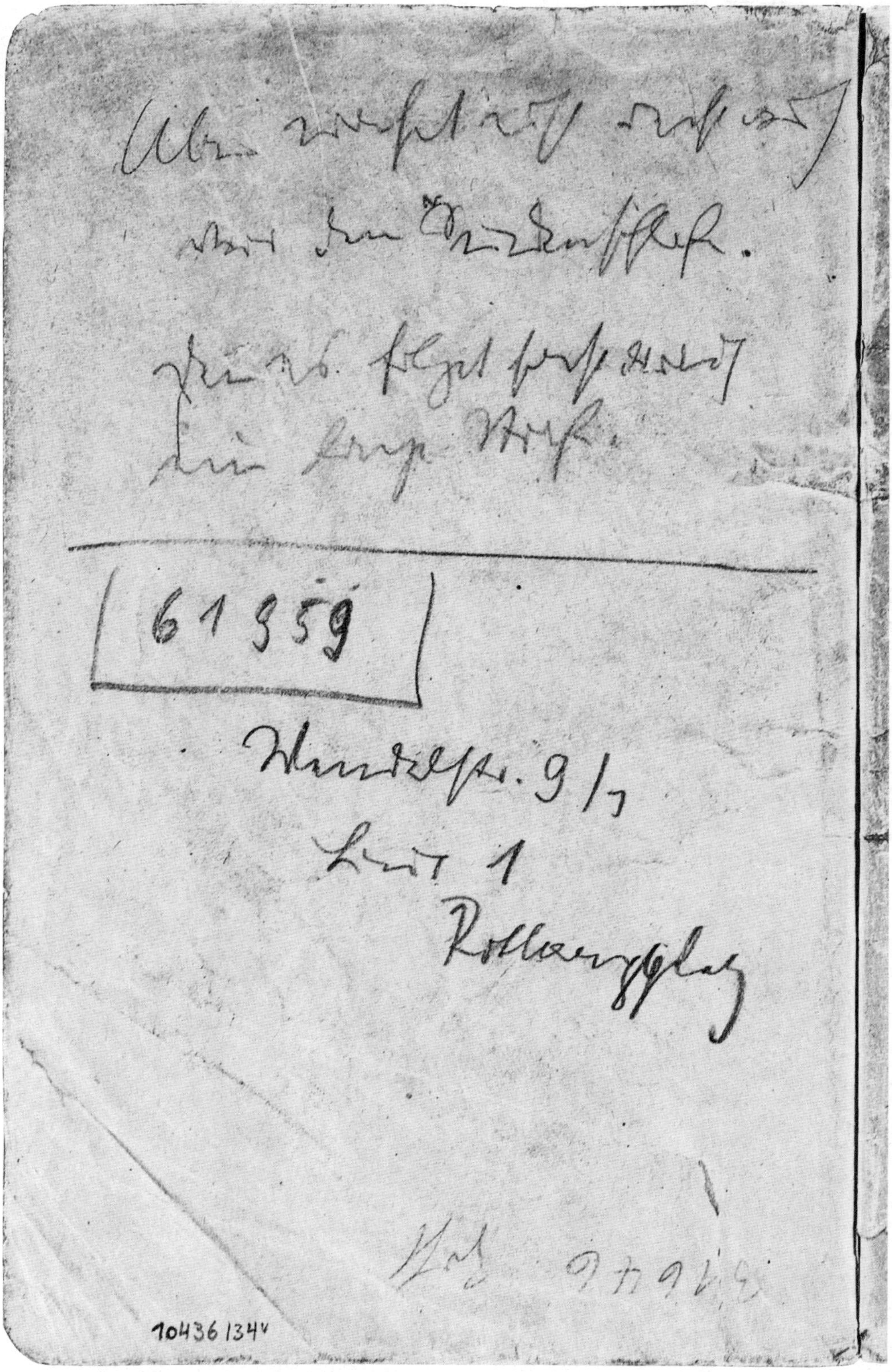

NB 13, 34v

Aber wachet erst recht auf

von dem [¿]Sündenschlafe.

Denn es folget sonst darauf

eine lange Strafe.

61959

Wendelstr. 9/1

Linie 1

Rotkreuzplatz

31646 Zoff ⟨Otto Zoff⟩

2 vor] o ⟨wohl verdeutlicht; vielleicht Änderungsvorgang⟩
2 ¿] ⟨mögliche Lesart:⟩ v ⟨als erster Ansatz für⟩ vor

München ab 6^{15}

Augsburg " 6^{45}

Ich habe ihre Herzen
genossen

genießen – erobern

Der Verrat: er tat [ein für]*einmal* nicht
das Richtige. Er ließ sich
durch Schimäre weglenken
vom realen Leben.
Er überschätzt sich
verrät sich

⟨Z. 1-9 violetter Kopierstift⟩

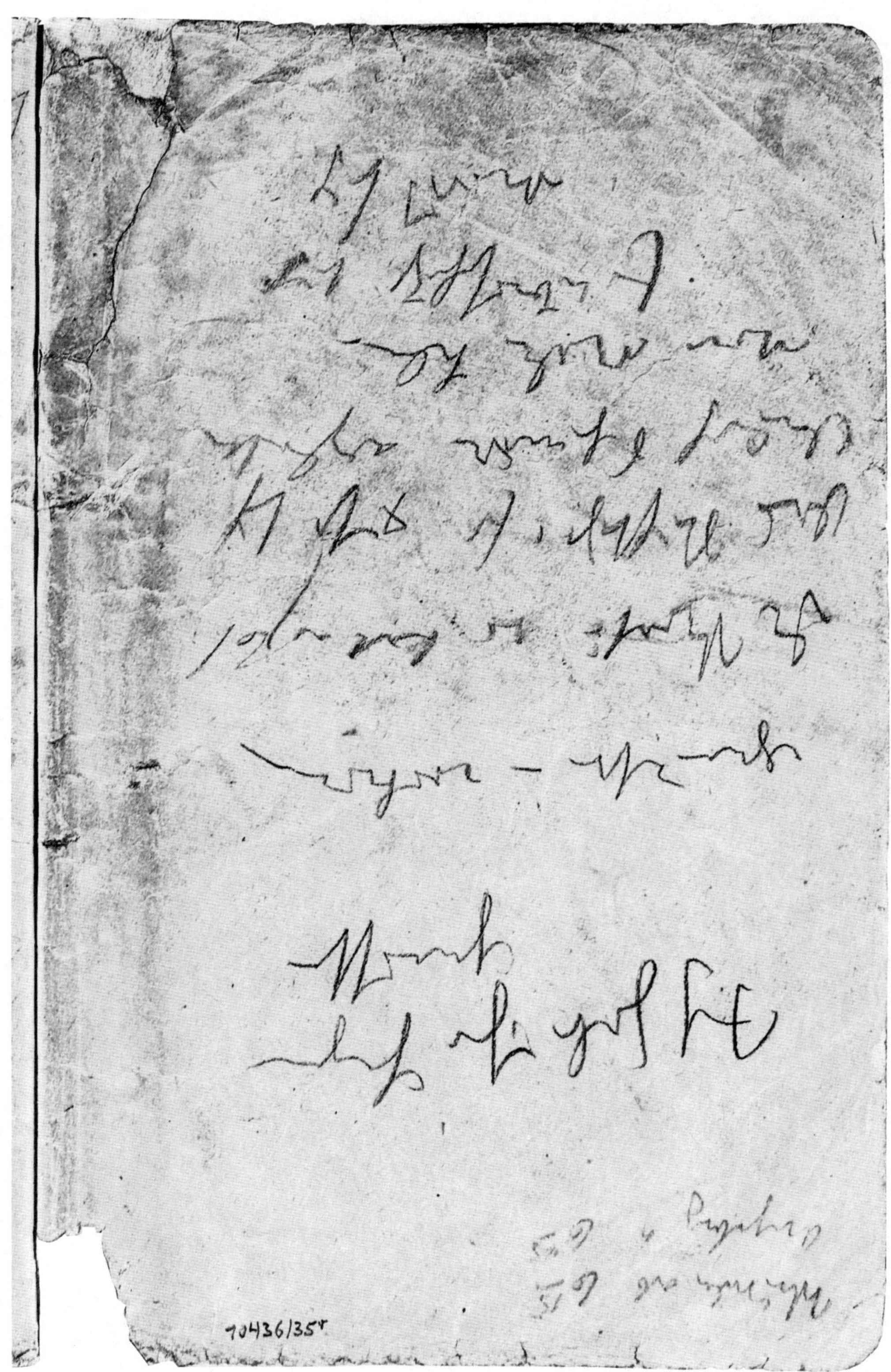

NB 13, 35r

NB 13, 35v

Weitbrecht ⟨Oda Weitbrecht⟩

Heinrich 7 ⟨Heinrichstraße⟩

Nürnberger 41 ⟨Nürnbergerstraße⟩

Gartenhausatelier

Olga Woyen

⟨Bl. 35^{v} und 36^{r} in Blattmitte Fingerabdruck violetter Kopierstift; Bl. 36^{r} unbeschrieben⟩

NB 13, 36v

Pfalzburg

1[¿]643

D¿a¿

Kurfürst 3014

Weg

⟨Paul Wegener⟩

Mariendorf

Poststt.

⟨Poststelle⟩

Eikoatelier

Marienfelde

9h

Spinett modern

Buchinhaltfoto

⟨Bl. 36r unbeschrieben⟩

7 Poststt.] ⟨unter Punkt Papierfehler⟩

Kupferne Berge + ein schwarzer
Himmel

×

geölte [G]Schenkel

×

Elektrizität des Knies

⟨untere Blatthälfte Zeichnungen violetter Kopierstift⟩

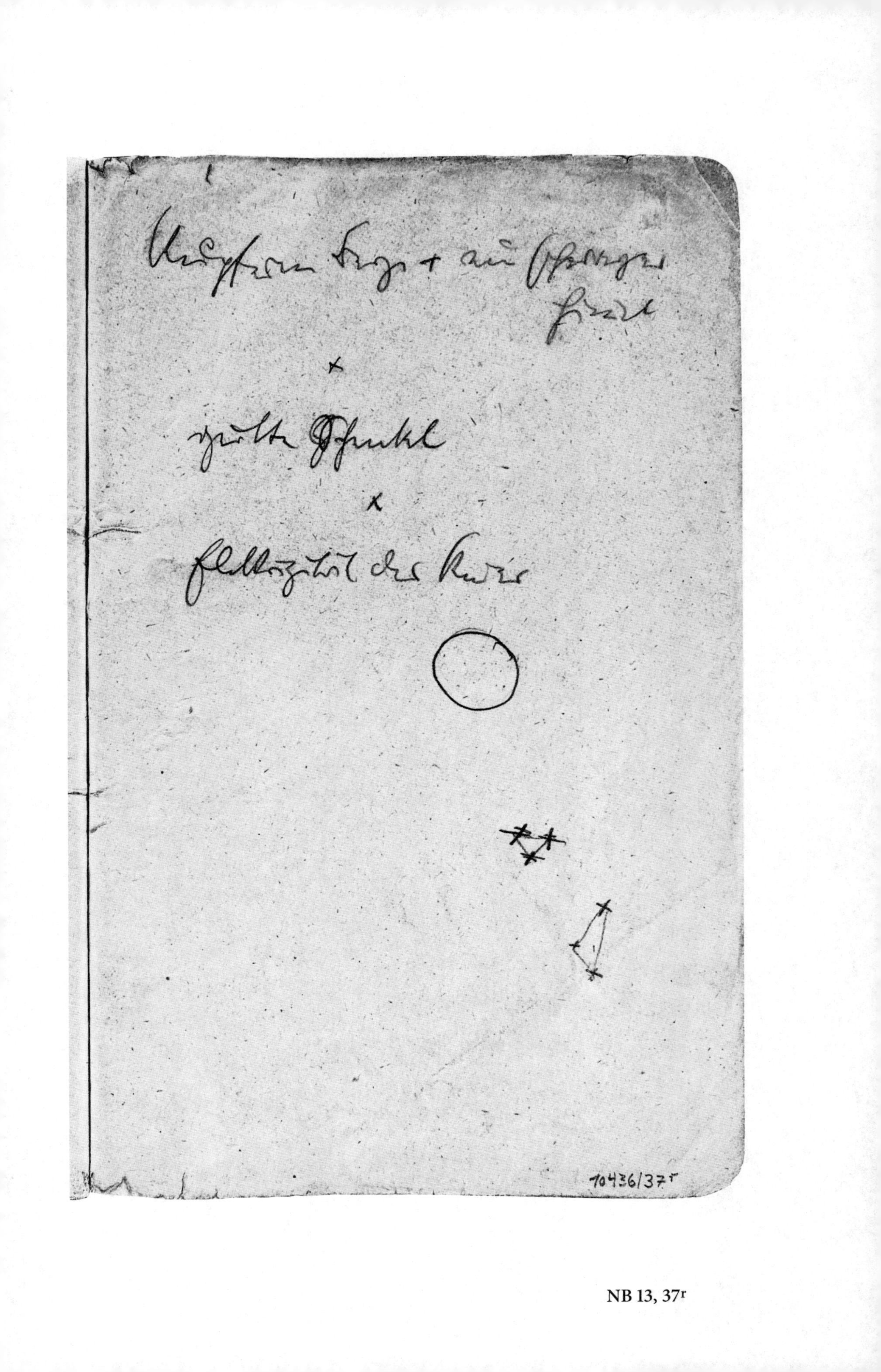

10436/37r

NB 13, 37r

NB 13, 37v

Hanne Sauer

Große Frankfurter 20 ⟨Große Frankfurter Straße⟩

⟨Bl. 38r unbeschrieben⟩

[illegible] 153 70 [illegible]

Lehmann

Steglitz 853

[illegible]

Wendler 14

Hamburger 25

[illegible]

7 10 Anhalt

10436/38v

NB 13, 38v

Baum

Zentrum 15370

Gartenbank

Li*e*bmann

Steglitz 853

Mewes ⟨Anni Mewes⟩

[W]*B*endler 14 ⟨Bendlerstraße⟩

Bamberger 25 ⟨Bamberger Straße⟩

Englischer

$7^{\underline{10}}$ Anhalt

Hof

⟨danach Doppelblatt 48-49 und Bl. 50 eingelegt; Z. 10, 12 und Einrahmung violetter Kopierstift, vor Z. 8, 9, 11 eingetragen; Bl. 38r unbeschrieben⟩

Es trübt ihm den Kaffee

Die fahrbaren Häuser, die einstürzen.

8 Händebestechung: Schwingung dreht

Hahn.

⟨Franz-Joseph-Straße⟩

Franz Josef 23

⟨davor Doppelblatt 48-49 und Bl. 50 eingelegt⟩

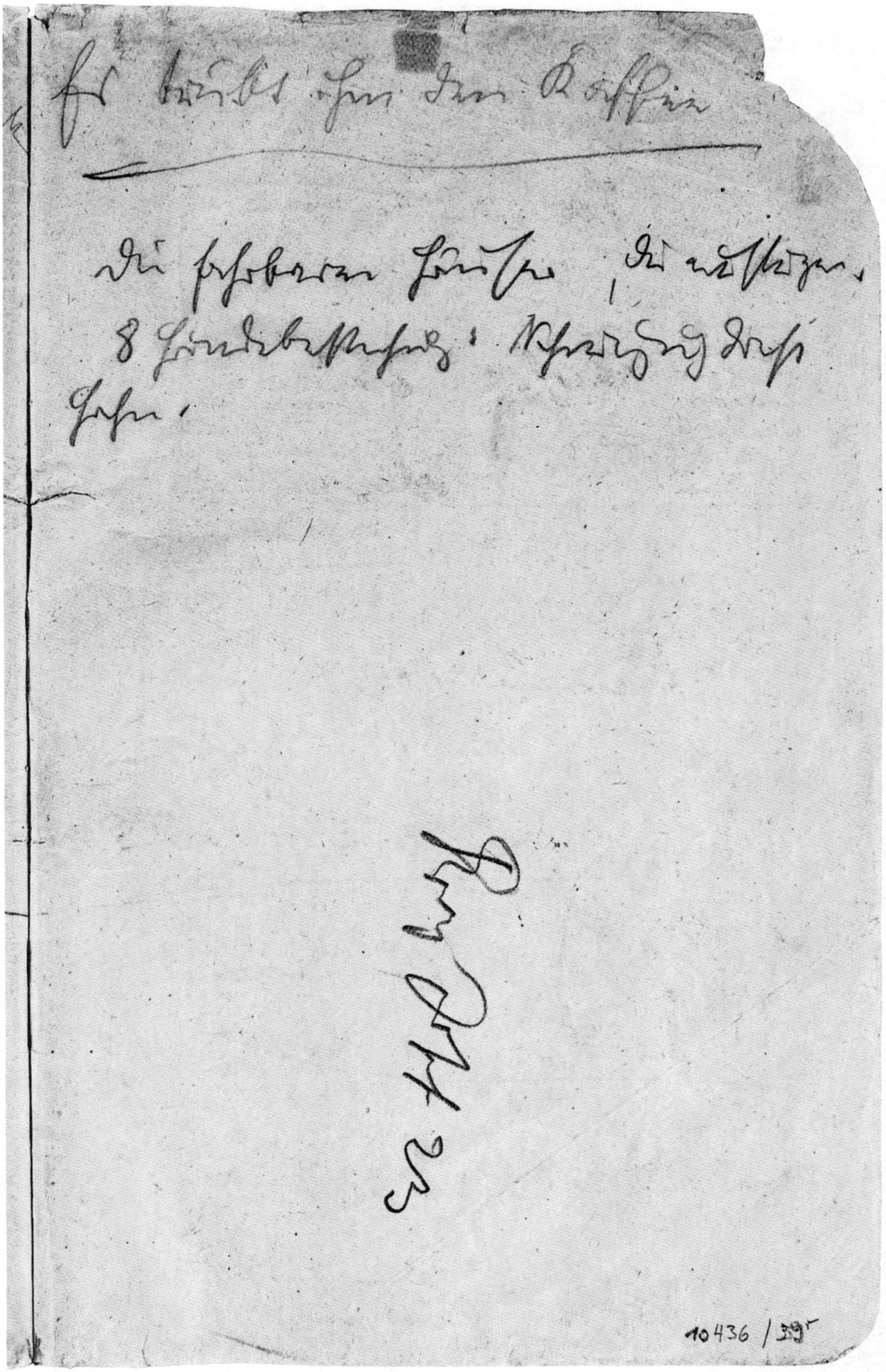

NB 13, 39r

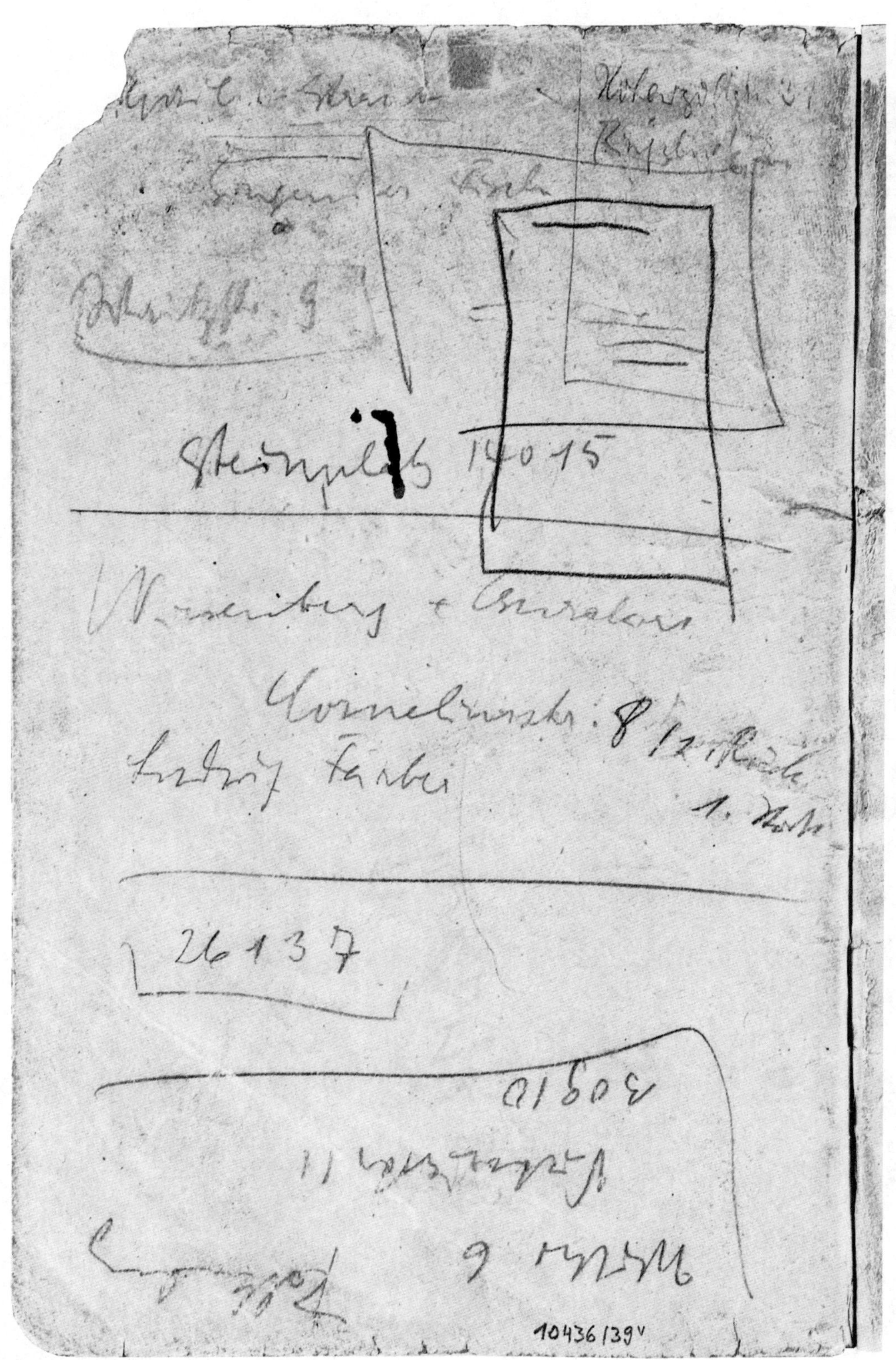

NB 13, 39v

Hohenzollern 31 ⟨Hohenzollernstraße⟩

¿¿ April ¿ Straub ⟨Agnes Straub⟩

Ringelnatz ⟨Joachim Ringelnatz⟩

Singender Fisch

¿

Waitzstr. 9

Steinplatz 14015

Wiesenberg + ¿¿¿¿¿¿

Corneliusstr. [1]*8* / 2. Rück ⟨Rückgebäude⟩

Ludwig Färber 1. Stock

26137

30910

Victoriastr 11

Miller 6

Falkenberg ⟨Otto Falckenberg⟩

⟨danach Bl. 51-52 eingelegt; alle Rechtecke außer Z. 8-10 sowie horizontale Striche zwischen Z. 6 und 10 mit Kopierstift, erst nach den Notaten Z. 1-15 eingetragen⟩

Choräle!

Barerstr. 47/I	
Wü	Seitz

⟨Heinrich George⟩ George Nowawes 337

⟨Hans Heinrich von Twardowski⟩ Twardo [R]Südende 950

Meßterfilm Kleines V

⟨davor Bl. 48-50 eingelegt⟩

1 Choräle] ⟨wohl ä-Trema über e verrutscht⟩

7 Südende] S ⟨verdeutlicht; vielleicht Änderungsvorgang⟩

Barerstr. 47/I

Seitz

950

10436/40r

NB 13, 40r

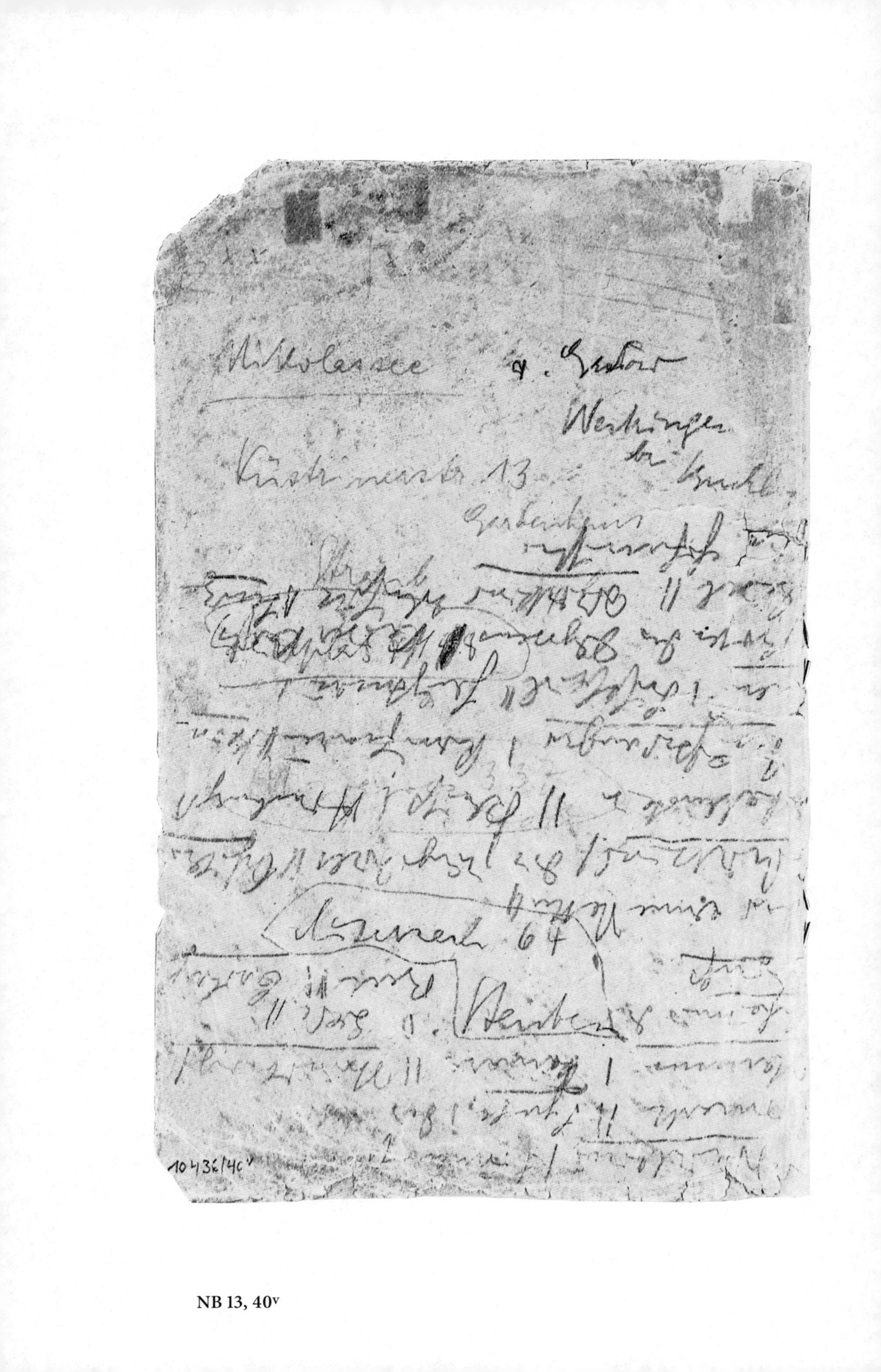

NB 13, 40v

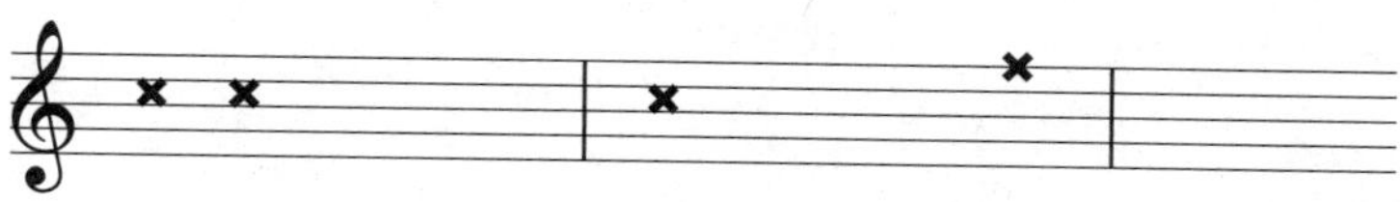

Nikolassee v. Gadow ⟨Hans Jürgen Gadow⟩

Westringen

Küstrinerstr. 13

bei Buchloe

Gartenhaus

Straub ⟨Agnes Straub⟩

Steinplatz 4148

Nowawes 337

Eisenach 64 ⟨Eisenacher Straße⟩

Steuben ⟨Hertha Steuben⟩

Wedekind / Sommerfest

Bismark // Synge, / Der Held

Hamsun / [Kö]*Tamara* // Strindberg /

Geheimnis der // Gilde //

Brecht Baal // Barlach

Der arme Vetter //

Wedekind / Die junge Welt // Schiller

Wallenstein // Kleist / Homburg //

Feuchtwanger / Kaufmann // Bron-

nen / Lustspiel // Hauptmann /

Bogen des Odysseus / Kaiser Karls

Geisel // Wedekind Musik // Lenz

Der Hofmeister

⟨Eintragungsfolge: 1. Eintragungen mit Bleistift in Hauptschreibrichtung und Z. 10, 14 Einrahmungen, 2. Eintragungen bei umgekehrtem Notizbuch, 3. Z. 18-20 Einrahmung von⟩ Eisenach 64 \ Steuben ⟨4. Z. 2, 3, 5 mit violettem Kopierstift⟩

Eingelegte Blätter

vielleicht
Sind sie in den Septemberwinden

im roten Blattwipf? Oder unterm

Schnee?

Abgestorbenen

Gänse flug

Nierenleiden

Unterleibskrank

Tannenholz

Die rote Sonne intus

Sie liegen in Leder

Jahre wie Gänse

fliegen

sind sie denn
Aber wir sind der Rauch [der]*auf*stieg[.]?

⟨Doppelblatt 41-42 zwischen Bl. 10 und 11 überliefert; Bl. 41v-42r unbeschrieben⟩

15-11 Sie *[…]* aufstieg?] ⟨erst nach den Eintragungen auf Bl. 42v notiert⟩

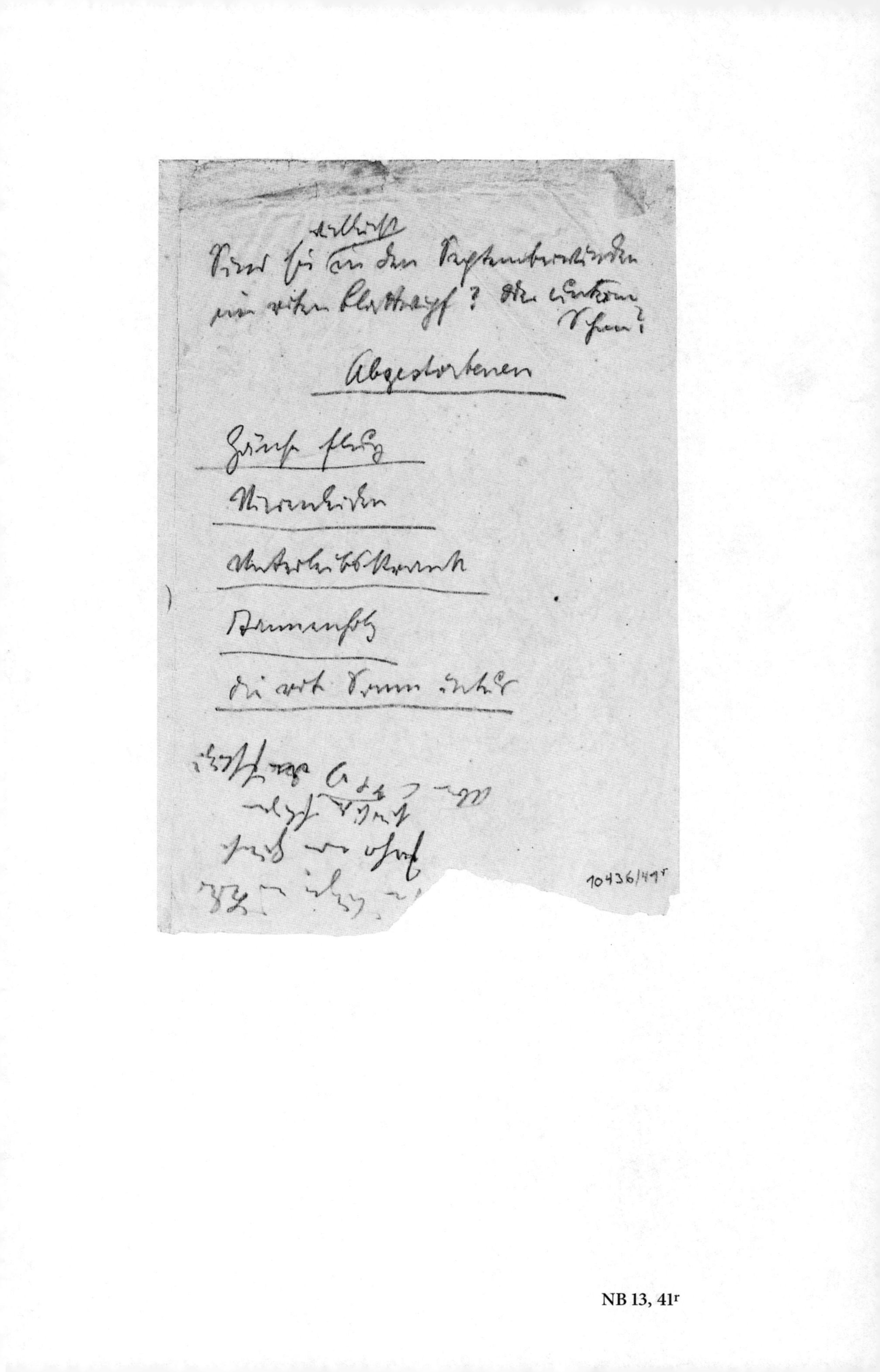

Abgestorbenen

10436/42v

NB 13, 42v

⟨Kapitel⟩

Kap. 2
In den Tempeln wie in
Futteralen
/ – – /
stecken die Götter vo[n]*m* Ja de si
noch
ihre morschenden Gläubigen zahlen
nicht mehr das talg für die
Opferschalen
und nicht den Rauch für
das fangende Loch

⟨Doppelblatt 41-42 zwischen Bl. 10 und 11 überliefert;
41v-42r unbeschrieben⟩

1 fangende] f ⟨verdeutlicht⟩

4 talg] ⟨andere Lesart:⟩ salz

¿¿¿¿¿¿¿ ¿

⟨vormittags⟩ Sonntag vorm. 11^h

⟨ethnographisches⟩ etnograph. Museum

Hofgarten

2^{15} – 4
Immre Müller
⟨chemischer Kurs⟩ chem. Churs

Barerstr. 47/1

Seitz

⟨Doppelblatt 43-44 zwischen Bl. 29 und 30 überliefert; Bl. 43^v-44^r unbeschrieben⟩

4 Hofgarten] ⟨t-Strich verrutscht⟩

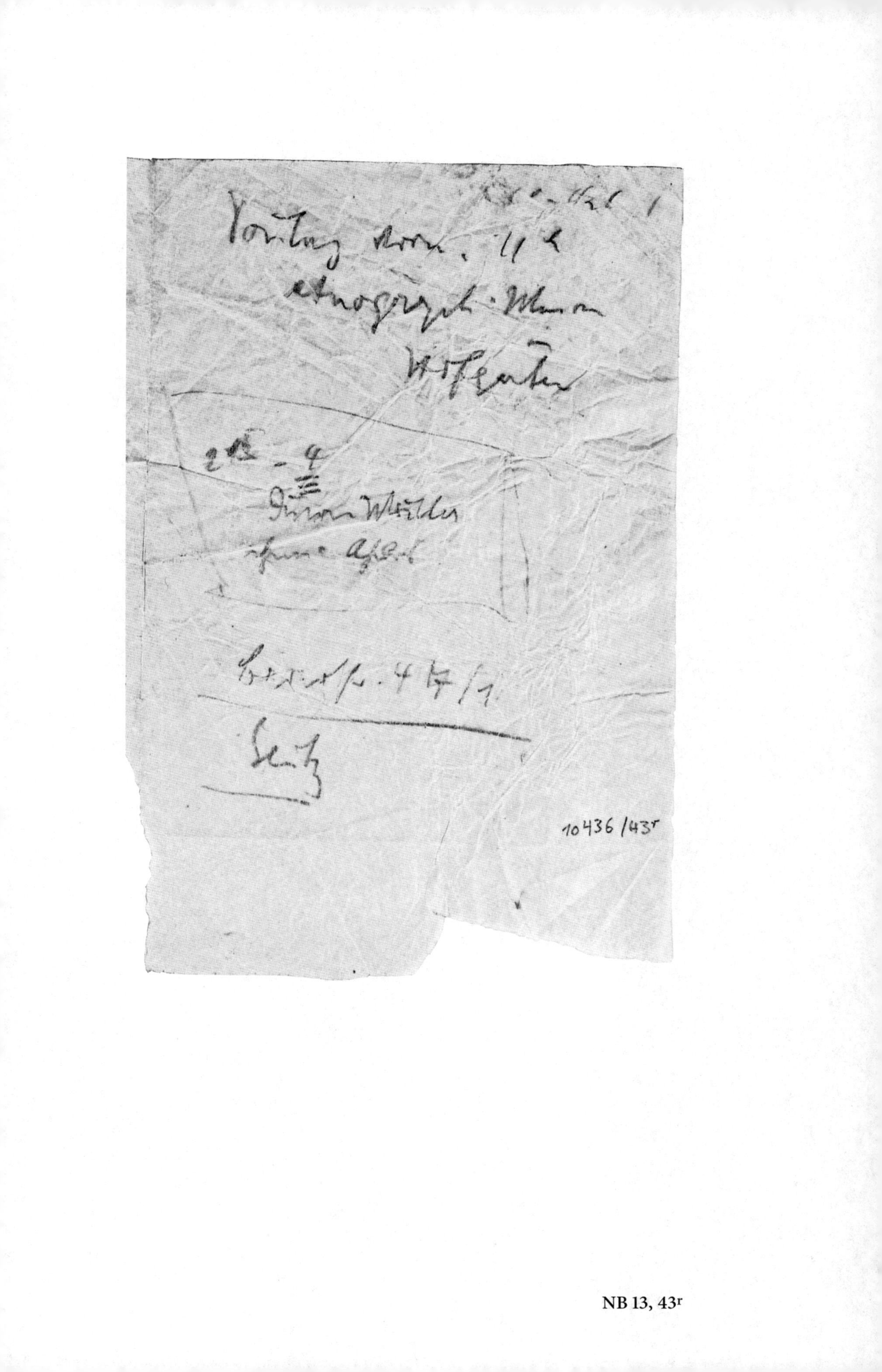

10436/43r

NB 13, 43r

Usance

Refunding

Bankel

10436/44v

Chiemsee

Ri~~e~~msding

[G¿]*Pr*ankl

⟨Doppelblatt 43-44 zwischen Bl. 29 und 30 überliefert;
Bl. 43v-44r unbeschrieben⟩

Sie

sanken noch lang durch milde

Luft

Sie

sahn nicht nach oben in retten-

de Masten

Über ihnen war nichts und sie

sanken durch Luft, die war mild.

×

Die in den Mastkörben saßen der

untergehenden Schiffe

Glückliche, hörten die Schreie der

hier ersaufenden noch –

Sie waren noch unberührt, sie hatten

nichts mehr zu tun –

sie konnten noch immer hinab-

sinken.

⟨zwischen Bl. 29 und 30 überliefert⟩

10436/45r

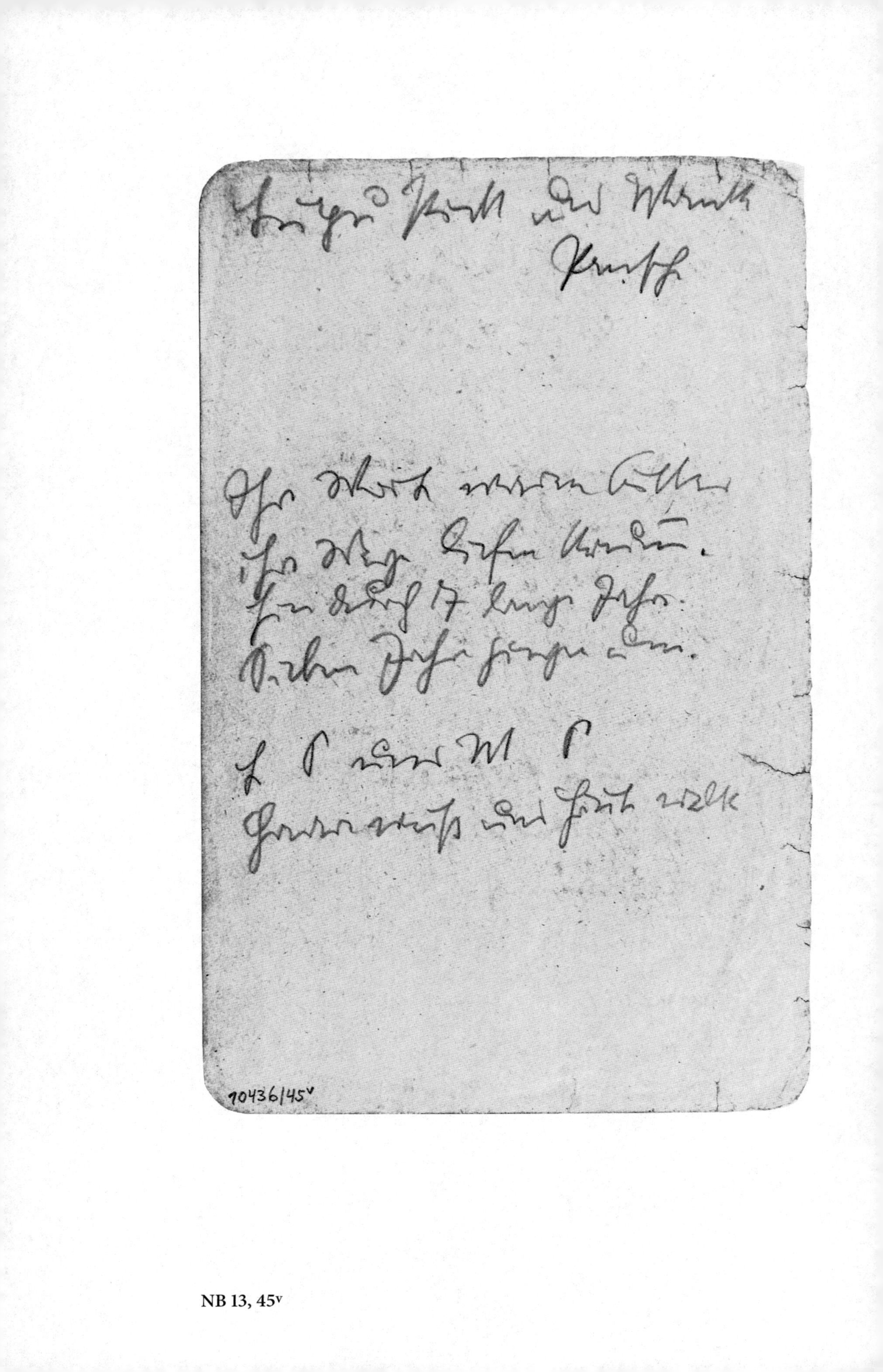

NB 13, 45v

Lupu Pick und Manke

Pansche

Ihre Worte waren bitter

ihre Wege liefen krumm.

Hin durch 7 lange Jahre.

Sieben Jahre gingen um.

L P und M P ⟨Lupu Pick und Manke Pansche⟩

Haare weiß und Häute welk ⟨→ 46^{r}.1⟩

⟨zwischen Bl. 29 und 30 überliefert⟩

⟨45v.8 ←⟩ Mit dem linken schon umwölkten
ihn
Auge sahs ~~noch~~ Lupu Pick

und er fällt ihn stumm mit einem

sichern Schlag in das Genick.

Pansche, der begriff mit Schaudern

und er krabbelte hinaus

dick und haarig in d[ie]*as* Reisfeld

und besann sich einiges aus.

Und er kam herein mit Eimern

voller Reis und Fleisch und Wein

und er stopfte und er goß es
geschwächten ~~verschlafenen~~
⟨→ 46v.1⟩ [einem]*dem* ~~schläfrigen~~ Lupu ein.

⟨zwischen Bl. 29 und 30 überliefert⟩

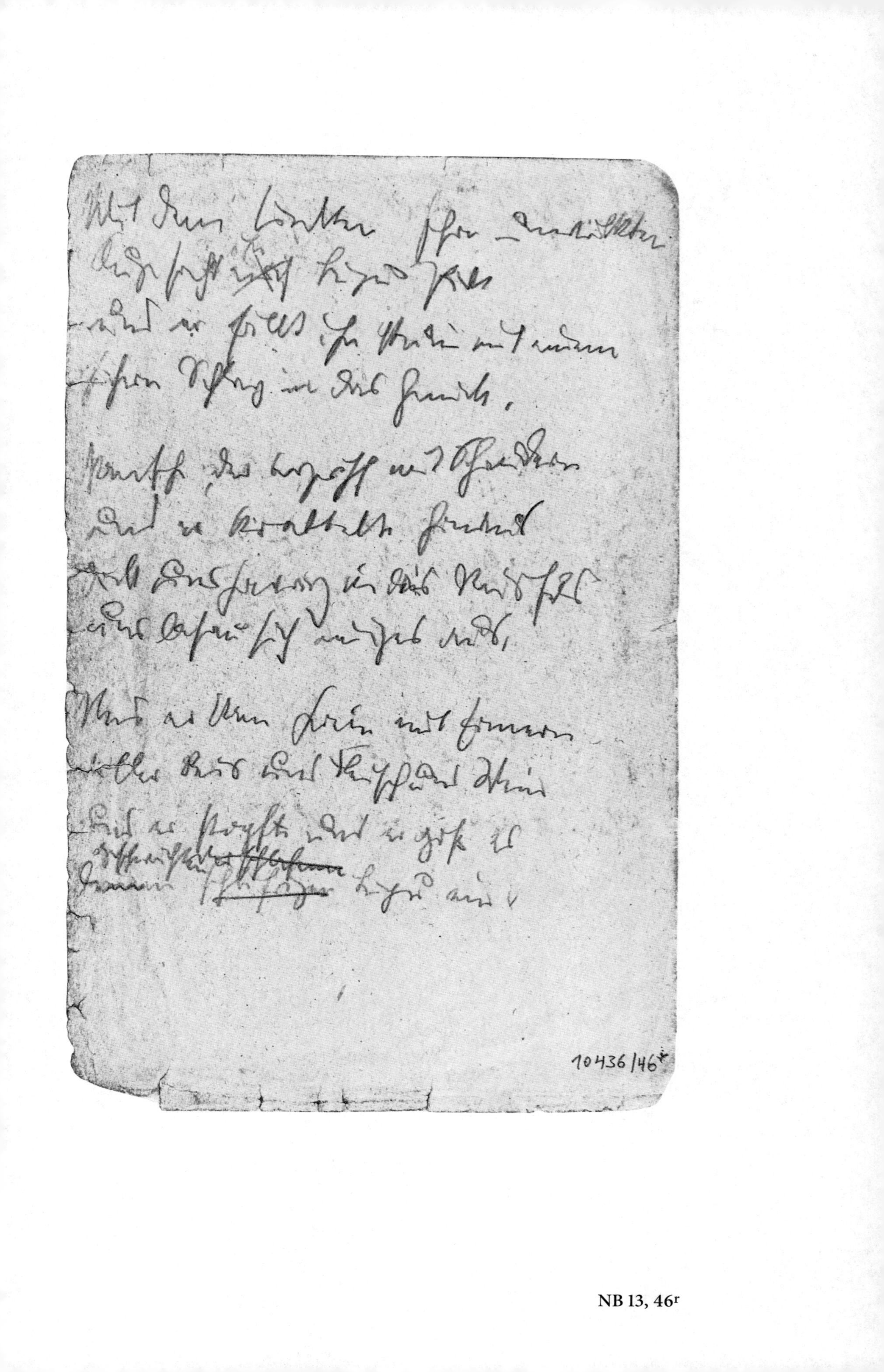

10436/46

10436/146v

NB 13, 46v

Lupu Pick, voll angefressen ⟨46r.14←⟩

jagte ihn mit einem Blick

in die nasse Hundehütte

So brutal war L. Pick. ⟨Lupu⟩

Ja, er kniff dann in die Backe

<welche Backe sag ich nicht>

kamm
M. P.s Weib und ~~schritt~~ dann ⟨Manke Pansches⟩
schwankend
zu ihm ins Dickicht.

Und er schrie, die haarige Brust sich

[schl]*tr*ommelnd heißer wie ein Vieh

komm heraus, Hund M. P.

und stieß nach ihm mit dem Knie.

⟨zwischen Bl. 29 und 30 überliefert⟩
6-7 nicht *[...]* kamm] ⟨andere Lesart:⟩ nicht *[...]* kam
9-10 schwankend *[...]* ins] ⟨zunächst Platz zwischen⟩ ihm ⟨und⟩ ins ⟨freigelassen, dann⟩ schwankend ⟨ergänzt und vor⟩ zu ⟨zugewiesen⟩

/ amerikanisches Duell

Wette:

Te[s]/ls apfel.

bock springen

---

ihr kleiderschrank + seine rotwein-

flaschen, die er entdeckt, leer + 2

gläser

```
Der Ast
D[as]er [bo]Hund
Das bockspringen
I[I]hr Kleiderschrankca und dierotweinflaschen O'Seins' die er entdeckt / 1
1[l]eer und  2 Gläser
mMöven
[=]Konservenbüchsen leere (Abfallhaufen wird grösser)
O'Sein schiesst mit Rawler um die wette (steckt Puderqaste seiner frau
auf vollerotweinf[p]lasche trifft flasche)
 Geschwulst über dem auge O'Seins
 der  briefbote
Petri's fischzug (die überraschung)
Nacht: mann frau hund und freind halb im wasser ziehen eine blechkiste a
 ans land
Paravent packet
veranda
treppe-tau
```

Das Zelt der Brüder

```
Klappstühle
letzter akt  der käptn blickt während des kampfes hinaus:: ein kajak mit 5
ruderern fährt vorbei  sie winken
```

Die letzten 4 dinge die Er sieht

die frau + gold

die karte

⟨zwischen Bl. 29 und 30 überliefert; Reproduktion auf 68% der Originalgröße verkleinert; Eintragungsfolge: 1. Z. 1-10 von Hand in Hauptschreibrichtung, 2. Z. 32-12 mit Schreibmaschine bei umgekehrtem Blatt, 3. Z. 15, 11, 6, 4 und Trennstrich Z. 7-4 von Hand⟩

9 entdeckt] ec ⟨verdeutlicht⟩
9 leer] ⟨verdeutlicht⟩

Der Ast
Das Hund
Das bockspringen
Ihr Kleiderschrank und dierotweinflaschen O'Seins- die er entdeckt / 1
läer und 2 Gläser
Möven
Konservenbüchsen leere (Abfallhaufen wird grösser)
O Sein schiesst mit Rawler um die wette (steckt Puderqaste seiner frau
auf volleretweinflasche trifft flasche)
Geschwulst über dem auge O Seins
der briefbote
Petri's fischzug (die überraschung)
Nacht: mann frau hund und freind halb im wasser ziehen eine blechkiste a
ans land
Paravent packet
veranda
treppe-tau

Klappstühle
letzter akt der käptn blickt während des kampfes hinaus:: ein kajak mit 5
ruderern fährt vorbei sie winken

das goldfieber
die kartenden die vom goldfund hören und zu lachen aufhören
die frau die ihren mann sitzen lässt als es sich um gold handelt eines der letzten dinge die der käptn in diesem leben
zu sehen kriegt

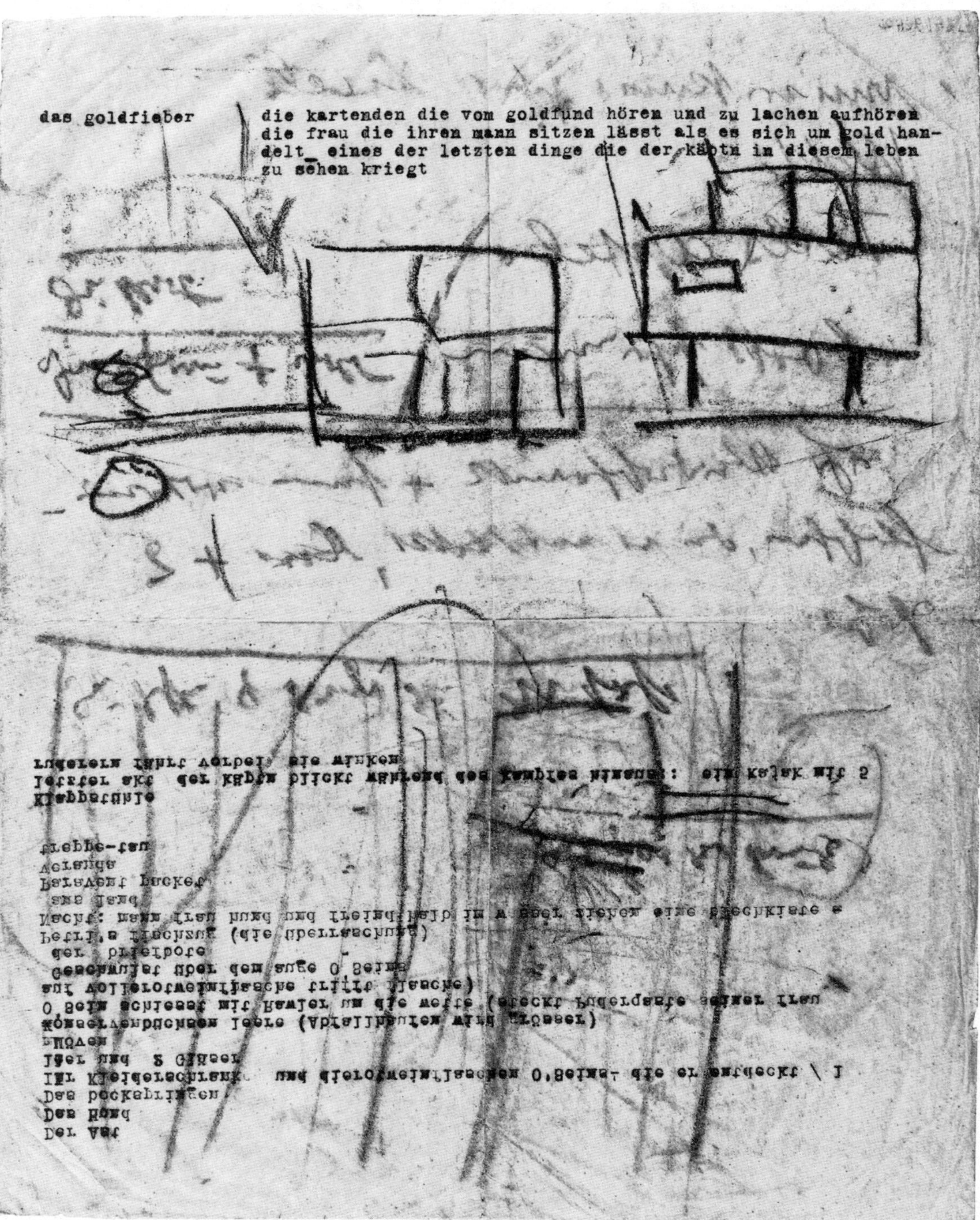

das goldfieber | die kartenden die vom goldfund hören und zu lachen aufhören die frau die ihren mann sitzen lässt als es sich um gold handelt_ eines der letzten dinge die der käptn in diesem leben zu sehen kriegt

NB 13, 47v

das goldfieber die kartenden die vom goldfund hören und zu lachen aufhören die frau die ihren mann sitzen lässt als es sich um gold handelt_ eines der letzten dinge die der käptn in diesem leben zu sehen kriegt

⟨zwischen Bl. 29 und 30 überliefert; Reproduktion auf 68% der Originalgröße verkleinert; Z. 1-4 mit Schreibmaschine, erst nach allen Eintragungen auf Bl. 47r eingetragen⟩

daß er, falls es sich nur
rentiere, sogar im Stande sei,
eine gute Tat zu tun.

Hier entscheide[t]*n* keineswegs
die addierten Jahre die einer
damit zubrachte, älter zu
werden.

---

schließlich
Hier soll*en* auch nicht harmlose
Leute, die an nichts Schlecthes
dachten, heraus gelockt werden
⟨→ 48v.1⟩ um unter fadenscheinigen

⟨Doppelblatt 48-49 zwischen Bl. 38 und 39 überliefert⟩

10436/48r

10436/48v

NB 13, 48v

idealistischen Vorwänden ⟨48r.14←⟩
solange [auf]*durch* raffinierte
oder brutale Schläge auf die
Köpfe bearbeitet zu werden
bis sie gottergeben und
mit Allem zufrieden, nur weil
sie zu zerschlagen sind
um an den Wänden hoch-
kommen zu können, ins
~~Theate~~ die Iphigenie
kriechen....

⟨Doppelblatt 48-49 zwischen Bl. 38 und 39 überliefert⟩

An grünen Abenden
mit einem Kirschwasser
        sparsam gefüllt
in scherzlichem Rausch.

⟨Doppelblatt 48-49 zwischen Bl. 38 und 39 überliefert; Bl. 49v unbeschrieben⟩

2 Kirschwasser] ⟨Striche über⟩ sser ⟨nicht signifikant⟩

10436/49r

NB 13, 49r

Und von ihr stammt auch

das Frottierrezept

die Goldcreamepaste

Sie wusch sich immer mit

Mandelseife

[und]*eine* Fotografie. Und darauf stand

zu lesen:

selber
Sie übernahm die Spesen

Böse
Gemein.
Rein. Sachlich. Gewieft.

Das Aug ward mir

nässer.

heiter

⟨zwischen Bl. 38 und 39 überliefert; Bl. 50v unbeschrieben; Z. 6-15 schwarze Tinte; ganze Seite Abdruck der Tinte eines anderen Blatts⟩

6-7 [und]*eine [...]* lesen:] ⟨vielleicht nachgetragen⟩

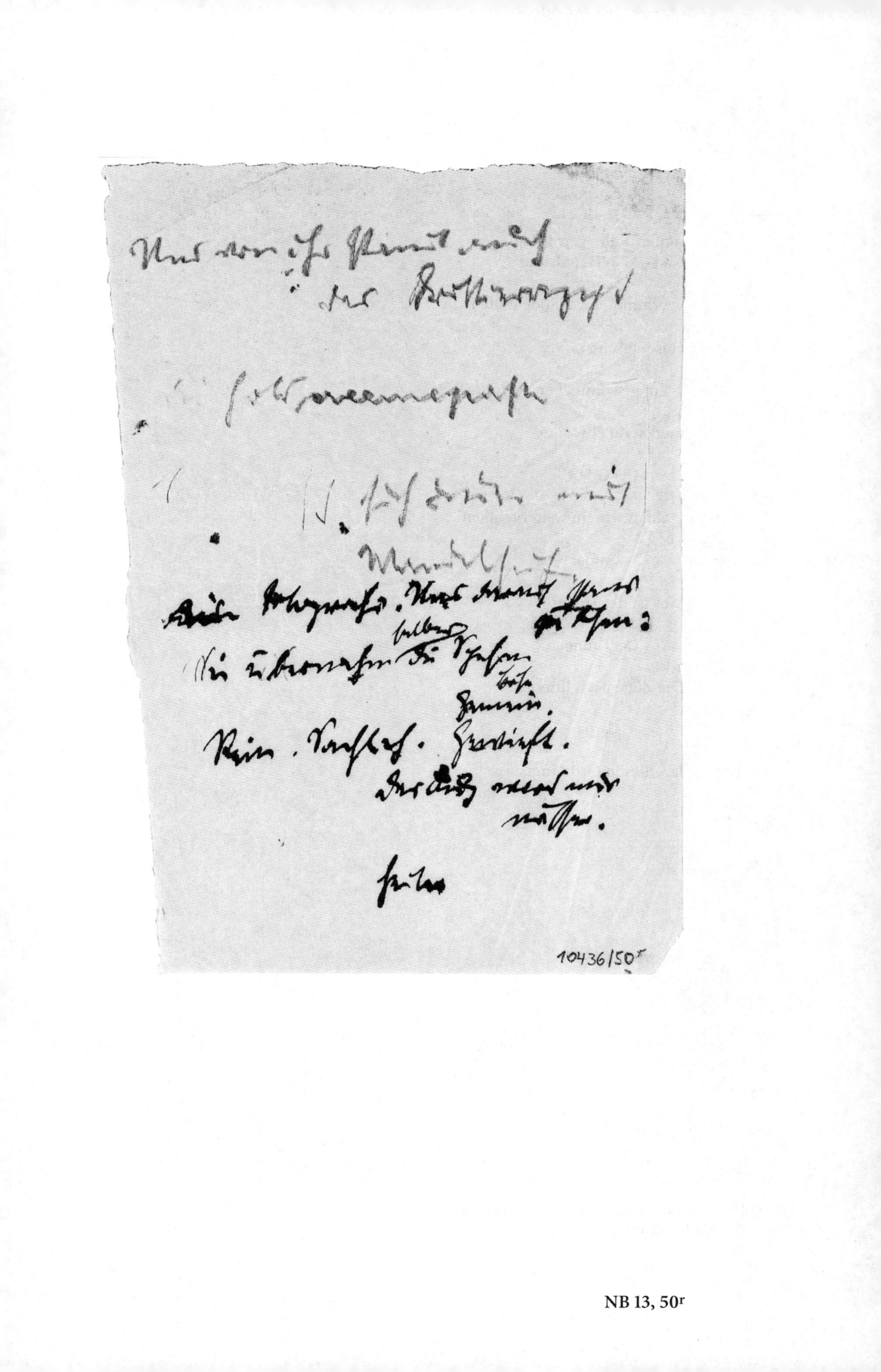

NB 13, 50r

2

Steinbruch

weißer Kalk, vormittag
Garga. Der Grüne.

Garga

<zerlumpt, die Hände in den

Hosentaschen>

Ein gewöhnlicher Vormittag. Be-

merkst du etwas?

Der Grüne:

en/
Gehn wir ein weiter trinken!

Garga:

Was ist der Lärm?

Der Grüne:

Die Züge nach Illinois.

Garga:

⟨→ 51v.1⟩ Ja. Alles in Ordnung.

⟨Doppelblatt 51-52 zwischen Bl. 39 und 40 überliefert; Z. 1⟩ 2 ⟨und Z. 4⟩ Garga. Der Grüne. ⟨nachgetragen⟩

10436/51r

NB 13, 51r

NB 13, 51v

Der Grüne: ⟨51r.18←⟩

überhaupt

Stiefelst du nicht mehr in

einen Laden, mein Herr?

Garga:

Ich habe frei.

Der Grüne:

Trinken wir!

Garga:

Nein. Nei-n.

Der Grüne:

es

Was ist eigentlich mit der

Näherin?

Garga:

D. Gr: Auch gut. ⟨Der Grüne⟩

G Die Wolken! ⟨Garga⟩

<pfeift> ~~Kannst du es~~ Magst

du es, wenn man dir den ⟨→ 52r.1⟩

⟨Doppelblatt 51-52 zwischen Bl. 39 und 40 überliefert⟩

7 Der] D ⟨wohl verdeutlicht⟩

⟨51v.19←⟩ Stiefel in das Kiefer tritt[–]?

Der Grüne:

Nein.

Garga:

Was ist zu machen?

Der Grüne:

<zieht einen Revolver heraus>

Garga:

<nimmt ihn> Danach trin-
dann
ken wir eins. Man mag

nicht, daß einem einer den

Stiefel in das Kiefer tritt.

Der Grüne:

⟨→52v.1⟩ Was will der eigentlich?

⟨Doppelblatt 51-52 zwischen Bl. 39 und 40 überliefert;
ganze Seite Durchschlag der Tintenabdrücke von Bl. 52v⟩
2 Der] D ⟨wohl verdeutlicht⟩

10436/52r

NB 13, 52r

NB 13, 52v

Garga: ⟨52r.15 ←⟩

<zuckt mit der Achsel>

Er spuckt mir eines Vormit-

tags einen kleinen Kirsch-

stein in das Aug.

Der Grüne

Unbekannt?

Garga

Nie gesehen.

Der Grüne

Vorsichtig! Kaltes Blut! <oben,

Donner> Das ist der Pazific.

New Jork! Wird er halstarrig

sein wollen?

Garga:

Gewiß!

⟨Doppelblatt 51-52 zwischen Bl. 39 und 40 überliefert; ganze Seite Abdruck der Tinte eines anderen Blatts⟩

Notizbuch 14

(in *NB 13* zwischen Bl. 44 und 45 überliefert)

⟨Völkstraße⟩ ⟨Caspar Neher⟩ Völk 27 Cas

¿

Steinplatz 11270

⟨Uhlandstraße⟩ Uhland 169/170

Kurfürstendamm 244

Steinplatz 12975

⟨Potsdamer Straße⟩ Potsdam 12[4]3, B

822 + 2

Steinplatz 1127o

Uhland 169/170

Kurfürstendamm 244

Steinplatz 12975

Potsdam 129, B

8 12+2

10436/53r

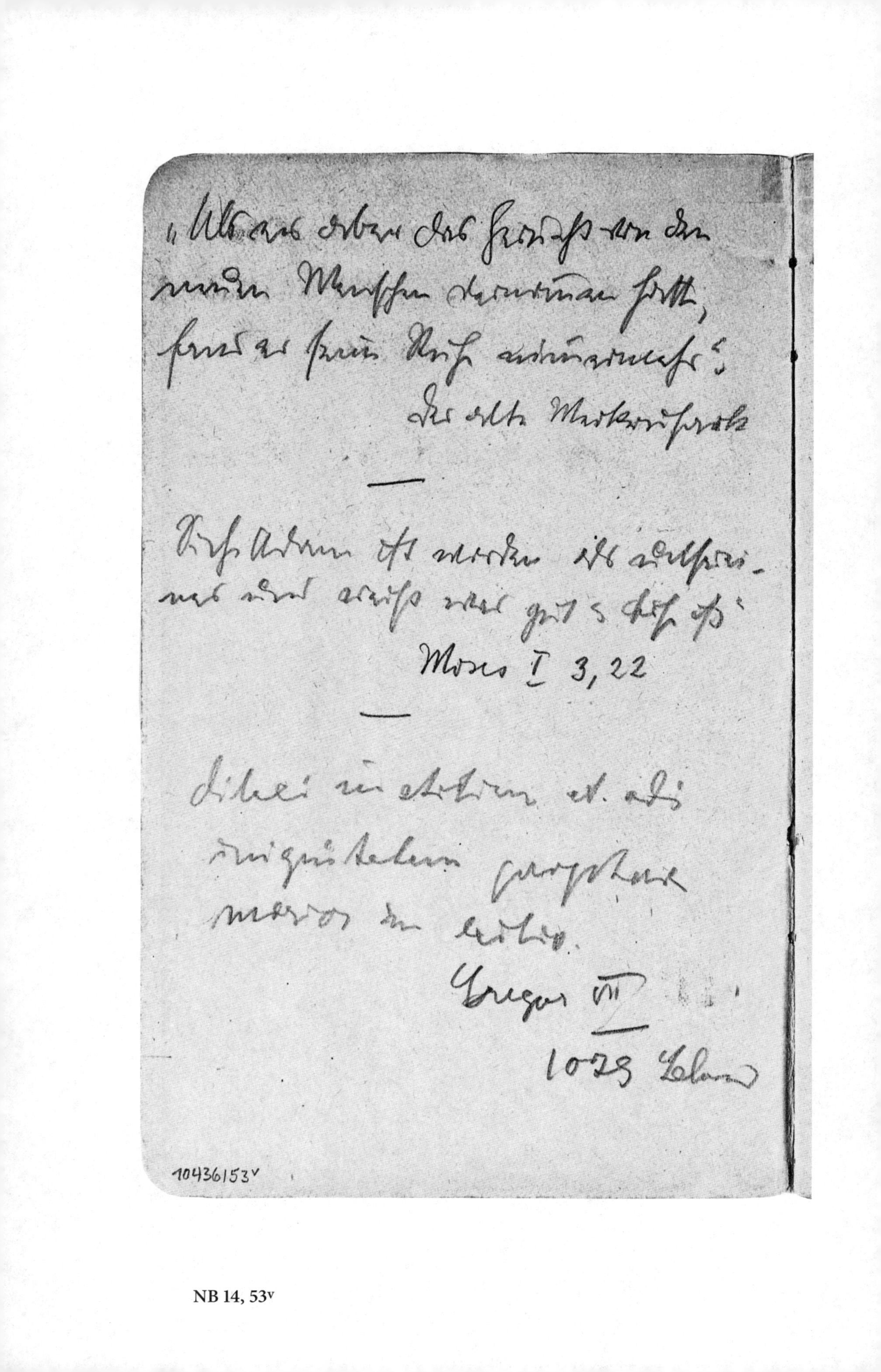

Moses I 3, 22

Gregor VII

1085 Salerno

10436153v

NB 14, 53v

„Als er aber das Gerücht von den
neuen Menschen vernommen hatte,
fand er seine Ruhe nimmermehr“.

Der alte Merkrusark

——

Siehe Adam ist worden als unsereiner und weiß was gut und böse ist“

Moses I 3, 22

——

dilexi iustitiam et odi
iniquitatem propterea
morior in exili.

Gregor VII

1079 Salerno

„um Weihnachten, der toten Zeit

in der der Wolf vom Sturmwind lebt …“

⟨François Villon⟩ <Villon>

die „Große Feigenbaum“ Taverne

<Villon>

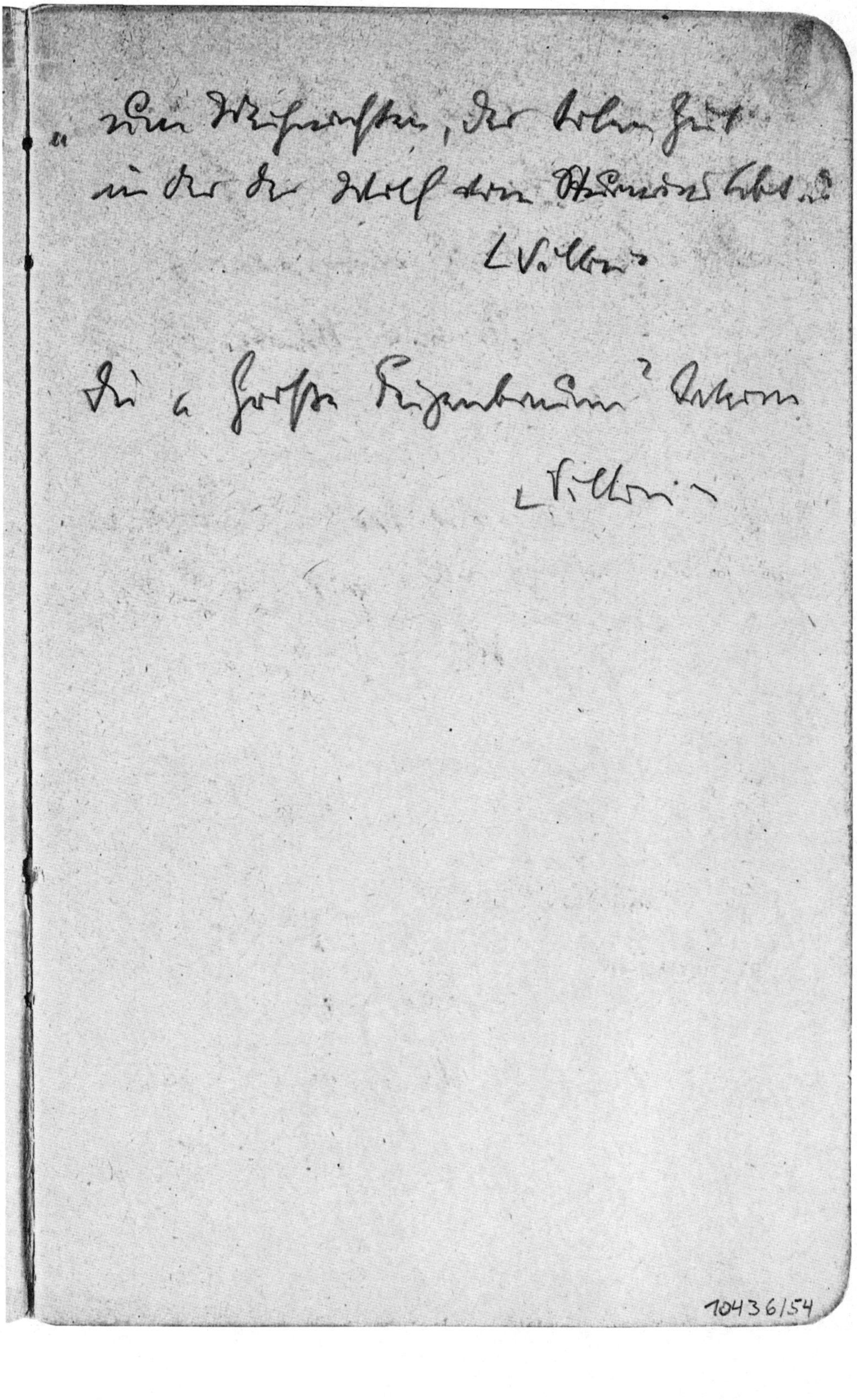

NB 14, 54r

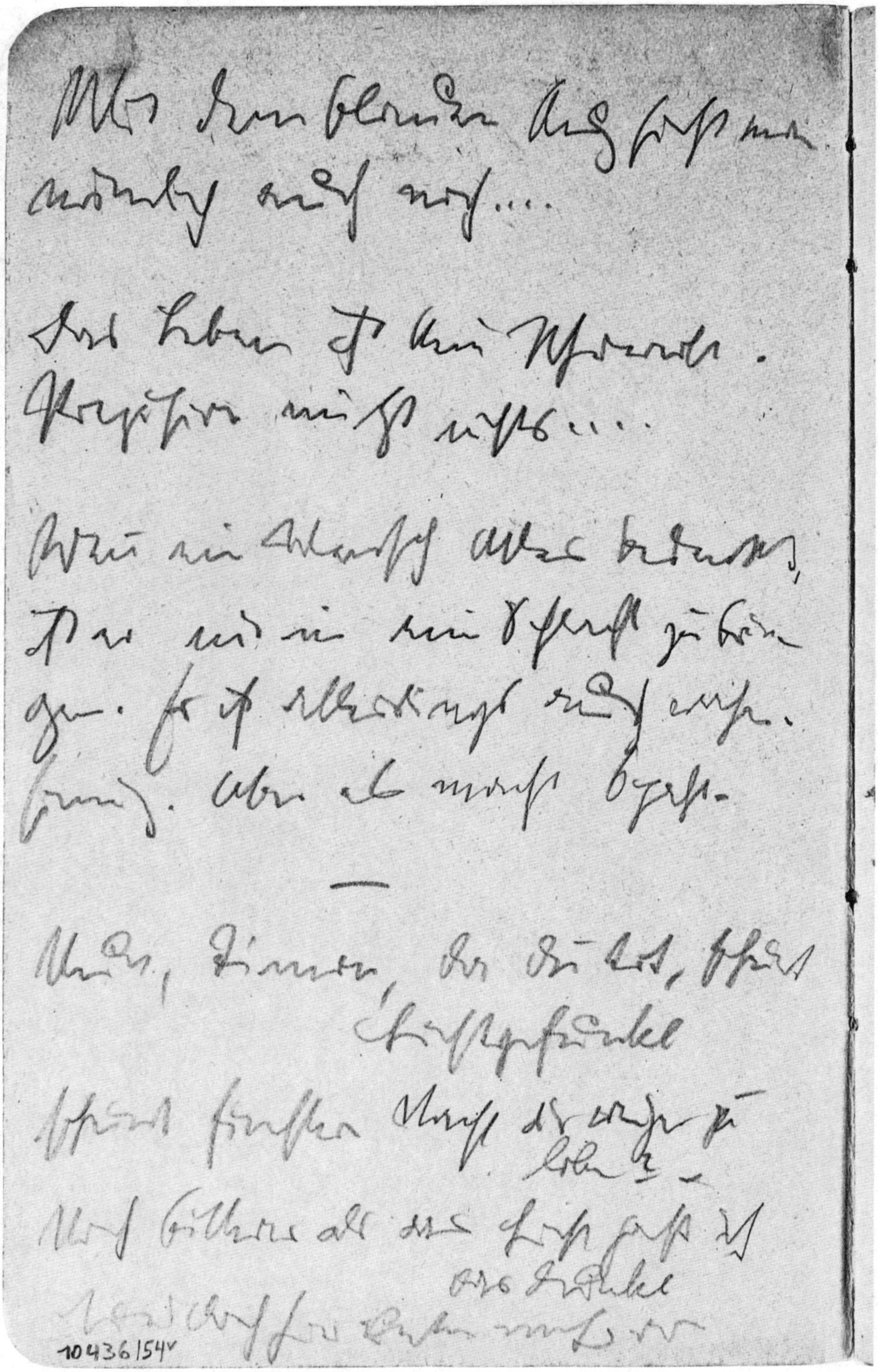

NB 14, 54v

Mit dem blauen Aug sieht man
nämlich auch noch....

Das Leben ist kein Uhrwerk.
Prezision nützt nichts....

Wenn ein Mensch Alles bedenkt,
ist er nie in eine Schlacht zu bringen. Er ist allerdings auch wahnsinnig. Aber es macht Spaß.

—

Nun, Timon, da du tot, scheint
Lichtgefunkel
scheint finstere Nacht dir weniger zu
loben? –
Noch bitterer als das Licht haß ich
das Dunkel
sind doch hier unten mehr von ⟨→ 55r.2⟩

dr

⟨54v.15←⟩ euch als oben.

<Kallimachus>

Zeltgenossen

Ein Wicht:

[Nun,]*Bringt*, toter Timon, [bringt]*dich* die Grabnacht nicht

mehr noch als einst der lichte Tag zum Toben?

[Er spricht]*Horch*, *w*as er spricht:

Noch schlechter [als]*ist* das Dunkel als das Licht!

Sind doch hier unten mehr von euch

als droben!

⟨Brecht⟩ B

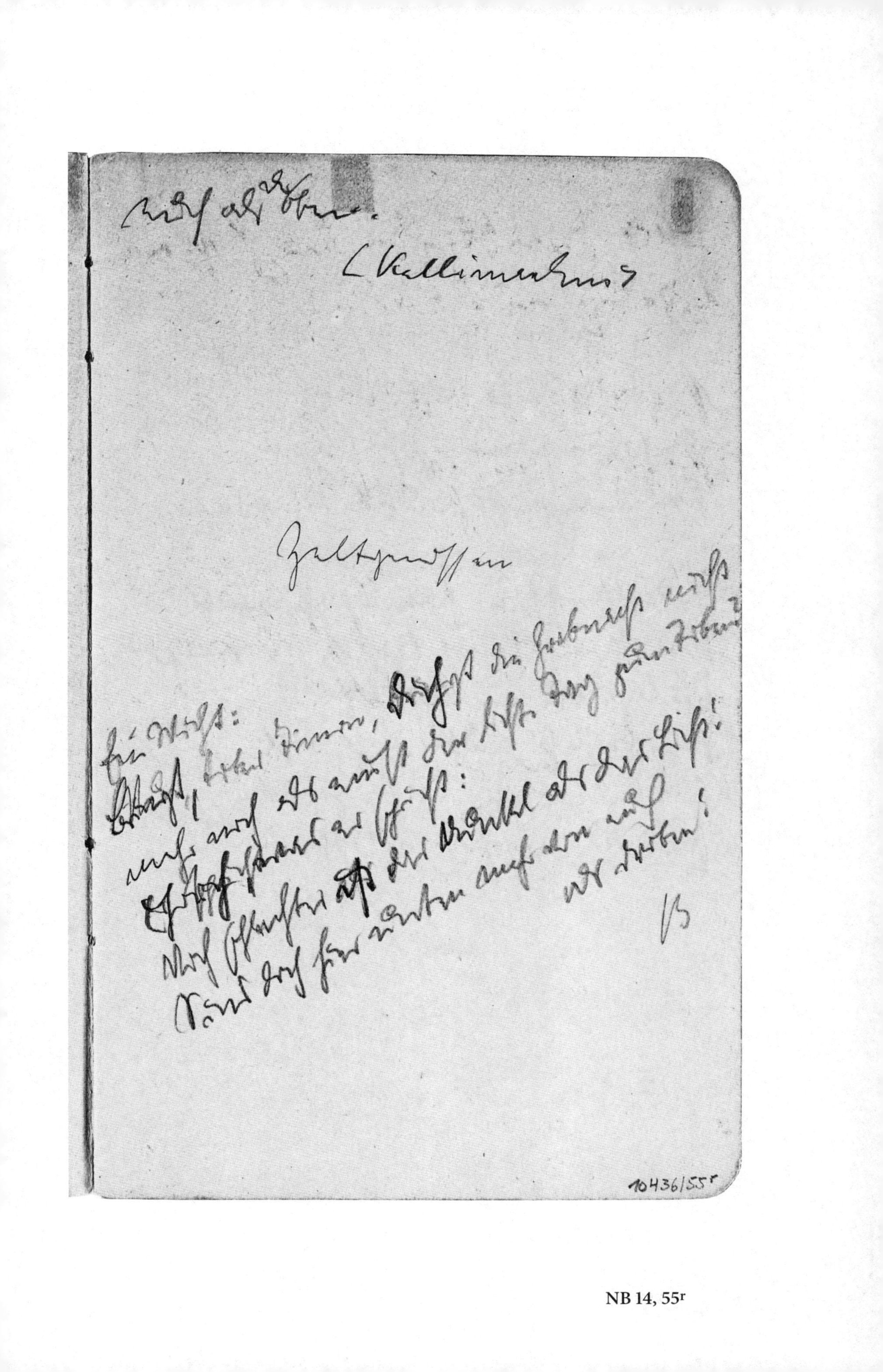

<Kallimachus>

Zeitgenossen

NB 14, 55r

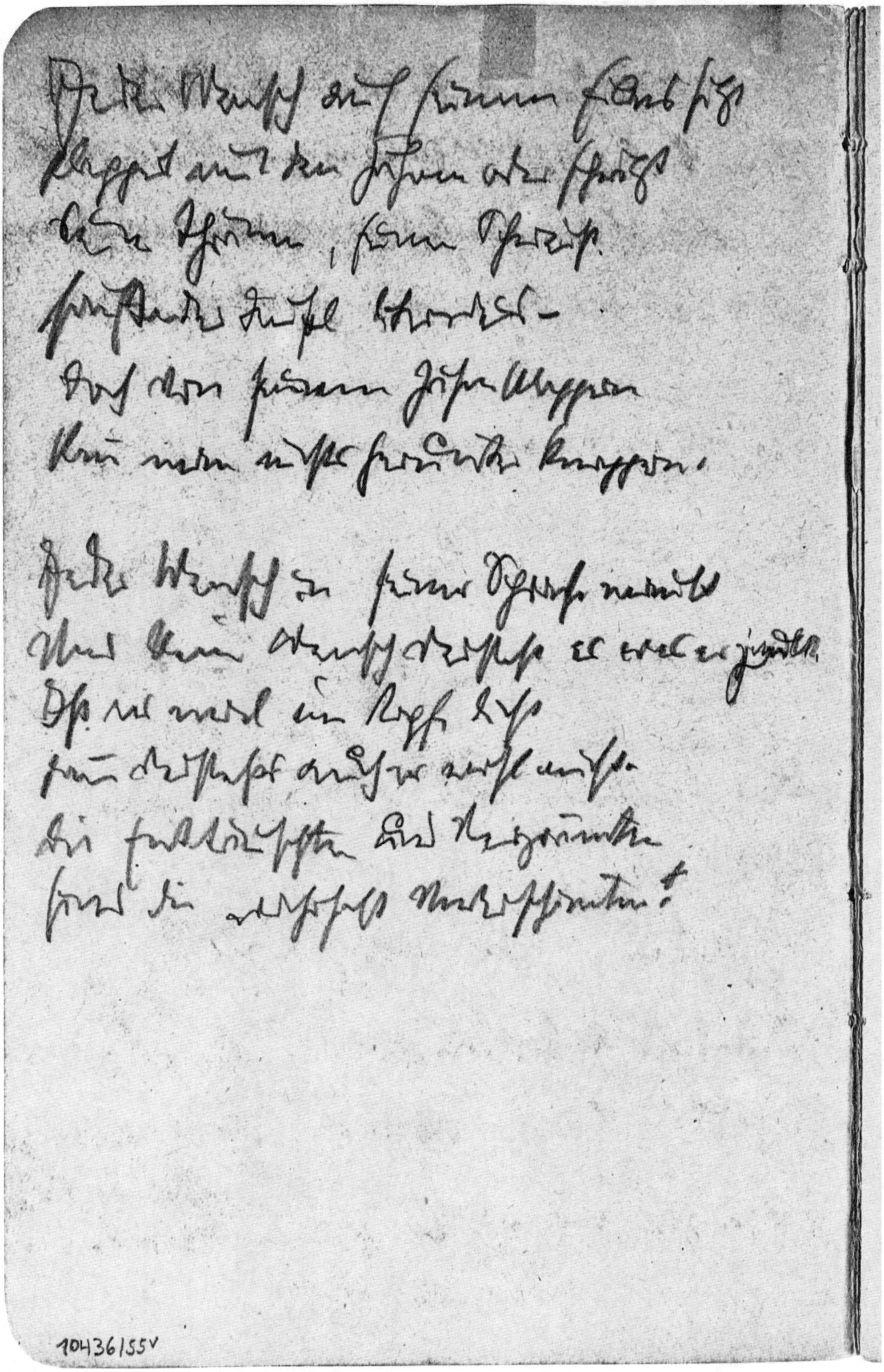

NB 14, 55v

Jeder Mensch auf seinem Eiland sitzt
klappert mit den Zähnen oder schwitzt
Seine Thränen, seinen Schweiß
sauf[en]*t* der Teufel literweis –
doch von seinem Zähneklappern
kann man nichts herunter knappern.

Jeder Mensch in seiner Sprache mault
Und kein Mensch versteht es was er jault.
Ist er mal im Kopfe licht
dann verstehts auch er wohl nicht.
Die Enttäuschten und Vergrämten
sind die wahrhaft Unverschämten[!].

⟨danach mindestens 4 Blätter herausgerissen; Bl. 56 unbeschrieben⟩

8 jault] ⟨verdeutlicht⟩

[k]*Epistel* 1

Vielleicht bin ich überhaupt zu spät
gekommen. Sicher gehe ich zu früh wieder
weg.
Noch verstündest du mich. Die Kammer ist
leer, du hast vierzig Jahre zu viel, die
Jugend verstreicht wie ein Schwan über
einem Teich, vielleicht ungesehen.
Wie traurig meine Kammer ist! Ihre Ta-
pete ist Schimmel, ihr Ofen Verzweiflung.
Ich tue nichts, sie zu tapezieren, es
ist alles vorläufig, dauert nicht lange.
Ich friere aber.
Vielleicht werde ich dich nicht mehr sehen,
vor die ~~großen schwarzen~~ Stürme kommen,
die Finsternis hereinbricht und dann, in den
großen Schneefällen! Wie willst du auf
den Himmalaja kommen? Es gibt dann keine Land-
⟨→ 57v.5⟩ karten! ×

⟨Bl. 56 unbeschrieben⟩
1 [k]*Epistel* 1] ⟨wohl nachgetragen⟩

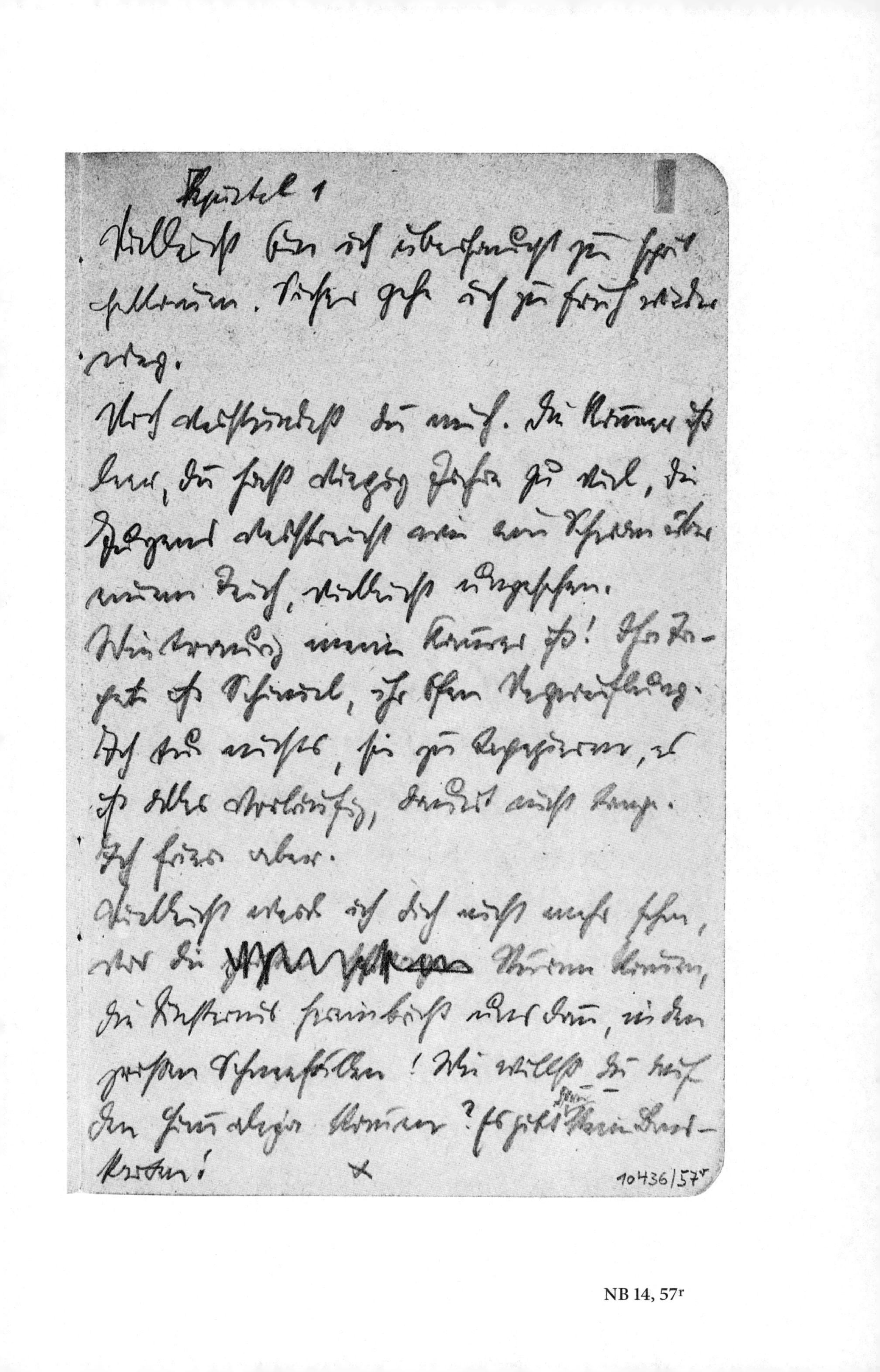

Kapitel 1

10436/57r

NB 14, 57r

Ich bin nicht sein Freund, sondern
sein Liebhaber

2

[illegible], die [illegible] in der Brust, [illegible]
[illegible] zu [illegible], [illegible]
[illegible] gefangen gehalten, [illegible]
[illegible] gleichgültig die [illegible]
[illegible]. [illegible]
[illegible], [illegible]
[illegible], die [illegible]
[illegible] die [illegible]
[illegible]:
[illegible] die Athleten, die die Gleichgültigkeit der Welt ertragen! [illegible] die
[illegible] der [illegible]
mit der Apokalypse, welche [illegible],

10436|57v

NB 14, 57v

—

Ich bin nicht sein Freund, sondern sein Liebhaber

---

2 ⟨57r.20←⟩

Krank, die Anarchie in der Brust, ohne Fähigkeit zu hassen, in einer verschimmelten Kammer gefangen gehalten, erdulde ich gleichgiltig die Berührung schwitziger Hände. Ich [¿¿¿¿]*liege* in schwitziger Wäsche, man besprengt uns lediglich mit Weihwasser, der Revolver unter der Bettdecke macht nur kalt!

Oh die Athleten, die die Gleichgiltigkeit der Welt ertragen! Oh die ⟨→58r.15⟩ Sicherheit der gewöhnlichen Visagen aus der Apokalypse, welche Unschuld, ⟨→58r.7⟩

⟨Trennungsstrich Z. 4 nachgetragen⟩

c

〈Friedrich Járosy〉 Fritz Jaro~~ssk~~i

〈Münchener Straße〉 ~~Münchener 21~~

〈Berchtesgadener Straße〉 Berchtesgaden 34

½ 8

〈57v.18←〉 wie neidisch muß ich sein auf sie!
Wie verachten wir mich, der ich [mit]*wie*
Branntweindunst in meinen Kleidern
bin, ich das einsame Ungeziefer,
der Schmarotzer voll Menschenverachtung!

Der Herr spende [ihnen]*Brot* den Geistig Armen:
sie werden es uns geben.

〈57v.16←〉

〈Z. 1-6 vor den umgebenden Eintragungen notiert〉

4 Berchtesgaden 34] 〈zusammen mit Streichung von Z. 3 nachgetragen〉

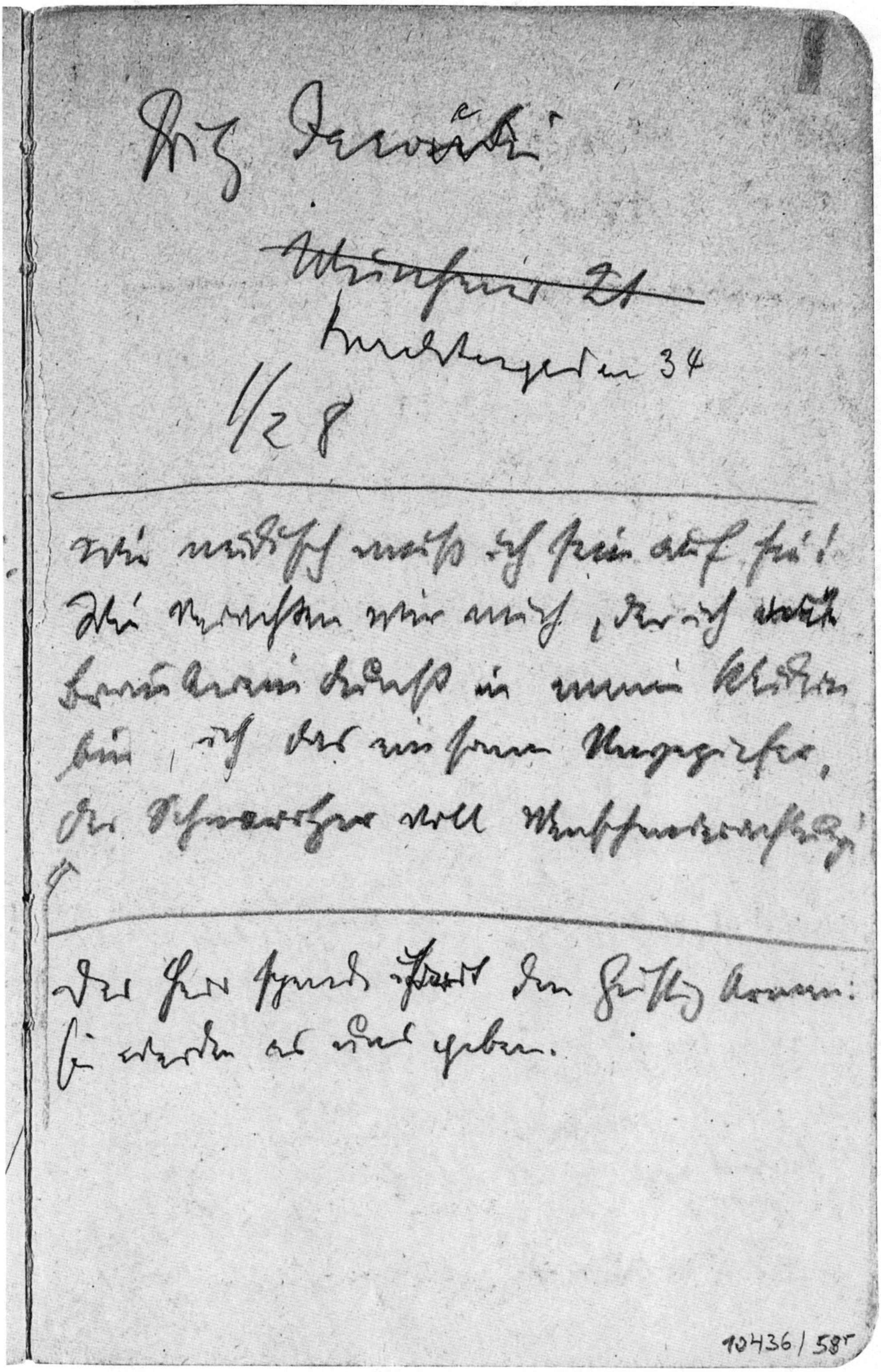

NB 14, 58r

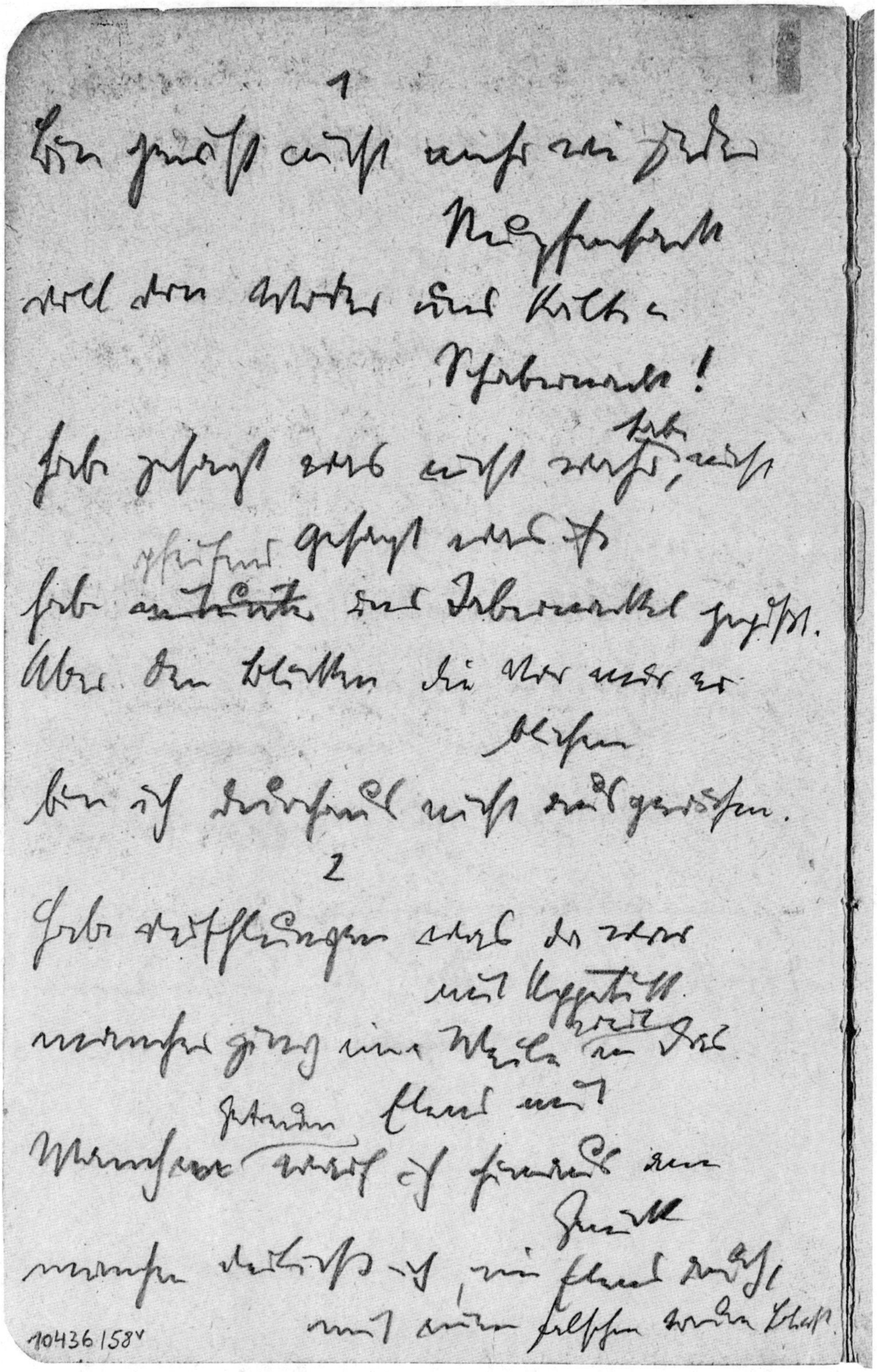

NB 14, 58ᵛ

1

Bin gewiß nicht mehr wie jeder

Rupfensack

voll von Moder und Kälte und

Schabernack!

habe
Habe gesagt was nicht wahr, nicht

gesagt was ist

pfeifend
habe ~~mitunter~~ ins Tabernackel gepißt.

Aber den Blicken die vor mir er

blichen

bin ich durchaus nicht ausgewichen.

2

Habe verschlungen was da war

mit Appetitt

weit
mancher ging eine Meile in das

Elend mit

Getreuen
Manche[m]*n* warf ich hinaus am

Genick

manchen verließ ich, im Elend auch,

mit einem falschen treuen Blick. ⟨→ 59r.1⟩

⟨Z. 9 und Z. 10 Streichung anderer Bleistift⟩

⟨58v.24←⟩ Aber d[en]*ie* Guten die mirs vergolten
habe ich nicht für schlecht gescholten.

3

Viele Male bekam ich ins
offne Gesicht einen Tritt
einen Schlag auf die Gabe, nur
Hohn auf eine Bitt[.]–
viele gingen von mir mit meinem
Hemd davon
oder prellten mich um meinen
Schurkenlohn.
Aber das was sie mir immer bezahlten
habe ich immer für Gnade gehalten.

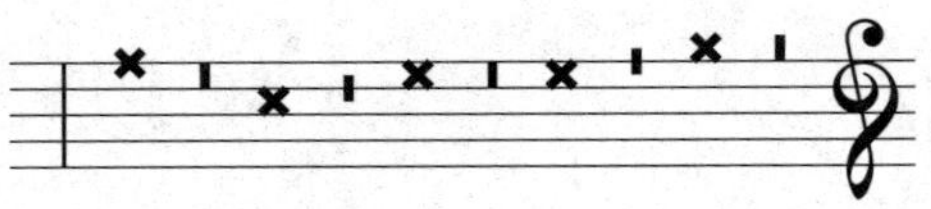

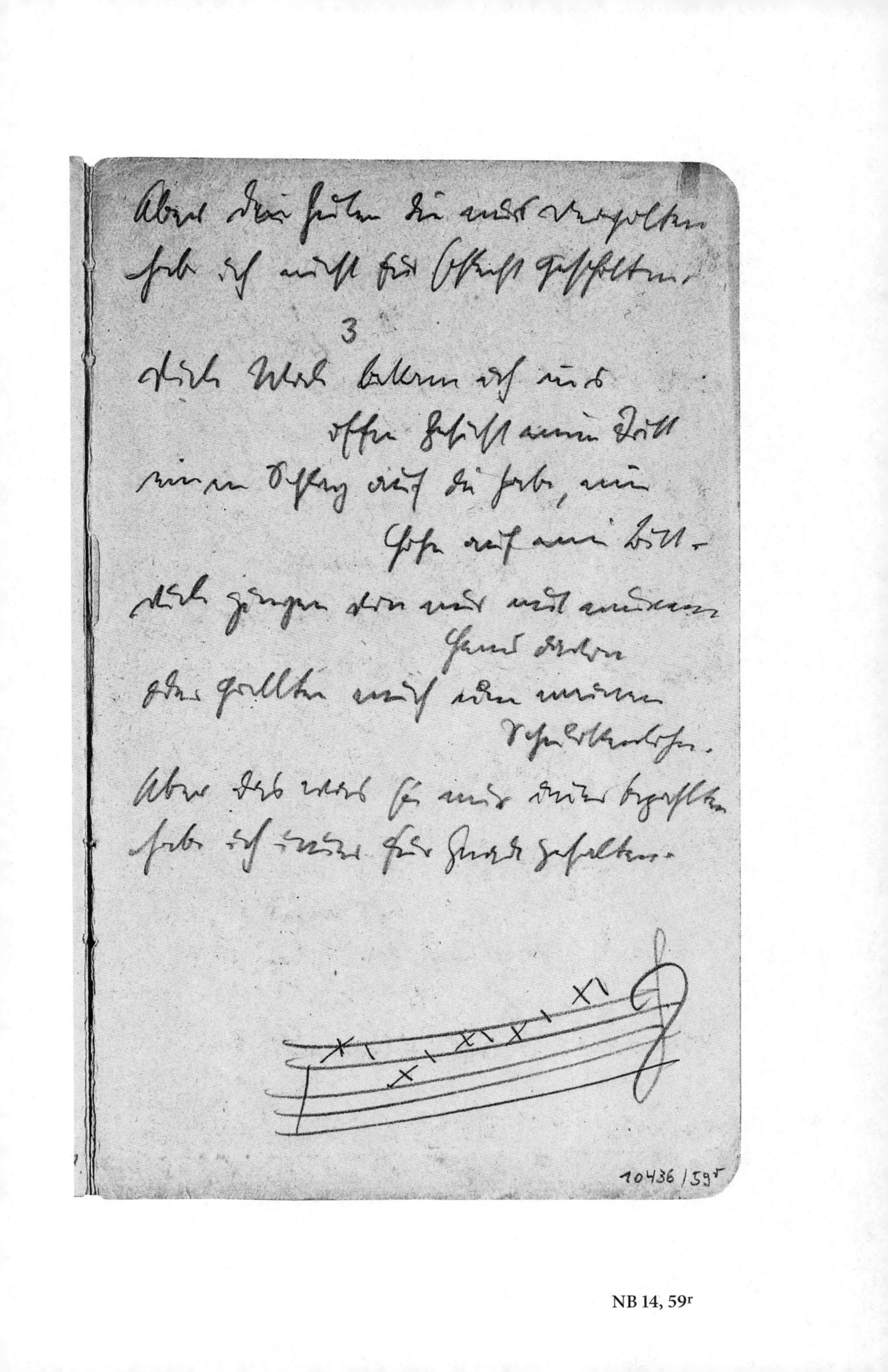

NB 14, 59r

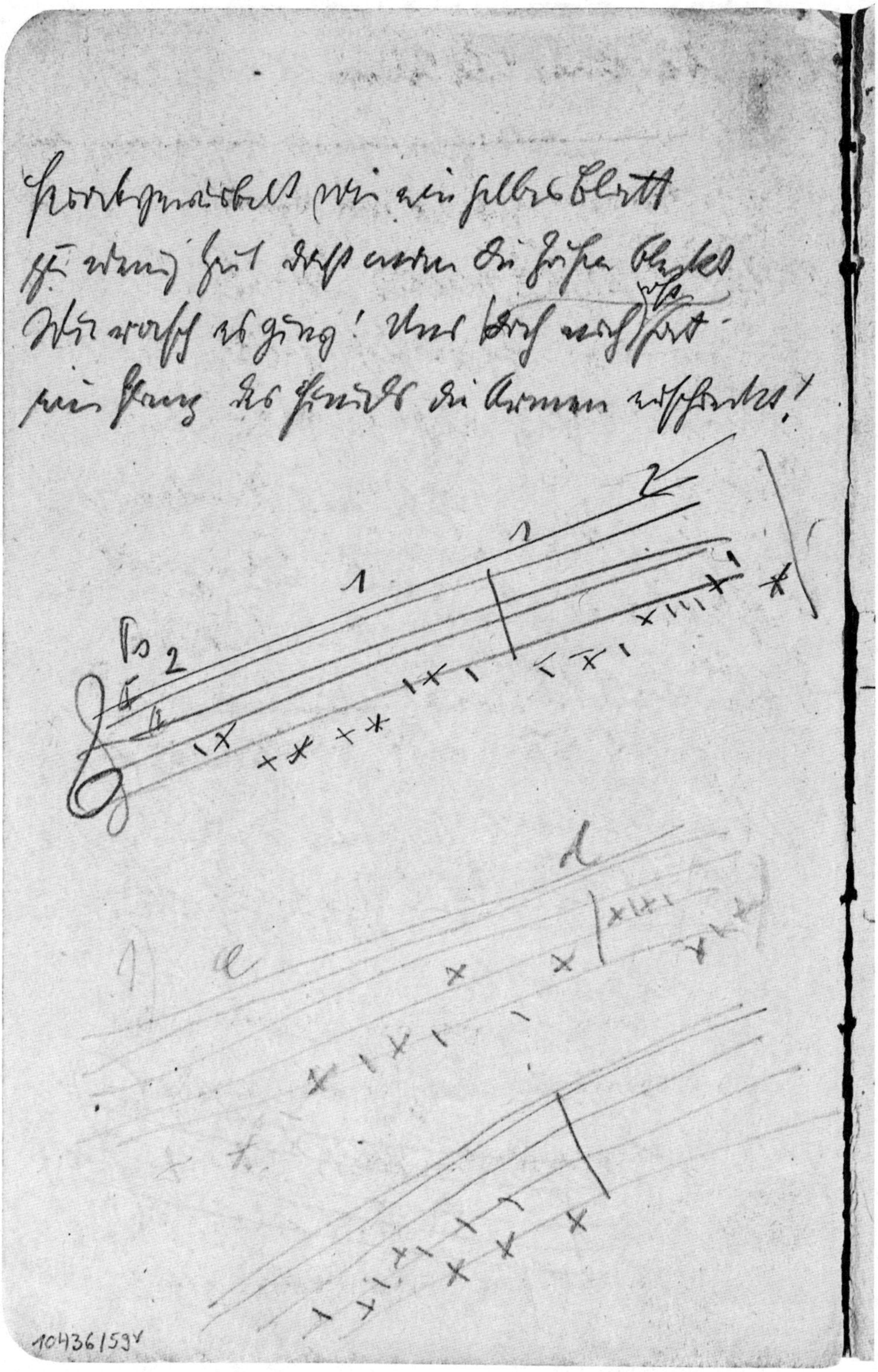

NB 14, 59v

Herabgewirbelt wie ein gelbes Blatt

zu wenig Zeit daß man die Zähne bleckt

oft

Wie rasch es ging! Und doch noch hat

ein Glanz des Himmels die Armen erschreckt!

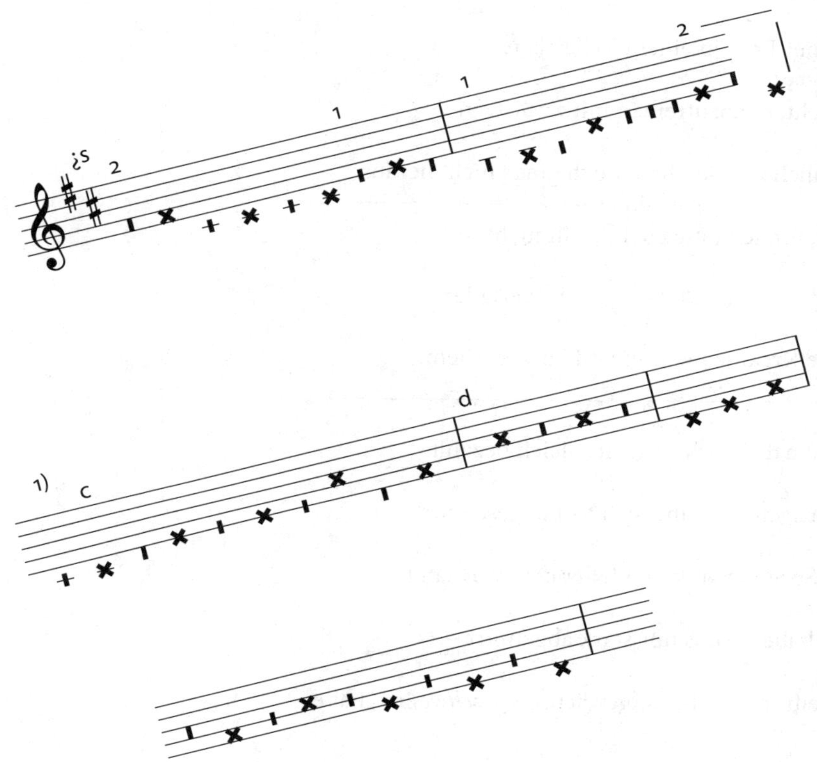

3 oft] ⟨erst vor Z. 4⟩ hat ⟨, dann vor⟩ doch ⟨eingefügt⟩

Ballade eine[r]*s* Mädchens

1

Marie Farrar, geboren im Apri[ll]*l*
unmündig
rachitisch, merkmallos, Waise
[gänzlich]*völlig*
bislang noch unbescholten, will

ein Kind ermordet haben, in der Weise:

Sie sagt, sie habe schon im 2. Monat

bei einer Frau in einem Kellerhaus

versucht, es abzutreiben mit 2 Spritzen

angeblich schmerzhaft, doch gings nicht heraus.

——— Référain ———

Doch, ihr, ich bitte euch, wollt nicht in

Zorn verfallen

da alle Kreatur [w]*b*raucht Hilf vor Allem.

2

Sie habe dennoch, sagt sie, gleich bezahlt

was ausgemacht und sich fortan geschnürt

auch Sprit getrunken, Pfeffer drin vermahlt

doch habe sie das nur stark abgeführt –

⟨→ 60v.2⟩ Ihr Leib sei zusehens [gewachsen]*geschwol*len, habe

⟨Z. 2-3, 14, 18-19 Trennstriche, Ziffern und⟩ Référain ⟨nachgetragen⟩

6 merkmallos] e ⟨verdeutlicht⟩

Ballade eines Mädchens

1

Refrain

2

10436/60r

auch ~~[illegible]~~ [illegible] geschmerzt, beim Tellerwaschen oft
Sie selbst sei, sagt sie, damals noch gewachsen.
Sie habe zu Marie gebetet, viel erhofft.
Refrain

3

Doch die Gebete hätten, scheinbar, nichts genützt
Es war auch viel. Als sie dann dicker war
[illegible] in Frühmetten geschwindelt, oft geschwitzt
auch Angstschweiß, häufig unter dem Altar.
Doch hab den Zustand sie geheim gehalten
Bis die Geburt sie ~~[illegible]~~ nachher überfiel,
Es sei gegangen, da wohl niemand glaubte
Daß sie, sehr reizlos, in Versuchung fiel.
Refrain:

4

An diesem Tag, sagt sie, in aller Früh
sei ihr beim Stiegenwaschen so als krallten
ihr Nägel in den Bauch. Es schüttelte sie.
Jedoch gelang es ihr, den Schmerz geheimzuhalten.
Den ganzen Tag, ~~[illegible]~~ [illegible] Wäschehängen.

10436/60v

stark
auch [stark]*oft* geschmerzt, beim Tellerwaschen oft ⟨60r.24←⟩

Sie selbst sei, sagt sie, damals noch gewachsen.

Sie habe zu Marie gebetet, viel erhofft.

Réferain

3

Doch die Gebete hätten, scheinbar, nichts genützt

es war auch viel. Als sie dann dicker war

[sei ihr]*hab i*hr in Frühmetten geschwindelt, oft geschwitzt

auch Angstschweiß, häufig unter dem Altar.

Doch hab den Zustand sie geheim gehalten

bis die Geburt sie [eines Tages]*plötzlich* überfiel,

es sei gegangen, da wohl niemand glaubte

daß sie, sehr reizlos, in Versuchung fiel.

Réferain:

4

An diesem Tag, sagt sie, in aller Früh

[wars]*seis* ihr beim Stiegenwischen so als krallten

ihr Nägel in den Bauch. Es schüttelt sie.

Jedoch gelang es ihr, den Schmerz geheimzuhalten.

Den ganzen Tag, [sie]*man* hatte~~n~~ Wäschehängen, ⟨→61r.1⟩

5-6 Réferain \ 3] ⟨nachgetragen, vielleicht in zwei Arbeitsphasen⟩

15-16 Réferain: \ 4] ⟨nachgetragen, vielleicht in zwei Arbeitsphasen⟩

18 krallten] a ⟨verdeutlicht⟩

⟨60v.21←⟩ zerbrach sie sich den Kopf, dann kam sie drauf
daß sie gebären sollte und es war ihr
sehr schwer ums Herz. Erst spät kam sie hinauf.

Référain
[4]5

Man holte sie noch einmal, als sie lag
Schnee war gefallen und es war zu kehren.
Das ging bis elf. Es war ein schwerer Tag.
Erst in der Nacht konnt sie in Ruh gebären.

sagt sie nur
~~[Sie sei]~~*~~Es hab~~*~~, nur kurz im Bett, sagt sie vo starkes~~
⟨→62r.16⟩ ××
Sie sei, sagt sie, nur kurz im Bett von Übel-
keit stark befallen worden, und allein
hab sie, nicht wissend was geschehen sollte,
mit Müh sich dann bezwungen, nicht zu [S]*s*chrein.

Référain
6

Mit letzter Kraft [sei]*hab* sie, so sagt sie, dann
da ihre Kammer auch eiskalt gewesen
sich zum Abort geschleppt und dort auch, wann
mehr
⟨→61v.1⟩ weiß sie nicht, geborn ohn Federlesen.

4-5 Référain \ [4]5] ⟨nachgetragen, vielleicht in zwei Arbeitsphasen⟩

10 sagt sie] ⟨erst nach, dann vor Z. 11⟩ nur kurz ⟨eingefügt⟩

11 starkes] es ⟨wohl verdeutlicht, vielleicht Änderungsvorgang⟩

10-11 sagt *[...]* starkes] ⟨vermutliche Eintragungsfolge: 1.⟩ Sie sei, nur kurz im Bett, sagt sie vo ⟨2.⟩ Es hab, sagt sie, nur kurz im Bett, starkes ⟨3.⟩ Es hab, sagt sie, kurz im Bett nur, starkes ⟨4. Streichung und Neuansatz in Z. 13, Einfügungszeichen Z. 12 nachgetragen⟩

17-18 Référain \ 6] ⟨nachgetragen, vielleicht in zwei Arbeitsphasen⟩

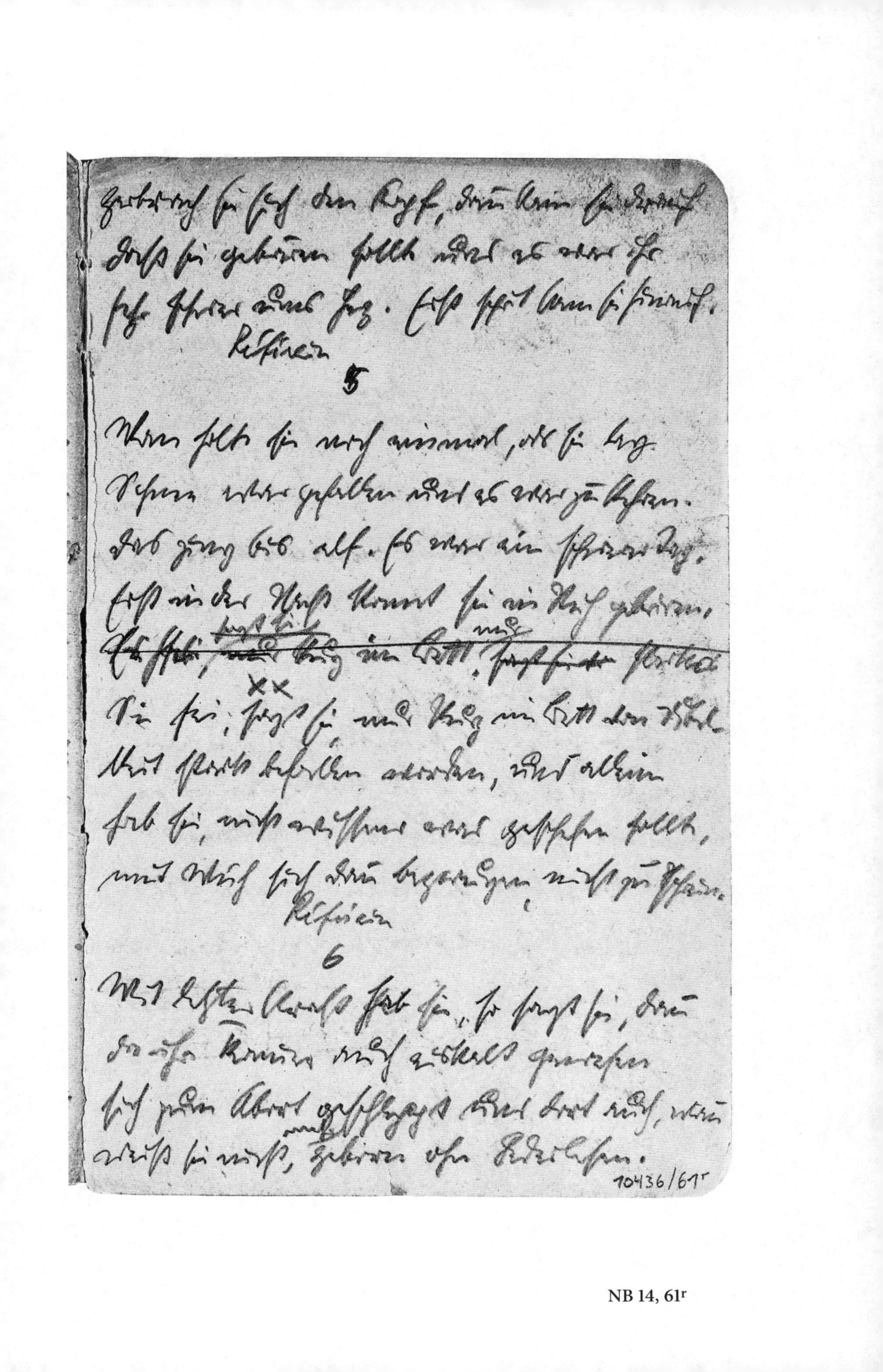

10436/61r

NB 14, 61v

[Dan]*Gen* Morgen zu etwa. Sie sei, sagt sie, ⟨61r.23←⟩
etwas verwirrt gewesen, habe dann

halb schon erstarrt, das Kind kaum halten
können
herein
da [Schnee]*es in* den Gesindabort schnein kann.
Réf
7

~~Darauf~~ Dann, zwischen Kammer und Abort, sagt
sie
hab sie dem Kinde schnell, nur mit 2 Fingern,
kleine
die Kehle zugedrückt, sagt sie,

sie [dach]*hab*e immer: schade um die Dinger
gedacht und damit die 2 blauen Augen
hab sie
gemeint, hierauf das Kind, gra[u]*d*aus
mit in ihr Bett [G]*g*enommen für 2 Stunden
und es verscharrt am Morgen hinterm Haus. ⟨→62r.1⟩

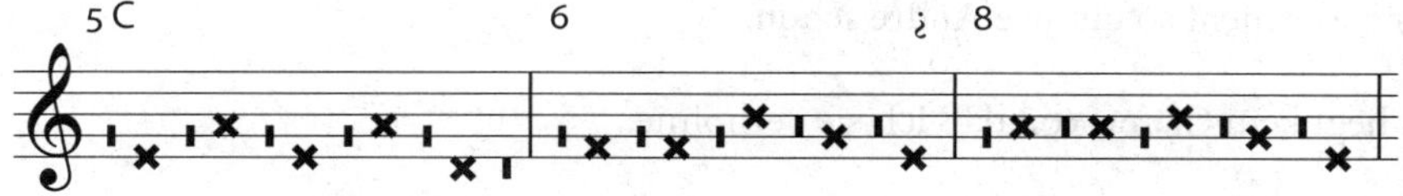

7-8 Réf \ 7] ⟨nachgetragen, vielleicht in zwei Arbeitsphasen⟩

⟨61v.19 ←⟩ 8

Marie Farrar, geboren im April

gestorben im Gefängnishaus in Meißen

ledige Kindesmutter, abgeurteilt, will
[uns]*euch* die Gebrechen
~~[euch die]~~*~~der Kre~~*~~atur~~ aller Kreatur erweißen.

Ihr, die ihr gut gebärt in weißen Wochenbetten

und [die]*ihr* die ihr die Kinder wiegt im Schoos,

wollt nicht verdammen die verworfenen

[Mörder]*Schwa*chen

denn ihre Sünd war schwer und ihr Leid groß.

Darum, ich bitte euch, wollt nicht in Zorn

verfallen

denn alle Kreatur braucht Hilf von allen.

⟨61r.12 ←⟩ ×× Und sie gebar, so sagt sie, einen Sohn

und dieser Sohn war gut wie andre Söhne:

Nur Sie war nicht so gut wie Andre schon.

Doch liegt kein Grund vor, daß ich sie verhöhne.
also
So will ich weiter denn erzählen

wie es mit diesem Sohn gewesen ist

<so gut ich kann, denn einiges mag wohl fehlen>

da[ß man]*mit m*an sieht wie ich bin und du bist.

1 8] ⟨nachgetragen⟩
5-6 [uns]*euch [...]* erweisen.] ⟨Eintragungsfolge: 1.⟩ euch die ⟨2. Überschreibung mit⟩ der Kreatur ⟨3. Streichung und Neuansatz über der Zeile⟩ [uns]*euch* die Gebrechen ⟨4. Fortsetzung in der Zeile⟩ aller Kreatur erweisen.

8

Marie Farrar, geboren im April
gestorben im Gefängnishaus in Meißen
ledige Kindsmutter, abgeurteilt, will
~~Euch Kinder~~ euch die Gebrechen aller Kreatur erweisen.

Ihr, die ihr gut gebärt in weißen Wochenbetten
und Ihr die ihr die Kinder [illegible] mit Herz.
wollt nicht verdammen die verlassenen
Schwachen

Denn ihre Sünde war schwer aber ihr Leid groß.
Darum, ich bitte euch, wollt nicht in Zorn
verfallen
denn alle Kreatur braucht Hilf von allen.

---

x) Und sie gebar, sie sagt sie einen Sohn
und dieser Sohn war gut wie andre Söhne.
Und Kinder müsst so gut wie Andre schon.
Doch liegt kein [illegible] aber, daß ich sie [illegible].
Sie will auch nicht [illegible] den [illegible]
wie es mit diesem Sohn geschehen x
so geht ich klar, daß [illegible] [illegible]
verdammen sollt wie ich bin und du bist.

10436/62r

Die Renaissance

1

Wiederbelebung der ästhetischen Antike.

Der Einzelne rückt: der Vollkommene, etc.; der die Anderen besiegende.

2

Die Mißstände der Kirche abzustellen! Befreiung der Umwelt! Vergöttlichung der Dinge!

10436/62v

NB 14, 62v

Die Renaissance

1

Wiederbelebung der asiatischen Antike.

Der Einzelne mehr: der Vollkommene, als: der die Andern Besiegende.

2

Der Mißbrauch der Natur abzustellen! Befreiung der Umwelt!

Vergottung der Dinge!

5-6 Vollkommene] V ⟨wohl verdeutlicht; vielleicht Änderungsvorgang⟩

Was druckt es keiner von euch in die
Zeitung
wie gut das Leben ist! Maria Hilf:
wie gut ist Schiffen mit Klavierbegleitung!
Wie selig Vögeln im windtollen Schilf!

10436/63r

10436/63v

NB 14, 63v

Sie stacken in den Musikhallen
wie Milchzähne

Die dann ausgestoßen würden sich
die Händ schütteln wenn sie sich er
kännten im Dunkeln. So gehen
sie schlendernd wieder hinaus in
die kalte Nacht, wo es ununter-
brochen Eis regnet.

Mundharmonika, todselig, bittend,,

2 Milchzähne] Milch ⟨wohl verdeutlicht; vielleicht Änderungsvorgang⟩
9 bittend] ⟨andere Lesarten:⟩ büßend ⟨,⟩ beißend

Wald. Der Mensch
„Heute Nacht macht der Himmel

und der Abgrund Hochzeit. Wir

sind nicht geladen. Das kleine

Gesträuch freut sich, desgleichen die

kalte Luft und es singt der aussä-

tzige Baum. Ich friere.“

Es sind zu viele Menschen

Auch wenn der Reis gut ist
~~ver~~hungern
~~sterben~~ [einige]*Tause*nde.

Der dunkle Herr ist zu uns gekommen.

⟨Z. 8-13 anderer Bleistift⟩

[illegible]

10436/64r

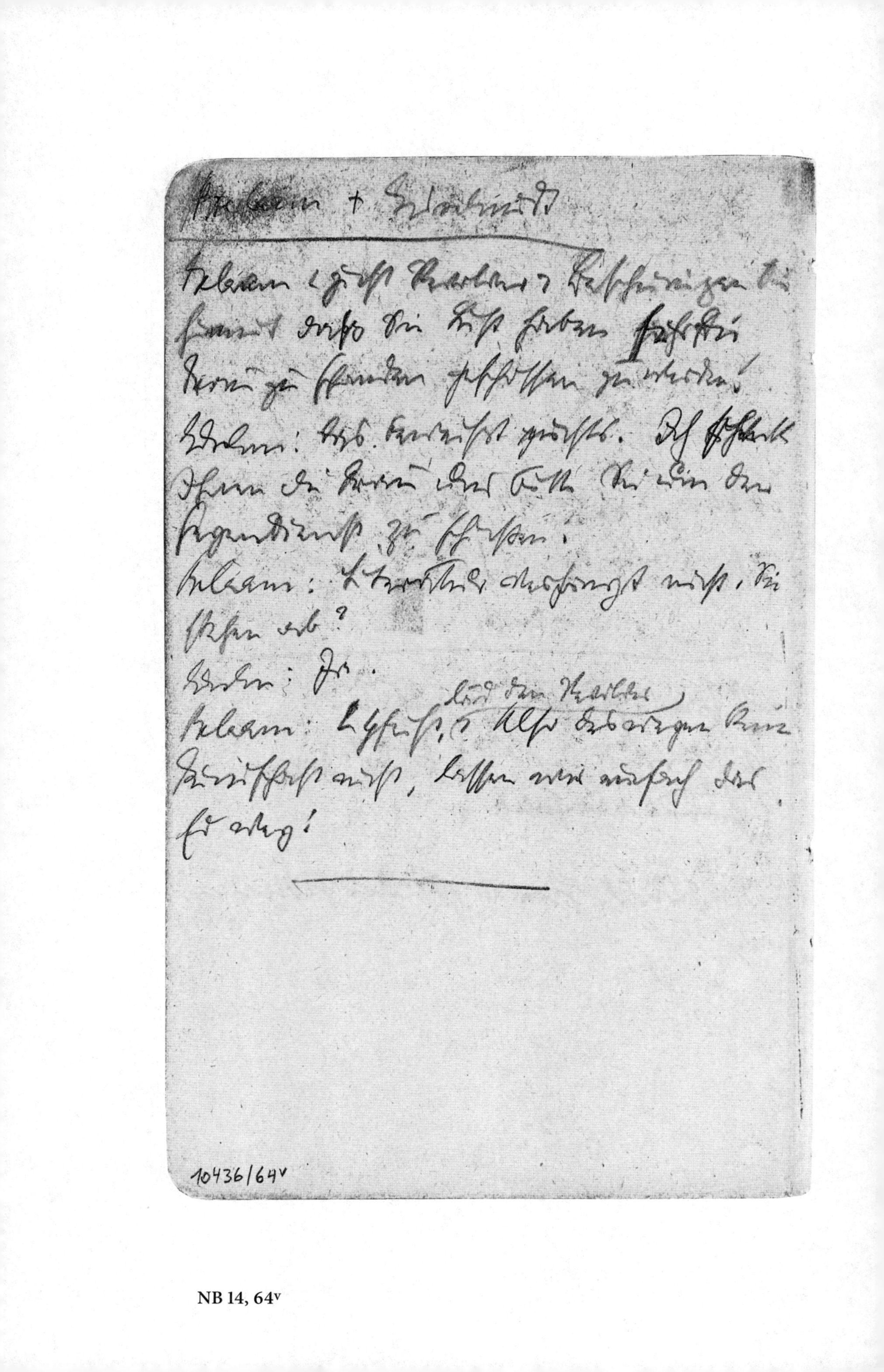

10436/64v

NB 14, 64v

[¿¿]Belaam + Edschmidt

Belaam <zieht Revolver> Bescheinigen Sie
hiemit da[s]*ß* Sie Lust haben [sich ¿]*für d*ie
Frau zu schanden geschossen zu werden!
Edschm: Das beweißt [g]*n*ichts. Ich [¿¿¿]*schen*ke ⟨Edschmidt⟩
Ihnen die Frau und bitte Sie um den
Gegendienst, zu schießen.
Belaam: Literatur verfängt nicht. Sie
stehen ab?
Edschm: Ja.
läd den Revolver
Belaam: [¿]<pfeift,> Also deswegen keine
Feindschaft nicht, lassen wir einfach das
Ed weg!

Notizbuch 15

⟨Umschlag⟩

NB 15, 1r

NB 15, 1v

bertbrecht

münchen

kammerspiele

augustenstraße

augsburg

bleichstraße 2

589 500

raten

2.358.000

⟨Z. 9-7 grauvioletter Kopierstift⟩

das weib des soldaten

der lokalberichterstatter mit der

wasserpfeife <roter schlauch>

my home is my castle

pension wenzel ⟨Luise Wenzel⟩

steinplatz 1653

2867 steglitz

kraus ⟨Werner Krauß⟩

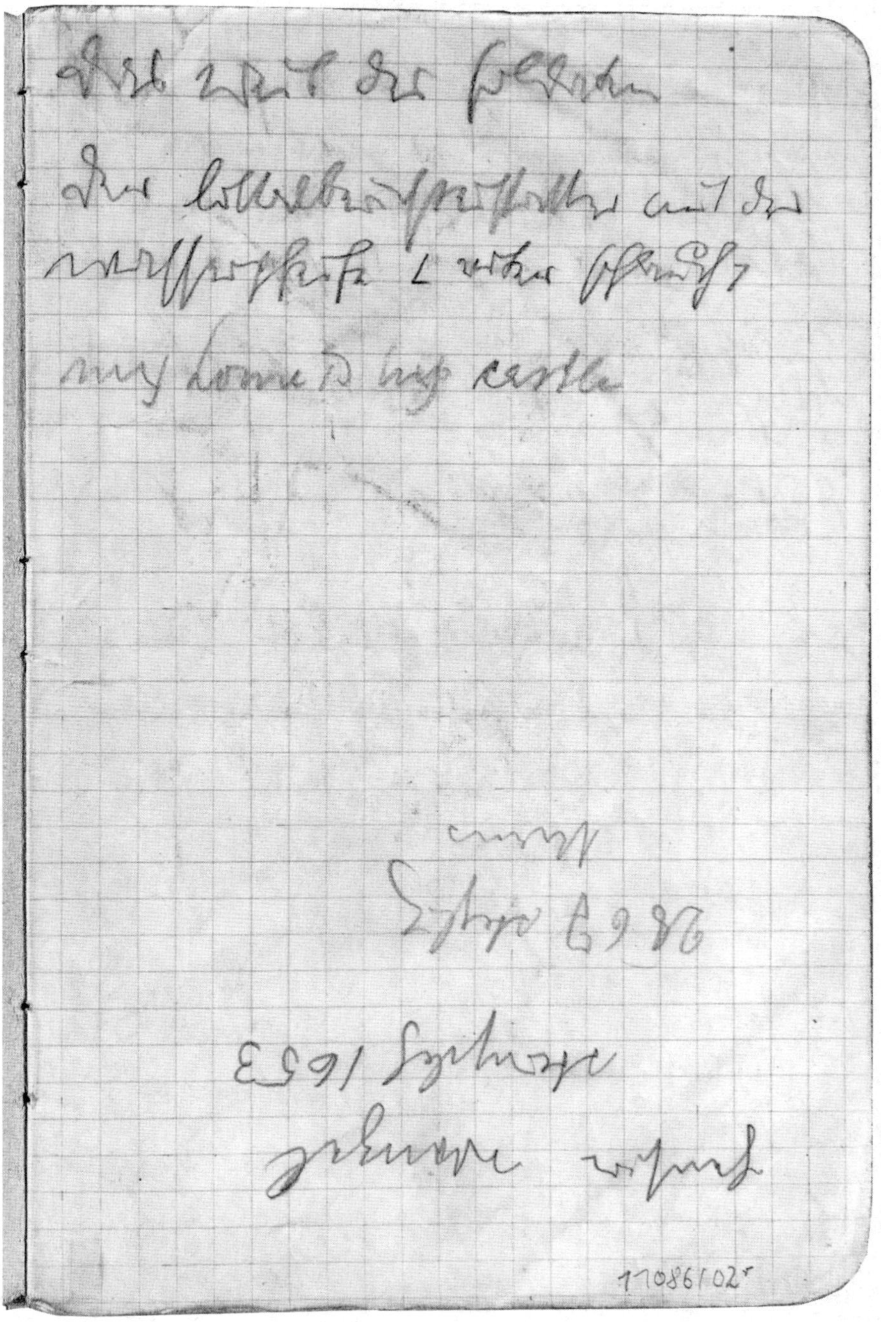

NB 15, 2r

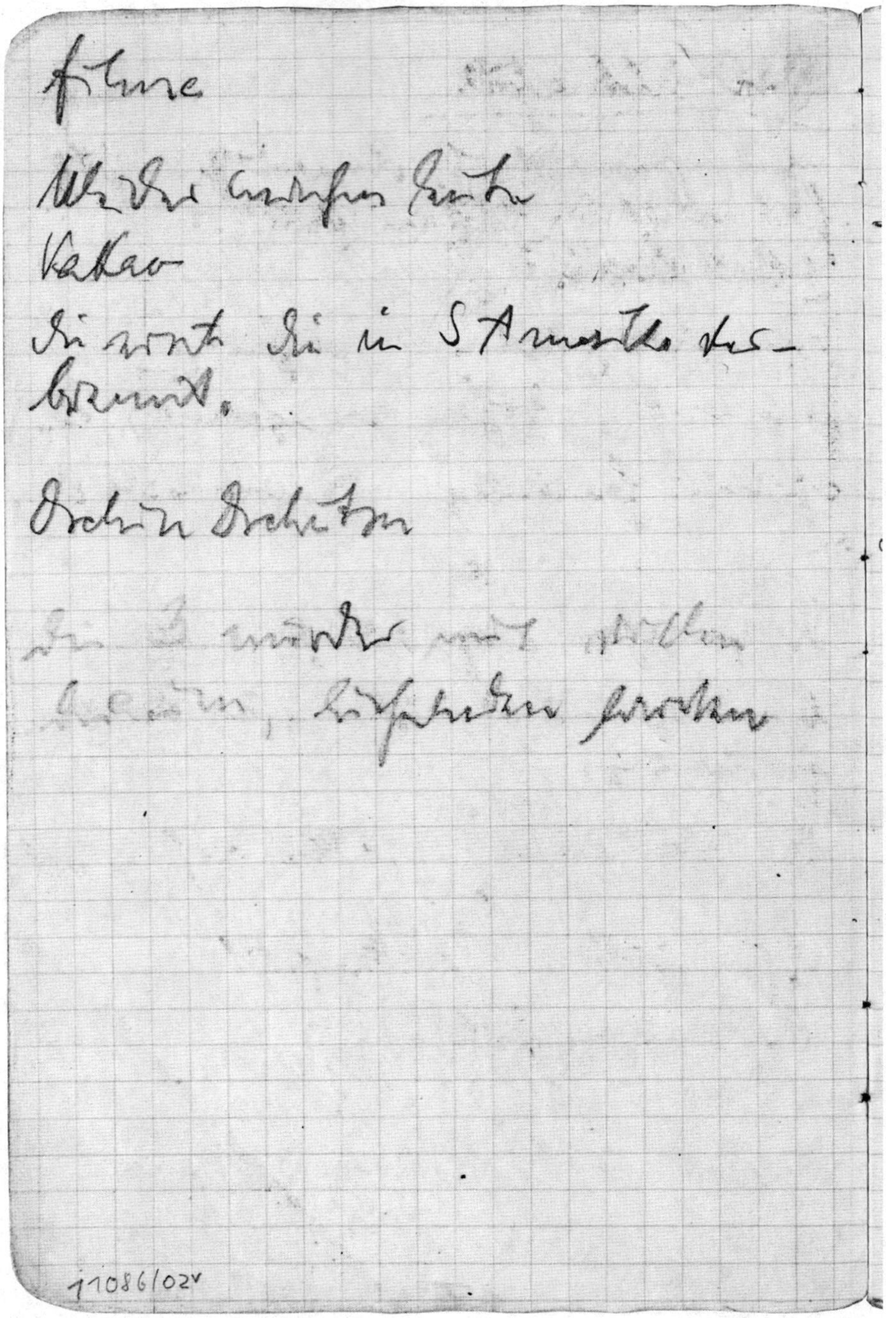

NB 15, 2v

filme

kleider machen leute

kakao

die ernte die in SAmerika ver- ⟨Südamerika⟩
brennt.

Dschiu Dschitsu

die 3 mörder mit vollen

dummen, lächelnden backen

⟨Chikago⟩ das kalte chik

furchtbare versäumnisse: gott

hat nicht schiffbau studiert!
<Karl Krauss>

×

wanglun, das rad, richard III.

⟨Oskar Camillus⟩ o c recht, johann von chalons, der

⟨von⟩ prinz v homburg, jenny rotfahn.

×

der grizzl[e]*y* <zeitungsmensch>

buckley der baumeister <der katastro-

fen baut>

der dalai lama judas erhängt sich

×

schneefälle in arkansas!

der weizen fällt!

12 baut] ⟨darunter Verschmutzung⟩

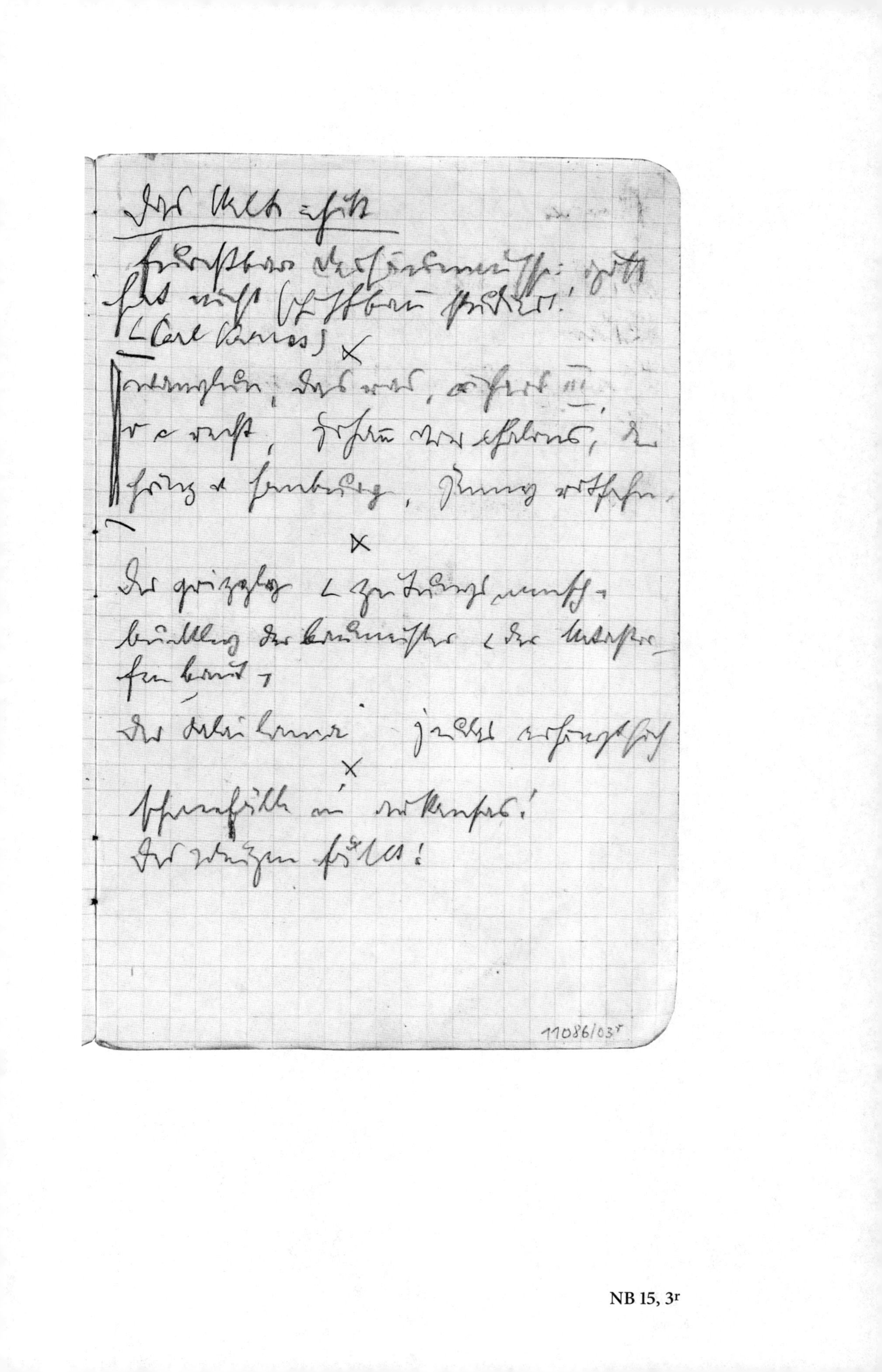

11086/03r

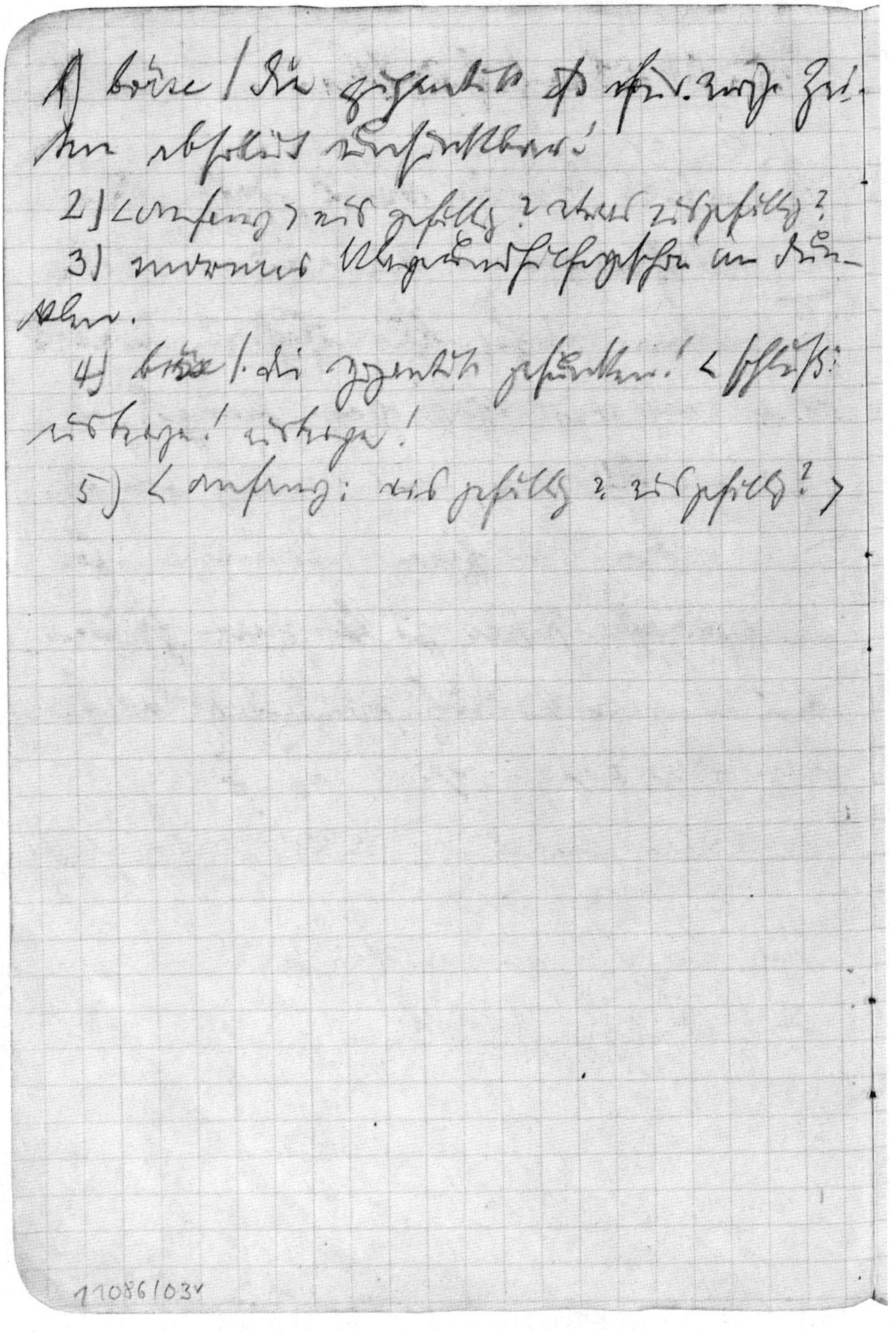

NB 15, 3v

[b]*1*) börse / die gigantik ist [ew]*für* ewige Zeiten absolut unsinkbar!

2) <anfang> eis gefällig? etwas eis gefällig?

3) enormes klageundhilfegeschrei im dunklen.

4) börse [.]/ die gigantik gesunken! <schluß: eisberge! eisberge!

5) <anfang: eis gefällig? eis gefällig?>

⟨danach Bl. 41-42 eingelegt⟩
1 für] ⟨danach Verschmutzung⟩
6 börse] ör ⟨verdeutlicht⟩

reportergeschichten

jeiners theorie war, daß kein
wirklicher mann vor einem wirk-
lichen gerichtshof standhalten könnte
wenn die rede auf jene angelegen-
heiten käme, auf grund von deren ordnung jene männer ihre
ansprüche stellen zu können glauben,
nicht in den bauch getreten zu werden,
auf dem kalten planeten hier.

⟨davor Bl. 41-42 eingelegt⟩
2 jeiners] ⟨andere Lesart:⟩ jemmers

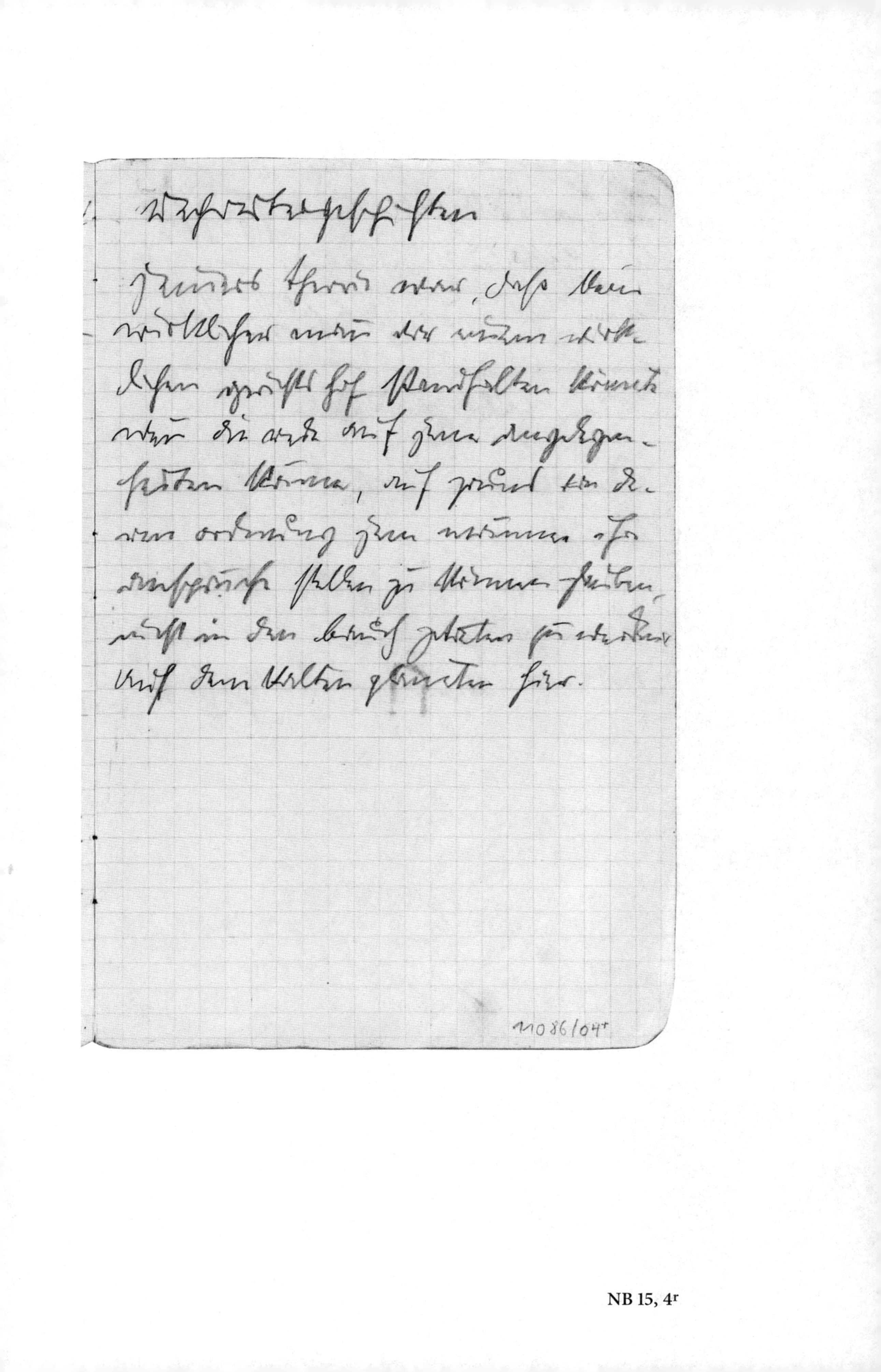

NB 15, 4r

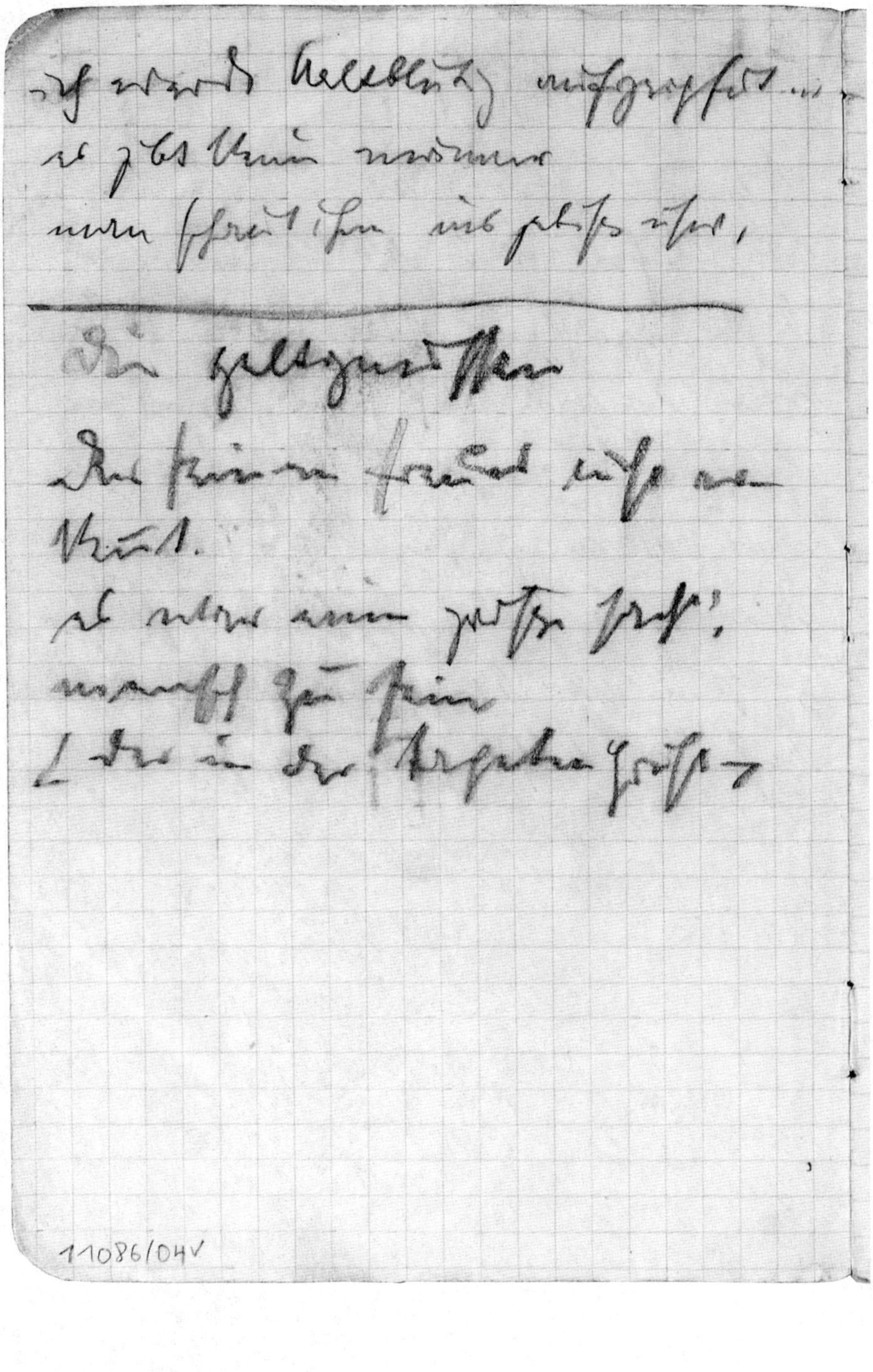
11086/04v

NB 15, 4v

ich werde kaltblütig aufgeopfert …
es gibt keine männer
man schaut ihm ins gebiß usw.

---

die zeltgenossen

der seinen freund nicht er-
kennt.
es war eine große sach',
mensch zu sein
<der in der tapetengruft>

ich bin auf dem markt gewesen und was meine eigenen
[¿]*k*urse betrifft, so sind sie um
[viele]*alle*rhand tiefer als im oktober aber schon wieder etwas besser
als im januar.

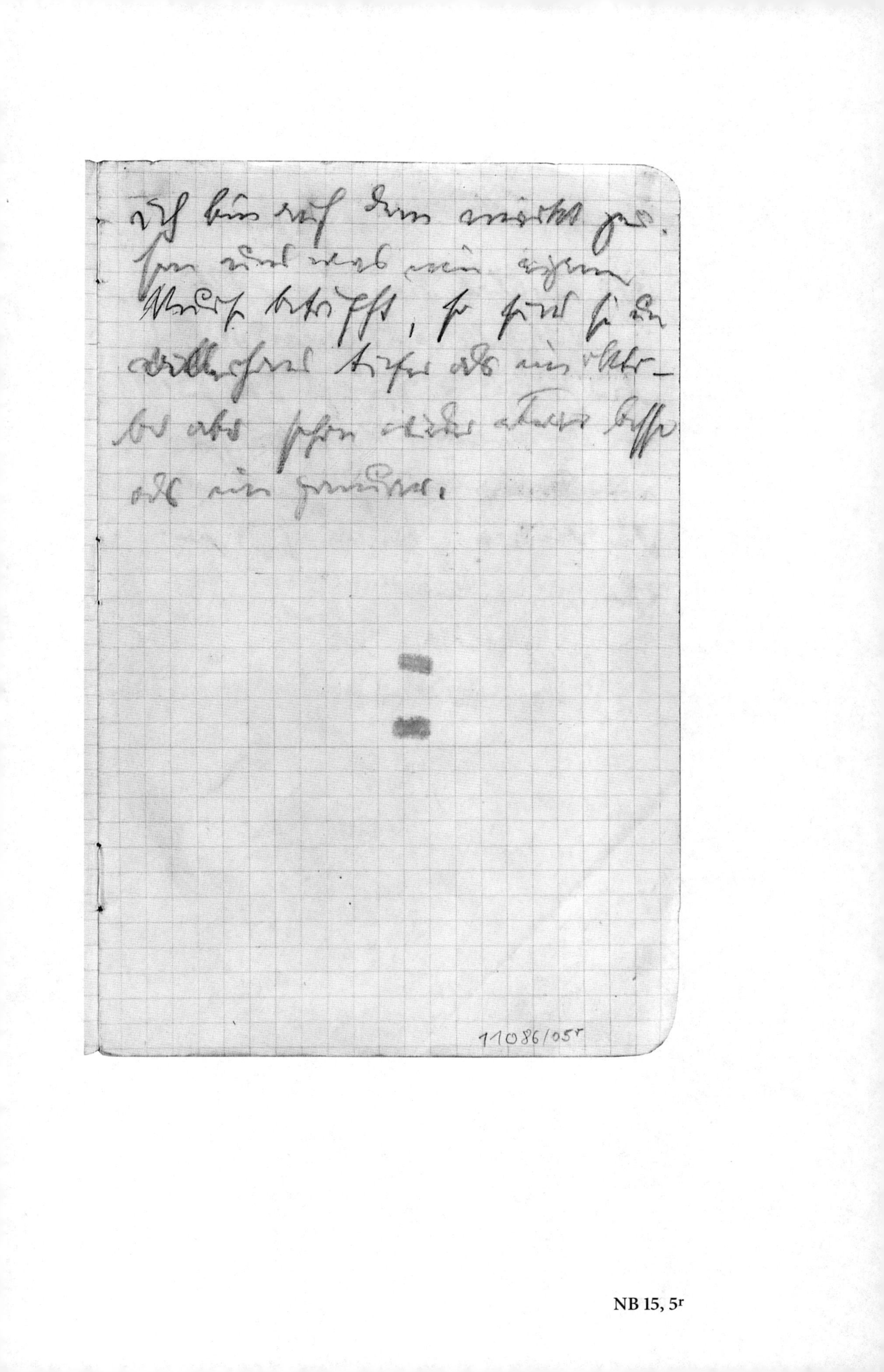

11086/05r

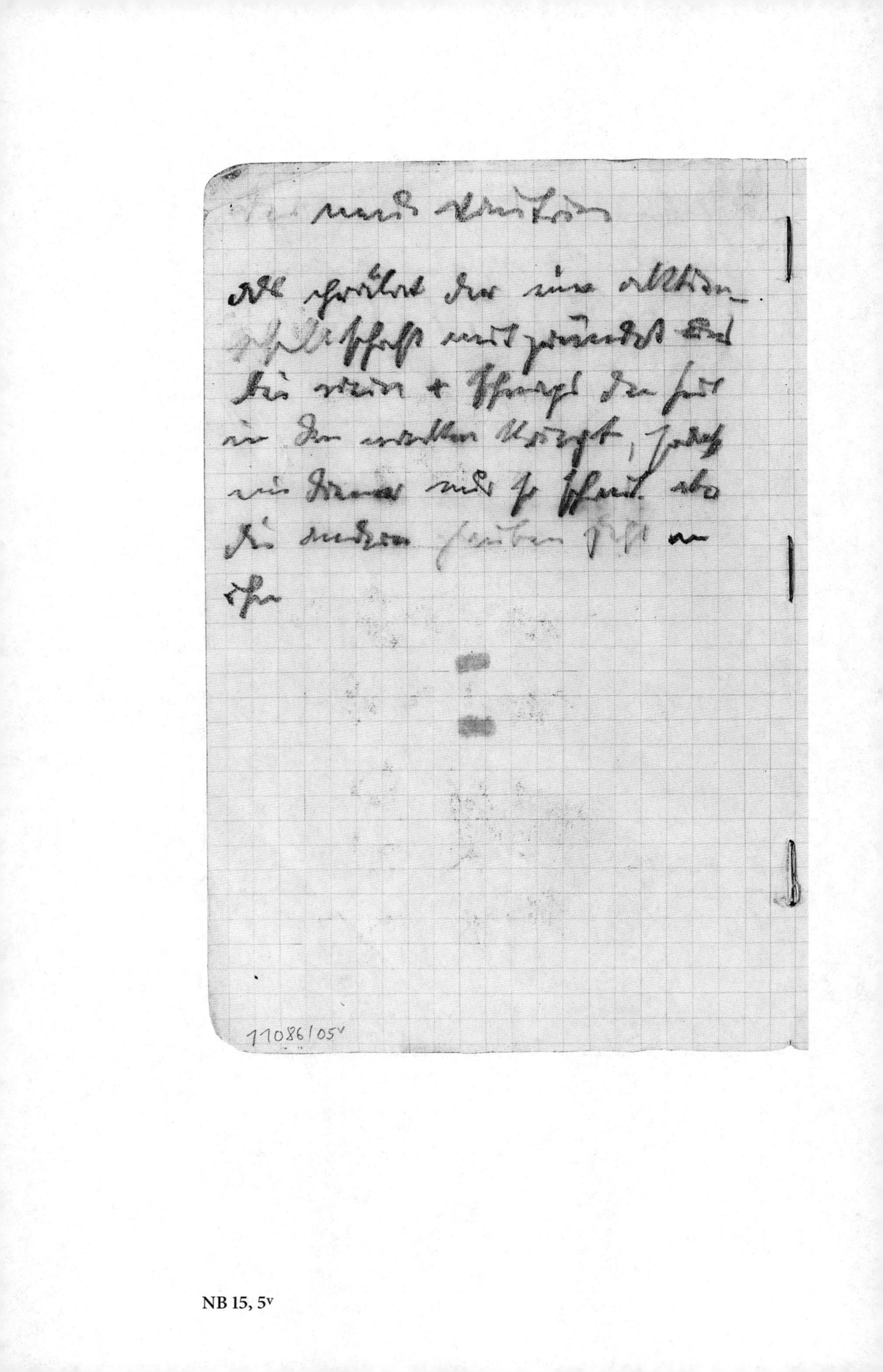

NB 15, 5v

der neue vautrin

als prälat der eine aktiengesellschaft mit gründet und
bei wein + schnaps den hut
in den nacken kriegt, sodaß
ein diener nur so schaut. aber
die andern glauben jetzt an
ihn

eure falschen lippen
  die ich sehr liebe
  oh ¿¿¿¿¿¿¿

daß er flüstern muß
als [sie]*li*ebeserklärung

die tigerin
  die absetzer sie tritt
dazu.

⟨ganze Seite wohl erst nach 6v eingetragen⟩

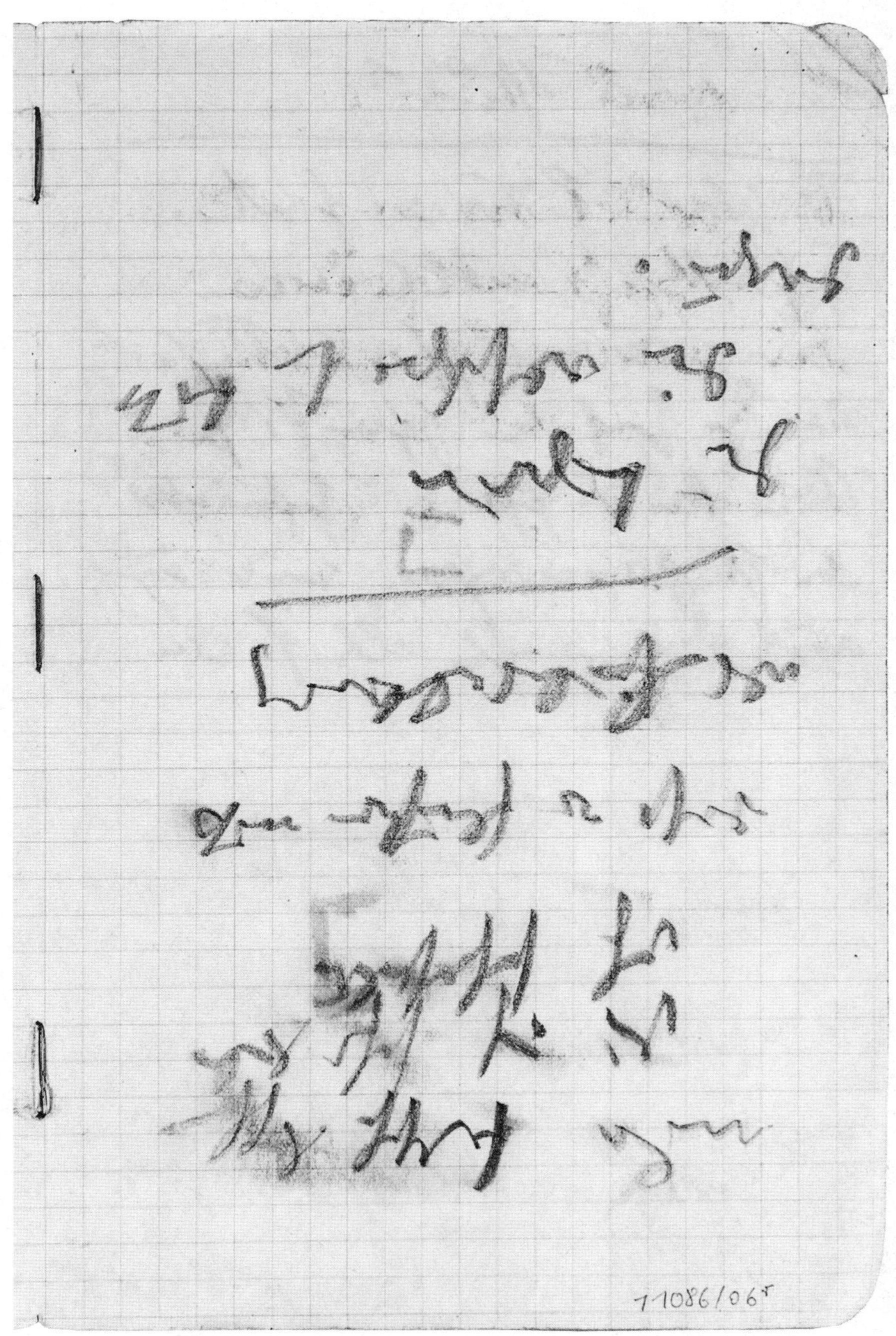

NB 15, 6r

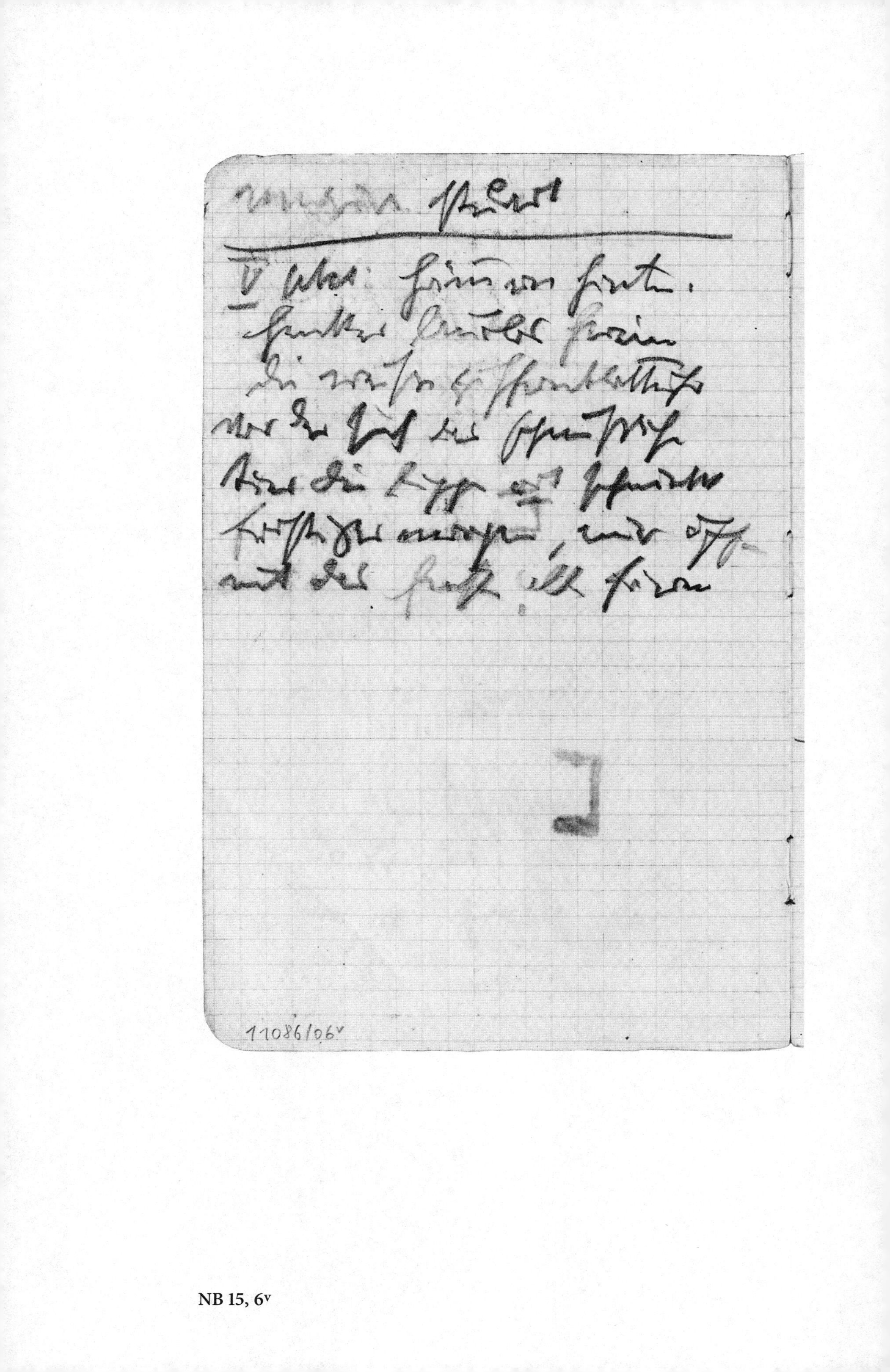

NB 15, 6^{v}

maria stuart

V akt: hämmern hinten.
henker lautlos herein
die weiße ziffernblattuhr
vor der sich das scheußliche
tier die lippen rot schminkt
frostiger morgen, einer öff-
net das fenster, alle frieren

⟨ganze Seite wohl vor 6r eingetragen⟩

Fürst Kazyn Film Konzern

Friedrichstr. 13/

Hohenzollernkorso 11/2

⟨Frau Ellyn Karin⟩ Fr Karin

Va[rd]*gt*s Alfred

hamburger echo

O'Neil

Gasthof ~~Waldho[f]~~*rn* Waldhorn

Enz Klösterle bei

Wild[p]*b*ad

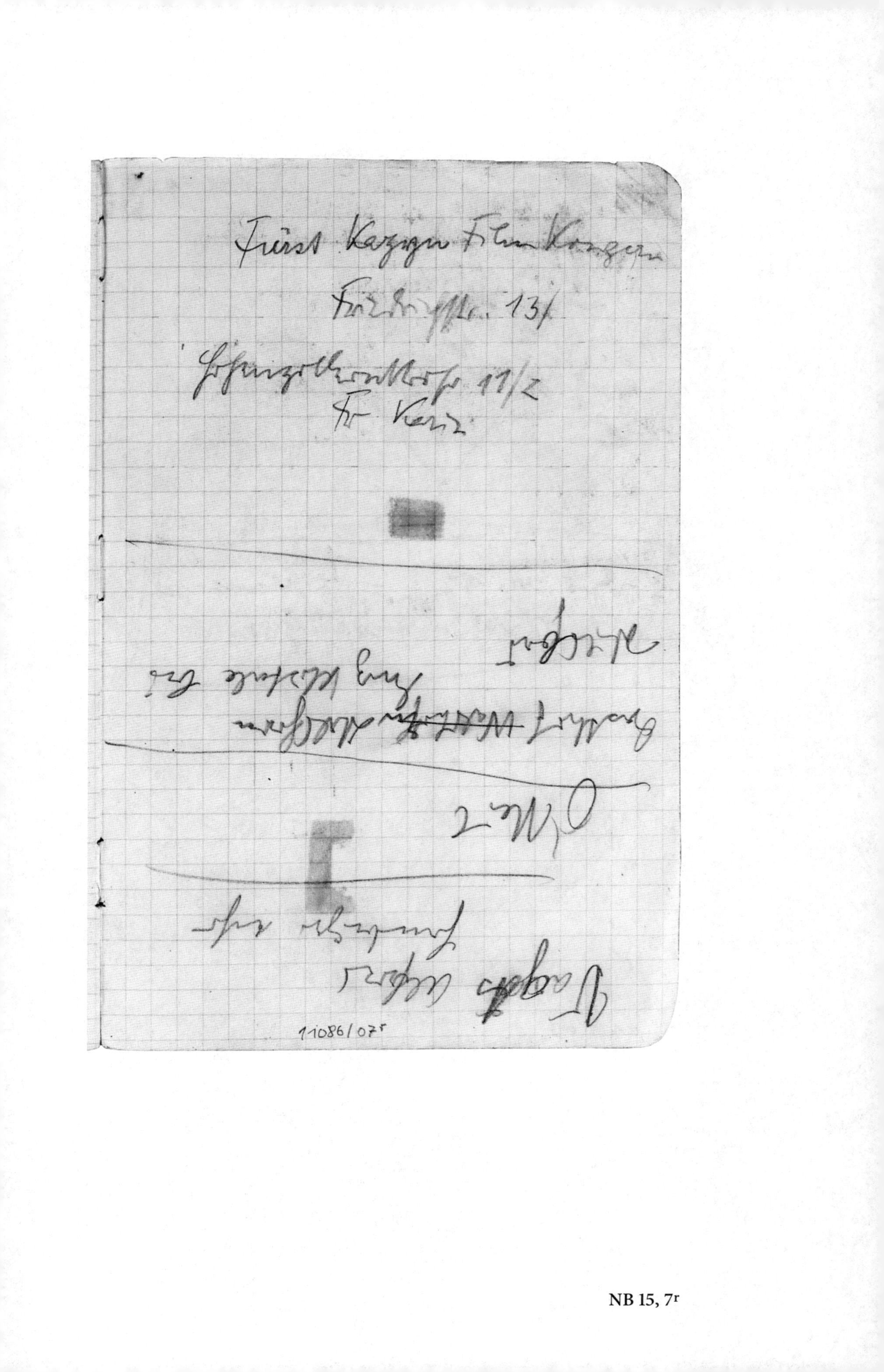

11086/07r

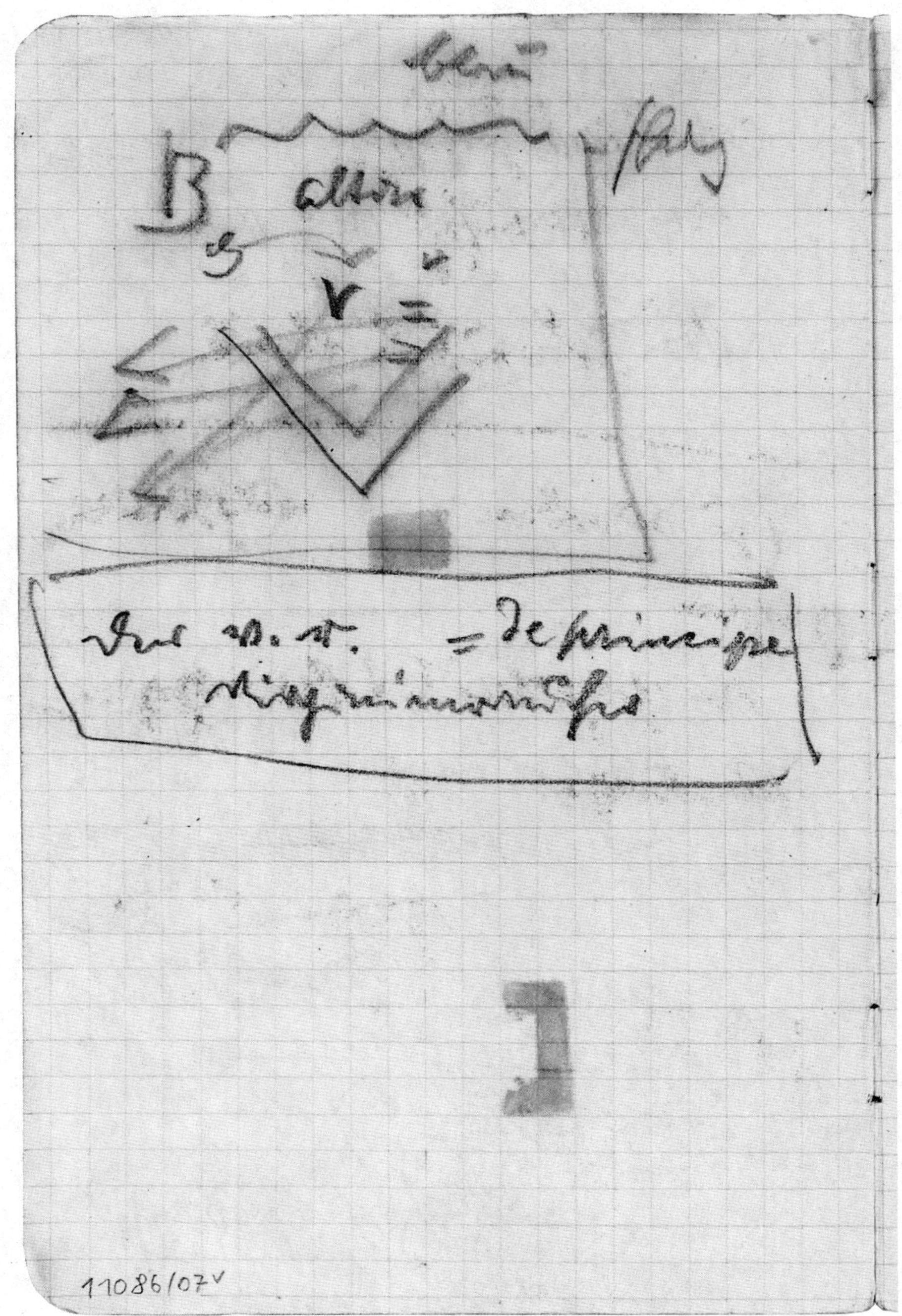

NB 15, 7^{v}

blau

– schwarz

B altan

G V

V

der v. r. =
de principe
virginienraucher

3 altan] ⟨andere Lesart:⟩ altar
4-5 V \ V] ⟨andere Lesart: keine Buchstaben, sondern graphische Zeichen⟩
9 de principe] ⟨nachgetragen⟩

enttäuschung

im rausch

die brutale logik

___

sie werden nie aufkommen

gegen

die popularität der nigger-

schwänze

___

der kampf gegen die un-

sterbliche seele

11086/08r

11086/08v

NB 15, 8v

verrat dessen bitternis
der erfahrene mann
ohne abscheu trinkt.

×

geschichte im stil des tazitus: nach dem timur
sein winterlager ab-
gebrochen hatte......

×

<u>bargan</u>
das schiffstagebuch der
sterbenden

5-6 tazitus] ⟨Strich über Trennungsstrich nicht signifikant⟩

lustspiel: caesar

unter den seeräubern

⟨Bl. 9v unbeschrieben; eine Lage und 3 ursprünglich nachfolgende Blätter herausgerissen⟩

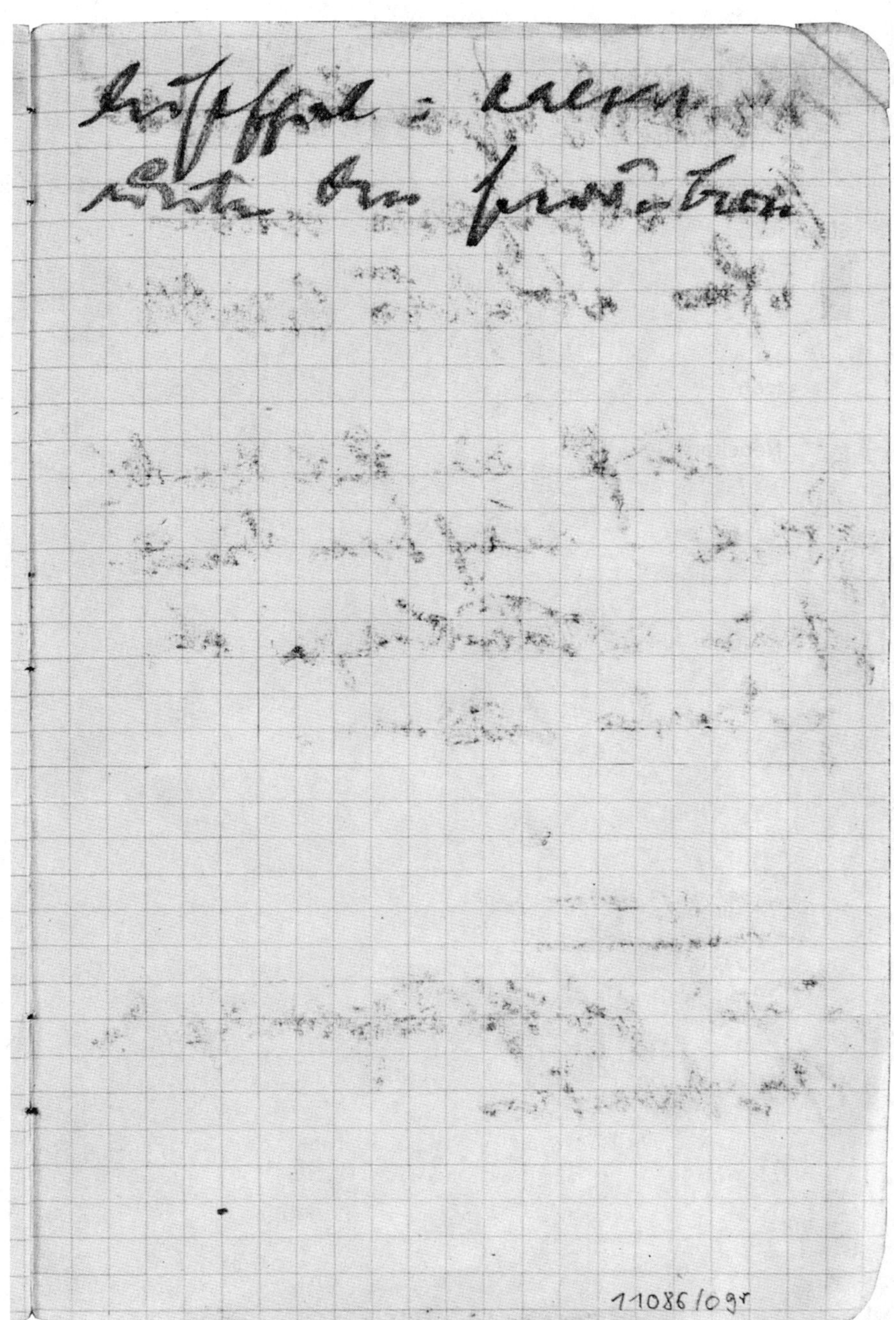

Kramer

Dresden Laubegast

Elbstr 10/I

34266

⟨Otto Nebelthau⟩ Nebeltau

⟨Bl. 9ᵛ unbeschrieben; eine Lage und 3 ursprünglich vorangehende Blätter herausgerissen; im Bundsteg Karton des vorderen Umschlags als Bindungsverstärkung zwischen erster und zweiter Lage sichtbar⟩

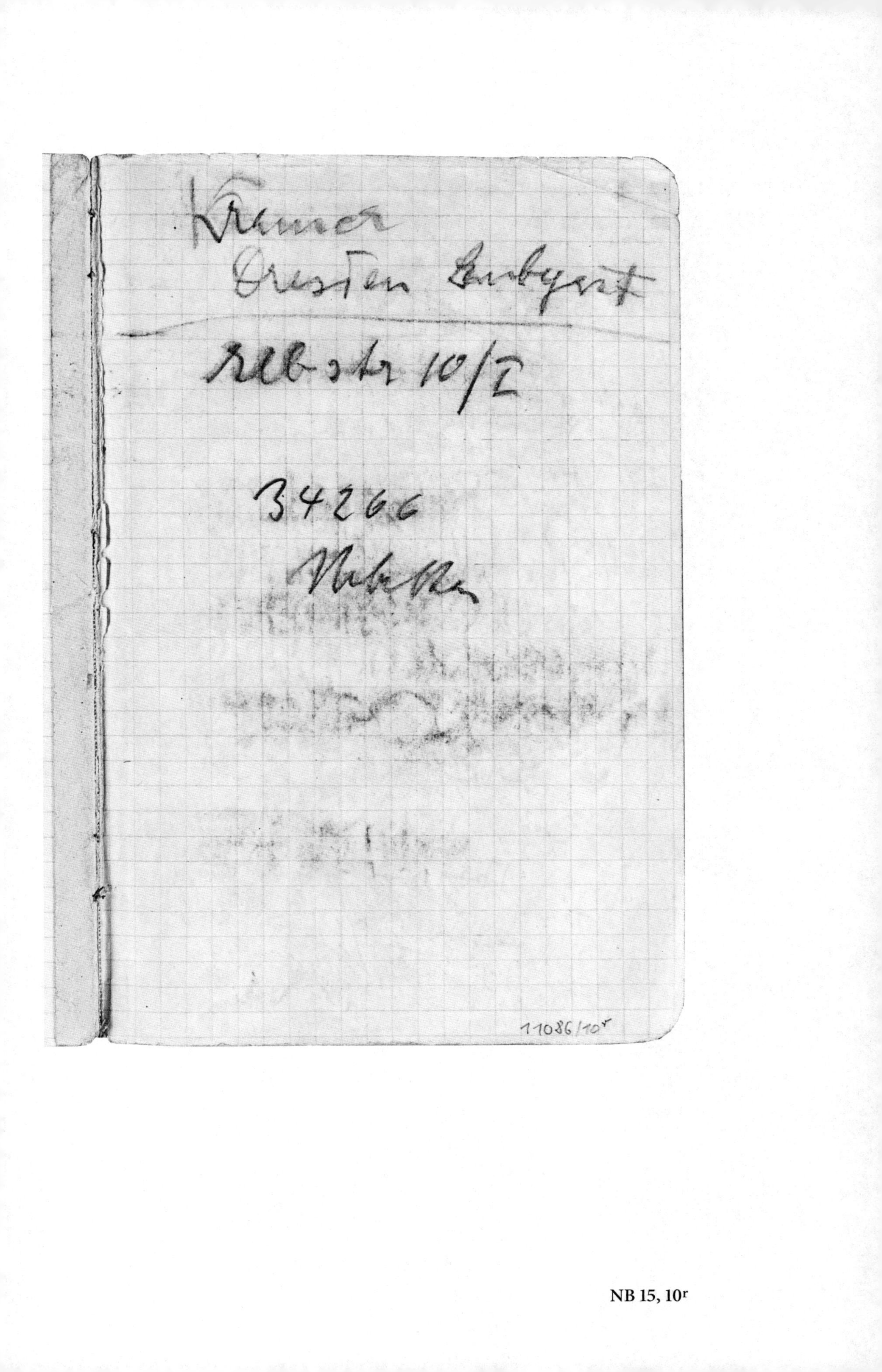

11086/10r

NB 15, 10r

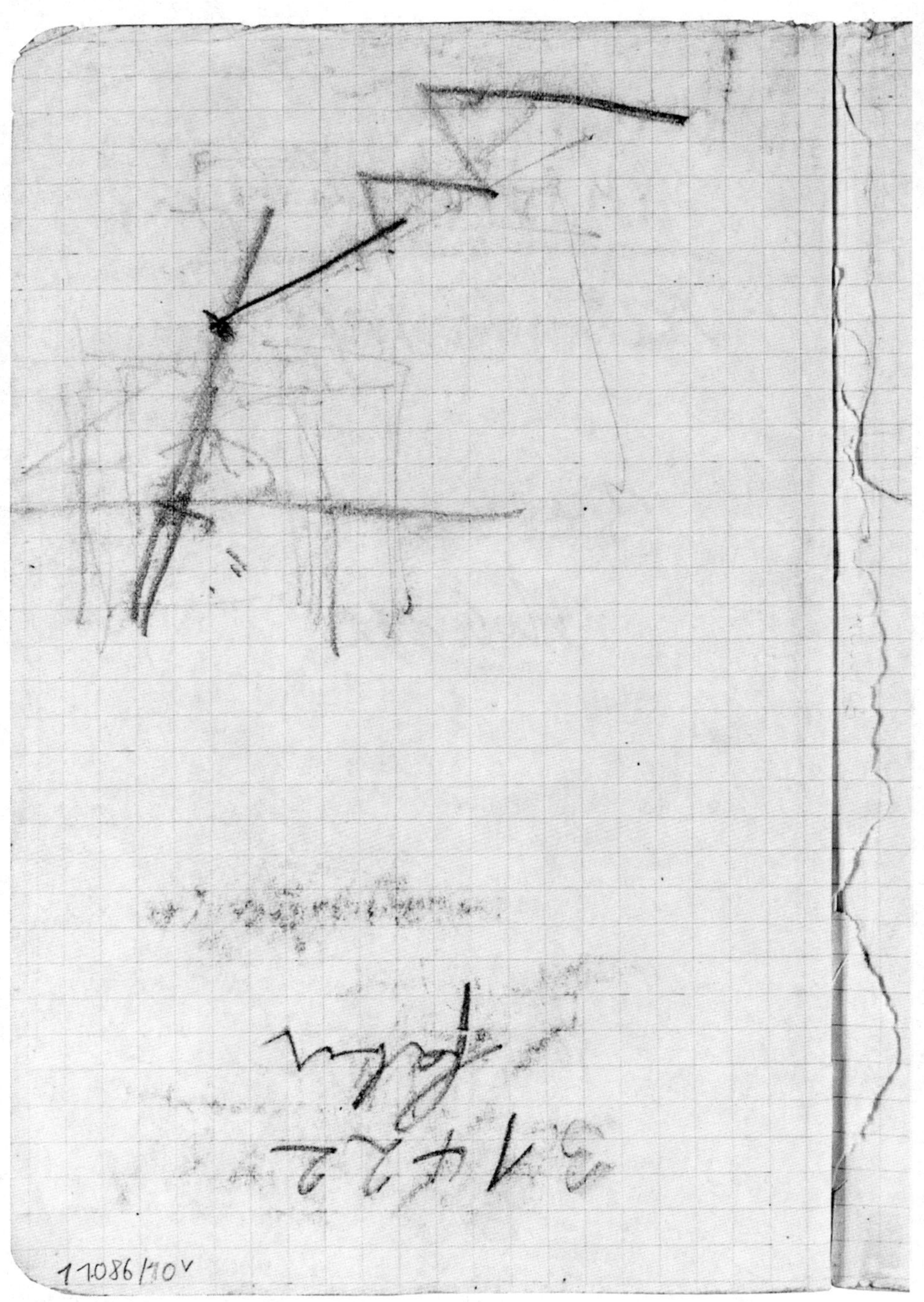

NB 15, 10[v]

31422

faber ⟨Erwin Faber⟩

⟨ursprünglich nachfolgendes Blatt herausgerissen⟩

moritz schäfer

leipzig

???????????

⟨obere Blatthälfte und ursprünglich vorangehendes Blatt herausgerissen⟩

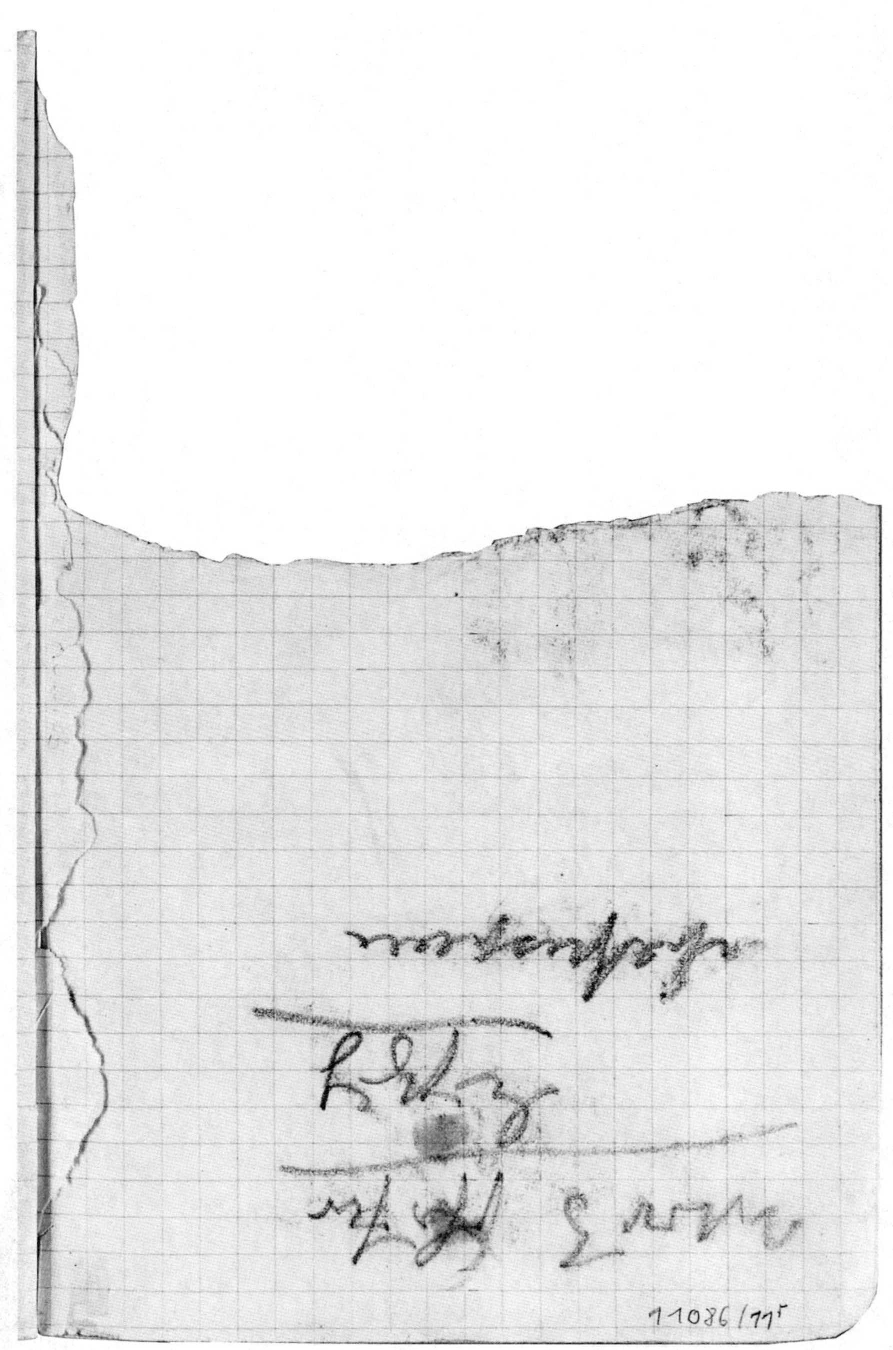

NB 15, 11r

NB 15, 11v

202

Althof

Starnberg

⟨obere Blatthälfte und 2 ursprünglich nachfolgende Blätter herausgerissen⟩

8

starnberg

¿¿¿¿¿

⟨2 ursprünglich vorangehende Blätter herausgerissen⟩

1 8] ⟨davor und danach nicht signifikante Striche⟩

3 ¿¿¿¿¿] ⟨mögliche Lesart:⟩ josef

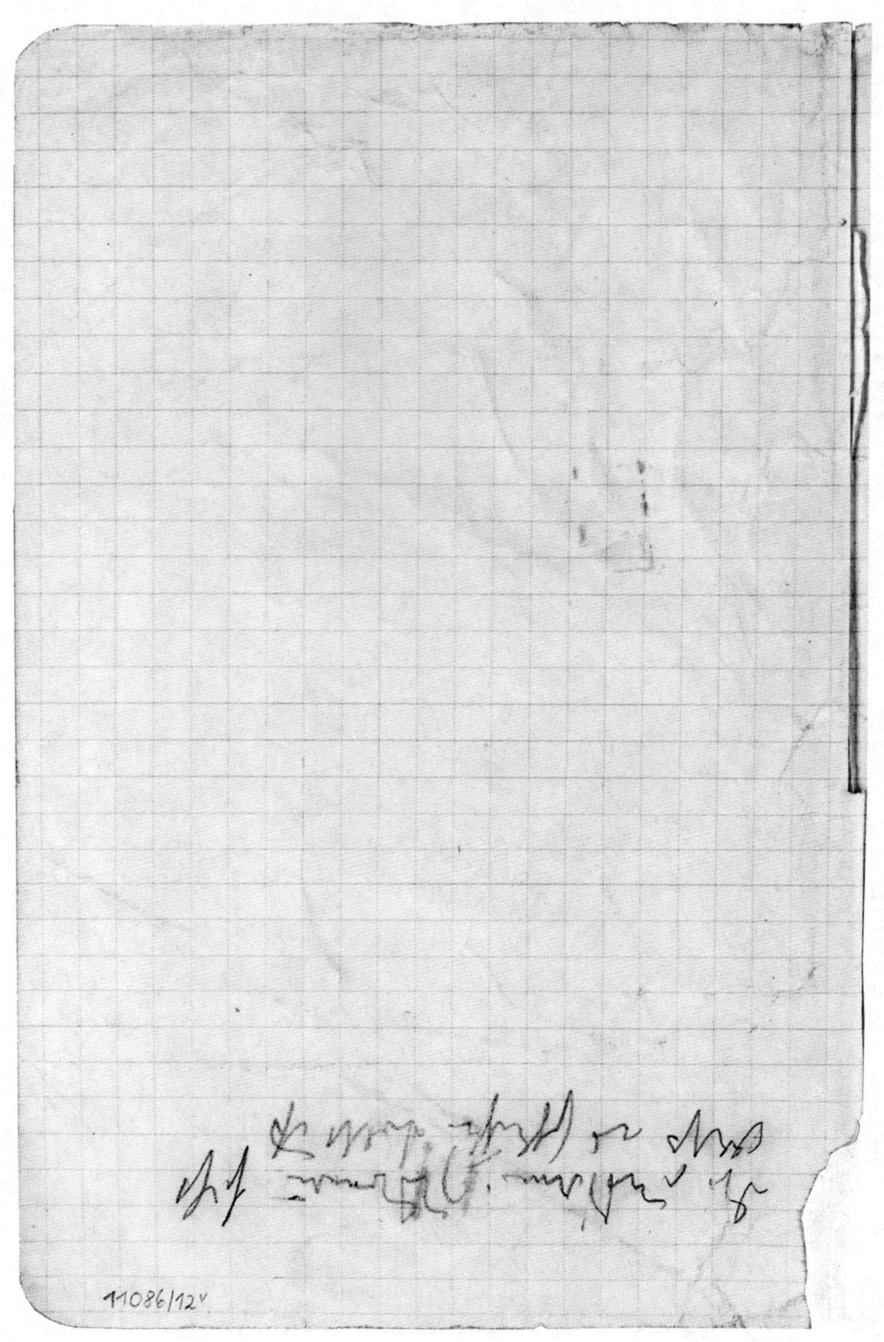

NB 15, 12v

die indianer: jedermann sieht
daß es schlechtes volk ist

⟨ursprünglich nachfolgendes Blatt herausgerissen⟩

⟨Akademiestraße⟩

Akad. 5

ach schenket in solcher irrnis uns
taubheit
[d¿]*w*eil die worte roh sind und nicht
zwischen menschen
zum essen | ist andres noch als körperliche
[müh?]*berühren* [~~zw~~]*?*
weil [mir]*uns* die zunge ungelenk das ohr | verstopft
~~und~~ verständigung ~~viel~~ zu weitmaschig

die götter verkaufen messer usw.

⟨ursprünglich vorangehendes Blatt herausgerissen⟩
6-4 zwischen *[...]* [~~zw~~]*?*] ⟨Eintragungsfolge: 1.⟩ andres noch als körperliche müh? ⟨2.⟩ andres noch als körperlich berühren zw ⟨3.⟩ andres zwischen menschen noch als körperlich berühren?
9 schenket] ⟨andere Lesart:⟩ spendet

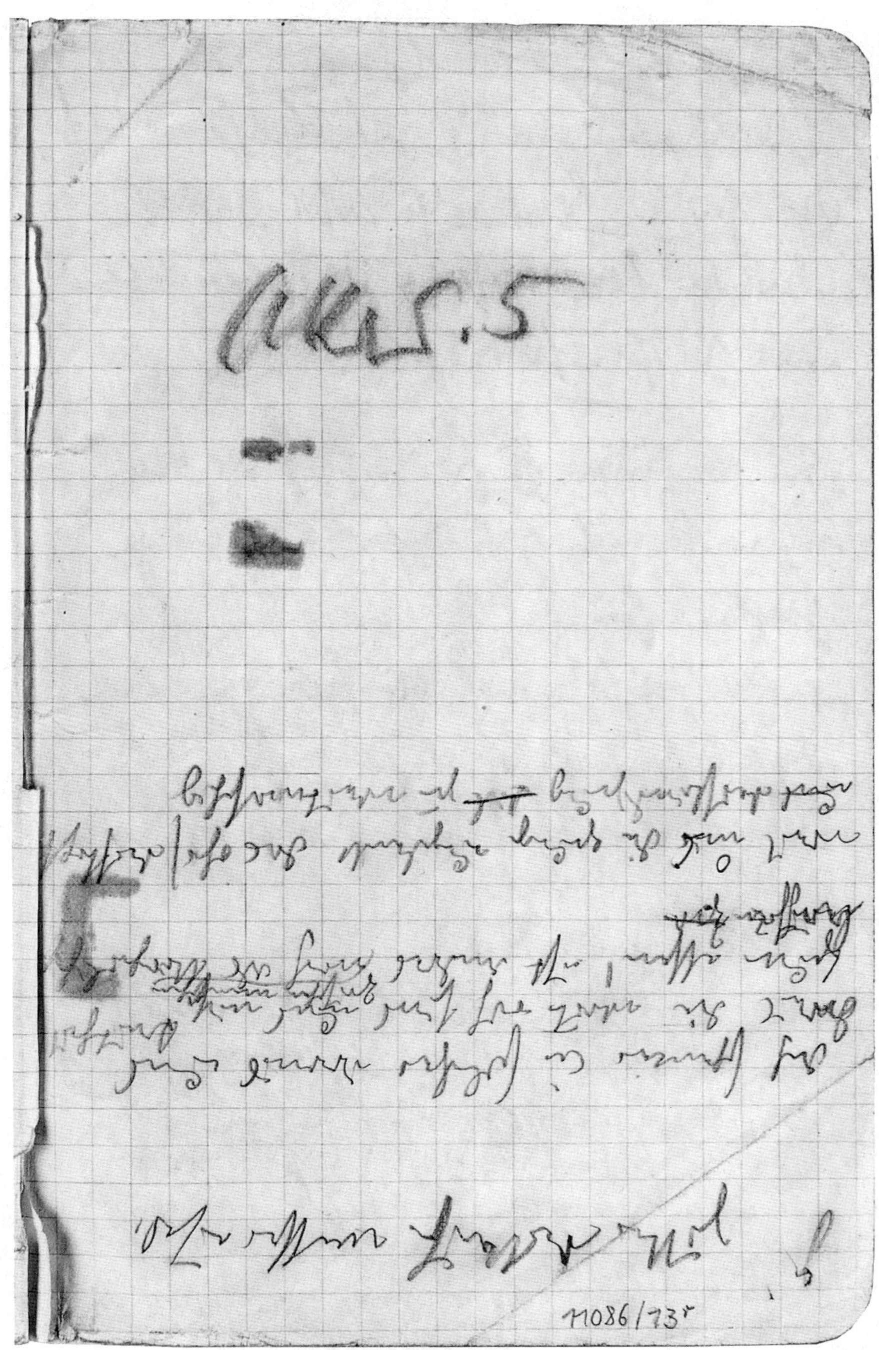

NB 15, 13r

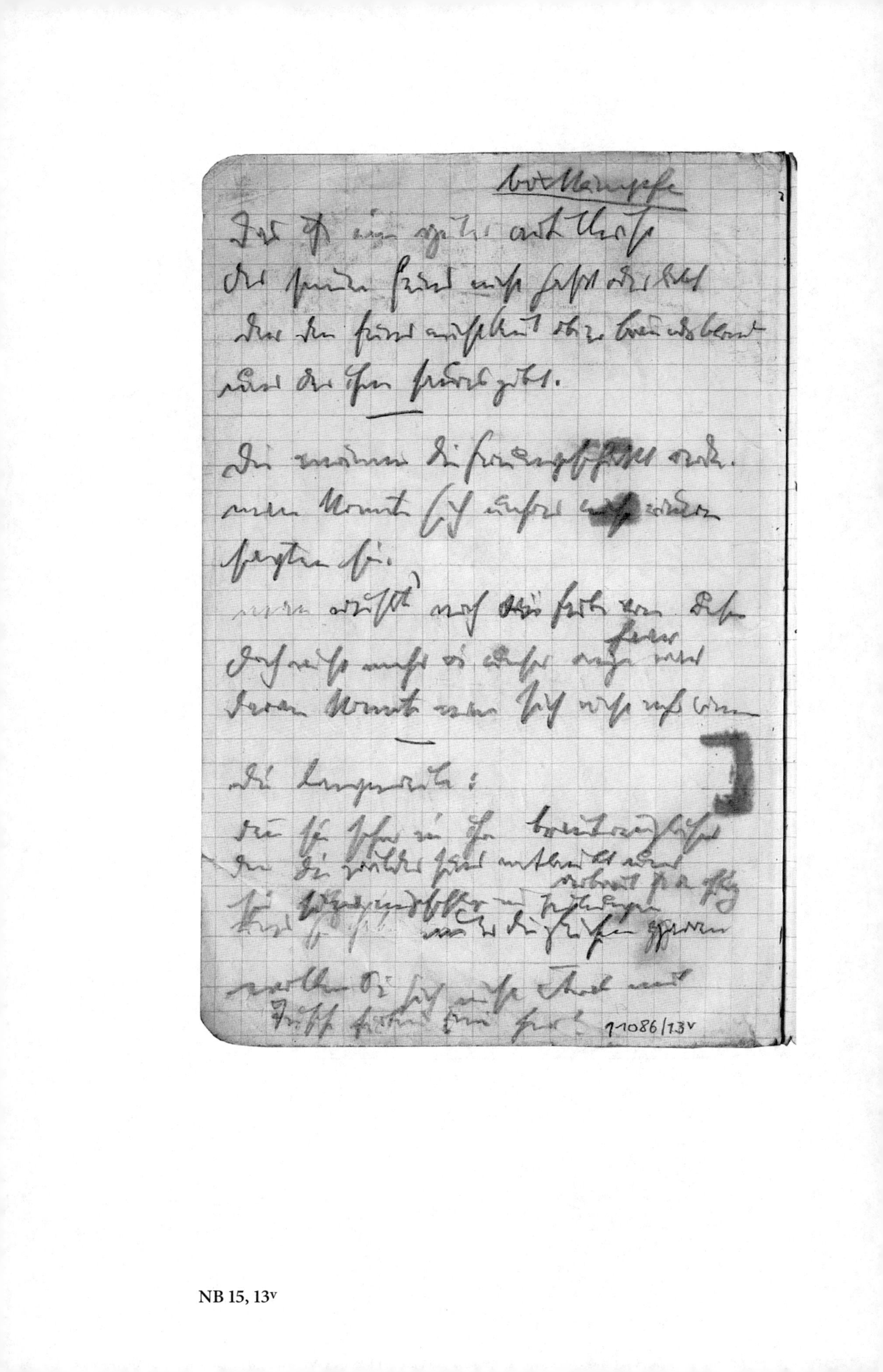

1-1086/13v

NB 15, 13v

boxkämpfe

das ist ein guter artillerist
der seinen feind nicht haßt oder liebt
der den feind nicht kennt ob er braun oder blond
und der ihm saures gibt.

———

die männer die herumgeschickt werden.
man konnte sich unsrer nicht erinnern
sagten sie.
man wußt' noch [wie]*die* farbe von unsrem
haar
doch nicht mehr wie unser auge war
daran konnte man sich nicht mehr erinnern

———

die langeweile:
denn sie sehen in ihre branntweingläser
denn die wälder sind entlaubt und
verbaut ist das holz
sie [sitzen]*sind* eingeschlagen in zeitungen
und sie haben immer die gleichen zigarren

wollen Sie sich nicht etwas mit
Tusche färben[?] *m*ein herr?

1 boxkämpfe] ⟨wohl nachgetragen⟩
20 zigarren] g ⟨verdeutlicht⟩
21 etwas] ⟨wohl t-Strich verrutscht, vielleicht Trennstrich⟩

e
man wußte noch die farbe von unserm haar
daran konnte man sich nicht mehr erinnern

das feuerschiff

die lügner

der Pariser Bulle <feuerschiff> wird

rot angestrichen, die obere [haf]*re*chnungskammer

an die hafenkomission: 1)

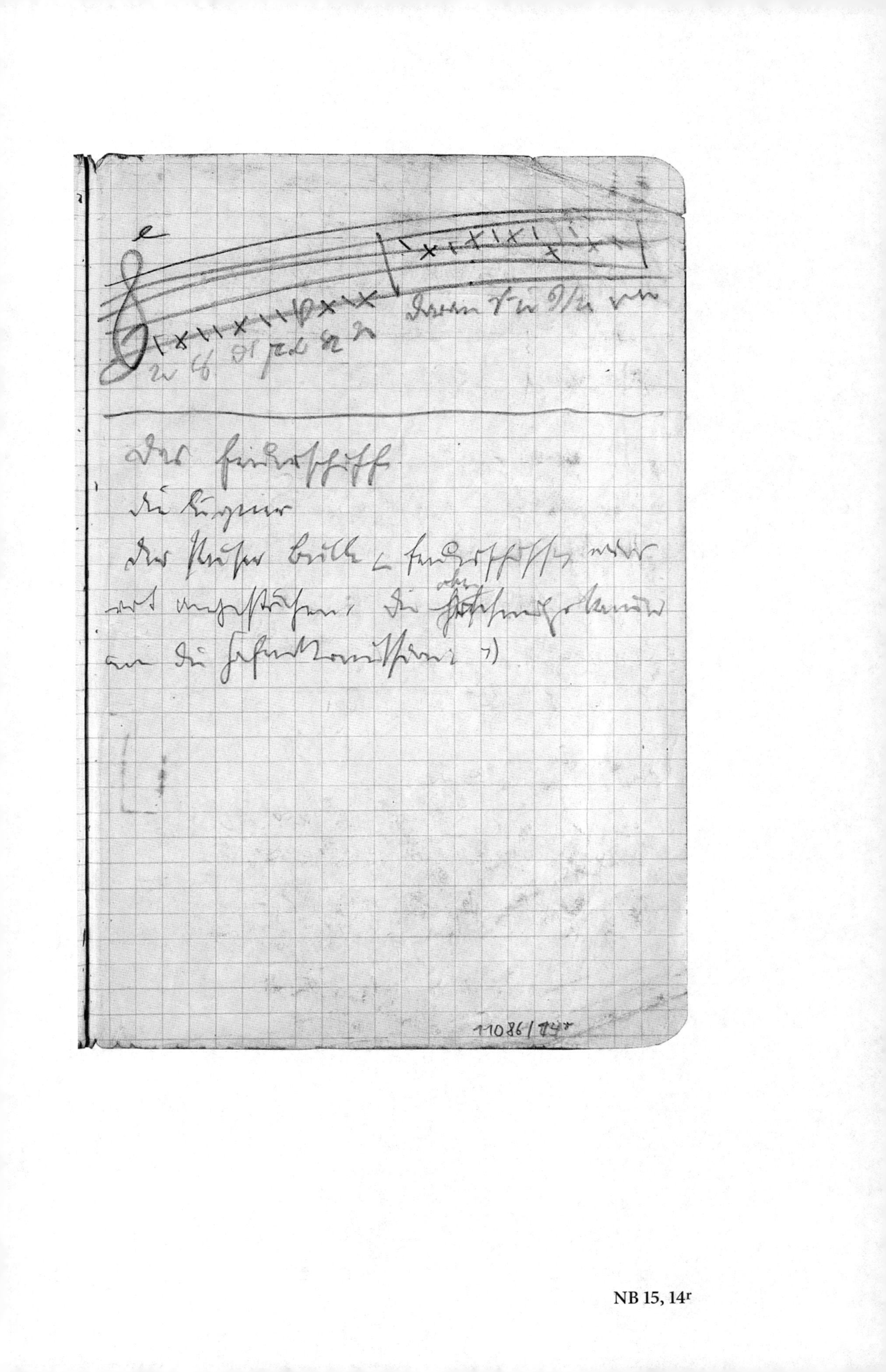

NB 15, 14r

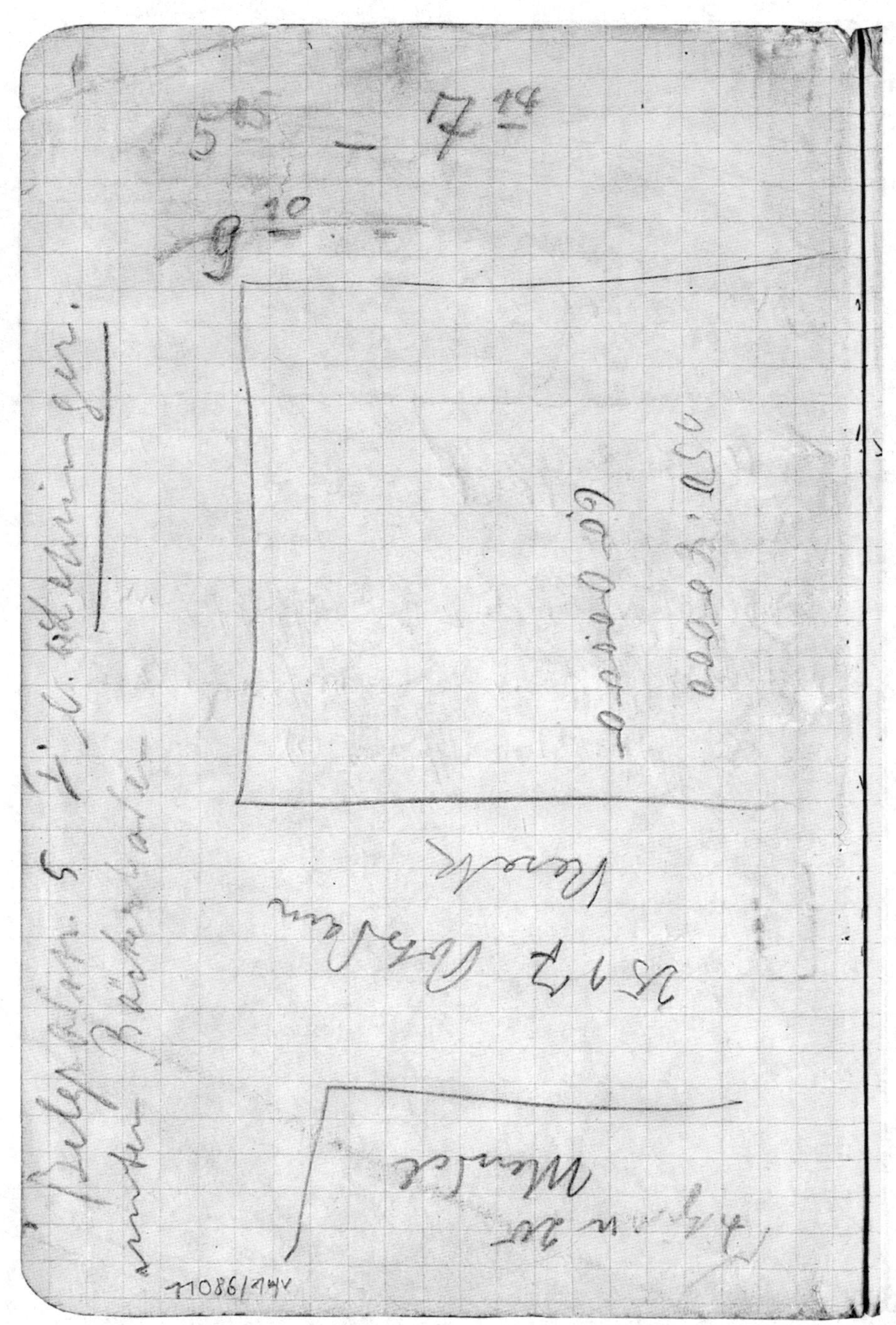

NB 15, 14v

5^{15} – 7^{14}

~~9^{10} –~~

150 · 40 000

6.000.000

Kasak

2517 Potsdam

⟨Hermann Kasack⟩

Tizian 20

Mendel

Belgradstr. 5 I. b. *bei* Lehringer

unten Bäckerladen

13373 Moritzplatz

hallisches tor
?

blücher 12 ⟨Blücherstraße⟩

Ungo-Film Friedrichstr 247.

Halensee Albrecht-Achillesstr. 58.

Döhnhoff 1655 10–½2 Uhr.

Kobe Uhland 7562 bis 9 Uhr ⟨Hannes Kobe⟩

---

theater¿¿¿¿

königsstr. 25 oder 15

dienstag 3h – 4h

⟨Z. 8-5 violetter Kopierstift, fremde Hand⟩
10 theater¿¿¿¿] ⟨mögliche Lesart:⟩ theatermann

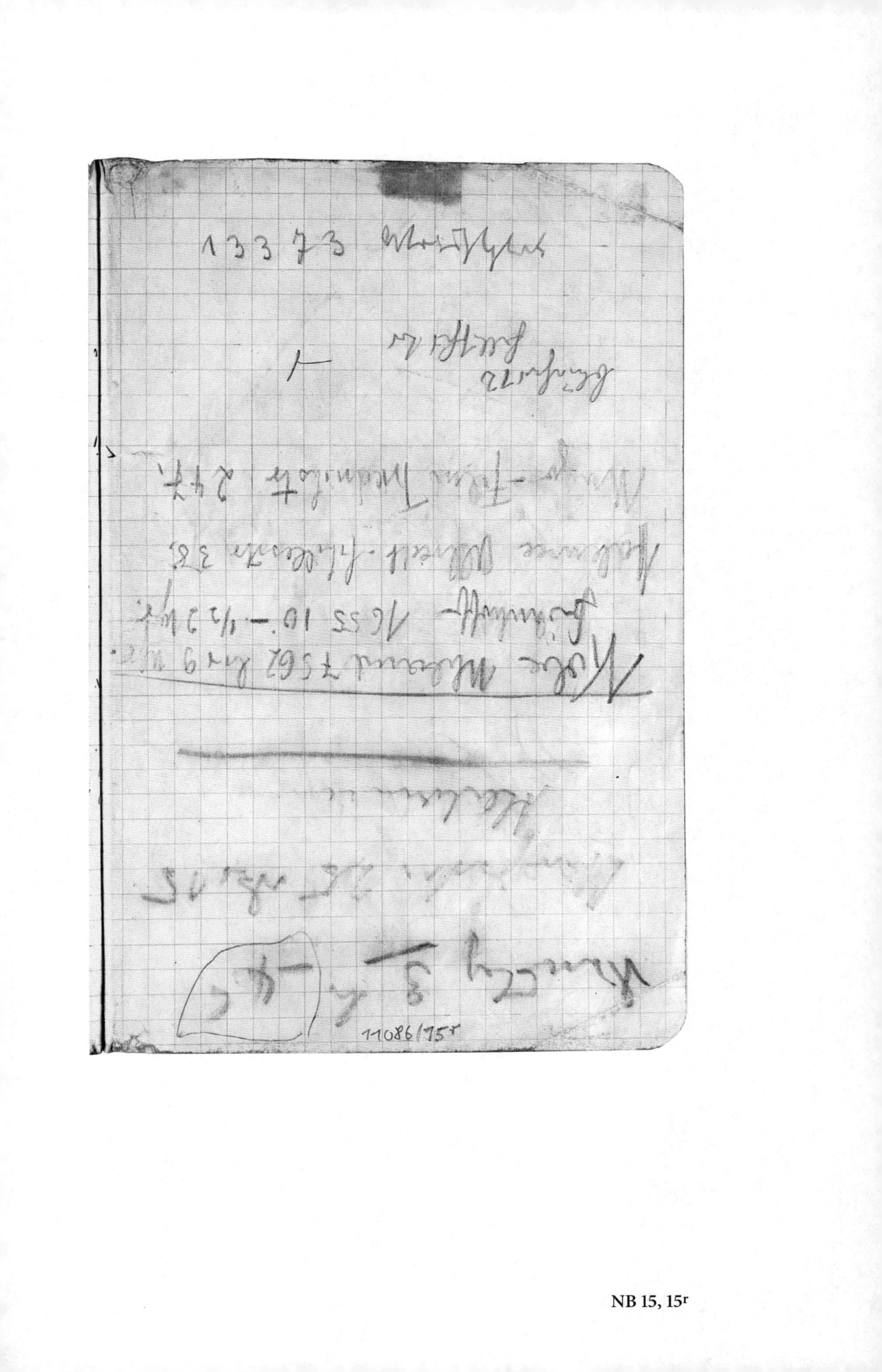

1 3 3 7 3

11086/15r

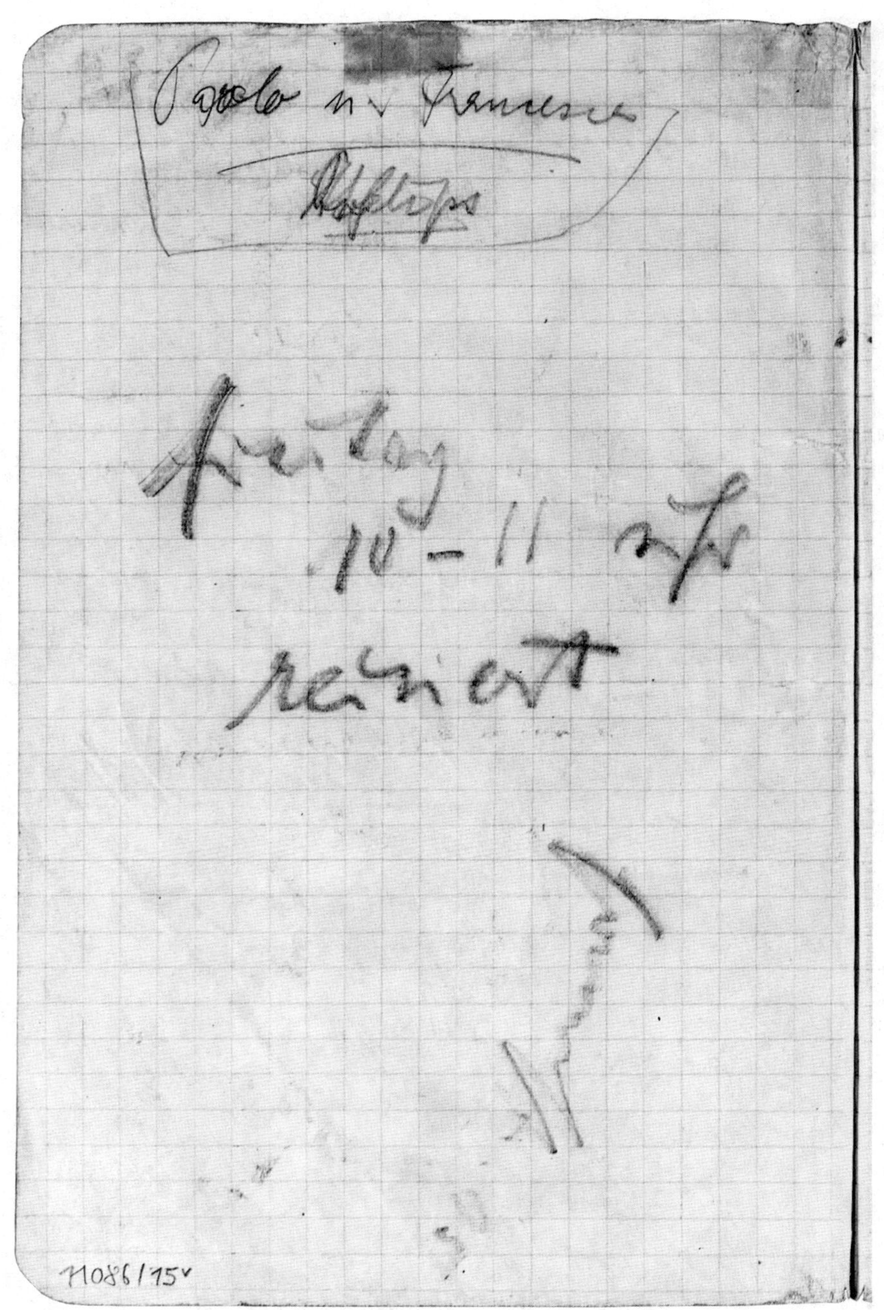

NB 15, 15ᵛ

Pa[r]*o*lo u. Francesca

[¿¿¿]¿¿¿¿¿¿¿

freitag

10-11 uhr

reinert

sonnenstr. 15

60749

Monumtal ⟨Monumental Film-Werke GmbH⟩

10-11

¿ 60219

[¿]sonnenstr. 15/3

½ 6

---

montag

11-12

54566

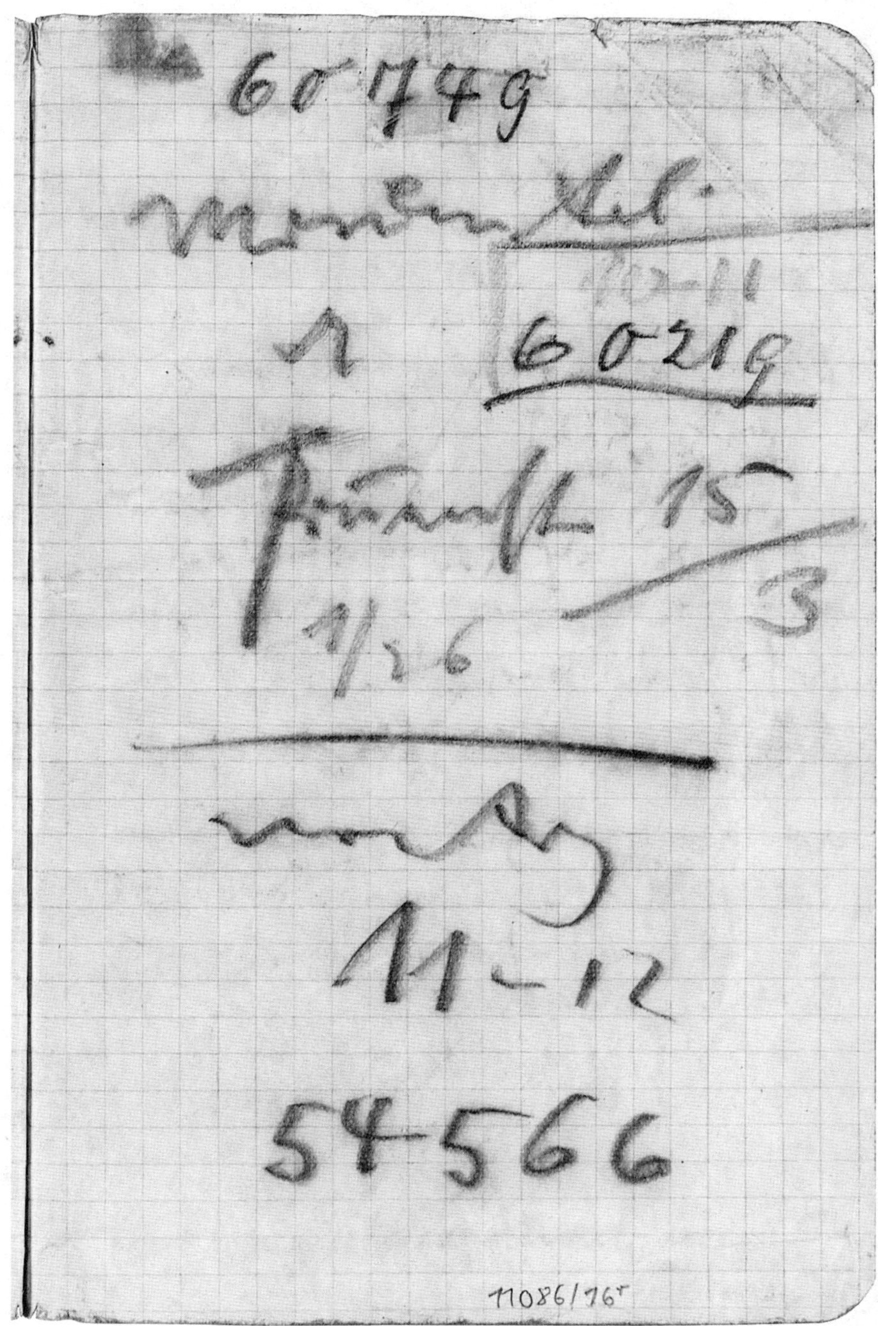

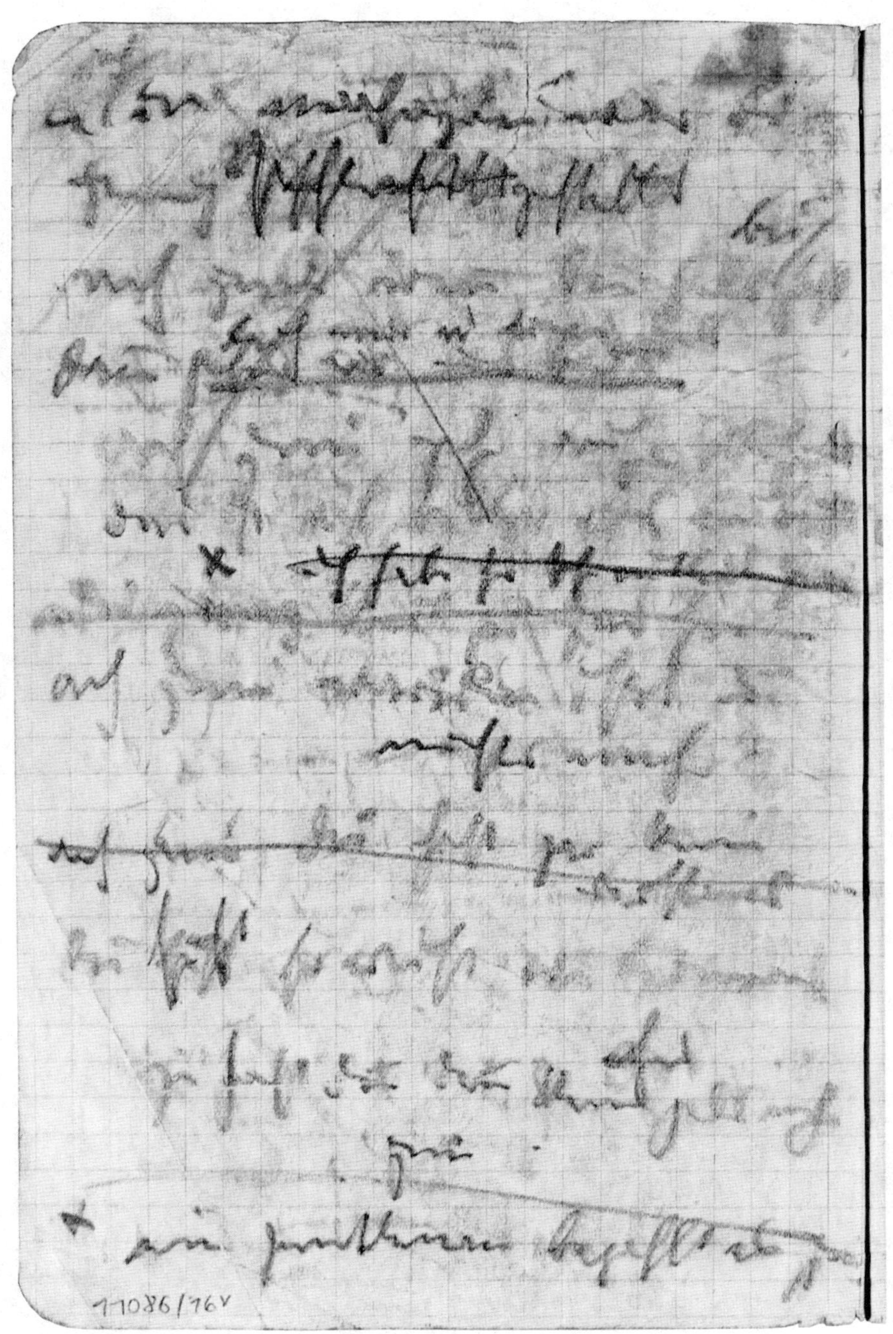

NB 15, 16v

ach
¿ in mahagoni war die

jenny [st¿¿ ¿¿¿lt]*schlecht* gestellt
bei
ach jmi wenn du geld hast
leih mir n' penny geld
chen
dann ~~gehen wir ins bett~~

ach jmi geh aufs klosett

das ist viel billiger als ins bett
× ~~ich habe so sehr mitleid jmi~~ ⟨→ 16^{v}.22⟩
~~und jenny kommt zu jmi her~~

ach jmi warum ißt du

nichts mehr?

~~ach jmi du hast gar keinen~~

~~verstand~~

du [bist]*siehst* so weiß wie leinwand

hand

ja hast du denn kein geld mehr

jmi

× ein gentleman bezahlt es jmi ⟨16^{v}.11←⟩

⟨danach Bl. 43, Doppelblatt 44-45 und Bl. 46-47 eingelegt⟩

17-18 du *[...]* hand] ⟨Eintragungsfolge: 1.⟩ du bist so weiß wie leinwand ⟨2. Überschreibung von⟩ bist ⟨durch⟩ siehst ⟨und Ergänzung von⟩ hand ⟨; Änderung nicht zu Ende geführt⟩

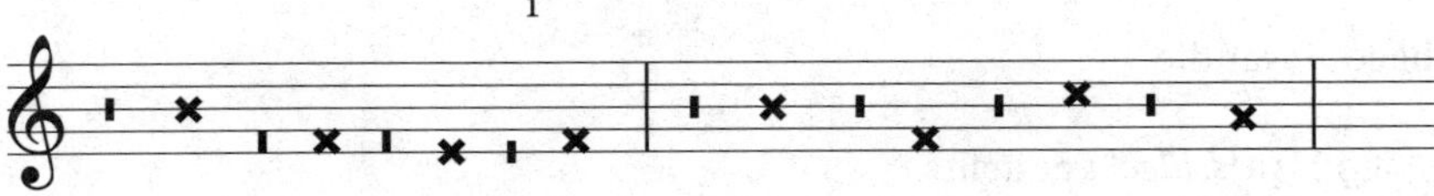

⟨Jimmy⟩ ach j setz dich auf mein knie

⟨Jimmy⟩ ach jm ach ich liebte nie

ach trink aus meinem glase jmy

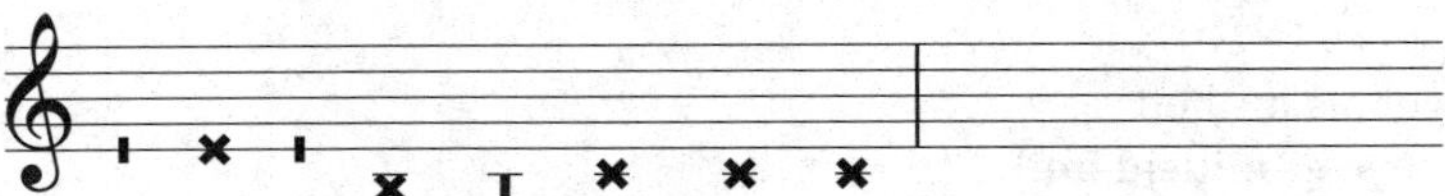

2

lieber jmy mein
ach jmy ~~sieht [die]*nicht* auf mein~~

die herrn sehn immer auf [bein]*mein b*ein

~~ich werde rot: es ist nicht rein~~

~~ich möchte~~ mein bein ist nur

für dich da jmy

[¿¿¿¿¿¿¿]*3*
rund ist der dllar

¿¿ ¿¿¿¿¿¿¿ ~~¿¿¿¿¿¿ ¿¿ ¿¿¿¿ ¿ ¿¿¿¿~~
~~jimi ist länglich~~ und rund ist die

welt

⟨→ 17v.1⟩ jenny hat lud und jmi hat geld

⟨davor Bl. 43, Doppelblatt 44-45 und Bl. 46-47 eingelegt⟩

1-6 1 *[…]* jmy] ⟨Eintragungsfolge 1. Verse, 2. Melodieskizze, 3. Strophenziffer⟩

8-12 lieber *[…]* ~~möchte~~] ⟨Eintragungsfolge: 1.⟩ ach jmy sieht [die]*ni*cht auf mein bein \ ich werde rot: es ist nicht rein \ ich möchte ⟨2.⟩ ach jmy lieber jmy mein \ die herrn sehn immer auf mein bein

14 [¿¿¿¿¿¿¿]*3*] ⟨andere Lesart:⟩ [3]*¿¿¿¿¿¿¿* ⟨; unentziffert sind ein oder zwei entweder zur 2. oder 3. Strophe gehörende Wörter⟩

15-17 rund *[…]* ~~länglich~~] ⟨1.⟩ jimi ist länglich ⟨2. mehrere Änderungen, 3.⟩ rund ist der dllar

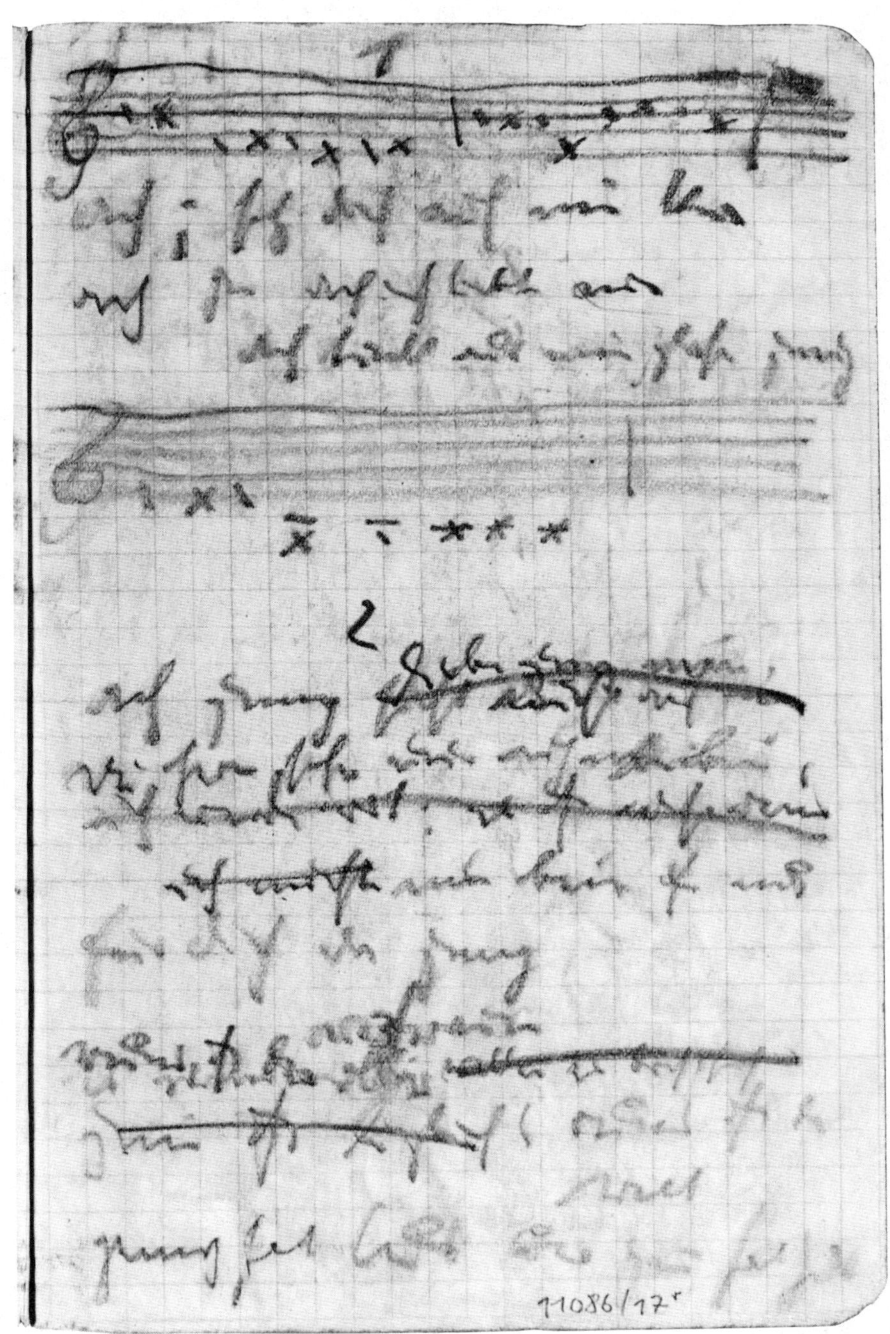

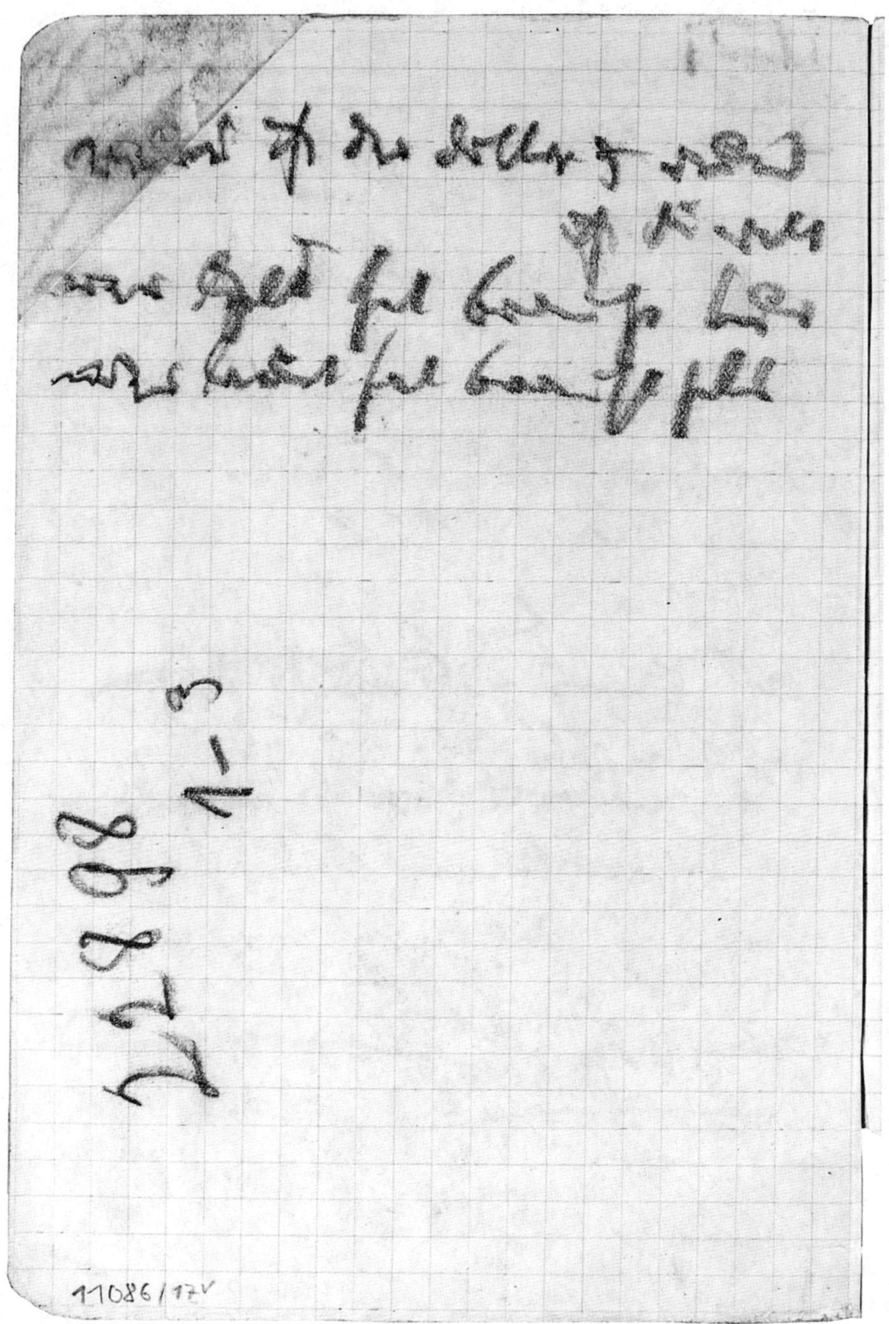

NB 15, 17v

rund ist der dollar + rund ⟨17r.19←⟩

ist die welt

wer [¿]*g*eld hat braucht lud

[¿]*w*er braut hat braucht geld

22898

1-3

⟨Bl. 18r unbeschrieben⟩

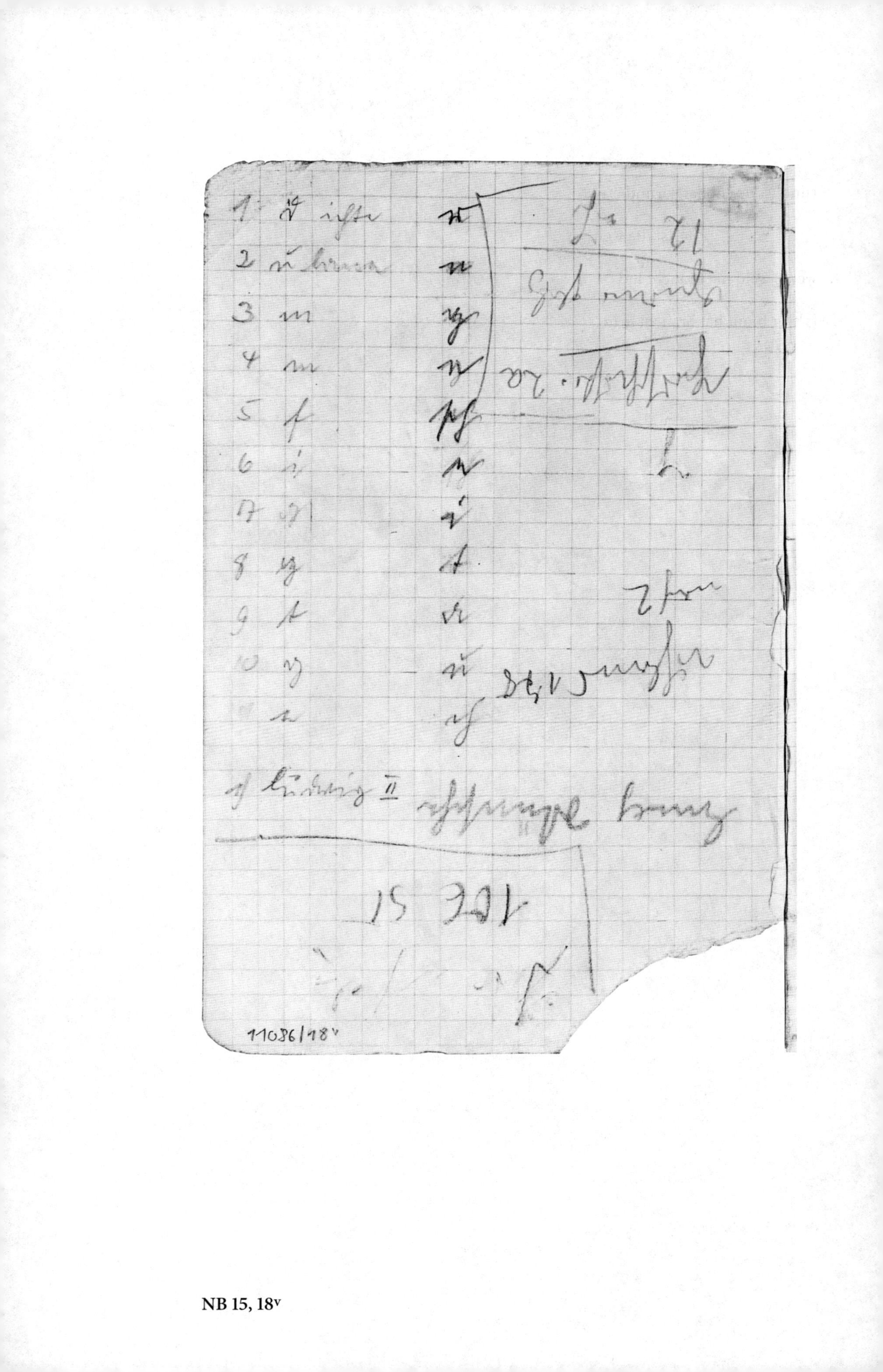

11086/18v

NB 15, 18v

1 d ichte [e]*r*

2 u lane [r]*n*

3 m [n]*g*

4 m [g]*e*

5 f [e]*sch*

6 i [sch]*e*

7 g [e]*i*

8 [¿]*g* [i]*t*

9 t [t]*a*

10 g u

11 e ch

1) ludwig II

[s]Steinplatz
10651

???? Wünsche

uhland 178
nach 2

p

proscherstr. 2a
gniener platz
12 uhr

⟨Bl. 18r unbeschrieben, ursprünglich nachfolgendes Blatt herausgerissen⟩

8 p] ⟨grüner Stift⟩

17 11 e] ⟨nachgetragen⟩

[¿]*d*ich

⟨Charlottenstraße⟩ scharlottenstr.

⟨Hallesches Tor⟩ berg ← hallisches tor

1) ludwig II 2) kühne Streiter der

Vorzeit 3)

⟨Eugen Klöpfer⟩ klöpfer

8210 steinplatz

⟨ursprünglich vorangehendes Blatt herausgerissen; eingerissenes Blattstück unten links war zeitweilig nach hinten umgeknickt, die Striche darauf gehören zur Skizze Bl. 19v⟩

1) Ludwig II 2). [illegible] der Urzeit 3)

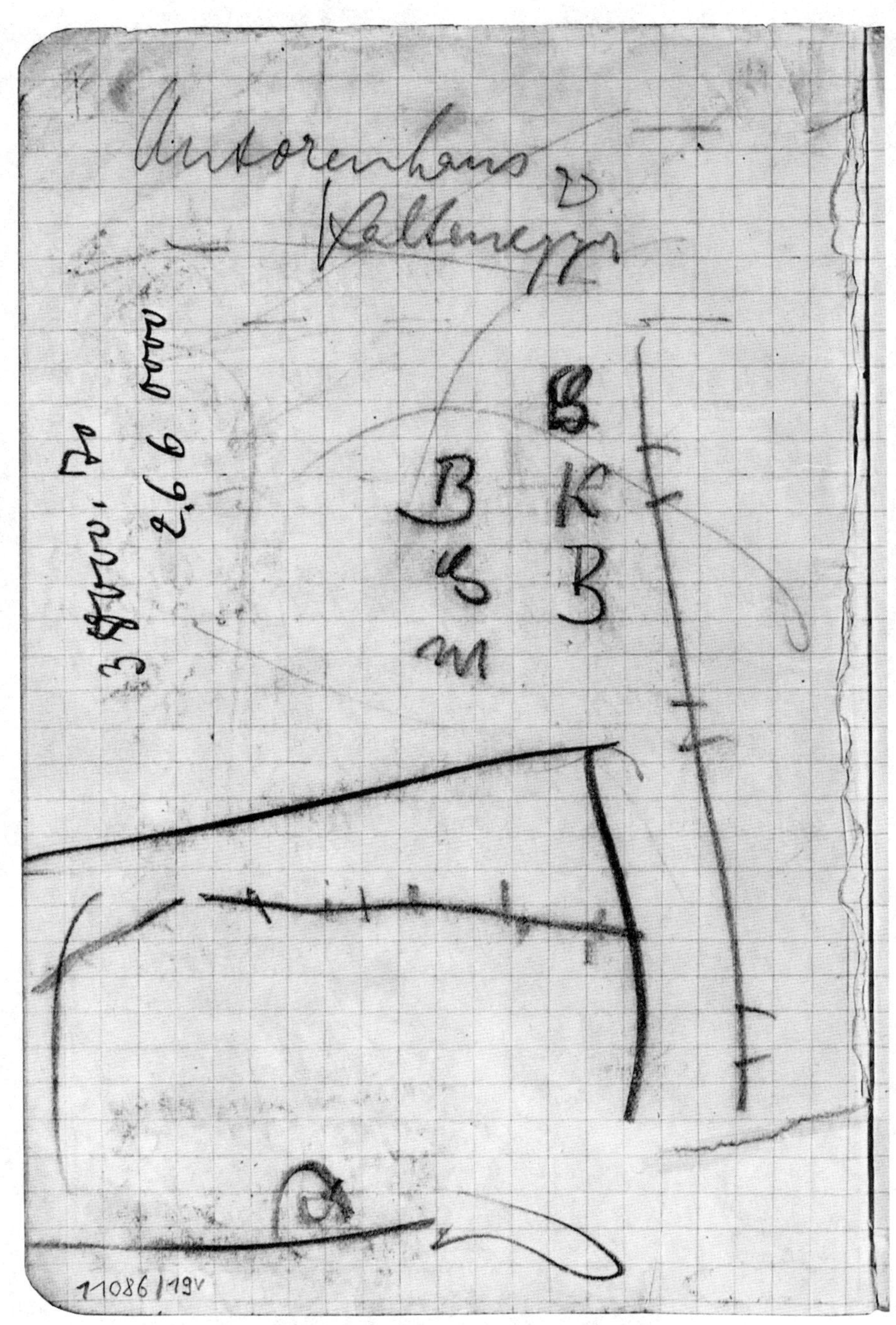

NB 15, 19v

Autorenhaus ¿

Kaltenegger

[L]*G*

B K

G B

M

3[7]8000 · 70

2.66 0000

⟨Z. 8, 6 Ziffern grauvioletter Kopierstift; ursprünglich nachfolgende 5 Blätter herausgerissen; unten links Einriß, Skizze hier unvollständig, → 19v⟩

Theresien 30/2. rückg
spielhofer

⟨Theresienstraße⟩
⟨Hans Spielhofer⟩

⟨Rückgebäude⟩

25054
Dafner

⟨ursprünglich vorangehende 5 Blätter herausgerissen⟩

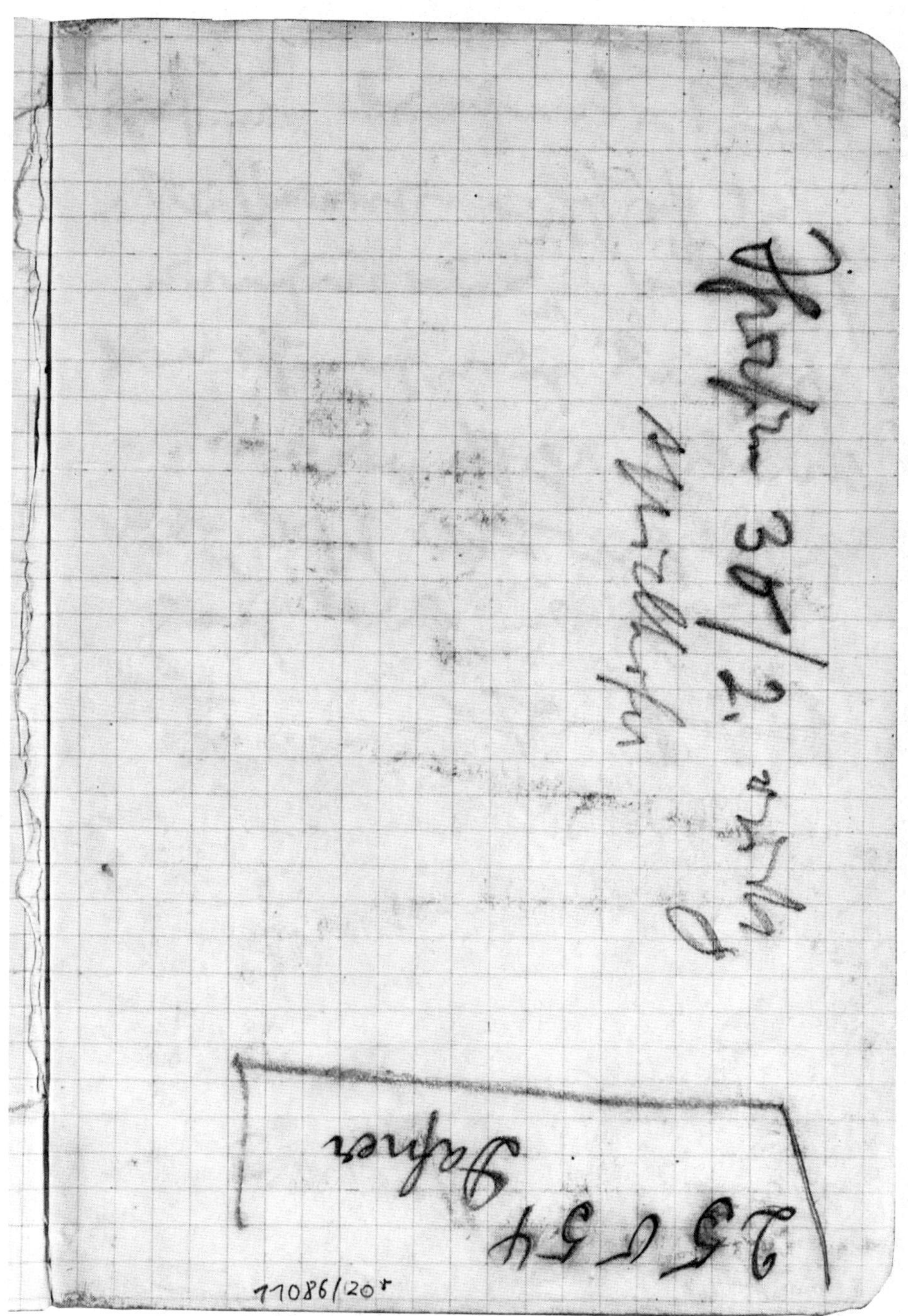

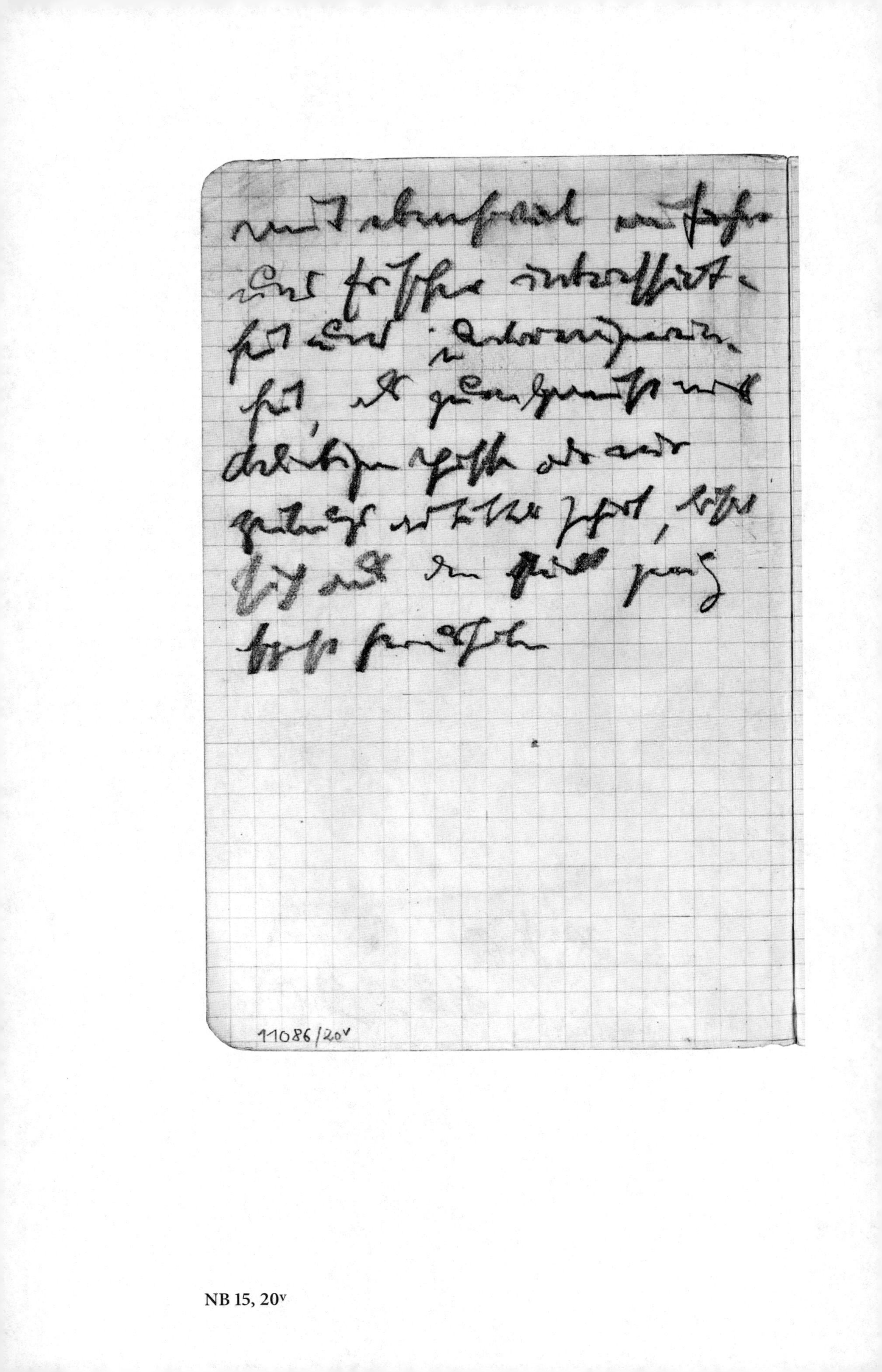

NB 15, 20v

mit ebensoviel einfacher
und frischer interessiertheit und unvoreingenommen-
heit, als zu[r]*m* [b]*g*enuß eine[s]*r*
beliebigen posse oder eines
zeitungs artikels gehört, läßt
sich aus dem [d]*s*tück genug
spaß herausholen

⟨Bl.21^{r} unbeschrieben⟩

3-4 unvoreingenommenheit] ⟨Punkt über⟩ u ⟨nicht signifikant⟩

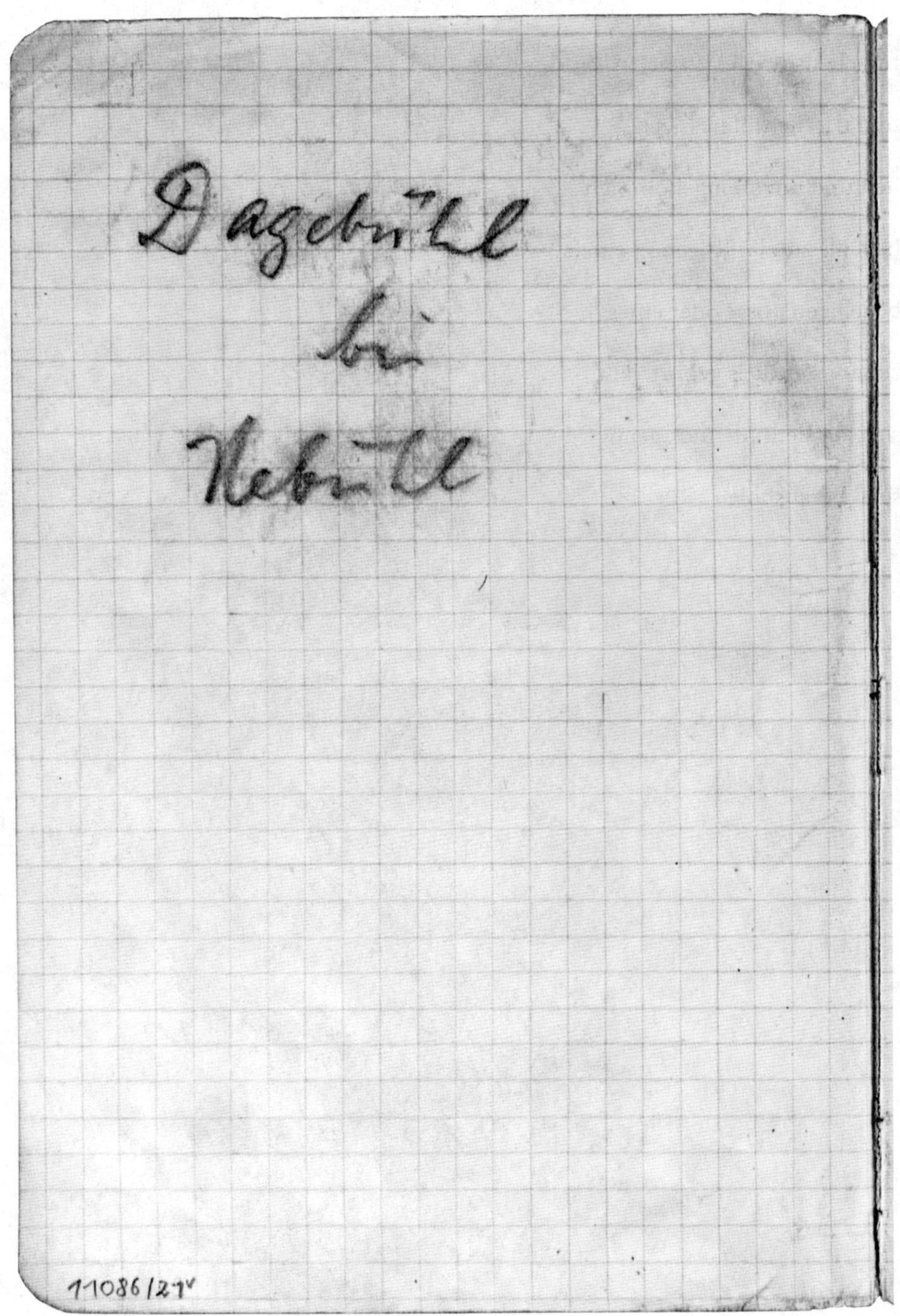
Dagebüll
bis
Niebüll

11086/21v

NB 15, 21v

Dagebühl

bei

Nebühl

⟨Bl. 21r unbeschrieben⟩

Tristan 4

Pulver

Schlichter

Fürsten

Erkner + Fernbahn

walde

Fan[k]*g*schleuse

Grünheide

Kaiser

10-11

⟨Georg Kaiser⟩

7 Fangschleuse] g ⟨mit grauviolettem Kopierstift in lateinischer Schrift verdeutlicht⟩

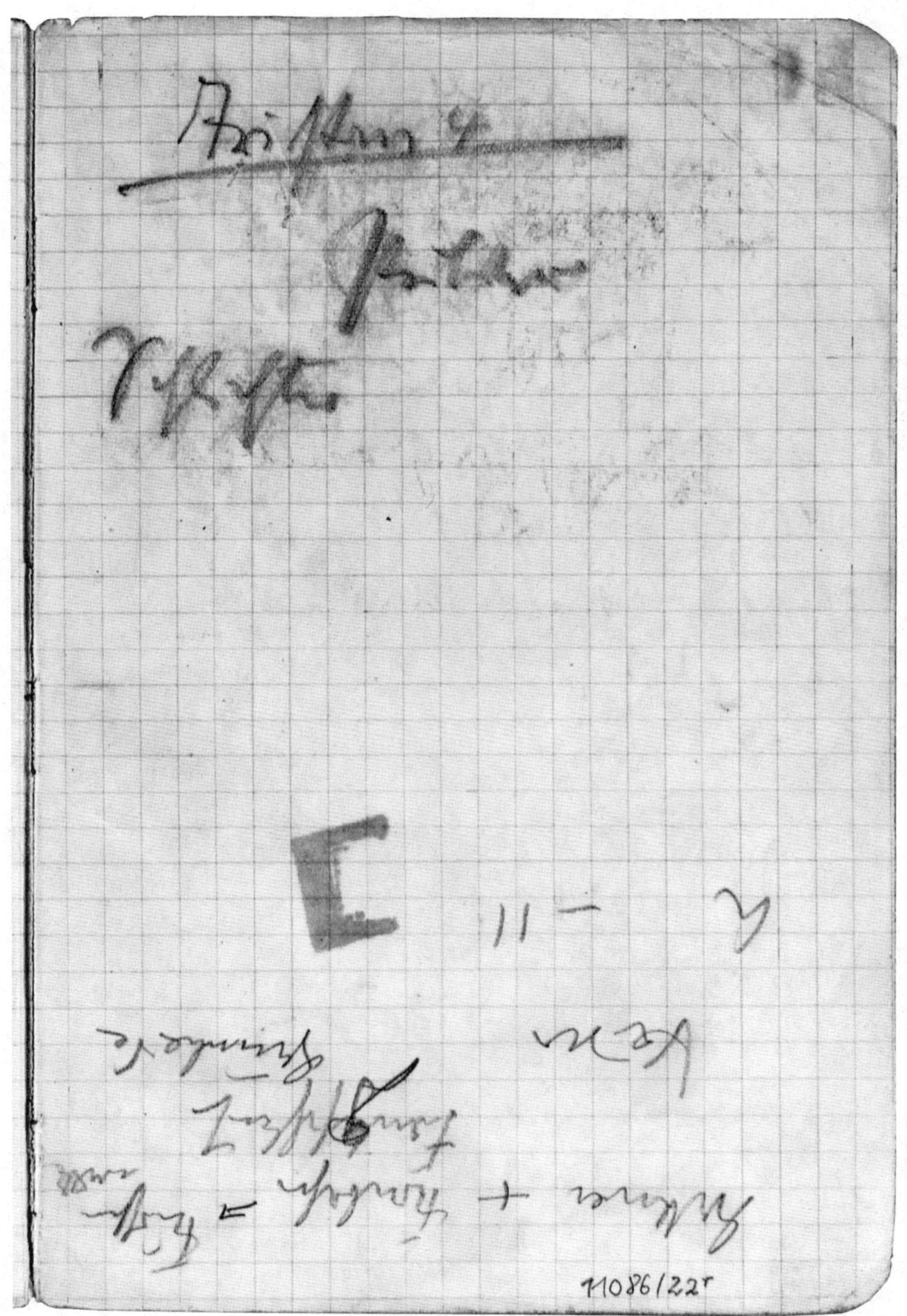

NB 15, 22r

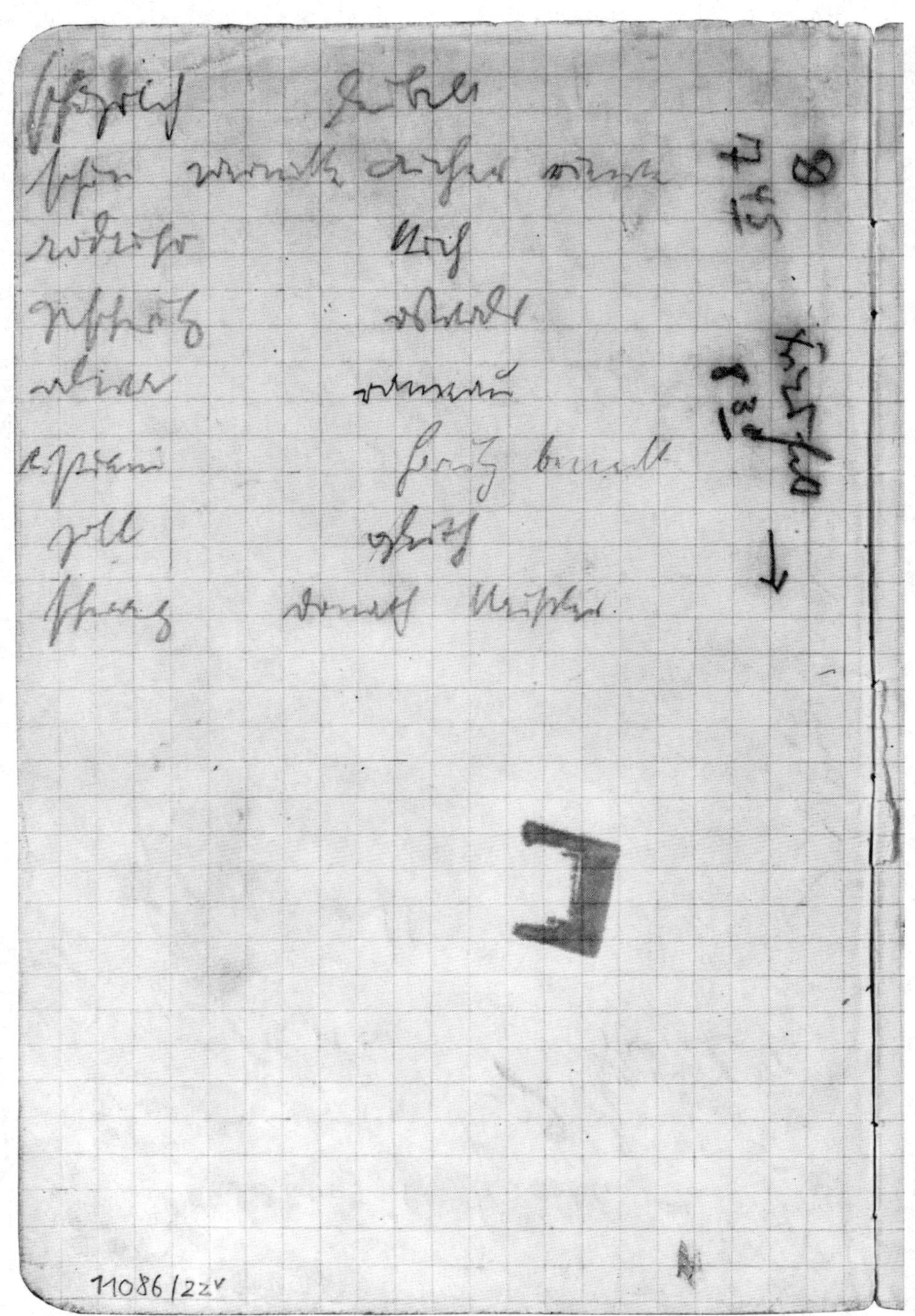

NB 15, 22v

schigolch	leibelt	⟨Hans Leibelt⟩
schön	wernicke aicher riewe	⟨Otto Wernicke, Rudolf Aicher, Erich Riewe⟩
rodrigo	koch	⟨Georg August Koch⟩
		⟨Friedrichsfeld⟩
geschwitz	oswald	⟨Marianne Oswald⟩
alwa	rameau	⟨Emil Rameau⟩
c. piani	horwitz beneck	⟨Kurt Horwitz, Wolf von Beneckendorff⟩
goll	[¿]*gl*uth	⟨Felix Gluth⟩
schwarz	donath kaißler	⟨Ludwig Donath, Christian Kayssler⟩

D Friedfeld

$7^{\underline{45}}$ $8^{\underline{30}}$

↓

⟨ursprünglich nachfolgendes Blatt herausgerissen⟩

7^{14} nach münchen

2^{36} ¿

12^{12}

$3^{\underline{35}}$ nach D

$5^{\underline{20}}$ » »

¿

$7^{\underline{15}}$ ¿ 3^{55}

$12^{\underline{12}}$ ¿ 10^{20}

$2^{\underline{36}}$ ¿ 10^{0}

Blumann

Ifflandstr. 41

⟨ursprünglich vorangehendes Blatt herausgerissen⟩

4-5 ¿ \ ¿ \ ¿ \ ¿ \ ¿] ⟨mögliche Lesart: jeweils⟩ A

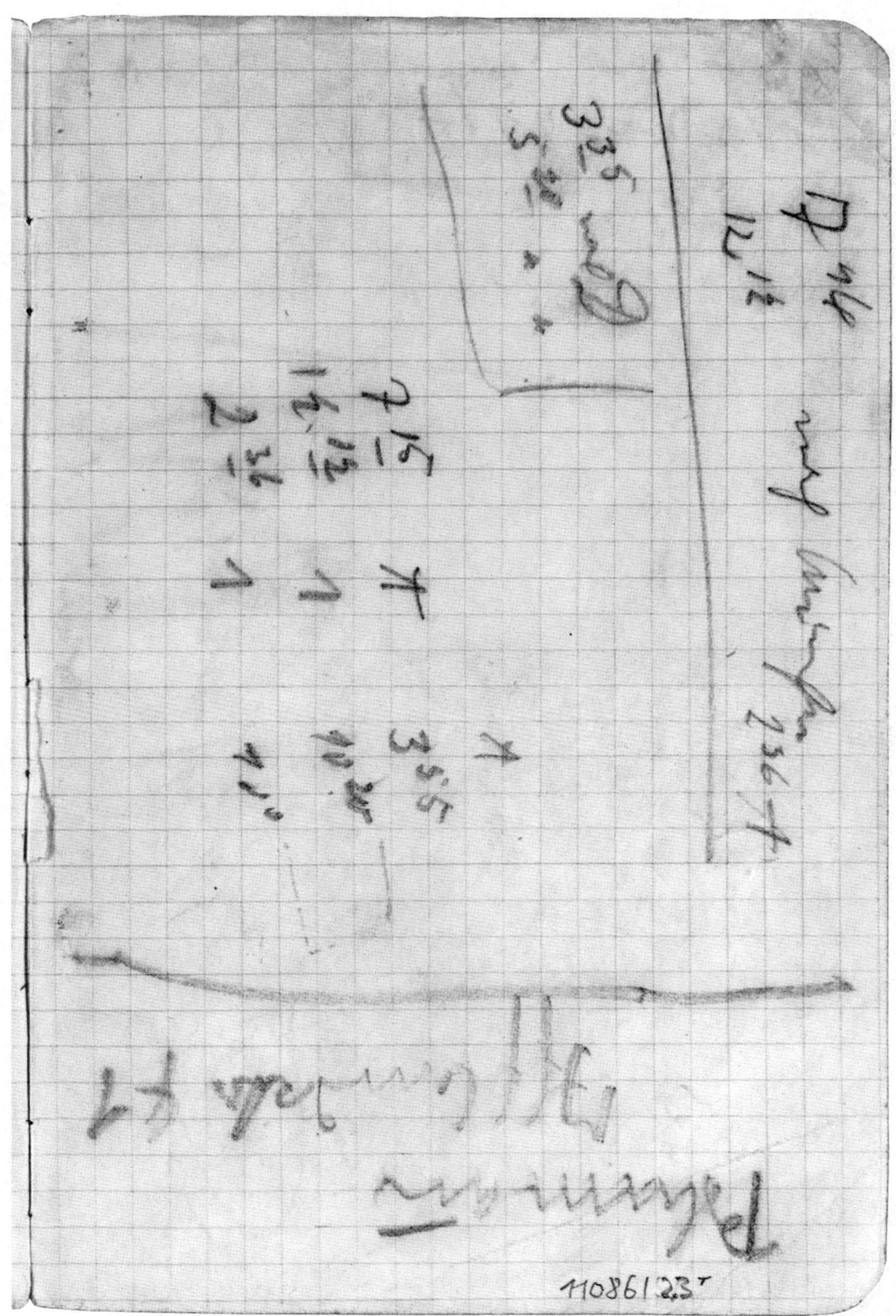

NB 15, 23r

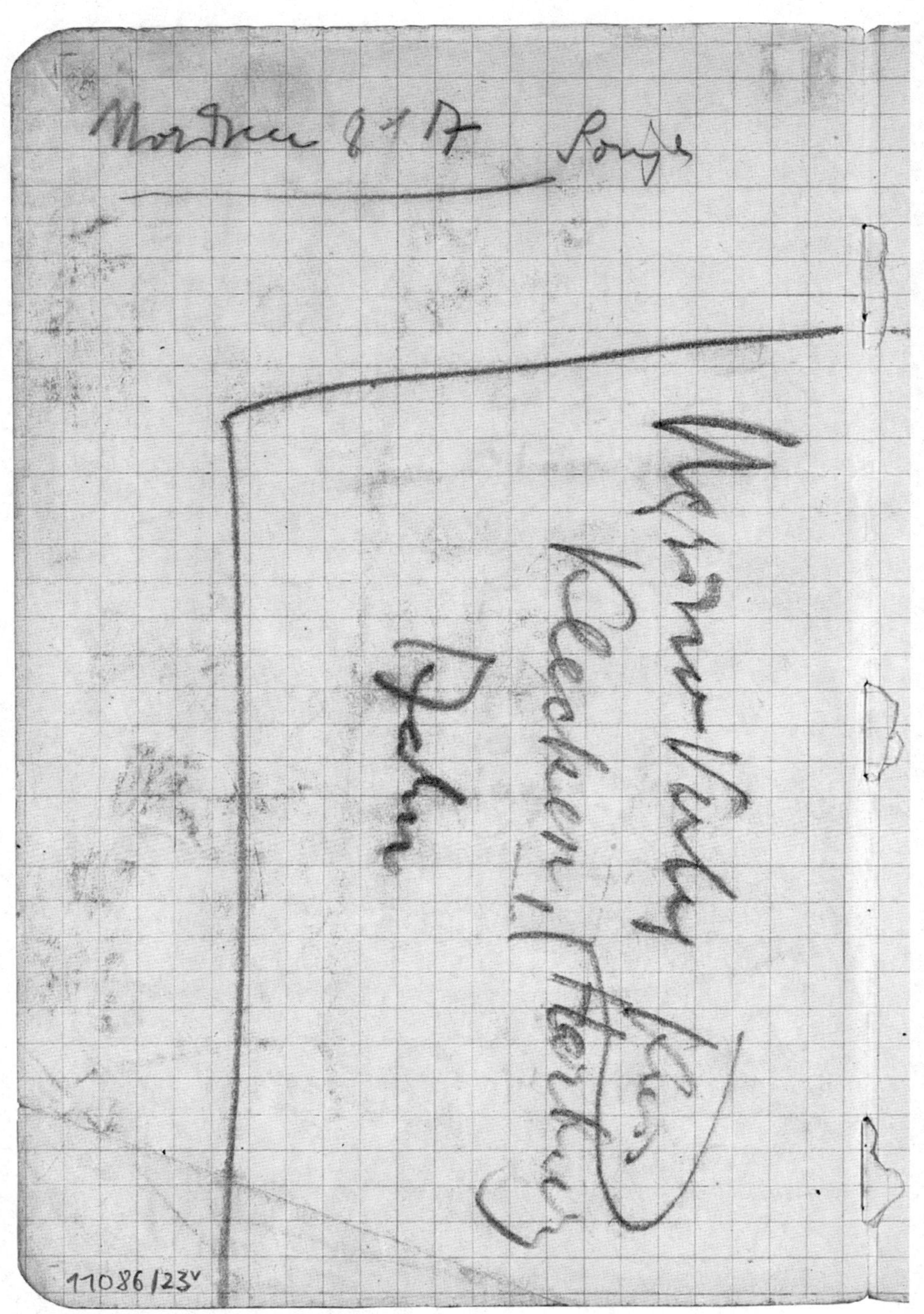

NB 15, 23v

Norden 817   Sonja

Ugrino Verlag
Klecken, Kreis Harburg
Jahn

⟨Hans Henny Jahnn⟩

⟨ursprünglich nachfolgendes Doppelblatt herausgerissen⟩

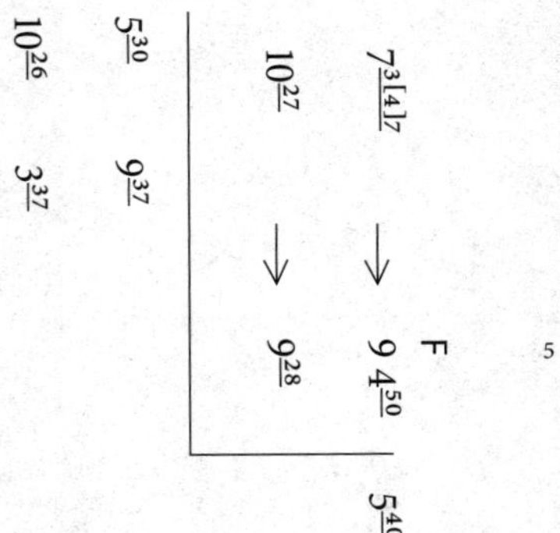

⟨ursprünglich vorangehendes Doppelblatt heraus-
gerissen⟩

5 F] ⟨andere Lesart:⟩ I

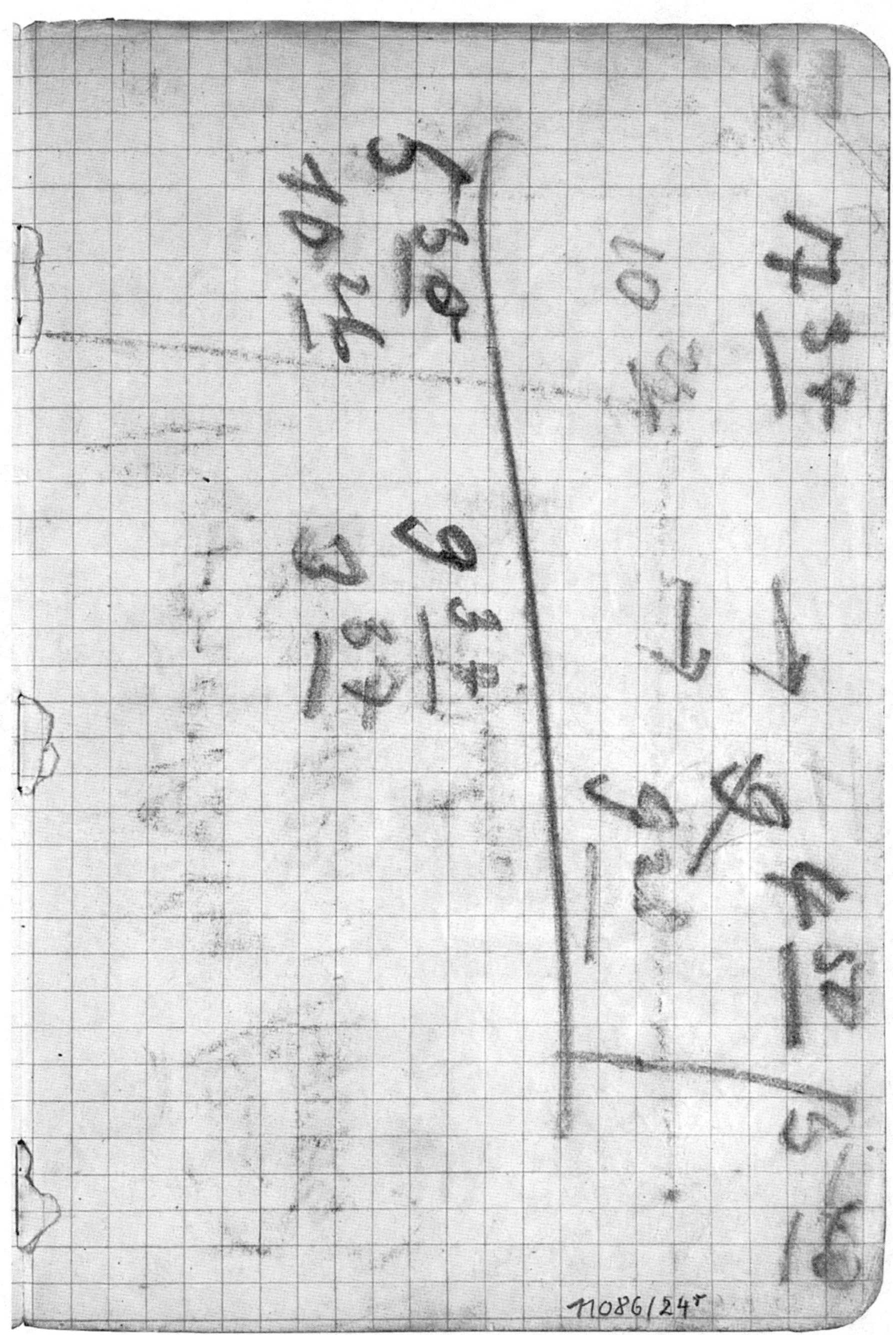

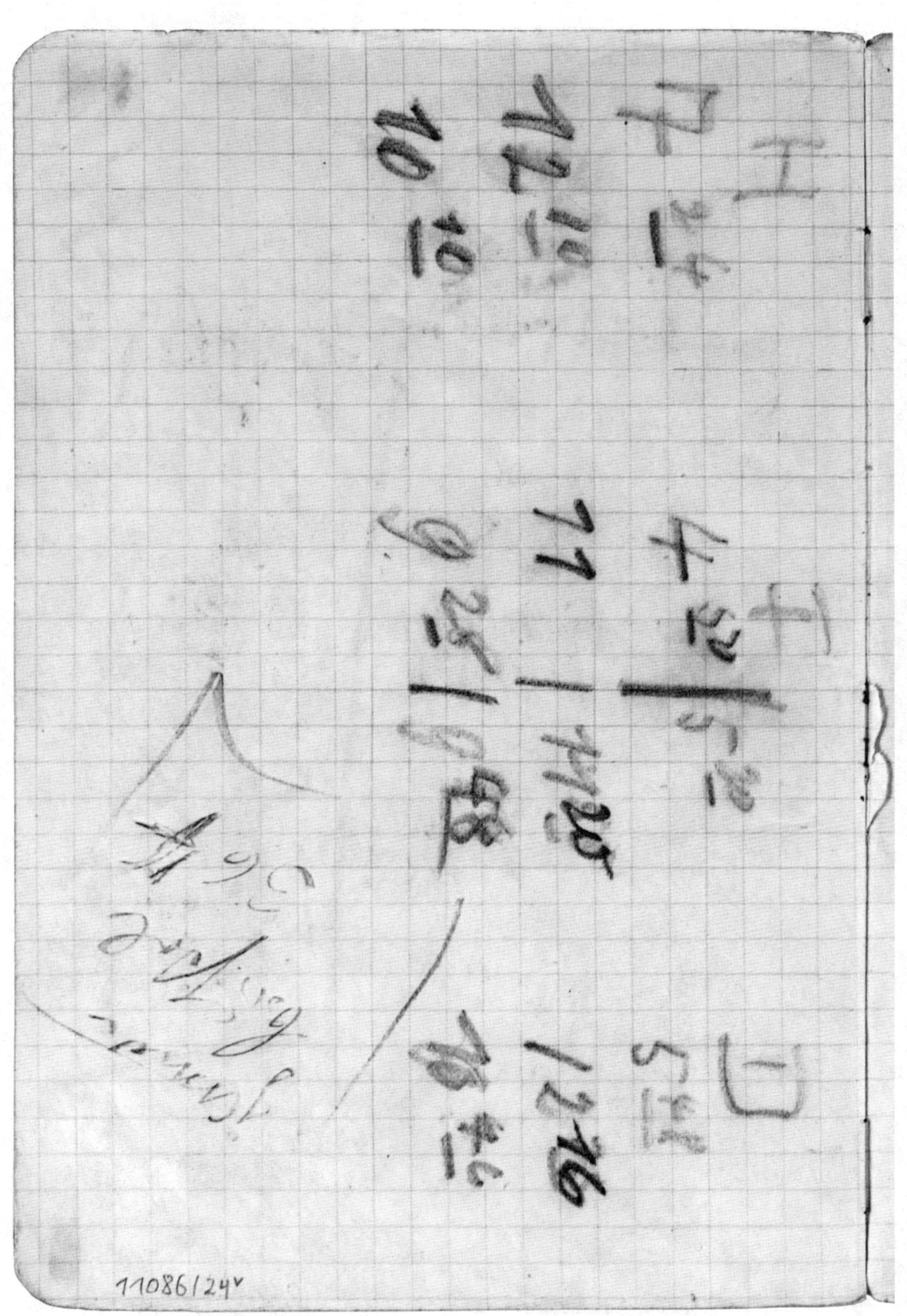

NB 15, 24v

H	F		D
7^{24}	4^{50}	$\mid 5^{30}$	5^{48}
12^{10}	11	$\mid 11^{[5¿]20}$	$12^{[2¿]16}$
10^{10}	$[1]9^{28}$	$\mid 9^{[¿¿]48}$	$10^{[4]16}$

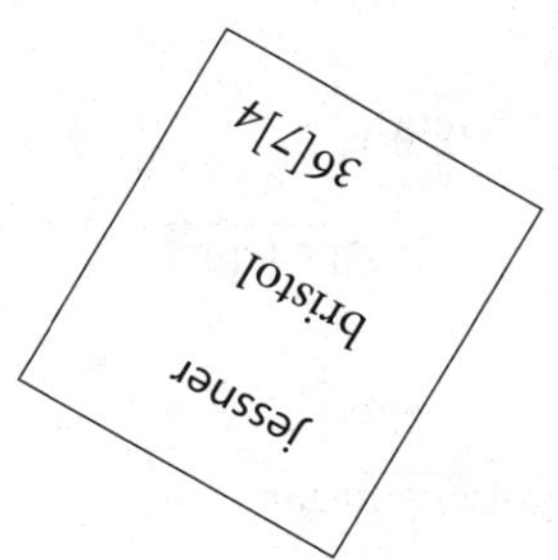

⟨Leopold Jessner⟩

⟨ursprünglich nachfolgendes Blatt herausgerissen⟩
2 F] ⟨andere Lesart:⟩ I
8 10] o ⟨wohl verdeutlicht; vielleicht Änderungsvorgang⟩

gerda

habsburger 12 ⟨Habsburger Straße⟩

Pension Bosse

Neudorf bei Harzgerode

neudorf

südharz

suderode

der nichts weiß

buridan

⟨ursprünglich vorangehendes Blatt herausgerissen; Z. 6-5 Strich grauvioletter Kopierstift, nicht signifikant⟩

5 Harzgerode] ⟨wohl Balken des⟩ H ⟨verrutscht; vielleicht Trennstrich⟩

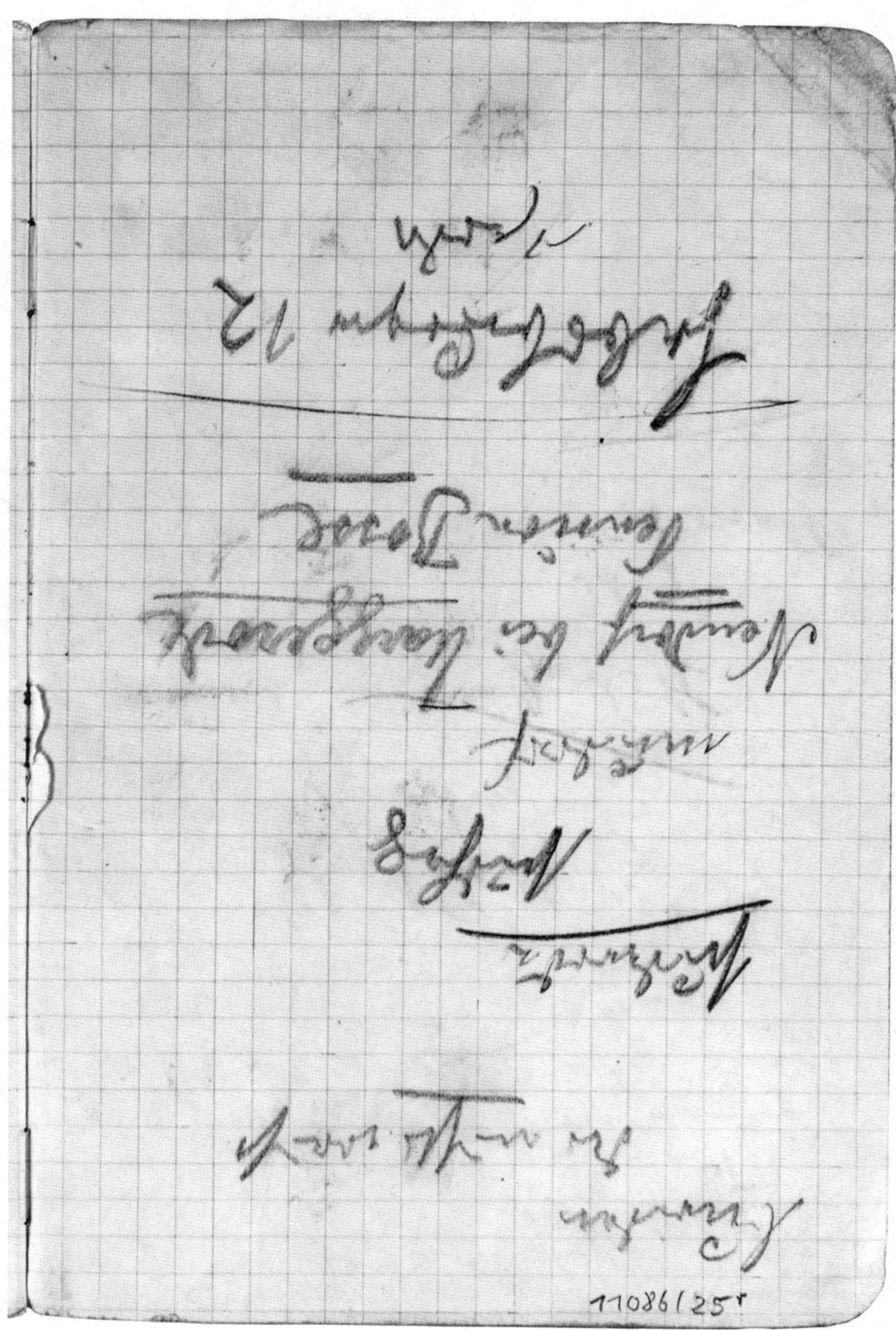

NB 15, 25^{r}

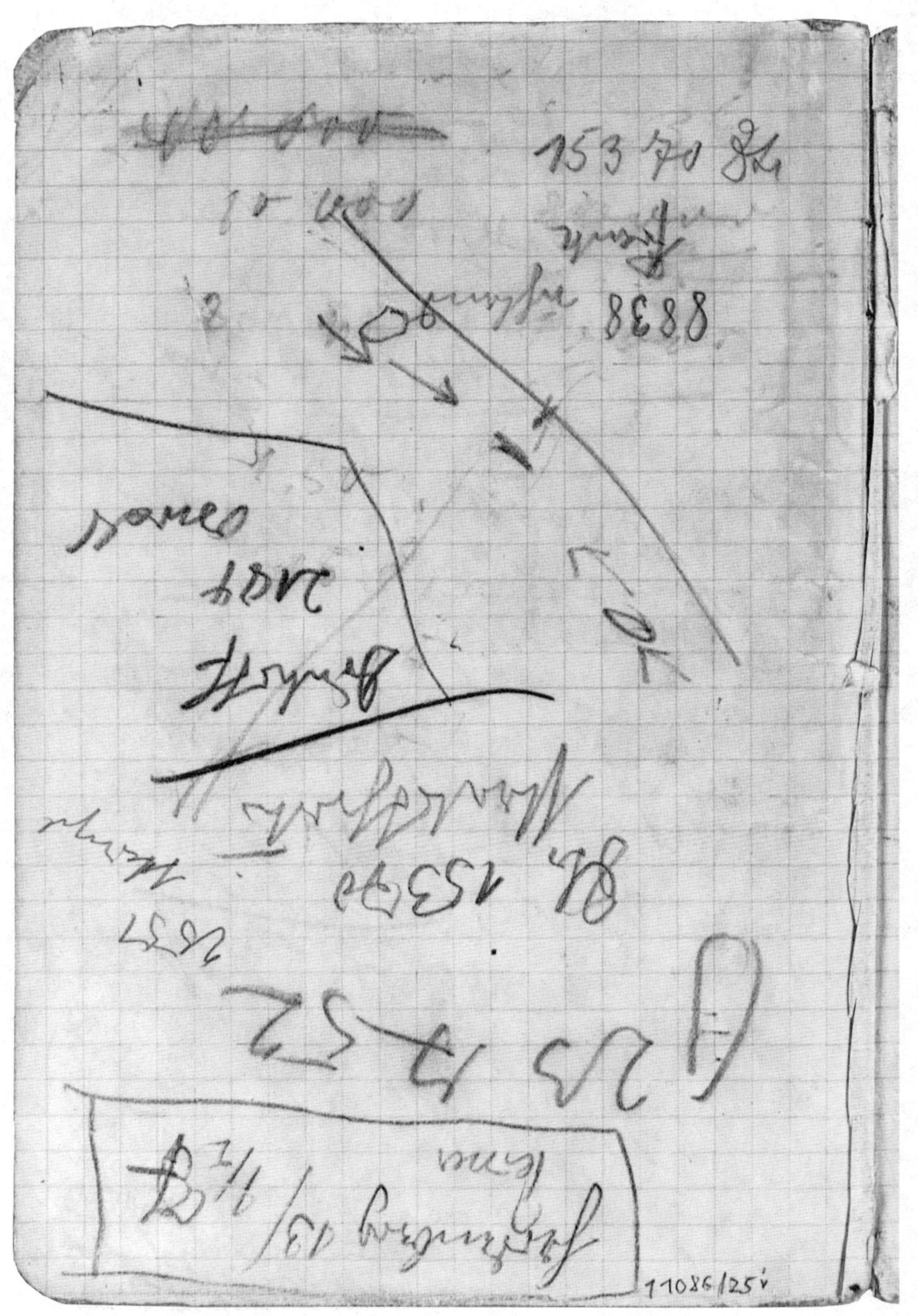

NB 15, 25v

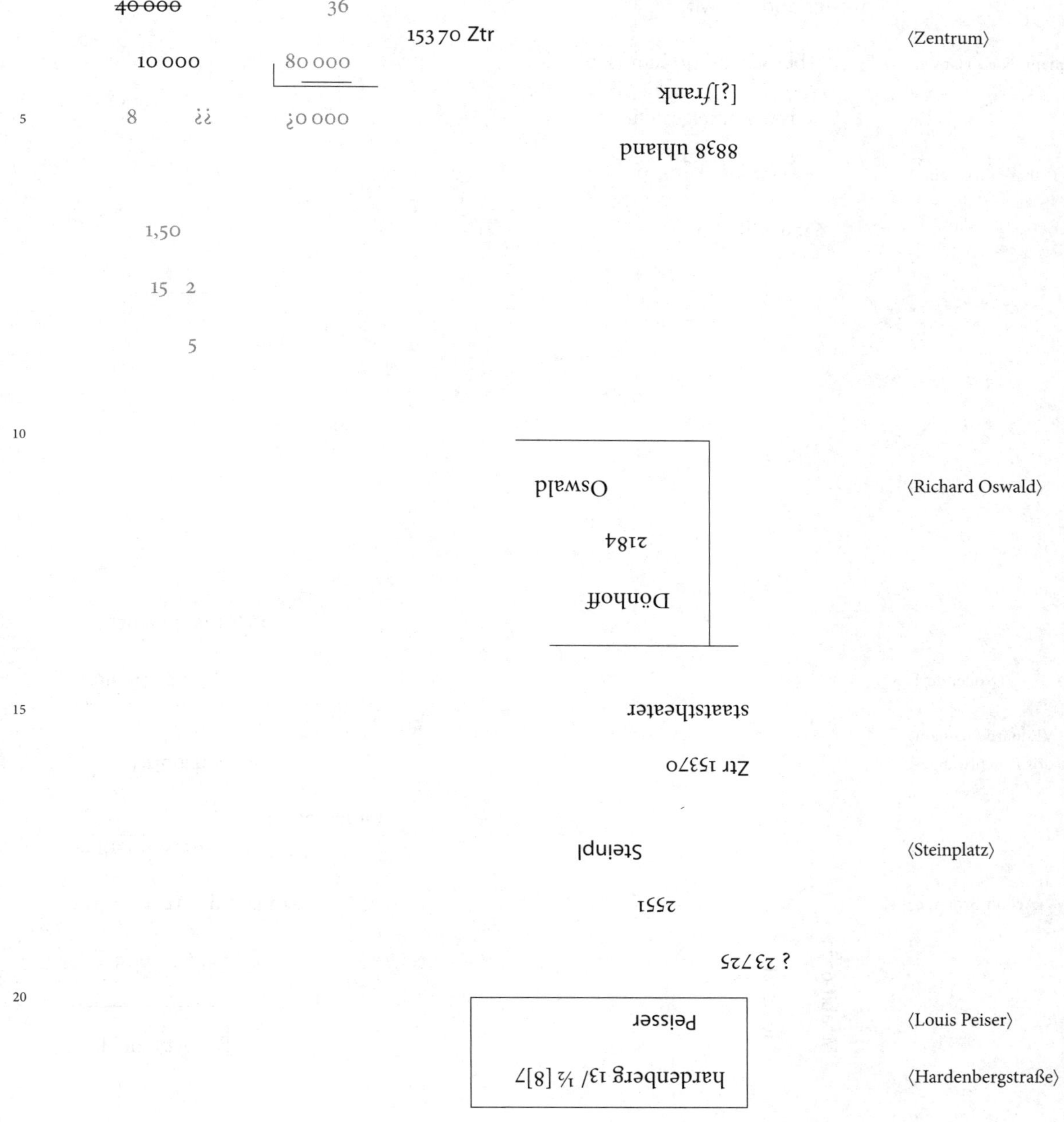

~~40 000~~ 36

15370 Ztr

⟨Zentrum⟩

10 000 80 000

[?]frank

8 ?? ¿0 000

8838 uhland

1,50

15 2

5

⟨Richard Oswald⟩

Oswald

2184

Dönhoff

staatstheater

Ztr 15370

⟨Steinplatz⟩

Steinpl

2551

? 23725

⟨Louis Peiser⟩

Peisser

⟨Hardenbergstraße⟩

hardenberg 13/ ½ [8]7

⟨ursprünglich nachfolgende 2 Blätter herausgerissen, 1 Blatt herausgeschnitten; Z. 1-9 wohl weitere radierte, aber nicht lesbare Ziffern; Z. 23-20, 16-10 grauvioletter Kopierstift⟩

westerland auf sylt

⟨Hermann Niels Hansen⟩ bei schmi[¿]*d* hannsen

visàvis amtsgericht

⟨Esther Warschauer⟩ esther

6229 wilhelm

5029 wilhelm ??er

⟨Nollendorf⟩ nollend 4744 ??

⟨Eduard Diamant⟩ Diamant

⟨Doktor Feuchtwanger⟩ Drfeuchtwanger

90

Kaiserdamm

wilhelm 6229

⟨Arnolt Bronnen⟩ arnolt 7125 pfalzburg

Sonntag ½ 1 uhr

Steinplatz 8210

Moabit 6773

Meingast

⟨ursprünglich vorangehende 2 Blätter herausgerissen, 1 Blatt herausgeschnitten; Z. 1-5, 13-6 grauvioletter Kopierstift⟩

12-9 wilhelm *[…]* Diamant] ⟨Eintragungsfolge: 1.⟩ wilhelm 6229 ⟨2.⟩ Drfeuchtwanger ⟨3.⟩ Kaiserdamm 90 ⟨4.⟩ Diamant

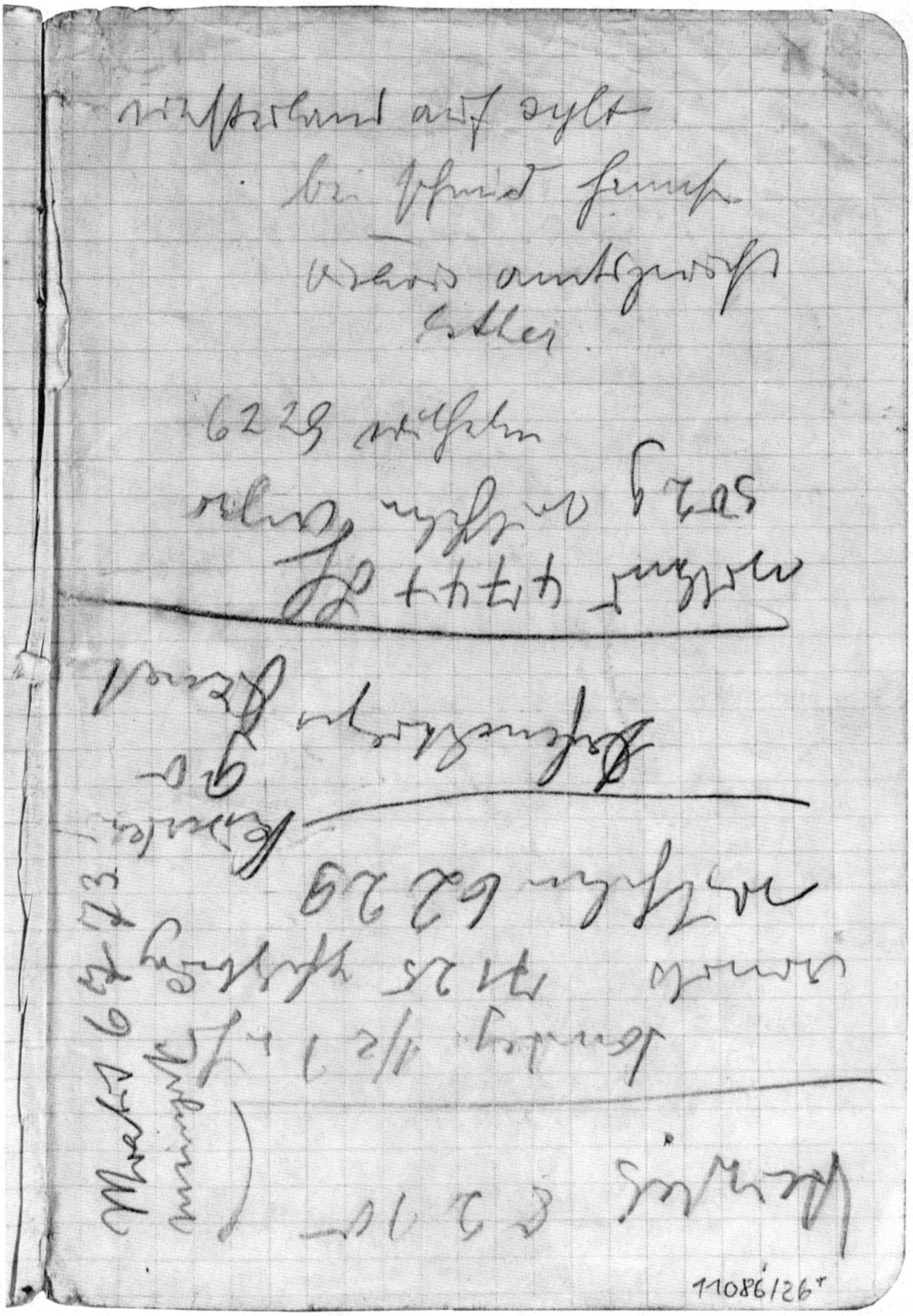

NB 15, 26r

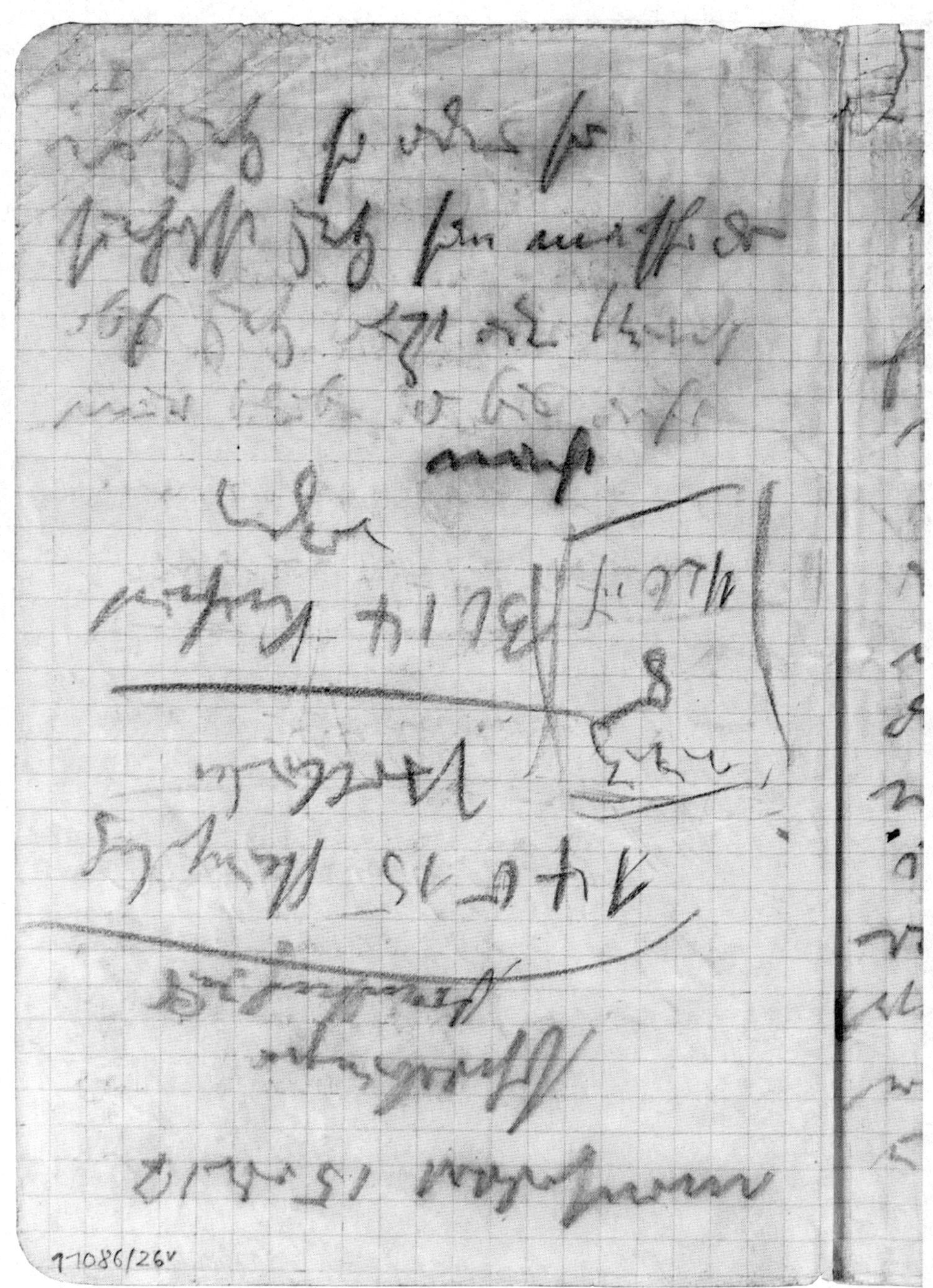

NB 15, 26v

is jetz so oder so

siehgst jetz san ma scho do

obs jetz blitzt oder kracht

mir bleibn do bis aufd

nacht

monsalvat 15 oder 17 ⟨Montsalvatstraße⟩

schwabinger

str????haus

14015 Steinplatz

Holländer ⟨Felix Hollaender⟩

3014 Kurfürst

wegener ⟨Paul Wegener⟩

weitz ⟨Waitzstraße⟩

8

½ 6 uhr

12-6 14015 Steinplatz *[...]* wegener] ⟨Eintragungsfolge: 1.⟩ 14015 Steinplatz \ Holländer ⟨2.⟩ 3014 Kurfürst \ wegener ⟨3.⟩ weitz \ 8 \ ½ 6 uhr

es soll mit der vorsehung
kein spiel getrieben werden.
es soll ein tatbestand
festgestellt werden. es gibt
welche die gut leiden können.
ich kann besser klagen oder
ich bilde es mir wenigstens
ein. die klage muß von
denen erhoben werden die am
wenigsten leiden.
ich habe die denkbar besten
verträge mit vertrieben, bühnen,
verlagen. ich kann mich
weder über die presse noch
⟨→ 27v.1⟩ über das publikum bekla-

⟨Blattrest im Bund oben gehört zum letzten der zwischen Bl. 27 und 28 herausgerissenen Blätter⟩

11 ich] ⟨darüber bräunlicher Fleck⟩

11086/27r

NB 15, 27r

11086/27v

NB 15, 27v

gen. wenn ich im romanischen ⟨27r.15 ←⟩
café auftauche, werden sie an
vielen tischchen ~~bleich~~ gelb.
aber ich kann nicht leben.
Ich fahr nicht auto und besuch
nicht spielhöllen. ich kann
von meinen einnahmen meinen
lebensunterhalt nicht mehr
bezahlen. die miete ist mir
zu hoch, sie verschluckt die
monatseinnahme einer frankfurter aufführung. ich nehm
an daß die öffentlichkeit
zu sehr mit ihren eigenen
nahrungssorgen beschäftigt ist,

⟨ursprünglich nachfolgende 4 Blätter herausgerissen, 1 Blatt herausgeschnitten⟩

3 bleich] ⟨andere Lesart:⟩ blaß

13 öffentlichkeit] ⟨wohl Balken des zweiten⟩ t ⟨verrutscht; andere Lesart:⟩ öffentlichkeiten

⟨Stahnsdorfer Straße⟩ stahnsdorfer ¿¿

der mann spricht leise
aber schleift einen stuhl den
er gefaßt hat mit sich
auf eine person zu.

⟨ursprünglich vorangehende 4 Blätter herausgerissen, 1 Blatt herausgeschnitten⟩

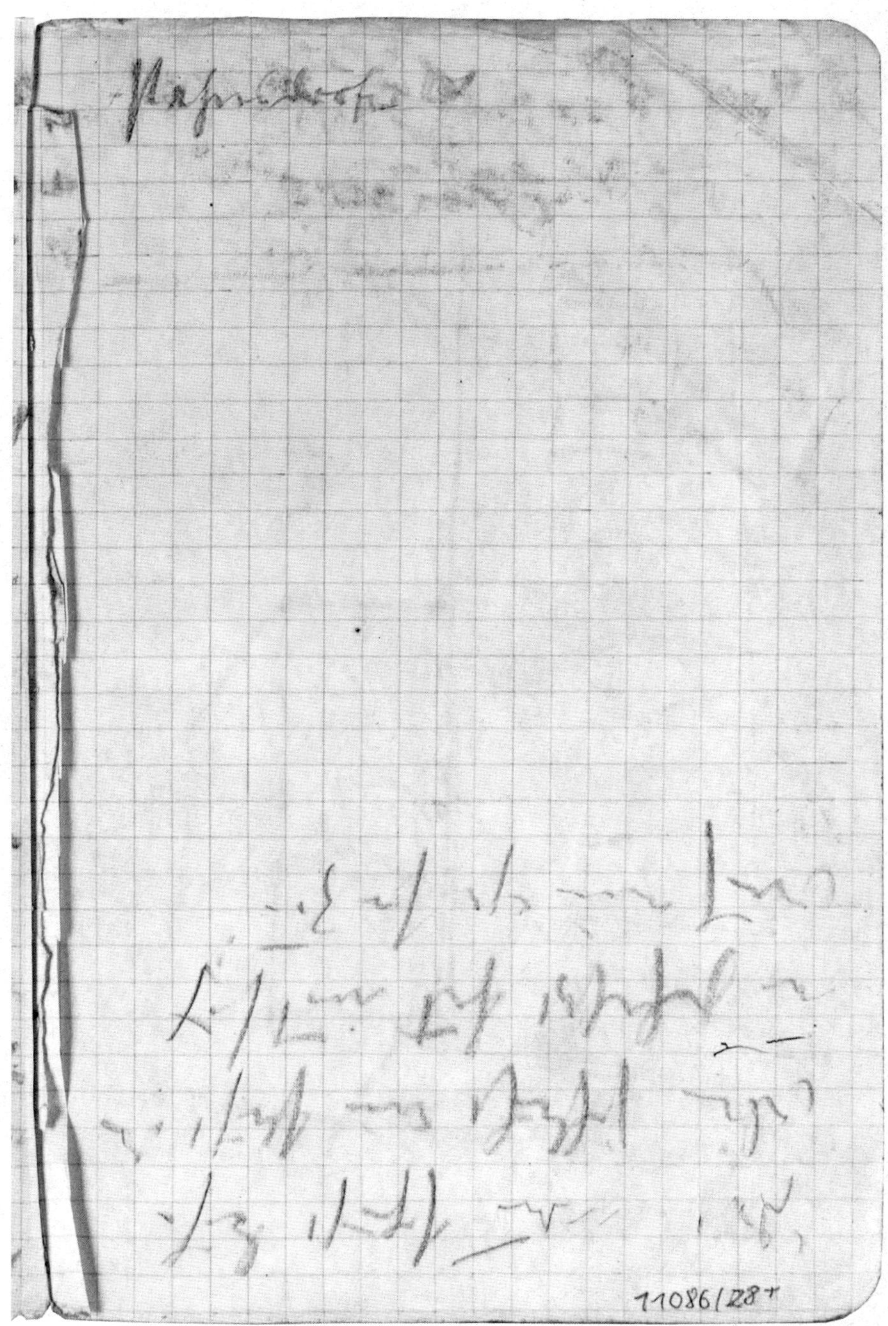

NB 15, 28v

|4 monate

12

2 12] ⟨andere Lesart:⟩ 12.

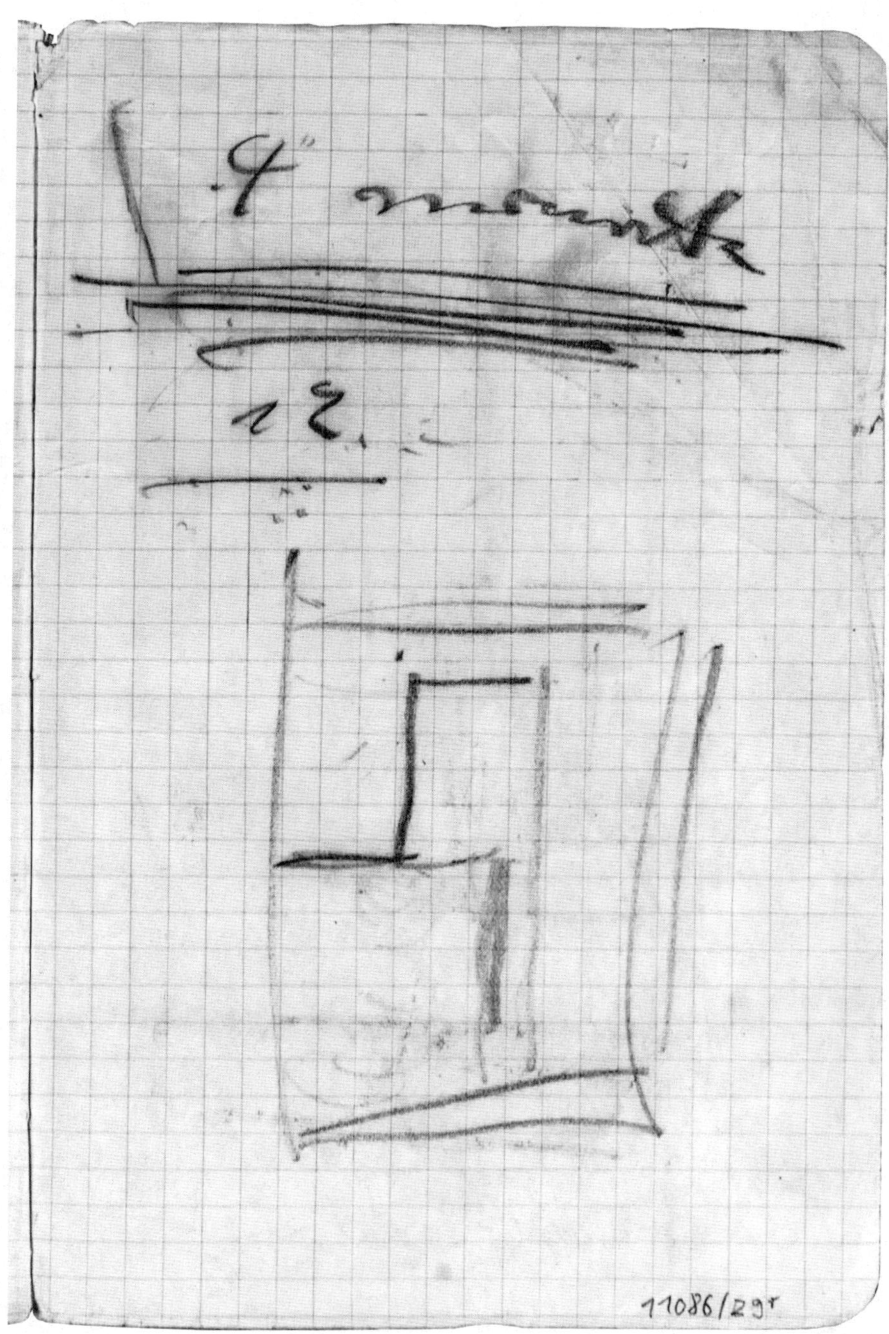

NB 15, 29r

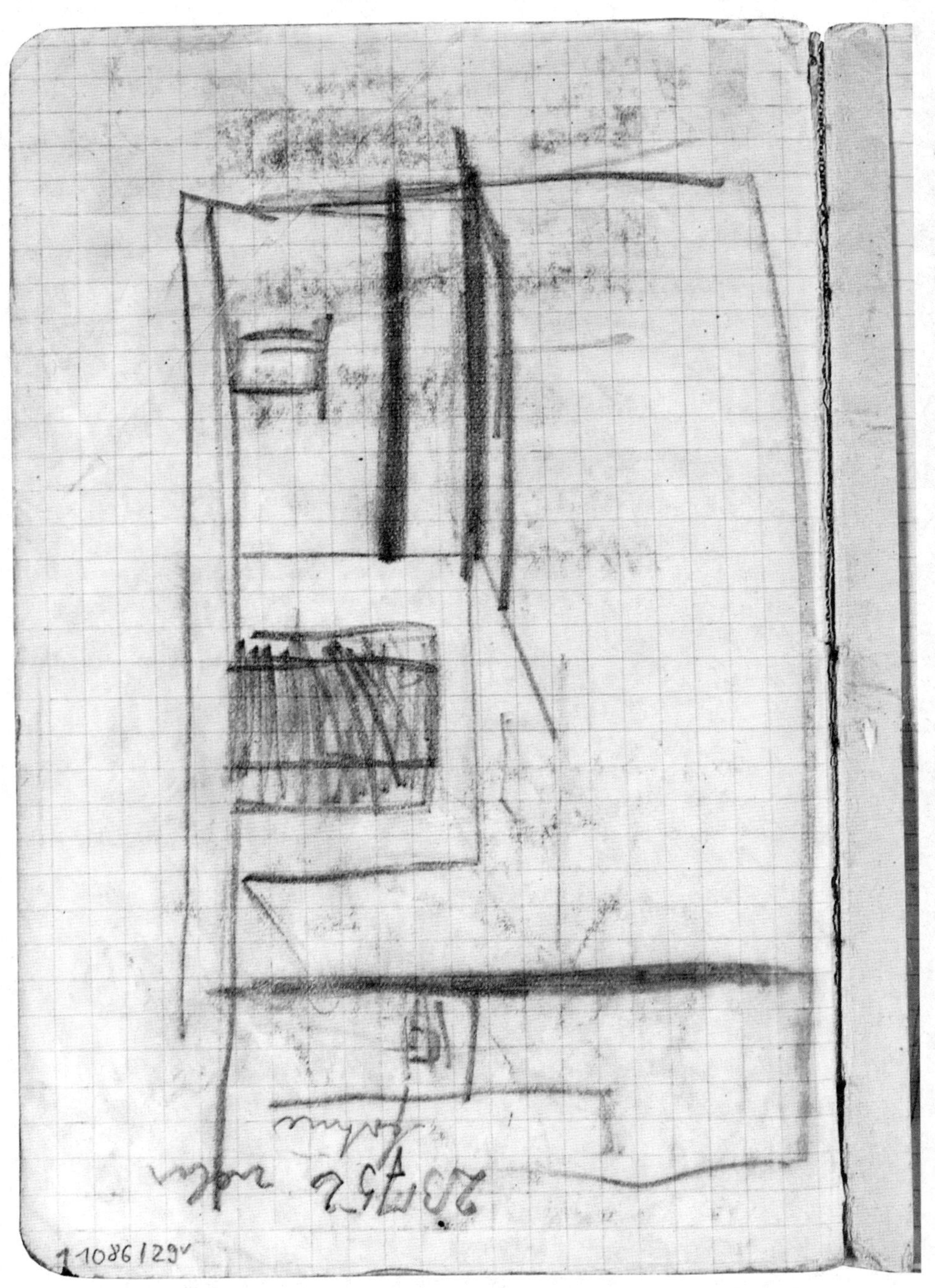

NB 15, 29v

23752 nehr

fat¿¿

⟨im Bundsteg Karton des hinteren Umschlags als Bindungsverstärkung zwischen vorletzter und letzter Lage sichtbar⟩

John Fords

Gio[n]vani +

Arabella

⟨Erwin Kalser⟩ Kalser

⟨unteres Blattdrittel herausgerissen⟩

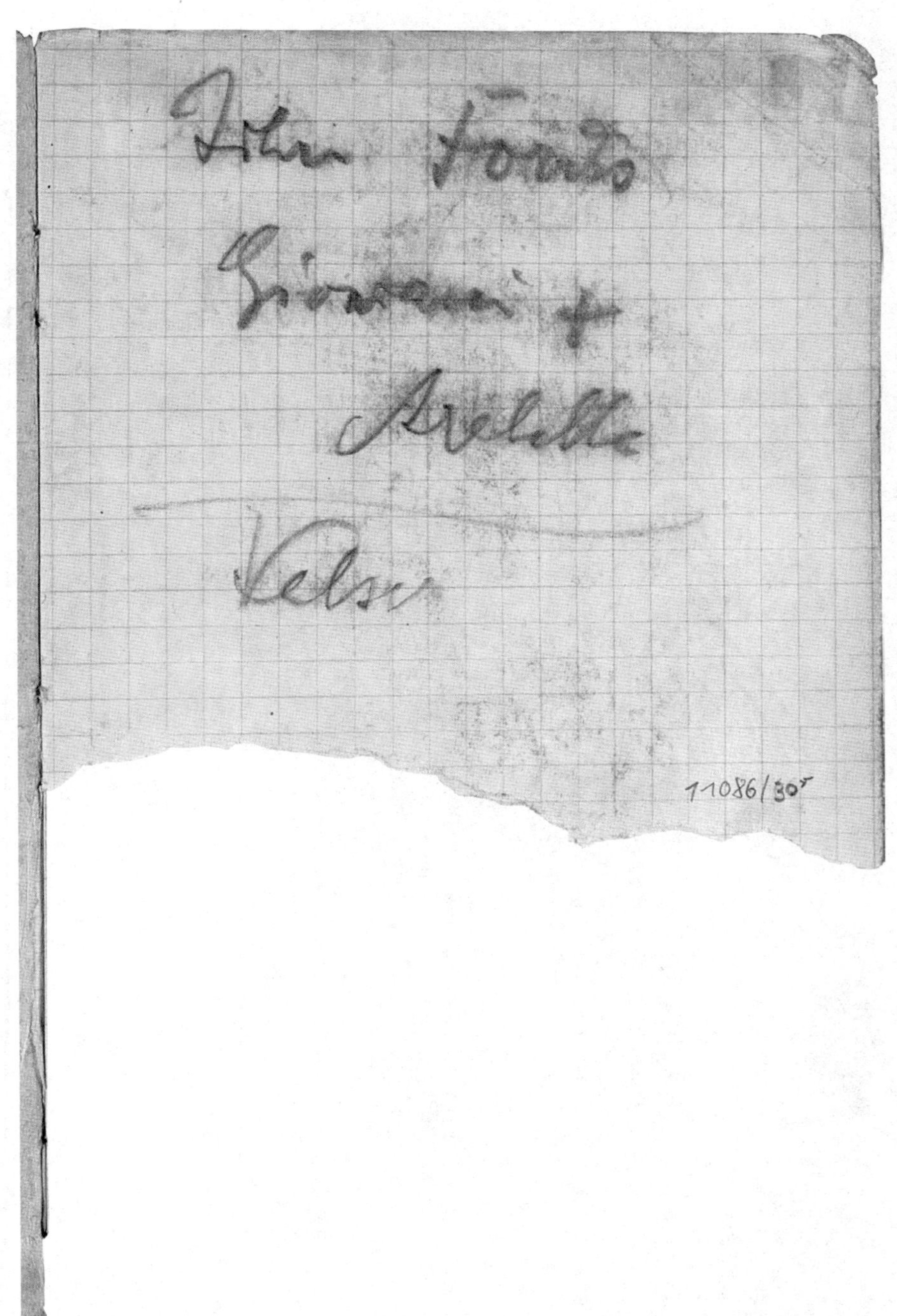

NB 15, 30r

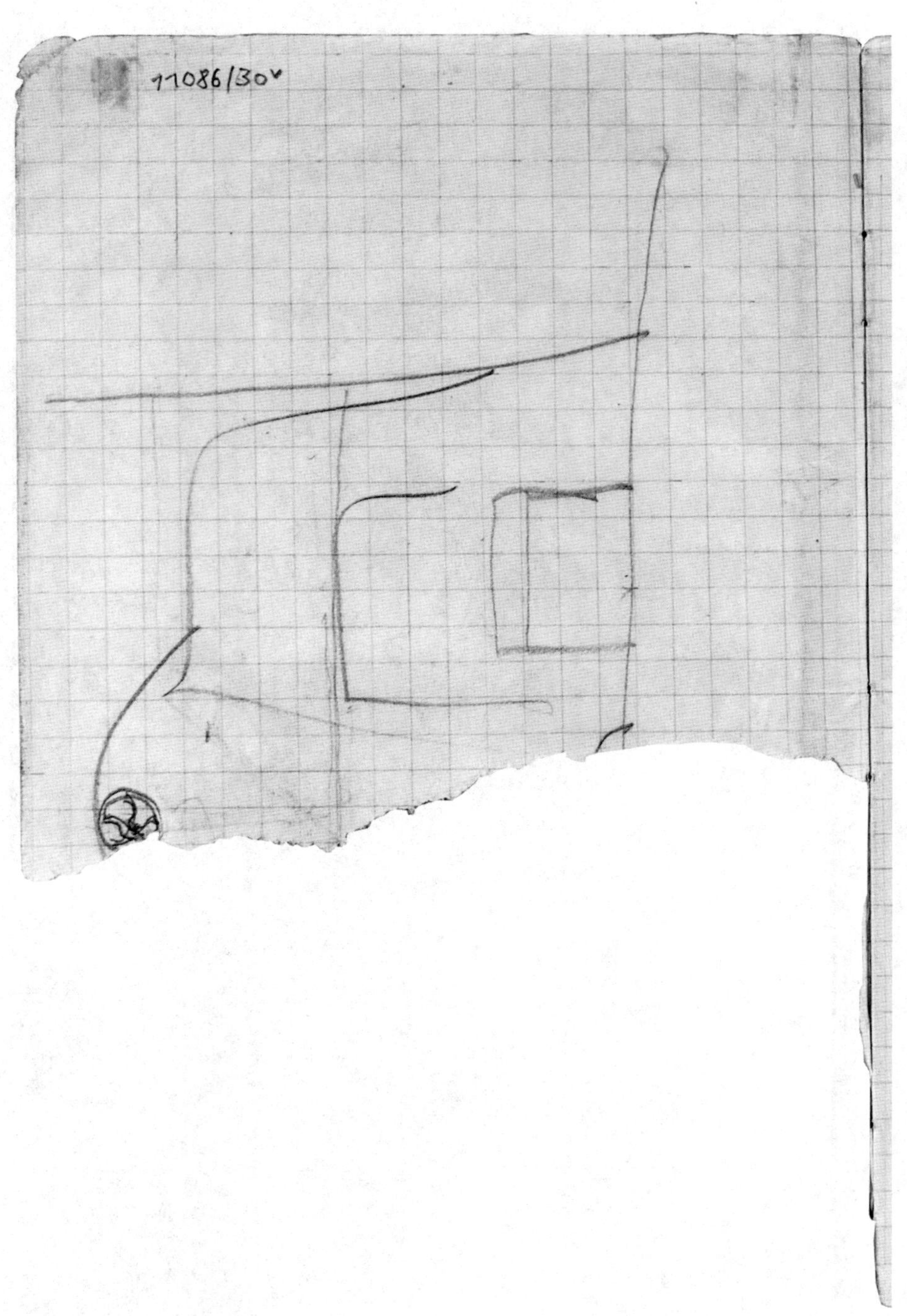

NB 15, 30^v

⟨unteres Blattdrittel herausgerissen⟩

1

2 seltsamkeiten

3 die entdeckung

4 tobsucht + fall

5 der kranke mann
<eins auswischen)
6 sintflut / kampf

¿¿

Küche

1 1] ⟨verdeutlicht⟩
7 sintflut] ⟨erstes⟩ t ⟨wohl verdeutlicht; vielleicht Änderungsvorgang⟩

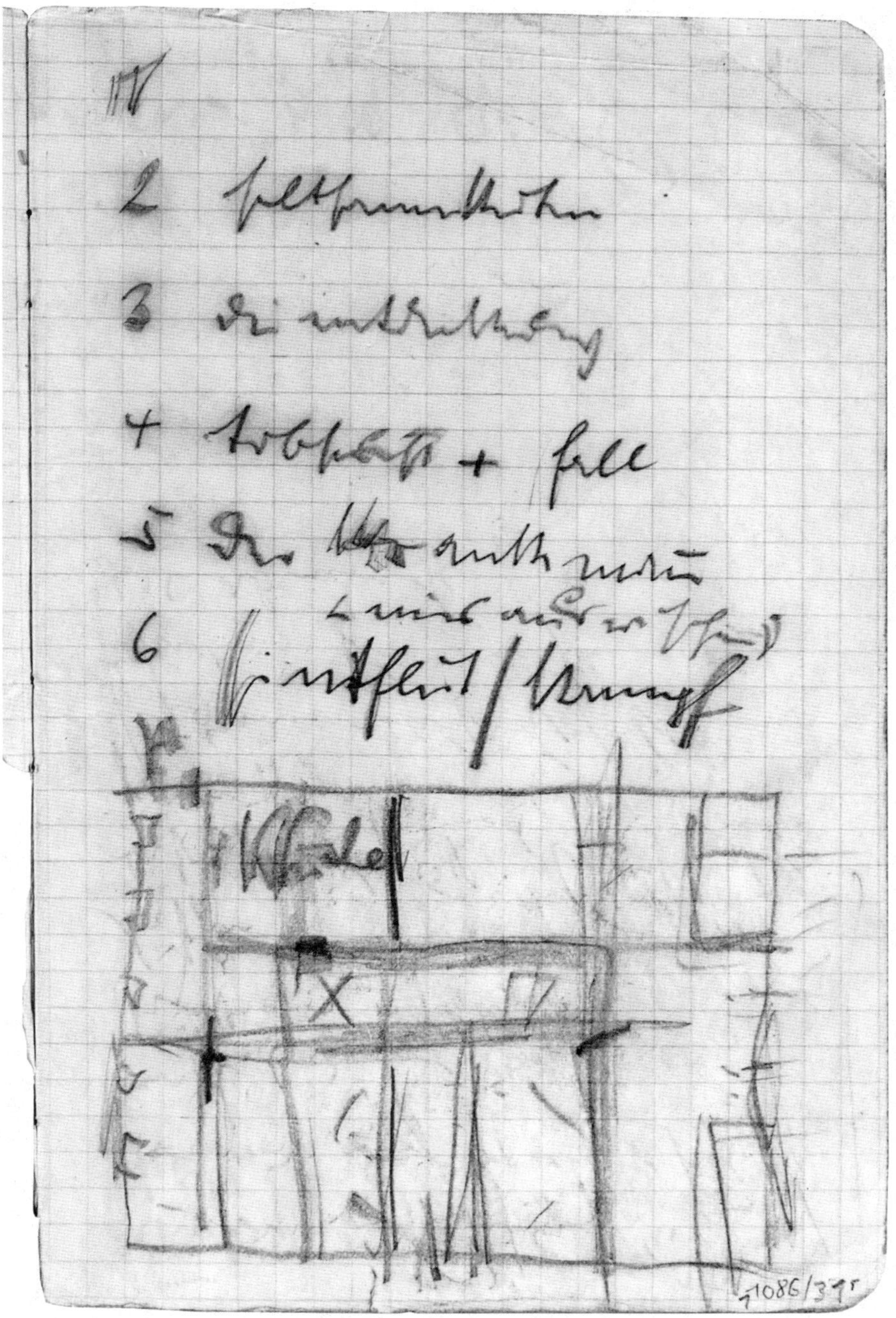

NB 15, 31r

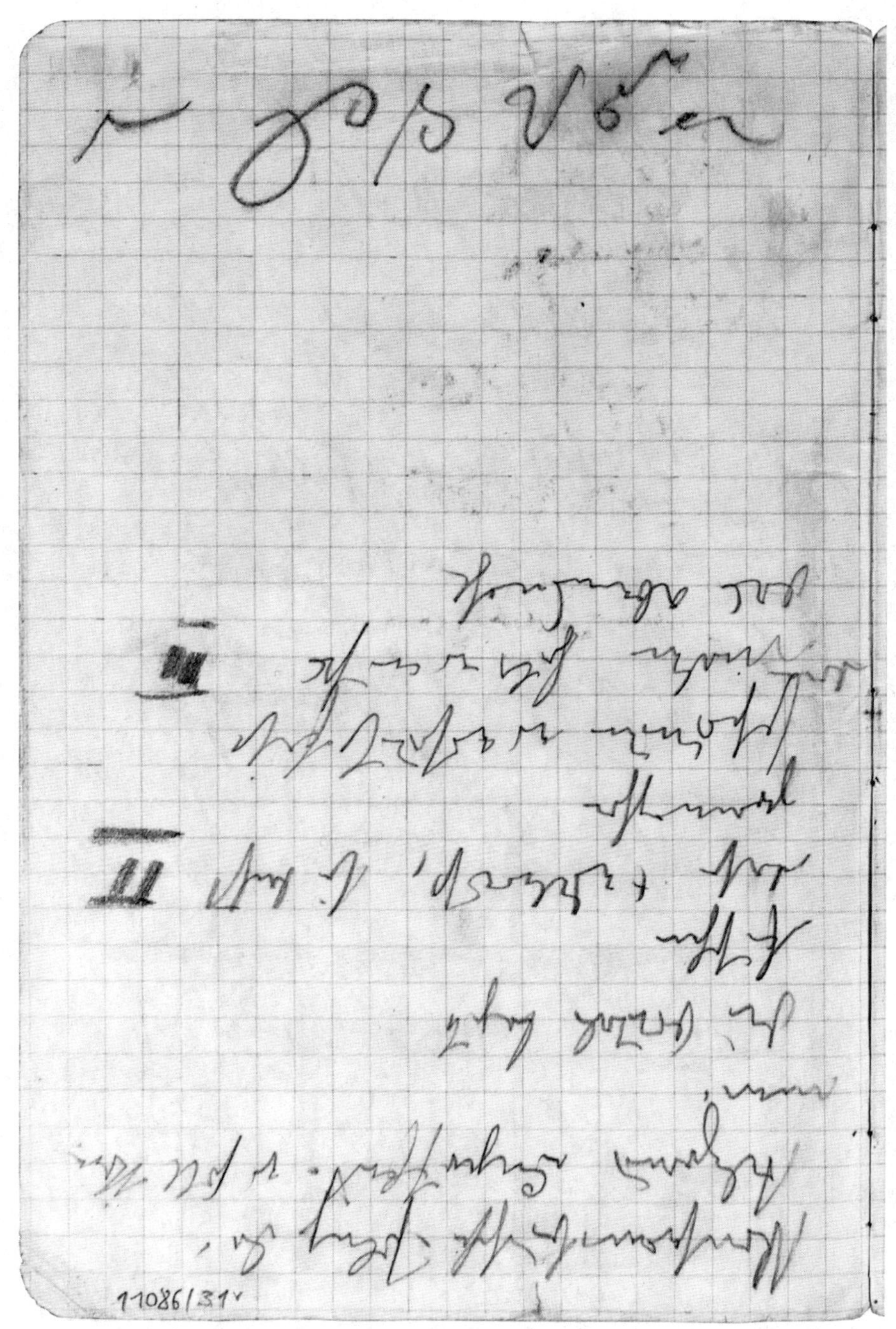

NB 15, 31v

Ein Schweißfuß kommt selten allein

Konservenfische, solang da.
telegramme ungeöffnet. er soll kommen.
die brutale logik.
fischen
vase + edelweiß, sie lacht   II
gramophon
schwimmen er ersäuft fast
vom
malen hält er nichts   II
das abendmahl

⟨Z. 7, 3⟩ II ⟨mit anderem Bleistift nachgetragen⟩

kabale

⟨John Millington Synge⟩ synge

pygmalion

turandot

müller

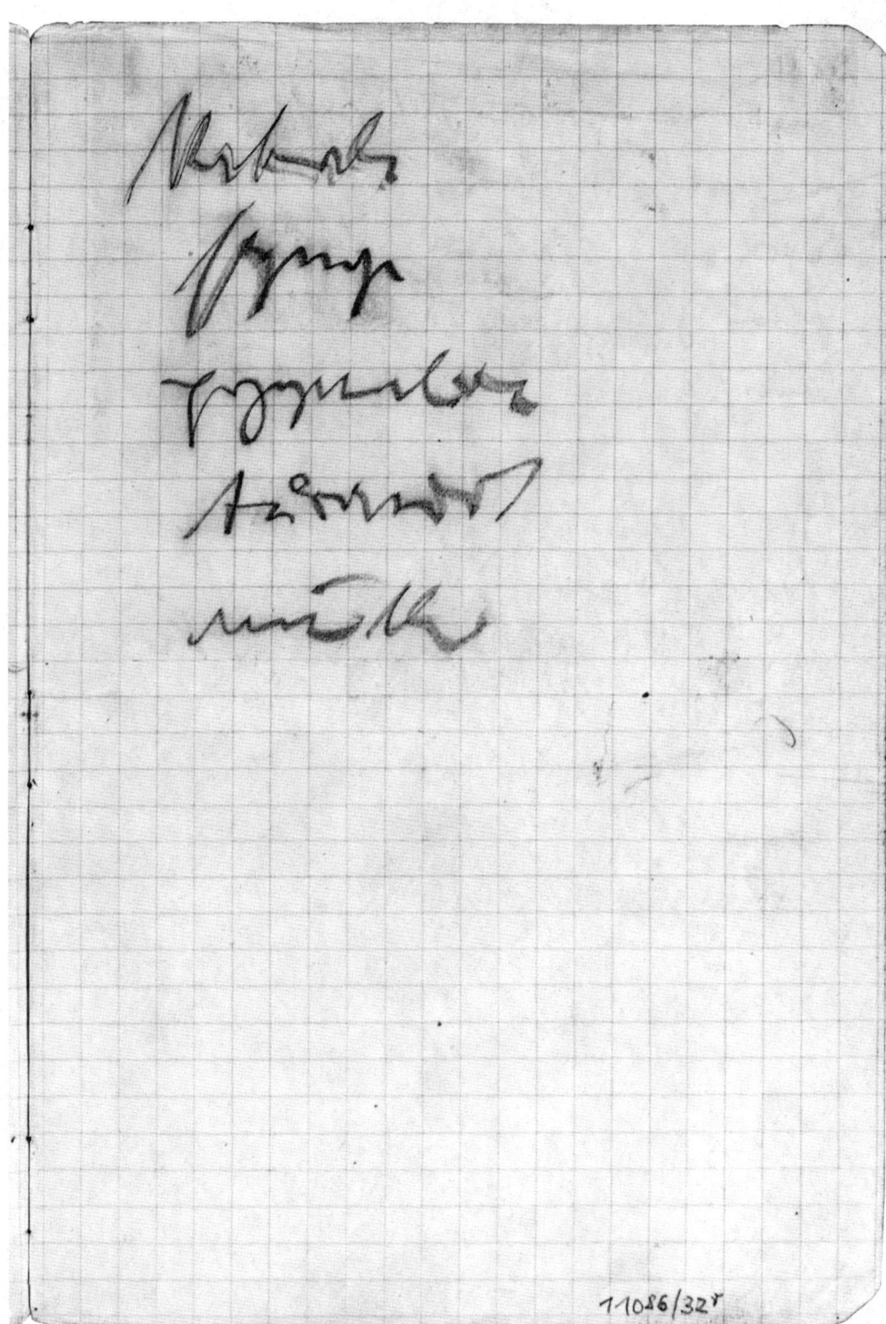

11086/32v

NB 15, 32v

der knecht nähert sich der
verschmähten geliebten seines herrn,
devot gail habgierig brutal ge-
schmeidig arrogant aufdringlich
grausig

S

schwarze freier
vor anker gehn [a¿]*bei* einem muttermund

⟨Elsa Jörgen⟩

Jörgen

ihre gelüste sind so
nackt, ich wollte nichts
sagen was sie auch
tue aber ich kann ihre
hände wirklich nicht sehen

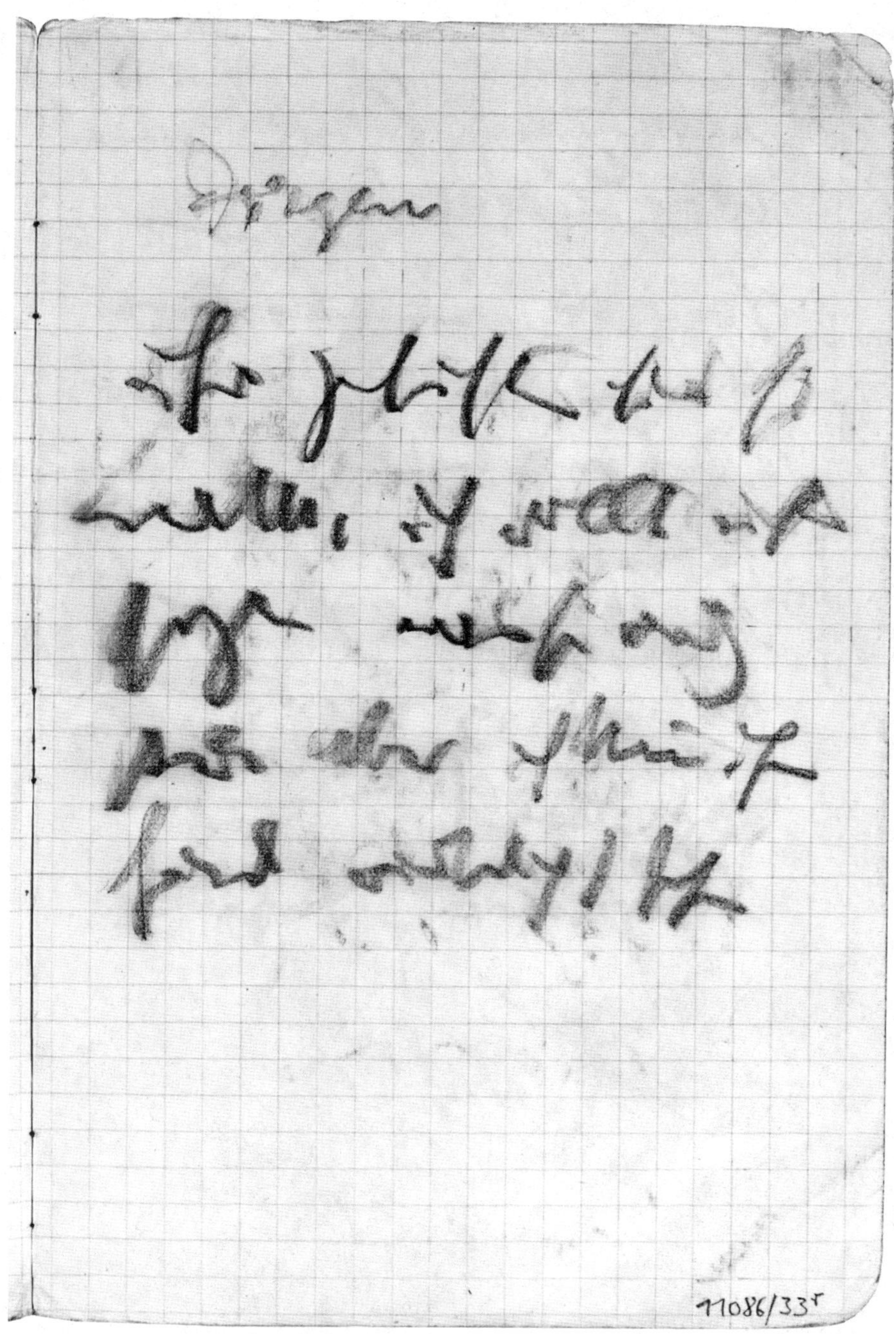
11086/33r

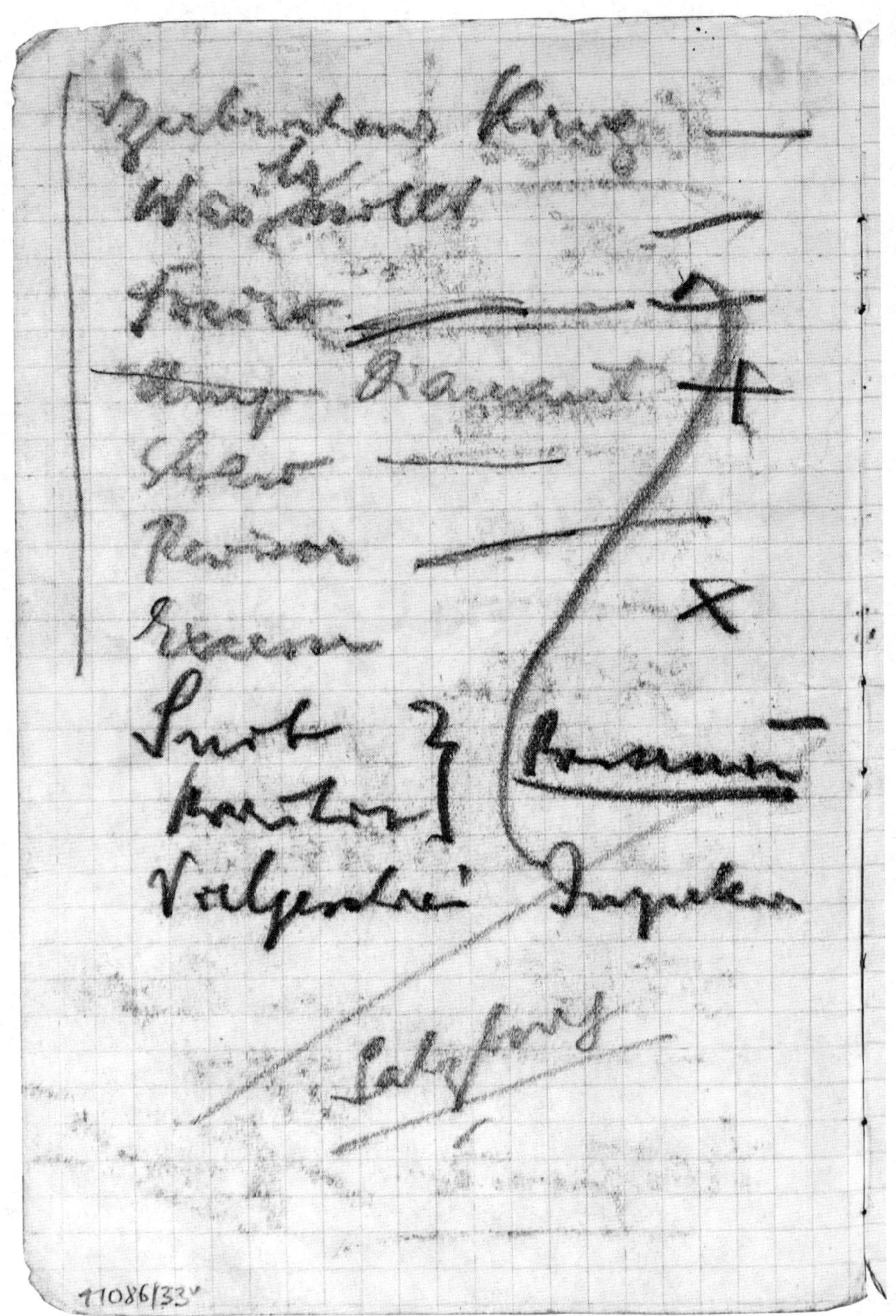

NB 15, 33v

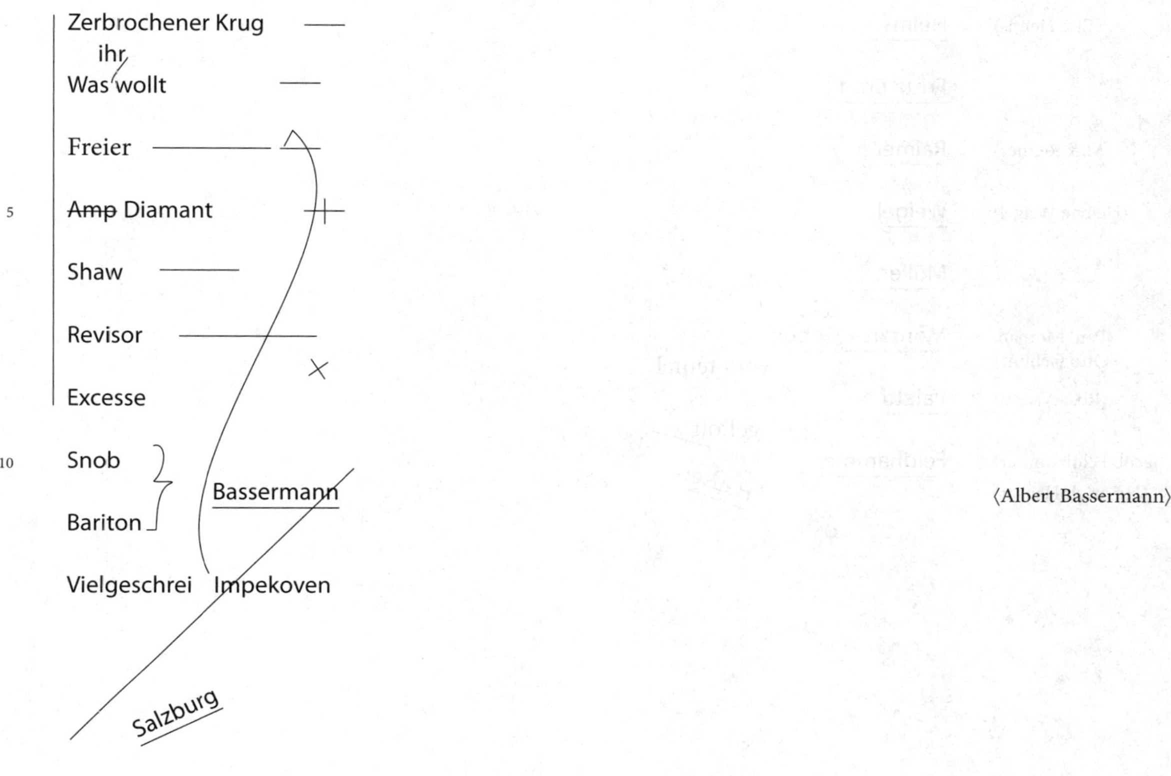

⟨Z. 10-13⟩ Snob *[…]* Impekoven ⟨, Z. 13-4 Zuweisungspfeil, vielleicht auch Z. 1-8 Striche nach den umgebenden Notaten eingetragen⟩

⟨Else Heims⟩ Heims

Fritta Brod

⟨Max Reimer⟩ Raimer

⟨Helene Weigel⟩ Weigel ¿

Müller

¿¿¿¿

⟨Paul Morgan, Otto Gebühr⟩ Morgan + Gebühr

vom teufel

⟨Rosa Valetti⟩ Valetti

geholt

⟨Jacob Feldhammer⟩ Feldhammer

⟨Heinrich Hauser⟩ Hauser

⟨Z. 8, 10⟩ vom teufel geholt ⟨und Z. 10-11 Trennstrich nach Z. 12⟩ Hauser ⟨eingetragen⟩

6 ¿¿¿¿] ⟨mögliche Lesart: Heinrich⟩ george

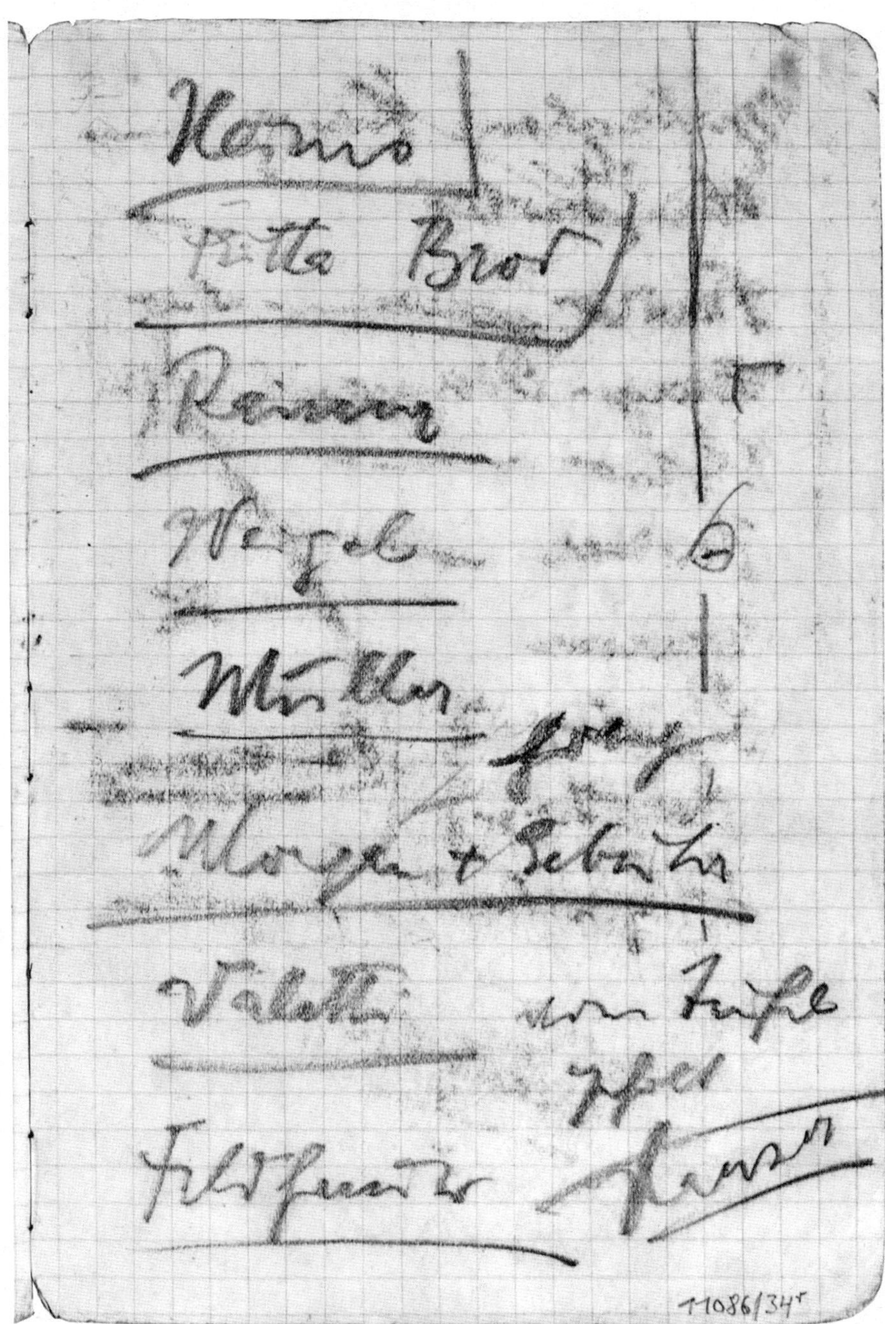

NB 15, 34r

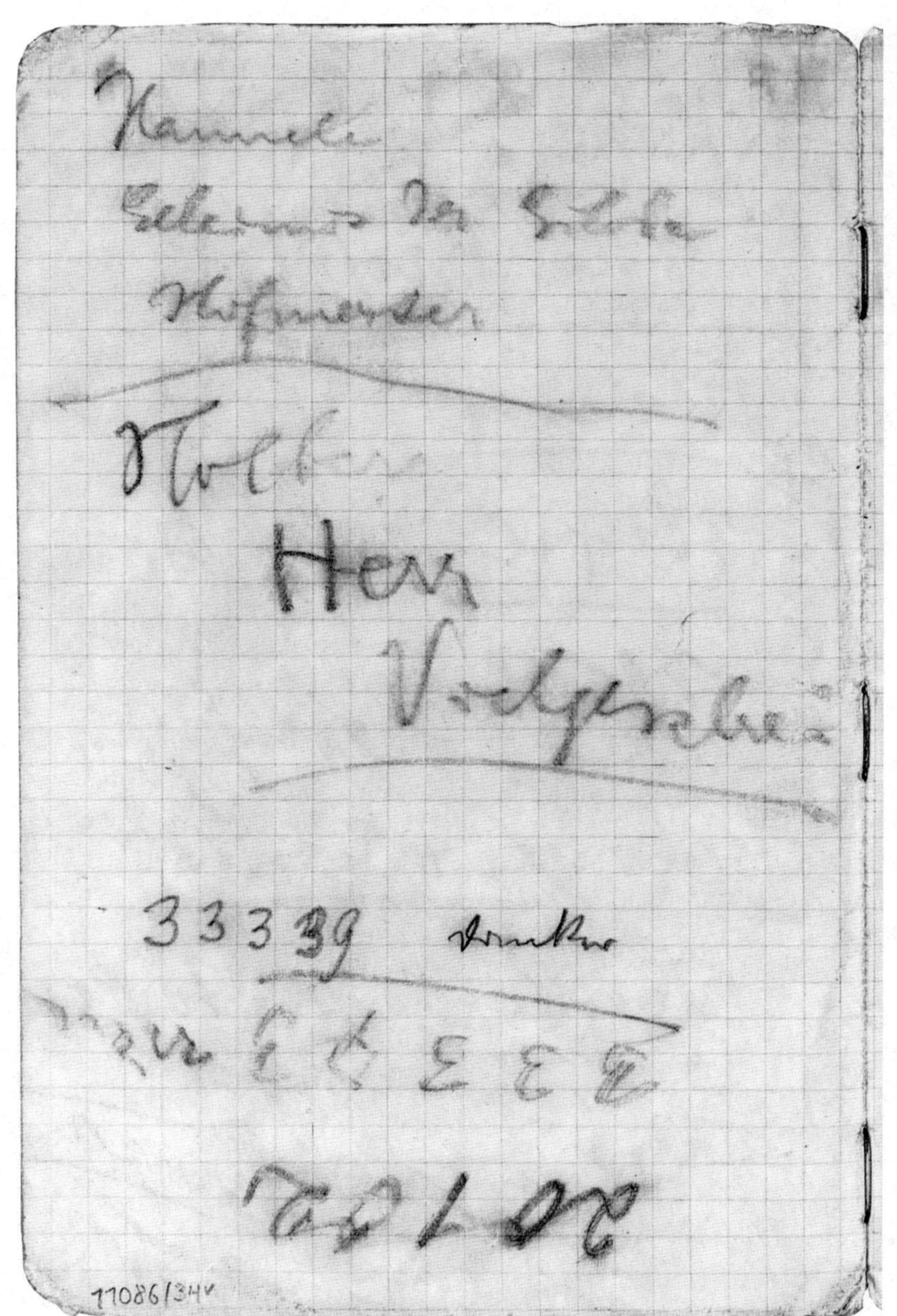

NB 15, 34ᵛ

Hannele

Geheimnis der Gilde

Hofmeister

Holberg ⟨Ludvig Holberg⟩

Herr

Vielgeschrei

333[¿]39 danker

$\overline{33373}$ riewe ⟨Erich Riewe⟩

20102

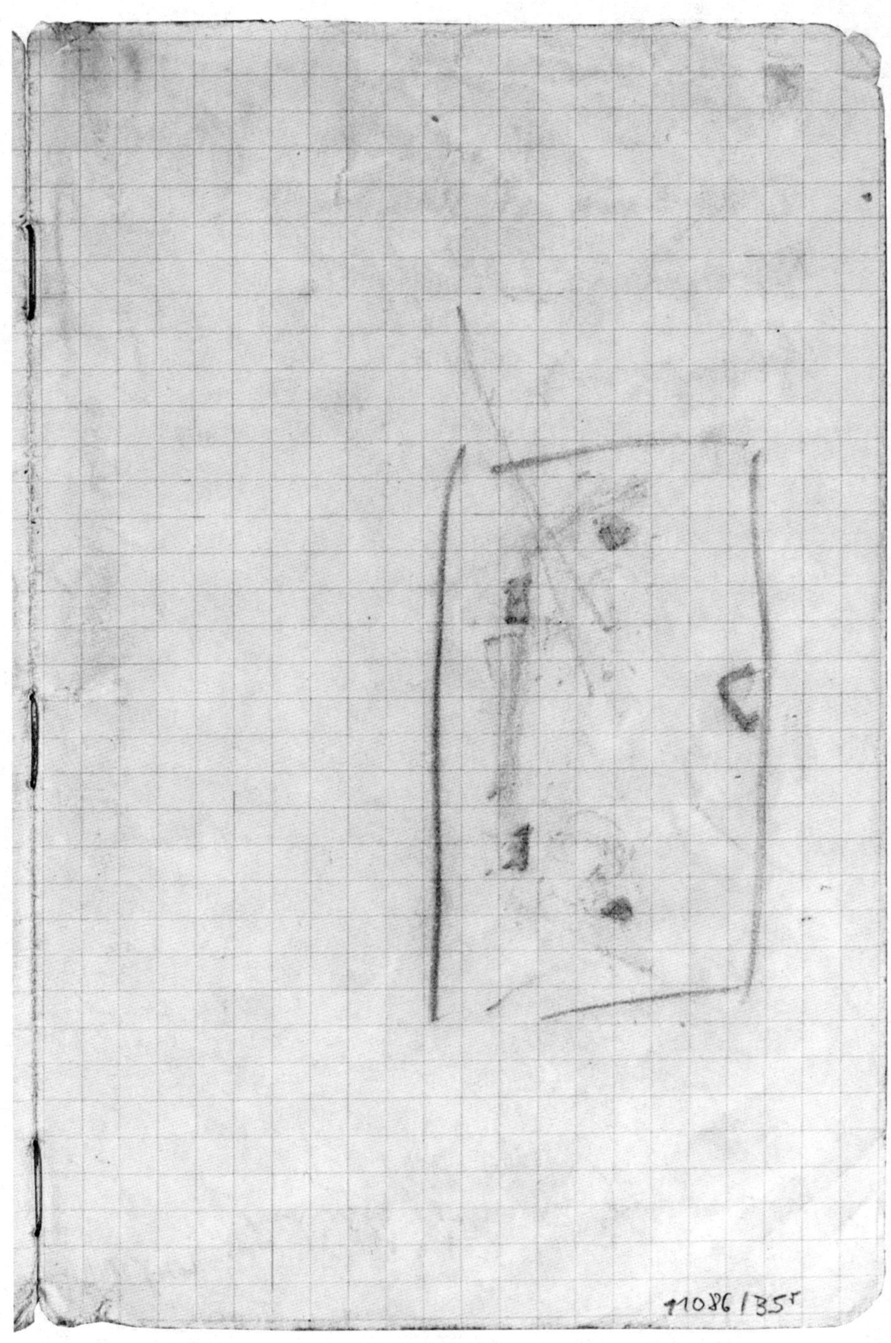

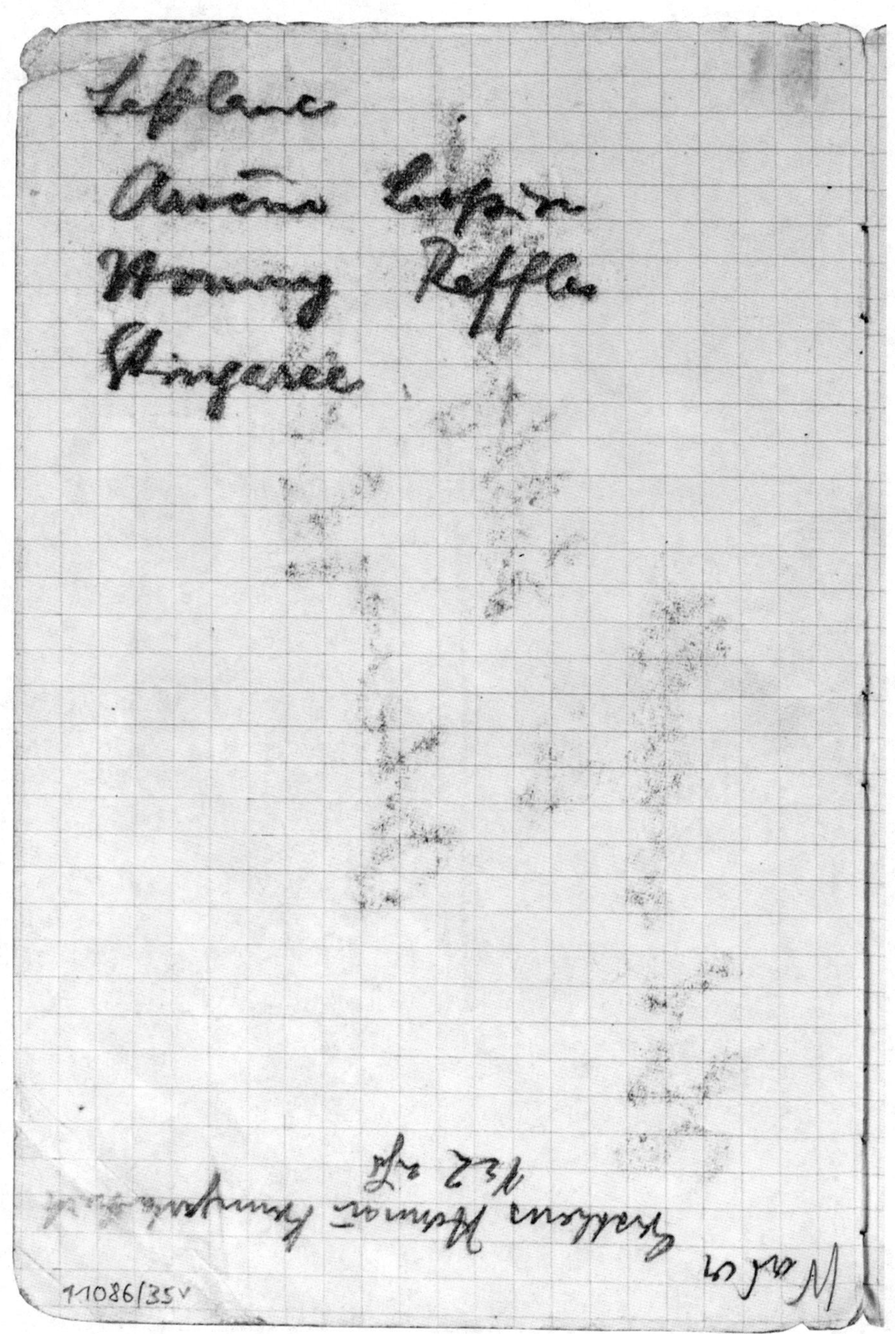

NB 15, 35v

Leblanc ⟨Maurice Leblanc⟩

Arsène Lupin

Hornung Raffles ⟨Ernest William Hornung⟩

Stingaree

Werder

Gasthaus Hermann Baumgartenbrück

½ 2 uhr

1 Leblanc] b ⟨wohl verdeutlicht; andere Lesart:⟩ Le[p]*b*lanc

Hohwacht
bei Lütjenburg
Ostsee
Holstein

4 Howacht] ach ⟨wohl verdeutlicht; vielleicht Änderungsvorgang⟩

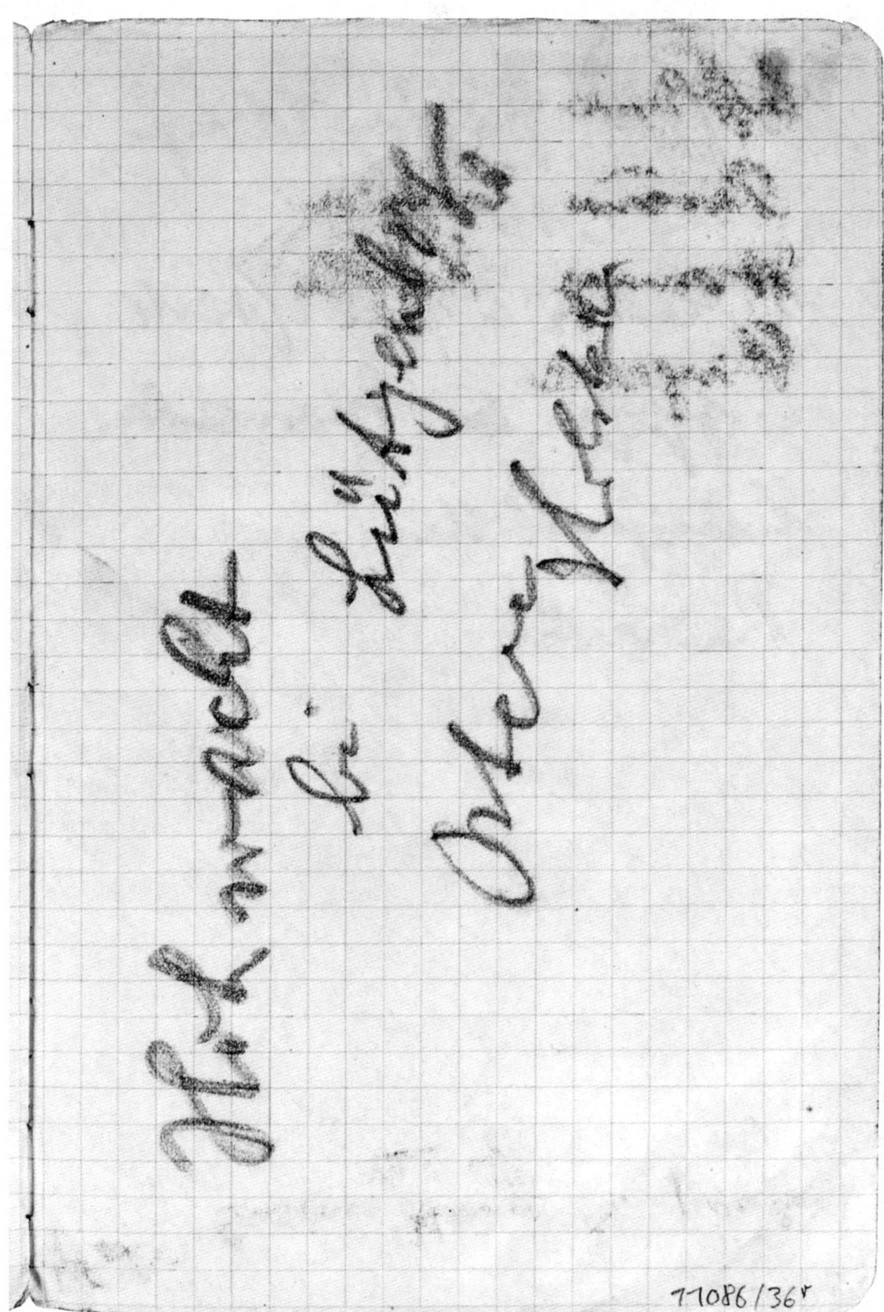

NB 15, 36r

11086/36v

NB 15, 36^v

[¿]*Kyser* freitag 11 uhr ⟨Hans Kyser⟩

31119.

valentin ¿ sein stück ⟨Karl Valentin⟩

vorschuß von Dreimasken ⟨Drei Masken Verlag⟩

hauspostille

Rainert ⟨Robert Reinert⟩

3 ¿] ⟨mögliche Lesart: stenographisch⟩ wann

⟨Pestalozzistraße⟩ kraus pestalozzi

⟨Alois Schuller⟩ schuller

Moritzplatz 15286

Steglitz 4246 daheim

⟨John Griffith⟩

Griffith
Ajanta

8-7 Moritzplatz *[...]* daheim] ⟨anderer Bleistift⟩

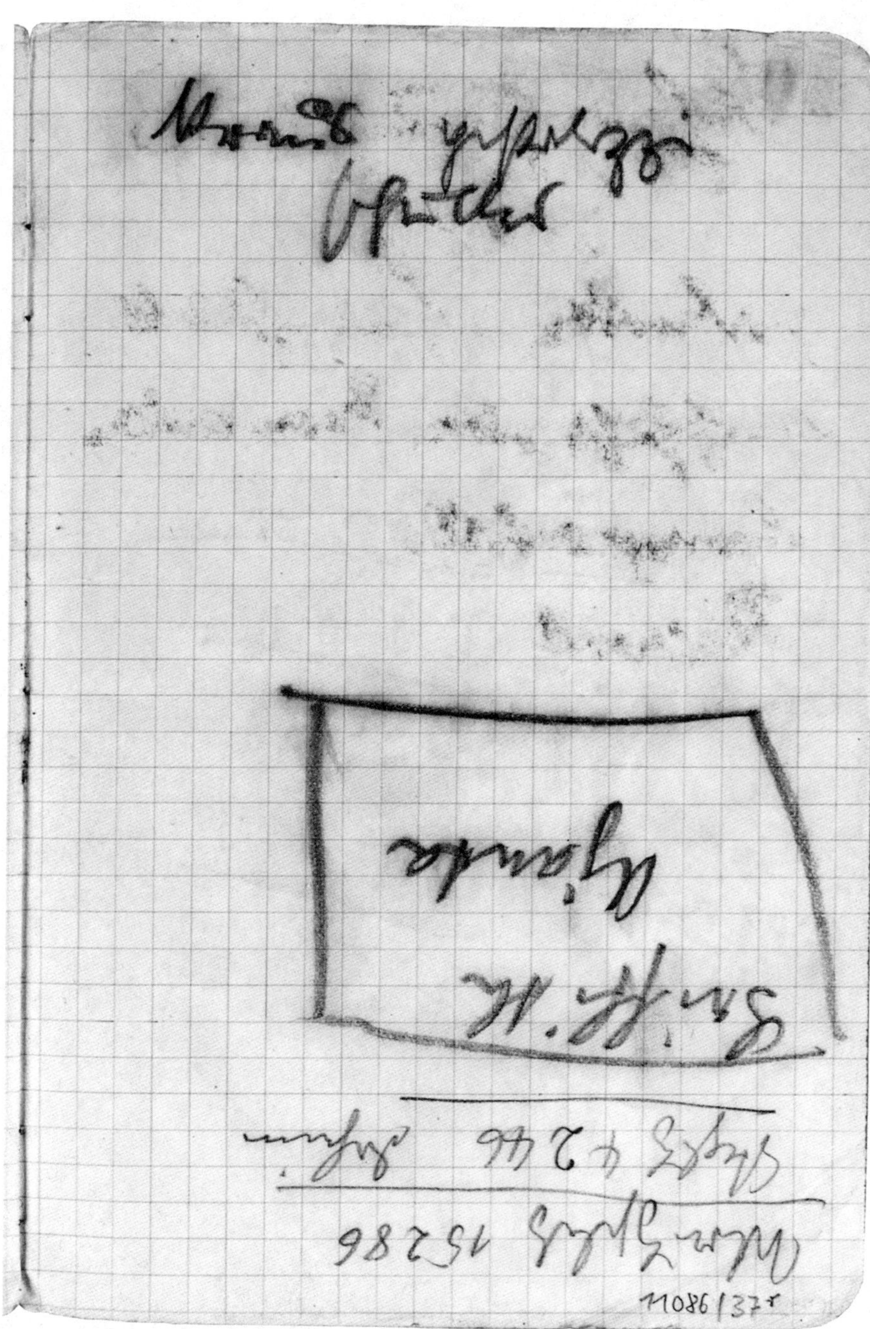

NB 15, 37r

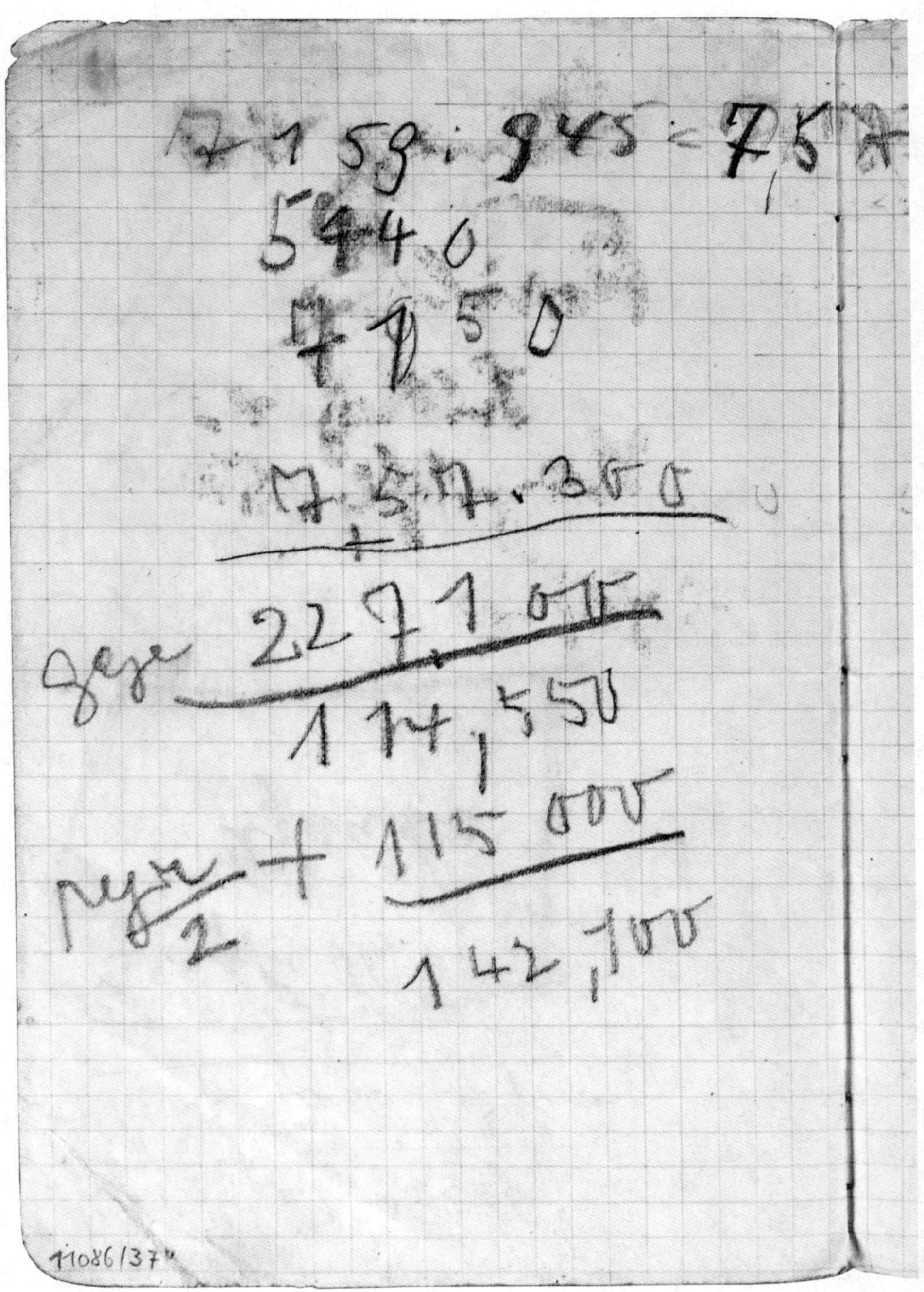

NB 15, 37v

7159 : 945 = 7,57 ⟨→ 38r.1⟩

5[1]440

7[9]150

7,57 · 300 ¿

gage 227.100

114,550

regie/2 + 115 000

142,100

⟨37v.1 ←⟩ 7 Planegg 42

Krailing

Ludwig v.

Nagelstr. 50

Schäfer

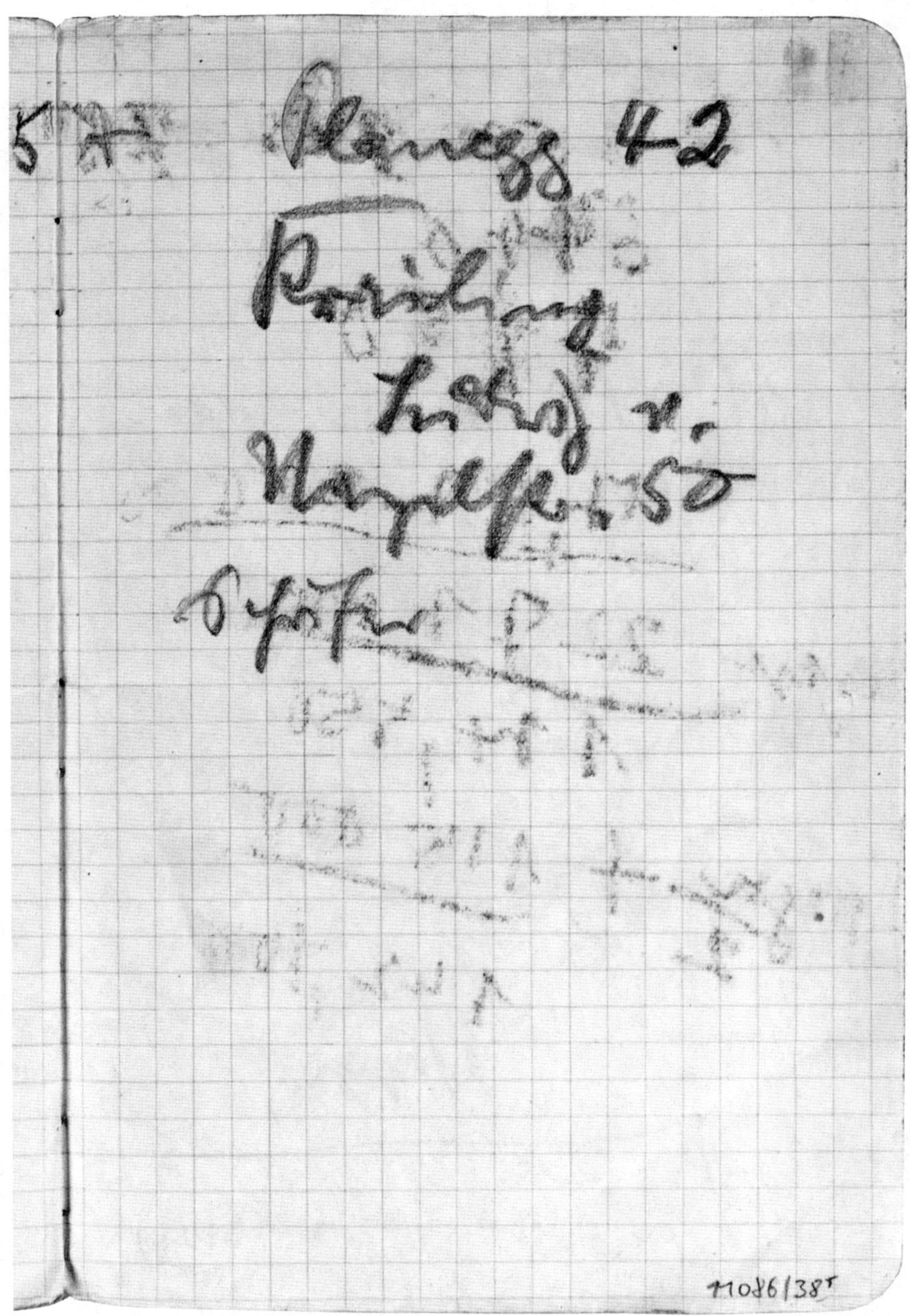

NB 15, 38r

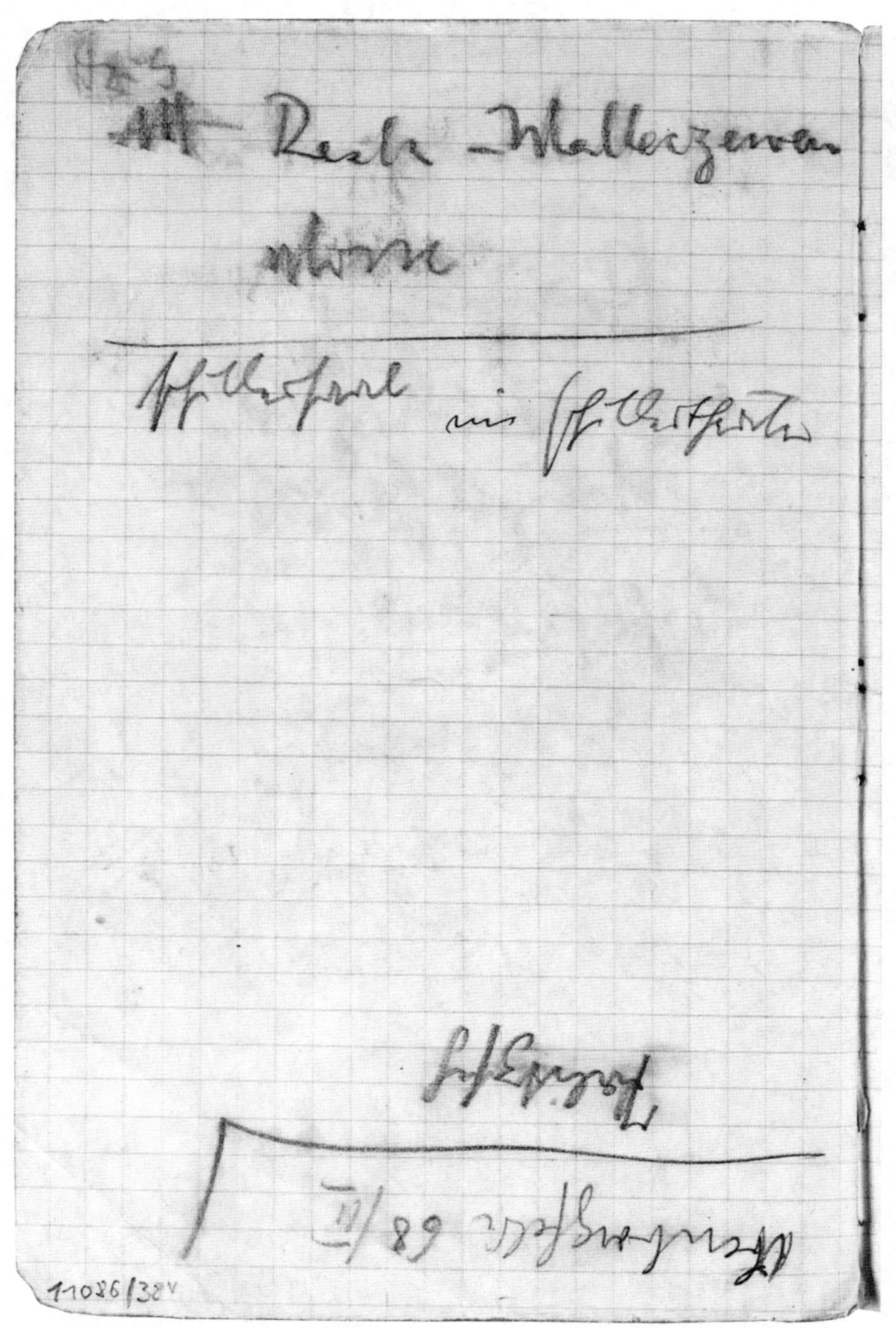

NB 15, 38v

Fritz
~~M~~ Reck-Malleczewen

Mosse

⟨Mosse Verlag⟩

---

schillersaal

im schillertheater

Palitzsch

Obenborgfelde 68/II

9 Obenborgfelde] Ob ⟨wohl verdeutlicht; vielleicht Änderungsvorgang⟩

Pension

55881

⟨Helmut Ruhemann⟩ Ruhemann

⟨Zimmer 8
Mittwoch bis 10 Uhr⟩ Zimm 8 Mit*t*w. -10

⟨Dachauer Straße⟩ Dachauer 46/3 Seitenbau

Frau Bauer

---

franziska, sophie, ~~maja~~,

kaola, asta, ~~jette~~, ruth

toni

8 maja,] ⟨Strich über Komma nicht signifikant⟩

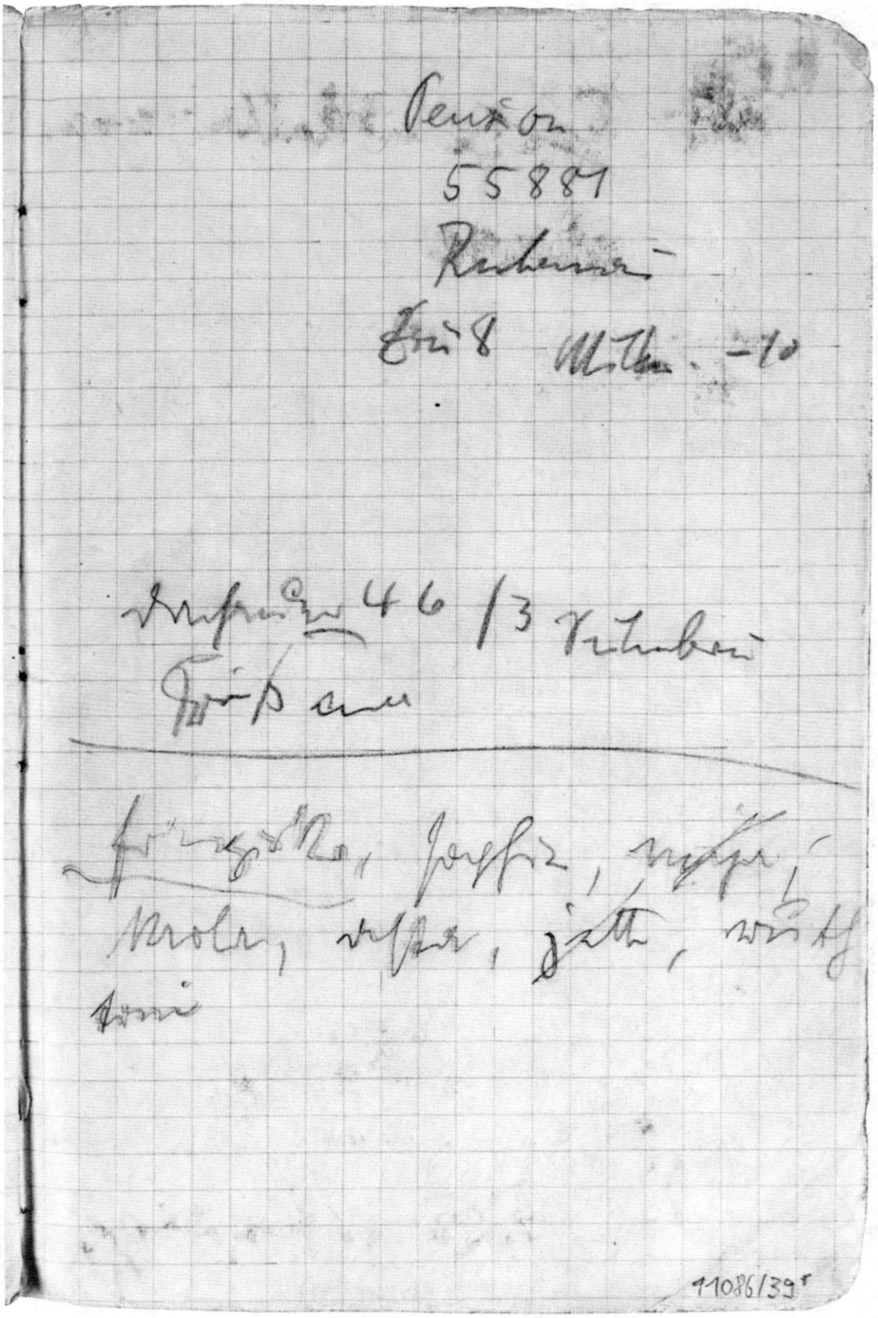
Pension
55881
11086/39r

NB 15, 39r

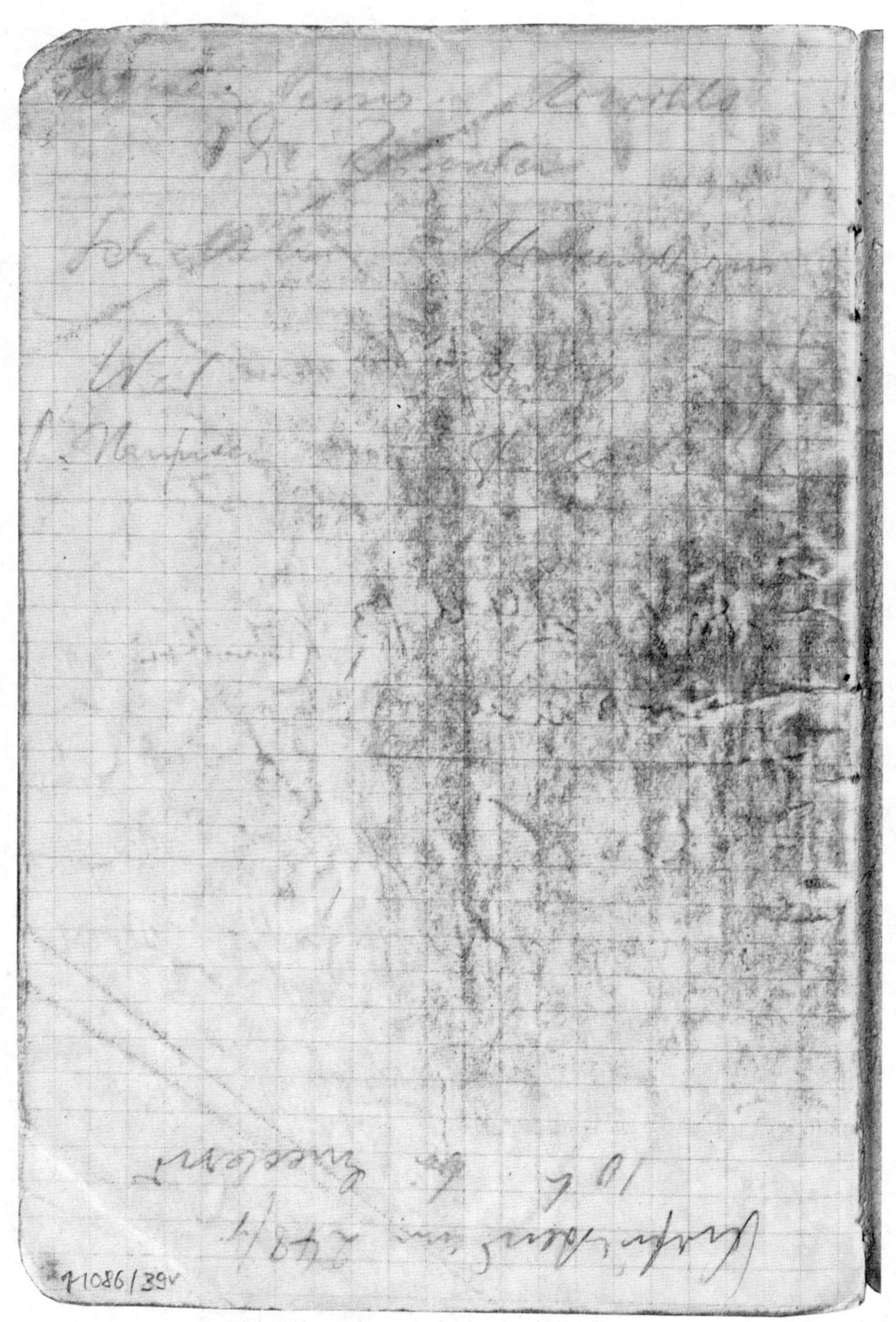

NB 15, 39v

Hermann Kesser Rowohlt

Die Reisenden

Schickele Glockenturm ⟨René Schickele⟩

Wied Erotik ⟨Gustav Wied⟩

P. Nan~~n~~sen Glückliche Ehe ⟨Peter Nansen⟩

Kurfürstendamm 248/1

10h bei Engeland ⟨Heinrich Engeland⟩

288

54915

⟨Adolf Kaufmann⟩ Kaufmann

⟨Leopoldstraße⟩ Leopold

[339]*135*

⟨Eintragungsfolge: 1. Skizze, 2. Notat Z. 1-5⟩

NB 15, 40v

⟨Umschlag⟩

Loses Blatt

⟨Rudolf Schlichter⟩ Schlichter

⟨Neue Winterfeldtstraße⟩ Neue Winterfeld

17/ Gartenhaus

⟨zusammen mit Bl. 43-46 zwischen Bl. 16 und 17 überliefert⟩

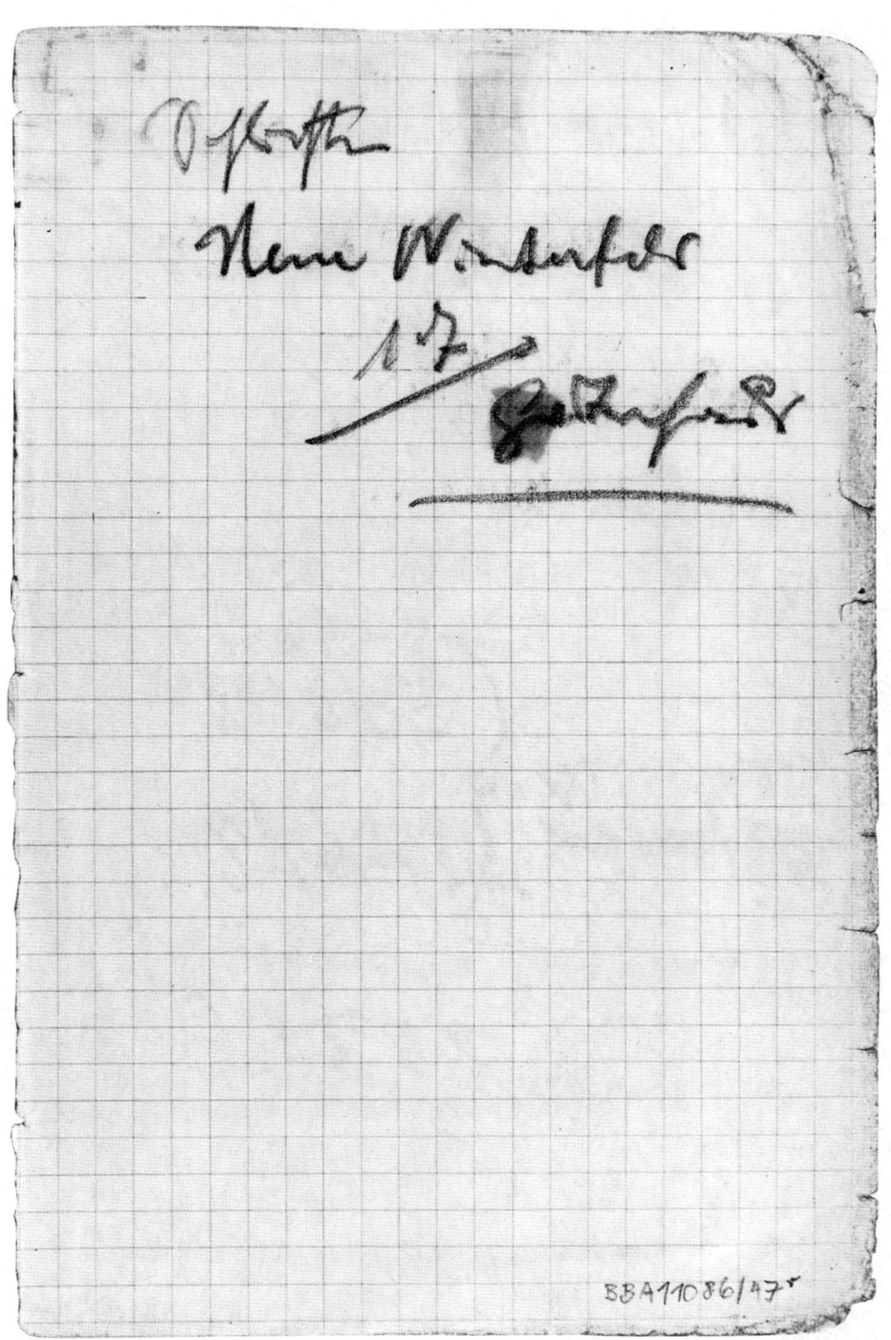

NB 15, 47r

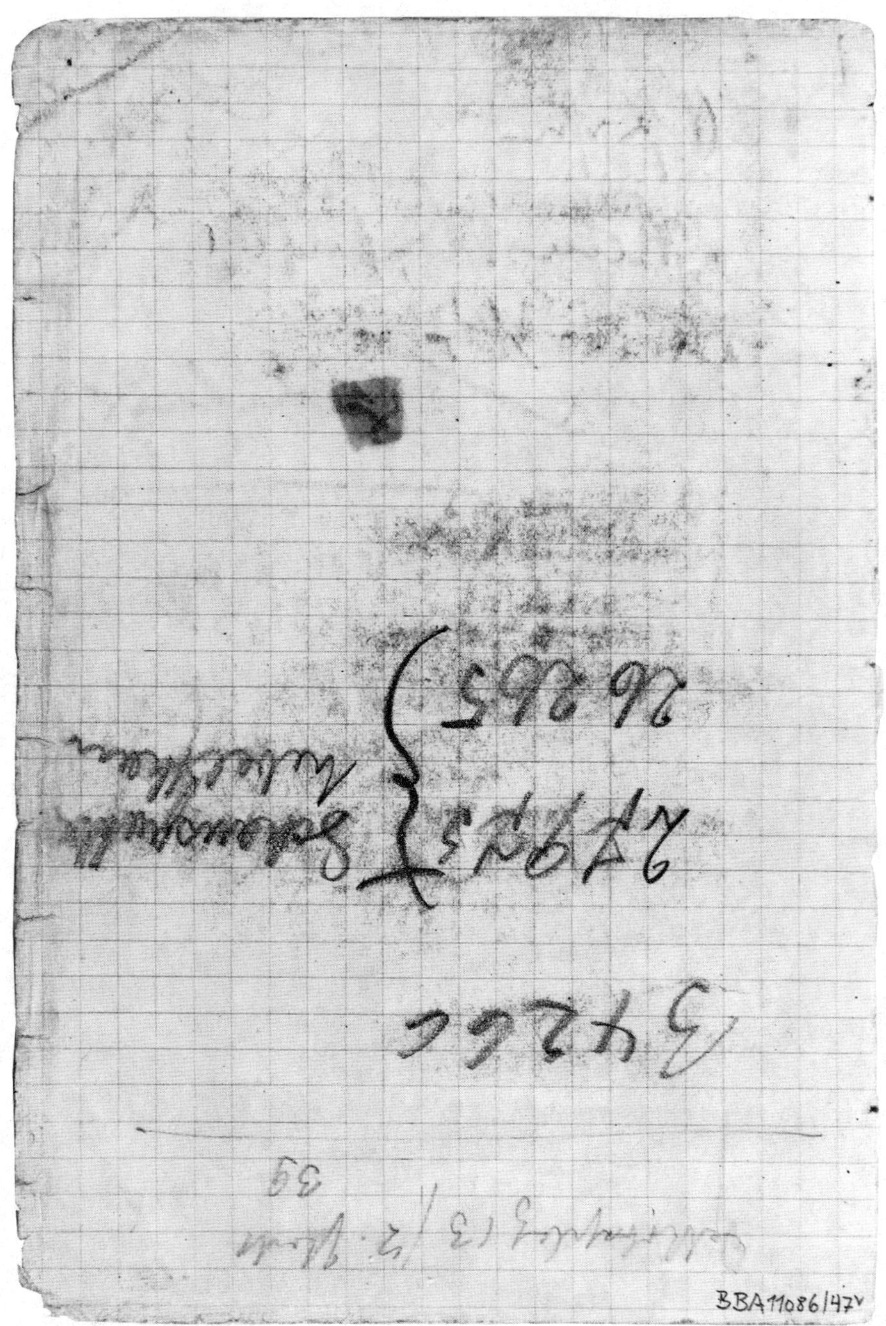

NB 15, 47v

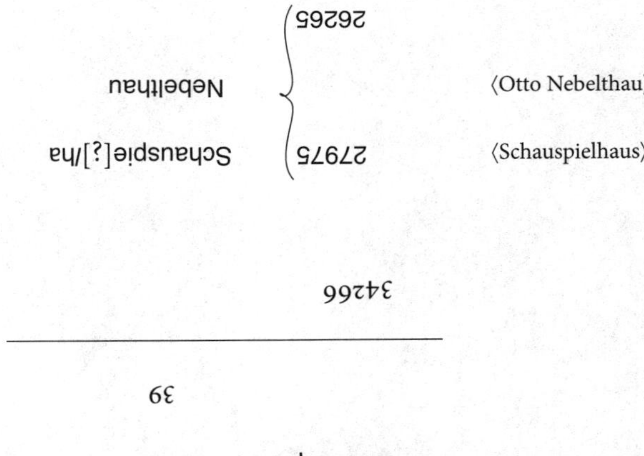
Jakoberplatz / 2. stock

39

34266

27975 Schauspie[?]/ha ⟨Schauspielhaus⟩

Nebelthau ⟨Otto Nebelthau⟩

26265

⟨zusammen mit Bl. 43-46 zwischen Bl. 16 und 17 überliefert; Z. 3-1 anderer Bleistift, fremde Hand⟩

Eingelegte Blätter

⟨zwischen Bl. 3 und 4 überliefert⟩

Zu dieser Justiz von Ludwig Thoma

Wir Alle, die wir öffentlich wirken, haben die Pflicht, die Rechtsprechung unter Kontrolle zu halten.

Es ist ein Fehler, nur über Klerikalismus und Militarismus herzufallen. Für das Gesamtwohl mindestens ist es wichtiger, immer wieder darauf hinzuweisen, daß die deutsche Rechtsprechung schlechte Wege geht.

In Bayern leistet sie dem Klerikalismus Dienste, und diese Dienstfertigkeit ist gemeingefährlicher als die Kampfwut der Ultramontanen.

Sie korrumpiert die heranwachsende Richtergeneration.

Die von allen Ministern als noli me tangere behandelte Unparteilichkeit des Richterstandes ist eine Lüge.

Wir haben in unsern bayrischen Provinzialstädten ultramontane Kammern, das heißt: Richterkollegien, die ihre ultramontane Politik treiben und sie durch Urteilsfällung ausüben.

Vielleicht nicht immer bewußt.

Aber eine richterliche Ueberzeugung ist eben auch eine Ueberzeugung, und eine Ueberzeugung bildet sich immer aus der gesamten Lebensanschauung.

Aber viele beugen gegen ihre Ueberzeugung das Recht.

Das Grundübel liegt in der Organisation der Staatsanwaltschaft.

Es ist verderblich, daß ein junger Mann mit achtundzwanzig Jahren, der noch ausschließlich zu lernen hat, sich zuerst die Sporen als öffentlicher Ankläger verdient, bevor er Richter wird.

Dünkel, Unerfahrenheit, der kleine Ehrgeiz, Karriere zu machen, bringen nichts als Vorurteile zur Reife; die angelernte Gewohnheit, soziale Erscheinungen nicht als Lernender, sondern als Ankläger zu beachten, tut das Uebrige.

Dann wird der Kerl ein Richter, und, wenn Gutes in ihm steckt, hat er Mühe genug, eine Härte abzulegen, die vielleicht gegen seine Natur und nur ein Produkt der staatsanwaltschaftlichen Vorbildung war.

Wir haben Grund, die Rechtsprechung unter Kontrolle zu halten.

1906

Choral für Seemannsleute von Walter Mehring

Baßbuffo und Bariton:

Wir haben die ganze Welt gesehn
— Die Welt war überall rund! —
Um alle paar Monat vor Anker zu gehn
Bei einem Mädchenmund!
Wir sahn eine Mutter in schneeigem Haar,
Die verkuppelte uns ihr Jöhr;
Wir fraßen pfundweis den Kaviar
Direkt an der Quelle vom Stör!

Baß:

Wir sahen Seeanemonen und Qualln,
Die schmückten Gebein und Gewand
Von einem Matrosen, der war gefalln
Für irgendein Vaterland.
Die Welt ist überall schön!

Baß und Bariton:

Was gibt es für uns noch zu sehn?

Lyrischer Tenor:

In Hamburg gleich hinterm Ozean
Ein Mädchen von der Reeperbahn
der Reeperbahn
der Reeperbahn!

Baß und Bariton:
Wir haben die ganze Welt bereist:
La Plata bis Langue d'oc!
Wir haben mit Kannibalen gespeist —

Baß:
Und überall gabs einen Grog!

Bariton:
Uns folgte der Möwen Hungergekreisch
Wie die Huren der Waterkant.
Am Meeresbusen zum drallen Fleisch,
Da gingen wir an Land!

Baß:
Wir haben Holger Danske gesehn
Und einen Völkerstamm
Zu tausenden zu Grunde gehn —
Die andern standen stramm!

Baß und Bariton:
Die Welt ist ganz voll Freud'!
Was gibts noch für Seemannsleut?

Lyrischer Tenor:
In Hamburg gleich hinterm Ozean
Ein Mädchen von der Reeperbahn
der Reeperbahn
der Reeperbahn!

Baß und Bariton:
Wir haben die ganze Welt beglotzt:
Paris und den Vogel Roch!
Wir haben die Seele uns ausgekotzt
Bei Australien

Baß:
da liegt sie noch!

Baß und Bariton:
Wir sahen unsern Kapitän
Verfaulen im Lazarett!

Bariton:
Wir sahn eine Grotte mit lauter Feen
Und ein frisch bezogenes Bett!
Wir sahen den toten Menelik
Hoch zu Krokodil!
Wir sahen manchen Bolschewik!

Baß:
Und Wilhelm im Exil!
Die Welt ist zum Bespein!

Baß und Bariton:
Was kann noch Ekleres sein?

Lyrischer Tenor:
In Hamburg gleich hinterm Ozean
Mein Mädchen nahm einen Spießer zum Mann!
Spießer zum Mann!
Spießer zum Mann!

Tutti:
Was kann noch Ekleres sein?

NB 15, 41v

einander. An Onnos spröder Persönlichkeit scheiterte auch Reinhardt. Dieser liebenswerte Künstler hat leider das Pech, daß sein Innenleben, kommt es an die atmosphärische Luft, sich sofort in Dampf verwandelt. Die Wärme, deren er voll, strömt mit so lebhaftem Gezische aus, daß Verbrühung des Partners zu befürchten. Schade um so viel Talent, Kraft, Tempo, Noblesse und beste geistige Haltung! Frau Thimigs Ekstasen schlagen zum Teil nach innen. Ihre Sanftmut, ihre Ton und Miene überflutende Zärtlichkeit, das Verbranden der Erregung in Antlitz und Gebärde sind sehr rührend. Sonderbar, wie in diesem Antlitz der dynastie-eigentümliche Thimigsche Spitzbubenzug ins Dolorose hinüberfließt. Den Glorienschein der Dulderin trägt keine mit mehr Anstand als diese fromme Helene. Jedes Wort, jede Bewegung ist Spiegel ihres Herzens. Wenn sie den Geliebten umarmt, drückt sie ihn nicht an die Brust, sondern direkt an die Seele. Ein Uebermaß an Portamento der Rede stört zuweilen. Es ist dann, als ob die Worte ein Weilchen, Flügel wippend, in der Luft stehen blieben.

Kriechtiere und Lurche von Carl Zuckmayer

Die auf dem Bauche kriechen, sind mir freund,
den breiten Leib mit winzigen Gliedern schleppen,
durch Sümpfe züngeln und auf Felsentreppen
nackt in der Sonne brütend erdgebräunt.

Die Ringelnattern haben mich bekrochen,
vom Unken meines Herzens angelockt,
und Krötenaugen, ganz von Gold durchbrockt,
in Kerkernächten stumm mit mir gesprochen.

Weißt du, daß manche Kröten nachts wie Weiber singen?
Kennst du den bleichen Axolotl, der in Höllen lebt?
Sahst du den Kamm des Molches, der vor Liebe bebt,
und wie die Frösche sich in Brunst und Not bespringen?

Ein grüner Pfeil aus Kupfer fliegt der Echsen Leib
durch braune Brombeerstauden, die vor Hitze knistern —
ich will dem Staub und Sumpfe mich verschwistern,
ein glatter Leib in Erde unter vielem Leib.

Ein Laich in Tümpeln, draus die Quappen schlüpfen,
ein Larventier mit Kiemenbündeln zart.
Ich weiß die Sterne, wo Ihr große Götter wart,
und wo die Seelen eurer aufgefressenen Väter hüpfen,

wo Schlangen lautlos wie Geflecht vom Astwerk hingen —
durch ihre Zungen geht ein dunkler Riß:
selbst wenn sie ihre Opfer lebend schlingen,
ist nur der Schmerz von einem Liebesbiß.

Oft steht ein Kind am Brunnen hingebückt —
die Nacht will seiner Glieder Schmäle saugen.
Das Tier am Boden, qualvoll totgedrückt,
schwimmt selig durch den Tau aus seinen Augen.

Bemerkungen

Vom Pseudonym

Drei frühere enge Mitarbeiter Ludendorffs, die wegen ihrer Teilnahme am Kapp-Putsch von der deutschen Regierung steckbrieflich verfolgt sind, wohnen seit Monaten in Oesterreich, Major Bischoff unter dem falschen Namen Dr. Bothmer in Wien, Major Papst als Major Peters in Innsbruck; Oberst Bauer fühlt sich in Wien so sicher, daß er kein Pseudonym angenommen hat.

Zeitungsnotiz

In Kunst und Literatur gehört das Pseudonym seit altersher zum Handwerk; es ist in jüngster Zeit gradezu Handelsusance dieser Branche geworden, und jeder bessere Ritter der Feder führt sein Pseudonym im Wappen. In der Politik aber und zumal in der Strategie ist diese Art der Dekkung weniger gebräuchlich. Zwar ist ja die Politik auch eine Kunst, nämlich die Kunst des Möglichen, aber erst wenn man sich in ihr unmöglich gemacht hat, suchen diese Künstler das bergende Pseudonym.

Man sieht auf den ersten Blick, daß die Gehilfen Ludendorffs sich an Originalität der Namenserfindung mit ihm nicht messen können. Meisterschaft ist eben Meisterschaft. Wer hat, der hat. Lindström ist ein unübertreffliches Pseudonym. Welche Klangfülle, Prägnanz und nordisch-markige Echtheit! Man kann sich, wenn man plötzlich nach Schweden abreist, kein besseres Pseudonym zulegen. Es ist das wahre Musterbeispiel eines Decknamens, und man könnte daran studieren, wie ein vorbildliches Pseudonym beschaffen sein muß. Es muß charakteristisch, einprägsam und wohlklingend sein; es muß, wenn die Umstände es erfordern — und die Umstände erforderten es — diskret sein. Lindström ist sehr diskret. Wie vollkommen die Maskierung — und doch, wie neckisch und augenzwinkernd der Gleichklang des ersten Buchstabens! Wie lind strömt der ganze Name, wie weckt er die Vorstellung eines soignierten schwedischen Reisenden in schwerem Pelz und Gehrock! Das eben ist die Kunst des Pseudonyms, daß sie fortzeugend Böses muß gebären — Quatsch, jetzt hat mich der Rhythmus des Vordersatzes ins falsche Gleise geworfen — ich wollte sagen: daß sie Vorstellungen, ganze Komplexe von Vorstellungen weckt. O, ich könnte, ausgehend von Lindström, eine Doktorarbeit über das Pseudonym schreiben. Leider gibt es schon eine Dissertation über dieses Thema — über welches nicht? —, und ich komme, wie immer, zu spät.

Auch Voltaire ist ein erlauchtes Pseudonym; sein bürgerlicher Name Francois Marie Arouet ist dahinter völlig verschwunden. Nicht minder groß: Novalis (für Hardenberg), Ludwig Börne (für Baruch). Der dahinter steht, verbirgt sich nicht, sondern bekennt sich. In gehörigem Abstand der pseudonyme Schwarm von heute. Zunächst die verbreitete Familie der Schmidts: Kasimir Edschmid (für Eduard Schmidt), Wilhelm Schmidbonn (für Wilhelm Schmidt aus Bonn), Otto Ernst (für Otto Ernst Schmidt), Dietzenschmidt (für Anton Schmidt). Dann die Namen, in denen schon die Ahnung des aere perennius erzen schwingt: Harden, Emil Ludwig, Kerr. Wie zart, musisch, musikalisch, klug klingt unser „Sling“! Wie torkelt und überpalmströmt Joachim Ringelnatz! Für Rosenfeld ist Roda Roda gar nicht übel, für Anton Kühtreiber ist Paris von Gütersloh grandios, „fünf Finger einer griffigen Hand“ oder der Generalnenner für Kurt Tucholsky: Theobald Tiger - Peter Panter - Ignaz Wrobel-Kaspar Hauser. Hinter dem Pseudonym Teddy Expulsus soll sich der hinausgeschmissenste Journalist Berlins verbergen...

Aber was ist das Alles gegen Lindström! Nur der Umstand, daß er sich in München absolut sicher fühlte, konnte ihn bewegen,

⟨zwischen Bl. 3 und 4 überliefert⟩

⟨zusammen mit Bl. 44-47 zwischen Bl. 16 und 17 überliefert⟩

NB 15, 43r

NB 15, 43v

⟨Suse Byk⟩

⟨zusammen mit Bl. 44-47 zwischen Bl. 16 und 17 überliefert⟩

feuerschiff

der lügner

turm zu babel

die malaien

⟨Doppelblatt 44-45 zusammen mit Bl. 43, 47 zwischen Bl. 16 und 17 überliefert, darin Bl. 46 eingelegt; Bl. 44^v, 45^r unbeschrieben⟩

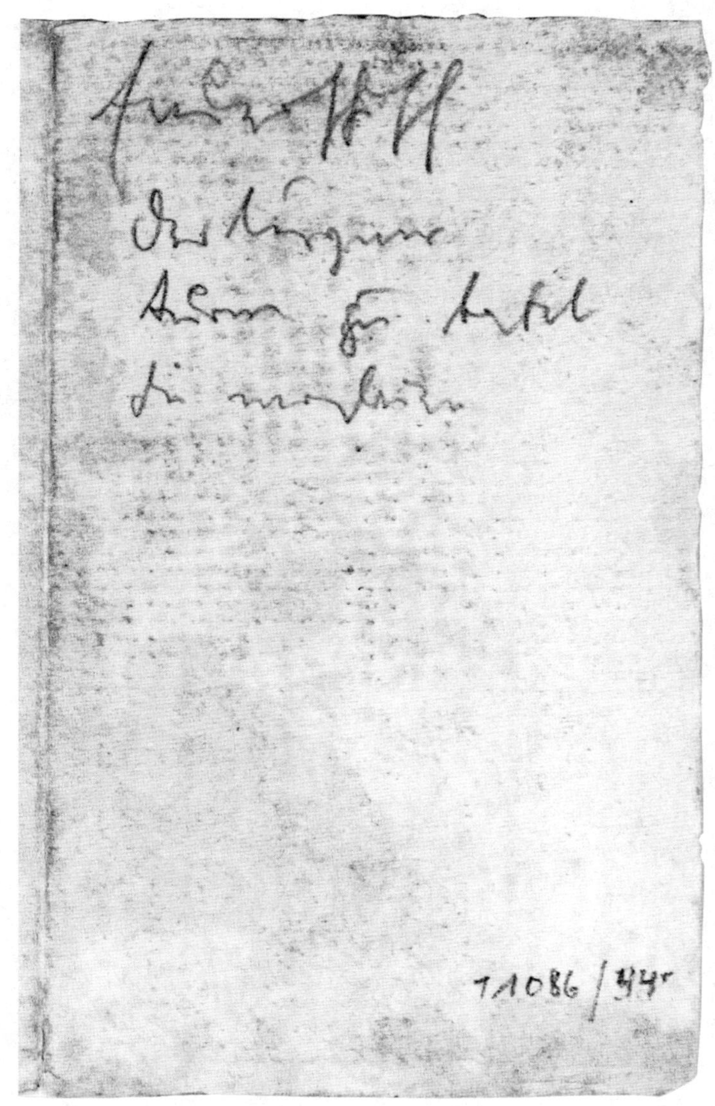

NB 15, 44r

NB 15, 45^v

der stählerne blick

⟨Doppelblatt 44-45 zusammen mit Bl. 43, 47 zwischen Bl. 16 und 17 überliefert, darin Bl. 46 eingelegt; Bl. 44v, 45r unbeschrieben⟩

ACFA

American Continental Film Association G.m.b.H.

Berlin SW. 48, Friedrichstrasse 233

Telephone:

Nollendorf 7548, 7549

Smekal

Neukölln

Böhmische Str 16

Neukölln 2220

⟨in Doppelblatt 44-45 überliefert⟩

American Continental Film Association G. m. b. H.

Berlin SW. 48, Friedrichstrasse 233

Telephone:
Nollendorf 7548, 7549

BBA 71086/46^{r}

Smekal

Neukölln

Böhmischestr. 16

Neukölln 2220

BBA 71086/46^{v}

NB 15, 46^{r}, 46^{v}

Anhang

Zur Edition

Kern der vorliegenden Edition ist die digitale Reproduktion der Notizbücher Bertolt Brechts. Sie ist ihr Ausgangs- und Zielpunkt. Die Aufnahmen sind im Hinblick auf Originaltreue und Lesbarkeit editorisch bearbeitet: Die Seiten werden freigestellt, ausgeschnitten, in Helligkeit und Kontrast optimiert, bei Bedarf begradigt. Das Format der Ausgabe erlaubt eine Wiedergabe der meisten Blätter in Originalgröße. Jede rechte Seite (Blattvorderseite, recto) des Originals steht auch in der Ausgabe rechts, jede linke (Blattrückseite, verso) links. Die zugehörige Transkription findet sich jeweils auf der gegenüberliegenden Seite. Bei Zitaten und Verweisen wird auf die archivische Foliierung der Dokumente verwiesen; sie ist unter jeder Reproduktion angegeben. Im Bundsteg der Transkriptionsseiten ist ein Zeilenzähler beigefügt. In dieser pragmatischen Lokalisierungshilfe sind auch nichtgraphemische Eintragungen (Trennstriche, Pfeile etc.) mitgezählt, soweit sie im horizontalen Zeilenraster erfaßt werden können. *Reproduktionen*

Die Transkription wurde anhand der Originale erstellt. Alte Archivkopien und neue Scans wurden herangezogen, wo sie mehr Informationen als die Originale liefern oder die Entzifferung erleichtern; die im BBA vorhandene Arbeitstranskription von Herta Ramthun diente zur Kontrolle. Grundprinzip der Wiedergabe ist Einfachheit; Graphisches wird mimetisch, Sprachliches typographisch (in gemäßigter Differenzierung) umgesetzt. Beabsichtigt ist eine räumlich getreue Entsprechung der Umschrift zur Vorlage, wobei wechselnde Form, Größe und Abstände der handschriftlichen Zeichen nicht nachgebildet werden. Zeitliche Verhältnisse der Niederschrift (Schichten) werden nicht markiert. Auf die Unterscheidung sicherer von unsicherer Entzifferung wird verzichtet; die Transkription ist insgesamt ein Lesevorschlag, der im Kontinuum von ganz sicherer bis ganz hypothetischer Lesung bei jedem Graphen anders zu verorten ist. Grundsätzlich sollte die Umschrift das von Brecht Notierte nicht festschreiben, sondern erschließen. Der Blick des Lesers soll zur Reproduktion als der eigentlichen Referenz gehen, statt sich bei der Umschrift zu beruhigen. Ein Lese- und Zitiertext wird nicht konstituiert. *Transkription*

Eine *typographische Markierung* von Graphen bleibt erforderlich, wo Problemstellen zu bezeichnen oder zu entflechten sind. Für unlesbare Zeichen wird das in den Vorlagen nirgends vorkommende umgekehrte Fragezeichen ›¿‹ verwendet. Bei Überschreibungen wird das Schriftbild analytisch ›entzerrt‹: Das, was sich im Original überlagert, wird hintereinander wiedergegeben. Überschriebenes steht in eckigen Klammern, Überschreibendes sowie Einfügungen, die durch ihre Position nicht klar als solche erkennbar sind, kursiv: ›d[as]*ie* Werk*e*

Brechts‹. Für getilgte Graphen, die dennoch lesbar geblieben sind oder mit technischen Mitteln wieder lesbar gemacht werden können, und für durch Abriß fehlende, aber rekonstruierbare Graphen steht Tonwert Grau statt Schwarz.

Streichungen werden einheitlich mit horizontalen Strichen wiedergegeben; nur wo sie in der Vorlage auffällig von Standardstreichungen abweichen, sind sie nachgebildet. Auch gestrichene Satzzeichen werden typographisch standardisiert: ›.̶‹, ›,̶‹, ›!̶‹, ›?̶‹, ›„̶‹, ›“̶‹. Einzig die Streichung von horizontalen (z. B. Trenn- oder Gedanken-)Strichen wird der Deutlichkeit halber mimetisch wiedergegeben, z. B. ›-̸‹ oder ›-̸̸‹. *Nicht-konventionelle Zeichen*, die eine spezielle Funktion haben oder haben könnten, werden ebenso wie Einweisungs- und Umstellungslinien, Pfeile etc. möglichst nachgebildet.

Bei den *Schriften* der Vorlagen wird im Falle Brechts zwischen deutscher und lateinischer Schrift differenziert. Für erstere steht die ›Minion‹ (gleichzeitig Grundschrift der gesamten Edition), für letztere die serifenlose ›Myriad‹. Eintragungen von fremder Hand werden durch ›Helvetica‹, stenographische Eintragungen in beiden Fällen durch eine ›englaufende, kleinere Schriftvariante‹ gekennzeichnet. Auf die weniger relevante Differenzierung lateinischer von deutscher Schrift bei fremder Hand wird verzichtet. Zur Wiedergabe von Maschinenschriftlichem wurde ›Prestige‹ gewählt, da sie den Vorlagen sehr weitgehend entspricht. Nur die dort meist einheitlich durch einen Strich mittlerer Länge wiedergegebenen Trenn- bzw. Bindestriche (›-‹) und Gedankenstriche (›–‹) werden in der Umschrift differenziert. Streichungen (oft Übertippungen mit ›/‹, ›x‹, ›m‹ etc.) werden wie bei den Handschriften mit horizontalem Strich vereinheitlicht.

Bei Einträgen mit *Tinte* und *Kopierstift* ist generell eine zeitbedingte Farbveränderung anzunehmen. Ihre Spezifizierung in »grünschwarz«, »blauschwarz«, »grauviolett« etc. basiert auf dem sinnlichen Eindruck während der editorischen Arbeit und ist nur je notizbuchintern differenzierend gemeint.

Marginalien

In den räumlich und durch kleinere Schrift vom Transkriptionstext abgegrenzten Marginalien am äußeren Seitenrand finden sich Angaben wie die Auflösung von Abkürzungen oder die Ergänzung von Namen, die das Textverständnis erleichtern, sowie Hinweise auf Schreibzusammenhänge, die die jeweilige Einzelseite überschreiten.

Fußnoten

Materielle Informationen zur Vorlage sowie Erläuterungen und Problematisierungen der Transkription bleiben den Fußnoten überlassen: Schreibmittel und -gerät, alternative Entzifferungen, genetische Informationen, die über das Evidente und Unumgängliche hinausgehen, und punktuelle Besonderheiten. Herausgebertext steht hier und in der Marginalspalte in stumpfen Spitzklammern (›〈‹, ›〉‹); Auslassungen durch den Herausgeber werden durch drei Punkte in eckigen Klammern ›*[...]*‹ markiert.

Im Anhang jedes Bandes werden nach den allgemeinen editorischen Informationen die einzelnen Notizbücher philologisch beschrieben und inhaltlich erläutert. *Anhang*

Zur schnellen Orientierung wird der Detailbeschreibung jedes Dokuments eine Kurzcharakteristik vorangestellt: Stellung im Produktionskontext, thematische Schwerpunkte und Besonderheiten, Verhältnis zu anderen Notizbüchern. Es folgt eine formalisierte Analyse des Dokuments: Lokalisierung, Format (Breite × Höhe), Umfang, materielle Beschreibung (Papier, Umschlag, Schreibmittel), Besonderheiten. Informationen über den aktuellen Archivkontext – grosso modo der relative Standort des Dokuments in Brechts Wohnung zum Zeitpunkt seines Todes – und, falls rekonstruierbar, auch die Kontexte, in denen das Notizbuch als Dokument zuvor stand, können Hinweise auf Überlieferungs- und Produktionskontexte geben. Aus dem Lagenschema gehen die Bindung und der ursprüngliche Ort fehlender Seiten hervor. In pragmatisch vereinfachter Typographie ist hier auch die Seitenbelegung wiedergegeben, so daß es zugleich als Inhaltsverzeichnis verwendbar ist. *Dokumentenbeschreibung*

Die Stellenerläuterungen haben neben der selbstverständlichen Funktion, Verständnishilfen und Deutungshinweise zu geben, vor allem die Aufgabe, die einzelnen Notate in Brechts Produktion zu verorten und Verweise auf das Werk zu koordinieren. Ein Anspruch auf Vollständigkeit ist dabei aus bestandsimmanenten Gründen nicht zu stellen: Brechts Produktion verläuft meist nicht zielgerichtet in klar abgrenzbaren Arbeitsprojekten und Werkgrenzen, genetische Zusammenhänge sind oft nicht eindeutig rekonstruierbar. Trotz des Umfangs von Brechts Nachlaß fehlt es an absolut oder relativ exakt (genug) datierbaren Dokumenten. Der Netzstruktur von Brechts Produktion kann nur ein vernetzender, aber nicht linear festschreibender Kommentar entsprechen. *Erläuterungen*

Notizbücher enthalten Notate, Aufzeichnungen, Eintragungen, Konzepte, Entwürfe, keine ›Texte‹ im eigentlichen Sinn. Viele ihrer Elemente lassen sich nicht ohne weiteres und oft auch gar nicht auf eine Druckzeile bringen und linear zitieren. Will man sich dennoch auf sie beziehen, ist ein Zitiertext zu konstituieren. Die Erläuterungen folgen hier zwei Modellen, je nachdem, ob es vordringlich um die möglichst adäquate Verschriftlichung des ›Gemeinten‹ oder um die Wiedergabe der faktisch vorfindlichen Graphen geht. Ersteres führt zu typographischer Vereinheitlichung (Verzicht auf die Unterscheidung deutscher oder lateinischer Schrift, eigener oder fremder Hand, Wiedergabe von Verschreibungen, topographische Exaktheit etc.). Diese Zitierweise findet sich bei der Integration von Zitaten in den Herausgebertext, bei denen die Vorgabe der Druckzeile nicht gesprengt und das Ziel flüssiger Lesbarkeit erreicht werden soll, sowie im Register, wo es um die Bestimmung der Zugehörigkeit einer Stelle zu einem Text oder Werk geht. In den eingerückten Zitaten der Erläuterungen dagegen, wo es um die Dokumentierung eines einmaligen Schriftbildes geht, bemüht sich die vorliegende Ausgabe um möglichst originalnahe Zitierweise. Quellenangaben stehen in der Marginalspalte; auf parallele oder ergänzende Texte wird mit → (›vgl.‹, ›siehe auch‹) verwiesen.

Brecht füllte seine Notizbücher teils unterwegs, teils am (Schreib-)Tisch; Größe der Schrift und Unregelmäßigkeiten im Duktus deuten auf ersteres, kleinere Schrift und gleichmäßiges Schriftbild auf letzteres. Dies läßt sich oft nicht klar voneinander abgrenzen und wird nur in besonderen Fällen erwähnt.

Im Rahmen der editorischen Arbeit werden neben den Notizbüchern auch andere Dokumente aus Brechts Nachlaß restauriert und neu signiert; diese sind an den fünfstelligen (statt drei- oder vierstelligen) Mappen-Nummern erkennbar (10 000ff.). Ein Teil dieser Dokumente findet sich in der elektronischen Edition (*EE*). Zitate aus Brechts Briefen und (Arbeits-)Journalen werden nur mit der BBA-Signatur und dem Datum nachgewiesen, sind damit aber in jeder Brecht-Ausgabe leicht zu finden.

Zeittafel

In der Zeittafel sind neben Brechts Aufenthaltsorten und dem Beginn wichtiger Bekanntschaften vor allem seine Publikationen sowie alles genau Datierbare berücksichtigt. Das chronologische Raster bildet damit ein Komplement zu den Einzelerläuterungen. Während diese sich weitgehend auf Notizbücher, Nachlaßpapiere und Arbeitsmaterial beziehen, orientiert sich die Zeittafel vor allem an den Drucken zu Lebzeiten, Rundfunksendungen, Inszenierungen etc.: an Brechts publizierter Arbeit. Die hier mögliche Exaktheit der Datierung steht in Spannung zu den meist undatierten und nur indirekt oder ungefähr datierbaren Notizbucheintragungen. Wo immer möglich werden Querbezüge zu diesen oder den Erläuterungen hergestellt. Das können nur Hinweise auf Berührungspunkte, nicht implizite Datierungen der Notate sein. Die Quellen der jeweiligen Datierung sind in der kumulierenden Zeittafel der *EE* nachgewiesen.

Literaturverzeichnis

Im Literaturverzeichnis aufgenommen ist nur die in den vorangehenden Erläuterungen und in *EE F* zitierte Literatur, also keineswegs alle konsultierten oder relevanten Publikationen. Zweck des Verzeichnisses ist die Auflösung der verwendeten Kurztitel, keine Bibliographie zu Brechts Notizbüchern.

Register

Das Register erschließt die Notizbuch-Eintragungen und zugehörigen Erläuterungen. Allgemein gilt: Zahlen werden bei ihrem Platz im Alphabet (also ›2‹ bei ›zwei‹ und nicht nach ›1‹), Umlaute bei ihrer aufgelösten Form eingeordnet (›über‹ bei ›ueb-‹ und nicht bei ›ub-‹). Erläuterungen des Herausgebers stehen in stumpfen Spitzklammern, Auslassungen werden durch ›…‹ wiedergegeben.

Der erste Teil enthält Brechts Werke und Dokumente, differenziert nach Sammel- und Einzeltitel (bzw. Incipit). Unter ›Sammeltitel‹ mit aufgeführt sind auch Arbeitstitel und Vorhaben (wie *Berichtigungen* oder *Kritische Blätter*) und von Brecht verwendete Gattungsnamen (wie *Epische Dramen* oder *Lehrstücke*), unter ›Einzeltitel‹ auch Gespräche, gemeinsam mit anderen Verfaßtes oder Verantwortetes und Unsicheres. Die teilweise variierende Orthographie Brechts wurde stillschweigend vereinheitlicht, um einen Text nicht an mehreren Orten verzeichnen zu müssen. Zur leichteren Kenntlichkeit sind Titel *kursiviert*; bei Titelkorrekturen sind alle Varianten aufgeführt (z. B. *NB 24,* 11r.1: *Fatzer, Kolonne, Feld, Zug*), ansonsten – von begründeten Ausnahmen abgesehen – nur die letzte Korrekturschicht; binnenstrukturierende Numerierungen, Streichungen und Unterstreichungen werden nicht berücksichtigt. Es geht hier nicht um diplomatische Treue, sondern um die gemeinten Titel und Texte.

Im zweiten Teil des Registers werden zunächst alle Institute, Organe und Organisationen, die nicht einzelnen Individuen zuzuordnen sind, verzeichnet; auch die Namen von Vereinigungen, an denen Brecht teilnahm (z. B. *Gruppe 1925*) oder die er gemeinsam mit anderen projektierte (z. B. *Marxistischer Klub* oder *Die I. S. S. Truppe*), finden sich hier. Die Titel von Periodika sind *kursiviert*. Sodann folgen die Namen und Werke anderer Personen; auch anonyme Texte und Gemeinschaftswerke sind aufgenommen, Schriften über Brecht nur, wenn ihr Verfasser persönlich mit ihm bekannt war.

Elektronische Edition (EE)

Die elektronische Edition (→ http://www.brecht-notizbuecher.de) ist Fundament und Ergänzung der Buchausgabe. Zusätzlich werden hier alle Reproduktionen in Farbe und, dem aufgeschlagenen Notizbuch entsprechend, als Doppelseite wiedergegeben. Im Anhang zu jedem Notizbuch findet sich nach der Dokumentenbeschreibung und den Erläuterungen der Buchausgabe eine Konkordanz der alten und der neuen BBA-Signaturen. Ein Forum (*EE F*) bietet Raum für Problematisierungen, auch bisheriger Editionen, und philologische Detailinformationen. Es ergänzt die Stellenerläuterungen, ist für Änderungen offen und kumulativ angelegt. Gleiches gilt für die Zeittafel-, Corrigenda- und Register-Dateien.

Zusätzlich zu den Notizbüchern werden im zweiten Teil der *EE* andere zur Kommentierung relevante Dokumente, insbesondere aus Brechts Nachlaß, erfaßt – nach gleichen Kriterien wie die Notizbücher, allerdings ohne extensive Kommentierung. Die aufgenommenen Dokumente werden nach ihrer Archiv-Signatur angeordnet (BBA 10 000 ff.). Auch nicht aus dem BBA stammende, aber als Quellen oder Erläuterungen wichtige Zusatzdokumente haben hier ihren Ort (*EE Z*). Eine Einführung in die Gesamtedition (*EE G*) begründet und erläutert die editorischen Prinzipien historisch, systematisch und exemplarisch.

Diakritische Zeichen

Minion	Brecht, deutsche Schrift
Myriad	Brecht, lateinische Schrift
Minion petit	Brecht, Stenographie
Helvetica	fremde Hand
Helvetica petit	fremde Hand, Stenographie
Prestige	Schreibmaschine
¿¿¿	nicht entzifferte Graphen
[abcde]	überschriebene Graphen
kursiv	überschreibende oder eingefügte Graphen
grau	rekonstruierte Graphen
12r.3←	Text anschließend an Blatt.Zeile
→45v.6	Text fortgesetzt auf Blatt.Zeile
]	Lemmaklammer
⟨abcde⟩	Herausgebertext
[…]	Auslassung durch Herausgeber
*	Verweis auf Quellenangabe
→	›vgl.‹, ›siehe auch‹
←	Fortsetzung von (im Lagenschema)
\	einfacher Zeilenumbruch in der Vorlage
\\	ein- oder mehrfache Leerzeilen in der Vorlage
|	Seitenumbruch in der Vorlage
„ab", "cd"	Anführungszeichen in der Vorlage
»ab«, ›cd‹	Anführungszeichen durch Herausgeber
kursiv	standardisierte Titel
12345	Versalziffern für Archivdokumente und Kurztitel
12345	Mediävalziffern für alle übrigen Zahlen

Danksagung

Die Herausgeber danken für Informationen, Mitarbeit und Unterstützung herzlich Götz Bechtle (Bad Wildbad), Dr. Otto J. Bertele (München), Volker Busch (Berlin), Rolf Düsterberg (Osnabrück), Christian Fries (Starnberg), Dr. Dirk Heißerer (München), Martina Irlbacher (Planegg), Ursula Korber (Augsburg), Dr. Marina Lahmann (Bad Wildbad), Ulla Marx (Berlin), Dr. Sascha Michel (Frankfurt/Main), Dr. Peter Staengle (Heidelberg), Dr. Erich Ruff (München), Guntram Stoll (Lindau), Guido Treffler (Unterschondorf), Elisabeth Westmore (Westerland auf Sylt), Sabine Wolf (Berlin) und Peter Zacher (Langerringen). Besonderer Dank gebührt den Mitarbeitern des Bertolt-Brecht-Archivs (Berlin) Julia Hussels, Anett Schubotz, Helgrid Streidt und Iliane Thiemann für ihre tägliche Hilfe sowie Dr. Karl Grob (Zürich) für die Fotografien. Am meisten aber verdankt die vorliegende Ausgabe dem steten Interesse und der tatkräftigen Unterstützung von Dr. Erdmut Wizisla (Berlin) und Prof. Dr. Roland Reuß (Heidelberg).

Notizbuch 13

Beschreibung

Datierung

Februar bis Juni, Juli 1922; Datierungen: »27. 2. 22« (1^{v}.7), »26. 4. 22 \ nachts ½ 10« (14^{r}.15); indirekte Datierungen: Mitte März (→ zu 40^{v}.2-10, 14), Ende März (→ zu 39^{v}.2), Ende März, Anfang April (→ zu 39^{v}.5), Ende April, Anfang Mai (→ zu 21^{v}, 24^{v}), zwischen April und Juni (→ zu 40^{v}.24-7), Juni (→ zu 32^{r}.8-13), Juni, Juli (→ zu 40^{v}.2-5); das eingelegte Doppelblatt 51^{r}-52^{v} stammt von Mitte Dezember 1921

Kurzcharakteristik

Das in Berlin begonnene Notizbuch enthält vor allem Gedichtentwürfe wie die *Chanson vom Geld*, der erste Entwurf zur Ballade *Ich, Bertold Brecht, bin aus den schwarzen Wäldern…*, später überarbeitet als *Vom armen B. B.* publiziert, das Prosagedicht *In den finstersten Zeiten…*, *Der Narziß* oder die *Ballade der Billigkeit*. Einen zweiten Schwerpunkt bilden Eintragungen zum Theater: Entwürfe für die Dramatisierung von Hans Henrik Jægers *Kranke Liebe*, Philipp Massingers *Der römische Mime* und vor allem Selma Lagerlöfs *Gösta Berling*, Konzepte für eigene Inszenierungen (*Sommersinfonie*, *Im Dickicht*, Schillers *Wallenstein*) oder eigene Theaterstücke (*Friedland/Familie Murk*, *Der Impotente*, *Antonius und Kleopatra*, *Die Kellerrassel*); Brecht notierte sich zudem mehrere Titellisten von Theaterstücken, wohl gedacht für eigene Regiearbeiten in München oder Berlin, dazu zahlreiche Berliner und Münchener Adressen. Außerdem finden sich Entwürfe für Flibustiergeschichten wie *Die Geschichte vom Kapitän Peter Waals* und *Niemand weiß wo der Bargan eigentlich hergekommen ist…* und auf einem eingelegten Blatt das Filmkonzept *Das Goldfieber*.

Standort, Signatur

Archiv der Akademie der Künste, Berlin, BBA 10436/1-52; im Bestandsverzeichnis (*BV* 17348) fälschlich zusammen mit *NB 14* als *ein* Notizbuch verzeichnet (→ *Format, Umfang*)

Format, Umfang

12,5 × 20,1 cm; 40 von ursprünglich mindestens 64 Blättern; bei der Archivierung 1956 waren eingelegt:

- zwischen Bl. 10 und 11: Doppelblatt 41-42 (15,2-16,6 × 21,1 cm)
- zwischen Bl. 29 und 30: Doppelblatt 43-44 (8,7-16,5 × 21,1 cm), *NB 14*, Bl. 45 und 46 (11,9 × 19,2 cm, wie *NB 3*, *NB 9*, *NB 12*), Bl. 47 (22,2 × 28,2 cm, horizontale Faltung in Blattmitte)
- zwischen Bl. 38 und 39: Doppelblatt 48-49 (11,9 × 16,4-17,6 cm), Bl. 50 (9,7-11,3 × 16,4-16,3 cm)
- zwischen Bl. 39 und 40: Doppelblatt 51-52 (16,2-16,5 × 21,1 cm)

Umschlag, Bindung

Umschlag fehlt; eine Lage, mit drei Metallklammern geheftet

Papier festes, bräunliches Papier mit Rotschnitt und abgerundeten Ecken

Schreibmittel überwiegend Bleistift, daneben Kopierstift, schwarze Tinte, Schreibmaschine

Archivkontext BBA 10435: *NB 9* von 1921 (→ *NBA* 2)

BBA 10436/53-64: *NB 14* von 1921/22

BBA 10436/65: »Verband Deutscher Bühnenschriftsteller u. Bühnenkomponisten \ 1920 \ Mitgliedskarte für Herrn Bert Brecht«

BBA 10437: *NB 12* von 1921 (→ *NBA* 2)

Verfärbung Auf allen Blättern finden sich, meist am oberen Rand, eine oder zwei stärkere Vergilbungen oder kleine Flecken. Beides stammt von den 1956-57 im BBA mit Klebstreifen angebrachten Signaturzetteln. Im Rahmen der Restaurierung 2006 wurden diese Signaturen abgelöst, und das ganze Notizbuch wurde neu foliiert (am unteren Rand außen).

Besonderheiten

- stärker verschmutzte Seiten: 34^{v}-37^{r}, 39^{v}-40^{r}
- häufig Abdruck des Bleistifts bzw. Kopierstifts der jeweils vorangehenden oder folgenden Seiten
- Blätter mit Eselsohren: 2-5, 7, 8, 11, 16-17, 24, 28-29, 32-40
- Flecken, Fingerabdrücke mit Kopierstift: 25-26, 33^{v}-34^{r}, 35^{v}-36^{r}, 38^{v}
- Fleck mit schwarzer Tinte: 39^{v}
- stärker eingerissene Blätter: 32-40
- bräunliche Verfärbung: 28^{v} am oberen Rand
- zwischen Bl. 14 und 15 Papierrest im Bund
- Bl. 34^{v}, 35^{r} bildeten wohl zeitweise die Außenseite des Notizbuch (stärkere Vergilbung und Verschmutzung)
- Wohl Mitte, Ende September 1921 begann Brecht sporadisch, Substantive und Satzanfänge teilweise klein zu schreiben (→ *Notizbuch 12, Beschreibung: Besonderheiten;* → *Notizbuch 15, Beschreibung: Besonderheiten*), so im vorliegenden Notizbuch auf Bl. 1^{v} bis 2^{v} (Ende Februar 1922) und 19^{r} (Ende April 1922) sowie in den handschriftlichen Eintragungen auf Bl. 47^{r} und den maschinenschriftlichen auf Bl. 47^{v}

Lagenschema und Seitenbelegung

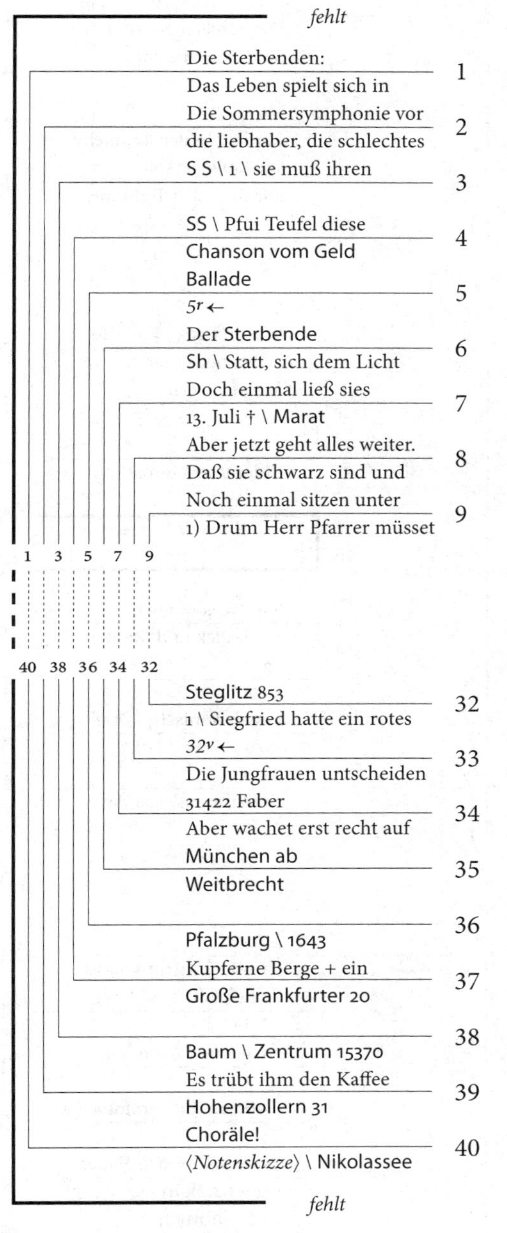

.... seinem letzten Gesuch,
10
Der Schlächterssohn
Die Kellerrassel
11
Die über den Tod ihres
4 \ Einmal: das Warten.
12
1 \ Ich, Bertold Brecht, bin
fehlt
12v ←
13
13r ←
13v ←
14
Ballade der Billigkeit
14v ←
15
15r ←
15v ←
16
Nauk \ Charlotten 74
17
Die 42jährige Jungfer,
17v ←
18
Lied \ 1) Wenn der Abend
10 12 13 15 18
31 29 27 25 23
Ich ging mitunter durch die
23
Magdeburger 20 \ ½ 8
fehlt
Zu allen Zeiten wurde
24
Niemand weiß wo der Bargan
1) der Bauer 2) der Soldat
25
25r ←
Antonius u. Kleopatra
26
Nicht als ob er von gewissen
26v ←
27
Ich möcht vor Alle Taler nicht
28
er ¿¿¿¿¿. Er muß, der andere
Wohl trug ihn der Gaul weg
29
Kurfürst 20 3 \ Kalscher
2 Elisabethaner
30
29v ←
Enthaltsamkei ist das
31
Komoedie \ vom Impotenten

Eingelegte Blätter

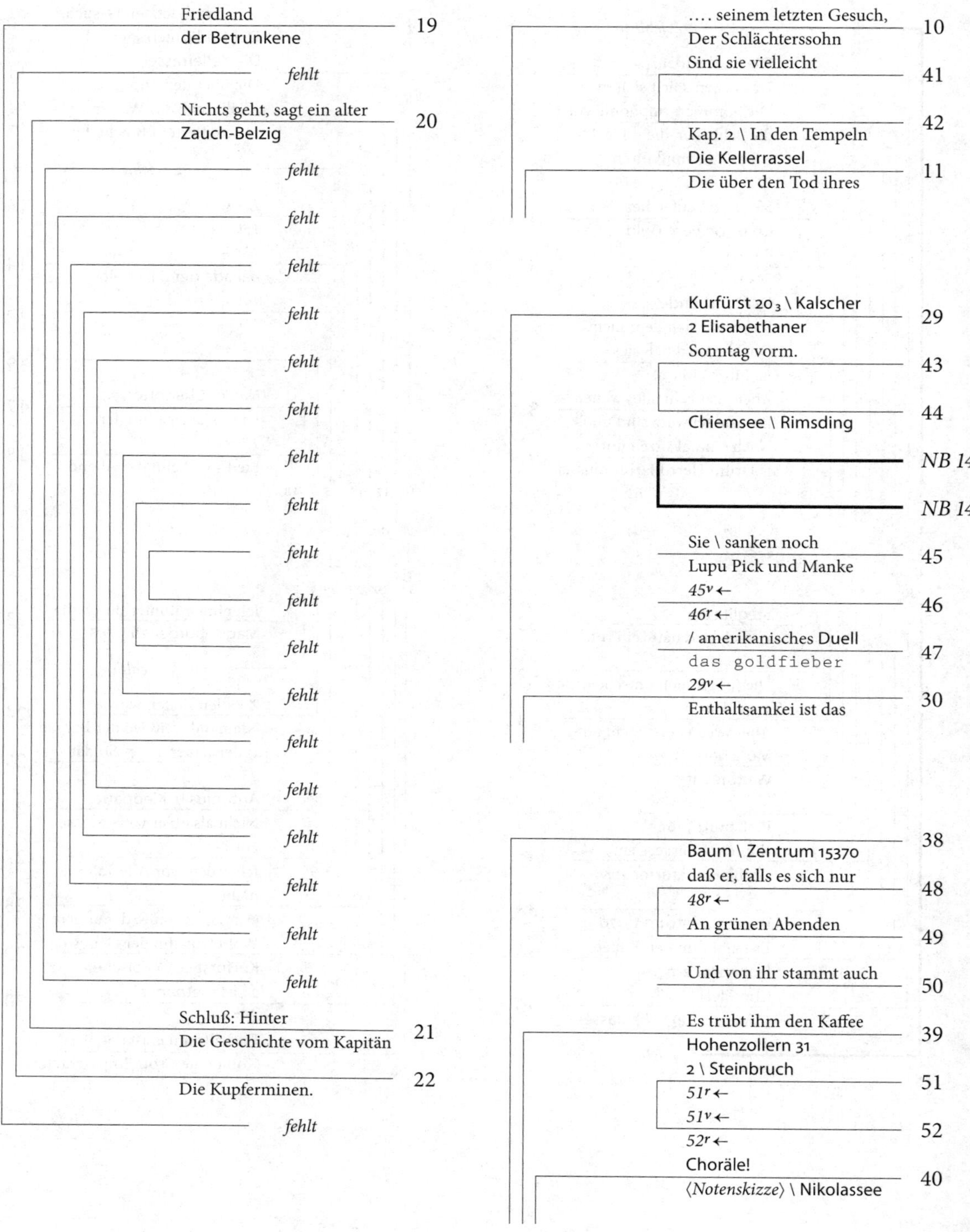

Erläuterungen

1v.3-6 Und wächst mir der Nagel *[...]* Gewimmer. Teilweise mundartlicher Gedichtentwurf, mit verändertem Wortlaut in *Kalendergedicht** verwendet. → zu 26v.10-27r

1v.7-14 27.2.22. \ Stück aus Jägers „Kranke Liebe" *[...]* Fischen Konzept für eine Bearbeitung von Hans Henrik Jægers *Kranke Liebe* für die Bühne; Brecht setzte die Arbeit unten* mit Notizen und Exzerpten fort. 2v; → zu 4r.1-8

Jægers autobiographische Romantrilogie literarisiert seine Beziehung zur Malerin Oda Krohg (im Roman: Vera). Im dritten Band, *Gefängnis und Verzweiflung,* heißt es:

⟨*Jäger 1920, Bd. 3, 221, 231:*⟩ Hvitstens weiße Häuser kann ich noch im fernen Sonnenglanz erkennen, aber die Stelle, wo sie wohnte, ist verschwunden. Dunkel und schwer liegen die Höhen drüben mit braungelben Streifen welker Laubwälder – schwer und finster und traurig ... O, es ist Herbst! *[...]* → 1v.9-10
– unten am Strande kann ich gerade die kleine, gelbe Badehütte gegen den gelbbraunen, welken Laubwald dahinter erkennen ...

⟨*Jäger 1920, Bd. 3, 312, 331:*⟩ Dann fange ich an, während ich an meinem Absinth nippe, ihr, so gut ich kann, zu erzählen, wie es mir seit ihrer Abreise ergangen ist *[...]*. → 1v.10
Ich bestelle einen Absinth, einen kräftigen, schweren Absinth; erst ein Glas, gieße es durch die Kehle, dann noch eins, und erst bei dem dritten fange ich an, so wie gewöhnlich zu nippen. Und allmählich wird das Herz wieder leichter.

⟨*Jäger 1920, Bd. 3, 211:*⟩ und ich gieße so viel Branntwein, wie ich nur kann, durch die Kehle, trotz der eindringlichen Warnung des Gefängnisarztes, bevor ich ging *[...]*. Am Abend sind wir, sechs Mann hoch, *[...]* in einer Loge des Tivoli und trinken Champagner. Betrunken sind wir wie Säue und einen Lärm machen wir in der Loge, als seien wir bei uns zu Haus – ab und zu lachen und gestikulieren wir nach dem Publikum hinunter, das empört ist. → 1v.10-12

⟨*Jäger 1920, Bd. 3, 169:*⟩ Bis es plötzlich wie eine Linderung mich durchrieselt: ich brauche ja nicht zu leben, ich habe ja den Revolver! Gott sei Dank – und ich krieche hin nach dem Handkoffer in der Ecke neben der Tür, öffne ihn halb, stecke die Hand hinein: ja! da ist er! ... Und ich nehme ihn und betrachte ihn, drehe die Kammer rund und zähle, eins, zwei, drei, vier, fünf – ja, alle Patronen sind drin – Gott sei gelobt! → 1v.13

⟨*Jäger 1920, Bd. 3, 148:*⟩ Ich wäre so gern heute gekommen, aber beide Jungen sind verreist. Ich bin heute so traurig, und Du meinst, ich sei degradiert – und häßlich und abscheulich finde ich mich selbst ... → 1v.13

Impotenz* ist bei Brecht im zeitlichen Umfeld häufiger Thema, so in den Theaterstücken *Der Impotente, Hannibal, Gösta Berling* oder *Sommersinfonie.* 1v.12

2r Die Sommersymphonie *[...]* antitaplen. Konzept für *Sommersinfonie,* szenisch an die vorangehende Eintragung anknüpfend. Brecht beschäftigte sich mit dem Projekt vielleicht schon ab Anfang Juni 1917, vor allem aber zwischen Frühjahr 1919 und Frühjahr 1922.*

→ *NB 13*, 3r, 4r, zu *NB 2*, 16v.11-13

Die »Lynchjustiz« bildet im Theaterstück *Dickicht/Im Dickicht* (Ende 1921) ein zentrales Thema,* der »walkürenritt« in *Trommeln in der Nacht* ein szenisches Moment (3. Akt). Die »kleinstättischen antitaplen«* hängen wohl mit dem 1921/22 (Tagebuch, 25. August 1921, 10. Februar 1922*) entwickelten Konzept ›Tapla‹ (Tahitiplateau) zusammen.

→ zu *NB 12*, 17v.8-9; 2r.9; → zu *NB 9*, 38v.8-11

2v die liebhaber, die schlechtes tun *[…]* Konfiszieren Entwürfe für das oben konzipierte* Theaterstück; im dritten Band, *Gefängnis und Verzweiflung*, von Jægers *Kranke Liebe* heißt es:

1v.8-14

→ 2v.2 ⟨*Jäger 1920, Bd. 3, 279, 281:*⟩ Da klopft es, und herein kommt Björck, steif und feierlich. *[…]* Da klopft es wieder – und herein tritt Herr Waldemar, steif und feierlich wie vorhin.

⟨*Jäger 1920, Bd. 3, 67:*⟩ »Ja, das sieht ihm ähnlich!« sagt sie ⟨*Vera*⟩ plötzlich und hält mir ein Blatt ⟨*eines Manuskripts*⟩ vors Gesicht und zeigt auf die Stelle, wo Björck, nachdem
→ 2v.10-11 er ihr das Todesurteil über mich gemeldet hat, gerührt auf der Bank unter den Kirschbäumen sitzt und mich auffordert, das Stilleben zu bewundern.

→ 2v.13-14 ⟨*Jäger 1920, Bd. 3, 183:*⟩ Aber dann kam der Gefängnisdirektor herein, blaß und dunkel und trocken. Er blieb in der Türe stehen und sagte:
»Ich komme nur, um Ihnen zu sagen, daß ich mit dem Ministerialdirektor Döscher gesprochen habe, er sagte mir, die Sache sei ihm jetzt vorgelegt und würde, sobald sie morgen dem gesamten Ministerium vorgelegt sei, sofort erledigt werden.«

⟨*Jäger 1920, Bd. 3, 199:*⟩ Denn *alles, alles* kann ich aushalten, nur dies nicht: »Mein Lieber! Jetzt fahre ich. – Laß mich wissen, wie es Dir geht, wenn Du herauskommst‹ – o, nur nicht diese kalten, häßlichen Worte *[…]*. Aber plötzlich springe ich auf von Raserei gepackt, bleibe mitten in der Zelle stehen, kalt wie Eis:
Nicht *ein* Wort also hat sie mir zu sagen, bevor sie fortreist, nicht ein einziges Wort. *[…]* Und jetzt *[…]* schreibt sie diesen Brief, damit ich trotz alledem verrückt werden *soll* …
→ 2v.17 Ja, *das* ist der Grund! ich verstehe es gut. – Pfui Teufel, wie schofel! wie gemein! wie abscheulich gemein –
– und ich zerknülle den Brief zu einem Knäuel und werfe ihn verächtlich auf den Boden –: pfui! pfui! pfui! welch ein Teufelswerk, wie abscheulich gemein! …

→ 2v.7 ⟨*Jäger 1920, Bd. 3, 217f.:*⟩ Endlich kommt der Kellner mit dem Pjolter ⟨*Schnaps;* → »*Grogbier*«⟩ und obendrein mit einem Brief: |
»Ich weiß nicht, ob *Sie* ihn besorgen wollen?« sagt er.
Auf dem Umschlag steht, geschrieben mit Veras Hand:
»An stud. jur. Kahrs, oder stud. jur. Petersen, oder stud. jur. Erik Hemsen«
… Drei Adressen? sage ich zu mir selbst – wohl, damit er so schnell wie möglich ankommt. Vielleicht bittet sie die drei in diesem Brief, ihr zu telegraphieren, falls ich morgen reise – und dann reist sie von dort ab und ist nicht mehr da, wenn ich komme …
→ 2v.18 – und ich wiege den Brief in der Hand und überlege, ob ich ihn konfiszieren soll –:

3^{r} S S \ 1 \ sie muß ihren Mann lieben *[…]* Befruchtung. Konzepte für das
Projekt *Sommersinfonie,** teilweise Entwürfe von 1921 aufgreifend*. Brecht nume- → zu 2^{r} | → *NB 9*, 29^{r}, 32^{r}.1-6,
rierte vier Ideen bzw. Konzepte, nicht Akte oder Szenen; die Gliederung in drei *NB 12*, 4^{v}-6^{r}, 13^{v}-15^{r}
Akte* findet sich nur im vorliegenden Notizbuch. Die folgende Seite ließ Brecht 3^{r}.13-16
wohl für die Weiterarbeit frei.

4^{r}.1-8 SS \ Pfui Teufel diese verbrannten *[…]* Nadelbaum> Dialogentwurf,
vielleicht zunächst der Bühnenbearbeitung von Jægers *Kranke Liebe** zugeord- 1^{v}.8-14, 2^{v}
net, nachträglich – wohl zusammen mit der Radierung oder Überschreibung
von »SS« unten* – dem Projekt *Sommersinfonie** zugewiesen. 4^{r}.11 | → zu 2^{r}

4^{r}.10-11 Der schamlose Dünnhäuter [SS]<Polgar> Zunächst trug Brecht das Kürzel »SS« ein, wohl für ein (nicht ausgeführtes) Notat zur *Sommersinfonie.* Stattdessen notierte er dann eine Charakterisierung Alfred Polgars.

4^{v} Chanson vom Geld *[…]* Spaß! Gedichtentwurf. Den Gattungsnamen Chan-
son verwendete Brecht vor allem im Kontext von Trude Hesterbergs Kabarett
Wilde Bühne, wo er im Januar 1922 auftrat (→ Tagebuch, 23. Dezember 1921;* BBA 1327/62
Ackermann/Heißerer 2010); vielleicht waren weitere Auftritte geplant. An Hanns
Otto Münsterer hatte er um die Jahreswende 1921/22 geschrieben:

> Hast Du nicht Cabarett-sachen? Lieder, Chansons, Monologszenen? Ich könnte das hier verkaufen, auch in Zeitschriften lancieren usw. Mach doch ein Packet zusammen, möglichst dick! Ich verschlampe es gewißlich nicht! BBA Z 24/91

5^{r}-5^{v} Ballade \ Und als sie lag *[…]* schon gleich. Gedichtentwurf; konstituierter Text:

Ballade

Und als sie lag auf dem Sterbebett
da sprach sie zu ihm: Ich bin
dir treu gewesen an 14 Jahr
was hat es jetzt für Sinn?

Er sprach zu ihr und hielt ihr die Hand
die schon weißer als das Linnenzeug war:
Ich danke dir meine liebe Frau
für diese 14 Jahr.

Ich bin gegangen, sagte sie
in einem grauen Kleid
und habe gegessen Supp und Fisch
das tät mir beinah leid.

Er hielt ihr die Hand als wie im Meer
einer hält ein schwaches Tau
der schon ertrinkt und sprach: Du warst
mir eine gute Frau.

Sie sagte ihm noch: Wie schnell es geht,
Sieh doch mein Hand wie weiß!
Und sie sah vor sich ein Lesebuchblatt –
„… und wie ein schwankes Reis“

Er aber stand bei ihr ⟨*und*⟩ sprach zu ihr
<und wußte wohl nicht gleich
ob es richtig war, was er sprach⟨,⟩ und sprach⟨>⟩:
Jetzt ist es wohl schon gleich.

6r.1-11 Der Sterbende *[…]* Obst. Entwurf, wohl für ein Prosagedicht.

6r.13-14 Stück von den 2 Malaien, die kämpfen. *[…]* Bösen. Zusammenfassung der Grundidee von *Im Dickicht* (September bis Dezember 1921);* allerdings wird dort nur eine der beiden miteinander kämpfenden Hauptpersonen (Shlink) als Malaie bezeichnet.* Die vorliegende Eintragung und die Entwürfe auf der folgenden Seite hängen wohl mit Brechts Bemühungen um eine Uraufführung des Theaterstücks zusammen.

→ 6v, 28v.9-10, 51r-52v, zu *NB 12*, 9r-57r.10
→ zu *NB 12*, 9r-10v

6v Sh \ Statt, sich dem Licht zu stellen, *[…]* Buch usw. Zwei unabhängig voneinander eingetragene Notate zu *Im Dickicht**. Den Dialogentwurf* verwendete Brecht später nicht. Der im Regiekonzept* festgehaltene Lichteffekt geht auf Brechts Besuch von Leopold Jessners Inszenierung des *Othello* am Staatlichen Schauspielhaus Berlin zurück (zwischen 19. und 25. November 1921; → Tagebuch, 25. November 1921)*; in *Stoff und Formung* heißt es (→ *Bei Durchsicht meiner ersten Stücke*, in: *Brecht: Stücke 1*, 11f.)*:

→ 6r.13-14, zu *NB 12*, 9r-57r.10 | 6v.1-9
6v.12-17
BBA 1327/49
→ *BFA* 23, 243

BBA 83/2

```
ich hatte in berlin am damaligen staatstheater am gensdarmenmarkt
jess[¿¿]ners inszenierung von OTHELLO mit ⟨Fritz⟩ kortner und ⟨Johanna⟩
hofer gesehen und ein technisches element hatte mich beeindruckt,
die art der beleuchtung. durch gekreuzte scheinwerfer hatte
jessner ein eigentümlich zerstäubtes licht auf der bühne erzeugt,
das die figuren mächtig hervortreten liess: sie bewegten sich in
licht wie die figuren rembrandts.
```

BBA 2123/85-86; → *BFA* 1, 425f.
6v.15-17

In *Im Dickicht* wird von Janes Ermordung in der dritt- und der zweitletzten Szene* berichtet. Das vorliegende Alternativkonzept* verwendete Brecht nicht.

7r.1-3 Doch einmal ließ sies gelten *[…]* selten, Brecht notierte die Verse auch mit Tinte auf ein Typoskript der *Ballade von des Cortez Leuten* (Erstdruck:

Dezember 1922 in *Der Feuerreiter*) und strich sie mit Bleistift wieder:

~~Doch einmal ließ sies gelten~~ BBA 452/75
~~und bekam ein Kind mit Gummischuhn.~~
~~Der Fall ist äußerst selten.~~

Ein Zusammenhang der Verse mit der Ballade besteht nicht.

7r.8-17 **<u>Großes Schauspielhaus</u> \ Tamerlan *[...]* sich erhenkt.** Konzept für ein Theaterstück, gedacht zur Aufführung am Berliner Großen Schauspielhaus mit Hauptrollen für Albert Bassermann und Werner Krauß.

Der historische Tamerlan (auch: Timur Lenk), ein grausamer zentralasiatischer Herrscher und Eroberer, kam wohl nach einem Trinkgelage zu Tode (1405). Brecht bezog sich auf ihn auch in dem Konzept *Geschichte im Stil des Tazitus ...** (September, Oktober 1922) sowie in den späteren Gedichtentwürfen *NB 15*, 8v.5-8 *Timur, höre ich, nahm sich die Mühe ...** und *Sonett № 1. Über Mangel an Bösem** BBA 101/17; → *BFA* 13, 362 | (beide 1925/26). BBA 2212/32; → *BFA* 13, 362

Albert Bassermann hatte Brecht zuvor in der Aufführung von Kasimir Edschmids *Kean* am Deutschen Theater Berlin gesehen (8. November 1921; → Tagebuch*); er sollte auch in *Gösta Berling** eine Hauptrolle übernehmen: BBA 1327/47 | → zu 9v-22v.14

> Das Stück mit laufender Handlung; Bassermann spielt in jedem Akt andern Karakter, der sich damit abfinden muß. BBA 350/103; → *BFA* 10, 177

Für Werner Krauß* sah Brecht in den Stückprojekten *Malvi* (→ Tagebuch, 3. De- → 11r.2, *NB 15*, 2r.6-5 zember 1921)* und *Friedland/Familie Murk** sowie im »Filmschauspiel« *Robinso-* BBA 1327/51; → zu *NB 7*, *nade auf Assuncion** Rollen vor. 33r-33v | → zu 18r.5-18 | BBA E 23/158 Wohl im Sommer 1922 begegnete Brecht ihm auf dem Schiff nach Helgoland, wo er sich einige Tage mit Paula Banholzer aufhielt (*Banholzer 2016*, 82f.). In der Berliner Erstaufführung von *Leben Eduards des Zweiten von England* spielte Krauß den Mortimer (Premiere: 4. Dezember 1924, Staatliches Schauspielhaus Berlin).

7v **13. Juli † \ Marat \ Sind Sie nicht *[...]* Journalist?** Todestag von und Dialogentwurf über Jean Paul Marat. Er wurde 1743 in Boudry (Fürstentum Neuenburg bzw. Neuchâtel) geboren und wurde am 13. Juli 1793 von Charlotte Corday erdolcht. Seine Kritik an Newtons Theorie des Lichts formulierte er in der Schrift *Entdeckungen über das Licht* (1779), auf die u.a. Goethe in seiner *Farbenlehre* einging. Im Juni 1777 wurde er Arzt und Tierarzt bei der Leibgarde des Grafen Charles d'Artois (später Charles X), des jüngsten Bruders Louis' XVI. Während der Französischen Revolution verfaßte er die Zeitschrift *L'Ami du Peuple* (*Der Volksfreund*).

8r Aber jetzt geht alles weiter. *[...]* **Einsamen....** Zwei unabhängig voneinander eingetragene, wohl nicht zusammengehörende Notate. Die dritte Zeile ist zu lesen als: »jetzt bin ich unter dem Balkone gesessen.«

8v.1-6 Daß sie schwarz sind *[...]* **Zitronenlicht.** Gedichtentwurf; die Lichtmetapher findet sich ähnlich bereits 1919 in den Gedichten *Aufgewachsen in dem zitronenfarbenen Lichte der Frühe ...** und *Ode an meinen Vater** sowie in *Brecht: Baal 1922.*

BBA E 14/53-54; → *BFA* 13, 132 | BBA E 14/56-57; → *BFA* 13, 134

8v.8-16 Einer <in einer schwachen Stunde, *[...]* **lang aus.** Entwurf, wohl für ein Theaterstück.

9r-28r Noch einmal sitzen *[...]* **<Die Entsühnung>** Entwürfe für das Theaterstück *Friedland/Familie Murk.* Neben den Eintragungen im vorliegenden Notizbuch sind zwei weitere Entwürfe überliefert:

BBA 459/7

Er vollzieht den Verrat nicht. Niemals.

I

Er kommt, Weinflecken auf dem eleganten Rock, den Mörtel eines verrufenen Hauses
→ 9r.13-14, 11v.11, 12r.7 auf dem Zylinder, mit nach Abysnth stinkendem schönem Bart.
Das Milchgeschäft eckelt ihn, aber er setzt sich breitsteißig unter die Kannen, wühlt wie ein Schwein in den Papieren, erledigt die Geschäfte mit Leidenschaftlichkeit.
Dann holen sie ihn.

BBA 351/32

f a m i l i e m u r k / ein bürgerliches trauerspiel

hoggarth stahlstiche die verschiedenen stile naturalismus schiller hebbel kleist goethe wallenstein. der milchhändler. mit melone übe[f]r rotem gesicht unter leuchtglasglocke zögernd nicht gezögert. max. diese gelegenheit kommt nicht wieder! dein zaudern verdirbt alles! was ficht dich an. diese lumpige erb[w]schaft zu verdoppeln? kann ich Sie sprechen. mein vater? in einer dringlichen angelegenheit? wedekind ...
was kümmert mich euer wirtschaftsgeld. wenn ich nacht für nacht in einer unerträglichen sinnlichkeit meine kissen zerwühle! kein gott gibt mir zurück was ich an herrlichsten unwiederbringlichsten jahren verliere!

Zu den Eintragungen im einzelnen siehe die anschließenden Erläuterungen.

9r Noch einmal sitzen *[...]* **Max** Konzepte für das Theaterstück *Friedland/
→ zu 9r-28r | 9r.10-13 Familie Murk**, nicht in einem Arbeitsgang eingetragen. Die drei Namen* stammen von Feldherren, die von der eigenen Seite abgeurteilt wurden: Albrecht von Wallenstein, Herzog von Friedland, wurde 1634 während des Dreißigjährigen
→ 12r.4-5, 24r.9, 27v.15-16 Kriegs durch ein kaiserliches Geheimgericht wegen Hochverrat* verurteilt und daraufhin ermordet. François-Achille Bazaine wurde 1873 nach dem Deutsch-Französischen Krieg ebenfalls wegen Hochverrat zum Tode verurteilt und zur

Verbannung begnadigt. Napoleon Bonaparte wurde 1815 nach der Niederlage von Waterloo auf die Insel St. Helena verbannt, wo er 1821 verstarb. Ein inhaltlicher Zusammenhang mit der unten konzipierten Wallenstein-Inszenierung* besteht nicht. 20v.8-21r.7

9v-22v.14 1) Drum Herr Pfarrer müsset *[...]* Sieg. Entwürfe für das Theaterstück *Gösta Berling**, eine Dramatisierung von Selma Lagerlöfs Roman *Gösta Berlings saga* (1891; welche der vorliegenden Übersetzungen Brecht benutzte, ist nicht bekannt). Zur Entstehung: → *NB 16*, 17v-18r

(1) Im September 1913 hatte Lagerlöf eine mit Liedern ergänzte Dramatisierung des *Gösta Berling* durch den deutschen Dramaturgen Naldo Felke genehmigt (Lagerlöf an Naldo, 16. September 1913; Vertragsschluß: 16. August 1913);* zu einer Aufführung an deutschen Theatern kam es jedoch nicht. SLS

(2) Im Mai und Juli 1921 bat Ellyn Karin um die Erlaubnis einer Verfilmung und Dramatisierung des *Gösta Berling*. Lagerlöf machte ihre Zusage von einer Einigung mit Felke abhängig (Karin an Lagerlöf, 30. Mai, 8. Juli 1921)*. SLS; → BBA Z 47/287

(3) Spätestens im Oktober 1921 hatte Karin einen ersten Entwurf ihrer Dramatisierung abgeschlossen, den sie an Lagerlöf schickte und wohl auch dem Schauspieler Erwin Faber vorlegte. Nach Gesprächen mit Berliner Theatern und einem Verlag überarbeitete Karin den ersten und die letzten Akte (Karin an Lagerlöf, 14. Dezember 1921)*. SLS

(4) Im März 1922 begann Brecht im Auftrag von Karin bzw. des Kiepenheuer Verlags (→ 7, 8) mit seiner *Gösta Berling*-Bearbeitung; Karins Dramatisierung lag ihm zu dieser Zeit noch nicht vor (→ 13). In einem Brief an Marianne Zoff heißt es (undatiert, wohl Anfang April 1922):

> Jetzt arbeite ich am 200 000 M⟨*ark*⟩film ⟨*für das Preisausschreiben der Richard Oswald AG, »Das Tage-Buch«, 4. Februar 1922**⟩ und der Balladenherausgabe ⟨*»Hauspostille«**⟩ und am Gösta Berling. Ich will spätestens Mitte April zu Dir kommen. BBA E 20/39; → *BFA* 28, 159 → zu 18r.5-18 | → zu *NB 15*, 36v.5

(5) Ende April, Anfang Mai 1922 bat Brecht den Kiepenheuer Verlag um einen Vorschuß und um Karins Dramatisierung (→ 3, 4).* Aus Pichling, wo Marianne Zoff bei ihren Eltern wohnte, schrieb er zunächst an den Lektor des Kiepenheuer Verlags Hermann Kasack*, dann an die Verlagsmitarbeiterin Oda Weitbrecht*: → BBA Z 40/142-143 → zu 24v → zu 35v.1-2

> hier ist alles grün und gut und eine große Stille. Wenn Herr Scheyer ⟨*Fritz Schayer, ab 1920 Leiter des Bühnenvertriebs im Kiepenheuer Verlag*⟩ der Frau Karin sagt, sie solle mir das Göstavorspiel schicken (Lützow 2801) kann ich vielleicht gut arbeiten. Was macht die Baalsache ⟨*Buchpublikation des »Baal« im Kiepenheuer Verlag*⟩? Ich schreibe an einer Bargangeschichte ⟨→ *(6)*⟩, fresse viehisch, grabe Äcker um. Hoffentlich [schickt]*hat* Herr BBA Z 40/143 → zu *NB 3*, 4r.3-4v.1 → zu 20r.6-12

Schayer die 5000 M ⟨*Mark*⟩ Göstavorschuß abgeschickt, hierher, ich muß nach Wien damit. Bitte, erkundigen Sie sich doch, das ist sehr, sehr wichtig!

BBA Z 43/66 Nächste Woche bin ich wieder in Augsburg, Bleichstraße 2.
Schayer hat mir 1000 M. geschickt, statt 5000; er handelt also doch: auf ein 1/5 handelt er herunter! Also auf ein Fünftel! Bitte einen Gruß an ihn und ich habe mir diesen Bruch aufgeschrieben!
Und die Karin schickt das Gösta Vorspiel nicht! Die alte Eulenkiste!

(6) Nach mehrwöchiger Unterbrechung setzte Brecht die Arbeit im Sommer 1922 fort; in vier undatierten Briefen aus dieser Zeit heißt es:

BBA Z 43/70 ⟨*Brecht an Weitbrecht:*⟩ Aber jetzt mache ich den Gösta, geradezu in die Schreibmaschine hinein.

BBA E 20/55 ⟨*Brecht an Zoff:*⟩ ich sitze immer in meiner Kammer und arbeite – an der Postille ⟨*Hauspostille*⟩, die schwierig ist, und dem Gösta *[...]*

BBA E 20/80; → zu 24v ⟨*Brecht an Zoff:*⟩ ich habe den ganzen Kopf in der Arbeit drinnen, in dreierlei Papier. Vorm. arbeite ich 3 Stunden Bargangeschichten ⟨→ *(5)*⟩; nachmittag Gösta und abends mit George ⟨*Pfanzelt*⟩ die Postille. Sie ist Ende der Woche fertig und wird aufsehenerregend! *[...]*

BBA E 20/25 ⟨*Brecht an Zoff:*⟩ so schlage ich die Woche tot mit Anschmieren von Papier und essen und amdenlechlaufen.
Ich habe die Geschichte von Jarrys Mamma fertig und den 1. Akt Gösta und morgen geht
→ zu 24v die Geschichte von Bargans Jugend an und der II. Akt Gösta. ⟨→ *7*, *16*⟩ Sonst ist nichts.

→ zu 18r.10 (7) Anfang September 1922 beauftragte Brecht Arnolt Bronnen*, brieflich, Verhandlungen mit Karin zu führen:

BSB Cgm 8075-1; → *BFA* 28, 193f.

```
ich habe es vergessen aber du kannst mir einen grossen gefallen
tun ich habe von dem gösta der im ganzen 3 akte haben wird bis
jetzt 2 fertig aber ich habe noch keinen vertrag mit frau ellyn
karin die von der lagerlöf die autorisation hat.d, h, man weiss
noch nicht wie die tantiemen verteilt werden.
da es bestimmt ein kuhhandel wird kann man das nicht schriftlich
machen. die karin ist ein mit allen wassern gewaschenes rind-
fleisch und du musst mit ihr reden.
1) ob sie nicht einfach- da sie weder mit einem wort noch mit
einer zeile mitgearbeitet hat-die autorisation an mich verkaufen
will und dazu musst du sie mit deinen gesammelten pferdekräften
hinlotsen und für wieviel
2) wenn nicht-wieviel sie glaubt anständigerweise tantiemenpro-
zente beanspruchen zun können
   ich weiss nicht wieviel kiepenheuer für sich beansprucht aber
   mehr als 25% von MEINEM anteil bekommt sie auf keinen fall
und du musst natürlich mit 10% anfangen!!!
```

ich wäre dir SEHR dankbar wenn du gleich einen vertrag mit ihr aufsetzen wolltest am besten für den fall1)
(diese abfindungssumme muss dann kiepenheuer bezahlen!)
tut sie es absolut nicht dann kannst du vielleicht 2verträge aufsetzen für 1) und 2), also entweder- oder
du kannst immer damit drohen dass ich sonst natürlich das weiterschreiben aufschiebe bis ich selbs[z]t in berlin bin
sie gehört in die gattung der aasgeier die vermittels verträgen von fremder arbeit leben wollen
sollte sie drohen sie ziehe ihren auftrag an mich zurück dann sage ihr mein1(~~und~~ akt und das vorspiel sei schon in druck und sie selbst hat ja von kiepenheuer schon vorschuss auf den gösta genommen!!

bitte mach doch das so gerissen und rasch wie m[u]öglich sonst habe ich den ganzen sommer umsonst gearbeitet denn ich brauche das geld für marianne

ich drücke dir die hand

Dein Bert

und, bitte, erzähl
⟨*Berthold*⟩ Viertel vom baal!
Kiepenheuer hat jetzt
abzüge davon!

es war ein verdammter fehler daß ich nicht gleich mit der krähe abgeschlossen habe!

ihre adresse ist:
elyn karin belle-alliance-straße 46a
telefon ⟨*Textverlust*⟩1

(8) Daraufhin traf Bronnen sich mit Ellyn Karin in Berlin (*Bronnen 1960*, 148 f.):

Als Bronnen Frau Karin *[…]* endlich vor die Flinte bekam, fand er einen Typ vor, den er bis dahin kaum kennengelernt hatte, eine Art von Schriftanwältin, übrigens gar nicht bösartig, nur sehr tüchtig und beflissen. Zum Schlusse stellte sich heraus, daß die echten Schwierigkeiten gar nicht von ihr kamen, sondern vom Verlage, und da verlor sich Brechts Tantiemenkampf im allgemeinen Gewoge seines Zehnfrontenkampfes, den er, unterstützt von seinen Mannen, so ziemlich überall zwischen Zugspitze und Belt entfesselt hatte.

Von dieser Begegnung berichtete Karin in einem Brief an Lagerlöf (13. September 1922):

Die Arbeit ist fertig und ich bitte Sie dringenst im Falle gegen mich von Seiten eines gewissen Herrn Bert Brecht intriguiert wird – er hat durch meinen Verlag Kiepenheuer das Recht der technischen Mitarbeit erhalten und versucht nun mich auf irgend eine sehr wenig schöne Art hinaus zu drängen! *[…]* Wie ich dem Vertreter des Herrn Brecht SLS

⟨*Arnolt Bronnen*⟩ sagte, dass wäre ja »mehr als unanständig« – gab er mir zur Antwort: »was heisst unanständig. Das ist ein veralteter Begriff – heute heisst es nur – Vorteil! Alles anderes ist Blech!«

(9) Zwischen Ende September 1922 und Anfang Januar 1923 notierte sich
NB 15, 7r.3-4 Brecht in einem Notizbuch Karins Berliner Adresse.*

(10) Am 1. Januar 1923 verständigten sich Karin und Kiepenheuer auf Eckpunkte für einen Verlagsvertrag; am folgenden Tag schrieb der Gustav Kiepenheuer Verlag an Karin:

SLS Der Titel des Werkes wird in folgender Weise formuliert: Ellyn Karin: Gösta Berling. Nach dem gleichnamigen Roman von Selma Lagerlöf~~f~~ dramatisch bearbeitet unter Mitwirkung von Bert Brecht. *[...]* | Wir wissen nicht, ob Herr Brecht auf diese Vorschläge eingeht, da wir bereits weit über das Mass dessen hinausgegangen sind, was Herr Brecht in seiner letzten Besprechung mit Herrn Kiepenheuer gewünscht hat. Wir haben aber heute in diesem Sinne an Herrn Brecht geschrieben und hoffen, dass es möglich sein wird, ihn für diese, Ihnen heute gemachten Zugeständnisse zu gewinnen.

(11) Nach früheren, erfolglosen Versuchen, Rechteinhaber Felke (→ 1) ausfin-
SLS dig zu machen (Karin an Lagerlöf, 27. Juli 1921, 11. Oktober, 13. November 1921)*, erbat sich Karin für den Vertragsschluß mit Kiepenheuer eine umfassende »Au-
SLS torisation *[...]* für die ganze Kulturwelt« (Karin an Lagerlöf, 14. Januar 1923)*;
SLS auf einem Vertragsentwurf Karins (Karin an Lagerlöf, 27. Januar 1923)* vermerkte Lagerlöf am 31. Januar 1923 ihre Zustimmung:

SLS Mit diesem Vertragskonzept bin ich zufrieden und warte gesetzliche Exemplare zu Unterzeichnen ab.

Wohl noch im Februar kam es zur Unterzeichnung eines von Karins Rechtsan-
SLS walt ausgearbeiteten Vertrags (Richard Neugarten an Lagerlöf, 29. Juli 1925)*.

(12) Am 11./12. April 1923 schlossen Brecht, Karin und der Kiepenheuer Verlag einen Vertrag »zur gemeinsamen Verwertung« des *Gösta Berling*. Brecht verpflichtete sich, »seine nach dem Entwurf der Frau Karin hergestellte dramatische Bear-
BBA Z 47/267 beitung«* bis zum 20. August abzugeben.

(13) Ellyn Karin schickte Brecht am 27. Mai 1923 ihre Dramatisierung und ein Gedicht über *Gösta Berling* (*Berger 1984a*, 14); beides ist nicht überliefert.

(14) *Bronnen 1960*, 144 zufolge plante Brecht im Juli 1923 die Fertigstellung von *Gösta Berling* in München, bevor er (wohl Anfang August) nach Berlin reiste.

(15) Am 11. August 1923 schrieb Kasack an Kiepenheuer:

Brecht ist nicht in München. Schayer hat mit ihm in Berlin verhandelt. die allgemeine Zankerei hat sich etwas beruhigt. Er verlangt für "Gösta Berling " rund 100 Millionen Vorschuss (ca. 20 Dollar), die wahrscheinlich gewä[ht]*hr*t werden müssen. GKA 569/20

(16) Im Januar 1924 erschien das *Vorspiel* in der Zeitschrift *Das Kunstblatt* (*Brecht: Gösta Berling 1924*).* BBA 1475/1-6; → *BFA* 10, 178-186; → 9v.1-8

(17) Im Juni 1924 arbeitete Brecht zusammen mit Hermann Kasack an dem Theaterstück:

⟨*Kasack an Kiepenheuer, 18. Juni 1924:*⟩ Unangenehm liegt die Sache mit Gösta Berling. Brecht scheint sich irgendwie vergaloppiert zu haben undkriegt das szenische Grerüst des 2. und 3. Aktes nicht zusammen. Wir haben gestern einige Stunden daran gearbeitet und wollen dies auch in den nächsten Tagen fortsetzen. Wenigstens ist der 3. Akt jetzt im inneren gesicht fertig und den 2. Akt wird man ja auch noch bewältigen. Ich muss zugeben, dass es wirklich nicht leicht ist, da die ganzen logischen Beziehungen und Kausalzusammenhänge, welche auf der Bühne notwendig sind, in dem Lagerlöff'schen Roman fehlen und man sie nun künstlich erfinden muss, damit nicht die Figuren nebeneinander stehen, sondern sich die Entwicklung der einzelnen ineinandergreifend vollziehen sieht. *[...]* Brecht war übrigens so verzweifelt, dass er wiederholt den Vorschlag machte, seine Bearbeitung ohne Nennung seines Namens herauszubringen, was ich natürlich ablehnte. Er wollte sich damit die Sache eben leicht machen, während er , sobald sein Name genannt wird, ein grösseres Verantwortlichkeitsgefühl für die Leistung hat. GKA 530/4

⟨*Kasack an Kiepenheuer, 24. Juni 1924:*⟩ Mit Brecht arbeitete ich den ganzen Freitag und Sonnabend ⟨*20., 21. Juni 1924*⟩ zusammen. Die Arbeit wird morgen nachmittag und abend ⟨*Mittwoch, 25. Juni 1924*⟩ fortgesetzt. Vor allem handelt es sich um die druckreife Niederlegung der Manuskripte der Hauspostille, die zum Teil jetzt in Ordnung sind, zum Teil aber immer noch nicht. Ich habe wieder sehr ausführlich über Gösta gesprochen, hoffentlich hat er bis morgen den zweiten Akt gemacht. BBA 3989/2

(18) Im Juli 1924 führte Brecht das Stück in einer Liste von Plänen auf.* *NB 16*, 31r

(19) Im August korrespondierten Kasack und Kiepenheuer über das Stückprojekt:

⟨*Kasack an Kiepenheuer, 6. August 1924:*⟩ Hast Du gelesen, dass Mitte August Frau Selma Lagerlöf in Berlin sein wird, um erst den Gösta-Film anzusehen? Da wird sich die Karin, und vielleicht sie selbst, melden! Vielleicht schreibst Du diesbezüglich erst an Brecht –? GKA 530/30

⟨*Kiepenheuer an Kasack, 8. August 1924:*⟩ Dass Frau Selma Lagerlöf nach Berlin kommt , weiss ich, aber dass Sie den Gösta im Film ansehen GKA 530/32 will, ist ein frommer Wunsch. Ich habe seit Deiner Abreise von Brecht nur Wünsche betreffs Geld und einer Wohnung gehört,sonst nichts. Ich habe ihm gerade vorgestern sehr eindringlich geschrieben , denn ich weiss im Augenblick gar nicht, wie weit die Sache überhaupt ist. Frau Karin hat sich bereits gemeldet, und Schayer hat auch eine jener berühmten Aussprachen gehabt.

(20) Am 7. Oktober 1924 verpfändete Karin ihre Verträge mit Kiepenheuer und Lagerlöf bei Richard Neugarten gegen ein Darlehen von 1000 Mark (Neugar-
SLS ten an Lagerlöfs Rechtsanwalt, 23. Juni 1926)*. In dieser Zeit machte Naldo Felke (→1) seine Rechte an der Dramatisierung des Romans geltend (Karin an Lager-
SLS löf, 18. Oktober 1924)*; wegen der darauffolgenden Rechtsstreitigkeiten wurde das Projekt nicht realisiert.

(21) Mitte Januar 1927 wurde Karin von einem Berliner Schöffengericht zu einer neunmonatigen Gefängnisstrafe (→20) verurteilt (Neugarten an Lagerlöfs
SLS Rechtsanwalt, 18. Januar 1927)*.

(22) Lagerlöf erwarb im April 1927 die von Karin an Neugarten verpfändeten
SLS Verträge (→19; Neugarten an Lagerlöfs Rechtsanwalt, 24. April 1927)*.

(23) Am 16. Dezember 1935 schlossen Lagerlöf und Naldo einen Vergleich über die Rechte an der Dramatisierung des *Gösta Berling* (Naldo an Lagerlöf,
SLS 18. Januar 1937; vorgängige Verzichtserklärung von Naldo, 12. Januar 1936)*.

Von Brechts Bearbeitung sind das Vorspiel und Typoskripte der drei ersten
BBA 350, 1275/1-6 Akte (vom 3. Akt nur die 1. Szene) überliefert.* Zu den Eintragungen im einzel-
→*BFA* 10, 176-231 nen siehe die anschließenden Erläuterungen.

9v.1-8 1) Drum Herr Pfarrer müsset *[...]* standet Entwurf für das Theater-
→zu 9v-22v.14 (16) stück *Gösta Berling*, verwendet im *Vorspiel**:

BBA 350/2

V O R S P I E L.

Pfarrhaus : hölzerne Stube; hinten rechts große, zurückschiebbare Holztüre, mit Ausblick auf schwarzen Tannenwald; hinten links Fenster, offen, schwarze Tannen herein.

P E R S O N E N :
Gösta Berling
Kapitän C[j]*h*ristian Bergh
Majorin auf Ekeby
Bauern

Abend

Gösta ~~befindet sich in seiner Stube. Er~~ steht an der Türe und drängt die ~~untereinander sprechenden~~ Bauern hinaus.

→9v.1-4 I. Bauer : Drum Pfarrer~~,~~ müsst Ihr bei uns bleiben
und uns den Teufel im Dorf vertreiben !
II. Bauer : Den Branntweinteufel !
III.Bauer : Den Unzuchtssatan !
IV.Bauer : Den Geizteufel mit dem zerbissenen Groschen !

III.Bauer : Man [s]*z*ieht ihm, beim Teufel, ~~k~~ein Feigenblat[a]*t* an !
V. Bauer : Und vor Allem: Den Teufel der Lästergoschen !
III.Bauer : Wir haben uns doch am End nur verschnappt
dass Ihr den Messwein getrunken habt !
II. Bauer : Sonst waren wir allzeit mit Euch zufrieden. BBA 350/23
III.Bauer : Als Ihr heut nach der Predigt laut gebetet → 9^{v}.8
wusste Jeder
II. Bauer : So hat noch Keiner geredet !
I. Bauer : Darum : nichts für ungut ! Und fortan ~~Brüder~~ ! Frieden!
Gösta : So seid Ihr also nimmer verdrossen ?
III. Bauer : Ich bin ein lüderlich Branntweinfass , → 9^{v}.5-7
aber die Augen sind mir noch nass......

9^{v}.10-13 1) Oaha – Hidalla – *[…]* 4) Shaw Liste mit Titeln von Theaterstücken und Autorennamen,* vielleicht für mögliche eigene Regiearbeiten: → zu *NB 15*, 32^{r}

- Frank Wedekind, *Oaha, die Satire der Satire. Komödie in vier Aufzügen* (*Wedekind 1908*); überarbeitet unter dem Titel *Till Eulenspiegel* (*Wedekind 1916*)
- Frank Wedekind, *Hidalla oder Sein und Haben. Schauspiel in fünf Akten* (*Wedekind 1904*); überarbeitet unter dem Titel *Karl Hetmann, der Zwerg-Riese* (*Wedekind 1911*)
- August Strindberg, *Gillets Hemlighet* (1880), deutsch unter dem Titel *Das Geheimnis der Gilde* (*Strindberg 1903; Strindberg Werke I 2*) → *NB 15*, 32^{r}.2, zu *NB 11*, 27^{v}.11-28^{r}
- von John Millington Synge* lagen auf deutsch die Theaterstücke *Der heilige Brunnen*, *Der Held des Westerlands** und *In der Bergschlucht* vor (*Synge 1906, 1912, 1918*); einen Hinweis auf frühe Synge-Lektüre notierte Brecht im Tagebuch am 15. September 1920* → 40^{v}.23 BBA 802/97
- von George Bernard Shaw hatte Brecht am 27. Oktober 1920 am Augsburger Stadttheater den *Pygmalion* gesehen, im Frühjahr 1922 in Berlin weitere Stücke (*Bronnen 1960*, 33): »Abends durchkosteten sie gewissenhaft das gesamte Berliner Repertoire von Shaw bis Shaw«.

10^{r}-10^{v} …. seinem letzten Gesuch, *[…]* Dynamit lieben In mehreren Arbeitsphasen eingetragene, wohl nicht zusammengehörende Notate. Die senkrechten Striche* markieren wohl rhythmische oder inhaltliche Einheiten. 10^{v}.1-5

11^{r}.1-4 Die Kellerrassel *[…]* Viehtreiber. Konzept, wohl für ein Theaterstück mit einer Rolle für Werner Krauß* oder mit einer Hauptfigur seines Typs. → zu 7^{r}.12

11^{r}.6-18 1) In den finstersten Zeiten *[…]* fast gut. Entwurf, wohl für ein Prosagedicht. »Asphalttschungel«* ist auch der Titel für eine Ende 1921 konzipierte Stücktrilogie (Tagebuch, 3. Dezember 1921)*. 11^{r}.7 BBA 1327/51; → zu *NB 10*, 7^{r}

11^{v}.1-7 Die über den Tod ihres Mannes *[…]* Mann. Entwurf in der Art der oben* eingetragenen Notate. 10^{r}-10^{v}

11^{v}.9-12^{r} Friedland *[…]* **Gefahr.** Konzept für das Theaterstück *Friedland/Die*
→ zu 9^{r}-28^{r} | 11^{v}.10, 12^{r}.1, 6 *Familie Murk**; die Akt- oder Szenenziffern »1«, »4« und »3«* trug Brecht wohl
18^{r}.5-18 in Zusammenhang mit dem Entwurf »2)« unten* nach. Die »Figur eines dicken
12^{r}.9 | 18^{r}.6-7 Mannes«* erhält dort* den Namen Scharlach.

12^{v}-14^{r} 1 \ Ich, Bertold Brecht, *[…]* **im Dezug** Gedichtentwurf, eingetragen am 26. April 1922 auf der Fahrt von Berlin nach Pichling (Anger 8, Post Ebelsberg bei Linz/Oberösterreich), wo sich Marianne Zoff bei ihren Eltern aufhielt. Brecht benutzte wohl den D-Zug von Berlin nach Wien, Abfahrt vom Anhalter Bahnhof um 19.30 Uhr, Ankunft in Linz am Folgetag um 10.17 Uhr (*Eisenbahn-Kursbuch 1921/22*, 132). Konstituierter Text:

12^{v}

1

Ich, Bertold Brecht, bin aus den schwarzen Wäldern.
Meine Mutter trug mich in die Städte hinein
als ich in ihrem Leibe lag. Es müssen die Wälder
aber dennoch in mir geblieben sein.

2

In der Asphaltstadt bin ich daheim. Seit vielen Jahren
⟨*1. Entwurf:*⟩ lebe ich dort als ein Mann, der die Tschungel kennt
⟨*2. Entwurf:*⟩ lebe ich dort als ein Mann, der die Städte kennt
zwischen Zeitungen mit Tabak und Branntwein
mißtrauisch und faul und zufrieden am End.

3

Aber in den Bettstatten aus Tannenholz war mir
13^{r} immer kalt und das Schlechteste war die Nacht.
Von den vielen Kammern die ich bewohnte
hab ich keine wohnlich gemacht.

4

In der Nacht sind die schwarzen Wälder voll Unruh.
Kann sein: es treten Tiere zwischen das Geäst!
Die großen Tannen haben viele Geschäfte.
Pfui Teufel wenn der bleiche Himmel des Walds einschlafen läßt!

5

Gegen Morgen in der grauen Frühe pissen die Tannen
13^{v} Und ihr Ungeziefer fängt an zu schrein.
Um diese Stunde trinke ich den Branntwein aus und schmeiße
die Zigarre weg und schlafe unruhig ein.

6

Denn ich spiele mitunter in viel Gesichten Gitarre
und verstehe mich nicht gut und bin leidlich allein.
Sie fressen die rohen Wörter. Es sind andre Tiere.
Ich aber liege und spüre im Rücken noch einen Stein.

7

Mag sein, denke ich, ich bin in Papier und Weiber verschlagen
und aus der Asphaltstadt komm ich nie mehr heraus:

so habe ich doch über den Dächern einen bleichen Waldhimmel für mich 14r
und eine schwarze Stille in mir und immer Tannengebraus.

8
Trinke ich oder nicht: wenn ich die schwarzen Wälder sehe:
bin ich ein guter Mann in meiner Haut, gefeit.
Ich, Bertold Brecht, in die Asphaltstädte verschlagen
aus den schwarzen Wäldern in meiner Mutter in früher Zeit.

26. 4. 22
nachts ½ 10
im Dezug

Später entwarf Brecht auf einem anderem Blatt, unter dem Gedicht *Jener,* sechs weitere Strophen (in der Strophenfolge vereinfacht wiedergegeben):

3
ich bin zu den leuten freundlich: ich setze
ein steifen hut ~~für si~~ auf nach eurem brauch. BBA 4/25
ich sage: es sind ganz besonders ~~dumme~~ *riechende* [stiere]*tiere*
aber *ich sage:* es macht nichts. ich bin es auch.

4
in meine leeren schauckelstühle *am vormittag*
setze ich manchmal *mir* ein par frauen
[ich]*und* betrachte sie sorglos und sage zu ihnen
in mir habt ihr einen, auf
den könnt ihr nicht bauen.

5
gegen abend versammle ich um mich männer
die reden mich ~~oftmals~~ oft siebenmal mit: gentleman an!
und sie [sagen]*haben* [die]*ihre* füße auf meinen tischen
und sagen: es wird besser mit uns und ich frage nie wann.

———

aber ich habe nicht genug zu essen bekommen
denn die tiere die ich jagte waren schon matt
und [ihr]*das* fleisch das ich aß war: wie schon gegessen
und ich esse und esse und werde nicht satt.

mangelnde mahl

böse tat

[6]*7*
wir sind gesessen ein leichtes geschlechte
~~auf straßen~~ *in häusern* die für Unzerstörbar galten
~~wir~~ *so* haben [ja]*wir* gebaut die langen häuser de[r]*s* ~~insel~~ [in]*E*ilands Manhattan
~~von meer~~ zu meer
so die dünnen türme die ~~über die meere reden~~ das atlantische meer unterhalten.

8

durch sie durchging
von diesen städten wird bleiben: [w]*d*er ~~ohne sie auskommt~~: *der wind.*
fröhlich mach[t]*e*t das haus den esser: er leert es.
~~[*denn*]~~¿¿¿ wir wissen daß *nur* wir ~~nur~~ vorläufig sind
und nach uns wird kommen: Nichts nennenswertes.

Das Gedicht erschien unter dem Titel *Vom armen B. B.* im *Anhang* von *Brecht: Hauspostille 1927*, 140-143* (→ *Brecht: Taschenpostille 1926*, 41):

Vom armen B. B.

1
Ich, Bertolt Brecht, bin aus den schwarzen Wäldern.
Meine Mutter trug mich in die Städte hinein
Als ich in ihrem Leibe lag. Und die Kälte der Wälder
Wird in mir bis zu meinem Absterben sein.

2
In der Asphaltstadt bin ich daheim. Von allem Anfang
Versehen mit jedem Sterbsakrament:
Mit Zeitungen. Und Tabak. Und Branntwein.
Mißtrauisch und faul und zufrieden am End.

3
Ich bin zu den Leuten freundlich. Ich setze
Einen steifen Hut auf nach ihrem Brauch.
Ich sage: es sind ganz besonders riechende Tiere
Und ich sage: es macht nichts, ich bin es auch.

4
In meine leeren Schaukelstühle vormittags
Setze ich mir mitunter ein paar Frauen
Und ich betrachte sie sorglos und sage ihnen:
In mir habt ihr einen, auf den könnt ihr nicht bauen.

5
Gegen abends versammle ich um mich Männer
Wir reden uns da mit »Gentleman« an
Sie haben ihre Füße auf meinen Tischen
Und sagen: es wird besser mit uns. Und ich frage nicht: wann.

6
Gegen Morgen in der grauen Frühe pissen die Tannen
Und ihr Ungeziefer, die Vögel, fängt an zu schrein.
Um die Stunde trink ich mein Glas in der Stadt aus und schmeiße
Den Tabakstummel weg und schlafe beunruhigt ein.

7
Wir sind gesessen ein leichtes Geschlechte
In Häusern, die für unzerstörbare galten
(So haben wir gebaut die langen Gehäuse des Eilands Manhattan
Und die dünnen Antennen, die das Atlantische Meer unterhalten).

8
Von diesen Städten wird bleiben: der durch sie hindurchging, der Wind!
Fröhlich machet das Haus den Esser: er leert es.
Wir wissen, daß wir Vorläufige sind
Und nach uns wird kommen: nichts Nennenswertes.

9
Bei den Erdbeben, die kommen werden, werde ich hoffentlich
Meine Virginia nicht ausgehen lassen durch Bitterkeit
Ich, Bertolt Brecht, in die Asphaltstädte verschlagen
Aus den schwarzen Wäldern in meiner Mutter in früher Zeit.

Bereits um 1918 hatte Brecht ein lyrisches Selbstporträt mit ähnlichem Eingangsvers entworfen: *Ich, Berthold Brecht, alt: 20 Jahre…* (*Sinn und Form*, Nr. 4, Juli/August 2016, 480-481).* BBA 4039

14v-16r Ballade der Billigkeit *[…]* **eintreiben. \ 6** Gedichtentwurf; konstituierter Text:

Ballade der Billigkeit 14v.1

1 14v.13-15r.3
Weil sich die Welt wohl mehr als schicklich
durchaus viel gegen uns vermißt
weil unsere Lage unerquicklich
in diesem Jammertale ist,
weil einige trotz diesem Elend
vergrößern unsre große Pein
drum müssen wir selbst schwach und fehlend
– / ⟨*Platzhalter für fehlenden Versfuß*⟩ und kommen überein
und müssen drauf beharren bleiben
und einigen den Hut eintreiben.

2 15r.16-15v.9
Die Schurken, die grad gehen wollen
und machen uns von Kind auf schlapp
mit Tannen und mit Weihnachtsstollen
vom rechten Weg uns bringen ab
daß wir den Leib nicht wacker stählen
für die gute Sünde, die uns befreit
und uns zu seligem Tode quälen
mit den 10 Verboten der Seligkeit.
Wir müssen uns hier einig bleiben
und denen ihren Hut eintreiben.

3 15v.10-20
Die Burschen, die uns langeweilen
mit ihrem sauren „Zeitvergeiht“
wenn wir beschäftigt, aufzuteilen
die unermeßlich lange Zeit,

die nicht Tabak zu rauchen wissen
und nicht leicht gehn von Bett zu Bett
begegnet uns in Finsternissen
auch noch ein scheußliches Skelett
So müssen wir wohl stehen bleiben
und ihm etwas den Hut eintreiben.

16^{r}.1-12 4

Die Burschen, die in Schleim zerfließen
im Schwung in ihrer besten Zeit
<die Dinge dieser Welt genießen
kann nur fanatische Trockenheit –>
Wer uns durch Triefen seiner Fresse
die teuflisch wenige Lust vergällt
mit jener faden Totenblässe
den matt orangenen Tag im leichten Zelt
bei dem muß man ein Zwinkern lang verbleiben
und ihm den Hut etwas eintreiben.

15^{r}.4-15 5

Die Weiber die ins Bett gehören
und es nur tun wann wir ihnen auch
die Gurgeln waschen mit Likören
und stopfen Krebse in den Bauch
Und lange wählen in den 7
Wochen wo sie bekömlich sind
und überhaupt nur Einen lieben
und machen zuviel grünen Wind
Wir müssen drauf beharren bleiben
und es auch ihnen schon eintreiben.

⟨nicht ausgeführte Strophe:⟩

16^{r}.13 6

⟨nicht zugeordnete, als unvollständig markierte Strophe:⟩

....

14^{v}.2-12 und wenn wir allen verziehen hätten
durch das Vorbild unsres Herrn Jesu Krist,
nie dem Schwein, das die letzten Ruhestätten
der Menschheit und die Aborte vergißt!
Man muß dabei beharren bleiben
und muß ihm seinen Hut eintreiben.

Die Schlußmetapher verwendete Brecht auch im Brief an Oda Weitbrecht Ende Juni, Anfang Juli 1923:

BBA Z 43/70 meine Freunde treiben mir genügend den Hut ein und belehren mich darüber, was ich bin, das ist das Beste was man daheim haben kann, nicht?

17^{r} Nauk \ Charlotten 74 *[…]* Kindbetterin Adressen zweier Berliner Buchhandlungen, wohl gegen Ende von Brechts Berlinaufenthalt (26. April 1922)* eingetragen. → zu 12^{v}-14^{r} In der Charlottenstraße 74/75 befand sich die 1864 gegründete Buchhandlung Georg Nauck, in der Mohrenstraße 29/30, unweit des Gendarmenmarkts, der Verlag und die Evangelische Buchhandlung K. J. Müller (*Adreßbuch Berlin 1923*). Worauf sich das nachgetragene Stichwort »Kindbetterin« bezieht, ist unklar.
17^{v}.1-6 Die 42 jährige Jungfer *[…]* lebend> Zwei wohl voneinander unabhängige Konzepte, vielleicht für Theater- oder Prosastücke.
17^{v}.8-18^{r}.3 Choräle: *[…]* unserm Pfund! Entwürfe für zwei Choräle oder zwei Strophen eines Chorals*. Der erste parodiert Martin Rinckarts Choral *Nun danket alle Gott…* (1636), → 34^{v}.1-4, 40^{r}.1 der sich im Gesangbuch der Familie Brecht auf der ersten Seite findet (*Gesangbuch 1865*, Nr. 2):

> Nun danket alle Gott Mit Herzen, Mund und Händen, Der große Dinge thut An uns und allen Enden; Der uns von Mutterleib Und Kindesbeinen an Unzählig viel zu gut Bis hieher hat gethan.
> 2. Der ewig reiche Gott Woll uns bei unsrem Leben Ein immer fröhlich Herz Und edlen Frieden geben; Und uns in seiner Gnad Erhalten fort und fort; Und uns aus aller Noth Erlösen hier und dort. *[…]*

Der zweite Entwurf zitiert einen Vers aus der *Apostelgeschichte* (Apg 20):

> 35. Ich habe es euch alles gezeiget, dass man also arbeiten müsse, und die Schwachen aufnehmen, und gedenken an das Wort des Herrn Jesu, dass Er gesagt hat: »Geben ist seliger denn nehmen.«

Die in den letzten beiden Zeilen zitierte Redensart geht zurück auf das biblische Gleichnis von den anvertrauten Pfunden (Lk 19):

> 12. *[…]* Ein Edeler zog ferne in ein Land, dass er ein Reich einnähme, und dann wiederkäme.
> 13. Dieser forderte zehn seiner Knechte, und gab ihnen zehn Pfund, und sprach zu ihnen: Handelt, bis dass ich wiederkomme. *[…]*
> 26. Ich sage euch aber: Wer da hat, dem wird gegeben werden, von dem aber, der nicht hat, wird auch das genommen werden, das er hat.

18^{r}.5-18 Friedland \ 2) Klöpfer *[…]* schwerfällig hinaus> Entwürfe für das Theaterstück *Friedland/Familie Murk**; die »2)«* hängt wohl mit der Bezifferung → zu 9^{r}-28^{r} | 18^{r}.6 oben* zusammen. Die Überlegungen zur Besetzung führte Brecht unten* fort. 11^{v}.10, 11, 12^{r}.1, 6 | 19^{r}.9-10

Für Eugen Klöpfer* sah Brecht auch in *Das Stück Ehe** (November, Dezember 1921) eine Rolle vor. → *NB 15*, 19^{r}.7-6 | *NB 10*, 19^{v}; → zu 19^{r} Auf der Bühne hatte er ihn in Goethes *Götz von Berlichingen* (Staatliches Schauspielhaus Berlin, zwischen 16. und 18. November

1921) und bei den Proben zu Strindbergs *Traumspiel* (Deutsches Theater Berlin,
BBA 1327/47, 53 11. Dezember; → Tagebuch, 18. November, 11. Dezember 1921)* gesehen.

→ zu 7r.12 Werner Krauß sollte im oben konzipierten Stück *Tamerlan** eine Hauptrolle spielen. *Bronnen 1960*, 30 zufolge hatte Brecht schon Anfang 1922 mit namhaften
→ 19r.9-10 Schauspielern Kontakt aufgenommen:*

> Mit Darstellern, die Bronnen nur als ferne Stars aus den Gazetten kannte, hatte er längst geredet. Er hatte noch keinen einzigen Vertrag in der Tasche; aber mit Klöpfer, Kraus, Wegener, George hatte er bereits wegen der Übernahme von Rollen in seinen Stücken verhandelt.

18r.10; → 26v.10 Arnolt Bronnen* hatte Brecht Anfang oder Mitte Dezember 1921 auf einem
→ zu *NB 2*, 14r.6 Atelierfest Otto Zareks* kennengelernt, das dieser in der Wohnung seines Bruders Walter bzw. seiner Mutter Berta in Berlin-Schöneberg, Innsbrucker Straße 55 (*Adreßbuch Berlin 1922*), ausrichtete. Brecht trug dort u.a. sein *Sentimentales*
→ zu *NB 3*, 32r.1-32v.10 *Lied № 1004** vor (*Bronnen 1960*, 13-15).

Während Brechts Aufenthalt in der Charité besuchte Bronnen ihn ab Anfang Februar 1922 fast täglich (*Bronnen 1960*, 27f.). In dieser Zeit las Brecht den Entwurf seiner »Komödie ›Spiel mit der Bewegung‹« (Tagebuch, 10., 14. Fe-
BBA 1327/66, 70; bruar 1922)*, die im Oktober unter dem Titel *Die Exzesse* erschien (→ Annonce
→ zu 40v.13-12 des Rowohlt Verlags in *Das Tage-Buch*, 21. Oktober 1922); Brecht bemühte sich vergeblich um die Uraufführung an den Münchener Kammerspielen (Brecht an Bronnen, 22. Oktober 1922):

BBA Z 24/4; → 40v.13-12

```
morgen werde ich in münchen über das lustspiel reden
mit teufelszungen und erzgurgel
```

Um den 21. März 1922 übernahm Brecht die Regie bei Bronnens *Vatermord* an Moriz Seelers Junger Bühne (Berlin), mußte sie aber schon Ende März wegen
→ zu 19r.1-10 | → zu 39v.2 Streitigkeiten mit Heinrich George* und Agnes Straub* an Berthold Viertel ab-
→ zu 19r.1-10 geben; Georges Rolle (der Vater) übernahm Alexander Granach*. Bei *Bronnen 1954*, 98f. (→ *Bronnen 1960*, 39-43) heißt es:

> Da standen oben, in der Hochblüte des Expressionismus, die gewaltigen Darsteller, die gewaltigen Leiber einer Agnes Straub und eines Heinrich George, und herein kam dieser dünne, kaum mittelgroße Augsburger und sagte ihnen dürr und präzise artikulierend, daß alles, was sie machten, Scheiße wäre. Es kam zu furchtbaren Explosionen. ⟨*Moriz*⟩ Seeler rang die Hände und eilte zu mir. Aber auch Brecht eilte zu mir. Beide erklärten mir, daß es so nicht ginge; indes wollte Seeler das Stück retten, und Brecht seine Regie. *[...]* Ich saß neben Brecht im dunklen, leeren Zuschauer-Raum und erschauerte, wenn

da oben der gerade den höchsten Ruhmes-Gipfeln zujagende George stand und meine Worte sprach. Doch Brecht trieb den keuchenden, japsenden Koloß von der Rampe, zerhackte unerbittlich jedes nur expressiv herausgeschleuderte, aber nicht vorgedachte, vorartikulierte Wort. Bei der Straub deckte er hartnäckig jede falsche Nuance auf, er verekelte sie sich und mir. Das ging so Probe für Probe, und bei jeder Probe waren sich alle Beteiligten einig, daß es die letzte gewesen wäre. Und doch kam es so weit, daß Seeler die Premiere ankündigen konnte, einmal, dann wurde verschoben, dann noch einmal, aber dann war es endgültig aus. In einem letzten großen Tumult wirbelte George die Rolle von der Bühne bis in die fünfzehnte Reihe hinunter, und die Straub ging mit Weinkrämpfen ab. Brecht gratulierte mir mit jenem Sarkasmus, der immer einen Triumph bei ihm verschleierte: »Mit denen wäre es nie was geworden.«

Brecht plante im Frühjahr 1922 gemeinsam mit Bronnen mehrere Drehbücher für Hans Kyser*. Für ein Preisausschreiben des Filmproduzenten Richard Oswald* reichten sie Ende Mai 1922 das Drehbuch *Die zweite Sintflut/Robinsonade auf Assuncion* ein (→ *Bronnen 1960*, 51-58); im November erhielten sie einen der vier Trostpreise (ein Hauptpreis wurde nicht vergeben).* Das Drehbuch erschien am 26. November 1922 im *Berliner Börsen-Courier*. → *NB 15*, 36v.1 → *NB 15*, 25v.14-12 BBA E 23/158-166; → *BFA* 19, 169-174; zu *NB 15*, 36v.1

Anfang, Mitte September 1922 verhandelte Bronnen mit Ellyn Karin ergebnislos über Brechts Tantiemen für seine Dramatisierung des *Gösta Berling*.* → zu 9v-22v.14 (7-8)

Im Herbst, Winter 1922/23 setzte Brecht sich mit Bronnens Theaterstück *Verrat* auseinander, gab konzeptionelle Ratschläge und plante eine Aufführung in München, die nicht zustande kam.

Im August 1923 begann Brecht gemeinsam mit Bronnen die Uraufführung von Hans Henny Jahnns* Theaterstück *Pastor Ephraim Magnus* zu erarbeiten, brach die Zusammenarbeit jedoch vorzeitig ab (Premiere: 23. August 1923, Das Theater, Berlin; Regie: Arnolt Bronnen und Bertolt Brecht; → *Bronnen 1960*, 156, 163f.).* → *NB 15*, 23v.2-5 → 23v.2-5

In der vorliegende Eintragung notierte Brecht Bronnen wohl als Typus bzw. Vorbild für eine Figur und nicht als Schauspieler.

18v Lied \ 1) Wenn der Abend *[…]* **Unterschied** Gedichtentwurf; zur Eintragungsfolge: Brecht trug zunächst drei Strophen* ohne Ziffern ein. Danach trug er die Strophenziffern »1)« und »2)« nach und schrieb die folgenden Strophen* gleich mit ihren Ziffern nieder. Zuletzt ergänzte er »6)« bei der bis dahin nicht gezählten Strophe*, ohne die Zählung* anzupassen. Wann er den Titel *Lied* einfügte, läßt sich nicht entscheiden. 18v.2-11 18v.12-23 18v.9-11 | → 18v.21-23

Konstituierter Text (bei den beiden letzten Strophen ist die Reihenfolge unklar; auch ist eine Ersetzung der einen durch die andere denkbar):

Lied

1) Wenn der Abend kommt Bruder was machst du da?
Steck deine Zähn ein! Ich kann mich betrinken ja.

2) Ich kann mich gut betrinken toll dann
daß ich den Abend nicht mehr wahrnehmen kann
3) Wenn dich einer fragt, was sagst du da?
Ich kann mein Maul halten ja.
4) Wenn sie nichts Besondres an mir sehn
werden sie vorüber gehn.
5) Ist es aber gut, Bruder, ist es gut?
Bruder was mich angeht ich ziehe immer meinen Hut.
6) Ich kann nicht wahrnehmen da
einen großen Unterschied zwischen nein und ja
6) Ich kann auch gehen mit meinem Bein
in den Abend hinein.

→ zu 9^{r}-28^{r} | *NB 11*, 22^{v}.11-23^{r}.2 | *NB 10*, 19^{v}; → zu 18^{r}.5

19^{r}.1-10 Friedland \ Er macht die *[...]* Max Konzepte für das Theaterstück *Friedland/Familie Murk**. Das Motiv der Kohlekreuze findet sich auch in Konzepten für *Der Mann, der wie der Kroisos ...** (März 1921) und *Das Stück Ehe** (November, Dezember 1921).

→ zu *NB 12*, 9^{r}-57^{r}.10 | → BBA 2123/42; *BFA* 1, 382

Den Kismet- oder Schicksalsglauben thematisierte Brecht bereits im Theaterstück *Im Dickicht** (Szene 6. *Im Rupfen*)*; in einem frühen Entwurf dazu heißt es (Tagebuch, 3. Oktober 1921):

BBA 1327/16-17

> „In Asien gibt es nichts zu tun für Sie. Sie werden sich hier, wo d[er]*ie* Balkendecke ih*ren* Himmel abgibt, Ihre Kämpfe austragen können. Fallieren Sie gegen ei-|nen einzigen Menschen und Sie brauchen die Stube nicht zu verlassen. Das Kismet bekämpfen Sie nicht mit Virginiens Tabakfeldern. Ihre Ausdehnungswut stolpert über einen kleinen Leichnam, der einschnurrte und sich für Sie nicht interessierte."

18^{r}.6-10 | 18^{r}.8 | → zu 18^{r}.6-7 | → zu 18^{r}.6-7

Die Überlegungen zur Besetzung hatte Brecht oben* begonnen; die Namen und Rollen sind hier untereinander zugeordnet: der Kaiser (Scharlach*): Werner Krauß*, Friedland: Eugen Klöpfer*, Buttler: Heinrich George, Max: Alexander Granach.

→ zu 18^{r}.10 | BBA 2217/61

Heinrich George begegnete Brecht wohl Ende März, Anfang April 1922 bei den Vorgesprächen oder Proben zu Arnolt Bronnens *Vatermord**. George sollte auch die Titelrolle in einer geplanten, aber nicht realisierten Aufführung des *Baal* am Berliner Deutschen Theater spielen (→ Brecht an Bronnen, 3. Oktober 1922)*. 1928 spielte George in der Berliner Erstaufführung den Galy Gay in *Mann ist Mann* (Volksbühne am Bülowplatz, 5. Januar 1928).

→ BBA E 21/22; zu *NB 2*, 5^{v}-7^{r}.18 | → zu *NB 12*, 9^{r}-57^{r}.10 (10) | BBA 520/44; → *BFA* 10, 241 | BBA 803/22

Alexander Granach kannte Brecht spätestens ab Anfang 1921. Ende Mai 1921 konzipierte er für ihn das Theaterstück *Der Pestkaufmann**. Er war auch ein Vorbild für die Figur des George Garga in *Im Dickicht** (November 1921), und in *Hannibal** (1922) sollte er die Rolle des Reiterführers Maharbal übernehmen. Im Theater sah Brecht ihn in Kaisers *Von Morgens bis Mitternacht* (Neue Bühne, München; → Tagebuch, 17. Juni 1921)*; persönlich lernte er ihn wohl am

2. Dezember 1921 im Berliner Bierhaus Maenz (→ Tagebuch)* kennen. In der Berliner Erstaufführung von *Trommeln in der Nacht* spielte Granach den Kragler (Deutsches Theater, Berlin, 20. Dezember 1922). BBA 1327/49

19r.11-13 auf den Gottesäckern *[...]* poetisch sind Entwurf zweier Verse; konstituierter Text:

> auf den Gottesäckern die mit wind
> in dem weidenbaum poetisch sind

19v der Betrunkene <in ein Loch *[...]* ernst! Drei zusammenhängende Entwürfe, vielleicht für ein Theaterstück oder ein Filmprojekt. Bismut oder Wismut wurde in den 1920er Jahren u. a. gegen Blähungen, Mundgeruch, Syphilis* → 17v.17-18r.1, 18r.7
oder zur Wundheilung eingesetzt. Busolin war wohl ein umgangsprachlicher Name für ein Mittel zur Brustvergrößerung; in der gegen die »Fremdwörterei« polemisierenden Glosse *Gelehrsamkeit und Fremdwörterei* (*Der Türmer*, Heft 10, Juli 1914, 575) heißt es:

> Die Herkunft kann sie ⟨*die Fremdwörterei*⟩ meist doch nicht unterscheiden, und darum sagt sie ja auch ›Telephong‹. Wenn's nur irgendwie nach Fremdwort klingt! Deshalb auch ›Busolin‹ für Damen, die ihre Büste gläubig zu erweitern wünschen, und für die ländliche Aufzucht, schon durch den Namen Vertrauen erweckend, ›Ferkokalbil‹!

20r.1-4 Nichts geht, sagt ein alter Spruch *[...]* gelingt. Zwei wohl zusammengehörige Verspaare.

20r.6-12 Flibustiergeschichten *[...]* Kapitän der X X. Konzept für eine Erzählung, nachträglich – vielleicht in Zusammenhang mit dem Konzept *Die Geschichte vom Kapitän Peter Waals** – einer geplanten Sammlung von Piraten- 21v
Erzählungen zugeordnet. Zur Entstehung:

(1) *Münsterer 1966*, 134 berichtet über Brechts Vortrag von Teilen »einer packenden Flibustiergeschichte« am 2. Dezember 1919, wohl *Bargan läßt es sein* (→ 3).

(2) Im März 1921 arbeitete Brecht mit Caspar Neher an einem Drehbuch für den Flibustierfilm *Die Seeräuber** (15. Februar, 1. März 1921). → zu *NB 11*, 22v.1-9; *NBA* 2, *TbN*

(3) Im September 1921 erschien in *Der Neue Merkur* die Erzählung *Bargan läßt es sein** (Heft 6, 394-407). BBA 51/39-48, 208/1-11; → *BFA* 19, 24-37

(4) Ende 1921 war ein »Band Erzählungen« Teil des mit dem Erich Reiß Verlag ausgehandelten Vertrags (24. Dezember 1921), der jedoch nicht in Kraft trat.* → zu *NB 12*, 9r-57r.10 (15)

(5) Anfang 1922 werden in der verlagsinternen Liste des Kiepenheuer Verlags *Vorgeschlagene Bücher* (undatiert, wohl zwischen Januar und Februar 1922) genannt: »Flibustier Geschicht.«*. GKA 382/89

(6) Ende Januar, Anfang Februar 1922 begann Brecht in der Berliner Charité mit dem Entwurf einer »Reihe von kleinen Prosastücken« (Tagebuch, 10. Fe-
BBA 1327/66 bruar 1922)*.

(7) Während seines Aufenthalts in Pichling (27. April bis Ende Mai 1922) setzte Brecht die Arbeit an Erzählungen fort; dazu gehören wohl die im vorlie-
→ 20r.6-12, 21v, 24v genden Notizbuch notierten.* In zwei undatierten Briefen heißt es:

> BBA E 14/61-62 ⟨*Brecht an Berthold Brecht, wohl Ende April 1922:*⟩ Hier arbeite ich ziemlich viel an *einem* Geschichtenbuch usw.

> BBA Z 40/142-143 ⟨*Brecht an Kasack, wohl Ende April, Anfang Mai 1922:*⟩ Ich schreibe an einer Bargangeschichte, fresse viehisch, grabe Äcker um.

(8) Im Sommer berichtete Brecht in drei undatierten Briefen aus Augsburg oder München:

> BBA Z 43/72 ⟨*Brecht an Weitbrecht, wohl Juli, August 1922:*⟩ jetzt verrinnt der Sommer und ich bin noch nicht einmal zwei Tage wo auf dem Rücken gelegen und ich rauche zu viel und schreibe zu wenig und kann nicht zu streich kommen mit den Bargangeschichten, es ist auch so gottverflucht langweilig, 200 Seiten!

> BBA E 20/80 ⟨*Brecht an Zoff, Ende August, Anfang September 1922:*⟩ Vorm. ⟨*Vormittag*⟩ arbeite ich 3 Stunden Bargangeschichten; nachmittag Gösta und abends mit George die Postille.

> BBA E 20/25-26; → zu 9v-22v.14 ⟨*Brecht an Zoff, Ende August, Anfang September 1922:*⟩ Ich habe die Geschichte von Jarrys Mamma fertig und den 1. Akt Gösta und morgen geht die Geschichte von Bargans Jugend an und der II. Akt Gösta.

(9) Ende September, Anfang Oktober notierte Brecht unter dem Titel *Bargan*:
NB 15, 8v.10-12 »das schiffstagebuch der sterbenden«*.

(10) In der Liste *Vorschläge Herbst 1922* des Kiepenheuer Verlags werden von
GKA 382/73 Brecht *Flibustier-Geschichten* genannt.*

(11) 1925 griff Brecht die Idee für einen Sammelband erneut auf, zu dem *Bargan*
→ zu 24v *läßt es sein** und andere »Geschichten« gehören sollten (Brecht an Efraim Frisch,
BBA Z 23/69 7. Januar 1925)*, wohl auch *Bargans Jugend* (→ 8), die *Geschichten von St. Patriks*
BBA 448/49-53; → *BFA* 19, 177-179 *Weihnachtskrippe** und *Jarrys Mamma* (→ 8, 12). Auch dieses Vorhaben wurde nicht realisiert.

(12) Wohl ebenfalls 1925 schickte Brecht die nicht erhalten gebliebene Erzählung *Jarrys Mamma* an die *Vossische Zeitung*; am 12. Oktober 1928 schrieb er an den Direktor des Propyläen Verlags Emil Herz:

> BBA 219/17 `beieiner Durchsicht meiner Manuskripte sehe ich ohne Vergnügen,dass die Geschichte "JarrY's Mama" (eine Bargangeschichte), die bereits honoriert ist und in der Vossischen Zeitung ersch[ie]`*einen*

> sollte,noch nicht erschienen ist und seit mehr als drei Jahren in der Romanabteilung liegt.

Den Figurennamen Hanna Cash* hatte Brecht zuvor schon in der *Ballade von der* 20r.9
*Hanna Cash** verwendet. Die vorliegende Eintragung hängt damit nicht zusam- *NB 9*, 26v-28v
men, wohl aber motivisch (Szenerie: Schiff) mit dem geplanten *Film von Hanna*
Cash (Tagebuch, 18. März 1921)* und mit den beiden Prosaentwürfen *Wir kullerten* BBA E 21/156-157; → zu *NB 11*, 22v.1-9
*also ...** und *Fünf Männer sitzen ...** (beide März 1921), die Brecht für die *Geschichte* *NB 11*, 22v.1-9 |
auf einem Schiff verwendete (Erstdruck: *Vossische Zeitung*, 12. April 1925). *NB 11*, 25v.15-26r

20v.1 Zauch-Belzig Im Süden Berlins befindlicher Landkreis; im dort gelegenen Geltow wohnte im Frühjahr, Sommer der Schriftsteller und Journalist Stefan Großmann, den Brecht gemeinsam mit Arnolt Bronnen an Ostern 1922
besuchte (16. oder 17. April; *Bronnen 1960*, 48-51).* → zu *NB 14*, 53r.5-6, *NB 15*, 35v.7-5

20v.3-6 Geschichte: Das Leben der Frau C. *[...]* usw. Konzept für eine Erzäh-
lung.* Das Kürzel »C.« bezieht sich wohl nicht auf die oben* genannte Hanna → zu 20r.6-12 | 20r.9
Cash.

20v.8-21r.7 Wallensteininszenierung: Wallenstein, *[...]* Vorhangs. Konzepte
für eine Inszenierung von Schillers *Wallenstein** mit den Schauspielern Rudolf → 40v.15
Aicher* und Eugen Klöpfer*; konstituierter Text: → zu *NB 4*, 21r.6, *NB 9*, 22v-23r.8 | → zu 18r.5-18

> Wallensteininszenierung: Wallenstein, rothaarig <lang, in böhmischem Schopf> breit, ausgestopft, lautlos stapfend <Aicher – Klöpfer> mit Papieren nach vorn. |
>
> Schluß: Hinter Riesen-Fenstern mit weißen Vorhängen Winterhimmel, grau, silbrig. Wallenstein, wie ein gefrorener Klotz, zum Fenster, zieht auf, sieht hinaus⟨,⟩ nach rechts ab. Es schneit hinten bis zum Fallen des Vorhangs.

In seiner Ausgabe *Schiller: Wallenstein* (2. Teil: *Wallensteins Tod*) begann Brecht mit der Erstellung eines Regiebuchs, brach die Eintragungen jedoch im 4. Auftritt des 1. Aufzugs ab.* *Frank 1960*, 269 erinnert sich an ein Inszenierungskon- BBA 1706/3-5; → *Abb. 1*
zept, das Brecht ihm 1922/23 an den Münchener Kammerspielen*vorschlug: → zu *NB 15*, 1v.1-6

> »Vielleicht mache ich doch lieber den Wallenstein vom Schillinger! ⟨*Anspielung auf Otto Julius Bierbaums Roman »Stilpe« (1897), in dem Schüler »›Herrn Schillinger‹, den Dichter des p. p. Wallenstein«, angreifen*⟩ Der Kaspar ⟨*Neher*⟩ muß mir da einen schmalen Korridor hinbauen. Die Generäle, mit Aktentaschen unterm Arm, laufen entlang der Rampe –« er machte es vor – »immerzu hin und her, und zum Schluß erstickt er im Schnee.« »Wer?« – »Der Friedländer.«

20v.19-14 In der Zeit wo die Wiesen *[...]* F W. Zitat oder Paraphrase der Äußerung eines nur mit Kürzel genannten Autors, vor den umgebenden Notaten ein-

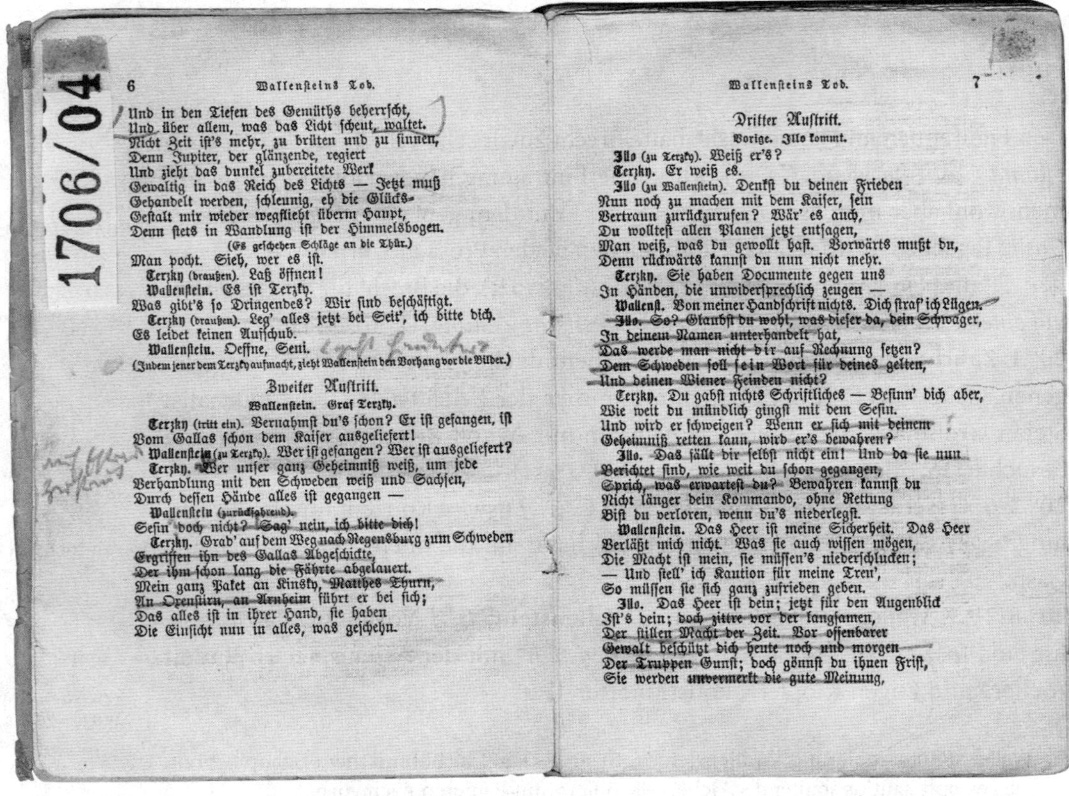

6 Wallensteins Tod.

Und in den Tiefen des Gemüths beherrscht,
Und über allem, was das Licht scheut, waltet.
Nicht Zeit ist's mehr, zu brüten und zu sinnen,
Denn Jupiter, der glänzende, regiert
Und zieht das dunkel zubereitete Werk
Gewaltig in das Reich des Lichts — Jetzt muß
Gehandelt werden, schleunig, eh die Glücks-
Gestalt mir wieder wegflieht überm Haupt,
Denn stets in Wandlung ist der Himmelsbogen.
(Es geschehen Schläge an die Thür.)
Man pocht. Sieh, wer es ist.
Terzky (draußen). Laß öffnen!
Wallenstein. Es ist Terzky.
Was gibt's so Dringendes? Wir sind beschäftigt.
Terzky (draußen). Leg' alles jetzt bei Seit', ich bitte dich.
Es leidet keinen Aufschub.
Wallenstein. Oeffne, Seni.
(Indem jener dem Terzky aufmacht, zieht Wallenstein den Vorhang vor die Bilder.)

Zweiter Auftritt.

Wallenstein. Graf Terzky.

Terzky (tritt ein). Vernahmst du's schon? Er ist gefangen, ist
Vom Gallas schon dem Kaiser ausgeliefert!
Wallenstein (zu Terzky). Wer ist gefangen? Wer ist ausgeliefert?
Terzky. Wer unser ganz Geheimniß weiß, um jede
Verhandlung mit den Schweden weiß und Sachsen,
Durch dessen Hände alles ist gegangen —
Wallenstein (zurückfahrend).
Sesin doch nicht? Sag' nein, ich bitte dich!
Terzky. Grad' auf dem Weg nach Regensburg zum Schweden
Ergriffen ihn des Gallas Abgeschickte,
Der ihm schon lang die Fährte abgelauert.
Mein ganz Paket an Kinsky, Matthes Thurn,
An Oxenstirn, an Arnheim führt er bei sich;
Das alles ist in ihrer Hand, sie haben
Die Einsicht nun in alles, was geschehn.

Wallensteins Tod. 7

Dritter Auftritt.

Vorige. Illo kommt.

Illo (zu Terzky). Weiß er's?
Terzky. Er weiß es.
Illo (zu Wallenstein). Denkst du deinen Frieden
Nun noch zu machen mit dem Kaiser, sein
Vertraun zurückzurufen? Wär' es auch,
Du wolltest allen Planen jetzt entsagen,
Man weiß, was du gewollt hast. Vorwärts mußt du,
Denn rückwärts kannst du nun nicht mehr.
Terzky. Sie haben Documente gegen uns
In Händen, die unwidersprechlich zeugen —
Wallenst. Von meiner Handschrift nichts. Dich straf' ich Lügen.
Illo. So? Glaubst du wohl, was dieser da, dein Schwager,
In deinem Namen unterhandelt hat,
Das werde man nicht dir auf Rechnung setzen?
Dem Schweden soll sein Wort für deines gelten,
Und deinen Wiener Feinden nicht?
Terzky. Du gabst nichts Schriftliches — Besinn' dich aber,
Wie weit du mündlich gingst mit dem Sesin.
Und wird er schweigen? Wenn er sich mit deinem
Geheimniß retten kann, wird er's bewahren?
Illo. Das fällt dir selbst nicht ein! Und da sie nun
Berichtet sind, wie weit du schon gegangen,
Sprich, was erwartest du? Bewahren kannst du
Nicht länger dein Kommando, ohne Rettung
Bist du verloren, wenn du's niederlegst.
Wallenstein. Das Heer ist meine Sicherheit. Das Heer
Verläßt mich nicht. Was sie auch wissen mögen,
Die Macht ist mein, sie müssen's niederschlucken;
— Und stell' ich Kaution für meine Treu',
So müssen sie sich ganz zufrieden geben.
Illo. Das Heer ist dein; jetzt für den Augenblick
Ist's dein; doch zittre vor der langsamen,
Der stillen Macht der Zeit. Vor offenbarer
Gewalt beschützt dich heute noch und morgen
Der Truppen Gunst; doch gönnst du ihnen Frist,
Sie werden unvermerkt die gute Meinung,

Abb. 1 Schillers *Wallenstein* mit Eintragungen Brechts

getragen. Heuschnupfen oder Heufieber, erstmals 1819 von dem Engländer John Bostock beschrieben, galt bis ins 20. Jahrhundert als Krankheit der Gebildeten.

→ zu 9v-22v.14

21r.9-12 Bankett: die Generale mit Ton-Pfeifen *[...]* Räume Zwei Konzepte, wohl beide für *Gösta Berling**. In einer späteren Szenenbeschreibung heißt es:

BBA 350/31; → *BFA* 10, 186f.

```
             Erster Akt.
Diele auf Ekeby.
Jn die Wand eingelassen, verhüllt durch gewürfelte Kattunvor-
hänge, die Alkoven der Kavaliere[¿]. Jn der Mitte eine grosse
Türöffnung mit einer Gardine. Jst die Tür auf, sieht man in den
[D]Festsaal und erblickt die Tafel. Links seitwärts ein Kamin, um
den Bänke an einem niederen Holztisch aufgestellt sind. Auf dem
Fussboden stehen Eisenzangen mit Talglichtern in den Schnäbeln.
Rechts von der Tür steht auf dem Boden eine Hornlaterne. Die Tür
ist offen und an der Tafel draussen essen Gäste. Am Kamin, unter
den flackernden Talgkerzen sitzen trübsinnig die Kavaliere und
rauchen ihre langen Tonpfeifen. Man hört Lachen von hinten, und
man hört auch immerfort das Hämmern der Eisenwerke.
```

21r.14-16 Wer sein Kind lieb hat, der bringt es um. Aphoristisches Notat, angeregt durch Sprüche 13,24: »Wer seine Rute schonet, der hasset seinen Sohn; wer ihn aber lieb hat, der züchtigt ihn bald.«

21r.19-26 Ihering bitten, die Geschichte *[...]* **Macht.** Notate für ein Gespräch mit dem Theaterkritiker Herbert Ihering*. Den Kontakt hatte Arnolt Bronnen → zu *NB 24*, 73r.1
am 19. März 1922 bei einer Aufführung von Paul Gurks *Persephone* im Berliner Neuen Volkstheater hergestellt (*Bronnen 1960*, 35f.). Bald darauf erhielt Ihering die Manuskripte von *Baal* und *Garga/Im Dickicht* zur Lektüre (Brecht an Oda Weitbrecht, Mitte, Ende Juni 1922)*. Am 22. September 1922* lud Brecht ihn zur BBA Z 43/68-69 |
Uraufführung von *Trommeln in der Nacht* an den Münchener Kammerspielen BBA Z 2/130-132
ein (29. September 1922). Ihering verfaßte ab dann im *Berliner Börsen-Courier* regelmäßig rühmende Kritiken und Essays (→ *Ihering 1958*):

- *Der Dramatiker Bert Brecht* (5. Oktober 1922)
- *Brecht in Berlin* (22. Dezember 1922)
- *Brecht und das Münchener Staatstheater* (12. Mai 1923)
- *Eduard der Zweite* (3. November 1923)
- *Baal* (9. Dezember 1923)
- *Toller und Brecht* (11. Dezember 1923)
- *Bert Brechts Drama »Baal« ...* (14. Dezember 1923) usw.

Auf Iherings Vorschlag hin bekam Brecht Ende 1922 den Kleist-Preis zugesprochen (→ Fritz Engel an Brecht, 10. November 1922)*. 1924 vermittelte Ihering BBA 2132/3
zwischen Brecht und Feuchtwanger in der Frage, wie dessen Mitarbeit an *Leben Eduard des Zweiten von England* zu benennen sei (→ Brecht an Ihering, Mitte Februar 1924; Ende Februar, Anfang März 1924)*. Nach Brechts Tod verfaßte er BBA Z 02/147
die Monographie *Bertolt Brecht und das Theater* (*Ihering 1959*).

21v Die Geschichte vom Kapitän Peter Waals *[...]* **Gesichtern.** Entwurf einer Erzählung, wohl Ende April, Anfang Mai 1922 in Pichling eingetragen und mit den oben notierten Konzepten* für *Flibustiergeschichten* zusammenhängend. 20r.6-12
Die folgende Seite ließ Brecht wohl für die Weiterarbeit frei.

22v.1-2 Die Kupferminen. Streitereien *[...]* **Zola** Welche Übersetzung von Émile Zolas Roman *L'Argent* (*Das Geld*) aus dem Zyklus *Les Rougon-Macquart* Brecht las, ist nicht bekannt. Ein direkter inhaltlicher Zusammenhang der Stichworte mit dem Roman besteht wohl nicht.

22v.4-14 Gösta Berling \ Der Untergang *[...]* **Sieg.** Konzept, wohl für den Schluß des Theaterstücks *Gösta Berling**. Mit dem »Untergang der Romantik« → zu 9v-22v.14
bzw. der »Romantik des Untergangs«* und dem für seine Theatertheorie zentra- → 27v.18, zu *NB 3*, 9r.9-14
len Terminus »Geste«* beschäftigte sich Brecht schon 1920. → zu *NB 3*, 45v

23r.7-24r.15 Sahib, das Schiff ist angekommen *[...]* **Rauchern** Dialogentwürfe, vielleicht für ein Theaterstück oder eine Erzählung* mit dem Titel *Die* → zu 20r.6-12

33v.5 *Raucher*; ein entsprechendes Stichwort findet sich auch unten.* Die vorliegen-
24r.8-11 den Dialoge trug Brecht frühestens nach Niederschrift des Konzepts *Friedland** ein. Die gestrichelten Linien markieren Zeitsprünge im Handlungsgang.

23v.1-2 Magdeburger 20 \ ½8 Notiz wohl für ein Treffen in Berlin oder München.

23v.3 Moonenkalf 1918 war im Leipziger Kommissionsverlag G. Brauns *Bonnette Poggensee – Assessor Teggelstärdh: Verlobte. Ein Heimatbuch im ⟨Wilhelm⟩ Busch-Ton aus Deutschlands Genießerzeit, von dem Verwundeten Christian Moonenkalf von Avensteern* erschienen.

24r.8-11 Friedland \ Verrat *[...]* schlechter geht. Konzept, nachträglich dem
→ zu 9r-28r Stückprojekt *Friedland** zugeordnet.

24v Niemand weiß wo der Bargan *[...]* Wälder. Entwurf für eine Flibustier-
→ zu 20r.6-12 (7) geschichte, wohl Ende April, Anfang Mai 1922 in Pichling eingetragen* und im
→ zu 20r.6-12 (8) August, September* für den Anfang von *Bargans Jugend* verwendet:

BBA 10448/1r; Niemand weiß, wo der Bargan eigentlich hergekommen ist. Viele aber meinen, er sei in
→ 24v.1-6, *BFA* 19, 174 den Wäldern geboren worden. Solche *Wälder* gibt es ungeheure in ¿¿¿ Chile. Sie sind dort dicklaubig und von fettem Grün und so verwirrt wie sonst nirgen⟨*d*⟩s, mit goldbraunen Tümpeln, in denen der Mord haust und vielen Niederschlägen, bissigen Tieren und gierig wachsenden Drosselpflanzeln, alles von einer großen Heiterkeit und heller als im ~~We~~ Norden. In die jungen Blattdächer brechen Affenhorden in ihren mörderischen Kämpfen mit den faulenden Schlangen, die Sonne treibt grünes Gewindezeug gegen dorre vierschrötige Stämme und das Ungeziefer der brodelnden Teiche frißt sich grinsend auf.
→ 24v.7-8 Es gibt etliche, die sagen, der Bargan sei in den Küstenstädten aufgewachsen, die einen lasterhaften Handel mit Gold, Sklaven, Tabak und was weiß ich alles treiben und allesamt wie kleine, vergiftete Zähne sind, im Maul einer faulen, schi[mm]*ll*erhäutigen
→ 24v.9-10 Schlange, die *jung* faul ~~sind~~ und am Ausfallen sind. Aber wer sein Gesicht noch selber [sah]*gesehen hat*, der glaubt lieber an die Wälder.

Der Name Bargan taucht unabhängig von den *Bargan*-Erzählungen erstmals im
→ *NB 3*, 11v, 16v, 29v Februar 1920 im *David*-Projekt* auf.

25r.1-3 1) der Bauer 2) der Soldat *[...]* der Frau Konzept, wohl für *Bargans*
→ zu 24v *Jugend**; in einem weiteren Konzept tauchen die genannten Figuren teilweise wieder auf:

BBA 10424/102 Bargans Jugend

Soldaten, im Gehölz, Zelte. Er ist feig. Drückt sich im Gefecht, klettert, wie die andern saufen, in seinen Schlafbaum. Der Oberst mit der Staffette nach dem Süden. Das übernimmt er, weil dort die Heimatswälder sind. Er läuft nachts durch die feindlichen Linien. <er hält einen Toten „er hatte ein schönes, junges Gesicht, mild." hoch, daß Wachen erschrecken.>
Aber er wird krank und von einer Armee mit ihren Kranken weggeschleift <die dunkle Macht>. Stadt[.] <die kleinen schlechten Küstenstädte ....> Ein Kaufmannsweib pflegt

ihn. Sie schläft mit dem Geschäftsführer, er gerät in ein Bordell zu roten Mädchen, sie gesteht es schluchzend als ihre Schuld.
Nebbich.
Die Geschichte von dem [w]*W*eißen, der ~~sich~~ schwarz *ge*färbt wird aus Jux und dann gelyncht wird. Es regnet und je länger er hängt, desto weißer wird er <wieder>.
Auf dem Schiff mit Negern. Der dicke Handelsherr, er [f]*v*erfeindet sich mit allen und führt das Schiff in die Hände von Flibustiern um alle in die Hand zu kriegen. Aber eigentlich wollte er nur weg, heim, fliehen.

25r.4-25v.10 Der Narziß \ 1 \ Das violette *[...]* Gauguin Gedichtentwurf; zur Eintragungsfolge:

2. Strophe: Brecht ließ zunächst Raum für den zweiten Vers, den er dann zusammen mit der Änderung des dritten ergänzte; dabei strich er »hin« versehentlich nicht.* 25r.14-15

3. Strophe: Den ersten Ansatz strich Brecht sofort wieder;* darunter notierte 25r.18-19
er sie mit noch unvollständigem zweitem und viertem Vers:

Der schwarze Baum im Fenster steht im Licht. 25r.20-25
Er schwankt zu viel
Er dichtet weiter <es ist ein Gedicht>
sieh nicht hinein Baum!

Dann vervollständigte er die Strophe in zwei Arbeitsgängen, wobei er das Satzzeichen am Ende des ersten Verses nicht anpaßte.

4. Strophe: Brecht notierte zunächst drei Verse;* danach ergänzte er den ersten 25v.3-6
Vers.

Die Strophenziffer »1«, vielleicht auch die übrigen trug Brecht nach. Konstituierter Text:

Der Narziß

Motto
Dem Schwein ist alles rein
Gauguin

1
Das violette Licht vom Hofe her
scheint noch um sein Gesicht. Oh es ist blaß.
Man kann noch lesen. Doch es ist schon schwer.
⟨*1. Entwurf:*⟩ Ein kühles Leuchten schwimmt in dem Gelaß.
⟨*2. Entwurf:*⟩ Ein kühles Leuchten schwimmt durch das Gelaß.

2
Wie wird Maria, dir, wenn du ihn siehst?
Er schließt den Deckel. Taumelt. Ist er blind?
Er knöpft die schwarze Hose auf und liest
das weiße Blatt: es duftet nach Absynth.

3
Der schwarze Baum im Fenster steht im Licht
daß jenem am Papier das Licht verblich
Er dichtet weiter <es ist ein Gedicht>
verlösche Licht! verlösche! ER liebt SICH.

4
Ists nicht als schüttle sich der Baum und grinst?
Es regnet. Milch tropft in die Finsternis
Schwankend aus dem Gelaß weicht ein Gespinst
mit eiweiß auf der Hose: der Narziß.

BBA 4/26, 28, 605/22 Es sind drei Typoskripte überliefert;* das früheste, dem vorliegenden Entwurf am nächsten stehende ist am intensivsten bearbeitet; erste Arbeitsphase (Maschinenschrift):

BBA 4/28

```
DER NARZISS

        1
Das violette Licht von oben her
Scheint noch um sein Gesicht. Oh es ist blass!
Man kann noch lesen  doch es ist schon schwer
Es schwimmen Spinnen kühl durch das Gelass.

        2
Wie wird Maria dir, wenn du ihn siehst?
Er schliesst den Deckel taumelnd, ist er blind?
Er knöpft die schwarze Hosen auf und liest
Das weisse Blatt: es duftet nach Abs[b]Ynth,

        3
Der schwarze Baum im Fenster steht im Licht,
Auf dem Papier dem Mann sein Licht verblich,
Er dichtet weiter ( es ist ein Gedicht)
Verlösche Licht! verlösche:ER liebt SICH,

        4
Ists nicht als schüttelt sich der Baum und grinst?
Es regnet, Milch tropft in die Finsterniss.
Schwankend aus dem Gelass weicht ein Gespenst
Mit Eiweiss auf der Hose[d]: der Narziss,
```

Das Typoskript überarbeitete Brecht in mindestens drei Arbeitsgängen (Tinte, Bleistift, Rotstift); konstituierter Text der letzten Arbeitsphase:

zur Vesperzeit BBA 4/28

<DER NARZISS>

1

Das milchglasige Licht vom Hofe her
Wäscht ihm noch sein Gesicht. es ist schon blass!
Der Ort ist schweißig vom Parteiverkehr.
Auch schwimmen Spinnen kühl durch das Gelass.

2

Wie wird, Maria, dir, wenn du ihn siehst?
Er schliesst den Deckel taumelnd: ist er blind?
Er knöpft die schwarze Hose auf und liest
Ein altes Blatt. Es duftet nach Abs[b]*Y*nth.

3

Der dorre Baum vorm Fenster steht im Licht,
So daß auf dem Papier dem Mann die Schrift verblich,
Sein Aug wird klein. Er neigt sein Angesicht.
Verlösche Licht! verlösche: ER liebt SICH.

4

Der dorre Baum vorm Fenster zittert wild und grinst.
Es regnet in der kalten Finsternis.
Schwankend aus dem Gelass weicht ein Gespenst
Mit Eiweiss auf der Hose: der Narziss,

Wie der oben auf dem Typoskript ergänzte Titel zeigt, war das Gedicht zeitweilig für den später nicht realisierten Abschnitt *Zur Vesperzeit* der *Hauspostille* vorgesehen.

Das nachgetragene Motto* übernahm Brecht aus der deutschen Übersetzung des auf Tahiti entstandenen Tagebuchs von Paul Gauguin*, *Vorher und Nachher*. Am Ende eines Berichts über eine japanische Familie heißt es dort (*Gauguin 1920*, 55-59; hier: 59): 25^{v}.8-10 → zu *NB 12*, 34^{v}.7-35^{r}.2, 43^{v}.7

P. S. Einstmals erzählte ich diese Geschichte jemandem, den ich für gescheit hielt, und als ich fertig war, sagte er: »Aber Ihre Japaner sind ja nette Schweine.«
Ja, aber dem Schwein ist alles rein.

Die Übersetzung des französischen Sprichworts »Dans le cochon tout est bon«, das Gauguin zitiert, spielt an auf Titus 1:

15. Den Reinen ist alles rein; den Unreinen aber und Ungläubigen ist nichts rein, sondern unrein ist ihr Sinn sowohl, als ihr Gewissen.

25v.12-22 – aber eines von Papa *[…]* wieder Entwürfe für Verse oder Dia-
25v.14, 16 loge. Ob »vom ersoffenen Wald« als Titel für die beiden Eintragungen daneben* gemeint ist, läßt sich nicht entscheiden. Die Formulierung »Gottes nackter
25v.14 | → BBA 5/26; *BFA* 13, 208 Lümmel«* hatte Brecht bereits zuvor im Gedicht *März** verwendet (Tagebuch, 12. Oktober 1921):

BBA 1327/27

1
Mond hing kahl im Lilahimmel
über der Glühstrumpffabrik
als ich, Gottes nackter Lümmel
eingeseift im Sack den Strick
2
durch absynthenen Abend trabbte
[…]

25v.18-22 Die Notate »Stell auf den Tisch die duftenden« bis »laß uns wieder«* parodieren Hermann von Gilm zu Roseneggs Liebesgedicht *Allerseelen* (um 1860; zitiert nach der Vertonung von Richard Strauss; *Strauss Werke* II 2):

Stell' auf den Tisch die duftenden Reseden,
die letzten rothen Astern trag' herbei,
und lass uns wieder von der Liebe reden,
wie einst im Mai.

EHA Von der ersten Strophe ist eine Abschrift Elisabeth Hauptmanns* überliefert. Brecht parodierte das Lied 1937/38 in *Legt auf den Tisch die funkelnden Grana-*
BBA 90/28; → *BFA* 14, 391 *ten …**

Mit dem »roten Schanker« ist wohl die Syphilis gemeint; auf Geschlechtskrank-
→ 18r.7, 19v, zu *NB 1*, 5v, *NB 2*, 1r, *NB 9*, 14r.4 heiten nahm Brecht im zeitlichen Umfeld häufiger Bezug.*

26r.1-6 Antonius u. Kleopatra *[…]* Seeschlacht! Konzept für ein Theaterstück,
→ zu *NB 15*, 9r wohl angeregt durch Plutarchs* Darstellung des historischen Liebespaares oder durch Shakespeares gleichnamiges Drama, das Brecht im Sommer 1920 gelesen hatte (Tagebuch, 17. August 1920):

BBA 802/26 Ich habe Shakespeare „Antonius und Kleopatra", gelesen, ein prachtvolles Drama, das mich sogar ergriff. Je mehr die Handlung im Mittelpunkt scheint, desto reicher und kräftiger können sich die Träger entwickeln. Sie haben kein Gesicht, sie haben nur Stimme, sie reden nicht immer, sie antworten nur, sie haben die Handlung nicht wie eine Gummihaut, sondern wie ein weites faltiges Gewand um sich. Wo die Handlung kräftig ist, da müssen diese Männer nicht wandelnde Museen sein, man muß sich nicht an ihnen satt fressen können, es ist auch noch das Stück da. Das Medium zwischen Zuschauer und [d¿]*Bü*hne ist: die Sehnsucht zu sehen. Je deutlicher eine Gestalt in den Einzelheiten, desto geringer die Verbindung mit dem Sehenden. Ich liebe dieses Stück und seine Menschen.

Von dem Projekt sind weitere, auf Doppelblättern notierte Konzepte überliefert, die Brecht ursprünglich wohl zu einem kleinen Konvolut zusammengelegt hatte:

<u>Kleopatra</u> BBA 462/30

1) Ägypthen. Antonius <⟨*Emil*⟩ Jannings> gerät in die Arme der südlichen Kleopatra. Aufstand in ⟨*für zu ergänzenden Namen freigelassener Raum*⟩. Kleopatra wurde von Antonius eingesetzt. Er muß fort.
2) Rom. Das ⟨*zweite*⟩ Triumvirat ⟨*zwischen Octavian, Marcus Antonius, Marcus Aemilius Lepidus*⟩. Die bitterliche Hochzeit ⟨*wohl von Antonius und Oktavians Schwester Oktavia*⟩. Der betrunkene Jannings sieht Kleopatra zum Gelage kommen. Sie tanzt. Er bricht auf nach Ägypthen! |
3) [Kl]Sie macht ihn eifersüchtig bis er sie zu vergewaltigen sucht. Da gibt es Aufruhr <er hat gesagt: Wer Kleopatra etwas zu leide tut, den sollen die römischen Wachen erschlagen.> sie entkommt. BBA 462/29
4) Er setzt ihr nach, obwohl das Land in Aufruhr ist, Rom ihn braucht, dort alles hinunterschwimmt. Er kriegt Cesars Kriegserklärung zugleich mit Cleopatras Verzeihung. ⟨*Textverlust*⟩ Magd gehe. Sie winkt und ihr Bruder kommt herein, der ganz jung ist, aber es ist ein Feldherr <⟨*Alexander*⟩ Granach> bei ihm. Und jetzt nimmt er sie gefangen. Sie hat ihm die Schwester getötet, als sie von As ⟨*Antonius*'⟩ Ankunft hörte, ist zu jenem entflohen. Er zeigt Anton die Leiche. Der ist schon behext. Zuerst ziehen die Römer die Schwerter. |

<u>Cleopatra</u> | BBA 462/31r
3) Er schmuggelt sich in einem Sack ein. BBA 462/31v
Oder:
er ist in die Falle der Granachleute gegangen, als er sie verfolgte. <*Granach ist jetzt ~~ihr~~ Feldherr*> Er macht aus, er dürfe sich holen was er „zum Leben brauche“ und holt Cl ⟨*Cleopatra*⟩ in einem Sack~~,~~ auf sein Schiff. Aber die eigene *römische* Wache, die sie aufruft, hilft ihr.

26^{r}.7-10 Ruhig sitz ich bei den Wassern *[...]* weinst. Gedichtentwurf, wohl angeregt durch Psalm 137: »An den Wassern zu Babel sassen wir, und weineten, wenn wir an Zion gedachten«), auf den Brecht sich auch in *Die heilige Johanna der Schlachthöfe* bezieht (»An den Wassern des Michigansees \ sitzen wir und weinen«; *Brecht: Johanna 1932*, 438*). → *BFA* 3, 209
26^{v}.1-6 Nicht als ob er von gewissen *[...]* sehr ab. Vielleicht Notiz von einem Gespräch mit Arnolt Bronnen*; auf welche Person oder welchen historischen Typus es sich bezog, ist unklar. → zu 18^{r}.10
26^{v}.8 Der kosmopolitische Klub Ob sich das Notat auf ein eigenes Projekt oder z. B. auf den im Oktober 1921 in London gegründeten internationalen P. E. N.-Club bezieht, läßt sich nicht feststellen.
26^{v}.10-27^{r} Kalenderballade *[...]* nicht satt. Gedichtentwurf, in mehreren Arbeitsphasen eingetragen. Auf einem später erstellten Typoskript ergänzte Brecht u. a. zwei Schlußverse, einen Melodieentwurf, die hier* als fehlend mar- 27^{r}.2-3

1v.3-6 kierten Verse und – ausgehend von einem oben notierten Entwurf* – eine weitere Strophe:

BBA 454/10 KALENDERGEDICHT

zwar ist meine haut von schnee zerfressen
und von sonne rot gegerbt ist mein gesicht
viele sagten aus sie kennten mich nicht mehr indessen
ändert sich der gegen winter ficht

sitzt er auch gelassen auf den steinen
dass der schwamm ihm auswächst im genick
die gestirne die ihn kühl bescheinen
wissen ihn nicht mager und nicht dick

sondern die gestirne wissen wenig
sahn ihn noch nicht und er ist schon alt
und das licht wird schwärzer fettig oder sehnig
sitzt er schauernd in der sonne ihm ist kalt

[seine]*ach* die nägel an den schwarzen zehen
schnitt er längst nicht mehr mein lieber schwan
sondern [lieber]*sieh er* liess sie [einfach]*lieber* stehen
und zog [lieber]*einfach* grosse stiefel an

eine zeit lang sass er in der sonne
einen satz sprach er gen mittag zu
~~gegen~~ abend*s* spürte er noch *etwas* wonne
und wünscht nachts nichts mehr als etwas ruh

einst floss wasser durch ihn durch und tiere
sind verschwunden in ihm und er ward nicht satt
frass er luft frass er stiere
er ward matt

Das Stichwort »Kalender« auf einer Mitte der 1920er Jahre erstellten Liste mit
BBA 150/126 Choral- und Balladenkurztiteln* bezieht sich wohl auf dieses Gedicht.

27v.1-8 Ich möcht vor Alle Taler nicht *[…]* den! Ungenaues Zitat von *Was möchtest du nicht?* aus dem Abschnitt *Kinderlieder* von *Des Knaben Wunderhorn* (*Arnim/Brentano 2006*, Bd. 3, 298f.):

Ich möcht vor tausend Thaler nicht,
Daß mir der Kopf ab wär,
Da spräng ich mit dem Rumpf herum,
Und wüßt nicht, wo ich wär,
Die Leut schrien all und blieben stehn:
Ey guck einmal den! Ey guck einmal den!

Gedichte aus *Des Knaben Wunderhorn* hatte Brecht auch Mitte August 1920 für das *Plunderhorn*-Projekt* verwendet. Ein direkter Zusammenhang mit dem vorliegenden Zitat besteht wohl nicht. → zu *NB 9*, 35^{v}.2-40^{r}

27^{v}.10-28^{r} Friedland *[…]* **<Die Entsühnung>** Entwürfe für das Theaterstück *Friedland/Familie Murk.** Die Äußerung »Sie werden es nicht wagen« ist vielleicht angeregt von Georg Büchners *Dantons Tod*, wo Danton zweimal ausruft: »sie werden's nicht wagen« (II, 1). Brecht hatte das Theaterstück am 3. Oktober 1921 am Augsburger Stadttheater gesehen.* Mit der »Romantik des Untergangs«* hatte sich Brecht schon 1920 beschäftigt.* → zu 9^{r}-28^{r} → zu *NB 12*, 54^{r}-55^{v} | 27^{v}.18 → zu *NB 3*, 9^{r}.9-14, 22^{v}.4-14

28^{v}.1-7 Wohl trug ihn der Gaul weg *[…]* **den Strick…** Gedichtentwurf, verwendet als 3. Strophe der Ballade *Mazeppa*; sie lautet im frühesten überlieferten Typoskript:

BBA Z 24/105

```
Wohl trug ihn der Gaul vor der hetzenden M[[ue]eu]eute
blind und verzweifelt und treu wie ein Weib -
dem Geretteten riss er, jemehr seine Feinde er/scheute,
tiefer die Fessel in blutenden Leib.
```

Das Gedicht erschien stark überarbeitet als *Die Ballade vom Mazeppa* im *Berliner Börsen-Courier* (8. Juli 1923); der letzte Vers lautet dort: »Tiefer den Strick im blutwässrigen Leib.« Brecht nahm die Ballade in die *Taschen-* bzw. *Hauspostille* auf, jeweils in die *Dritte Lektion: Chroniken* (*Brecht: Taschenpostille 1926*, 30f.; *Brecht: Hauspostille 1927*, 90-93). In *Brecht: Hundert Gedichte 1951*, 68-70 erschien sie mit einer Anmerkung:

> Iwan Stepanowitsch ⟨*Mazeppa*⟩, 1645-1709. Ein polnischer Adeliger ließ Mazeppa nackt auf den Rücken eines wilden Pferdes binden und in die Steppe jagen.

28^{v}.9-10 Marie Garga oder der Unterleib ohne Dame Auf das Theaterstück *Im Dickicht** und eine seiner Hauptfiguren, die Schwester George Gargas, bezogene Eintragung. Die Dame ohne Unterleib war bis ins 20. Jahrhundert hinein eine beliebte Attraktion auf Jahrmärkten, wie Brecht sie häufig besuchte: Mit Hilfe von Spiegeln wurde der Eindruck erweckt, sie säße ohne Unterleib auf einem Stuhl oder Tisch. → zu 6^{r}.13-14

29^{r}.4-1 Kalscher / Harden *[…]* **<Schilling>** Der Rechtsanwalt Dr. Fritz Kalischer wohnte in Berlin-Charlottenburg am Kurfürstendamm 233 neben der von August Schilling 1843 gegründeten Konditorei (Nr. 234; Inhaber: Ernst Giese, Fritz Godon; *Adreßbuch Berlin 1923*). Mit »Harden« ist wohl der Herausgeber der Wochenschrift *Die Zukunft* Maximilian Harden, vielleicht auch die am Kurfürstendamm beginnende Hardenbergstraße gemeint.

29r.5 Kurfürst 20$_{3}$ Im 3. Stock des Hauses Kurfürstenstraße 20 in Berlin-Schöneberg wohnte der Schneidermeister Friedrich Bahrs, vielleicht auch die Scheiderinnen Marie Dietz und Frieda Gauger (*Adreßbuch Berlin 1923*).

29v.1-4 2 Elisabethaner \ Der römische Mime *[…]* **v. Decker** Gemeint sind die Theaterstücke *Der römische Mime* (*The Roman Actor*, 1626) von Philip Massinger und *Fortunatus und seine Söhne* (*The Pleasant Comedie of Old Fortunatus*, 1599) von Thomas Dekker, auf deutsch erschienen in Ferdinand Adolf Gelbckes Sammlung *Die englische Bühne zu Shakespeare's Zeit* (*Gelbcke 1890*). Sie enthält auch die Übersetzung von Christopher Marlowes Theaterstück *Eduard II.* (1594), das Brecht 1923/24 gemeinsam mit Lion Feuchtwanger bearbeitete.

29v.5-30r Der Mime liebt die Kaiserin. *[…]* **auf.** Konzept für eine Bearbei-
→ zu 29v.1-4 tung von Massingers *Der römische Mime**.

30v Enthaltsamkei ist das Vergnügen *[…]* **lachten** Zusammengehörige Eintragungen für ein Gedicht. Zunächst notierte Brecht ein ungenaues Zitat aus der *Einleitung* zu Wilhelm Buschs *Die Haarbeutel* (*Busch Werke* 3, 209), das er vielleicht als Motto vorsah:

Mein lieber Sohn, Du tust mir leid.
Dir mangelt die Enthaltsamkeit.
Enthaltsamkeit ist das Vergnügen
An Sachen, welche wir nicht kriegen.
Drum lebe mäßig, denke klug.
Wer nichts gebraucht, der hat genug!

30v.14 Die letzte Zeile* ist vielleicht als Refrain gedacht.

31v Komoedie \ vom Impotenten Kaisch *[…]* **Apetitt.** Wohl frühestes Konzept für ein Theaterstück um den Protagonisten Kaisch, vielleicht angeregt durch *Der Hofmeister oder Vortheile der Privaterziehung. Eine Komödie** von Jakob
→ *NB 15*, 34v.3 Michael Reinhold Lenz. Das Projekt betitelte Brecht später mit *Der Impotente**,
BBA 440/40-52, 60 *Das Fleisch** und *F K** (für *Franz Kaisch*). Ob es mit dem Notat »K \ anton du bist
BBA 440/60 | BBA 440/50 ein gewohnheitstier *[…]*«* zusammenhängt, ist unklar. Die Szene im Salatgarten
NB 7, 5r erwähnte Brecht auch in zwei weiteren Konzepten:

BBA 440/52; → *BFA* 10, 238

[E]*K* ⟨*Kaisch*⟩ hält das aufrecht. Er kämpft im Salatbeet. Hat er nicht die Freiheit, [die]*je*de Frau zu umarmen? Der Potente hat Recht.

BBA 440/60; → *BFA* 10, 236

Das Fleisch

Kaisch hängt sich nach einer Liebesszene mit der jungen Magd auf. Er wird abgeschnitten, die Schwägerin sitzt bei ihm, er bringt sie dazu, ein Kind zu wünschen, er verhindert den coitus *da*durch daß er seinen Schwager herzerrt, der bei der Magd liegt. Sie kämpfen im Salatbeet.

Der Name Kaisch taucht zudem in einer Liste* mit Namen oder Titeln auf; *BV* 3264 BBA 424/78
vermutet einen Zusammenhang mit *Bertold Brechts Kolportagedramatik**. BBA 459/49;
32^{r}.1-4 Steglitz 853 \ Mewes \ Grandke \ Bergstr. 4 Adresse und Telefonnummer → *BFA* 10, 232
des Regierungsrats Hans Carl Grandke und seiner Frau, der Schauspielerin Anni (auch: Annie, Anna) Mewes in Berlin-Steglitz, Bergstraße 4 (*Adreßbuch Berlin 1923*). Mewes war von 1920 bis 1925 am Berliner Deutschen Theater engagiert. Brecht sah für sie eine Rolle im Film *Robinsonade auf Assuncion** BBA E 23/158; → zu 18^{r}.10,
(Ende Mai 1922) vor. Die Telefonnummer und den Namen »Mewes« notierte *NB 15*, 36^{v}.1
Brecht auch unten*. 38^{v}.5-6

32^{r}.6 Der Protagonist Gemeint ist wohl Georg Kaisers gleichnamiges Theaterstück von 1920, uraufgeführt am 16. März 1922 im Lobe-Theater Breslau.

32^{r}.8-13 Sie Ich \ ~~München~~ \ ~~Buchl~~ *[...]* 10$^{\underline{35}}$ Zugverbindungen von Kempten nach Buchloe und zurück (Ankunft in Kempten: 12.55 Uhr) und von München nach Buchloe und zurück (Ankunft München: 12.50 Uhr), im Juni 1922 eingetragen (*Eisenbahn-Kursbuch 1922*, 63-68; gültig ab 1. Juni). Im bei Kempten gelegenen Kimratshofen war Brechts Sohn Frank bei Familie Stark untergebracht.

32^{r}.15-16 Westling \ Starnberg Weßling liegt ca. zehn Kilometer nordwestlich
von Starnberg (Oberbayern).* → zu *NB 15*, 11^{v}

32^{v}-33^{r}.4 1 / Siegfried hatte ein rotes Haar *[...]* Hals. Entwurf einer Ballade, angeregt durch die Siegfried-Legende bzw. das *Nibelungenlied*.

33^{v}.1-3 Die Jungfrauen untscheiden sich *[...]* Teint – Aphoristisches Notat.
Im zeitlichen Umfeld schrieb Brecht an Oda Weitbrecht* (Sommer 1922): → zu 35^{v}.1-2

> Sie dürfen nicht zu viel arbeiten, nichts *sonst* verdirbt so den Teint, ausgenommen die BBA Z 43/68;
> Keuschheit. → *BFA* 28, 165

33^{v}.5-6 Die Tabakraucher \ Outsiderorden Zwei Stichworte, vielleicht mit den
Dialogentwürfen »aus den Rauchern«* zusammenhängend. 23^{r}.7-24^{r}.15

34^{r}.1 <u>31422 Faber</u> Telefonnummer des Schauspielers Erwin Faber, Schack-
straße 10, München-Maxvorstadt (*Adreßbuch München 1923*).* Er spielte in → *NB 15*, 10^{v}
mehreren Aufführungen von Brechts Theaterstücken mit, so in den Uraufführungen von *Trommeln in der Nacht* (Premiere: 29. September 1922, Münchener Kammerspiele; Regie: Otto Falckenberg), von *Im Dickicht* (Premiere: 9. Mai 1923, Residenz-Theater München; Regie: Erich Engel) und von *Leben Eduards des Zweiten von England* (Premiere: 18. März 1924, Münchener Kammerspiele; Re-
gie: Bertolt Brecht). Im Stückprojekt *Hannibal* (1922) sah Brecht eine Rolle für BBA 449/27 |
ihn vor,* ebenso in dem Filmprojekt *Drei im Turm** (Juli 1921; Brecht an Zoff, → zu *NB 9*, 14^{r}.15-4,
Anfang Dezember 1922*). Im Film *Mysterien eines Frisiersalons** spielte er Prof. 21^{v}.3-25^{v} BBA E 20/40-41 |
Moras (im Februar 1923 gedreht; Regie: Erich Engel und Bertolt Brecht). → zu *NB 15*, 36^{v}.3

34r.2 20416 Ebinger Wohl Münchener Telefonnummer von Blandine Ebinger. Sie spielte die Anna Balicke in der Berliner Erstaufführung von *Trommeln in der Nacht* (Premiere: 20. Dezember 1922, Deutsches Theater; Regie: Otto
→ zu 34r.1 Falckenberg) und die Friseuse in *Mysterien eines Frisiersalons**. Weihnachten
BBA E 69/30; → *BFA* 13, 243 1922 widmete ihr Brecht das Gedicht *Maria**; der Gedichtentwurf *Kouplets für*
BBA 452/99; → *BFA* 13, 258f. *Blandy** (um 1922) ist wohl ebenfalls auf sie bezogen. Sie war von 1919 bis 1926
→ zu *NB 15*, 26v.11-9 mit Friedrich Hollaender* verheiratet. Marta Feuchtwanger erinnert sich (Brief an Werner Frisch, 25. September 1968):

BBA Z 2/244

> Blandine Ebinger reizte Brecht als Schauspielerin. Er sagte, sie sei duenn und boese -- das schien ihm damals ein grosses Lob.

34r.3 Chausseestraße 59 Berliner Adresse. In der Chausseestraße 59 wohnten 1922 etwa 50 Parteien (*Adreßbuch Berlin 1923*); ob sich Brecht auf eine davon bezog oder ob er nur einen Treffpunkt notierte, läßt sich nicht feststellen.

34v.1-4 Aber wachet erst recht auf *[...]* Strafe. Zitat aus dem evangelischen Kirchenlied *Mache dich, mein Geist, bereit...* von Johann Burchard Freystein bzw. der darauf basierenden Kantate von Johann Sebastian Bach, wohl mit dem
17v.8-18r.3 oben* konzipierten Projekt *Choräle* zusammenhängend; in *Gesangbuch 1865*, Nr. 438 hat es den Wortlaut:

> Mache dich, mein Geist, bereit! Wache, fleh und bete, Daß dir nicht die böse Zeit Plötzlich nahe trete; Unverhofft Ist schon oft Ueber viele Frommen Die Versuchung kommen.
> 2. Aber wache erst recht auf Von dem Sündenschlafe, Denn es folget sonst darauf Eine lange Strafe; Und die Noth Samt dem Tod Möchte dich in Sünden Unvermuthet finden.

34v.6-10 61959 \ Wendelstraße 9/1 *[...]* Rotkreuzplatz Münchener Telefon-
→ zu *NB 3*, 37v-38v.3 nummer und Adresse von Jacob Geis*, »art⟨*istischer*⟩ Sekret⟨*är*⟩ d. Nationaltheaters« (*Adreßbuch München 1923*); Geis wohnte im ersten Stock der vom Rotkreuzplatz nach Westen abzweigenden Wendlstraße 9 (heute Wendl-Dietrich-Straße) in München-Neuhausen. Zum Rotkreuzplatz verkehrte die Straßenbahn-Linie 1 vom Ostbahnhof über Hauptbahnhof und Marienplatz und weiter nach Nymphenburg.

34v.11 31646 Zoff Wohl Münchener Telefonnummer von Marianne Zoffs Bru-
→ zu *NB 9*, 13v.10-16 der Otto Zoff*, Dramaturg an den Kammerspielen; Zoff wohnte in München-Schwabing, Siegesstraße 18, 1. Stock (*Adreßbuch München 1923*).

35r.6-1 Der Verrat: er *[...]* verrät sich Konzept, vielleicht mit dem Theater-
→ zu 9r-28r stück *Friedland/Familie Murk** zusammenhängend.

35r.11-10 München ab 6$^{\underline{15}}$ *[...]* Augsburg " 6$^{\underline{45}}$ Die beiden Abfahrtzeiten lassen sich weder für morgens noch für abends in den Kursbüchern von 1922 nachweisen.

35v.1-2 Weitbrecht *[...]* **Heinrich 7** Wohl Potsdamer Adresse von Oda Weitbrecht, von August 1921 bis März 1923 Verlagsmitarbeiterin beim Gustav Kiepenheuer Verlag (Potsdam) im Bereich Herstellung (*Funke 1999*, 90). Bronnen zufolge hatte Brecht sie im Februar/März 1922 auf einem Kostümfest bei Hermann Kasack in Potsdam kennengelernt (*Bronnen 1960*, 31f.). Im Sommer 1922 korrespondierte sie mit Brecht über Verlagsangelegenheiten* und mögliche Besuche. Ob sie wie geplant nach Augsburg oder München kam, läßt sich nicht feststellen; Brecht konnte aus finanziellen Gründen erst Mitte Oktober für wenige Tage nach Berlin kommen; zuvor hatte er ihr geschrieben:

→ zu 9v-22v.14 (5-7), 33v.1-3

> Aber wie leben in Berlin, ich bin mit Vatern verkracht, mußte mir den Strohhut selber kaufen, pfui Teufel dieser Betrieb! Und ⟨*Hermann*⟩ Kassack schweickt wie der große Manetou vonwegen des Göstavorschusses und überhaupt und Sie wollen womöglich nach Leipzig, sagt Herr ⟨*Georg*⟩ Kulka, Leipzig! Seid ihr blind gegen euer Glück? Werde ich nicht wie ein Vater sein zu Ihnen? Es wird spaßige Stücke geben im deutschen Theater und Ihre B. Brecht u. Co., Gitarre, Intrige, Arbeit!

BBA Z 43/72; → *BFA* 28, 167

35v.4-6 Nürnberger 41 \ Gartenhausatelier \ Olga Woyen Wohl Münchener Adresse der Schauspielerin Olga Woyen.

36v.1-3 Pfalzburg \ 1643 \ D¿a¿ Berliner Telefonnummer. Laut *Adreßbuch Berlin 1923* gehörte der Anschluß »Pfalzburg 1643« dem Kaufmann Otto Krause, Berlin-Wilmersdorf, Joachim-Friedrich-Straße 53.

36v.4-5 Kurfürst 3014 \ Weg Telefonnummer von Paul Wegener, Am Karlsbad 2, Berlin-Tiergarten (*Adreßbuch Berlin 1923*).* Auf den Schauspieler bezog sich Brecht Anfang der 1920er Jahren häufiger.*

→ *NB 15*, 26v.8-6

→ zu *NB 5*, 38r.11-14, *NB 9*, 20r.13-21r, *NB 12*, 30v.5-31r.6

36v.6-10 Mariendorf \ Postst. \ Eikoatelier \ Marienfelde \ 9h Die Eiko-Film AG (ab Juli 1922: Terra Glashaus GmbH) besaß ab 1913 Filmateliers in Mariendorf (Straße 94, Poststelle Marienfelde; *Adreßbuch Berlin 1923*). Marienfelde und Mariendorf waren 1920 im Groß-Berliner Bezirk Tempelhof eingegliedert worden.

37v Große Frankfurter 20 \ Hanne Sauer In der Großen Frankfurter Straße 20, 2. Stock in Berlin-Friedrichshain wohnte der Stadtmissionar a. D. Peter Sauer (*Adreßbuch Berlin 1923*); über Hanne Sauer ist nichts bekannt.

38v.2 Zentrum 15370 Telefonnummer des Verwaltungssitzes der Berliner Staatstheater in Berlin-Mitte, Dorotheenstraße 3 (*Handbuch Preußischer Staat 1922*, 116).

38v.4 Liebmann Gemeint ist wohl Robert Liebmann, der u.a. in den 1920er Jahren Libretti und Revuetexte sowie Filmdrehbücher für die Richard Oswald-Film AG schrieb.

38v.5-6 Steglitz 853 \ Mewes Telefonnummer der Schauspielerin Anni Mewes.*

→ zu 32r.1-4

38^{v}.7 **Bendler 14** In der Bendlerstraße 14 in Berlin-Tiergarten (heute: Stauffenbergstraße) befand sich das Reichswehrministerium (*Adreßbuch Berlin 1923*).

38^{v}.8 **Bamberger 25** In der Bamberger Straße 25 in Berlin-Wilmersdorf wohnte u. a. der Schauspieler Ernst oder Erner Hübsch (weiterer Wohnsitz: Belziger Straße 11; *Adreßbuch Berlin 1923*). Er wirkte mit in Filmen wie Fritz Langs *Der müde Tod* (1921) oder *Dr. Mabuse, der Spieler* (1921/22), aber auch in Ernst Reichers Detektivserie um den Ermittler Stuart Webbs, für die Brecht das Drehbuch *Das Mysterium der Jamaika-Bar** (Februar-April 1921) geschrieben hatte.

→ zu *NB 11*, 28v

38^{v}.10, 12 **Englischer Hof** Gemeint ist vielleicht das Münchener Hotel Englischer Hof (Dienerstraße 11; gegenüber der Hauptpost).

38^{v}.11 **7$^{\underline{10}}$ Anhalt** Wohl Uhrzeit für eine Verabredung oder Abfahrts- bzw. Ankunftszeit eines Zuges vom bzw. am Berliner Anhalter Bahnhof.

39^{r}.1-5 **Es trübt ihm den Kaffee *[...]* Hahn.** Zwei wohl voneinander unabhängige Eintragungen; bei der zweiten handelt es sich wohl um Notizen zu Filmtechniken*.

→ zu *NB 9*, 21v.3-17

39^{r}.6 **Franz Josef 23** In der Franz-Joseph-Straße 23 in München-Schwabing wohnten u. a. der Schauspieler Arnold Marlé (Parterre) und die Kammersängerin Maria Jerabek (3. Stock); dort befand sich auch die Geprak, die Gesellschaft für praktische Kinematographie (*Adreßbuch München 1923*).

39^{v}.1, 3 **Hohenzollern 31 \ Ringelnatz** In der Hohenzollernstraße 31a in München-Schwabing lebte Joachim Ringelnatz Anfang der 1920er Jahre (im *Adreßbuch München 1923* unter seinem bürgerlichen Namen Hans Bötticher verzeichnet). Brecht kannte Ringelnatz wohl von dessen Auftritten im Münchener Kabarett Simplicissimus; im September 1921 hatte er den Namen der Titelfigur von Ringelnatz' Gedichtband *Kuttel Daddeldu* (*Ringelnatz 1920*) im Kontext von *Im Dickicht* notiert.* Ringelnatz wirkte in den beiden Vorstellungen von *Die rote Zibebe* von Karl Valentin und Bertolt Brecht an den Münchener Kammerspielen (30. September, 1. Oktober 1922) mit, wo er sein Gedicht *Die Riesendame der Oktoberwiese* vortrug (*Heißerer 2015*, 12, 25-28).

NB 12, 24r.3-4

39^{v}.2 **April ¿ Straub** Wohl Ende März notierter Termin für ein Treffen mit der Schauspielerin Agnes Straub* Anfang April 1922 in Berlin; das genaue Datum ist infolge Textverlusts nicht bekannt. Straub spielte die Mutter in der Berliner Erstaufführung von Arnolt Bronnens *Vatermord*. Brechts Regiearbeit begann um den 21. März;* um den 24. März schrieb er an Marianne Zoff:

→ 40v.8; → zu 18r.5-18

BBA E 21/268-269; → *BFA* 28, 156

> Ich half Bronnen, d[as]*ie* Rolle mit der Straub durchzusprechen und sie notierte sogleich alles und beschwor <beschwor> mich, die Regie zu führen, ich sei der erste <1.> Mensch, der *ihr solche Dinge sage und dem Schauspieler* sofort sachlich ~~dem Schauspieler~~ kommt. |

> Ha! Die andern Rollen liegen bei Twardowski und H. George. Montag erste Bühnenprobe, gestern und heut stundenlange Besprechungen, Leseproben, Kämpfe. → zu 40r.6-7

Wenig später gab er die Regie auf (Brecht an Zoff, undatiert, wohl Ende März 1922):

> Die Regie habe ich nach atemraubenden Krachen mit der Straub niedergelegt! Ich habe mich ganz verkracht | sie sollen mich..... BBA E 20/38-39; → *BFA* 28, 159

Die Regie übernahm Berthold Viertel*, die Premiere war am 14. Mai (Junge Bühne am Deutschen Theater, Berlin). → zu 18r.5-18

Außerdem spielt Straub* u. a. im April 1922 die Violet in Hermann Bahrs *Der Meister* (Deutsches Theater, Berlin; Premiere: 7. April 1922) und in der Berliner Erstaufführung von Brechts *Leben Eduards des Zweiten von England* die Anna (Schauspielhaus am Gendarmenmarkt, Berlin; Premiere: 4. Dezember 1924; Regie: zunächst Brecht, dann Jürgen Fehling). → 40v.8

39v.5 Singender Fisch Alfred Brusts »Drama in drei Nächten« *Der singende Fisch* (*Brust 1920*) wurde am 9. April 1922 in einer durch Moriz Seeler* initiierten einmaligen Sonntagsmatinee am Deutschen Theater Berlin aufgeführt. Der Regisseur Bernhard Reich erinnert sich (*Reich 1970*, 91f.): → zu 18r.5-18

> Mein Regiekollege bei Reinhardt, Karl Heinz Martin, der Dramatiker José Rehfisch, der Kritiker des »Vorwärts«, Max Hochdorf, und ich taten uns zusammen. Da die großen Direktoren für junge, noch unbekannte Dramatiker nichts taten, so wollten wir uns für sie einsetzen und ihre Stücke einem kunstinteressierten Publikum vorführen. Wir nannten uns stolz die Gesellschaft »Heute und Morgen«. Als erste Premiere sollte Alfred Brusts »Der singende Fisch« in Szene gehen. Ich übernahm die Regie, die Schauspieler spielten gratis – Roma Bahn, Emilie Unda, Fritz Kampers, Wilhelm Dieterle. Die Vorstellung fand als Matinée im Deutschen Theater statt. Die Presse kam; sie lieferte achtungsvolle, kühle Rezensionen. Wir begriffen: Unser Unternehmen hatte nicht die geringsten Folgen. Zu einer zweiten Premiere kam es nicht.

39v.9 Waitzstraße 9 In der Weitzstraße 9 in Berlin-Charlottenburg wohnte u. a. die Opernsängerin Hedwig Flieser (*Adreßbuch Berlin 1923*).

39v.12 Steinplatz 14015 Berliner Telefonnummer.

39v.16-17 Corneliusstr. 8 / 2. Rück \ Ludwig Färber 1. Stock Adresse des Schneiders Ludwig Färber, München-Isarvorstadt, Corneliusstraße 8, Seitengebäude, 1. Stock (*Adreßbuch München 1923*).

39v.19 26137 Wohl Münchener Telefonnummer.

39v.25-21 Falkenberg *[...]* Victoriastr 11 \ 30910 Adresse und Telefonnummer des Intendanten der Münchener Kammerspiele Otto Falckenberg, München-Schwabing, Viktoriastraße 11, 4. Stock (*Adreßbuch München 1923*).

→ 17v.8-18r.3 **40r.1 Choräle!** Das Stichwort steht wohl in Zusammenhang mit dem oben* konzipierten *Choräle*-Projekt.

40r.3-4 Barerstr. 47/I \ Wü Seitz In München-Maxvorstadt, Barerstraße 47, führte Paula Hering ein Fremdenheim (*Adreßbuch München 1923*). Gemeint ist → zu *NB 11*, 28v vielleicht der Filmregisseur Franz Seitz.* Die Adresse notierte Brecht auch auf 43r.10-11 einem ins vorliegende Notizbuch eingelegten Blatt.*

40r.6-8 George Nowawes 337 *[...]* Kleines V Berliner Telefonnummern zur → zu 19r.1-10 Kontaktaufnahme mit Heinrich George* und Hans Heinrich von Twardowski. Beide spielten zusammen mit Agnes Straub in der Berliner Aufführung → zu 18r.10, 39v.2 von Arnolt Bronnens *Vatermord*.* Die erste Telefonnummer ist die des Hoteliers Max Kindel bzw. seines Kurhauses Neubabelsberg, Teltower Straße 3, in Steinstücken, Berlin-Wannsee (*Adreßbuch Berlin 1923*). Die zweite ist einer der Anschlüsse der Berliner Messter-Film GmbH, die 1922 ihren Sitz in der Oberlandstraße 27/28 in Berlin-Tempelhof hatte (*Adreßbuch Berlin 1923*). Die Firma war 1908 von Oskar Messter in Berlin gegründet worden und gehörte ab 1917 zur Universum Film AG (Ufa), produzierte aber weiterhin Filme unter ihrem eigenen Namen.

40v.1 Entwurf einer Melodie; einige der ursprünglich notierten Noten sind nicht mehr erkennbar.

40v.2-10 Nikolassee \ Küstrinerstraße 13 *[...]* Steinplatz 4148 Adresse und wohl auch Telefonnummer der Schauspielerin Agnes Straub in Berlin-Halensee, Cüstriner Straße 13 (heute Damaschkestraße; *Adreßbuch Berlin 1923*). Der Nikolassee liegt dagegen in Berlin-Zehlendorf. Brecht trug beides wohl Mitte März 1922 in Zusammenhang mit den Proben zu Bronnens *Vatermord* → zu 39v.2 ein.*

40v.2-5 v. Gadow \ Westringen \ bei Buchloe 1922 war der Amtsverwalter a. D. Hans Jürgen Gadow in Langerringen, Haus Nr. 199 gemeldet; Westerringen ist → 32r.8-13 ein Ortsteil dieser nördlich von Buchloe* gelegenen Gemeinde.

40v.14 Nowawes 337 Berliner Telefonnummer des Kurhauses Neubabels- 40r.4 berg.* Brecht trug sie wohl Mitte März 1922 zur Kontaktaufnahme mit Heinrich → zu 39v.2 George in Zusammenhang mit den Proben zu Bronnens *Vatermord* ein.*

40v.18-20 Eisenach 64 \ Steuben Adresse der Schauspielerin Hertha Steuben in Berlin-Schöneberg, Eisenacher Straße 64, 2. Stock (*Adreßbuch Berlin 1923*), wohl im März, April 1922 eingetragen.

40v.24-7 Wedekind / Sommerfest *[...]* Der Hofmeister Liste mit Werktiteln, wohl zwischen April und Juni 1922 eingetragen:

- im Musenalmanach *Sommerfest* erschien u. a. Frank Wedekinds Gedicht *Selbstschau* (4. Juli 1921)
- Frank Wedekind, *Bismarck*, historisches Schauspiel (1916)

- John Millington Synge, *Der Held des Westerlands* (1907; deutsche Übersetzung 1912)* → zu 9^{v}.10-14
- Knut Hamsun, *Königin Tamara* (1903; deutsche Übersetzung 1903)* → zu *NB 3*, 46^{r}-47^{v}.8
- August Strindberg, *Das Geheimnis der Gilde* (1880; deutsche Übersetzung 1903)* → zu 9^{v}.10-14
- Bertolt Brecht, *Baal** → zu *NB 3*, 4^{r}.3-4^{v}.1
- Ernst Barlach, *Der arme Vetter* (1918)
- Frank Wedekind, *Die junge Welt*, Komödie (1897)
- Friedrich Schiller, *Wallenstein*, dramatisches Gedicht (1798/99)* → zu 9^{r}-28^{r}, 20^{v}.6-21^{r}.7
- Heinrich von Kleist, *Prinz Friedrich von Homburg oder die Schlacht bei Fehrbellin* (entstanden 1809/10)* → *NB 15*, 3^{r}.7-8
- Lion Feuchtwanger, *Der holländische Kaufmann* (entstanden 1919/20; Uraufführung und Erstdruck: 1923)
- Wohl Arnolt Bronnen, *Die Exzesse*, Lustspiel (entstanden: Anfang 1922; Erstdruck: 1923)* → zu 18^{r}.10
- Gerhart Hauptmann, *Der Bogen des Odysseus* (1914); *Kaiser Karls Geisel*, ein Legendenspiel (1908)
- Wedekind, *Musik*, Sittengemälde in vier Bildern (1908)
- Jakob Michael Reinhold Lenz, *Der Hofmeister*, Tragikomödie (1774)*. → zu 31^{v}

41^{r}-42^{v} Sind sie vielleicht in den Septemberwinden *[...]* Loch Gedichtentwürfe; Eintragungsfolge:

(1) Zunächst halbierte Brecht ein Blatt und faltete das vorliegende Teilstück zum Doppelblatt; darauf notierte er zwei Verse:

Sind sie *vielleicht* in den Septemberwinden 41^{r}.1-4
im roten Blattwipf? Oder unterm Schnee?

Darunter ergänzte er mehrere Stichworte*, »Abgestorbenen« vielleicht als eines für den Titel. 41^{r}.4-10

(2) Nach Drehung des gefalteten Doppelblatts um die horizontale Achse trug Brecht fünf Verse (anderes Metrum, vielleicht eine vollständige Strophe) ein und ergänzte später für »Ja de si noch« Betonungszeichen:

In den Tempeln wie in Futteralen 42^{v}.10-1
stecken die Götter vom Ja de si noch
ihre morschenden Gläubigen zahlen
nicht mehr das talg für die Opferschalen
und nicht den Rauch für das fangende Loch

(3) Nach Auffaltung des Doppelblatts folgten weitere Notate, wohl für die erste Strophe, vielleicht auch als Varianten für zuvor notierte Verse (→ 2):

41r.15-11 Sie liegen in Leder
Jahre wie Gänse fliegen
⟨*1. Entwurf:*⟩ Aber wir sind der Rauch ⟨*der*⟩ aufstieg.
⟨*2. Entwurf:*⟩ Aber sind sie denn der Rauch ⟨*der*⟩ aufstieg?

(4) Zu einem unbekanntem Zeitpunkt, jedoch frühestens nach (2) ergänzte
42v.11 Brecht »Kap. 2«*.

43r.2-4 Sonntag vorm. 11^{h} \ etnograph. Museum \ Hofgarten Termin und Treffpunkt in München-Altstadt. Das 1862 gegründete Museum war bis 1925/26 als Galerie-Gebäude in den Münchener Hofgartenarkaden untergebracht. Nur von 1912 bis 1917 hieß es Königlich Ethnographisches Museum, danach Museum für Völkerkunde (heute: Museum Fünf Kontinente).

43r.6-8 $2^{\underline{15}}$ – 4 \ Immre Müller \ chem. Churs Wohl Termin für einen chemischen Kurs des Mediziners Imre Müller (Schwerpunkt Geschlechtskrankheiten) in München.

43r.10-11 Barerstr. 47/1 \ Seitz Adresse in München-Maxvorstadt, auch im
→ zu 40r.3-4 Notizbuch selbst notiert.*

44v Chiemsee \ Rimsding \ Prankl Adresse des Bauern Lorenz Prankl (Hausnummer 3) oder des Zimmermanns Josef Prankl (Hausnummer 20) in Rimsting am Chiemsee (*Adreßbuch Rosenheim 1921*, 355f.).

45r Sie \ sanken noch lang *[…]* hinabsinken. Entwürfe für ein Prosa- oder
→ zu *NB 4*, 16r.1-10, 25v-26r, 42v.19 freirhythmisches Gedicht, motivisch mit anderen Seefahrergedichten (1920)*,
NB 2, 5r.6-7r.18 Stückprojekten wie *Das Lazarettschiff/Der Kaufmann** (1919) oder *Die Fleisch-*
NB 8, 21r-23r, *NB 9*, 18r.1-4 | → zu 20r.6-12 *barke** (1920) und den Flibustiergeschichten (1919-25)* verwandt. Schon Mitte
März 1918 hatte Brecht an Caspar Neher geschrieben:

BBA E 2/76 Uns steht noch so viel bevor! Auf einem Schiff fahren, morgens, mittags, in der Nacht! […] Und nachts in Mastkörben unter dem Orion!

45v-46v Lupu Pick und Manke Pansche *[…]* dem Knie. Gedichtentwurf;
45v.1-2 die ersten beiden Zeilen* sind wohl als Vers, vielleicht auch als Titel gedacht.
Konstituierter Text:

45v.1-2 Lupu Pick und Manke Pansche
⟨*Freiraum für weitere Verse*⟩

45v.3-6 Ihre Worte waren bitter
ihre Wege liefen krumm.
Hin durch 7 lange Jahre.
Sieben Jahre gingen um.

Lupu Pick und Manke Pansche 45v.7-8
Haare weiß und Häute welk
⟨*Freiraum für weitere Verse*⟩

Mit dem linken schon umwölkten 46r
Auge sah ihn Lupu Pick
und er fällt ihn stumm mit einem
sichern Schlag in das Genick.

Pansche, der begriff mit Schaudern
und er krabbelte hinaus
dick und haarig in das Reisfeld
und besann sich einiges aus.

Und er kam herein mit Eimern
voller Reis und Fleisch und Wein
und er stopfte und er goß es
dem geschwächten Lupu ein.

⟨*vielleicht Freiraum für eine weitere Strophe*⟩

Lupu Pick, voll angefressen 46v
jagte ihn mit einem Blick
in die nasse Hundehütte
So brutal war Lupu Pick.

Ja, er kniff dann in die Backe
<welche Backe sag ich nicht>
Manke Pansches Weib und kam dann
schwankend zu ihm ins Dickicht.

Und er schrie, die haarige Brust sich
trommelnd heißer wie ein Vieh
komm heraus, Hund Manke Pansche
und stieß nach ihm mit dem Knie.

⟨*vielleicht Freiraum für eine weitere Strophe*⟩

Der Name Lupu Pick geht zurück auf den gleichnamigen österreichisch-rumänischen Theater- und Filmschauspieler, der ab 1913 in Berlin tätig war. Lupu heißt auch eine Figur im Theaterstück *Baal*, Pick eine in *Galgei**. Varianten des Namens Manke kommen im Gedicht *Mankeboddel Bol sieht wie ne Bulldog aus…** und in den Theaterstücken *Trommeln in der Nacht** (Picadillybarmanke, Zibebenmanke) und *Im Dickicht* (Pat Mankyboddle, Manky, Mankey, Monkey, Francis Mankeyboddle, anfangs auch Kuddeldaddeldu – nach der Kunstfigur von Joachim Ringelnatz* –, Panke Rei oder Pantsche Rei)* vor.

→ zu *NB 2*, 2r.20-2v.2
→ zu *NB 4*, 35v | → zu *NB 2*, 15v
→ zu 39v.1, 3 | → zu *NB 12*, 24r.2-7, *NBA* 3, 628

47^{r}-47^{v} / amerikanisches Duell *[…]* `kriegt` Konzepte für das Filmprojekt *Das Goldfieber*. Brecht begann die Arbeit handschriftlich mit Stichworten zu Szenerie und Handlung; in den getippten Passagen entwickelte er diese weiter. Auf der Rückseite folgt der Neuansatz für ein drittes, die zuvor festgehaltenen Handlungsmomente teilweise aufgreifendes Konzept. Ob die Skizzen zu dem Projekt gehören, läßt sich nicht entscheiden. Mit Filmprojekten beschäftigte sich
→ zu *NB 9*, 21^{v}.3-25^{v} Brecht intensiv ab 1921.*

48^{r}-49^{r} daß er, falls es sich nur \ rentiere *[…]* **Rausch.** Nicht zusammenge-
48^{r}-48^{v}, 49^{r} hörende Prosa- und Gedichtentwürfe*.

50^{r} Und von ihr stammt *[…]* **heiter** Gedichtentwurf, in mehreren Arbeitsphasen eingetragen; später teilweise für *Sentimentalische Erinnerungen vor einer Inschrift* verwendet:

BBA 452/78; → *BFA* 13, 265 f. → 50^{r}.6-14

1 Zwischen gelbem Papier, das mir einst was gewesen
Man trinkt und man liest es - betrunken ists besser
Eine Fotografie. Und darauf steht zu lesen:
R[e]*E*IN. SACHLICH. BOESE. Das Aug wird mir nässer.

→ 50^{r}.1-5

2 Sie wusch sich immer mit Mandelseife
Und von ihr war auch das Frottierhandtuch
Das Tokaierrezept und die Javapfeife
Gegen den Liebesgeruch.

3 Ihr war es ernst. Sie schwamm nicht. Sie dachte.
Sie verlangte Opfer für die Kunst.
Sie liebte die Liebe, nicht den Geliebten, [sie]*ihr* machte
keiner einen [R]*r*osa Dunst.

4 Sie lachte, sie duldete keinen Dulder
Sie hatte keine Wanzen im Hirn
Sie hatte den Griff und die kalte Schulter
Mir steht beim Drandenken der Schweiss auf der Stirn.

5 So war sie. Bei Gott, ich wollte, man läse
auf meinem Grabstein d[r]*e*reinst: hier ruht
→ 50^{r}.10-12 B.B. REIN. SACHLICH. BOESE.
Man schläft darunter bestimmt sehr gut.

51^{r}-52^{v} 2 \ Steinbruch \ weißer Kalk *[…]* **Gewiß!** Entwurf für das Theaterstück *Im Dickicht*, verwendet in Szene 2. *Im Steinbruch*:

BBA 2123/14 11^{a}

2.

I m S t e i n b r u c h .

Weisser Kalkhang. Vormittag. Hinten Rollen der Pacificzüge.
George Garga. Der Grüne.

GARGA: (zerlumpt, in Hemd und Hose[n], Hände in den Hosentaschen[(]*)*

Ein gewöhnlicher Vormittag. Bemerkst du etwas, Siere?

DER GRUENE:

Gehen wir einen weiter trinken !

GARGA:

Was ist der Lärm?

DER GRUENE:

Die Züge nach Illinoit .

GARGA["]:

Ja. Alles in Ordnung.

DER GRUENE:

Stiefelst du überhaupt nicht mehr in einen Laden,Herr ?

GARGA:

Ich habe frei .

DER GRUENE:

Trinken wir !

GARGA:

Nein. Nein.

DER GRUENE:

Was ist es eigentlich mit der Näherin ?

GARGA: (pfeift)

DER GRUENE:

Ist sie auch frei ?

GARGA["]:

Die Wolken ! Magst du es, wenn man dir den Stiefel in den Kiefer tritt ?

DER GRUENE:

Nein.

GARGA:

Was ist zu machen ?

DER GRUENE: (zieht einen Revolver heraus)

GARGA: (nimmt ihn)

Danach trinken wir eins. Man [k]*m*ag nicht, dass einem einer den Stiefel in den Kiefer tritt.

DER GRUENE:

Was will er eigentlich ?

GARGA: (zuckt die Achsel)

Er spuckt mir eines Vormittags einen kleinen Kirschstein ins Au[¿]*g*.

DER GRUENE:

Unbekannt ?

GARGA:

Nie gesehen. |

11b BBA 2123/15

DER GRUENE:

Vorsicht ! Kaltes Blut ! (oben Zugrollung) Das ist der Pacifi*k*. New York ! - Wird er halsstarrig sein wollen ?

GARGA:

Gewiss !

DER GRUENE:

Auf Dich gewartet haben ?

GARGA:

Ich komme aus dem blauen Himmel.

DER GRUENE:

Trinken ist auf alle Fälle besser. Bei den Weibern liegen. Rauchen.

GARGA:

Die Zähne zeigen ist nicht schlecht.

[¿]DER GRUENE :

Wenn sie gut sind.

Brecht hatte die Arbeit an dem Theaterstück im September 1921 im Notizbuch
→ zu *NB 12*, 9r-57r.10 (3), *NBA* 3, 626 f. und auf separaten Blättern wie dem vorliegenden begonnen.* Mitte Oktober 1921 lag ein erstes Gesamttyposkript vor (nicht überliefert), in dem die Szene 2. *Im Steinbruch* noch fehlte. Brecht ergänzte sie nachträglich im oben zitierten
→ zu *NB 12*, 9r-57r.10 (14) zweiten Gesamttyposkript* (Mitte Dezember 1921). Die vorliegende Eintragung dürfte zu dieser Zeit entstanden sein.

51r.16 Die Züge nach Illinois* werden auch im Entwurf *G: \ Wissen Sie, was mir*
NB 10, 15v.7-9 | → 52v.3-5 *einfiel? …** (um den 18. November 1921) zu *Im Dickicht* erwähnt. Das Spucken*
→ *NB 12*, 18v.16, 28r.4, 8, 34v.1, 51r.9, 55v.10-12 als Zeichen der Verachtung ist ein wiederkehrendes Motiv im Stück.*

Notizbuch 14

Beschreibung

wohl Dezember 1921, vielleicht November 1921 bis Januar 1922; indirekte Datierungen: November, Dezember 1921 (→ zu 53ᵛ.1-4), Dezember 1921 (→ zu 53ʳ.1, 53ʳ.5-6, 57ʳ-58ʳ.11), Dezember 1921, Januar 1922 (→ zu 58ʳ.1-5) *Datierung*

NB 14 enthält neben Berliner Adressen, einzelnen Exzerpten und kleineren Prosa- und Dialogentwürfen vor allem Gedichtentwürfe wie die Kallimachos-Nachdichtung *Ein Wicht: Bringt, toter Timon, dich…*, das Prosagedicht *Epistel* oder die Reimgedichte *Jeder Mensch auf seinem Eiland sitzt…*, *Bin gewiß nicht mehr wie jeder Rupfensack…* und die *Ballade eines Mädchens* (später *Von der Kindsmörderin Marie Farrar*). *Kurzcharakteristik*

Archiv der Akademie der Künste, Berlin, BBA 10436/53-64; eingelegt in *NB 13* überliefert (→ *Notizbuch 13, Beschreibung: Format, Umfang*); im Bestandsverzeichnis (*BV* 17348) fälschlich zusammen mit *NB 13* als *ein* Notizbuch verzeichnet *Standort, Signatur*

12,1 × 20,1 cm; 12 von ursprünglich deutlich mehr Blättern *Format, Umfang*

Umschlag fehlt; ursprünglich mit zwei Metallklammern geheftet, Heftung aufgelöst *Umschlag, Bindung*

festes, bräunliches Papier mit abgerundeten Ecken und Rotschnitt *Papier*

Bleistift *Schreibmittel*

BBA 10435: *NB 9* von 1921 (→ *NBA* 2) *Archivkontext*
BBA 10436/1-52: *NB 13* von 1922
BBA 10436/65: »Verband Deutscher Bühnenschriftsteller u. Bühnenkomponisten \ 1920 \ Mitgliedskarte für Herrn Bert Brecht«
BBA 10437: *NB 12* von 1921 (→ *NBA* 2)

Auf allen Blättern finden sich, meist am oberen Rand, eine oder zwei stärkere Vergilbungen oder kleine Flecken. Beides stammt von den 1956-57 im BBA mit Klebstreifen angebrachten Signaturzetteln. Im Rahmen der Restaurierung 2006 wurden diese Signaturen abgelöst, und das ganze Notizbuch wurde neu foliiert (am unteren Rand außen). *Verfärbung*

Besonderheiten

- stärker verschmutzte Seite: 64ᵛ
- häufig Abdruck des Bleistifts der jeweils vorangehenden oder folgenden Seiten
- bräunliche Flecken: 62ʳ.15
- Abdruck von Rotstifteintragungen: 53ᵛ.13 (nach »Gregor VII«)
- Blätter mit Eselsohren: 56, 59

Lagenschema und Seitenbelegung

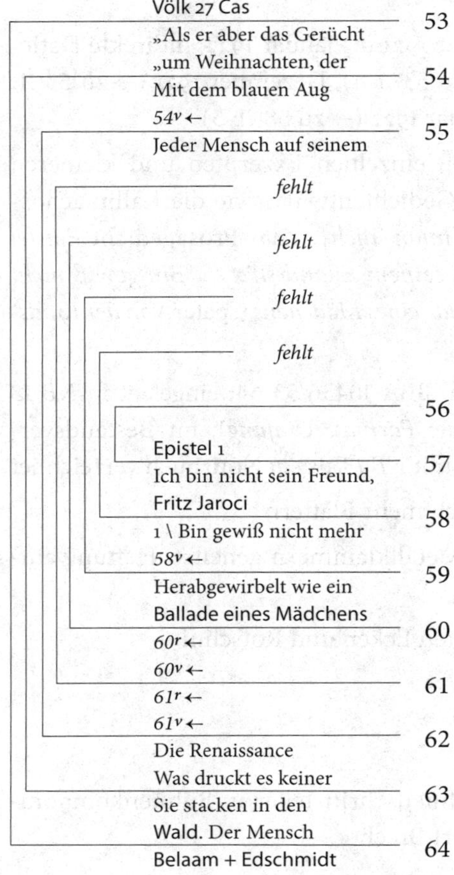

Erläuterungen

53r.1 Völk 27 Cas In der Völkstraße 27 in Augsburg (Literabezirk E; heute Bahnhofs- und Bismarckviertel) wohnte die Familie Caspar Nehers (Eintrag im *Adreßbuch Augsburg 1926*: »Neher Karl Wilhelm, Amtsoberlehrer«). Neher selbst wohnte Anfang der 1920er Jahre in München und studierte dort an der Akademie der Bildenden Künste, hielt sich aber u. a. im Dezember 1921 in Augsburg auf, um einer Sekretärin der Papierfabrik Haindl das zweite Gesamttyposkript von *Im Dickicht* zu diktieren.* → zu *NB 12*, 9r-57r.10 (12, 13)

53r.3-4 Steinplatz 11270 \ Uhland 169/170 In der Uhlandstraße 169/170 in Berlin-Charlottenburg wohnten die Eltern von Dora Mannheim (*Adreßbuch Berlin 1922*): »Mannheim Moritz, Vertreter, W 15, Uhlandstr. 169. 170 T. Steinpl. ⟨*Telefon: Steinplatz*⟩ 11270«. Seine Tochter Dora wohnte 1921 am Belle-Alliance-Platz 6, 2. Stock (*Adreßbuch Berlin 1922*). Brecht hatte sie Ende Februar 1920 auf einem Berliner Kostümfest kennengelernt und schon damals Adresse und Telefonnummer ihrer Eltern notiert.* → zu *NB 3*, 43v.1-6, 50r.1-4

53r.5-6 Kurfürstendamm 244 \ Steinplatz 12975 Adresse und Telefonnummer des Schriftstellers und Herausgebers der Wochenzeitschrift *Das Tage-Buch* Stefan Großmann* in Berlin-Charlottenburg (*Adreßbuch Berlin 1922*). Anfang Dezember 1921 schrieb Großmann für Brecht eine Empfehlung an Arthur Kahane zur Teilnahme an den Proben zu Strindbergs *Ein Traumspiel* (Tagebuch, 11. Dezember 1921). → zu *NB 13*, 20v.1

53r.7-8 Potsdam 123, B \ 822 + 2 Adresse des Ernst Rowohlt Verlags* in Berlin-Schöneberg, Potsdamer Straße 123 b III, Telefon: Amt Lützow, 4931.8-4 (*Adreßbuch Berlin 1922*). → *NB 9*, 43v.1

53v.1-4 „Als er aber das Gerücht *[...]* Merkrusark Motto des ersten Kapitels von Knud Rasmussens Reisebericht *Neue Menschen. Ein Jahr bei den Nachbarn des Nordpols* in der Bearbeitung von Carl Seelig (*Rasmussen 1920*). Brecht kannte es wohl aus Wilhelm Schmidtbonns Besprechung *Neue, alte Menschen* (*Das Tage-Buch*, 5. November 1921, 1342f.):

> »Als er aber das Gerücht von den neuen Menschen vernommen hatte, fand er seine Ruhe nimmermehr« Der alte Merkrusark.
>
> Dieses Motto steht vor einem Buche, das der Sohn eines dänischen Vaters und einer grönländischen Mutter schrieb. Mitten in den Wiesen Dänemarks ließ das Bild des fernen, niegesehenen Eislandes seinen Herzschlag nicht zur Ruhe kommen. *[...]* Die dänische Grönlandexpedition 1903 gab die Gelegenheit. Das Buch, von Carl Seelig neu herausgegeben, berichtet davon.

53^{v}.6-8 Siehe Adam ist worden als *[...]* Moses I 3, 22 Zitat aus 1 Mos 3:

> 22. Und Gott der Herr sprach: Siehe, Adam ist worden als unser einer, und weiss, was gut und böse ist. Nun aber, dass er nicht ausstrecke seine Hand, und breche auch von dem Baum des Lebens, und esse, und lebe ewiglich!
> 23. Da liess ihn Gott der Herr aus dem Garten Eden, dass er das Feld baute, davon er genommen ist;
> 24. Und trieb Adam aus, und lagerte vor den Garten Eden die Cherubim mit dem blossen hauenden Schwert, zu bewahren den Weg zu dem Baum des Lebens.

Brecht verwendete das Zitat 1934/35 als Motto für den Entwurf *Polemik gegen Lenin*:

BBA 245/22; „adam ist worden wie unsereiner
→ *BFA* 22, 46 + weiß was gut + böse ist"
Gott

53^{v}.10-14 dilexi iustitiam et odi *[...]* 1079 Salerno Ungenaues Zitat der Grabinschrift von Papst Gregor VII., gestorben 1085 im Exil in Salerno:

> Dilexi iustitiam et odivi iniquitatem; propterea, morior in exilio
> ⟨*Ich liebte die Gerechtigkeit und haßte das Unrecht; deshalb sterbe ich im Exil*⟩

54^{r} „um Weihnachten, der toten Zeit *[...]* <Villon> Zitate aus François Villons *Das kleine Testament,* übersetzt von Karl Klammer (*Villon 1918*, 3, 8):

⟨*2. Strophe:*⟩
Nun, wie gesagt, zu jener Zeit,
→ 54^{r}.1-2 um Weihnachten, der toten Zeit,
in der der Wolf vom Sturmwind lebt,
und man sich in sein Haus vergräbt,
vor all dem Schnee, beim Ofenbrand:
begann in mir der Plan zu reifen,
das sehr verliebte Liebesband,
das mich beengte, abzustreifen.

⟨*19. Strophe:*⟩
Herrn Jacques Raguier vermach ich gerne
→ 54^{r}.4 die »Große Feigenbaum«-Taverne
und Barsche, Birnen, Kraut und Krapfen
umsonst im Loch zum »Tannenzapfen«.
Gut eingehüllt und zugedeckt,
mag er sich's dort gemütlich machen,
die Füsse zum Kamin gesteckt;
wer drüber lachen will, mag lachen.

54^{v}.10-55^{r} Nun, Timon, da du tot *[…]* B Ungenaues Zitat* und Nachdichtung* eines Epigramms des Kallimachos von Kyrene auf Timon von Athen, überliefert in Meleagros von Gadaras *Griechischer Anthologie*, übertragen von August Oehler (*Oehler 1920*, 199): 54^{v}.10-55^{r}.2 | 55^{r}.5-11

Nun, Timon, da du tot, scheint Lichtgefunkel,
Scheint finstere Nacht dir weniger zu loben? –
»Noch bitterer als das Licht hass' ich das Dunkel,
Sind doch hier unten mehr von euch als droben.«

Worauf sich »Zeltgenossen«* bezieht, ist unklar. Brechts Nachdichtung* lautet (konstituierter Text): 55^{r}.4 | 55^{r}.5-12

Ein Wicht:
Bringt, toter Timon, dich die Grabnacht nicht
mehr noch als einst der lichte Tag zum Toben?
Horch, was er spricht:
Noch schlechter ist das Dunkel als das Licht!
Sind doch hier unten mehr von euch als droben!

B

1940, im finnischen Exil, beschäftigte sich Brecht erneut mit Oehlers Übertragung (Journal, 25. Juli 1940):

steff ⟨*Stefan Brecht*⟩ bringt mir den KRANZ DES MELEAGROS, übertragen von august OEHLER. die schönen epigramme erinnern mich an mein sonett RAT AN DIE LYRIKER DER USSSR, OFFENTLICHE BAUWERKE ZU BESCHRIFTEN. ich mache bei einigen der epigramme änderungen und schreibe selber einige neue, als beispiele. BBA 277/25

Wohl in diesem Kontext schrieb Brecht einen neuen Entwurf des vorliegenden Epigramms:

nun, timon, menschenfeind im hadez, sag: BBA 9/24
bringt dich mehr zum leben?
nacht oder tag, was ~~willst du weniger leben?~~
"noch m⟨*e*⟩hr h[l]*a*ss ich das dunkel als den tag
sind doch hierunten mehr von euch als droben."
NACH KALLIMACHOS UND AUGUST OEHLER

55^{v} Jeder Mensch auf seinem Eiland *[…]* Unverschämten. Gedichtentwurf. Sprachkritische Überlegungen* finden sich bei Brecht häufiger, so bereits 1920 im Notizbuch und im Tagebuch.* → 55^{v}.7-8 | → zu *NB 4*, 42^{r}.7-11

57r-58r.11 Epistel 1 *[...]* Menschenverachtung! Entwurf in der Art der Pro-
→ zu *NB 4*, 16v-*NB 5*, 37v sagedichte vom Frühjahr 1920*. Im zeitlichen Umfeld notierte Brecht im Tagebuch:

BBA 1327/52-53 | → 57v.6 ⟨*9. Dezember 1921:*⟩ Immer wieder bricht es au[¿]*s*: die Anarchie in der Brust, der Krampf. Der Eckel und die Verzweiflung. Das | ist die Kälte, die man in seinem Herzen findet. Man lacht, man verachtet das, aber es sitzt im Lachen selbst und es nährt die Verachtung.

⟨*19. Dezember 1921:*⟩
BBA 1327/60 | → 57v.6 Anderes Gedicht

Früher dachte ich: ich stürbe gern auf eigenem Leinzeug.
Heute
rücke ich kein Bild mehr gerad, das an der Wand hängt. Ich lasse die Stores verfaulen,
öffne dem Regen die Kammer, wische mir den Mund *ab* mit fremder Serviette.
Von einem Zimmer, das ich 4 Monde hatte
wußte ich nicht, daß das Fenster nach hinten hinausging <was ich doch liebe .... >
Das kommt alles daher,
weil ich so sehr für das Vorläufige bin und an mich nicht recht glaube.
Dar[¿¿]*um* hause ich, wies trifft und friere ich, sage ich: Ich friere noch.
Und so tief verwurzelt ist meine Anschauung
daß [ich]*sie mir* dennoch erlaubt, meine Wäsche zu wechseln
aus Courtoisie für die Damen <und weil
man gewiß nicht ewig
Wäsche benötigt.>

Das Bild vom »Branntweindunst in meinen Kleidern« findet sich ähnlich in Szene *11. Likörbude* von *Im Dickicht* (1921):

BBA 2123/74; → *BFA* 1, 415

```
Damit bleibt von Dir zuletzt noch ein kleiner Branntweindunst in Dei-
nen Kleidern, den Du mit Dir herumträgst. Es ist Dein letztes Arom.
```

58r.1-5 Fritz Jaroci *[...]* Berchtesgaden 34 \ ½8 Der Schriftsteller und Schauspieler Friedrich Járosy (Fryderyk Jarossy) wohnte in der Berchtesgadener Straße 21 in Berlin-Schöneberg (*Adreßbuch Berlin 1922*); die Münchener Straße verläuft parallel dazu. 1921 veröffentlichte Járosy die »Erzählung aus Livlands Bolschewiken-Zeit« *Die Mumien von Kreuzburg* (Berlin: Axel Juncker Verlag). Er war Herausgeber des im Dezember 1921 gegründeten »Theater-Kunstblatts« *Der blaue Vogel* (Berlin-Schöneberg: Preußisches Institut für Graphik) und gehörte zum künstlerischen Beirat des deutsch-russischen Kabaretts Der blaue Vogel, das Brecht Mitte, Ende Januar 1922 zusammen mit Klabund, Hedda Kuhn, Arnolt Bronnen besuchte
BBA 1327/65 (Tagebuch, Ende Januar 1922).* 1922 übernahm er die künstlerische Leitung bei dem Spielfilm *Die Pagode* mit Olga Tschechowa, Ernst Deutsch und Wilhelm Dieterle (Olga Tschechow-Film GmbH, Berlin).

58ʳ.13-14 Der Herr spende Brot *[...]* geben. Aphoristisches Notat, die Sprache der Lutherbibel parodierend (→ Mt 6,11: »Unser täglich Brot gieb uns heute«; Mt 5,3: »Selig sind, die da geistlich arm sind; denn das Himmelreich ist ihr«).
58ᵛ-59ʳ 1 \ Bin gewiß nicht mehr *[...]* gehalten. Gedichtentwurf. Die bei umgedrehtem Notizbuch notierte Melodie trug Brecht unabhängig davon und ohne Bezug auf das Gedicht ein.
59ᵛ Herabgewirbelt wie ein gelbes Blatt *[...]* erschreckt! Gedichtentwurf und wohl dazugehörende Melodie(n).
60ʳ-62ʳ Ballade eines Mädchens *[...]* du bist. Gedicht- und Melodieentwurf; konstituierter Text:

Ballade eines Mädchens

1 60ʳ.1-17
Marie Farrar, geboren im April
unmündig⟨,⟩ merkmallos, rachitisch, Waise
bislang noch völlig unbescholten, will
ein Kind ermordet haben, in der Weise:
Sie sagt, sie habe schon im 2. Monat
bei einer Frau in einem Kellerhaus
versucht, es abzutreiben mit 2 Spritzen
angeblich schmerzhaft, doch gings nicht heraus.
Référain
Doch, ihr, ich bitte euch, wollt nicht in Zorn verfallen
da alle Kreatur braucht Hilf vor Allem.

2 60ʳ.19-60ᵛ.5
Sie habe dennoch, sagt sie, gleich bezahlt
was ausgemacht und sich fortan geschnürt
auch Sprit getrunken, Pfeffer drin vermahlt
doch habe sie das nur stark abgeführt –
Ihr Leib sei zusehens geschwollen, habe
⟨*1. Entwurf:*⟩ auch oft geschmerzt, beim Tellerwaschen oft
⟨*2. Entwurf:*⟩ auch stark geschmerzt, beim Tellerwaschen oft
Sie selbst sei, sagt sie, damals noch gewachsen.
Sie habe zu Marie gebetet, viel erhofft.
Référain

3 60ᵛ.6-15
Doch die Gebete hätten, scheinbar, nichts genützt
es war auch viel. Als sie dann dicker war
hab ihr in Frühmetten geschwindelt, oft geschwitzt
auch Angstschweiß, häufig unter dem Altar.
Doch hab den Zustand sie geheim gehalten
bis die Geburt sie plötzlich überfiel,
es sei gegangen, da wohl niemand glaubte
daß sie, sehr reizlos, in Versuchung fiel.
Référain:

60v.16-61r.4 4
An diesem Tag, sagt sie, in aller Früh
seis ihr beim Stiegenwischen so als krallten
ihr Nägel in den Bauch. Es schüttelt sie.
Jedoch gelang es ihr, den Schmerz geheimzuhalten.
Den ganzen Tag, man hatte Wäschehängen,
zerbrach sie sich den Kopf, dann kam sie drauf
daß sie gebären sollte und es war ihr
sehr schwer ums Herz. Erst spät kam sie hinauf.
Référain

61r.5-9 5
Man holte sie noch einmal, als sie lag
Schnee war gefallen und es war zu kehren.
Das ging bis elf. Es war ein schwerer Tag.
Erst in der Nacht konnt sie in Ruh gebären.
62r.16-19 Und sie gebar, so sagt sie, einen Sohn
und dieser Sohn war gut wie andre Söhne:
Nur Sie war nicht so gut wie Andre schon.
Doch liegt kein Grund vor, daß ich sie verhöhne.
⟨*Refrain*⟩

62r.21-24 So will ich also weiter denn erzählen
wie es mit diesem Sohn gewesen ist
<so gut ich kann, denn einiges mag wohl fehlen>
damit man sieht wie ich bin und du bist.
61r.13-17 Sie sei, sagt sie, nur kurz im Bett von Übel-
keit stark befallen worden, und allein
hab sie, nicht wissend was geschehen sollte,
mit Müh sich dann bezwungen, nicht zu schrein.
Référain

61r.18-61v.7 6
Mit letzter Kraft hab sie, so sagt sie, dann
da ihre Kammer auch eiskalt gewesen
sich zum Abort geschleppt und dort auch, wann
weiß sie nicht mehr, geborn ohn Federlesen.
Gen Morgen zu etwa. Sie sei, sagt sie,
etwas verwirrt gewesen, habe dann
halb schon erstarrt, das Kind kaum halten können
da es in den Gesindabort herein schnein kann.
Réf ⟨*Refrain*⟩

61v.8-19 7
Dann, zwischen Kammer und Abort, sagt sie
hab sie dem Kinde schnell, nur mit 2 Fingern,
die kleine Kehle zugedrückt, sagt sie,
sie habe immer: schade um die Dinger
gedacht und damit die 2 blauen Augen
gemeint, hierauf hab sie das Kind, gradaus

mit in ihr Bett genommen für 2 Stunden
und es verscharrt am Morgen hinterm Haus.
⟨*Refrain*⟩
8 62r.1-14
Marie Farrar, geboren im April
gestorben im Gefängnishaus in Meißen
ledige Kindesmutter, abgeurteilt, will
euch die Gebrechen aller Kreatur erweißen.
Ihr, die ihr gut gebärt in weißen Wochenbetten
und ihr die ihr die Kinder wiegt im Schoos,
wollt nicht verdammen die verworfenen Schwachen
denn ihre Sünd war schwer und ihr Leid groß.
⟨*Refrain:*⟩
Darum, ich bitte euch, wollt nicht in Zorn verfallen
denn alle Kreatur braucht Hilf von allen.

Von dem Gedicht ist ein Typoskript mit dem Titel *Von der Kindsmörderin Marie Farrar* überliefert, das zur frühesten Zusammenstellung* (1922) von Gedichten (BBA E 21/41-43) für die *Hauspostille* gehört. Das Gedicht erschien erstmals in *Brecht: Taschenpostille 1926*, 10f. und *Brecht: Hauspostille 1927*, 8-12 in der *1. Lektion: Bittgänge*; in der *Anleitung zum Gebrauch der einzelnen Lektionen* heißt es (*Brecht: Hauspostille 1927*, X):

> Die in Kapitel 3 gezeichnete Marie Farrar *[…]* kam vor Gericht wegen Kindesmordes in dem zarten Alter von 16 Jahren. Diese Farrar erregte das Gemüt des Gerichtshofes durch ihre Unschuld und menschliche Unempfindlichkeit.

Biographischer Hintergrund sind die Abtreibungen von Marianne Zoff (Mai 1921)* und Paula Banholzer (November 1921)*, vielleicht auch der Kriminalfall Walburga Ferber: (→ zu *NB 9*, 18r.6-7 | → zu *NB 9*, 9r.1-5) Die unverheiratete Augsburger Dienstmagd hatte 1919 ihr heimlich auf dem Abort geborenes Kind getötet und wurde dafür am 19. Mai 1922 zu sechs Monaten Gefängnis verurteilt (*Augsburger Neueste Nachrichten*, 20. Mai 1922) – ob Brecht zur Zeit der Entstehung des Gedichts (wohl Dezember 1921, vielleicht Januar 1922) von der Tat Kenntnis hatte, ist jedoch unbekannt. Literarisch beschäftigte sich Brecht mit dem Thema bereits 1919/20, so in dem Entwurf *Der Jude der im Kouppee …** oder dem Theaterstück *Die Bälge**. (→ zu *NB 2*, 10r.12-17 | → zu *NB 3*, 26r.1-29v.5)

Die Verse »Daß sie gebären sollte *[…]*«* (61r.2) und »Und sie gebar, sagt sie, einen Sohn«* (62r.16) spielen an auf Lk 1,31: »Siehe, du wirst schwanger werden im Leibe, und einen Sohn gebären, des Namen sollst du Jesus heissen« und Lk 2,7: »Und sie gebar ihren ersten Sohn«.

62v Die Renaissance *[…]* Vergottung der Dinge! Notizen, vielleicht für einen Aufsatz.

64v <u>Belaam + Edschmidt</u> *[…]* Ed weg! Entwurf eines Dialogs. Um eine Figur mit dem Namen Balaam, vielleicht angeregt durch den alttestamentarischen Propheten Balaam (→ 4 Mos 22-24), kreisen die Gedichte *Balaam Lei in seinem*
NB 9, 5v.3-8v.5 | *30. Jahr…* (Mai, Juni 1920)* und *Balaam Lai im Juli**. Mit Kasimir Edschmid
BBA 4/51; → *BFA* 13, 231 f. hatte Brecht sich bereits in dem Aufsatz *Über die deutsche Literatur* (März 1920)
→ zu *NB 3*, 47r.10-47v.3 kritisch auseinandergesetzt;* er war zudem Modell für eine der beiden Hauptfi-
→ *NB 12*, 9r, 3-4 guren im Konzept *Stück** (September 1921; später *Im Dickicht*).

Notizbuch 15

Beschreibung

wohl Ende November 1922 bis Juni, Juli 1923; indirekte Datierungen: wohl Ende November, vielleicht September 1922 (2r), November, Dezember 1922 (5r), Oktober bis Dezember 1922 (7r.3-4), März 1923 (11v), Frühjahr 1923 (37v), Mai 1923 (27r-27v), Mai, Juni (39v.1), Juni, Juli 1923 (1v.9-7, 14v.4-5, 14v.8, 6); die eingelegten Zeitschriften-Blätter 41r-42v stammen vom 9. August 1923 *Datierung*

Brecht nutzte das vorliegende Notizbuch vor allem für Ad-hoc-Notate. Geldwertberechnungen, Zugzeiten, Ferienziele stehen ungeordnet neben Namen, Adressen oder Telephonnummern von Schauspielern, Verlagen und Filmstudios. Dazwischen finden sich einzelne Ideen für Filme (*Kleider machen Leute*, *Kakao*, *Dschiu Dschitsu*), kleine Prosaskizzen (*Reportergeschichten*, *Bargan*), Gedichtentwürfe (die ersten zum *Mahagonny*-Komplex) oder das Konzept eines Akrostichon-Gedichts über »Dumm figgt gern / gescheit auch«. Hinzu kommen Eintragungen mit Bezug zum Theater: Stückkonzepte (*Das kalte Chikago*, *Cäsar unter den Seeräubern*), Inszenierungsnotizen (zu *Trommeln in der Nacht*) und Listen mit Stücktiteln und Schauspielernamen, wohl alle für mögliche Inszenierungen an den Münchener Kammerspielen. *Kurzcharakteristik*

Archiv der Akademie der Künste, Berlin, BBA 11086 *Standort, Signatur*

11,5 × 18 cm; 40 von ursprünglich mindestens 72 Blättern (Umschlag und loses Bl. 47 mitgezählt) *Format, Umfang*

schwarzer Efalinumschlag; sechs von ursprünglich sieben Lagen, jeweils mit drei Metallklammern geheftet *Umschlag, Bindung*

blaukariertes, bräunliches, festes Papier mit Rotschnitt und abgerundeten Ecken; bei der Archivierung 1956 waren eingelegt: *Papier*

- zwischen Bl. 3 und 4: Bl. 41, 42 (herausgetrennte Blätter aus *Die Weltbühne* (→ *unten: Besonderheiten*)
- zwischen Bl. 16 und 17: Bl. 43 (Photographie, 9 × 13,9 cm), Doppelblatt 44-45 (17,6 × 14,6-9 cm), darin Bl. 46 überliefert (Visitenkarte, 9,9 × 6 cm), loses Blatt 47

überwiegend Bleistift; daneben grauvioletter Kopierstift, grüner und blauer Stift *Schreibmittel*

BBA 1085: Korrespondenz aus den 1950er Jahren *Archivkontext*
BBA 11087: *NB 3* von 1920 (→ *NBA* 1)

Auf allen Blättern finden sich an verschiedenen Stellen eine oder zwei stärkere Vergilbungen oder kleine Flecken. Beides stammt von den 1956-57 im BBA mit *Verfärbung*

Klebstreifen angebrachten Signaturzetteln. Im Rahmen der Restaurierung 2006 wurden diese Signaturen abgelöst, und das ganze Notizbuch wurde neu foliiert (am unteren Rand außen).

Besonderheiten

- Seiten insgesamt stark verschmutzt
- häufig Abdruck des Bleistifts bzw. Kopierstifts der jeweils vorangehenden oder folgenden Seite
- Abdruck der Bleistift-Eintragungen eines ursprünglich eingelegten Blatts: 39v
- größere oder kleinere Eselsohren auf allen Blättern
- bräunlicher Fleck: 27r (Abdruck auf 26v)
- Bindungsverstärkung aus Pappe zwischen Bl. 9, 10 und Bl. 29, 30 sichtbar
- Bl. 16v, 17r bildeten wohl zeitweise die Außenseite des Notizbuchs (stärkere Vergilbung und Verschmutzung)
- Blätter mit Ein- bzw. Ausrissen: Umschlag (Bl. 1, 40), 11-12, 18, 30
- Umschlag an den Kanten stark berieben
- mindestens 32 Blätter herausgerissen bzw. -geschnitten; 2. Lage fehlt
- eingelegte Blätter 41-42 im BBA nur als Kopie überliefert; Reproduktionen nach dem Exemplar in der Staatsbibliothek Berlin, Historische Drucke, Signatur: Yp2569a; © für die Reproduktionen: bpk images, Berlin; © für Carl Zuckmayer, *Kriechtiere und Lurche*, in: ders., *Abschied und Wiederkehr. Gedichte 1917-1976*: S. Fischer Verlag GmbH, Frankfurt/Main 1997
- Wohl Mitte, Ende September 1921 begann Brecht sporadisch, Substantive und Satzanfänge teilweise klein zu schreiben (→ *Notizbuch 12, Beschreibung: Besonderheiten*; → *Notizbuch 13, Beschreibung: Besonderheiten*); das vorliegende Notizbuch ist das erste, das dieser Gepflogenheit durchgängig folgt.

Lagenschema und Seitenbelegung

Lage 1

1 bertbrecht \ münchen
das weib des soldaten
2 filme \ kleider machen leute
das kalte chik
3 1) börse / die gigantik
reportergeschichten
4 ich werde kaltblütig
ich bin auf dem markt
5 der neue vautrin
eure falschen lippen
6 maria stuart
Fürst Kazyn Film Konzern
7 blau \ – schwarz
enttäuschung \ im rausch
8 verrat dessen bitternis
lustspiel: caesar
9

Lage 2 ⟨fehlt⟩

Lage 3

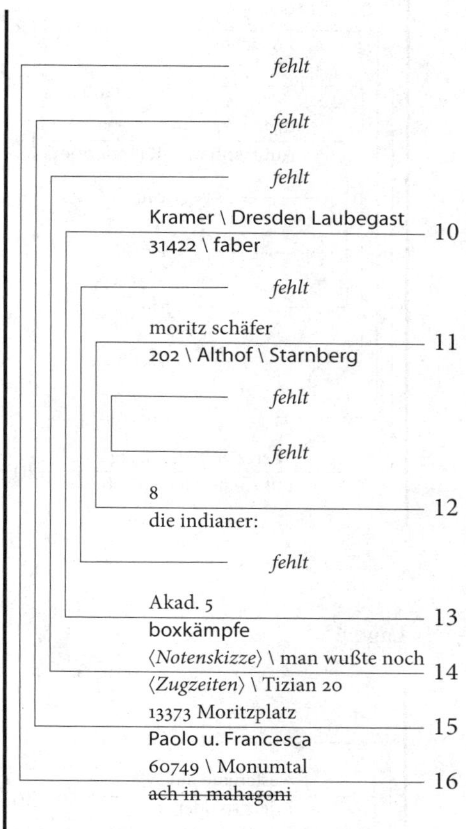

Lage 4

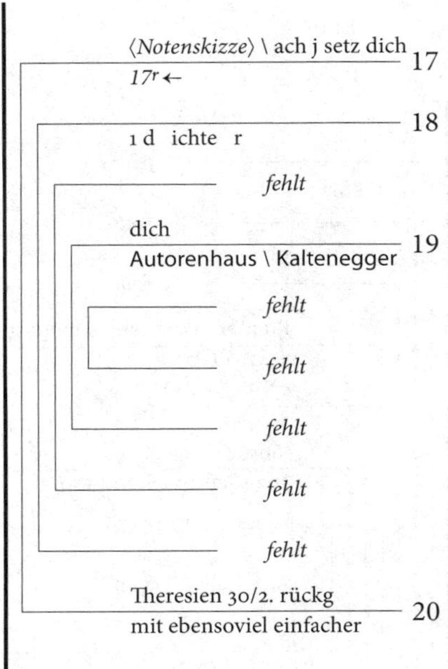

Lage 5

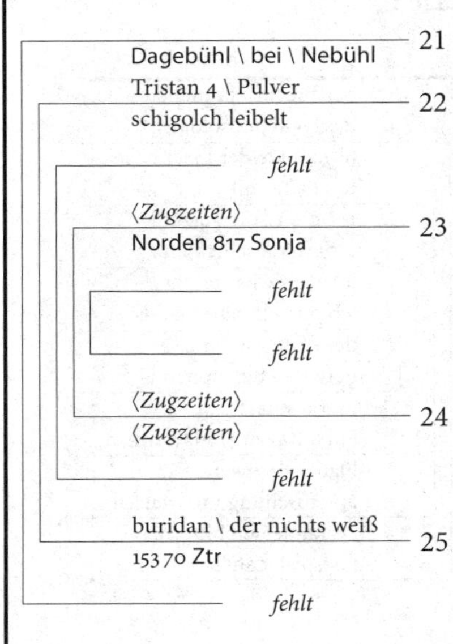

Lage 6

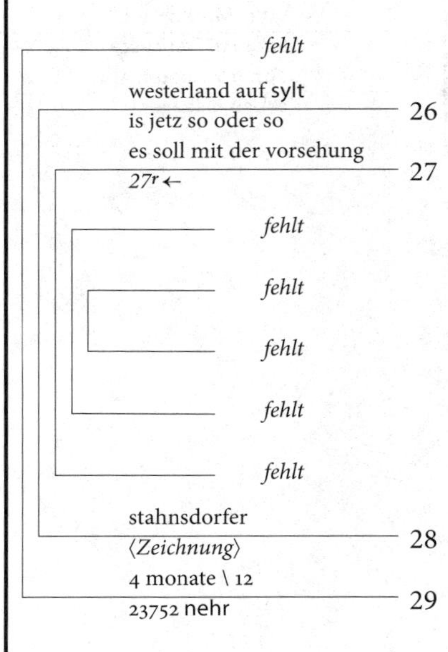

Lage 7

John Fords \ Giovani
30
⟨*Zeichnung*⟩
1 \ 2 seltsamkeiten
31
Ein Schweißfuß kommt
kabale \ synge
32
der knecht nähert sich der
Jörgen \ ihre gelüste
33
Zerbrochener Krug
Heims \ Fritta Brod
34
Hannele \ Geheimnis der
⟨*Zeichnung*⟩
35
Leblanc \ Arsène Lupin
Hohwacht \ bei Lütjenburg
36
Kyser freitag 11 uhr
kraus pestalozzi \ schuller
37
7159 : 945 = 7,57
Planegg 42 \ Krailing
38
Fritz \ Reck-Malleczewen
Pension \ 55881
39
Hermann Kesser Rowohlt
288 \ 54915 \ Kaufmann
40

Eingelegte Blätter

das kalte chik 3
1) börse / die gigantik
⟨*Zeitschriftenausriß*⟩ 41
⟨*Zeitschriftenausriß*⟩
⟨*Zeitschriftenausriß*⟩ 42
⟨*Zeitschriftenausriß*⟩
reportergeschichten 4
ich werde kaltblütig

60749 \ Monumtal 16
~~ach in mahagoni~~
⟨*Photographie*⟩ 43
⟨*Photographie*⟩
feuerschiff \ der lügner 44

⟨*Visitenkarte*⟩ 46
⟨*Visitenkarte*⟩ \ Smekal

45
der stählerne blick
Schlichter 47
Jakoberplatz / 2. stock
⟨*Notenskizze*⟩ \ ach j setz dich 17
17r ←

Erläuterungen

1^{v}.1-6 bertbrecht *[…]* **bleichstraße 2** Brecht stand ab 1919 in Kontakt mit
den Münchener Kammerspielen, Augustenstraße 89, München-Maxvorstadt;
Vermittler waren vor allem Lion Feuchtwanger*, die Dramaturgen Friedrich → 43^{r}, zu *NB 2*, 15^{v}
Märker, Rudolf Frank,* Otto Zoff* und Otto Zarek* sowie Caspar Neher, der → zu *NB 3*, 37^{v}.1-38^{v}.3 | → zu *NB 9*, 13^{v}.10-16 |
dort im Frühjahr 1920 als Volontär bei Leo Pasetti gearbeitet hatte (Tagebuch → zu *NB 2*, 14^{r}.6 |
Neher, 23. Februar, 22. März 1920)*. Schon während der Inszenierung von *Trom-* → *NBA* 1, *TbN*
meln in der Nacht (Probenbeginn 29. August, Premiere 29. September 1922)* → zu 2^{r}.1-4
gab Brecht mehrfach die Kammerspiele als Adresse an.* Wohl Anfang, Mitte → zu 2^{r}.1-4
Oktober 1922 schrieb Brecht an Marianne Zoff:

> ich werde sehr umgetrieben, [d]*und* jetzt nehm ich die dramaturgenstelle also doch an. BBA E 20/118

Am 15. Oktober meldete die *München-Augsburger Abendzeitung*:

> **Münchner Kammerspiele.** *Bert Brecht*, der Dichter von »Trommeln in der Nacht«, wurde von den Kammerspielen als *erster Dramaturg* und Regisseur gewonnen.

Als mögliche Regiearbeiten an den Kammerspielen erwog Brecht zahlreiche
Stücke, wie mehrere Eintragungen im vorliegenden Notizbuch* belegen; da- 6^{r}-6^{v}, 22^{v}, 32^{r}, 33^{v}
neben nennt Rudolf Frank Hauptmanns *Die versunkene Glocke* und Schillers *Die Jungfrau von Orleans* als Vorhaben Brechts (*Frank 1960*, 268f.). Tatsächlich inszenierte Brecht nur seine zusammen mit Lion Feuchtwanger erstellte Marlowe-Bearbeitung *Leben Eduards des Zweiten von England* an den Kammerspielen (Premiere: 18. März 1924).

Im Elternhaus in der Augsburger Bleichstraße 2* hatte Brecht seinen Haupt- → *NB 6*, 1^{r}.5, *NB 10*, 1^{v}.7
wohnsitz, bis er sich am 24. Januar 1923 nach München ummeldete; im September 1924 zog er nach Berlin.

1^{v}.9-7 589500 \ raten \ 2.358.000 Berechnung einer in vier Raten zu zah-
lenden Geldsumme (in Mark);* die Höhe der Beträge erklärt sich durch die in → 14^{v}.4-5
Deutschland herrschende Hyperinflation. Aus der Höhe der Zahlen läßt sich schließen, daß Brecht sie wohl im Juni, Juli 1923 eintrug.

2^{r}.1-4 das weib des soldaten *[…]* **castle** Notizen für das Theaterstück *Trom-*
*meln in der Nacht**, wohl Ende November für die Berliner Erstaufführung, viel- → zu *NB 2*, 15^{v}
leicht schon im September 1922 für die Uraufführung in München eingetragen. Bei beiden Aufführungen beteiligte sich Brecht an der Probenarbeit.

Das erste Notat bezieht sich wohl auf Kraglers Geliebte Anna, das zweite auf den Journalisten Babusch oder den Zeitungskolporteur Bulltrotter; die auf den

Juristen Edward Coke zurückgehende englische Redewendung findet sich im ersten Akt (→ *Brecht: Trommeln 1922*, 19):

EHA 1896 <u>Babusch:</u> (schüttelt Jnge und Murk die Hände:) Spartakus hat enorm Waffen gehamstert. Lichtscheues Gesindel ! Ja, die Jnge ! Lasst Euch nicht abhalten ! Hierher kommt nichts ! Hier ist'n stiller Herd ! Die Familie ! Die deutsche Familie ! My home is my castle.

2^{r}.6-5 **2867 steglitz \ kraus** Telefonnummer des Schauspielers Werner
→ zu *NB 13*, 7^{r}.8-17 Krauß*; 1922 wohnte er Unter den Eichen 88, Lichterfelde-West (*Bühnen-Jahrbuch 1923*, 92), 1923 Im schwarzen Grund 17, Berlin-Zehlendorf (*Bühnen-Jahrbuch 1924*, 118).

2^{r}.8-7 **pension wenzel \ steinplatz 1653** Die von Luise Wenzel betriebene Pension befand sich in Berlin-Charlottenburg, Augsburger Straße 43 (*Adreßbuch Berlin 1923*). Brecht notierte den Namen und die Telefonnummer als mögliche Unterkunft in Berlin, wo er sich vom 8. oder 11. bis 16. Oktober und vom 14. November bis 21. Dezember 1922 aufhielt.

2^{v} **filme \ kleider machen leute *[...]* backen** Stichworte und Konzepte für Film-
→ zu *NB 9*, 21^{v}.3-25^{v} projekte.* Im zeitlichen Umfeld schrieb Brecht an Bronnen (22. Oktober 1922):

BBA Z 24/4 bitte schick bittis ⟨*Brechts*⟩ filme an kasack der filme druckt schreib aber das über ⟨*das Theaterstück*⟩ hannibal in die schreibmaschine dass ich einiges davon lesen kann im gegensatz zu den gefühlsäusserungen
trinkst du auch genügend kakao

→ zu *NB 9*, 21^{v}.3-25^{v} Welche von Brechts Drehbüchern* Bronnen an den Lektor des Kiepenheuer
→ zu 14^{v}.7-6 Verlags Hermann Kasack* schicken sollte, ist nicht bekannt.

Das erste Notat bezieht sich auf Gottfried Kellers gleichnamige Novelle *Kleider machen Leute* (1874); in Brechts Bibliothek ist sie in einer zeitgenössischen Ausgabe überliefert (*Keller 1921*, 206-240; *Brecht-Bibliothek* 672).

Für Kakao hatte Brecht bereits im Jahr zuvor (Juli 1921) einen Reklamefilm
NB 9, 24^{v}.11-18 entworfen.*

NB 2, 5^{v}-7^{r} In Südamerika spielte schon Brechts Stückprojekt *Der Kaufmann* (1919)*, ein Erzähl- oder Stückkonzept im Tagebuch vom 27. August 1920 und die *Bargan*-
→ zu *NB 13*, 20^{r}.6-12 Geschichten, die Brecht ab 1912 beschäftigten*.

Einem Entwurf über die Sprache des Dramas von Ende 1920 gab Brecht den
BBA 332/39; → *BFA* 21, 241f. Titel: *Jiu Jitsu (= Die leichte die fröhliche Kunst)**. Im Erstdruck von *Im Dickicht*
BBA 2123 *der Städte* heißt es (*Brecht: Dickicht 1927*, 35; in *Im Dickicht* von 1921* noch nicht enthalten):

GARGA (*ist eingetreten*) Gefällt es dir auf dem Markt? Es ist eine Masse Holz da, und einige Pfund Fleisch sind jetzt auch auf der Auktion! Und Djiu Djitsu heißt die leichte, die fröhliche Kunst, nicht?

Das Stichwort notierte Brecht später auch in einer Liste von zu erlernenden Fertigkeiten (Juli 1924): »dju djitsu«.* *NB 16*, 30v.3;

3r **das kalte chik** *[...]* **der weizen fällt!** Stichworte und Konzepte für das Theaterstück *Das kalte Chikago/Chigago*, das Brecht im November 1921 als Teil einer Trilogie mit dem Titel *Asphalttschungel* konzipiert hatte*. Am 3. Dezember 1921 hatte er dazu im Tagebuch notiert: → *NB 16*, 11v.11 → zu *NB 10*, 7r

Gern möchte ich die ⟨*Päpstin*⟩ Johanna jetzt schreiben um dann die Hände für die Trilogie [Ts]Asphalttschungel frei zu haben. 3 Stücke für das große Schauspielhaus ⟨*Berlin*⟩: 1) Die geldjagende Menschheit 2) Das kalte Chigago 3) Der Wald. Dazu Material: 1) Das Wu Wei aus ⟨*Döblins*⟩ Wanglun + ⟨*Shakespeares*⟩ Richard III 2) ⟨*Jensens*⟩ Das Rad 3) Der Malvistoff. Werner Kraus. BBA 1327/51

Die Formel ›das kalte Chigago/Chikago‹ taucht bei Brecht erstmals 1920 auf und steht für die moderne Großstadt überhaupt und im besonderen für Berlin.* → zu *NB 4*, 48v.18

Karl Kraus' Glosse über den Untergang der Titanic* *Großer Sieg der Technik: Silbernes Besteck für zehntausend Menschen oder Furchtbare Versäumnisse: Gott hat nicht Schiffbau studiert* war am 27. April 1912 erschienen (*Die Fackel*, Nr. 347/48, 1-6). Aus dem Titel zitierte Brecht in einem Entwurf für das Hörspiel *Die Geschichte der Sintflut* (1927): »angst: gott hat nicht schiff[bruch]*bau* studiert«* Brecht hatte Kraus im September 1921 gelesen, ebenso Alfred Döblins *Die drei Sprünge des Wan Lun* (Tagebuch, 15. September 1921)*. Das für Döblins Roman zentrale Konzept des Wu-Wei bildete eine Anregung für Brechts Theaterstück *Im Dickicht* (1921), eine andere der Roman von Johannes Vilhelm Jensen *Das Rad* (1908).* → 3v BBA 214/16; → *BFA* 10, 539 BBA 803/48; → zu *NB 12*, 30v.1-4 → zu *NB 12*, 16v.1-4, 18r.2-20

Die Titelfigur von Shakespeares Königsdrama *Richard III.* hatte Brecht im Jahr zuvor bei privaten Proben von Oscar Camillus Recht spielen lassen (Tagebuch, 13. Februar 1921)*. Für den Import-Export-Händler, Verleger, und zeitweiligen Liebhaber von Brechts späterer Ehefrau Marianne Zoff* sah Brecht in einigen Projekten Rollen vor, so in einer Verfilmung von Balzacs Roman *Vater Goriot** und im Theaterstück *Die Päpstin Johanna** (1921). Im Konzept *Das Stück vom kalten Chigago** (November 1921) wird Recht als Modell für eine Figur genannt. BBA E 21/117 → zu *NB 11*, 24r → zu 5v, *NB 9*, 22v-23r.8 → zu *NB 10*, 4r.9 → *NB 10*, 7r.5

Heinrich von Kleists Theaterstück *Prinz Friedrich von Homburg* hatte Brecht zuvor auch in einer Liste mit Werktiteln notiert.* *NB 13*, 40v.15

Der Dalai Lama (wörtlich: ozeangleicher Lehrer), Titel des höchsten Meisters und wiedergeborenen Bodhisattva (Erleuchteten) im tibetischen Buddhismus, taucht als Figur im *Tui*-Romanprojekt (1930-1942) wieder auf. Vom Selbstmord des Judas Iskariot berichtet Mt 27,5.

3r.15-16 Börsenspekulationen mit dem Getreidepreis* thematisierte Brecht bereits in
→ *BFA* 1, 22 | → zu *NB 16*, 7v-35r.8 *Baal** (1919), später vor allem im *Fleischhacker*-Projekt* (1924-26).

3v 1) börse / die gigantik *[…]* gefällig?> Konzept für einen Film oder ein Theaterstück. Historischer Hintergrund ist der Untergang der Titanic (14., 15. April 1912), dem bei Fertigstellung größten und als unsinkbar geltenden Schiff, das durch Zusammenstoß mit einem Eisberg unterging. Für ein anderes Schiff der gleichen Baureihe war zeitweilig der Name Gigantic vorgesehen. Den
3r.2-4 Unglücksfall behandelt auch die oben* genannte Glosse von Karl Kraus.

4r reportergeschichten *[…]* hier. Entwurf für ein Prosaprojekt.

4v.1-3 ich werde kaltblütig *[…]* gebiß usw. Entwurf, vielleicht mit der Eintra-
5r gung auf der gegenüberliegenden Seite* zusammenhängend.

4v.5-10 die zeltgenossen *[…]* tapetengruft> Die zweite Eintragung findet
→ zu *NB 16*, 7v-35r.8 sich ähnlich in einem Entwurf zum *Fleischhacker*-Projekt* (1924-26):

BBA 524/115

calvin AUF DEM ELEKTRISCHEN STUHL ÜBER DEN EINZUG DER MENSCHHEIT
IN DIE GROSSEN STÄDTE ZU BEGINN DES DRITTEN JAHRTAUSENDS
[…]
die unglücklichen sind nicht mehr geduldet dann
mensch sein ist eine grosse sache
DAS LEBEN WIRD FÜR ZU KURZ GELTEN

Den Ausdruck »tapetengruft« hatte Brecht zuvor im Gedicht *Die Ballade vom*
BBA E 20/159-160; → zu *NB 9*, 17v, *BFA* 11, 111 *Liebestod** (September 1921) verwendet; ein direkter Zusammenhang mit der vorliegenden Eintragung besteht nicht.

5r ich bin auf dem markt *[…]* januar. Entwurf, vielleicht mit der Eintragung
4v.1-3 auf der gegenüberliegenden Seite* zusammenhängend. Biographischer Hintergrund ist Brechts Briefwechsel mit Ihering:

〈*Ihering an Brecht, 17. Oktober; → Sinn und Form 10 (1958), 31f.:*〉 Den »Baal« bekam ich jetzt von Kiepenheuer. Was ist die »Hauspostille«? Kann ich nicht auch davon ein Exemplar bekommen? Im übrigen ist in Berlin eine große Brecht-Hausse ausgebrochen.

BBA Z 2/136 〈*Brecht an Ihering, Ende Oktober:*〉 ich bin nämlich überzeugt, dass die Brechthausse ebenso auf einem Missverständnis beruht wie die Brechtbaisse, die ihr folgen wird. Inzwischen liege ich ziemlich ruhig in der Horizontalen, rauche und verhalte mich ruhig.

5v der neue vautrin *[…]* an ihn Vautrin ist eine Figur in Balzacs Roman-
→ zu *NB 9*, 22v-23r.8 zyklus *Die menschliche Komödie*; er taucht erstmals in *Vater Goriot** als flüchtiger Sträfling auf, in *Verlorene Illusionen* erscheint er als Abt verkleidet, in *Glanz*

und Elend der Kurtisanen gelangt er durch Prostitution seiner Geliebten vorübergehend zu Reichtum.

6^{r}-6^{v} eure falschen lippen *[...]* alle frieren Entwürfe für eine Bearbeitung von Schillers *Maria Stuart* (1800)* oder einer darauf basierenden Oper wie Gaetano → zu 1^{v}.1-6 Donizettis *Maria Stuarda* (1835). Auf den Stoff bezog sich Brecht im zeitlichen Umfeld auch in einem anderen Konzept, wohl für einen Film*: → zu *NB 9*, 21^{v}.3-25^{v}

maria stuart BBA 463/7; → *BFA* 21, 101

sie pudert sich vor dem spiegel während sie die arien singt
das letzte sind ihre schönen hände die sehr weiss sind ihretwegen trägt sie die schwarzen kleider
die katholische riechwasserschwemme die alternde kokotte die sich auskennt
heftig eitel mit haltung allein sinkt sie zusammen
burleigh d[e]*ie* bulldogge die derlei weiber kennt mit ihr redend macht er ein toilettenschränkchen auf er riecht an einem fläschchen was sie rasend macht und zu einer schönen arie begeistert
letzter akt
was sie mit ihren letzten 5 minuten anfängt
während sie ihren seit wochen einstudierten abschied von den mädchen nimmt mit einer leisen etwas verschleierten stimme in der musik ist dass sie weinen solle aber etwas entfernt und nicht beir sache blickt sie beinahe unentwegt auf eine weisse grosse wanduhr hinten denn es sind die letzten 5 minuten

Im Sommer oder Herbst 1926 kam Brecht noch einmal auf den Stoff zurück.* *NB 20*, 28^{r}

7^{r}.1-2 Fürst Kazyn Film Konzern \ Friedrichstr. 13/ In der Friedrichstraße 13, Berlin-Kreuzberg, befanden sich 1922 mehrere Filmgesellschaften: Bicor-Film AG, Super-Film Companie GmbH, Eist-Film GmbH und die Produktionsgesellschaft für Monumentalfilms GmbH. Die von Brecht hier notierte läßt sich nicht nachweisen (*Adreßbuch Berlin 1923*).

7^{r}.3-4 Hohenzollernkorso 11/2 \ Fr Karin Adresse von Ellyn Karin, Hohenzollernkorso 11, 2. Stock, in Berlin-Tempelhof. Sie wohnte hier frühestens nach dem 13. September 1922* und bis spätestens Anfang Januar 1923. Im Auftrag von → zu *NB 13*, 9^{v}-22^{v}.14 (8) Karin und dem Gustav Kiepenheuer Verlag sollte Brecht eine Dramatisierung von Selma Lagerlöfs Roman *Gösta Berlings saga* erarbeiten.* → zu *NB 13*, 9^{v}-22^{v}.14

7^{r}.8-6 Gasthof Waldhorn *[...]* Wildbad Der 1776 gegründete Gasthof Zum Waldhorn in Enzklösterle (*Schwarzwälder Bote*, 7. März 2014); die nächste Bahnstation befindet sich im neun Kilometer entfernten Wildbad. Über einen Aufenthalt Brechts in der Gegend ist nichts bekannt.

7^{r}.10 O'Neil Gemeint ist wohl der Schriftsteller Eugene O'Neill, der 1920 und 1922 den renommierten Pulitzer Prize for Drama gewonnen hatte. Auf O'Neill aufmerksam wurde Brecht vielleicht durch Arnolt Bronnen, der über seinen Aufenthalt in München im Juni 1922 berichtet (*Bronnen 1960*, 64):

> Unweit, in der Festung Niederschönenfeld, saß Ernst Toller, für den, als Geschenk eines amerikanischen Bewunderers, Bronnen den soeben erschienenen ersten Band der Dramen von Eugene O'Neill ⟨*»Plays«, New York: Boni and Liveright 1921*⟩ im Gepäck hatte.

Auf deutsch erschien O'Neills erstes Stück erst 1923 (*Kaiser Jones*). Im gleichen Jahr begannen die Münchener Kammerspiele mit »Jonesproben«, die Aufführung kam jedoch nicht hier zustande (Brecht an Berthold Viertel, undatiert, BBA Z 13/189 Oktober, November 1923)*, sondern erst im nächsten Jahr am Berliner Lustspieltheater (Premiere: 8. Januar 1924; Regie: Berthold Viertel).

7r.13-12 **Vagts Alfred \ hamburger echo** Alfred Vagts studierte von 1912 bis 1916 und wieder nach Kriegsende Geschichte und Germanistik an der Universi- → zu *NB 3*, 6v.14-17 tät München. Er nahm auch an den Seminaren Artur Kutschers* teil (*Vagts 2010*, 163), wo Brecht ihn vielleicht kennenlernte. Eine Sammlung seiner im Ersten Weltkrieg entstandenen Gedichte war 1920 erschienen (*Ritt in die Not*, München: Roland). Vagts wohnte ab 1923 in Hamburg, wo er am Institut für Auswärtige Politik arbeitete und für die Zeitschrift *Europäische Gespräche. Hamburger Monatshefte für Auswärtige Politik* schrieb. Über eine Mitarbeit bei der Tageszeitung *Hamburger Echo* ist nichts bekannt.

7v.1-5 **blau \ – schwarz** *[...]* **V** Bühnenskizze.

7v.8-10 **der v.r. = virginienraucher de principe** Die Abkürzung »v.r.« ver- BBA 463/6; → *BFA* 13, 268 wendete Brecht auch im Prosagedicht *Gesänge vom V R** und im Prosaentwurf BBA 459/97; → *BFA* 21, 104 | BBA 2064/49-50 *Vom V R**. In *Die rote Zibebe* trat Kurt Horwitz als »Ein Virginierraucher«* auf (30. September, 1. Oktober 1922, Münchener Kammerspiele) und trug das Gedicht *Müdigkeit* vor; dabei handelte es sich wohl um Brechts *Der Virginien-* BBA 1475/09; → *BFA* 13, 138f. *raucher** (um 1919; Erstdruck: *Das Tage-Buch*, 17. März 1923; unter dem Titel *Von* BBA 4/30 *seiner Sterblichkeit** in *Brecht: Taschenpostille*, 40; → *Heißerer 2015*, 23).

8r **enttäuschung** *[...]* **unsterbliche seele** Die Formulierung »die brutale logik« → 31v.9 notierte Brecht unten* erneut. Das mittlere Notat steht im Zusammenhang mit Brechts »Negerkomplex« bzw. seiner »Negermanie« ab 1919 (*Münsterer 1966*, 32v.7 | → zu *NB 8*, 8r-9v.8 132f.), die z. B. auch unten*, im Tagebuch (19. August, 9., 25. September 1920)*, → zu *NB 2*, 8r.11-16 | → *NB 4*, 54v, 61v | → *BFA* 1, 53 | → zu *NB 12*, 19r.12-20 | → *NB 16*, 4v, 6r in den Gedichten *Civilis-Song**, *12. Psalm* und *16. Psalm** sowie in den Theaterstücken *Baal**, *Im Dickicht** oder in den Entwürfen für *Galgei/Mann ist Mann** zum Ausdruck kommt.

8v **verrat dessen bitternis** *[...]* **sterbenden** Das Motiv des Verrats steht u. a. im Stückentwurf *Friedland* im Zentrum, mit dem sich Brecht in den voran- → zu *NB 13*, 9r-28r gehenden Monaten beschäftigt hatte.*

Den römischen Historiker Cornelius Tacitus kannte Brecht wohl schon aus der Schullektüre; seine *Germania* nannte er 1921 als stilistisches Vorbild (Tagebuch, 26. Oktober 1921)*. Schon 1919 variierte er in *Bargan läßt es sein** eine Episode aus Tacitus' *Annalen* (Buch 1, Kapitel 70), auf die er auch in einem Entwurf für das Romanprojekt *Flucht Karls des Kühnen nach der Schlacht bei Murten** (1924) verwies: BBA 1327/35-36; → zu *NB 10*, 2r.1 | BBA 208/5; → *BFA* 19, 30 → zu *NB 16*, 21r-20v.9

```
der stil: tazitus annalen zug des germanikus(?[(])
die episode im flusstal das eine meeresbucht ist
```

BBA 10424/15; → *BFA* 17, 411

In *Herr Keuner ging durch ein Tal* (1929)* variierte Brecht die Episode erneut und kam 1938/39 in *Wie Tacitus den Untergang einer Legion in einem Meeresarm beschreibt** nochmals auf sie zurück. Auf den zentralasiatischen Herrscher Timur (auch: Tamerlan) hatte sich Brecht schon im Frühjahr 1922 in dem Stückkonzept *Tamerlan** bezogen. BBA 433/31; → *BFA* 18, 31 BBA 245/42; → *BFA* 22, 482 *NB 13*, 7r.8-17

Die letzte Eintragung* ist ein Konzept für eine Flibustiergeschichte.* 8v.10-12 | → zu *NB 13*, 20r.6-12

9r **lustspiel: caesar unter den seeräubern** Konzept für ein Theaterstück, wohl angeregt durch die Episode von Cäsars Gefangennahme durch Piraten auf der Insel Pharmakusa, von der Plutarch* zu Beginn seiner Cäsar-Biographie berichtet (*Plutarch 1913*, 2f., *Brecht-Bibliothek* 2279, bzw. *Plutarch 1854, IV* 4f., *Brecht-Bibliothek* 2276; → *Sueton 1922*, 36-57, *Brecht-Bibliothek* 2300). Brecht verwendete den Stoff im ersten Buch seines Romanprojekts *Die Geschäfte des Herrn Julius Caesar** (1937-40). → zu *NB 13*, 26r.1-6 → *BFA* 17, 181f.

10r.1-4 **Kramer \ Dresden Laubegast \ Elbstr 10/I** Unter dem Namen Kramer verzeichnet das *Adreßbuch Dresden 1922/23* für den Stadtteil Laubegast nur die verwitwete Arbeiterin Em. Selma Kramer, Wettinerstraße 22. Im 1. Stock der Laubegaster Elbstraße 10 wohnten die Witwe Bertha Raumann und der Kaufmann Joseph Herrmann. Ob sich der Name Kramer auf den Theaterkritiker Hermann Kramer* bezieht, läßt sich nicht feststellen. → zu *NB 12*, 57v.9

10r.5-6 **34266 \ Nebeltau** Münchener Telefonnummer der Schauspielerin Liane Hauck (Maximiliane Mrsic), Akademiestr. 5*, München-Maxvorstadt. Otto Nebelthau bildete von 1919 bis 1923 zusammen mit Hermine Körner die Direktion des Münchener Schauspielhauses. 1922/23 war Hauck dort Ensemblemitglied (*Bühnen-Jahrbuch 1923*, 317f.). Telefonnummer und Namen notierte Brecht auch auf einem lose überlieferten Blatt* aus dem vorliegenden Notizbuch. → 13r.1 47v.4

10v **31422 \ faber** Die Münchener Telefonnummer von Erwin Faber hatte Brecht bereits einige Monate zuvor notiert.* *NB 13*, 34r.1

11r **moritz schäfer \ leipzig \ ¿¿¿¿¿¿¿¿¿¿¿** Wohl Adresse oder Literaturangabe der Verlagsbuchhandlung Moritz Schäfer in Leipzig, Salomonstraße 8 (*Adreßbuch Leipzig 1923*).

→12r **11v** **202 \ Althof \ Starnberg** Wohl Adresse im bayerischen Starnberg*, wo sich Brecht im Frühjahr 1923 öfter aufhielt: Wohl auf das Jahr 1922 bezieht sich die Erinnerung von Marianne Zoff, Brecht habe »eine Bleibe irgendwo am Starnber-
→ *NB 13*, 32r.8-13 ger See gehabt« (*Banholzer 2016*, 165)*. Ihre gemeinsame Tochter Hanne wurde bald nach ihrer Geburt (12. März 1923) in Starnberg getauft; im Mai hielt er sich
→ BBA FA 6/53-55 dort mit beiden erneut auf* und lud Bronnen am 29. Mai dorthin ein (Brecht an
→ BBA Z 24/26-27 Bronnen)*.

Im Haus Nr. 202 (Mühlenbergstraße) wohnten 1920 die Hausbesitzerin Maria Jordan sowie die Tagelöhner Isidor Streut und Johann Trager (*Adreßbuch Starnberg 1921*).

→11v **12r 8 \ starnberg \ ¿¿¿¿¿** Wohl Adresse im bayerischen Starnberg.* Im Haus Nr. 8 (heute Perchastraße 14) wohnten der Werkmeister Ferdinand Ernst, der Bürodiener Josef Linzenhuber, der Zimmerpalier Gustav Platz und die Schiffsmaschinistenwitwe Magdalena Hamberger (*Adreßbuch Starnberg 1921*).

→ zu 10r.5-6 **13r.1 Akad. 5** Adresse von Liane Hauck*, Akademiestraße 5, München-Maxvorstadt, im *Adreßbuch München 1924* unter »Maximiliane Mrsic, gen. Liane Hauck, Schauspielerin« verzeichnet.

13r.10-2 die götter verkaufen messer usw. *[...]* **weitmaschig** Konstituierter Text des Versentwurfs:

ach schenket in solcher irrnis uns taubheit
weil die worte roh sind und nicht zum essen
ist andres zwischen menschen noch als körperlich berühren?

weil uns die zunge ungelenk das ohr
verstopft und verständigung zu weitmaschig

13r.10 Ob die erste Zeile* zu dem Gedichtentwurf gehört, läßt sich nicht entscheiden.

13v-14r.3 boxkämpfe *[...]* **nicht mehr erinnern** Versentwürfe und zugehörige
14r.1-3; → 13v.10-13 Melodieskizze*; im letzten Notat, »die langeweile: *[...]*«, trug Brecht wohl einzelne Verse im zuvor freigelassenen Raum nach. Im zeitlichen Umfeld schrieb Brecht
BBA E 21/234; an Marianne Zoff (undatiert, wohl 18. November 1922): »Ich habe 8-9 Stunden
→ *BFA* 28, 181 Proben im Tag, Intrigen, Geschäfte, Wege, Boxkämpfe usw«*.

13v.1-5 Motive der ersten Verse* finden sich wieder in Nr. 15 der Oper *Aufstieg und*
→ zu 16v-17v.4, *BFA* 2, 367f. *Fall der Stadt Mahagonny* (*Brecht: Mahagonny 1929*, 36)*:

(Der Boxring ist inzwischen aufgebaut. Dreieinigkeitsmoses betritt den Ring.)
CHOR Dreimal hoch, Dreieinigkeitsmoses!
Morgen Moses! Gib ihm Saures!
EINE FRAUENSTIMME *(geschrieen)* Das ist Mord!
DREIEINIGKEITSMOSES Ich bedaur' es! *[...]*

SCHIEDSRICHTER Der Mann ist tot.
(Großes, anhaltendes Gelächter. Die Menge verläuft sich.)
MÄNNER *(im Abgehen)* K. O. ist K. O. Er vertrug nichts Saures.
SCHIEDSRICHTER Sieger Dreieinigkeitsmoses.
MOSES Ich bedaur' es.

14^{r}.5-10 das feuerschiff *[...]* hafenkomission: 1) Konzept, wohl für eine Erzählung oder ein Theaterstück. Die ersten beiden Stichworte* notierte Brecht (14^{r}.5-6) ähnlich auch auf einem zwischen Bl. 16 und 17 überlieferten Doppelblatt*. (44^{r}.1-2)
14^{v}.1-2 5$^{\underline{15}}$ – 7$^{\underline{14}}$ \ 9$^{\underline{10}}$ Abfahrts- und Ankunftszeiten von Zügen.
14^{v}.4-5 150 · 40 000 \ 6.000.000 Inflationsbedingte Berechnung eines Geldwerts, wohl im Juni, Juli 1923 eingetragen.* (→ zu 1^{v}.9-7, 19^{v}.8, 6)
14^{v}.8-7 2517 Potsdam \ Kasak Telefonnummer Hermann Kasacks, der ab Oktober 1920 zunächst als Lektor, dann von März 1922 bis Dezember 1925 auch als zweiter Direktor beim Gustav Kiepenheuer Verlag tätig war (*Funke 1999*, 90). Der Verlag hatte seinen Sitz in der Victoriastraße 59 in Potsdam; Kasack selbst wohnte im zeitlichen Umfeld in der Wörtherstraße 3, Potsdam, im Souterrain der Villa von Baronin Heimburin.

Brecht hatte Kasack Ende Februar, Anfang März 1920 kennengelernt und ihm durch Hedwig Kuhn den *Baal* übergeben lassen.* (→ zu *NB 4*, 4^{v}.13) Während Brechts Berlin-Aufenthalt ab Anfang November 1921 sahen sich beide häufiger, so für Vertragsverhandlungen mit dem Kiepenheuer Verlag (Tagebuch, 7. Januar 1922)* (→ zu *NB 12*, 9^{r}-57^{r}.10 (16)) und in Kasacks Potsdamer Wohnung, z. B. auf einem dort veranstalteten Kostümfest (Februar, März 1922, *Bronnen 1960*, 31f.).* (→ zu *NB 13*, 35^{v}.1-2) Mit Kasack arbeitete Brecht ab 1922 an den Gedichten für die *Hauspostille*.* (→ zu 36^{v}.5 (12)) In Kasacks Erinnerungen heißt es (*Kasack 1945*, 207f.):

> Dann stand er eines Tages vor mir, mittelgroß, Anfang der zwanzig, mit einem schmalen, männlichen Gesicht und klug beobachtenden Augen, der manchmal nervös zuk-|kende Kopf auf einem hageren Hals, die kurzen Haare nach vorn gebürstet. Er redete in unverfälschtem süddeutschem Dialekt, seine ganze Art, so selbstverständlich und natürlich, ohne literarische Pose, dabei sehr bestimmt und bohrend in seinen Worten. Ich habe kaum in meinem Leben wieder ein Gesicht gesehen, das einen so verschiedenen, so wandlungsfähigen Ausdruck zeigte. Es war alles darin, was später auch in seinen Arbeiten in Erscheinung trat. Naivität ebenso wie Zynismus, das Böse wie das Zarte, Wärme und Schroffheit. Und all das in einer elementaren Besessenheit und ohne jedes Zugeständnis an falsche Sentimentalität oder überlebte Konventionen. Wir haben damals häufig miteinander geredet und gearbeitet und es war großartig, mit welcher Unbestechlichkeit des Gefühls er seine Ideen vertrat und ⟨*mit*⟩ welcher eigensinnigen Sicherheit und Dialektik er unbeirrbar das durchsetzte, was er wollte. Unvergeßlich auch, wenn er mit seiner dünnen, hellen Stimme seine Balladen und Songs aus der später erschienen *Hauspostille* zur Klampfe sang, auf der er kaum mehr als zwei, drei Griffe konnte, und dabei jede Silbe genau und gleichmäßig betonte. Und auch wenn er sprach, knisterten die Worte wie elektrische Funken. Es war faszinierend.

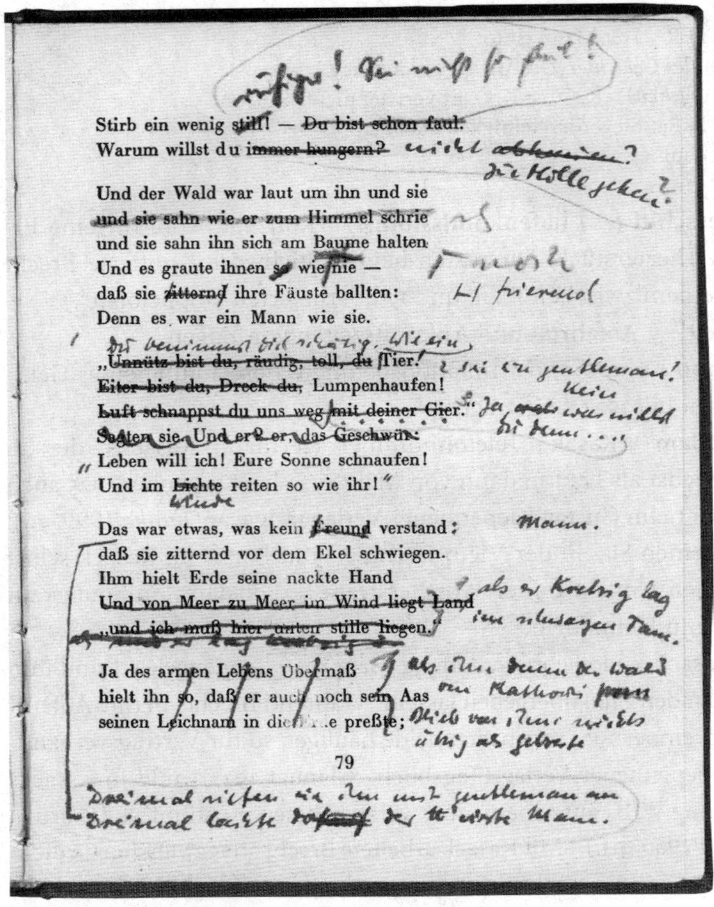

Stirb ein wenig still! — Du bist schon faul.
Warum willst du immer hungern?

Und der Wald war laut um ihn und sie
und sie sahn wie er zum Himmel schrie
und sie sahn ihn sich am Baume halten
Und es graute ihnen so wie nie —
daß sie zitternd ihre Fäuste ballten:
Denn es war ein Mann wie sie.

„Unnütz bist du, räudig, toll, du Tier!
Eiter bist du, Dreck du, Lumpenhaufen!
Luft schnappst du uns weg mit deiner Gier."
Sagten sie. Und er? er, das Geschwür:
„Leben will ich! Eure Sonne schnaufen!
Und im Lichte reiten so wie ihr!"

Das war etwas, was kein Freund verstand:
daß sie zitternd vor dem Ekel schwiegen.
Ihm hielt Erde seine nackte Hand
Und von Meer zu Meer im Wind liegt Land
„und ich muß hier unten stille liegen."

Ja des armen Lebens Übermaß
hielt ihn so, daß er auch noch sein Aas
seinen Leichnam in die[illegible]e preßte;

79

Abb. 2 *Brecht: Baal 1922*, 79, mit Eintragungen Brechts und Kasacks (BBA NB bb S 1/3)

Im Dezember 1922 schenkte Brecht Kasack ein Exemplar des Erstdrucks von *Baal*, in dem beide gemeinsam das Gedicht *Tod im Walde* überarbeitet hatten (*Brecht: Baal 1922*, 1, 78-80; handschriftliche Widmung: »dem lieben hermann kasack – bertbrecht winter 22«; → *Abiry 2010*)*. → *Abb. 2*

14ᵛ.11, 13 **Belgradstr. 5 I. b. bei Lehringer** *[…]* **Bäckerladen** In der Belgradstraße 5, 1. Stock, München-Schwabing, wohnte die Kaufmannswitwe Paula Lehringer. Im Erdgeschoß befand sich die Konditorei Peter Baumgartner (*Adreßbuch München 1924*).

14ᵛ.12, 10 **Tizian 20 \ Mendel** In der Tizianstraße 20, Erdgeschoß und 1. Stock, München-Neuhausen, wohnte der Bildhauer Wilhelm Schubert (*Adreßbuch München 1924*). Ob ein Bezug zu dem Maler Ferdinand Karl Josef Ritter Edler Mendel von Steinfels oder zu einem Mitglied seiner Familie besteht, in deren

Villa in Unterschondorf Brecht seine Sommerferien 1929 und 1930 verbrachte (→ *Heißerer 2008*), läßt sich nicht feststellen.

15r.1-4 13373 Moritzplatz \ blücher 12 *[…]* **hallisches tor** Telefonnummer und Adresse der Filmkopier- und Entwicklungsanstalt Funk & Co. in Berlin-Kreuzberg, Blücherstraße 12. Die Firma befand sich in der Nähe des Halleschen Tors und der gleichnamigen U-Bahn-Station (*Adreßbuch Berlin 1923*).

15r.8-5 Kobe Uhland 7562 *[…]* **Friedrichstr 247.** Zwei Telefonnummern und Adresse des Filmregisseurs Hannes Kobe, Albrecht-Achilles-Straße 58, Berlin-Wilmersdorf (im *Adreßbuch Berlin 1923* mit dem Beruf »Kaufmann« verzeichnet); von fremder Hand eingetragen. Die Ungo Film AG Unger & Gottschalk, Friedrichstraße 247, Berlin-Mitte, Tel.: Lützow 6884, hatte u.a. Kobes Spielfilme *Am Rande der Großstadt* (1922) und *Ein Weib, ein Tier, ein Diamant* (1923) produziert.

15r.12-10 dienstag *[…]* **theater¿¿¿¿** Termin und Adresse, vielleicht für ein Treffen im Ratskeller, Königstraße 15-18, Berlin-Mitte.

15v.1 Paolo u. Francesca Das Liebespaar Paolo Malatesta und Francesca da Rimini, geborene da Polenta. Die bekannteste Darstellung ihres Schicksal finden sich in Dantes *Göttlicher Komödie* (*Inferno*, 5. Gesang).

15v.5-7 freitag \ 10 – 11 uhr \ reinert Termin für ein Treffen mit dem Filmregisseur Robert Reinert*, der 1921 mit Karl Valentin* den Film *Mit Karl Valentin und Liesl Karlstadt auf der Oktoberwiese* gedreht hatte. →16r, 36v.6 | → zu 36v.3

15v.8 sonnenstr. 15 Adresse der Robert Reinert Monumental Film-Werk GmbH.* →16r

16r 60749 *[…]* **54566** Münchener Telefonnummern, Adressen und Termine. Die Robert Reinert* Monumental Film-Werk GmbH befand sich in der Sonnenstraße 15, 3. Stock, München-Altstadt. Robert Reinert, »Schriftsteller«, wohnte in der Schützenstraße 5, München-Ludwigsvorstadt (*Adreßbuch München 1924*). →15v.5-7, 36v.6

16v-17v.4 ~~ach in mahagoni~~ *[…]* **braucht geld** Versentwürfe (Eintragungen stark verwischt, Entzifferung teilweise fraglich; »ach in mahagoni *[…]* ins bett«* nachträglich gestrichen): 16v.1-10

ach in mahagoni war die jenny schlecht gestellt 16v.1-2
ach jimmi wenn du geld bei hast leih mir n' pennychen geld
~~dann gehen wir ins bett~~
ach jimmi geh aufs klosett
das ist viel billiger als ins bett
~~ich habe so sehr mitleid jimmi~~
ein gentleman bezahlt es jimmi
~~und jenny kommt zu jimmi her~~
ach jimmi warum ißt du nichts mehr?
~~ach jimmi du hast gar kein verstand~~

⟨*1. Arbeitsphase:*⟩ du bist so weiß wie leinwand
⟨*2. Arbeitsphase, unvollständig:*⟩
⟨*1. Entwurf:*⟩ du siehst so weiß wie leinwand
⟨*2. Entwurf:*⟩ du siehst so weiß wie hand
ja hast du denn kein geld mehr jimmi

17r 1

ach jimmy setz dich auf mein knie
ach jimmy ach ich liebte nie
ach trink aus meinem glase jimmy

2

⟨*1. Entwurf:*⟩ ach jimmy sieht nicht auf mein bein
ich werde rot: es ist nicht rein
⟨*2. Entwurf:*⟩ ach jimmy lieber jimmy mein
die herrn sehn immer auf mein bein
mein bein ist nur für dich da jimmy

17v 3

⟨*1. Entwurf:*⟩ rund ist der dollar und rund ist die welt
jenny hat lud und jimmi hat geld
⟨*2. Entwurf:*⟩ rund ist der dollar und rund ist die welt
wer geld hat braucht lud
wer braut hat braucht geld

Der erste (gestrichene) Vers ist der früheste Beleg für den Namen Mahagoni,
→ zu 13v-14r.3, zu *NB 16*, 31r.7 später Mahagonny geschrieben. Im Juli 1924 notierte Brecht unter anderen Projekten »mahagonny oper«.* In *Brecht: Hauspostille 1927*, 103-113 erschienen fünf
→ *BFA* 11, 100-106 *Mahagonnygesänge* (*Mahagonnygesang Nr. 1-3*, *Albama Song*, *Benares Song*)*, aus denen Brecht 1927 mit Kurt Weill das Songspiel *Mahagonny* zusammenstellte.

17r.3-13 Die vorliegenden Versentwürfe* verwendete Brecht in der mit Kurt Weill geschriebenen Oper *Aufstieg und Fall der Stadt Mahagonny* (*Brecht: Mahagonny 1929*, 14; → *Brecht: Mahagonny 2013*, 17f.):

JENNY *[…]*
Ach, Jimmy, lieber Jimmy mein,
Die Herrn sehn immer auf mein Bein,
Mein Bein ist nur für dich da, Jimmy,
Ach, Jimmy, setz' dich auf mein Knie,
Ach, Jimmy, ach, ich liebte nie,
Ach, trink' aus meinem Glase, Jimmy!

Eine Anregung für den Namen Mahagoni war der »Afrikanische Shimmy« *Komm nach Mahagonne* (Text: O.A. Alberts; Musik: Leopold Krauss-Elka;
→ zu *NB 21*, 26r *Alberts/Krauss-Elka 1922*):*

⟨*1. Strophe:*⟩
Seh ich manchmal
in stiller Qual
wie hier die Dinge stehn,
da möcht ich mal
dies Jammertal
von rückwärts mir besehn.
Ich weiß ein Land,
ganz unbekannt,
da liegt ein stiller Platz;
in nächster Zeit,
vielleicht noch heut
sag' ich zu meinem Schatz:

⟨*Refrain:*⟩
Komm nach Mahagonne;
dort in Afrika,
glüht uns auch die Sonne
auf den Hm-ta-ta,
wieg ich dich auf dem Knie,
spiel mit der Zi-zi-zi-
der Ziehharmonika.

⟨*2. Strophe:*⟩
Fein lebt sich's da
in Afrika
die Mode ist sehr knapp,
das Kleid der Stadt
das Feigenblatt
reißt man vom Baum sich ab.
Man heirat' flink
so'n schwarzes Ding,
wie amüsant ist das:
Man steckt am Fing-
er nicht den Ring,
man steckt ihn in die Nas'

⟨*3. Strophe:*⟩
Im Palmenhain
sitzt man zu zwein
und küßt sich kreuz und quer
und keiner kommt,
der einhebt prompt
die Steuer für'n Verkehr.
Im Kaffernland
sehr arrogant
der Eingebor'ne spricht:
Für Liebesqual'n
auch noch bezahl'n,
so'n Kaffer bin ich nicht.

Ein Hinweis auf den Shimmy findet sich auch in *Mahagonnygesang Nr. 1* (*Brecht: Hauspostille 1927,* 104)*: →*BFA* 11, 100

Auf nach Mahagonny
Das Schiff wird losgeseilt
Die Zi-zi-zi-zi-zivilis,
Die wird uns dort geheilt.

Die von Brecht skizzierte Melodie* übernahm Weill nicht (→ *Brecht: Mahagonny 1929,* 53). 17r.2, 6

17v.6-5 22898 \ 1-3 Wohl Münchener Telefonnummer. Bei den beiden Ziffern »1-3« handelt es sich vielleicht um die Uhrzeit für ein geplantes Telefonat.

18v.1-17 1 d ichte r *[...]* 11 e ch Entwurf eines Akrostichons aus größtenteils noch zu findenden Wörtern, deren Anfangs- und Endbuchstaben den Satz bilden sollten: Dumm figgt gern, gescheit auch.

18v.6-2 proscherstr. 2a *[...]* 12 uhr Unbekannte Adresse und Termin.

18v.16, 14 uhland 178 *[...]* nach 2 Wohl Uhrzeit für ein Treffen in der Uhlandstraße 178, Berlin-Charlottenburg.

18^{v}.18 1) ludwig II Den Namen notierte Brecht auch auf der gegenüberliegen-
19^{r}.4 den Seite.* Mit Ludwig II. ist wohl König Ludwig II. von Bayern gemeint, vielleicht auch Herzog Ludwig II. der Strenge.

18^{v}.22-21 Steinplatz \ 10651 Berliner Telefonnummer.

19^{r}.3-2 berg *[…]* scharlottenstr. In der Nähe des Halleschen Tors und der gleichnamigen U-Bahn-Station befand sich Berg's Restaurant, Charlottenstraße 69, Berlin-Mitte (*Adreßbuch Berlin 1923*).

19^{r}.4-5 1) ludwig II *[…]* Vorzeit 3) Den Namen Ludwig II. notierte Brecht
18^{v}.17 auch auf der gegenüberliegenden Seite.*

19^{r}.7-6 8210 steinplatz \ klöpfer Telefonnummer des Schauspielers Eugen
→ zu *NB 13*, 18^{r}.5-18 Klöpfer*, Schillerstraße 116, Berlin-Charlottenburg (*Adreßbuch Berlin 1923*),
26^{r}.17 auch unten* notiert.

19^{v}.1-2 Autorenhaus ¿ Kaltenegger Im Berliner Verlag Autorenhaus erschien die Zeitschrift *Signale für die Theaterwelt*; schon nach zwei Heften im März und Juni 1922 wurde ihr Erscheinen wieder eingestellt.

19^{v}.3-7 G *[…]* M Vielleicht Anfangsbuchstaben von Figurennamen (z.B. *Trommeln in der Nacht*: Glubb, Balicke, Kragler und Murk, Manke oder Marie), daneben und darunter vielleicht Bühnenskizze.

19^{v}.8, 6 38000 · 70 \ 2.66 0000 Inflationsbedingte Berechnung eines Geld-
→ zu 1^{v}.9-7, 14^{v}.4-5 werts, wohl im Juni, Juli 1923 eingetragen.*

20^{r}.1-2 Theresien 30/2. rückg \ spielhofer Adresse des Historikers und Filmkritikers Dr. phil. Hans Spielhofer, Theresienstraße 30, Rückgebäude, 2. Stock, München-Maxvorstadt (*Adreßbuch München 1924*).

20^{r}.5-4 25054 \ Dafner Wohl Münchener Telefonnummer.

20^{v} mit ebensoviel einfacher *[…]* herausholen Wohl Entwurf für einen theaterkritischen Aufsatz.

21^{r} Dagebühl \ bei \ Nebühl Dagebüll liegt an der Nordsee, etwa 10 Kilometer westlich von Niebüll, dem Umsteigebahnhof auf dem Weg nach Dagebüll. Brecht trug die Ortsnamen vielleicht im Zusammenhang mit seiner Einladung an Paula Banholzer zu einer viertägigen Reise ein (*Banholzer 2016*, 82):

> ich hatte die Wahl: entweder die bayerischen Berge oder die See. Ich entschied mich – die Berge »immer vor Augen« – für die Nordsee und für Helgoland.

→ 38^{v}.9-7 Auf Hin- und Rückfahrt übernachteten sie bei Bekannten in Hamburg.*

22^{r}.1-3 Tristan 4 \ Pulver \ Schlichter In der Tristanstraße 4, Berlin-Nikolassee, befand sich die Villa Scharfeneck. Dort wohnten der Fabrikant R. Mederer und der Kaufmann P. Lüdike. Mit den notierten Namen sind vielleicht der Architekt Gustav Pulver (Thorner Str. 63, Berlin-Mitte) und der Maler Rudolf

Schlichter (Neue Winterfeldtstraße 17, Berlin-Schöneberg)* oder sein Bruder → 47r
Max Schlichter, Inhaber des nach ihm benannten Künstlerlokals in der Ansbacher Straße 46, Berlin-Schöneberg, gemeint (*Adreßbuch Berlin 1923*).

22r.10-4 Erkner + Fernbahn *[…]* **Kaiser \ 10-11** Wegbeschreibung zu Georg
Kaisers* Haus in Grünheide bei Berlin, wo er zwischen 1921 und 1938 lebte, und → zu *NB 3*, 16v.6-18r.3
Uhrzeit für ein Treffen. Der nächste Bahnhof war Fangschleuse auf der Fernbahnstrecke von Berlin über Erkner und Fürstenwalde nach Frankfurt/Oder. Kaiser war im April 1921 aus München nach Grünheide gezogen, nachdem er eine Gefängnisstrafe »wegen dreier fortgesetzter Vergehen der Unterschlagung« abgesessen hatte; Brecht hatte dem Prozeß vor dem Münchener Landgericht
am 15. Februar 1921 beigewohnt (Tagebuch, 17. Februar 1921*). Kaiser wohnte BBA E 21/120
zunächst an der Waldpromenade 10, bald darauf bis 1932 im Haus Waldeck 4 (*Valk 1993*, 1-4).

22v.1-10 schigolch leibelt *[…]* **kaißler** Besetzungsliste für eine geplante Aufführung von Frank Wedekinds Tragödie *Lulu*, im Zusammenhang mit Brechts
Tätigkeit an den Münchener Kammerspielen* eingetragen: → zu 1v.1-6

- Schigolch: Hans Leibelt. Er spielte in der Uraufführung von *Trommeln in der Nacht* (Premiere: 29. September 1922, Münchener Kammerspiele) den Friedrich Murk, außerdem u. a. neben Karl Valentin in dem Film *Mysterien eines Frisiersalons* (Dreharbeiten: Februar, Freigabe: Juli 1923; Regie: Erich Engel, Bert Brecht) und in der Berliner Aufführung von *Mann ist Mann* (Premiere: 4. Januar 1928, Volksbühne im Theater am Bülowplatz; Regie: Erich Engel).
- Dr. Schön, Chefredakteur: Otto Wernicke, Rudolf Aicher* oder Erich → zu *NB 2*, 11v-12r, *NB 4*, 21r.6, *NB 9*, 22v-23r.8
Riewe*. Wernicke spielte in *Mysterien eines Frisiersalons* (Dreharbeiten: → zu *NB 24*, 77v
Februar, Freigabe: Juli 1923; Regie: Erich Engel, Bert Brecht) und in der Uraufführung von *Im Dickicht* mit (Premiere: 9. Mai 1923, Residenz-Theater München; Regie: Erich Engel); Brecht sah ihn auch – wie Wolf von Be-
neckendorff* – für eine Rolle im Film *Der Brillantenfresser** vor. Rudolf 22v.8 | BBA 1128/41-81
Aicher hatte Brecht häufig am Augsburger Stadttheater gesehen; für ihn sah er u. a. eine Rolle im Stückprojekt *David* vor, dessen ersten Akt er ihm
vorlas (Tagebuch, 20. September 1920)*. Erich Riewe spielte u. a. in *Leben BBA 802/91
Eduards des Zweiten von England* (Premiere: 18. März 1924, Münchener Kammerspiele).
- Rodrigo Quast, Athlet: Georg August Koch. Er war ab 1906 am Augsburger Stadttheater, später in Berlin engagiert, zunächst bei Max Reinhardt am Deutschen Theater, dann an der Volksbühne.
- Gräfin Geschwitz: Marianne Oswald. Ab 1920 trat sie in Berlin als Sängerin im Kabarett auf, 1931 nahm sie Songs aus der *Dreigroschenoper* auf.

- Alwa Schön, Schriftsteller, Sohn von Dr. Schön: Emil Rameau. Er spielte von 1914 bis 1922 am Berliner Deutschen Theater und von 1923 bis 1931 am Schillertheater in Berlin; ab 1915 wirkte er zudem in einigen Stummfilmen mit.
- → zu *NB 24*, 77^{v} Graf Casti-Piani: Kurt Horwitz* oder Wolf von Beneckendorff. Horwitz spielte u. a. 1922 an den Münchner Kammerspielen den Picadillybar-Manke und den Zibeben-Manke in *Trommeln in der Nacht* und den Virginierraucher
→ zu 7^{v}.8-10 in *Die rote Zibebe** sowie den Professor Moras in *Mysterien eines Frisiersalons* (Dreharbeiten: Februar, Freigabe: Juli 1923; Regie: Erich Engel, Bert Brecht).
22^{v}.2 Für Beneckendorff sah Brecht – wie für Otto Wernicke* – eine Rolle in *Der*
BBA 1128/42b *Brillantenfresser** vor.
- Medizinalrat Dr. Goll: Felix Gluth. Er spielte 1922 den Karl Balicke in der Uraufführung von *Trommeln in der Nacht* an den Münchener Kammerspielen.
- Schwarz, Kunstmaler: Ludwig Donath, Christian Kayssler. Donath war ab 1920 an den Münchener Kammerspielen engagiert. Kayssler spielte 1922 den Bauern Laar in der Uraufführung von *Trommeln in der Nacht* und den Andreas Kragler beim Augsburger Gastspiel (13. Dezember 1922).

22^{v}.3-6 **D Friedfeld** *[…]* **8$^{\underline{30}}$** Abfahrts- bzw. Ankunftszeiten von Zügen.

23^{r}.1-5 **3$^{\underline{35}}$ nach D** *[…]* **10^{0}** Abfahrts- bzw. Ankunftszeiten von Zügen.

23^{v}.1 **<u>Norden 817</u> Sonja** Telefonnummer des Kaufmanns Gustav Aron, Alte Schönhauser Straße 18, Berlin-Mitte (*Adreßbuch Berlin 1923*). Ob es sich bei Sonja um seine Tochter oder eine andere, dort erreichbare Person handelt, läßt sich nicht feststellen.

23^{v}.3-6 **Ugrino Verlag** *[…]* **Jahn** Der 1921 von Hans Henny Jahnn und Gottlieb Harms gegründete Ugrino Verlag hatte seinen Sitz in Klecken, Kreis Harburg. In dem Musikverlag erschienen u. a. Gesamtausgaben von Dietrich Buxtehude, Carlo Gesualdo, Vincent Lübeck, Samuel Scheidt und Arnolt Schlick. Die Gründer verstanden den Verlag anfangs als Unterabteilung der 1919 zusammen mit Franz Buse dort begründeten Glaubensgemeinde Ugrino.

Brecht lernte Jahnn im August 1923 im Berliner Hotel Fürstenhof am Pots-
→ zu *NB 13*, 18^{r}.10 damer Platz kennen.*

24^{r}-24^{v}.5 **7$^{\underline{37}}$** *[…]* **10$^{\underline{16}}$** Abfahrts- bzw. Ankunftszeiten von Zügen mit demselben Umsteigebahnhof.

24^{v}.8-6 **jessner \ bristol \ 364** Wohl Notiz für ein Treffen mit Leopold Jessener im Hotel Bristol, Unter den Linden 5-6, Berlin-Mitte. Jessner, von 1919 bis 1930 Intendant des Schauspielhauses am Gendarmenmarkt, wohnte in der Charlottenstr. 85, Berlin-Mitte (*Adreßbuch Berlin 1923*). Brecht sah Ende November 1921 Shakespeares *Othello* in Jessners Regie (Schauspielhaus am Gendarmenmarkt;
BBA 1327/49 Premiere: 11. November 1921; → Tagebuch, 25. November 1921*) und hoffte ver-

geblich, ihn als Regisseur für *Im Dickicht* gewinnen zu können (Brecht an Neher, Anfang, Mitte Dezember 1921)*. → zu *NB 12*, 9r-57r.10 (12)

25r.2-1 habsburger 12 \ gerda Adresse, wohl in Berlin-Schöneberg oder München-Schwabing (Habsburger Straße), vielleicht von der Schauspielerin Gerda Müller*. → 34r.5

25r.8-4 suderode *[...]* **Pension Bosse** Zwei Orte im Harz und Name einer Unterkunft, vielleicht für einen Kur- oder Ferienaufenthalt notiert.

25r.10-9 buridan \ der nichts weiß ›Buridans Esel‹ ist ein dem Scholastiker Johannes Buridan (fälschlich) zugeschriebenes Gleichnis, dem zufolge ein Esel, der genau in der Mitte zwischen gleich großen Heuhaufen steht, verhungern wird, weil er sich nicht für einen entscheiden kann.

25v.2 15370 Ztr Telefonnummer der Generalverwaltung der Preußischen Staatstheater (Schauspiel, Oper), Dorotheenstraße 3, Berlin-Mitte (*Adreßbuch Berlin 1923*), notierte Brecht unten* nochmals. 25v.16-15

25v.6-4 8838 uhland \ frank Berliner Telefonnummer, vielleicht von Frank Warschauer,* Eislebener Str. 13, Berlin-Charlottenburg (*Adreßbuch Berlin 1923*). → zu *NB 3*, 40v.14-16

25v.13-11 Dönhoff \ 2184 \ Oswald Telefonnummer des Richard Oswald Filmkonzerns, Friedrichstraße 14, Berlin-Mitte (*Adreßbuch Berlin 1923*). Zu ihm gehörten: Conrad Veidt-Film, Carl Mayer-Film, Leopold Jeßner-Film, Heinz Ullstein-Film, Nina Lizza-Film und die Richard Oswald-Film AG, die 1921 mit dem Ziel gegründet wurde, international vermarktbare »Prunkfilme« zu produzieren; im März 1926 mußte sie Konkurs anmelden (*Kasten 2005*, 439). Einen ersten Kontakt zum Filmkonzern bzw. dem Produzenten Richard Oswald hatte Frank Warschauer Ende 1921 vermittelt.* → zu *NB 10*, 1v Für ein Preisausschreiben von Oswald reichte Brecht zusammen mit Bronnen das Drehbuch *Robinsonade auf Assuncion** ein → zu 36v.1, zu *NB 13*, 18r.10 (Ende Mai 1922), das später prämiert wurde (*Das Tage-Buch*, 4. November 1922):

> Unter den Einsendungen befindet sich keine Arbeit, von der wir hoffen dürften, daß ihre Ausführung dem deutschen Film entscheidende neue Wege weisen würde. Kein Manuskript hat die bedingungslose Zustimmung aller Preisrichter gefunden. Dagegen hat uns die Fülle der beachtenswerten und geistvollen Manuskripte überrascht. Aus diesen wertvollen Arbeiten haben wir vier Manuskripte ausgewählt, die Anspruch auf besondere Würdigungen erheben dürfen. Diese vier Manuskripte, die den Verfassern wieder zur Verfügung gestellt werden, sind mit Trostpreisen von je 50 000 Mark bedacht worden.

25v.16-15 Ztr 15370 \ staatstheater Auch oben* notierte Telefonnummer der Preußischen Staatstheater Berlin. 25v.2

25v.18-17 2551 \ Steinpl Telefonnummer des Kaufmanns Bruno Fiering, Tauentzienstraße 12b, Berlin-Charlottenburg, des Betreibers des Romanischen Cafés* → 27v.1-2, zu *NB 3*, 50v.4-5 am Kurfürstendamm 238 (*Adreßbuch Berlin 1923*).

25v.22-21 hardenberg 13/ ½ 7 \ Peisser Adresse und Uhrzeit für ein Treffen. In der Hardenbergstraße 13, Berlin-Charlottenburg, befand sich die Zuckergroßhandlung Louis Peiser Söhne (*Adreßbuch Berlin 1923*).

26r.1-5 westerland auf sylt *[...]* **esther \ 6229 wilhelm** Hermann Niels Hansen betrieb in Westerland eine Schmiede an der Ecke Kirchweg und Keitumer Chaussee; er vermietete auch Gästezimmer. Das Amtsgericht lag schräg gegenüber am → zu *NB 3*, 40v.14-16 | → zu 43r Kirchweg 18; im August 1923 hielt sich Frank Warschauers* Frau Esther dort auf.* → zu 26r.12-9, zu 43r Die Telefonnummer ist die von Feuchtwangers Schwager Eduard Diamant.*

26r.6 5029 wilhelm ¿¿er Berliner Telefonnummer und unbekannter Name.

26r.7 nollend 4744 ¿¿ Berliner Telefonnummer und unbekannter Name oder Kürzel.

26r.13-9 <u>6229 wilhelm</u> *[...]* **Diamant** Telefonnummer und Adresse von Lion Feuchtwangers Schwester Franziska, Kaiserdamm 90, Berlin-Charlottenburg (*Adreßbuch Berlin 1923*). Sie war mit dem Unternehmer Eduard Diamant verheiratet. 43r Die im vorliegenden Notizbuch überlieferte Photographie* zeigt das Ehepaar zusammen mit Brecht. Er sprach Lion Feuchtwanger immer mit »Doktor« an.

26r.15-14 Sonntag ½ 1 uhr \ arnolt 7125 pfalzburg Termin und Telefonnummer für ein Treffen mit Arnolt Bronnen*. → zu *NB 13*, 18r.10 Die Telefonnummer gehörte dem Regierungsrat Dr. Hans Ittenbach, Nürnberger Platz 3, Berlin-Wilmersdorf; sie ist erst ab dem *Adreßbuch Berlin 1924* (Daten von 1923) verzeichnet. Über eine Beziehung Bronnens zu Ittenbach ist nichts bekannt.

26r.17 Moabit 6773 \ Meingast Telefonnummer der Seifenhandlung Otto Schulze, Zwinglistraße 9, Berlin-Moabit (*Adreßbuch Berlin 1923*). Vielleicht war unter dieser Telefonnummer die österreichische Schauspielerin Erika Meingast zu erreichen, die ab Frühjahr 1923 in Berlin tätig war.

19r.7-6 **26r.17 Steinplatz 8210** Berliner Telefonnummer von Eugen Klöpfer, auch oben* notiert.

26v.1-5 is jetz so oder so *[...]* **aufd nacht** Mundartlicher Gedichtentwurf.

26v.8-6 3014 Kurfürst \ wegener Telefonnummer von Paul Wegener, Am → zu *NB 13*, 36v.4-5 Karlsbad 2, Berlin-Tiergarten,* vielleicht schon zwischen dem 8. oder 11. und 16. Oktober, wohl aber erst zwischen dem 14. November und 21. Dezember 1922 26v.12-10 in Berlin gemeinsam mit der Telefonnummer Felix Hollaenders* eingetragen.

26v.12-8 14015 Steinplatz *[...]* **½ 6 uhr** Telefonnummer, Adresse und Termin für ein Treffen mit Felix Hollaender, Waitzstraße 8, Berlin-Charlottenburg (*Adreßbuch Berlin 1923*); Telefonnummer wohl zusammen mit der Paul Wege- 26v.8-6 ners* eingetragen.

→ zu *NB 13*, 34r.2 Hollaender, verheiratet mit Blandine Ebinger,* hatte Anfang Oktober 1922 als Leiter des Deutschen Theaters Interesse an Brechts Theaterstücken bekundet (Telegramm Hollaender an Brecht, 4. Oktober 1922):

```
ihre dramen haben mich lejdenschaftlich bewegt sprach ausfuehr-
lich mit jehring verstaendigte berejts gestern drejmaskenverkag
der zustimmte hoere heute dasz ander sejte dazwischen treten will
bitte sie herzlichst ihre dichtung bahl trommeln dickicht deut-
schem theater zu ueberlaszen zumal verlag bereijts einverstanden
brief unterwegs gruesze felix hollaender
```
BBA 911/111 → zu 5r

Wohl während Brechts Berlin-Aufenthalt Mitte Oktober wurde eine Aufführung von *Trommeln in der Nacht* am Deutschen Theater vereinbart; im November und Dezember nahm Brecht an den Proben teil (Premiere: 20. Dezember 1922; Regie: Otto Falckenberg; → Brecht an Zoff, 11. Dezember 1922*). Das Theaterstück wurde am 5. Januar 1923 wieder abgesetzt; Brecht beklagte sich darüber in einem Brief an Ihering (Februar 1923): BBA E 21/230-231

```
der holländer hat die trommeln also abgewürgt es ist~~b~~ ein schwar-
zes herz das der mann in der brust hat  gott wird gericht über ihn
halten  es ist unangenehm für ihn  aber auch ich werde gericht
über ihn halten und das wird unangenehmer sein
```
BBA Z 2/137

26v.16-14 monsalvat 15 oder 17 *[…]* str¿¿¿haus Adresse in der Montsalvatstraße, München-Schwabing.

27r-27v es soll mit der vorsehung *[…]* beschäftigt ist, Entwurf eines Aufsatzes; die Fortsetzung befand sich wohl auf dem ursprünglich folgenden, herausgerissenen Blatt. Biographischer Hintergrund sind Brechts Tätigkeit an den Münchener Kammerspielen*, seine Verträge* mit den Verlagen Kiepenheuer (Druck) und Drei Masken (Bühnenvertrieb)* sowie die Aufführungen von *Trommeln in der Nacht* am Schauspielhaus Frankfurt (Premiere 23. April 1923; Regie: Richard Weichert). → zu 1v.1-6 | → 27r.11-13 → zu 36v.4, 5 (4), zu *NB 12*, 9r-57r.10 (16)

Das Romanische Café* in Berlin-Charlottenburg, Kurfürstendamm 238 (heute Budapester Straße 43), war 1916 eröffnet worden und hatte sich zu einem wichtigen Literatentreffpunkt in Berlin entwickelt. Die Telefonnummer des Betreibers Bruno Fiering hatte Brecht oben* notiert. 27v.1-2 25v.18-17

28r.1 stahnsdorfer ¿¿ In Nowawes gelegene Straße, heute zu Potsdam-Babelsberg gehörend. An den ungeraden Nummern 97a-105 befanden sich Filmateliers der Universum Film AG (Ufa).

28r.5-2 der mann spricht leise *[…]* eine person zu. Vielleicht Idee für eine Inszenierung.

29v 23752 nehr \ fat¿¿ Wohl Münchener Telefonnummer und unbekannter Name, vielleicht von Carola Neher, die Brecht im Sommer 1922 in München kennengelernt hatte (*Bronnen 1960*, 78f.).

30r John Fords \ Giovani + \ Arabella \ Kalser John Fords Tragödie *Giovanni und*

Annabella/Arabella (*'Tis Pity Shee's a Whore*, 1633) war 1918 in der Übersetzung
Erwin Kalsers erschienen (*Ford 1918*). Brecht griff später auf das Stück für den
BBA 1178/132-133; Prolog von *The Duchess of Malfi* (1945/46) zurück.*
→ *BFA* 7, 339f. **31r 1 \ 2 seltsamkeiten** ***[…]*** **Küche** Konzept eines Handlungsgangs; das Stichwort »Küche« gehört vielleicht zur Zeichnung. Die Sintflut kehrte als Motiv im
zeitlichen Umfeld bei Brecht mehrfach wieder. Das Drehbuch *Robinsonade auf*
→ zu 36v.1 *Assuncion* (Ende Mai 1922)* trug zunächst den Arbeitstitel *Die zweite Sintflut*;
ein Zusammenhang besteht jedoch nicht.
31v.1 Ein Schweißfuß kommt selten allein Die Formulierung verwendete Brecht
→ *BFA* 10, 1174 später in Entwürfen zu den Theaterstücken *Der Brotladen** (1930) und *Schweyk*
→ *BFA* 7, 198 *im Zweiten Weltkrieg** (1943).
31v.12-2 Konservenfische, solang da. ***[…]*** **abendmahl** Stichworte, wohl für
ein Theaterstück oder ein Drehbuch, nachträglich in drei Abschnitte gegliedert;
→ 8r.3 die Formulierung »die brutale logik« hatte Brecht bereits oben* notiert.
→ zu *NB 13*, 9v.10-13 **32r kabale** ***[…]*** **müller** Liste mit Stücktiteln und Namen,* wohl im Zusam-
→ zu 1v.1-6 menhang mit Brechts Tätigkeit an den Münchener Kammerspielen* eingetragen:

→ *NB 4*, 1r.11-12
- Schillers Trauerspiel *Kabale und Liebe** (1784) hatte Brecht 1920 im Augsburger Stadttheater gesehen (Premiere: 20. September 1920, Regie: Hans Ober-
→ *BFA* 21, 74f. länder; → Brechts Theaterkritik in »*Volkswille*«*, 29. September 1920),
- ebenso George Bernard Shaws *Pygmalion* (1913; Premiere: 27. Oktober 1920,
→ *BFA* 21, 80f. Regie: Kurt Hoffmann; → Brechts Theaterkritik in »*Volkswille*«*, 30. Oktober 1920).
- Von John Millington Synge lagen auf Deutsch die Theaterstücke *Der heilige*
→ zu *NB 13*, 9v.10-13, 40v.23 *Brunnen* und *Der Held des Westerlands* vor (*Synge 1906, 1912*).*
- Mit »turandot« ist wohl Carlo Gozzis gleichnamiges Theaterstück von 1762 oder Schillers tragikomisches Märchen nach Gozzi *Turandot, Prinzessin von China* gemeint.

→ 34r.5 Ob sich das letzte Stichwort auf die Schauspielerin Gerda Müller* bezieht, ist
unklar.
32v.1-5 der knecht nähert sich ***[…]*** **grausig** Vielleicht Idee für eine Inszenierung.
32v.6-9 S \ schwarze freier ***[…]*** **muttermund** Während einer Aufführung
oder aus dem Gedächtnis ungenau notierte oder bewußt parodierte Verse aus
Walter Mehrings 1919/20 entstandenem *Choral für Seemannsleute*. In der Vertonung von Willy Engel-Berger war er schnell volkstümlich geworden. Brecht
hörte ihn wohl in Trude Hesterbergs Wilder Bühne, vielleicht auch im Kabarett Karussell in Berlin. Den Erstdruck in *Die Weltbühne* (9. August 1923, 147f.)
trennte er sich später aus der Zeitschrift heraus und legte ihn im vorliegenden
41r-41v Notizbuch zwischen Bl. 3 und 4 ein:*

Wir haben die ganze Welt gesehn
– Die Welt war überall rund! –
Um alle paar Monat vor Anker zu gehn
Bei einem Mädchenmund!
Wir sahn eine Mutter in schneeigem Haar,
Die verkuppelte uns ihr Jöhr;
Wir fraßen pfundweis den Kaviar
Direkt an der Quelle vom Stör!

Die Formulierung »schwarze freier« steht wohl mit Brechts »Negermanie« in diesen Jahren* in Zusammenhang. → zu 8r

33r Jörgen \ ihre gelüste sind so nackt *[…]* **sehen** Brecht kannte Elsa Jörgen spätestens ab Februar 1921 (→ Tagebuch, 9. Februar 1921*); Ende Mai 1921 plante BBA E 21/116 er mit ihr einen Reklamefilm für Hautcreme.* Ob der Name mit dem folgenden BBA 803/4; → zu *NB 9*, 24v-25v Notat zusammenhängt, ist unklar.

33v Zerbrochener Krug *[…]* **Salzburg** Liste mit Stücktiteln (vor allem Komödien) und Namen (vor allem Schauspieler), mit den Notaten auf der gegenüberliegenden Seite zusammenhängend, wohl für die Münchener Kammerspiele*; in → zu 1v.1-6 mehreren Arbeitsphasen eingetragen:

- Heinrich von Kleist, *Der zerbrochene Krug*, Lustspiel (1808)
- William Shakespeare, *Was ihr wollt*, Komödie (um 1601)
- Joseph von Eichendorff, *Die Freier*, Lustspiel (1833; im Juli 1923 in der Bühnenfassung von Otto Zoff am Schauspielhaus am Gendarmenmarkt)
- Heinrich von Kleist, *Amphitryon*, Tragikomödie (1807); Friedrich Hebbel, *Der Diamant*, Komödie (1921 als Sujet für das Drehbuch *Die Brillantenfresser** verwendet) → zu *NB 9*, 21v.3-25v, *NB 11*, 28v
- von George Bernard Shaw hatte Brecht oben den Titel der Komödie *Pygmalion** notiert → 32r.3
- Nikolai Gogol, *Der Revisor* (1835/36), Komödie
- Arnolt Bronnen, *Die Exzesse*, Lustspiel (Erstdruck 1923, von Brecht wohl schon im Februar 1922 gelesen*) → zu *NB 13*, 18r.10, 40v.24-7
- Albert Bassermann* spielte u. a. in Carl Sternheims Komödie *Der Snob** → zu *NB 13*, 7r.8-17 | (Premiere: 2. Februar 1914; Münchener Kammerspiele) und in Leo Ditrich- → zu *NB 9*, 34v.1-4 steins Komödie *Der große Bariton* (Premiere: 20. Januar 1922; Berlin, Theater am Kurfürstendamm) die Hauptrolle
- Ludvig Holbergs *Herr Vielgeschrey, der Mann, der keine Zeit hat* (1723), Komödie (Premiere: 24. Februar 1923, Volksbühne Berlin; Regie: Heinz Hilpert); den Titel bzw. Figurennamen notierte Brecht auch unten* 34v.5-7
- Mit Impekoven ist wohl gemeint die ab 1921 in zahlreichen Stummfilmen auftretende Schauspielerin Sabine Impekoven, ihr Bruder, der Schauspieler

und Autor Toni, ab 1914 am Stadttheater Frankfurt am Main, oder ihre Nichte Niddy, die am 26. November 1922 als Tänzerin an der Berliner Volksbühne auftrat.

33v.14 Ob sich der Ortsname* auf die Salzburger Festspiele bezieht, ist unklar.

34r **Heims** *[...]* **Hauser** Liste mit Namen von Schauspielern und einem Stücktitel, mit den Notaten auf der gegenüberliegenden Seite zusammenhängend, wohl
→ zu 1v.1-6 für die Münchener Kammerspiele*; nicht in einem Arbeitsgang eingetragen:

- Else Heims spielte in Richard Oswalds Aufklärungsfilm *Es werde Licht* (1918) mit, der wohl eine Anregung für Brechts Theaterstück *Lux in tenebris* (1919) war.
- Fritta Brod war ab 1916 am Frankfurter Schauspielhaus engagiert.
- Max Reimer gehörte nach 1918 zum Ensemble des Berliner Schillertheaters.
- → zu *NB 24*, 80r.6-9 Helene Weigel* hatte Brecht wohl bei der Uraufführung von Bronnens *Vater-*
→ zu 25r.2-1 *mord** erstmals auf der Bühne gesehen (Schauspielhaus Frankfurt/Main; Premiere: 22. April 1922; Regie: Wolfgang Harnisch). Sie begegneten sich das erste Mal bei den Proben zur Berliner Erstaufführung von *Trommeln in der Nacht* (Deutsches Theater, Berlin; Premiere: 20. Dezember 1922) und lernten sich ab dem 12. oder 13. November 1923 näher kennen, als Brecht bei ihr in der Spichernstraße 16, Berlin-Wilmersdorf, übernachtete (*Bronnen 1960*, 163f.).
- → zu 25r.2-1 Gemeint ist wohl Gerda Müller*, vielleicht Hans Carl Müller. Gerda Müller kannte Brecht spätestens ab Herbst 1921 (*Bronnen 1960*, 66); sie spielte in der
→ zu *NB 13*, 18r.10 Uraufführung von Arnolt Bronnens *Vatermord** (Premiere: 22. April 1922, Schauspielhaus Frankfurt/Main); im Herbst ging sie nach Berlin ans Schauspielhaus am Gendarmenmarkt. 1922/23 sah Brecht sie für die Titelrolle
→ zu 2v in seinem Stückprojekt *Hannibal** vor; der Erstdruck der Ballade *Über die Anstrengung* erschien mit der Widmung »für die Gerda Müller geschrieben« (*Die Neue Rundschau* 34, Dezember 1923, 1131). – Hans Carl Müller war ab 1917 an den Münchener Kammerspielen engagiert; Brecht besuchte 1919 einen Vortragsabend mit ihm im Augsburger Börsensaal (21. März 1919) und schrieb darüber in den *Augsburger Neuesten Nachrichten* eine Kritik (*Vor-*
→ *BFA* 21, 36f. *tragsabend von Hans Karl Müller*, 22. März 1919)*.
- Paul Morgan trat ab 1918 in Berlin auf, u.a. als Conférencier im Kabarett Größenwahn (Gründerin: Rosa Valetti, siehe unten in der Liste); er spielte in zahlreichen Filmen mit. Im Sommer 1922 trat er auch in München auf (*Bronnen 1960*, 75).
- Otto Gebühr spielte von 1917 bis 1919 am Deutschen Theater (Berlin) und trat ab 1920 vor allem in Stummfilmen auf; berühmt machte ihn seine Verkörperung von Friedrich II. in Arzen von Cserépys vierteiligem Film *Fridericus Rex* (1921-23).

- Rosa Valetti, Gründerin des Kabaretts Größenwahn im Café des Westens* (Dezember 1920), spielte 1928 in der Uraufführung von Brechts *Die Dreigroschenoper* die Rolle der Frau Peachum (Theater am Schiffbauerdamm, Berlin, 31. August 1928)* → zu *NB 3*, 43^{r}.1-5 → BBA 402/14
- Jacob Feldhammer war am Schauspielhaus Frankfurt/Main engagiert (1918 bis 1923), ebenso Heinrich Hauser
- *Vom Teufel geholt* ist der Titel eines Theaterstücks von Knut Hamsun*, das 1911 auf deutsch erschienen war; Brecht hatte es 1917 gelesen (*Hamsun 1911*). → zu *NB 3*, 46^{v}.19

34^{v}.1-3 **Hannele \ Geheimnis der Gilde \ Hofmeister** Liste von Stücktiteln, im Zusammenhang mit Brechts Tätigkeit an den Münchener Kammerspielen* eingetragen: → zu 1^{v}.1-6

- Gerhart Hauptmann, *Hanneles Himmelfahrt*, Traumdichtung in zwei Teilen (1893)
- August Strindberg, *Das Geheimnis der Gilde**, Komödie (1880) → *NB 13*, 9^{v}.10-13
- Jakob Michael Reinhold Lenz, *Der Hofmeister oder Vorteile der Privaterziehung* (1778); die Komödie war vielleicht eine Anregung für Brechts Komödie *Der Impotente**. → *NB 13*, 31^{v}

34^{v}.5-7 **Holberg \ Herr \ Vielgeschrei** Den Titel bzw. Namen der Hauptfigur von Ludvig Holbergs Komödie hatte Brecht auch oben* notiert. 33^{v}.13

34^{v}.9 **33339 danker** Vielleicht Telefonnummer des Kaufmanns Georg Danker in der Weidmannstraße 80, München-Moosach (*Adreßbuch München 1924*).

34^{v}.10 **<u>33373</u> riewe** Telefonnummer von Erich Riewe* im *Adreßbuch München 1924* verzeichnet als »Schauspieler (Schauspielhaus), Schwarzmannstr. 12_0« (Erdgeschoß), München-Maxvorstadt. → zu *NB 24*, 77^{v}

35^{v}.1-4 **Leblanc *[...]* Stingaree** Maurice Leblanc schrieb zahlreiche Romane um den Meisterdieb Arsène Lupin, die ab 1913 auf deutsch erschienen. Ernest William Hornung, der Schwager von Arthur Conan Doyle, schrieb mehrere Erzählungen um den Cricketspieler und Meisterdieb A. J. Raffles, die ab 1903 auf deutsch erschienen. 1905 publizierte er die Sammlung *Stingaree* mit der Hauptfigur Tom Erichsen, genannt Stingaree, einem australischen Gentleman-Banditen. Die zehn Geschichten wurden für Bühne (1908) und Film (1915, 1917) adaptiert, aber nicht ins Deutsche übersetzt. Brecht war lebenslang ein begeisterter Leser von Kriminal- und Detektivromanen.* → zu *NB 9*, 30^{r}.6-12

35^{v}.7-5 **Werder \ Gasthaus *[...]* ½2 uhr** Termin für ein Treffen im Gasthaus Baumgartenbrück in Geltow (Inhaber: Familie Herrmann), unweit von Werder und Potsdam gelegen. Vielleicht traf Brecht sich dort mit Stefan Großmann, der in Geltow ein Wohnhaus besaß.* → zu *NB 13*, 20^{v}.1

36^{r} **Hohwacht \ bei Lütjenburg \ Ostsee \ Holstein** Brecht notierte sich den Badeort an der Ostsee wohl für einen Ferienaufenthalt.

36^{v} Kyser *[…]* **Rainert** Wohl in einem Arbeitsgang eingetragene Liste. Zu den Eintragungen im einzelnen siehe die anschließenden Erläuterungen.

36^{v}.1 Kyser freitag 11 uhr Termin für ein Treffen mit dem Dramen- und Drehbuchautor Hans Kyser.* Er war ab 1921 Lektor beim Berliner S. Fischer Verlag* und bis 1924 in Berlin-Mitte, Hafenplatz 1, Tel.: Nollendorf 5048, gemeldet (*Adreßbücher Berlin 1923-1925*); wohl ab 1924 war er Chefdramaturg bei der Münchner Bavaria Film AG.

→ zu NB 13, 18^{r}.5-18 | → zu NB 12, 58^{r}.7-9

Kyser hatte Brecht im Frühjahr 1922 aufgefordert, für den Film zu schreiben, woraufhin Brecht zwei Drehbücher zusammen mit Bronnen plante (→ Brecht an Bronnen, undatiert, wohl Ende April 1922*). Kyser gehörte auch zu den Juroren von Richard Oswalds Preisausschreiben für ein Filmmanuskript (*Das Tage-Buch*, 4. Februar 1922).* BBA Z 2/18-19 | → zu 25^{v}.13-11

36^{v}.2 31119 Wohl Münchener Telefonnummer, vielleicht auf Hans Kyser bezogen.

36^{v}.3 valentin ¿ sein stück Texte von Karl Valentin kannte Brecht schon ab 1917 (→ Tagebuch Münsterer, in: *Heißerer 2015*, 61). Auf der Bühne hatte Brecht Valentin nachweislich am 14. März 1920 im Münchener Kleinkunsttheater Charivari gesehen (Brecht an Dora Mannheim, Mitte März 1920)*. Im zeitlichen Umfeld wurden aufgeführt: BBA 1125/06

- *Weihnachtsabend*, der zweite Teil von *Die rote Zibebe** (Münchener Kammerspiele, 30. September, 1. Oktober 1922) → zu 7^{v}.8-10
- *Bei der Huberbäuerin brennt's* (Münchener Kammerspiele, 17. Oktober 1922)
- *Der Firmling* (Germania-Brettl, 9. Dezember 1922).

Vielleicht bezieht sich das vorliegende Notat auch auf ein noch nicht aufgeführtes oder nicht gedrucktes Stück oder auf den Film *Mysterien eines Frisiersalons**, der im Februar 1923 gedreht wurde. → zu 22^{v}.1

36^{v}.4 vorschuß von Dreimasken Brecht stand ab Januar 1922 beim Drei Masken Verlag (Bühnenvertrieb) unter Vertrag.*

→ zu 27^{r}-27^{v}

36^{v}.5 hauspostille *Bertolt Brechts Hauspostille* erschien 1927 im Propyläen Verlag (Berlin); zur Entstehung:

(1) Konzepte für eine Gedichtsammlung verfolgte Brecht ab 1918: *Lieder zur Klampfe von Bert Brecht und seinen Freunden* (1918)*, *Psalmen* (1920)*, *Lautenbibel* (Tagebuch, 31. August 1920)*. NB 1 | → NB 4, 16^{v}-NB 5, 37^{v} | BBA 802/51-52

(2) Am 3. Oktober 1921 erhielt Brecht vom Kiepenheuer Verlag einen »Manuskriptpack dankend zurückbefördert« (Tagebuch)*; darunter war wohl auch die Gedichtsammlung, an die sich Hermann Kasack erinnert (*Kasack 1966*, 27): BBA 1327/17

> 1921 erhielt ich als Verlagslektor von einem völlig unbekannten Autor das Korrekturexemplar eines Theaterstückes ⟨*Baal*⟩, das ursprünglich bei Georg Müller erscheinen sollte,

und ein Manuskript von Balladen und Gedichten. Ich war davon so fasziniert, daß ich sofort zu Loerke fuhr. Auch er war von dem Ungewöhnlichen dieser Verse überrascht. Es handelte sich um das vorläufige Manuskript der *Hauspostille* von Bert Brecht.

(3) Ende Dezember 1921 unterzeichnete Brecht beim Erich Reiß Verlag einen
Generalvertrag (Tagebuch, 23. Dezember 1921)*, der u. a. ein Buch mit Balladen BBA 1327/62
vorsah; der Vertrag trat jedoch nicht in Kraft.* → zu *NB 12*, 9^{r}-57^{r}.10 (15)

(4) Stattdessen schloß Brecht Anfang Januar 1922 mit dem Kiepenheuer Verlag einen Vertrag über den Buchvertrieb, der wohl auch eine Gedichtsammlung vorsah. Der Verleger Gustav Kiepenheuer hielt in einem »Planbuch« für das Jahr 1922 unter der Rubrik »Diverses« ohne Nennung eines Titels fest: »6) Bert
Brecht:«*. In der verlagsinternen Liste *Vorgeschlagene Bücher* (undatiert, wohl GKA 306
zwischen Januar, Februar 1922) werden genannt: *Balladen*, *Flibustier Geschichten** und *Garga* (= *Im Dickicht*).* → zu *NB 13*, 20^{r}.6-12 | GKA 382/89

(5) Wohl Anfang April 1922 berichtete Brecht Marianne Zoff von der Arbeit
an der »Balladenherausgabe«*. BBA E 20/39; → zu *NB 13*, 9^{v}-22^{v}.14 (4)

(6) Ende Juni, Anfang Juli 1922 schrieb Brecht an Oda Weitbrecht vom Kiepenheuer Verlag – hier erstmals mit dem Titel *Postille*:

> ich danke Ihnen für Ihren Brief. Die Postille habe ich gestern an Kasack abgeschickt, sie BBA Z 43/70
> hat Mühe gemacht und wenn ich nicht rote und schwarze Schrift 〈→ *27*〉 kriege, mache ich niemals wieder irgendwas mit dem Verlag.

Das Typoskript* enthielt folgende Gedichte (in Originalschreibung wiedergegeben): BBA E 21/29-61

- *Apfelböck* (entstanden am 2. September 1919)* → zu *NB 9*, 20^{r}.13-21^{r}
- *Vom verliebten Schwein* (8. März 1921)* → zu *NB 11*, 24^{r}
- *Von den Sündern in der Hölle* (Mitte, Ende 1919)* → zu *NB 2*, 12^{v}.9-14^{r}.19
- *Der elfte Psalm* (Juni 1920)* → zu *NB 4*, 53^{r}-54^{v}.4
- *Der siebente Psalm* (Mai, Juni 1920)* → zu *NB 4*, 37^{r}
- *Die Gedanken eines Grammaphon-Besitzers** → BBA 5/35; *BFA* 13, 262 f.
- *Erinnerung an die Maria* (21. Februar 1920)* → zu *NB 4*, 32^{r}.1-32^{v}.10
- *Die Ballade von dem Liebestod* (29. August 1921)* → zu *NB 9*, 17^{v}
- *Ballade von der Kindesmörderin Marie Farrar** (Dezember 1921 oder Januar 1922) → zu *NB 14*, 60^{r}-62^{r}
- *Die Ballade von François Villon* (24. Februar 1918).

(7) Ende August, Anfang September 1922 arbeitete Brecht »an der Postille«
weiter (Brecht an Zoff)*. BBA E 20/55; → zu *NB 13*, 9^{v}-22^{v}.14 (6)

(8) Auf der Liste *Vorschläge Herbst 1922** des Kiepenheuer Verlags werden ge- GKA 383/69, 73

→ zu *NB 12*, 9r-57r.10 | → zu *NB 13*, 20r.6-12 nannt: *Baal, Hauspostille, Garga** und *Flibustier Geschichten**. In der gedruckten Vorschau *Die Neuen Werke, Herbst 1922* wird neben *Baal* auch *Die Hauspostille* angekündigt (*Berger 1984a*, 13).

BBA 10452/66-69 (9) Wohl zur selben Zeit erstellte Brecht ein Inhaltsverzeichnis*.

(10) Wohl Mitte, Ende Oktober 1922 schrieb Brecht an Herbert Ihering:

BBA Z 2/136

> Die Hauspostille enthält die Balladen und ist noch nicht in Druck gegangen.Sie haben sie, sobald es einen Abzug gibt.

(11) Im Oktober 1922 erschienen im Programmheft der Münchener Kammerspiele für *Trommeln in der Nacht* und im Erstdruck von *Baal* Vorankündigungen (*Brecht: Baal 1922*, 95: »Vom selben Verfasser \ Die Hauspostille«).

(12) Ende 1922 überarbeitete Brecht zusammen mit Kasack (→ 18) das Gedicht *Tod im Walde/Vom Tod im Wald* in einem Exemplar des Erstdrucks von *Baal*, → zu 14v.7-6, *Abb. 2* das er Kasack widmete.*

(13) Im verlagsinternen Programm von Kiepenheuer für 1923 werden unter der Rubrik »Verpflichtungen« von Brecht genannt: *Gargar, Drama* (Auflage: GKA 382/125 2000), *Hauspostille* (Auflage: 3000; → 16) und *Fibelchen* (Auflage: 2000).*

(14) Am 27. März 1923 schrieb Brecht aus München an Ihering, wohl bezogen auf das Typoskript der *Hauspostille*:

BBA Z 2/138

> Ausserdem habe ich die Balladen in Augsburg gehabt und mir erst schicken lassen müssen, und es sind nicht gerade die gekommen, von denen ich gedacht hätte, sie kämen vielleicht.

(15) Im September 1923 heißt es im gedruckten Herbstprogramm von Kiepenheuer (*Berger 1984a*, 15):

> Endlich erscheinen die großen Balladen und kleineren Gedichte von Bert Brecht unter dem Titel »Hauspostille«. Der Einbandentwurf ist von Neher. Den einzelnen Balladen sind die Noten beigegeben. Brecht, dessen Ruhm als Dramatiker über allen Zweifel erhaben ist, zeigt in diesen balladenhaften Versen eine Masse von Ursprünglichkeit, das der gesamten Literatur der letzten Jahre fehlt.

(16) Im Bücherverzeichnis des Kiepenheuer Verlags vom Januar 1924 wird GKA 412/12 die *Hauspostille* mit dem Zusatz »in Vorbereitg.« angekündigt,* in einer verlags-GKA 382/100 internen Liste die geplante Auflagenhöhe nun mit 2000 (→ 13) angegeben.*

(17) Am 23. Januar 1924 schrieb Kasack an Kiepenheuer: »Ms. Hauspostille GKA 531/3 ist heute nochmal gemahnt worden.«*

(18) Im Juni 1924 arbeitete Brecht erneut mit Kasack zusammen (→ 12):

⟨*Kasack an Kiepenheuer, 18. Juni 1924:*⟩ Brecht ist seit einigen Tagen in Berlin, ich sprach ihn gestern ausführlich. Er wird Freitag abend zu mir kommen,um vor allen Dingen das Manuskript der Hauspostille fertig zu machen.Ich werde ihm das Versprechen abnehmen, nicht eher abzureisen,bis nicht die Hauspostille hier ist. Uebrigens hat er tatsächlich daran gearbeitet. Da Neher im Laufe der nächsten Woche ebenfalls nach Berlin kommt, kann das Herstellerische zusammen mit ihm geregelt werden. Brecht ist wieder ganz der Alte. GKA 530/4

⟨*Kasack an Kiepenheuer, 24. Juni 1924:*⟩ Mit Brecht arbeitete ich den ganzen Freitag und Sonnabend zusammen ⟨*20., 21. Juni 1924*⟩. Die Arbeit wird morgen nachmittag und abend fortgesetzt ⟨*Mittwoch, 25. Juni*⟩. Vor allem handelt es sich um die druckreife Niederlegung der Manuskripte der Hauspostille, die zum Teil jetzt in Ordnung sind, zum Teil aber immer noch nicht. BBA 3989, GKA 530/9

⟨*Kasack an Kiepenheuer, 30. Juni 1924:*⟩ Brecht, welcher am Sonnabend ⟨*28. Juni 1924*⟩ wieder bei mir war ⟨*20. bis 21. Juni*⟩, hat seine Reise nach München um einpaar Tage verschoben, um heute nachmittag und abend ⟨*30. Juni*⟩ den Rest der Hauspostille endgültig zu redigieren. Wir dichten dabei gemeinsam die schlechten Zeilen um und bemühen uns auch sonst, einige amüsante Abwechslungen in die Hauspostille zu bringen. Neher, welcher nachher in den Verlag kommt, war Sonnabend/Sonntag ebenfalls bei mir und hat einige Entwürfe für die Hauspostille gemacht, deren letzter recht schön ist. [...] BBA 3990, GKA 530/12-13; BBA 3996
Brecht und Neher
lassen grüßen!

(19) Im Bücherverzeichnis vom Juni 1924 wird die *Hauspostille* wieder (→ 16) mit dem Zusatz »in Vorbereitg.« angekündigt.* GKA 412/12

(20) Im Sommer 1924 korrespondierten Kasack und Kiepenheuer über die *Hauspostille*:

⟨*Kasack an Kiepenheuer, 21. Juli 1924:*⟩ Hat Brecht ›Hauspostille‹ zurückgesandt? GKA 530/27

⟨*Kiepenheuer an Kasack, 4. August 1924:*⟩ Brecht hat noch nichts geschickt, ich bin dabei, für die beiden ⟨*Brecht und Marianne Zoff in Berlin*⟩ eine Wohnung zu suchen. GKA 530/28

(21) Im Sommer 1924 erschien bei Kiepenheuer Brechts Theaterstück *Leben Eduards des Zweiten von England*; auf der vorletzten Seite heißt es: »In Vorbereitung: Die Hauspostille \ Balladen und Gedichte«.

(22) Im *Verzeichnis der lieferbaren Bücher* von 1925 (Stand: 1. Dezember 1924) führte Kiepenheuer von Brecht an: *Hauspostille. Balladen und Gedichte.** GKA 412/3

(23) Anfang 1925 stellte Kiepenheuer Elisabeth Hauptmann als Mitarbeiterin zur Verfügung. Sie sollte »dafür sorgen, daß Brecht die Manuskripte für

drei Buchausgaben bis Ende des Jahres ablieferte«: *Mann ist Mann*, *Im Dickicht der Städte* und »eine Gedichtauswahl, für die der Titel ›Die Hauspostille‹ auch bereits festlag« (*Hauptmann 1977*, 189).

(24) Als der Kiepenheuer Verlag in finanzielle Schwierigkeiten geriet und im April 1925 die Zahlungen an Brecht einstellte, schloß Brecht einen Vertrag mit dem Berliner Ullstein Verlag (datiert auf den 21. Juli 1925; *Davidis 1997*, B 150):

> Herr Brecht verpflichtet sich, seine gesamte schriftstellerische Produktion an dramatischen, erzählenden und lyrischen Werken während der Zeit vom 1. Juli 1925 bis 31. Dezember 1926 ⟨*später bis zum 30. Juni 1930 verlängert*⟩ dem Verlag Ullstein zuerst einzureichen. Im Falle der Annahme der Werke durch den Verlag steht es diesem frei, die Werke im Ullstein- oder im Propyläen-Verlag bezw. einem dem Ullstein-Verlag nahestehenden Bühnenverlage herauszubringen, bezw. zu verwerten.

(25) Im September 1925 schloß Brecht die Arbeit an der Gedichtsammlung vorläufig ab:

BBA E 20/99 ⟨*Brecht an Zoff, undatiert, wohl 9. oder 10. September 1925:*⟩ ich habe den ganzen galgai fertig gemacht und bin sehr erleichtert. auch dickicht + hauspostille.

BBA E 21/319 ⟨*Brecht an Zoff, undatiert, wohl Mitte September 1925:*⟩ galy gay ist fertig ebenso dickicht und hauspostille

(26) Wohl bald darauf schickte er ein Manuskript an den Kiepenheuer Verlag; Kasack vermerkte am 22. September 1925 (*Berger 1984a*, 15): »Hauspostille. Manuskript teilweise geliefert.« Die Gedichtsammlung konnte jedoch nicht bei Kiepenheuer erscheinen, da der Ullstein Verlag auf Einhaltung des mit ihm geschlossenen Vertrags bestand (→ 24).

(27) Im März 1926 (→ *Kaufmann 2011*, 68) erschien bei Kiepenheuer *Bertolt Brechts Taschenpostille*, gesetzt nach dem Vorbild eines Gebet- oder Gesangbuchs in zwei Spalten mit roter und schwarzer Schrift (→ 6); sie enthält den Hinweis:

BBA 274/4 Diese Ausgabe wurde im Auftrage des Verfassers als einmaliger unverkäuflicher Privatdruck in fünfundzwanzig Exemplaren hergestellt.

(28) Am 30. Mai 1926 schrieb Brecht an Hans Reisiger, der eine Übersetzung von Kipling-Gedichten im List Verlag vorbereitete:

BBA Z 37/239 Aber ich will dem Verlag keineswegs zureden, da die Zeiten ja wirklich miserabel sind für Verleger, wenn ich auch bestimmt glaube, dass ein solcher Band Kiplinggedichte eine grosse Chance wäre. (Zumal jetzt~~b~~endlich nach 3 Jahren Ankündigung mein einziger Gedichtband die "Hauspostille" herauskommt, das heisst, er wird gedruckt, um gleich im Herbst zu erscheinen) .

(29) Im März oder April 1927 erschien im zu Ullstein gehörenden Propyläen Verlag *Bertolt Brechts Hauspostille. Mit Anleitungen, Gesangsnoten und einem Anhange*, gedruckt in zwei Ausgaben, die leicht voneinander abweichen (Jakob Hegner, Hellerau und Ullsteinhaus, Berlin). In einem nicht verwendeten Entwurf Brechts für einen Klappentext heißt es:

HAUSPOSTILLE BBA 348/71; → *BFA* 21, 202

Brecht hat die erste Sammlung seiner Gedichte nicht die Hauspostille genannt,um mit der Form der Postille seinen Spott zu treiben,sondern er hält diese Form,die uns aus frühester Jugend bekannt ist,für eine ausgezeichnete,da sie den Inhalt seinem Gebrauchswert nach,den verschiedenen Bedürfnissen der Leser entsprechend,anordnet und bestimmt. Denn wichtiger als die einzelnen Gedichte ist hier die Gesamthaltung. Und so deutlich dieses Buch für den Gebrauch des darin blätternden Lesers bestimmt ist,so privat ist es: es zeigt das Gesicht eines bestimmten Typus unserer Zeit,nämlich das seines Verfassers und ersten Gebrauchers - Brechts[.].

36^{v}.6 Rainert Den Namen des Filmregisseurs Robert Reinert notierte Brecht auch oben.* 15^{v}.5-7
37^{r}.1-2 kraus pestalozzi \ schuller Gemeint sind wohl Karl Kraus oder Werner Krauß. Brecht war bis Juli 1922 bei dem Maurer Alois Schuller in der Pestalozzistraße 46, 1. Stock, München-Isarvorstadt (*Adreßbuch München 1924*), gemeldet.
37^{r}.5-4 Griffith \ Ajanta Wohl Hinweis auf John Griffith, *The Paintings in the Buddhist Cave-Temples of Ajanta, Handesh, India*, 2 Bände, London: Griggs 1896f. Ernst Ludwig Kirchner ließ sich von den bei Griffith abgebildeten Fresken zu seinem Gemälde *Fünf Badende am See* (1911) anregen.
37^{r}.8-7 Moritzplatz 15286 \ Steglitz 4246 daheim Zwei Berliner Telefonnummern, wohl der Dienst- und der Privatanschluß derselben Person.
37^{v}-38^{r}.1 7159 : 945 = 7,57 *[...]* 142,100 Berechnung von Geldwerten für Gage und Regie.* → 1^{v}.9-7
38^{r} Planegg 42 *[...]* Schäfer Adressen in Planegg bei München und im benachbarten Krailing. Im Haus Nr. 42 in Planegg befand sich die Gastwirtschaft Kottmeier (heute Bräuhausstraße 18). Gegenüber befand sich das Haus, das Karl Valentin 1924 erwarb und 1943 bezog (heute Georgenstraße 2, am Ende der Bräuhausstraße; Gemeindearchiv Planegg).* Straßennamen mit Hausnummern → zu *NB 8*, 1^{r}.11-2

Abb. 3 Brecht, gezeichnet von Helmut Ruhemann, später datiert auf »Munich 1922« (Kopie; BBA Z 51/88-89)

wurden in Planegg erst 1924 eingeführt; bis dahin waren die Häuser nach ihrem Bau fortlaufend durchnumeriert.

38v.1-3 Fritz Reck-Malleczewen \ Mosse Von Friedrich Reck-Malleczewen waren im Berliner Mosse Verlag die Romane *Frau Übersee* (1918) und *Die Dame aus New York* (1921) erschienen.

38v.5-6 schillersaal \ im schillertheater Das 1907 eröffnete Schillertheater in der Bismarckstraße 110, Berlin-Charlottenburg, war von 1921 bis 1932 neben dem Schauspielhaus am Gendarmenmarkt die zweite Spielstätte des Preußischen Staatstheaters*. → zu 25v.17-16

38v.9-7 Obenborgfelde 68/II \ Palitzsch Hamburger Adresse von Marie Palitzsch, Oben Borgfelde 68 (*Adreßbuch Hamburg 1923*). Die Borgfelder Straße teilt den in Hamburg-Mitte gelegenen Stadtteil in Oben und Unten Borgfelde.

Vielleicht handelt es sich um die Bekannten, bei denen Brecht und Paula Banholzer auf ihrer Reise nach Helgoland im Frühjahr, Sommer 1923* übernachteten (*Banholzer 2016*, 82, 84). → 21r

39r.1-4 Pension *[…]* Zimm 8 Mittw. -10 Telefonnummer und Termin für ein Treffen mit dem Maler und Restaurator Helmut Ruhemann in einer Münchener Pension. Ruhemann, der in der Pariser Str. 45, Berlin-Wilmersdorf, wohnte, porträtierte Brecht wohl bei diesem Treffen. Überliefert sind zwei Kohlezeichnungen* und eine Lithographie. → *Abb. 3*

39r.5-6 Dachauer 46/3 Seitenbau \ Frau Bauer In der Dachauerstraße 46, Seitengebäude, 3. Stock, München-Maxvorstadt, wohnten die Malerwitwe Therese Erhard und der Heizer Joseph Schmid (*Adreßbuch München 1924*).

39r.8-10 franziska, sophie *[…]* toni Liste mit weiblichen Vornamen, vielleicht für eine literarische Figur.

39v.1-5 Hermann Kesser Rowohlt *[…]* Glückliche Ehe Liste mit Autornamen und Werktiteln:

- Hermann Kesser, *Die Reisenden*, Komödie (Berlin: Ernst Rowohlt 1923); *Raabe 1992*, 267 schreibt dazu: »Die Komödie ist in der ersten Fassung 1922 unter dem Titel ›Zinnoberspitze‹ entstanden. Drucklegung auf Grund der letzten Fassung vom April 1923.«
- René Schickele, *Am Glockenturm*, Schauspiel (Berlin: Paul Cassirer 1920)
- Gustav Wied, *Erotik*, Satyrspiel (München: Albert Langen 1902)
- Peter Nansen, *Eine glückliche Ehe*, Novelle (Berlin: S. Fischer 1917)

39v.7-6 Kurfürstendamm 248/1 \ 10h bei Enecland Adresse und Termin für ein Treffen bei dem Kaufmann Heinrich Engeland, Kurfürstendamm 248, Berlin-Schöneberg (*Adreßbuch Berlin 1923*).

40r.2-3 54915 \ Kaufmann Private Telefonnummer des Rechtsanwalts Adolf Kaufmann, Arcisstraße 28, München-Maxvorstadt; er war Mitbegründer, Vorsitzender des Aufsichtsrats und Rechtskonsulent der Münchener Kammerspiele (*Bühnen-Jahrbuch 1923*, 316).

40r.4-5 Leopold \ 135 Die Leopoldstraße 135 liegt in München-Schwabing.

41r-42v Zu dieser Justiz *[…]* bewegen, Zwei herausgetrennte Blätter aus der Zeitschrift *Die Weltbühne* (Jg. 19, Nr. 32, 9. August 1923, 147f. und 151f.) mit dem *Choral für Seemannsleute* von Walter Mehring* und dem Gedicht *Kriechtiere und Lurche* von Carl Zuckmayer. Oberhalb von Zuckmayers Gedicht* endet Alfred Polgars Theaterkritik *Die Namenlosen*, die nach ihm folgenden *Bemerkungen** stammen von Hans Natonek. → zu 32v.6-9 42r 42v

Brecht hatte Mehring wohl im November oder Dezember 1921 kennengelernt. Trude Hesterberg, die Leiterin der *Wilden Bühne*, an der Mehring 1921/22 literarischer Leiter war, erinnert sich (*Hesterberg 1971*, 106, 108f.):

Eines Abends, nach der Vorstellung, rief mich Walter Mehring in den leeren Zuschauerraum. Er stellte mir einen jungen Mann vor. *[...]* Alles an ihm sah ärmlich und mager aus, und wenn ihn nicht Mehring persönlich angebracht hätte, ich hätte ihn wohl kaum beachtet. ›Herr Brecht spielt und singt zur Laute und möchte gern bei dir auftreten‹, äußerte Mehring schlicht. ›Ja?‹ fragte ich. *[...]*
Der Abend seines Auftritts kam. Es wurde ein solider, handfester Skandal mit Pfiffen und allem Drum und Dran. Ausgelöst wurde er dadurch, daß Brecht im zweiten Song steckenblieb und rückwärts strebte, um sich seinen Zettel zu betrachten. Schon vorher, bei seiner ersten Ballade ⟨*Apfelböck oder Die Lilie auf dem Felde*⟩, kam nur zögernd Applaus. Aber dann, als er wieder nach vorn kam, sich ruhig auf seinen Stuhl setzte und mit der Strophe begann:
Und als der Krieg im vierten Lenz
Keinen Ausblick auf Frieden bot
Da zog der Soldat die Konsequenz
Und starb den Heldentod.
ging der Tumult los. Ich mußte notgedrungen den Vorhang fallen lassen, um dem Radau ein Ende zu machen, und Walter Mehring ging vor den Vorhang und sagte jene bedeutsamen Worte: ›Meine Damen, meine Herren, das war eine große Blamage, aber nicht für den Dichter, sondern für Sie! Und Sie werden sich noch eines Tages rühmen, daß Sie dabeigewesen sind!‹

Carl Zuckmayer war 1922/23 Dramaturg am Kieler Theater und plante dort die Uraufführung von *Baal* (*Zuckmayer 1966*, 366):

Ich ließ dem Autor über die Verlagsadresse mitteilen, daß ich das Stück zu inszenieren vorhabe, und ob er nicht zu den Proben kommen könne. Nach einiger Zeit bekam ich eine, nur mit kleinen Buchstaben getippte, Postkarte von ihm, in der er erklärte, nach Kiel kommen und an den Proben teilnehmen zu wollen, falls ihm das Stadttheater Reise, Aufenthalt und einen Regisseurgehalt zahle, den er ungewöhnlich hoch ansetzte.

Die Aufführung kam nicht zustande. Die erste Begegnung erfolgte im Spätsommer, Herbst 1923 (*Zuckmayer 1966*, 374):

Hauptsächlich verkehrte ich in Schauspielerkreisen, mit Erwin Faber, Erich Riewe, Otto Wernicke, Oskar Homolka und anderen, bei denen man, wenn sie genügend Platz in ihrer Wohnung und etwas zu trinken hatten, oft nächtelang beieinandersaß. Aber es war im Heim einer Schauspielerin, ja, es war wohl bei Maria Koppenhöfer, der stärksten Begabung, die damals in München heranreifte, wo ich in einer solchen improvisierten Gesellschaft, nach dem Theater – es wurde da auch getanzt, zu Grammophonmusik –, mit Bert Brecht zusammentraf.

→ zu 26r.13-9 | → zu *NB 9*, 18r.6-7 | → zu *NB 2*, 15v

43r-43v Das von der Berliner Porträtphotographin Suse Byk aufgenommene Bild zeigt (von links nach rechts) sitzend Franziska Diamant (geb. Feuchtwanger)*, Marianne Zoff* und Marta Feuchtwanger (geb. Löffler)*, stehend Bertolt

Brecht, Frank Warschauer*, Lion Feuchtwanger* und Eduard Diamant*. Ein anderer Abzug des Photos wurde am 12. August 1923 – wohl bald nach der Aufnahme – von einer unbekannten Person geschickt an »Esther Warschauer \ Westerland a. Sylt \ b. Schmied Hansen \ gegenüber d. Amtsgericht«*. → zu *NB 3*, 40v.14-16 | → zu *NB 2*, 15v, *NB 12*, 9r-57r.10 (12) | → zu 26r.13-9 BBA FA 6/47; → zu 26r.4

44r-45v feuerschiff *[...]* der stählerne blick Die ersten beiden Stichworte notierte Brecht ähnlich auch oben*; das dritte, »turm zu babel«, bezieht sich auf 1. Moses 11,4. Im Theaterstück *Im Dickicht** ist eine der Hauptfiguren Malaie. → 14r.4-5 → 6r.13-14; zu *NB 12*, 9r-57r.10

46r-46v ACFA *[...]* Neukölln 2220 Visitenkarte der American Continental Film Association, auf der Rückseite unbekannte Adresse und Telefonnummer in Berlin-Neukölln.

47r Schlichter *[...]* Gartenhaus Der Maler Rudolf Schlichter* wohnte in der Neuen Winterfeldtstraße 17, Gartenhaus, Berlin-Schöneberg (*Adreßbuch Berlin 1923*). → 22r.1-3; zu *NB 24*, 63r

47v.3-1 27975 Schauspielha \ Nebelthau \ 26265 Telefonnummern von Bühne und Büro des Münchener Schauspielhauses (*Bühnen-Jahrbuch 1923*, 317). Den Namen des Direktors Otto Nebelthau hatte Brecht auch oben* notiert. → 10r.6

47v.4 34266 Telefonnummer der Schauspielerin Liane Hauck, auch oben* notiert. 10r.5; → 13r.1

47v.7-6 Jakobsplatz 13 / 2. stock \ 39 Am Jakobsplatz 13, München-Altstadt, befand sich im 2. Stock das Städtische Wohnungsamt; bei »39« handelt es sich wohl um eine Zimmernummer. Die Adresse notierte Brecht wohl im Zusammenhang mit seiner polizeilichen Anmeldung in München.

Zeittafel

1921

Dezember Berlin (Aufenthalt vom 1. oder 2. November bis 26. April 1922): Kallimachos-Übersetzung (*NB 14,* 54^{v}-55^{r}), Gedichte *Epistel* (*NB 14,* 57^{r}-58^{r}), *Bin gewiß nicht mehr wie jeder Rupfensack…* (*NB 14,* 58^{v}-59^{r}) und *Ballade eines Mädchens/Von der Kindsmörderin Marie Farrar* (*NB 14,* 60^{r}-62^{r})

Anfang/Mitte Dezember erste Begegnung mit Arnolt Bronnen (→ 1. oder 2. Februar 1922) auf einem von Otto Zarek veranstalteten Atelierfest (→ zu *NB 13,* 18^{r}.10)

2. Dezember Druck von *Baal* bei Die Wende (München) geplant; Überlegungen zu einem Drehbuch für Vera Tschechowa und *Die Päpstin Johanna* für Tilla Durieux; Briefe an Paula Banholzer (→ zu *NB 14,* 60^{r}-62^{v}) und Lion Feuchtwanger; Essen bei Frank Warschauer (→ 24. Dezember; zu *NB 3,* 40^{v}.14-16); Romanisches Café (→ zu *NB 15,* 27^{v}.1): Treffen mit Klabund; Blüthner-Saal: Tanzdarbietung von Ernst Matray und Katta Sterna; Bierhaus Maenz: Treffen mit Alexander Granach (→ zu *NB 13,* 19^{r}.1-10) und Heinz Goldberg

3. Dezember Mittag: im Reiß Verlag (→ 23./24. Dezember); Überlegungen zu *Die Päpstin Johanna*; Konzeption einer Stücktrilogie *Asphalttschungel* für das Große Schauspielhaus, Berlin (→ zu *NB 10,* 7^{r}); Besuch bei Hermann Kasack (→ zu *NB 15,* 14^{v}.7-6) in Potsdam, dabei Streit mit Hedda Kuhn (→ zu *NB 4,* 4^{v}.13)

6. Dezember Lessing-Theater: Ibsen, *Wenn wir Toten erwachen* mit Durieux

8. Dezember Kinobesuch

9. bis 11. Dezember Tee bei Gustav Kiepenheuer; Kontakte mit Stefan Großmann (*NB 14,* 53^{r}.5-6), Arthur Kahane und Max Reinhardt (Deutsches Theater), Eugen Klöpfer (*NB 13,* 18^{r}.6, → zu *NB 10,* 19^{v}.1), Alexander Engel, Walther Feilchenfeldt (Paul Cassirer Verlag) sowie zur Oswald- (→ 4. Februar 1922; *NB 15,* 25^{r}.13-11) und Terra-Filmgesellschaft (→ zu *NB 13,* 36^{v}.6-10)

11. / 12. Dezember im Deutschen Theater bei den Proben zu Strindbergs *Traumspiel* mit Klöpfer als Anwalt

13. Dezember Immatrikulation in Berlin (nach Zwangsexmatrikulation durch die Universität München am 29. November 1921; → 22. Januar 1922)

13. bis 19. Dezember gesundheitliche Probleme (»Herzkrampf«); Vater kommt zu Besuch, schenkt 1000 Mark; Gedichte *Einer kann herkommen aus Tiflis…*, *Früher dachte ich: ich stürbe gern auf eigenem Leinzeug…* und *Ich bin vollkommen überzeugt, daß morgen ein heiteres Wetter ist…*

Mitte Dezember Entwurf für *Im Dickicht* (→ 10./13. Februar 1922; zu *NB 12,* 9^{r}-57^{r}.10, *NB 13,* 51^{r}-52^{v})

20. Dezember Marianne Zoff kommt zu Besuch (bis 7. Januar 1922; → zu *NB 14,* 60^{r}-62^{v})

21. Dezember Besuch bei Filmproben

23. Dezember mit Zarek bei Trude Hesterberg, Kabarett Wilde Bühne (→ Anfang/Mitte Januar 1922; zu *NB 13,* 4^{v}, zu *NB 15,* 32^{v}.6-9, 41^{r}-42^{v}), Abschluß eines Vertrags über Gesang von Soldatenballaden (→ Mitte Februar 1922)

23. / 24. Dezember Generalvertrag mit dem Erich Reiß Verlag, der nicht in Kraft tritt (→ zu *NB 12,* 9^{r}-57^{r}.9)

24. Dezember gemeinsam mit Zoff Unterkunft bei Warschauer (→ zu *NB 3,* 40^{v}.14-16, *NB 15,* 25^{v}.6-4, 43^{r}); Weihnachtsgeschenke: von Zoff Dostojewskis *Der Idiot*, von Warschauer Wedekinds *Lautenlieder*, für Zoff Claudels *Der Tausch*

31. Dezember Besuch von Jacques Offenbachs *Orpheus in der Unterwelt* (Großes Schauspielhaus) und gemeinsames Souper mit Zoff und Warschauers

1922

Anfang Januar Rücknahme des Vertrags mit Reiß (→ 23./24. Dezember 1921), Vertrag mit Kiepenheuer über Buch-, mit Drei Masken über Bühnenvertrieb; Festlegung einer monatlichen »Rente« (→ 31. Dezember)

Anfang/Mitte Januar Auftritt in Hesterbergs Kabarett Wilde Bühne (→ 23. Dezember 1921) mit *Ballade vom Apfelböck* und *Legende vom toten Soldaten*; Mehring verteidigt ihn vor dem empörten Publikum (→ zu *NB 15*, 41^{r}-42^{v})

7. **Januar** Zoff reist nach Wiesbaden zurück (→ 20. Dezember 1921, Mitte Januar 1922)

15. **Januar** vorzeitiges Ende des Vertrags von Zoff am Preußischen Staatstheater Wiesbaden »im gegenseitigen Einverständnis«

Mitte Januar Symptome einer Nierenentzündung; mit Klabund, Kuhn und Bronnen im Kabarett Blauer Vogel; Zoff reist aus Wiesbaden an (→ 7. Januar, Mitte Februar)

22. **Januar** Exmatrikulation durch die Universität Berlin (→ 13. Dezember 1921)

Ende Januar Einlieferung in die Charité bei Ernst Wollheim, dem Verlobten von Kuhn (→ Mitte Februar)

1. **oder 2. Februar** Zoff entdeckt Briefe Banholzers in Brechts Wohnung; sie will sich von ihm trennen, erkrankt an der Lunge und erholt sich bei Warschauer (→ 24. Dezember 1921); erster Besuch Bronnens bei Brecht in der Charité, danach fast täglich (→ Mitte Dezember 1921)

4. **Februar** mit 200 000 Mark dotiertes Preisausschreiben der Richard Oswald Filmgesellschaft (→ 9. bis 11. Dezember 1921; zu *NB 15*, 25^{v}.13-11) für ein Filmmanuskript in *Das Tage-Buch* (→ März)

10. **Februar** 24. Geburtstag; Arbeit an *Manuel/Manuel Wasserschleiche* (→ zu *NB 12*, 6^{v}-8^{r}), Lektüre von Bronnens Theaterstück *Spiel mit der Bewegung/Die Exzesse*, Begeisterung über Julius Meier-Graefes Satz über Eugène Delacroix: »Bei ihm schlug ein heißes Herz in einem kalten Menschen« (→ zu *NB 9*, 3^{r}.1-8), Überlegungen zu *Baal* (→ 10. März; zu *NB 3*, 4^{r}.3-4^{v}.1) und *Im Dickicht* (→ Mitte Dezember 1921, März 1922; *NB 13*, 6^{r}.13-6^{v})

11. **Februar** nachmittags Besuch bei Zoff; dramentheoretische Überlegungen

11. **/ 12. Februar** Lektüre der Briefe Flauberts

13. **Februar** dramentheoretische Überlegungen, u. a. über *Im Dickicht*

14. **Februar** Schlußbeurteilung von Bronnens *Die Exzesse*

Mitte Februar Entlassung aus der Charité (→ Ende Januar); letzte Eintragung des letzten erhalten gebliebenen Tagebuchs: Resümée des Berlin-Aufenthalts (ab 1. oder 2. November 1921); Abreise Zoffs nach Pichling bei Linz (→ 27. April)

Ende Februar Beginn von *NB 13* mit *Die Sterbenden* (*NB 13*, 1^{r}); Kostümfest bei Hermann Kasack in Potsdam, erste Begegnung mit Oda Weitbrecht (→ zu *NB 13*, 35^{v}.1-2)

27. **Februar** Stückprojekt nach Hans Henrik Jægers Roman *Kranke Liebe* (*NB 13*, 1^{v}, 2^{v})

Mitte Februar bis Mitte April Theaterbesuche mit Bronnen: Stücke von George Bernard Shaw (*NB 13*, 9^{v}.13, *NB 15*, 32^{r}.3, 33^{v}.6), Georg Kaiser (→ zu *NB 13*, 32^{r}.6, *NB 15*, 22^{r}.10-4) und Frank Wedekind (→ zu *NB 13*, 9^{v}.10-11, 40^{v}.24-7, *NB 15*, 22^{v}.1-10), Ernst Barlachs *Der tote Tag*, *Der arme Vetter* (→ *NB 13*, 40^{v}.19) und *Die echten Sedemunds*, Emil Bernhards *Anna Boleyn*, Alfred Brusts *Der singende Fisch* (→ 9. April), Julius Maria Beckers *Passion* und Paul Gurks *Persephone* (→ 19. März; zu *NB 13*, 21^{r}.19-26)

März Arbeit an Gedichten wie *Chanson vom Geld* (*NB 13*, 4^{v}) oder *Ballade* (*NB 13*, 5^{r}-5^{v}) und Stückprojekten wie *Sommersinfonie* (*NB 13*, 2^{r}, 3^{r}), *Im Dickicht* (*NB 13*, 6^{r}-6^{v}) oder *Friedland/Familie Murk* (*NB 13*, 9^{r}-28^{r}) sowie an *Die zweite Sintflut/Robinsonade auf Assuncion* (→ 4. Februar, 16. oder 17. April); Beginn der Dramatisierung von Selma Lagerlöfs Roman *Gösta Berling* (→ April; zu *NB 13*, 9^{v}-22^{v})

5. **März** Gewinn eines der 50 Trostpreise für den Vorschlag zur Auflösung eines Widerspruchs in der Handlung des Films *Der Totenkopf* (Meldung in *Der Kinematograph*)

8. **März** erste polizeiliche Anmeldung in Berlin

10. März Gespräch mit Kasack über *Baal* (→ 10. Februar, Juni) und *Hauspostille* (→ Anfang April; zu *NB 15*, 36^v.5)

19. März vormittags mit Bronnen in Paul Gurks *Persephone* am Neuen Volkstheater, in der Pause erste Begegnung mit Herbert Ihering (→ zu *NB 13*, 21^r.19-26); nach der Vorstellung Treffen mit dem Leiter der Jungen Bühne Moriz Seeler (→ zu *NB 13*, 18^r.5-18, 39^v.5), Plan einer Aufführung von Bronnens *Vatermord* unter Brechts Regie

21. März (circa) Beginn der Besprechungen und Leseproben für *Vatermord* (→ 19., 27. März)

25. März (circa) Heirat Esther und Frank Warschauers, Brecht schenkt eine Reinschrift der *Ballade von der Hanna Cash* (→ zu *NB 3*, 40^v.14-16, *NB 9*, 26^v-28^v), vielleicht auch ein Exemplar des nicht ausgelieferten Drucks von *Baal* (München: Georg Müller 1920) mit Widmung »Frank Warschauer dem Moralisten 1922« und handschriftlichem Konzept »Bühneneinrichtung«

27. März Bühnenprobe für *Vatermord* (→ 21. März, Ende März) mit Agnes Straub (*NB 13*, 39^v.2, 40^v.8), Heinrich George (*NB 13*, 40^r.6-8) und Hans Heinrich von Twardowski (*NB 13*, 40^v.2-10)

Ende März Abbruch der Regiearbeit für *Vatermord* (→ 27. März, 22. April)

Anfang April Arbeit an *Friedland/Familie Murk* und *Gösta Berling* (→ März, Mai), Drehbuch für das Oswald-Preisausschreiben (*Die zweite Sintflut/Robinsonade auf Assuncion*; → 4. Februar, 16. oder 17. April) und »Balladenherausgabe« (*Hauspostille*; → 10. März, Ende Juni/Anfang Juli); *Ein gemeiner Kerl* (*Der Schweinigel*) erscheint in *Der Feuerreiter*

9. April mit Bronnen in der einmaligen Aufführung von Alfred Brust, *Der singende Fisch* im Deutschen Theater (→ *NB 13*, 39^v.5)

16. oder 17. April mit Bronnen in Geltow bei Stefan Großmann (→ *NB 13*, 20^v.1, *NB 14*, 53^r.5-6, *NB 15*, 35^v.7-5), dort Begegnung mit dem Verleger Ernst Rowohlt (→ *NB 9*, 43^v.1), dem Schauspieler Jacob Tiedke, den Filmregisseuren John Gottowt und Henryk Galén; Beginn der gemeinsamen Arbeit mit Bronnen an *Die zweite Sintflut/Robinsonade auf Assuncion* (→ Anfang April, 16. Mai); Gespräch über die Filme *Das Kabinett des Dr. Caligari*, *Zwei Waisen im Sturm der Zeit* und *Die Geburt einer Nation*

22. April Uraufführung von Bronnens *Vatermord* im Schauspielhaus Frankfurt (Regie: Wolfgang Harnisch; → Ende März, 14. Mai)

26. April mit dem Nachtzug aus Berlin zu Familie Zoff nach Pichling (bis Ende Mai); während der Fahrt Gedicht *Ich, Bertold Brecht, bin aus den schwarzen Wäldern …* (*NB 13*, 12^v-14^r)

Ende April *Ballade der Billigkeit* (*NB 13*, 14^v-16^r), Arbeit an einem »Geschichtenbuch« (*Flibustiergeschichten/Bargan*-Erzählungen; → zu *NB 13*, 20^r.6-12, 21^v, 24^v, 25^r.1-3)

Mai Pichling; Arbeit an *Bargan*-Erzählungen, Stückprojekt *Friedland/Familie Murk* (→ Anfang April; *NB 13*, 9^r-28^r), *Gösta Berling*, Gedicht *Der Narziß* (*NB 13*, 25^r-25^v), Inszenierungskonzept für Schillers *Wallenstein* (*NB 13*, 20^v.8-21^r.7)

14. Mai Premiere von Bronnens *Vatermord* am Deutschen Theater Berlin (Regie: Berthold Viertel; → 22. April, 13. Juni)

16. Mai Versendung von *Die zweite Sintflut/Robinsonade auf Assuncion* an Bronnen, Bitte um Weiterarbeit (→ 16. oder 17. April, Ende Mai)

Ende Mai Reise von Pichling (→ 26. April) nach Augsburg; Einreichung von *Robinsonade auf Assuncion* bei der Richard Oswald Filmgesellschaft (→ 16. Mai, 4. November)

Sommer viertägige Reise mit Paula Banholzer über Hamburg (→ *NB 15*, 21^r, 38^v.9-7) nach Helgoland, dort zufälliges Treffen mit Werner Krauß (*NB 13*, 7^r.12, *NB 15*, 2^r.6-5); auf der Rückreise Aufenthalt in Berlin; regelmäßige Treffen mit Banholzer an Wochenenden in Augsburg; Arbeit vor allem an *Gösta Berling*, *Hauspostille*, *Trommeln in der Nacht*, *Baal* und *Bargan*- bzw. *Flibustier*-Geschichten

Juni Augsburg, München; Besuch von Schillers *Maria Stuart* mit Gerda Müller (→ zu *NB 15*, 34^r) am Residenztheater München; Aufführungsverträge: Münchener Kammerspiele: *Trommeln in der Nacht* (→ Anfang Juli), Bayerisches Nationaltheater München: *Im Dickicht* (→ März),

Junge Bühne Berlin: *Baal* (→ 10. März, 16. August); Verzicht auf weitere Zusammenarbeit mit Bronnen

13. **Juni** Bronnens *Vatermord* (→ 14. Mai) an den Münchener Kammerspielen, Premierenfeier mit Bronnen, Neher, Ringelnatz u. a.
Mitte Juni nähere Bekanntschaft mit Marieluise Fleißer, die ab 24. Juni bei Neher wohnt
Ende Juni, Anfang Juli Augsburg; Zusammenstellung der *Hauspostille* an Kiepenheuer geschickt; Begegnung mit Carola Neher

Juli Dora Mannheim kommt zu Besuch nach München
Anfang Juli Szenenentwurf für *Trommeln in der Nacht* (→ Juni, September)
2. **Juli** mit Neher bei Münsterer in Pasing
10. **Juli** Abmeldung aus München, Pestalozzistraße 46 (bei Schneller, seit 11. November 1920), nach Augsburg, Bleichstraße 2

16. **August** Anmeldung in München, Leopoldstraße 52a (bei Schlinkert, bis 7. Oktober 1922); Fertigstellung der *Baal*-Korrekturbogen (→ Juni, Mitte Oktober)

Ende August/Anfang September Treffen mit Münsterer; Arbeit an den Stückprojekten *Hannibal* (→ Mitte Oktober) und *Klamauk/Galgei* (*Münsterer 1966*, 164), an *Hauspostille*, *Bargan*-Erzählungen und mit Georg Pfanzelt an einer Komödie; Erkrankung von Sohn Frank, Zoff nimmt ihn in Pflege

September gemeinsam mit Münsterer Mitarbeit bei den Proben für *Trommeln in der Nacht* an den Münchener Kammerspielen, fortlaufende Änderungen am Stück (→ 29. September; zu *NB 15*, 2r)
Anfang September Fertigstellung von zwei *Gösta Berling*-Akten, Auftrag an Bronnen, mit Ellyn Karin über *Gösta Berling*-Honorar zu verhandeln (→ Sommer, 1. Januar 1923; zu *NB 13*, 9v-22v, *NB 15*, 7v.2-3)
5. **September** *Der Beteiligung am Filmmanuskript…* in der Reihe *Deutsche Dichter über den Film* im *Berliner Börsen-Courier* (→ zu *NB 9*, 21v.3-25v)
Mitte September häufige Treffen mit Münsterer
22. **September** Aufführungsangebot von *Trommeln in der Nacht* an Julius Berstl, Lessing-Theater, Berlin
Ende September Konzept *Bertolt Brechts Wachsfigurenkabinett*
29. **September** Uraufführung von *Trommeln in der Nacht* (→ 20. Dezember) an den Münchener Kammerspielen, Regie Otto Falckenberg, mit Erwin Faber, Wilhelmine They und Annemarie Hase
30. **September** Münchener Kammerspiele, Mitternachtstheater: *Die rote Zibebe* (→ 1. Oktober) mit Brecht, Kurt Horwitz (→ zu *NB 15*, 7v.7-9, 22v.8), Hase, Ringelnatz (*NB 13*, 39v.1, 3), Liesl Karlstadt, Karl Valentin (*NB 15*, 36v.3) u. a.

Oktober München: Aussprache mit Banholzer, Zoff und Recht in einem Café in der Maximilianstraße wegen Zoffs Schwangerschaft (→ 12. März 1923), danach weitere Aussprache mit Banholzer in Augsburg: schriftliche Vereinbarung mit Zoff über eine Heirat pro forma (→ 3. November) und nach Geburt des Kindes sofortige Scheidung und Heirat mit Banholzer (→ Mitte März 1923)
Anfang Oktober *Bert-Brecht-Sondernummer* von *Das Programm. Blätter der Münchener Kammerspiele*, darin Aufsatz *Karl Valentin*, drei Szenen aus *Baal* (1922) sowie Feuchtwanger, *Bertolt Brecht*
1. **Oktober** zweite und letzte Aufführung von *Die rote Zibebe*, mit Klabund an Stelle von Brecht (→ 30. September)
2. **Oktober** Formulierung der Traueranzeige für den am 30. September verstorbenen Vater von Paula Banholzer (*Neue Augsburger Zeitung*), Mithilfe bei Auswahl der Grabstätte; Herbert Ihering, *Eine literarische Sensationspremiere* (Besprechung von *Trommeln in der Nacht*) in *Berliner Börsen-Courier*
4. **Oktober** Interesse Felix Hollaenders (→ *NB 15*, 26v.12-8) an Aufführung von *Baal*, *Trommeln in der Nacht* (→ 20. Dezember) und *Im Dickicht* am Deutschen Theater Berlin
8. **oder 11. Oktober** Abreise nach Berlin; Bronnen reist in der gleichen Nacht nach Augsburg (→ 16. Oktober)
Mitte Oktober Augsburg; Arbeit an *Hannibal* (→ Ende August/Anfang September, 13. Novem-

ber; zu *NB 15*, 2[v]); *Baal* erscheint bei Kiepenheuer (Auflage: 800)

15. Oktober Brecht »von den Kammerspielen als *erster Dramaturg* und Regisseur gewonnen« (*München-Augsburger Abendzeitung*)

16. Oktober Abreise aus Berlin nach München; Bronnen reist in der gleichen Nacht nach Berlin (→ 8. oder 11. Oktober)

22. Oktober Bitte an Bronnen, Drehbücher an den Kiepenheuer Verlag zu schicken (→ zu *NB 15*, 2[v])

3. November Hochzeit mit Marianne Zoff in München, Trauzeugen: Lion Feuchtwanger, Otto Müllereisert (→ Oktober 1922, Mitte März 1923; Scheidung: 22. November 1927); dreitägige Flitterwochen

4. November erhält mit Bronnen für *Robinsonade auf Assuncion* einen Trostpreis über 50 000 Mark (→ Ende Mai, 26. November; zu *NB 15*, 25[v].13-11)

6. November Treffen mit Banholzer in Augsburg

10. November Mitteilung über Erhalt des Kleist-Preises und Mitgliedschaft in der Kleist-Stiftung (→ 15. November)

13. November 1. Szene von *Hannibal* (→ Mitte Oktober) in *Berliner Börsen-Courier*; redaktionelle Notiz: »durch die räumlichen und akustischen Bedingungen des Großen Schauspielhauses angeregt«

14. November Abreise nach Berlin, Unterkunft bei Frank Warschauer (bis 20. November; → *NB 15*, 25[v].6-4)

Mitte November Gründung der Kunst-Projektions-GmbH (Kupro) München, Schneckenburgerstr. 28 (→ 31. Januar 1923); Mitarbeit bei den Proben zu *Trommeln in der Nacht* (bis Mitte Dezember; → 20. Dezember), dabei erste Begegung mit Helene Weigel (→ Anfang/Mitte August 1923); Treffen mit Dora Mannheim, die *Hauspostille*-Gedichte abtippt, sowie mit Müller, Warschauer und Ihering

15. November Verleihung des Kleist-Preises (10 000 Mark) für *Baal*, *Trommeln in der Nacht* und *Im Dickicht* (→ 10. November)

21. November Unterkunft in der Pension Ernst, Dahlmannstr. 2, Berlin-Charlottenburg

25. November *Ballade von der alten Frau* und *Über den richtigen Genuß von Spirituosen* in *Das Tage-Buch*

26. November *Robinsonade auf Assuncion* in *Berliner Börsen-Courier*; redaktionelle Notiz: »im Preisausschreiben der ›Richard Oswaldgesellschaft‹ und des ›Tagebuches‹ preisgekrönte Filmfabel« (→ 4. November 1922, 1. November 1923)

30. November *Ballade vom ertrunkenen Mädchen* in *Die Weltbühne*

Dezember Widmungsexemplar *Baal* für Kasack (→ Mitte Oktober; → zu *NB 15*, 14[v].7-6)

Anfang Dezember *Trommeln in der Nacht* erscheint im Drei Masken Verlag; *Ballade von des Cortez Leuten* in *Der Feuerreiter*; am Deutschen Theater Schauspielerstreik, Verschiebung der Premiere von *Trommeln in der Nacht* vom 5. auf den 20. Dezember; Leitung einer oder mehrerer Proben; mit Erich Engel und Viertel in Filmateliers

20. Dezember Premiere *Trommeln in der Nacht oder Anna, die Soldatenbraut* an Deutschen Theater Berlin, Regie: Falckenberg (→ 29. September 1922, 5. Januar 1923), mit Alexander Granach (→ zu *NB 13*, 19[r].1-10) und Blandine Ebinger (→ 24./25. Dezember); Gespräch mit Gustav Kiepenheuer

21. Dezember Abreise aus Berlin nach Augsburg

24. Dezember Beitrag *Es wird manchem schon aufgefallen sein …* zur Umfrage *Die Alten und die Jungen* in *Berliner Tageblatt*

24. / 25. Dezember mit Zoff in Augsburg; Widmungsgedicht *Maria* »für blandine ebinger \ weihnachten 22« (→ zu *NB 13*, 34[r].2); Dank an Granach für den Kragler in *Trommeln in der Nacht* (→ 20. Dezember)

29. Dezember Anmeldung in München, Ohmstraße 3, Gartenhaus (bei Aumer, bis 18. Januar 1923)

31. Dezember Ende der »Rente« des Kiepenheuer Verlags (→ Anfang Januar)

1923

Januar Besuch von Kiepenheuer bei Brecht in München; Verlagsverpflichtungen für 1923: *Im Dickicht, Die Hauspostille* und ein »Fibelchen« (→ zu *NB 15*, 9^{v}-36^{v}.5)

Anfang Januar zweite Auflage von *Baal* (→ Mitte Oktober 1922); Lektüre von Bronnens *Verrat* (= *Anarchie in Sillian*; → Februar)

1. / **2. Januar** Vertragsentwurf zwischen Kiepenheuer Verlag und Karin über *Gösta Berling*-Dramatisierung (→ Anfang September 1922, Ende März/Anfang April 1923; zu *NB 13*, 9^{v}-22^{v})

5. **Januar** vierte und letzte Vorstellung von *Trommeln in der Nacht* (→ 20. Dezember 1922; zu *NB 15*, 26^{v}.12-8)

15. **Januar** München; Beginn der Überarbeitung von *Im Dickicht* mit Feuchtwanger

24. **Januar** Anmeldung in München, Akademiestraße 15/0 (bei Stockmayer, bis 6. Oktober 1924)

31. **Januar** Vertrag mit der Kupro München (→ Mitte November 1922, Februar 1923)

Februar Dreharbeiten für den Kupro-Stummfilm *Mysterien eines Frisiersalons* auf einem Dachboden in München-Schwabing, Tengstraße oder Hohenzollernstraße, mit Carola Neher, Hans Leibelt (→ zu *NB 15*, 22^{v}.1), Faber (→ zu *NB 13*, 34^{r}.1, 9^{v}-22^{v}.4, *NB 15*, 10^{v}), Ebinger (*NB 13*, 34^{r}.2),Valentin (→ zu *NB 15*, 26^{v}.3), Karlstadt, Horwitz (→ *NB 15*, 22^{v}.8), Hase u. a., Ideen und Regie Brecht, Engel und Valentin; Fertigstellung von *Mysterien eines Frisiersalons* (→ 31. Januar, 14. Juli); Inszenierungspläne: Bronnens *Exzesse* und *Verrat* (→ Anfang Januar) sowie Kleists *Penthesilea*

Anfang Februar Treffen mit Neher, der zwei Wochen von Berlin nach München kommt; wohl Gespräch mit Kiepenheuer

Ende Februar einige Tage in Berlin; dadurch verpaßtes Treffen mit Kiepenheuer in München

Frühjahr regelmäßige Treffen mit Paula Banholzer

März Arbeit an der *Hauspostille*; für die Münchener Kammerspiele empfiehlt Feuchtwanger anstelle von Shakespeares *Macbeth* Christopher Marlowes *Edward the Second*, Vereinbarung einer gemeinsamen Bearbeitung (→ Ende Oktober; zu *NB 13*, 29^{v}.1-4)

12. **März** Geburt von Tochter Hanne; wohl zur Geburt entsteht *Die Geschichte des Machandelbaums* (Widmung: »An Marianne allein«)

Mitte März Tochter Hanne in Starnberg katholisch getauft (→ Mai; zu *NB 15*, 11^{v}-12^{r}); Zoff gibt Brecht für Banholzer frei (→ Oktober 1922); Vorschlag einer Inszenierung von Schillers *Jungfrau von Orleans* an den Münchener Kammerspielen

17. **März** *Der Virginienraucher* in *Das Tage-Buch* (→ zu *NB 15*, 7^{v}.7-9)

Anfang April Residenz-Theater München: Probenbeginn für *Im Dickicht*, Brecht zeitweise anwesend (→ 18. April), Textänderungen während der Proben

1. **April** *Ballade von den Seeräubern* in *Berliner Börsen-Courier*

11. / **12. April** Vertrag mit Karin und Kiepenheuer Verlag über *Gösta Berling* (→ Ende März/Anfang April, 27. Mai; zu *NB 13*, 9^{v}-22^{v})

18. **April** wegen angeblicher »Verherrlichung des Kommunismus« in *Im Dickicht* drohen »Anhänger rechtsgerichteter Parteien bei der Uraufführung mit einem Skandal« (→ Anfang April, 9. Mai)

23. **April** Inszenierung von *Trommeln in der Nacht* am Schauspielhaus Frankfurt, Regie: Richard Weichert (→ zu *NB 15*, 27^{r}-27^{v})

26. / **27. April** Plan, mehrere amerikanische Theaterstücke an den Münchener Kammerspielen aufzuführen, Bitte um Vermittlung an Barrett Harper Clark in Berlin

Mai *Der Tod im Walde* in *Theaterzeitung der Staatlichen Bühnen Münchens*; mit Frau und Tochter in Starnberg (→ Mitte März)

4. / **5. Mai** Einladungen an Bruder Walter und seine Verlobte Lisbeth Volz, an Ihering und Bronnen zur Premiere von *Im Dickicht* am 9. Mai

9. **Mai** Uraufführung von *Im Dickicht* am Münchener Residenztheater (Regie: Engel, Bühnenbild: Neher, mit Otto Wernicke, Erwin Faber,

Maria Koppenhöfer; (→ 7. Juni); Brecht läßt wegen Verspätung Banholzers später anfangen; danach Feier allein mit ihr

12. **Mai** mit den Münchener Kammerspielen beim einmaligen Gastspiel von *Trommeln in der Nacht* in Basel

18. **Mai** bei der zweiten Aufführung von *Im Dickicht* »provozieren die Hitlertruppen mit Stinkbomben einen abscheulichen Skandal«; nach gründlicher Lüftung Fortsetzung der Vorstellung (→ 7. Juni)

27. **Mai** Karin schickt *Gösta Berling*-Dramatisierung (→ 11./12. April, Anfang August; zu *NB 13*, 9v-22v)

29. **Mai** Einladung an Bronnen nach München und Starnberg »auf länger« (→ Ende März, Anfang April)

1. **Juni** mit Bronnen Besuch des Zirkus Krone, wo Hitler die Rede *Hammer und Amboß* hält

7. **Juni** letzte Vorstellung von *Im Dickicht*, vorzeitige Absetzung wegen Widerstands im Publikum (→ 9., 18. Mai)

Anfang Juli Abreise Bronnens aus München nach Berlin (→ 29. Mai)

8. **Juli** *Ballade vom Mazeppa* in *Berliner Börsen-Courier*

14. **Juli** *Mysterien eines Frisiersalons* wird gekürzt und mit Jugendverbot von der Filmzensur freigegeben (→ März)

Anfang August Abreise nach Berlin (bis Anfang September), Verhandlung mit dem Kiepenheuer Verlag über Tantiemen für *Gösta Berling* (→ 27. Mai; zu *NB 13*, 9v-22v), Treffen mit Kasack

Anfang/Mitte August mit Bronnen Arbeit an Hans Henny Jahnns *Pastor Ephraim Magnus* für die Eröffnung von *DAS Theater*, Berlin (→ 23. August; zu *NB 13*, 18r.5-18); Treffen mit Jahnn und Bronnen im Hotel Fürstenhof, Berlin, Potsdamer Platz (→ *NB 13*, 23v.2-6); nähere Bekanntschaft mit Weigel (→ Mitte November 1922)

23. **August** Jahnn, *Pastor Ephraim Magnus* in *DAS Theater*, Bühnenfassung: Brecht, Regie: Brecht und Bronnen (→ Anfang/Mitte August 1923), Absetzung nach einer Woche wegen fehlender Konzession

Spätsommer/Herbst Begegnung mit Carl Zuckmayer (→ zu *NB 15*, 41r-42v) und Asja Lacis; mit Feuchtwanger Arbeit an *Leben Eduards des Zweiten*

Anfang September Abreise aus Berlin nach München

Anfang/Mitte September Gedichte *Eines Morgens, der Regen floß heftig…* und *John Smith aus Chikago…* auf am 4. September gestempeltem Briefumschlag

Oktober gemeinsam mit Bronnen Gutachten über den künstlerischen Wert des *Christbaumbrettl* von Karl Valentin

Ende Oktober Beginn der Proben für *Leben Eduards des Zweiten* an den Münchener Kammerspielen (→ März)

1. **November** Kinopremiere *S. O. S. Die Insel der Tränen*, frei nach *Robinsonade auf Assuncion* (→ 26. November 1922)

9. **November** München: Hitler-Putsch; Diskussion bei Feuchtwangers mit Reich und Lacis über die politische Situation

12. **November** Berlin: Besuch von Marlowes *Edward II.* im Friedrich-Wilhelmstädtischen Theater (Regie; Karl-Heinz Martin)

Anfang Dezember Reise nach Leipzig zu den letzten Proben und zur Uraufführung von *Baal*

8. **Dezember** Uraufführung von *Baal* im Alten Theater Leipzig; Regie: Alwin Kronacher, mit Lothar Körner, Hans Zeise-Gött, Rudolf Fernau (→ 11. Dezember)

11. **Dezember** Absetzung von *Baal* (→ 8. Dezember 1923) auf Betreiben des Leipziger Theaterausschusses

12. **Dezember** *Ballade über die Anstrengung* in *Neue Rundschau* mit der Widmung »für die Gerda Müller geschrieben«

25. **Dezember** *Weihnachtslegende* in *Berliner Börsen-Courier*

Hanns Otto Münsterer
Aufzeichnungen 1922

Gebundenes Konvolut, aus nicht erhalten gebliebenen früheren Notizen redigiert (→ NBA 1, 453). Die Aufzeichnungen vom 29. Oktober 1921 bis 2. Juli 1923 tragen den Titel »Das Schifflein des lieben Gottes« (nach dem vom 3. Januar bis 12. Juni 1922 notierten Gedicht), der den Eintragungen auf separatem Typoskript vorangestellt ist. Standort: Nachlaß Münsterer, Bayerische Staatsbibliothek München, Signatur: Ana 479; wiedergegeben sind vor allem die auf Brecht beziehbaren Passagen von 1922.

1922

1. Januar Und man zählt mir wieder die Entbehrungen vor, die man sich meinethalben auferlegt, mein Schuldbuch wird aufgeschlagen schon am ersten Tag des neuen Jahres und all die rückständigen Zahlungen präsentiert. Ich geh in die Isar. Manchmal ist es mir bitterernst oder ich meine ich sollte nach Berlin fliehen. Vielleicht findet man Bert in einem Cabaret ⟨→ *Brecht an Münsterer, 30. Dezember 1921*⟩ – dann kommt wieder der Popanz, dick, vollgefressen der Nobelpreis, ich muß ihn haben, ich sehe Blauflut und grenzenlosen Ruhm, Unsterblichkeit. Der Wind heult darein, schüttelt die Ziegel, schmeißt mir die Scheiben der Straßenlaternen vor die Knie und ich klammere mich an einen Pfahl, mir ist so furchtbar elend. Ich darf nicht einmal weinen.

3. Januar

Bruder Baal! Schon haben mich die blauen Flüsse
und ich treibe abwärts durch die nassen Bitternisse
mit den Schwänen abwärts zu dem Bosporus.

Mond am Himmel schwimmt mit mir nach Süden
Weiße Leiber, die vor Wollust purpurn glühten
sinken stumm. Ich bin in ihrer Mitte nun
und die Glocken locken von dem fernen Strande
abwärts fließen wir und waschen unsre Schande
unsre Scham im Meer, um dort zu ruhn.

Mit den Kranichen die oben segeln über stillen Kähnen
in der Kielflut großer Schiffe gleich den Schwänen
fluten wir mit offnem Haar und nacktem Knie
betet still am Land, ihr seid noch oben
kommt nicht mit uns. Seht die Wolken droben
so sind wir jetzt. Betet still zu Sankt Marie

Nur die Müden denen nichts mehr helfen kann und fruchten
die sich hingegeben an den dunklen Buchten
ziehen mit uns. Der Himmel ist für sie noch da
Wenn auf nächtgen Flüssen sich die Weiden neigen
und der Mond mit uns hinfährt in unermessnem Schweigen
sehn wir Gottes letzten Himmel, den sonst niemand sah

4. Januar

Über meinen Leib voll Eiter längstvergessner Sünden
schaukeln müde sich die ernsten Tamarinden
und der Wind nimmt meinen Leib auf, der verweht
und ich liege still ganz still in ihren Zweigen
die sich leiser auf mein schamlos Fleisch hinneigen
wenn Gott nachts durch seine alten Wälder geht.

5. Januar

An den bereiften Bäumen hing ich meine Leier auf
wie ein Priester sehe ich stumm zu dem erzenen Himmel hinauf

einsam und alt in des Winters unendlichem Schweigen
Schicke sie heim, die mich trösten. Das ist nun lange vorbei
wie Abigail die Sunnitin und in dem geschmolzenen Blei
des Tages erhänge ich stumm mich in schwankenden Zweigen.

10. Januar
Und mein Mund von Bitterkeiten vollgesogen
wie ein Aas, verfault und geil in lauen Wogen
schlingt sich Tang um mich. Ich bin sehr schwer
der gefräßige Himmel wölbt sich bleiern drüber mächtig
und ich ziehe abwärts von den milden Fluten trächtig
schwanger zwischen blassen Fluten abend. wärts ins Meer.

15. Januar
Abwärts zieh ich immerfort an nächtlich fahlen Küsten
dunkle Gondel schaukeln sich auf meinen weißen Brüsten
und das Meer wird hell wie Phosphor von der Quellen Zug
Tiere nisten zwischen meinen faulen Schenkeln u mein Schooß ist offen
allen denen die in einer stillen Nacht ihr letztes Hoffen
in dem Wind ertränkten, so wie ich es in die Fluten trug.

4. Februar
Und der Schlamm dringt in mich. Zwischen meinen Knien
und den Schenkeln in mein Fleisch von Geilheit stinkend u bespien
und in meinen Mund voll eckelndem Erguß.
Über meinem Haar im Himmel schaukeln fahle Binsen
und von Wermut mürb, aufgebläht von Wasserlinsen
sehe ich hinunter in den öden Tartarus.

Meine Scham bedeckt mit Moos, das Fleisch von Fäulnis längst zerfressen
sink ich nieder. Alles Leid der Welt vergessen
und der matte Mond bleicht mein verfallendes Gebein
Manchmal wenn die Gletscher baun und in mich dringen
höre ich die Berge, Winde die um schroffe Felsen singen
und die blaue Flut von oben spült mich rein.

8. Februar
Und ich fliege weiß, bleich durch die ruhelosen Lüfte hin
weil ich nirgens Ruhe mehr und Heimat hab
All mein Leben hatte keinen Zweck, mein Tun war ohne Sinn
und nun finde ich auf Erden nirgendwo ein Grab.

29. März Ich war bei Caß Neher, der ein ganz enormes Bild gemacht hat: Penthesilea. Ich hoffe daß es bis Herbst in einer Staatssammlung hängt. es ist seltsam, ich habe die beiden größten Männer Deutschlands zu Freunden: Bert und Cass. Wie ich zu dieser Ehre komme!
Ich habe wieder verzweifelte Anstrengungen gemacht Geld zu erhalten, sogar einen Artikel: Verteidigung der Cheopspyramide eingesandt aber nichts bekommen. Es ist schauerlich wenn man solche Krämpfe machen muß – und noch dazu erfolglos. Eine Dirne, die nach dem Coitus kein Geld sondern einen Fußtritt in den Hintern kriegt.

Ich hab nur einen noch auf den ich bau
mein dürres Haar flattert in alle Winde
die meine Stirne peitschen. Wolken grau
umhüllen mich: Ich hab nur noch die Sünde

6. April Ich war bei Bez ⟨*Otto Bezold*⟩, der z. Z. anscheinend ganz umgänglich (weil weiber- und freundelos) ist.

7. April Betty ist verschwunden. Bez und ich haben viel Kopfweh. Vielleicht hatte sie doch die Syphilis. Was bedeutete der Ausschlag am Mund und die Hepar sulfuris? Ich hatte zweifellos einen Anfall von Herpes.
Bert Brecht soll Nierenentzündung gehabt haben und im Krankenhaus liegen. Wenn nur Bert nichts zustößt. Ich würde mein Leben opfern.

24. Mai Es ist sehr grausam gar nichts als enttäuschungen zu erleben. Aber was soll man tun. Vielleicht ist es besser überhaupt mit keinem Menschen zu verkehren. Ich bin fast soweit. Manchmal mache ich Versuche aber ich bekomme immer solche Prügel auf die Nase daß ich einfach entsetzt zurückfahre vor solcher Anmaßung und Niedrigkeit.
Bert Brecht ist der einzige Mensch den ich noch liebe und verehre. Bert! Behandle mich wenigstens du nicht so wie alle andern! Gib mir den Glauben an wenigstens einen Menschen!

Laß mich in der blauen Flut ertrinken
Schwerer Tang umkränzt den faulen Nachen
Fahler Mond begleitet mich im Sinken
Langsam treibt die Barke schwankend nieder
Über meinen Hals beugt sich der schwere
Flieder
Fern verklingt ein helles Mädchenlachen
Wie ein Schwamm saugt meine alte Zille
Wasser in den Leib. Es ist ganz stille. –

8. Juni Von Bert Brecht höre ich gar nichts mehr, er scheint wieder einmal beleidigt zu sein. Es waren doch schöne Zeiten aber wenn es sein soll … ich kann auch ohne den letzten leben.

12. Juni Und nochmals.

Bruder Baal schon haben mich die blauen
Flüsse
u. ich treibe abwärts durch die nassen
Bitternisse
mit den Schwänen abwärts zu dem Bosporus.
Weißt du noch wie wir auf weißen Knieen
einst uns schaukelten? Blaß und bespien
geh ich nun von dir weil ich mich waschen
muß.
(Johannes an Baal)

12. Juni Bert Brecht ist immer in München u. zwar mit A. Bronnen. Das ist eine Gemeinheit. Er hat weder geschrieben noch sonst irgend etwas getan, daß wir uns treffen. Sobald er bessere Freunde hat, schmeißt er die alten weg. Es ist schade und sehr traurig denn ich hatte ihn über alles geliebt. Ich will nun überhaupt mit allen brechen die mich im Elend alleinlassen. Nun bin ich ganz, ganz einsam. Es ist keiner mehr da.

17. Juni Ich kann denen nicht nachlaufen die mich nicht brauchen und keine Zeit für meine Verlassenheit haben. Ich nehme es ihnen vielleicht gar nicht übel (Bert Brecht schon, denn eine so starke Liebe kann nicht in Gleichgültigkeit übergehen sondern nur in Haß) aber ich habe die Absicht mich ebenso um keinen zu kümmern wenn ich im Glück bin, ein allerdings sehr unwahrscheinlicher Fall. *[…]*
Es ist anmaßend von denen, denen wir unsere vollste Liebe und Aufopferung entgegenbringen auch nur das geringste Gefühl von Dankbarkeit oder Gegenliebe zu erwarten. Wir sind ja nicht um unsere Liebe gebeten worden!
Wahlspruch: numquam idem.
Wenn ich zwei Leben hätte, würde ich ohne weiteres mit Bert Brecht brechen. Da ich aber nur eines habe, kann ichs denn trotz dieser niederträchtigen Behandlung. Ich kann nun nicht mehr entgegen gehen, aber falls er kommt kann ich ihn wohl nicht zurückweisen. Seine Persönlichkeit ist zu gewaltig.

24. Juni

Ich lehne an einem verpissten Hundestein
hungernd, und schau in die Ferne
Nun bin ich vier Jahre ganz allein
Über mir schweigen die ewigen Sterne.

1. Juli Es ist blutig wahr, daß ich zerreiße. Mitten entzwei wie ein Fetzen Papier. Aber ich liebe Bert Brecht furchtbar, mit all dem was ich heißt … vielleicht mehr als meine Mutter … Sie ist schuldig. Sind Liebende schuldig? Ich kann nicht von ihm lassen, ich kenne seine Fehler aber ich kann nicht. Ich weiß alles sehr wohl aber ich stelle mich als wüßte ichs nicht mein Herz verteidigt ihn, in vielem kann ich ihn verstehen, sehr sehr vieles tut mir auch an ihm bitter weh aber – ich – liebe ihn. Ist das schuld.
Abends. Ich glaube, daß ich nur noch den morgigen Tag zu leben habe. *[…]*

Mein Testament

1.) Mein letzter Wille ist das, – mein Wille den ich im Leben nie ausdrücken konnte und auch im Tod bin ich auf Gnade angewiesen, – das letzte mal, daß ich bitte. Da wo ich schlecht war, ich war sicher viel schlecht, da bitte ich euch, verzeiht mir. Da wo ihr mir nicht verzeihen wollt, gerade da war ich nicht schlecht. Das schör ich: ich habe unsäglich gelitten.

2.) Alles was ich an Geld habe ist euer, meine Bücher, meine Laute und meine Blumen laßt mir. Meine Leiche verfalle dem anatom. Institut zur Verarbeitung.
3.) Meine Tagebücher sollen verbrannt werden. Sie waren nur für mich, warum sollen andere meine Leiden kennen lernen. Oder wäre es doch lehrreich? Ein warnendes Exempel?
4.) Meine Kakteen schenke ich Fr. Bachmair, ebenso 45 Bücher in 1. Wahl.
5.) Herr Prof. Silbernagl erhalte meine Tempelklassiker u einiges andere nach Wahl.
6.) Bert Brecht erhalte meine Laute und die übrigen Bücher soweit er sie brauchen kann, der Rest verfalle Otto Bezold. Bruno Klopfer erhalte meine naturwissensch. Schriften.
7.) Paula Banholzer erhalte 5 Goldmünzen, den 1. Bd. v. 1001 Nacht das einzige Weib, das ich aus tiefster Seele liebte: René Salzmann.
Ich glaube nicht an Gott. Wenn es aber Gott gibt, möge er mir meine unzähligen Fehltritte vergeben u sich meiner erbarmen. Ich war schlecht aber ich war nicht so schlecht.
Aufgezeichnet v. mir 1. Juli
9[50] kurz vor meinem Tod
Hanns O. Münsterer.

2. Juli Nachmittag war Bert Brecht bei mir und Rudolf Cass Neher. Ich habe schon wieder Sehnsucht nach ihm. Er ist so immens groß.

7. September Spruchsammlung: Hanns O. Münsterers Privatapotheke. (Hausapotheke). für Impotente. Der neue Jesus Sirach. Schatzkästlein des schweinischen Hausfreunds. Von ihm selbst zusammengetragen und durch Sprüche einiger anderer schweinischer Hausfreunde vermehrt. ⟨*→ 35ᵛ.2-40ʳ*⟩

20. September Es ist nun wieder viel hinuntergeschwommen und manche Frucht reifte nicht sondern wurde sehr hart, bitter. Ich bin viel mit Bert Brecht zusammen. Trommeln in der Nacht. Manchmal habe ich sehr Angst um ihn. Ich liebe ihn.
Echtes und eigentliches Testament
Falls ich in der nächsten Zeit in andere Gefilde fahren muß, bestimme ich:
1.) Mein ges. Vermögen meiner Mutter.
2.) Bibliothek u. Gitarren Bert Brecht
3.) M. Körper der Anatomie
Hanns O. Münsterer. 20. IX. 22
Die Echtheit diesen l. Willens bezeugen:
⟨*danach Freiraum für Unterschriften*⟩

Nacht. Hunde heulen. Es sind viele Sterne am Himmel, groß und sehr kleine. Die Milchstraße ist wie Gewölk das ich liebe. In den Eichen meines Fensters orgelt der Wind. Ich liebe Bert…

Als die Zeit erfüllt war und es hinunter ging
abwärts in die Flüsse und in den Morast
war der Himmel sehr hoch, mancher Stern
war der drüber hing
Er schleppte hinab zu den Teichen müd seine
Last.

Sein Rücken war krumm vom tragen. Er trug
sehr schwer.
und er liebte, das wars was ihm am schwersten
fiel
Nun sind nur noch die Sterne rings um ihn
her
In den Wassern, im Schlamm, am Ziel.
So spielte er seines Lebens Spiel.

2. Oktober Am Freitag in der Uraufführung der Trommeln ⟨*Bertolt Brecht, Trommeln in der Nacht, Münchener Kammerspiele*⟩. Alles was in den Proben mit Mühe herausgearbeitet wurde, wurde unter den Tisch befördert. Die Kritiken sind saudumm. Jedenfalls aber war es ein beträchtlicher Erfolg für Brecht und Faber. Die rote Zibebe wirkte durch ihre allzugehäuften Vorträge sehr langweilig. Klabund ist wahnsinnig schwach. Ich habe für diesen Monat 12 Mark und das Wetter wird nimmer anständig. Es geht auch kein Wind, es ist nur Kälte die einen auffrißt. Gestern schien mir das Leben noch hell, heute ist es endlos öde und eckelhaft. Ich bin nun wieder so einsam.

24. Oktober Von Bert Brecht bin ich wieder ganz getrennt. Und die Leute mit ihren sozialistischen Kinderbewahranstaltsideen hab ich gründlich satt. Neidhämmel vom Tierschutzverein die einem weder Faulheit noch Hurerei noch Freiheit gönnen!

⟨*Mitten in der Eintragung vom 9. Dezember 1922 bricht das Tagebuch ab. Angehängt ist ein Typoskript mit der Erklärung:*⟩
Die nun folgenden Seiten sind aus dem Tagebuch herausgerissen. Sie wurden ebenso wie die anschliessenden Tagebücher aus triftigen Gründen vernichtet, obwohl sie eigentlich das wesentlichste Erlebnis, das auf Jahre hinaus mein Leben bestimmte, enthielten. Sie erzählten die Geschichte einer grossen, echten und bis zum Äussersten gehenden Leidenschaft, die ein Furchtbares Ende fand. Einen schwachen Niederschlag dieser Erlebnisse findet man im Roman FÖHN ⟨*Nachlaß Münsterer, Bayerische Staatsbibliothek München*⟩, in den Stellen der alten Tagebücher übergegangen sein mögen. Was hier erduldet und erkannt wurde, war das Wesen der Hölle, die Visio beatifica und ihr Verlust, der die ewige Qual der Verdammten ausmacht.

Siglen und Abkürzungen

Abb. Abbildung

AB Adreßbuch

BBA Bertolt-Brecht-Archiv, Akademie der Künste, Berlin

BFA Bertolt Brecht, *Werke. Große kommentierte Berliner und Frankfurter Ausgabe*, Frankfurt/Main 1988-2000

Bl. Blatt/Blätter

BV Bertolt-Brecht-Archiv. *Bestandsverzeichnis des literarischen Nachlasses*, Berlin und Weimar 1969-73

EE Elektronische Edition (http://www.brecht-notizbuecher.de)

EE F Elektronische Edition, Forum

EE G Elektronische Edition, Einführung in die Gesamtedition

EE Z Elektronische Edition, Zusatzdokumente

EEA Erich-Engel-Archiv, Akademie der Künste, Berlin

EHA Elisabeth-Hauptmann-Archiv, Akademie der Künste, Berlin

GKA Archiv des Gustav Kiepenheuer Verlags und der Dieterich'schen Verlagsbuchhandlung. Sächsisches Staatsarchiv, Leipzig,

GW Bertolt Brecht, *Gesammelte Werke. Werkausgabe Edition Suhrkamp*, Frankfurt/Main 1967-69

HWA Helene-Weigel-Archiv, Akademie der Künste, Berlin

NB Notizbuch

NBA Bertolt Brecht, *Notizbücher*, Berlin 2010 ff.

r recto

RBA Ruth-Berlau-Archiv, Akademie der Künste, Berlin

SBA Staats- und Stadtbibliothek, Augsburg

SLS Selma Lagerlöfs samling, Kungliga biblioteket, Stockholm

TbM Hanns Otto Münsterer, Aufzeichnungen, Bayerische Staatsbibliothek, München

TbN Caspar Neher, Tagebücher, Staats- und Stadtbibliothek, Augsburg

v verso

WBA Walter Benjamin Archiv, Akademie der Künste, Berlin

Z. Zeile

Literaturverzeichnis

Abiry 2010
Dorit Abiry, *Die Entdeckung eines Widmungsexemplars von Brechts »Baal« und dessen verschlungene Wege zur »Hauspostille«*, in: *Dreigroschenheft* 2 (2010), 4-14

Ackermann/Heißerer 2010
Gregor Ackermann, Dirk Heißerer, *Stille Post? Oder: Brecht auf der* »Wilden Bühne«, in: *Dreigroschenheft* 3 (2010), 41-44

Adreßbuch Augsburg 19..
Einwohnerbuch der Stadt Augsburg mit Stadtplänen, bearbeitet und hg. im Auftrag des Stadtrates Augsburg von Hermann Montanus, Siegen in Westfalen: Montanus

Adreßbuch Berlin 19..
Berliner Adreßbücher der Jahre 1799 bis 1943, http://www.zlb.de/besondere-angebote/berliner-adressbuecher.html

Adreßbuch Dresden 1922/23
Adreßbuch für Dresden und Vororte ⟨…⟩ *sowie der Stadt Freital 1922/23*, bearbeitet und hg. von der unter der Verwaltung des Rates zu Dresden stehenden Buchdruckerei der Dr. Güntzschen Stiftung

Adreßbuch Hamburg 1923
Hamburger Adreßbuch 1923 (Jahrgang 137), Hamburg: Hamburger Adreßbuch-Verlag

Adreßbuch Leipzig 1923
Leipziger Adressbuch 1923, Leipzig: August Scherl Deutsche Adreßbuch-Gesellschaft

Adreßbuch München 19..
Adreßbuch für München und Umgebung, hergestellt nach dem Stande von Ende Oktober ⟨*des Vorjahres*⟩, München: Handelskammer

Adreßbuch Rosenheim 1921
Adreßbuch für Rosenheim Stadt und Land, umfassend die Stadt Rosenheim und die 56 Bezirksamtsgemeinden, nach den amtlichen Einwohnerlisten, München: Bayerischer Adreßbuchverlag

Adreßbuch Starnberg 1921
Adreßbuch für das Bezirksamt Starnberg umfassend 40 Gemeinden. Nach den amtlichen Einwohnerlisten des Jahres 1920, München: Baumann

Alberts/Krauss-Elka 1922
Komm nach Mahagonne. Afrikanischer Shimmy. Worte von O. A. Alberts, Musik von ⟨*Leopold*⟩ Krauss-Elka, Op. 50, Figaro-Verlag GmbH Wien

Arnim/Brentano 2006
Des Knaben Wunderhorn. Alte deutsche Lieder, gesammelt von Achim von Arnim und Clemens Brentano, kritische Ausgabe, hg. und kommentiert von Heinz Rölleke, 3 Bde., Stuttgart: Philipp Reclam

Aufricht 1998
Ernst Josef Aufricht, *Und der Haifisch, der hat Zähne. Aufzeichungen eines Theaterdirektors*, Berlin: Alexander

Banholzer 2016
Paula Banholzer, *So viel wie eine Liebe. Ungeordnetes Verhältnis mit Bert Brecht. Erinnerungen und Gespräche*, München: Langen Müller

Berger 1984a
Friedemann Berger, *Die nichtgedruckte »Hauspostille«: Die Beziehungen zwischen Bertolt Brecht und dem Gustav Kiepenheuer Verlag 1922 bis 1925*, in: *Notate* 6 (Juli), 1-2, 13-15

Berger 1984b
Friedemann Berger (Hg.), *Thema – Stil – Gestalt. 1917-1932. Fünfzehn Jahre Literatur und Kunst im Spiegel eines Verlages: Katalog zur Ausstellung anläßlich des 75jährigen Bestehens des Gustav Kiepenheuer Verlages*, Leipzig, Weimar: Kiepenheuer

BFA
Bertolt Brecht, *Werke. Große kommentierte Berliner und Frankfurter Ausgabe*, hg. von Werner Hecht, Jan Knopf, Werner Mittenzwei, Klaus-Detlef Müller, 30 Bde. und Registerbd., Berlin, Weimar: Aufbau, Frankfurt/Main: Suhrkamp 1988-2000

Bibel 1924
Die Bibel oder die ganze Heilige Schrift des Alten und Neuen Testaments nach der deutschen Übersetzung D. Martin Luthers, durchgesehene Ausgabe, mit dem von der deutschen evangelischen Kirchenkonferenz genehmigten Text, Berlin: Deutsche und Ausländische Bibelgesellschaft

⟨*Brecht-Bibliothek* 2321; alle Zitate in den Erläuterungen nach dieser Ausgabe⟩

Brecht: Baal 1922
Bertolt Brecht, *Baal*, Potsdam: Kiepenheuer ⟨*Erstpublikation, November 1922*⟩

Brecht: Briefe an Zoff 1990
Bertolt Brecht, *Briefe an Marianne Zoff und Hanne Hiob*, hg. von Hanne Hiob, Frankfurt/Main: Suhrkamp

Brecht: Dickicht 1927
Bertolt Brecht, *Im Dickicht der Städte. Der Kampf zweier Männer in der Riesenstadt Chicago, Schauspiel von Bertolt Brecht*, Berlin: Propyläen

Brecht: Gösta Berling 1924
Bertolt Brecht, *Aus »Gösta Berling«. Unter Benutzung einer Dramatisierung des Lagerlöfschen Romans von E. Karin*, in: *Das Kunstblatt*, hg. von Paul Westheim, Heft 1, Januar 1924, Potsdam: Gustav Kiepenheuer, 7-12

Brecht: Hauspostille 1927
Bertolt Brechts Hauspostille. Mit Anleitungen, Gesangsnoten und einem Anhange, Berlin: Propyläen

Brecht: Hundert Gedichte 1951
Bertolt Brecht, *Hundert Gedichte*, Berlin: Aufbau

Brecht: Johanna 1932
Bertolt Brecht, *Die heilige Johanna der Schlachthöfe. Schauspiel. (13. Versuch)*, in: Bertolt Brecht, *Versuche*, Bd. 5, Berlin: Kiepenheuer, 362-455

Brecht: Mahagonny 1929
Bertolt Brecht, *Aufstieg und Fall der Stadt Mahagonny. Oper in drei Akten. Text von Brecht, Musik von Kurt Weill*, Wien, Leipzig: Universal-Edition

Brecht: Mahagonny 2013
Bertolt Brecht, *Aufstieg und Fall der Stadt Mahagonny. Oper in drei Akten. Musik von Kurt Weill, Text von Bertolt Brecht. Textausgabe*, mit einem Kommentar von Joachim Lucchesi, Berlin: Suhrkamp ⟨Suhrkamp BasisBibliothek 63⟩

Brecht: Mann ist Mann 1927
Bertolt Brecht, *Mann ist Mann. Die Verwandlung des Packers Galy Gay in den Militärbaracken von Kilkoa im Jahre Neunzehnhundertfünfundzwanzig. Lustspiel*, Berlin: Propyläen

Brecht: Stücke 1
Bertolt Brecht, *Stücke*, Bd. 1, Berlin: Aufbau 1955
- 5-15: *Bei Durchsicht meiner ersten Stücke*

Brecht: Taschenpostille 1926
Bertolt Brechts Taschenpostille. Mit Anleitungen, Gesangsnoten und einem Anhange, Potsdam: Gustav Kiepenheuer ⟨Privatdruck⟩

Brecht: Trommeln 1922
Bertolt Brecht, *Trommeln in der Nacht. Drama*, Berlin, München: Drei Masken ⟨mit Widmung »Der Bie Banholzer 1918«⟩

Brecht: Trommeln 1990
Brechts ›Trommeln in der Nacht‹, hg. von Wolfgang M. Schwiedrzik, Frankfurt/Main: Suhrkamp

Brecht-Bibliothek
Die Bibliothek Bertolt Brechts. Ein kommentiertes Verzeichnis, hg. vom Bertolt-Brecht-Archiv, Akademie der Künste, bearbeitet von Erdmut Wizisla, Helgrid Streidt und Heidrun Loeper, Frankfurt/Main: Suhrkamp 2007 ⟨zitiert wird die laufende Nummer, nicht die Seite⟩

Brecht-Chronik 1997
Werner Hecht, *Brecht Chronik. 1898-1956*, Frankfurt/Main: Suhrkamp

Brecht-Chronik 2007
Werner Hecht, *Brecht Chronik. 1898-1956. Ergänzungen*, Frankfurt/Main: Suhrkamp

Bronnen 1954
Arnolt Bronnen, *arnolt bronnen gibt zu protokoll. beiträge zur geschichte des modernen schriftstellers*, Hamburg: Rowohlt

Bronnen 1960
Arnolt Bronnen, *Tage mit Bertolt Brecht. Geschichte einer unvollendeten Freundschaft*, Wien, München, Basel: Desch

Brust 1920
Alfred Brust, *Spiele*, München: Kurt Wolff
- 113-160: *Der singende Fisch. Drama in drei Nächten*

Bühnen-Jahrbuch 1923
Deutsches Bühnen-Jahrbuch. Theatergeschichtliches Jahr- und Adressenbuch. 24. Jahrgang 1923, hg. von der Genossenschaft Deutscher Bühnen-Angehörigen, Berlin: Genossenschaft Deutscher Bühnen-Angehöriger

Bühnen-Jahrbuch 1924
Deutsches Bühnen-Jahrbuch. Theatergeschichtliches Jahr- und Adressenbuch. 25. Jahrgang 1924, hg. von der Genossenschaft Deutscher Bühnen-Angehörigen, Berlin: Genossenschaft Deutscher Bühnen-Angehöriger

Bühnen-Jahrbuch 1925
Deutsches Bühnen-Jahrbuch. Theatergeschichtliches Jahr- und Adressenbuch. 26. Jahrgang 1925, hg. von der Genossenschaft Deutscher Bühnen-Angehöriger, Berlin: F. A. Günther & Sohn

Busch: Werke
Wilhelm Busch, *Werke. Historisch-kritische Gesamtausgabe*, bearbeitet und hg. von Friedrich Bohne, 4 Bde., Hamburg: Standard 1959
- Bd. 3, 207-272: *Die Haarbeutel* ⟨1878⟩

Davidis 1997
Michael Davidis, *Bertolt Brecht und der Ullstein Verlag. Mit Anmerkungen zu einer Zeichnung von George Grosz*, in: *Buchhandelsgeschichte* 1997/3, B 146-B 152

Dimpfl 2017
Monika Dimpfl, *Karl Valentin. Biografie*, aktualisierte und erweiterte Neuausgabe, München: dtv

Döblin 1917
Alfred Döblin, *Die drei Sprünge des Wang-lun. Chinesischer Roman*, Berlin: S. Fischer

Eisenbahn-Kursbuch 19..
Eisenbahn-Kursbuch. Eisenbahn- und Dampfschiffverbindungen, sowie wichtige Schnellzug-Verbindungen, Landpost-Verbindungen, Bayern r. d. Rheins und Verkehr mit Nachbarländern, München: Carl Gerber
- *1921*: Sommer-Fahrplan, gültig ab 1. Juli 1921
- *1921/22*: Winter-Fahrplan, gültig ab 26. Oktober 1921
- *1922*: Sommer-Fahrplan, gültig ab 1. Juni 1922

Engel 1971
Erich Engel, *Schriften. Über Theater und Film*, Berlin: Henschel

Feuchtwanger 1983
Marta Feuchtwanger, *Nur eine Frau. Jahre, Tage, Stunden*, München, Wien: Langen Müller 1983

Ford 1918
John Ford, *Giovanni und Annabella.* Die alte englische Tragödie des John Ford in deutscher Sprache und für deutsche Bühne von Erwin Kalser, München: Georg Müller

Frank 1960
Rudolf Frank, *Spielzeit meines Lebens*, Heidelberg: Lambert Schneider

Friedrichs 2010
Michael Friedrichs, *Brechts Auftritt auf der »Wilden Bühne«*, in: *Dreigroschenheft* 1 (2010), 33-38

Frisch/Obermeier 1986
Werner Frisch, Karl W. Obermeier, *Brecht in Augsburg. Erinnerungen, Dokumente, Texte, Fotos*, Berlin, Weimar: Aufbau ⟨2., durchgesehene Auflage⟩

Funke 1999
Cornelia Caroline Funke, *»Im Verleger verkörpert sich das Gesicht der Zeit«. Unternehmensführung und Programmgestaltung im Gustav Kiepenheuer Verlag 1909 bis 1944*, Wiesbaden: Harrassowitz

Gauguin 1920
Paul Gauguin, *Vorher und Nachher.* Aus dem Manuskript übertragen von Erik-Ernst Schwabach, München: Kurt Wolff

Geis 1923
Jacob Geis, *Bertolt Brecht*, in: *Theaterzeitung der staatlichen Bühnen Münchens*, Jahrgang 4, Nr. 164-167, 3 ⟨Mitte Mai 1923⟩

Gelbcke 1890
Ferdinand Adolf Gelbcke, *Die englische Bühne zu Shakespeare's Zeit. 12 Dramen seiner Zeitgenossen*, übersetzt von F. A. Gelbcke, mit Einleitung von Robert Boyle, Leipzig: Brockhaus
- Theil 1: John Lily, *Campaspe*, Thomas Middleton, *Die spanischen Zigeuner*, Ben Johnson, *Volpone oder der Fuchs*, Christopher Marlowe, *Eduard II.*
- Theil 2: Thomas Dekker, *Fortunatus und seine Söhne*, Francis Beaumont, *Ein König und kein König*, John Webster, *Appius und Virginia*, Thomas Heywood, *Der englische Reisende*
- Theil 3: John Fletcher, *Die beiden edlen Vettern*, John Ford, *Ein gebrochenes Herz*, Philipp Massinger, *Mynheer Jan von Olden Barneveld*, ders., *Der römische Mime*

Gersch 1975a
Wolfgang Gersch, *Film bei Brecht. Bertolt Brechts praktische und theoretische Auseinandersetzung mit dem Film*, Berlin: Henschelverlag Kunst und Gesellschaft

Gersch 1975b
Wolfgang Gersch, *Früher Film von Brecht und Engel*, in: *Film und Fernsehen* 4 (1975), 47

Gesangbuch 1865
Gesangbuch für die evangelische Kirche in Württemberg, Stuttgart: Verlags-Comptoir des neuen evangelischen Gesangbuchs ⟨*Brecht-Bibliothek* 2324⟩

Handbuch Preußischer Staat 1922
Handbuch über den Preußischen Staat, hg. vom Preußischen Staatsministerium für das Jahr 1922, Berlin: R. v. Deckers, B. Schenck

Hamsun 1911
Knut Hamsun, *Vom Teufel geholt. Schauspiel in vier Akten*, autorisierte Übersetzung nach dem norwegischen Manuskript von Carl Morburger, München Langen ⟨*Brecht-Bibliothek* 1511⟩

Hasenfratz 1966
Doris Hasenfratz ⟨= Dora Mannheim⟩, *Aus dem Alltag eines Genies*, in: *Die Zeit*, 19. August 1966 ⟨auch in *Wizisla 2009*, 29-36⟩

Hauptmann 1977
Elisabeth Hauptmann, *Julia ohne Romeo. Geschichten, Stücke, Aufsätze, Erinnerungen*, hg. von Rosemarie Eggert und Rosemarie Hill, Berlin, Weimar: Aufbau

Heißerer 2008
Dirk Heißerer, *Brecht in Schondorf und Utting (1928-1932), in: Dreigroschenheft* 1 (2008), 19-26

Heißerer 2012
Dirk Heißerer, *»Trommeln in der Nacht« – Das Gastspiel der Münchener Kammerspiele in Augsburg 1922*, in: *Dreigroschenheft* 3 (2012), 30f.

Heißerer 2015
Dirk Heißerer, *Die rote Zibebe. Auf den Spuren einer Kabarett-Revue von Bert Brecht und Karl Valentin (1922)*, in: *Juni. Magazin für Literatur und Kultur* 49/59 (April), 11-92

Heißerer/Löffelmeier 2012
Dirk Heißerer, Anton Löffelmeier, *»Es war eine stille, kleine Hochzeit«. Ein Quellenfund im Stadtarchiv München zu Brechts Eheschließung 1922 mit Marianne Zoff (sowie zur Scheidung 1927)*, in: *Dreigroschenheft* 3 (2012), 3-9

Hesterberg 1971
Trude Hesterberg, *Was ich noch sagen wollte… Autobiographische Aufzeichnungen*, Berlin: Henschel

Hillesheim 2013
Jürgen Hillesheim, *Bertolt Brechts Hauspostille. Einführung und Analysen sämtlicher Gedichte*, Würzburg: Königshausen & Neumann

Ihering 1958
Herbert Ihering, *Von Reinhard bis Brecht. Vier Jahrzehnte Theater und Film*, Berlin: Aufbau
- Band 1: 1909-1923, 1958
- Band 2: 1924-1929, 1958
- Band 3: 1930-1932, 1961

Ihering 1959
Herbert Ihering, *Bertolt Brecht und das Theater*, Berlin: Rembrandt ⟨*Rembrandt-Reihe Bühne und Film*, Bd. 13⟩

Jäger 1920
Hans Jäger, *Werke. Deutsche Ausgabe von Niels Hoyer. Kranke Liebe*, 3 Bde., Postdam: Gustav Kiepenheuer
- Bd. 1: *Heimkehr*
- Bd. 2: *Bekenntnisse*
- Bd. 3: *Gefängnis und Verzweiflung*

Jahnke 1980
Eckart Jahnke, *Brecht schuf »Mysterien«. Unbekannte Tatsachen über einen frühen Brecht-Film mit Karl Valentin*, in: *Notate* 1 (Februar), 4f.

Jensen 1908
Johannes Vilhelm Jensen, *Das Rad. Roman*, übersetzt von Mens, Berlin: S. Fischer

Kasack 1945
Hermann Kasack, ⟨Einführende Worte zu⟩ *Bert Brecht: Kinderkreuzzug 1939*, Berliner Rundfunk, 14. Juni 1945, 21.30 Uhr ⟨Abschrift des Tondokuments, Deutsches Rundfunkarchiv Potsdam-Babelsberg⟩, in: Ingrid Pietrzynski, *»Der Rundfunk ist die Stimme der Republik…«. Bertolt Brecht und der Rundfunk der DDR 1949-1956*, Berlin: Trafo 2003, 207f. ⟨verändert gedruckt in: *Uhlenspiegel*, September 1946; nachgedruckt in: *Schwäbische Landeszeitung*, 3. Januar 1947 und *Dreigroschenheft* 4 (2010), 14f.⟩

Kasack 1966
Wolfgang Kasack (Hg.), *Leben und Werk von Hermann Kasack. Ein Brevier*, Frankfurt/Main: Suhrkamp

Kasten 2005
Jürgen Kasten, *Expansion, Spekulation und die Freiheit des Produzenten. Zur Wirtschaftsgeschichte von Richard Oswalds Filmfirmen 1916-1925*, in: *Richard Oswald. Kino zwischen Spektakel, Aufklärung und Unterhaltung*, hg. von Jürgen Kasten und Armin Loacker, Wien: filmarchiv austria, 433-453

Kaufmann 2011
Marie Kaufmann, *Die geistigen Geburtshelfer – Kiepenheuer und seine Lektoren*, in: *Lokatis/Sonntag 2011*, 58-75

Keller 1921
Gottfried Keller, *Sämtliche Erzählungen, Novellen und Legenden*, hg. von Peter Scher, München: Rösl & Cie. ⟨*Brecht-Bibliothek* 672⟩
Lokatis/Sonntag 2011
Siegfried Lokatis, Ingrid Sonntag (Hg.), *100 Jahre Kiepenheuer Verlage*, Berlin: Christoph Links
Mauritz/Weitbrecht 1990
Ima Mauritz, Andreas Weitbrecht, *Oda Weitbrecht – Oda Buchenau 1900-1988 zum 90. Geburtstag*, Frankfurt/Main: Privatdruck
Müller 2006
Gerhard Müller, *»Bitte, schicke mir die Rezensionen ...«. Marianne Zoff und Bert Brecht – die Wiesbadener Episode nach den Archivalien*, in: *Dreigroschenheft* 1 (Januar 2006), 35-45
Münsterer 1966
Hanns Otto Münsterer, *Bert Brecht. Erinnerungen aus den Jahren 1917-1922.* Mit Photos, Briefen und Faksimiles, Berlin, Weimar: Aufbau ⟨durchgesehene Auflage⟩
Oehler 1920
Der Kranz des Meleagros von Gadara, Auswahl und Übertragung von August Oehler ⟨Pseudonym von August Mayer⟩, Berlin: Propyläen
Plutarch 1854
Plutarch's sämmtliche Biographien. Deutsch Ed. Eyth. Mit Einleitungen und erklärenden Noten, Stuttgart bzw. Stuttgart und Leipzig: Hoffmann'sche Verlags-Buchhandlung bzw. Krais & Hoffmann bzw. Wilhelm Rübling 1854-1874 ⟨*Brecht-Bibliothek* 2276⟩
- Viertes Bändchen, Stuttgart: Hoffmann'sche Verlags-Buchhandlung 1856: *Julius Cäsar*

Plutarch 1913
Plutarch, *Lebensbeschreibungen.* Mit Anmerkungen, nach der Übersetzung von Kaltwasser bearbeitet von Dr. Hanns Floerke, München und Leipzig: Georg Müller
- Bd. 5, 1-93: *Cajus Julius Cäsar* ⟨*Brecht-Bibliothek* 2279⟩

Rasmussen 1907
Knud Rasmussen, *Neue Menschen. Ein Jahr bei den Nachbarn des Nordpols.* Einzig autorisierte Übersetzung von Elsbeth Rohr, mit fünf Zeichnungen von Graf Harald Moltke und einem Porträt, Bern: A. Franke
Rasmussen 1920
Knud Rasmussen, *Neue Menschen. Ein Jahr bei den Nachbarn des Nordpols.* Freie, gekürzte Bearbeitung v. Carl Seelig nach der Übersetzung v. Elsbeth Rohr, Leipzig Wien, Zürich: Tal
Reich 1970
Bernhard Reich, *Im Wettlauf mit der Zeit. Erinnerungen aus fünf Jahrzehnten deutscher Theatergeschichte*, Berlin: Henschel
Ringelnatz 1920
Joachim Ringelnatz, *Kuttel Daddeldu oder das schlüpfrige Lied*, Berlin: A. R. Mayer
Schiller: Wallenstein
Friedrich v. Schiller, *Wallenstein. Ein dramatisches Gedicht.* 2. Teil: *Wallensteins Tod*, Leipzig: Philipp Reclam ⟨ohne Jahr, ca. 1920; *Brecht-Bibliothek* 901⟩
Schmidt 1966
Dieter Schmidt, *»Baal« und der junge Brecht. Eine textkritische Untersuchung zur Entwicklung des Frühwerks*, Stuttgart: Metzler
Seidel 1991
Gerhard Seidel, *Anerkennung durch Aneignung? Ein Sonett Margarete Steffins, bearbeitet von Bertolt Brecht*, in: *Edition als Wissenschaft. Festschrift für Hans Zeller*, hg. von Gunter Martens und Winfried Woesler, Tübingen: Max Niemeyer
Sprenger 2009
Karoline Sprenger, *Der »Bürgerschreck« und die »verkrachte« Opernsängerin: Brecht und seine erste Ehefrau Marianne Zoff*, in: *Brecht Jahrbuch | Brecht Yearbook* 34 (2009), 25-40
Strauss Werke
Richard Strauss, *Werke.* Kritische Ausgabe, hg. von der Bayerischen Akademie der Wissenschaften, Mainz: Schott u. a. 2016ff., http://www.richard-strauss-ausgabe.de
- II. Serie, Bd. 2, hg. von Andreas Pernpeintner: *8. Allerseelen*, in: *op. 10: Acht Gedichte aus »letzte Blätter« von Hermann v. Gilm*

Strindberg 1903
August Strindberg, *Das Geheimnis der Gilde*, unter Mitwirkung von Emil Schering vom Verfasser selbst veranstaltet, Leipzig: Hermann Seemann
Strindberg Werke
August Strindberg, *Werke. Unter Mitwirkung von Emil Schering als Übersetzer vom Dichter selbst veranstaltet*, 47 Bde., München, Leipzig: Georg Müller 1902-1930

- I. Abteilung: *Dramen*, Band 2: *Romantische Dramen*, 1-114: *Das Geheimnis der Gilde*, München 1920

Sueton 1922
Sueton, *Die zwölf Cäsaren*. Nach der Übersetzung von Adolf Stahr, 2., durchgesehene Auflage, Berlin: Propyläen ⟨Klassiker des Altertums Reihe I, Bd. 12; *Brecht-Bibliothek 2300*⟩
- 29-87: *Gajus Julius Cäsar* ⟨zahlreiche Eintragungen⟩

Synge 1906
Der heilige Brunnen. Eine Legende in drei Akten, übersetzt von Max Meyerfeld, Berlin: S. Fischer

Synge 1912
John Millington Synge, *Der Held des Westerlands. Komödie in drei Akten*, autorisierte Übertragung von Charles H. Fischer und Sil-Vara, München: Georg Müller

Synge 1918
In der Bergschlucht. Komödie in einem Aufzug, übersetzt von Ernst Leopold Stahl, Heidelberg: Selbstverlag Dr. E. L. Stahl

Telefonbuch München 1922
Vollständiges Münchener Branchen-Fernsprechbuch mit Export- und Importanzeiger, München: Knorr & Hirth

Tretow 2003
Christine Tretow, *Caspar Neher – Graue Eminenz hinter der Brecht-Gardine und den Kulissen des modernen Musiktheaters. Eine Werkbiographie*, Trier: Wissenschaftlicher Verlag

Vagts 2010
Alfred Vagts, *Hüben und Drüben*. Autobiographische Schriften, aus dem Nachlass hg. von Peter Schütt, unter Mitarbeit von Ursula Hensler und Detlev Vagts, Neumünster: von Bockel

Valentin 1923
Wie Dichter und Gelehrte über Karl Valentin und seine Kunst urteilen! ⟨Privatdruck; Gutachten von Bertolt Brecht, Arnolt Bronnen, Eugen Frankfurter, Gerhard Gutherz, Wilhelm Mayer, Fritz Strich⟩

Valk 1993
Gesa M. Valk, *Georg Kaiser in Grünheide (Mark) 1921-1938*, Frankfurter Buntbücher. Literarische Miniaturen, Nr. 10, hg. von Wolfgang Barthel, Frankfurt/Oder: Kleist Gedenk- und Forschungsstätte

Villon 1907
François Villon, *Des Meisters Werke*. Ins Deutsche übertragen von K. L. Ammer ⟨= Karl Anton Klammer⟩, Leipzig: Julius Zeitler

Villon 1918
François Villon, *Des Meisters Werke*. Ins Deutsche übertragen von K. L. Ammer ⟨= Karl Anton Klammer⟩, Berlin: Hyperion ⟨ohne Jahr; Exemplar mit Eintragungen Brechts: BBA NB bb S 01/5⟩

Vischer 1918
Friedrich Theodor Vischer, *Auch Einer. Eine Reisebekanntschaft*, 95. bis 99. Auflage, Stuttgart, Berlin: Deutsche Verlags-Anstalt ⟨*Brecht-Bibliothek 963*⟩

Watson-Madler 1997
Jennifer Watson-Madler, »*Gösta Berlings saga*«: *Bertolt Brecht and Selma Lagerlöf*, in: *Brecht Jahrbuch | Brecht Yearbook* 22 (1997), 439-460

Wedekind 1904
Frank Wedekind, *Hidalla oder Sein und Haben. Schauspiel in fünf Akten*, München: Marchlewski & Co ⟨*Brecht-Bibliothek 977*⟩

Wedekind 1908
Frank Wedekind, *Oaha, die Satire der Satire. Komödie in vier Aufzügen*, München: Drei Masken

Wedekind 1911
Frank Wedekind, *Karl Hetmann, der Zwerg-Riese (Hidalla). Schauspiel in fünf Akten*, München, Leipzig: Georg Müller

Wedekind 1916
Frank Wedekind, *Till Eulenspiegel. Komödie in vier Aufzügen*, München: Georg Müller ⟨2. Auflage; *Brecht-Bibliothek 978*⟩

Wedekind Werke
Frank Wedekind, *Gesammelte Werke*, 9 Bde., München, Leipzig: Georg Müller 1912-1921
- Bd. 5 (1913): *Tod und Teufel, Musik, Zensur, Oaha* ⟨*Brecht-Bibliothek 974*⟩

Wizisla 2009
Erdmut Wizisla (Hg.), *Begegnungen mit Brecht*, Leipzig: Lehmstedt

Zuckmayer 1966
Carl Zuckmayer, *Als wär's ein Stück von mir. Horen der Freundschaft*, Frankfurt/Main: S. Fischer

Register

Brecht: Sammeltitel

Aphorismus ***NB 13***: 4r.10-11, 21r.14-16, 24r.1-6, 33v.1-3 ***NB 14***: 54v.1-2, 3-4, 5-8, 58r.13-14 ***NB 15***: 31v.1
Arbeitsjournal ⟨→ Journal⟩
Aufsatz ***NB 13***: 48r-48v ***NB 14***: 53v.5-6, 64v ***NB 15***: 2v, 20v, 26r-27v
Asphalttschungel ⟨Konzept einer Stücktrilogie⟩ ***NB 13***: 11r.6-18
Ballade ***NB 13***: 5r-5v, 7r.1-3, 12v-14r, 14v-16r, 20r.6-12, 26v.10-27r, 28v.1-7, 30v, 32v-33r.4 ***NB 14***: 60r-62r ***NB 15***: 4v.5-10, 34r, 36v.5
Bargan-Erzählungen ***NB 13***: 9v-22v.14, 20r.6-12, 21v, 24v, 25r.1-3, 45r ***NB 15***: 2v, 8v.10-12, 36v.5
Bearbeitung für die Bühne ⟨→ Bühnenbearbeitung⟩
Bertolt Brechts Hauspostille. Mit Anleitungen, Gesangsnoten und einem Anhange, Berlin: Propyläen ***NB 13***: 9v-22v.14, 12v-14r, 20r.6-12, 25r.4-25v.10, 28v.1-7 ***NB 14***: 60r-62r ***NB 15***: 5r, 14v.7-6, 16v-17v.4, 36v.5
Bertolt Brechts Taschenpostille. Mit Anleitungen, Gesangsnoten und einem Anhange, Potsdam: Kiepenheuer 1926 ⟨Privatdruck⟩ ***NB 13***: 12v-14r, 20r.6-12, 28v.1-7 ***NB 14***: 60r-62r ***NB 15***: 7v.8-10, 36v.5
Bühnenbearbeitung ***NB 13***: 1v.7-14, 7r.8-17, 9v.10-13, 18r.5-18, 20v.8-21r.7, 21r.9-12, 22v.4-14, 29v-30r, 40v.24-7 ***NB 15***: 1v.1-6, 6r-6v, 7r.3-4, 22v.1-10, 30r.5-1, 32r, 33v, 34v.1-8, 39v.1-5
Chanson ⟨→ Lied⟩
Choräle ***NB 13***: 17v.8-18r.3, 26v.10-27r, 34v.1-4, 40r.1
Choral ***NB 13***: 17v.8-18r.3, 26v.10-27r
Des Knaben Plunderhorn oder Schmatzkästlein des schweinischen Hausfreunds ***NB 13***: 27v.1-8
Die Hauspostille ⟨→ *Bertolt Brechts Hauspostille*⟩
Die Taschenpostille ⟨→ *Bertolt Brechts Taschenpostille*⟩
Drehbuch ⟨→ Film⟩
Epigramm ***NB 14***: 54v.10-55r
Erzählung ***NB 13***: 7r.8-17, 9v-22v.14, 20r.6-12, 20r.6-12, 20v.3-6, 21v, 23r.7-24r.15 ***NB 14***: 60r-62r ***NB 15***: 4r, 8v.5-8 ***NB 15***: 8v, 14r.5-10, 44r.1-2
Erzählungen ***NB 13***: 20r.6-12
Essay ⟨→ Aufsatz⟩
Fibelchen ***NB 15***: 36v.5
Film ***NB 13***: 7r.8-17, 18r.5-18, 19v, 20r.6-12, 32r.1-4, 34r.1, 34r.2, 38v.8, 39r.3-5, 47r-47v ***NB 15***: 2v, 3r, 3v, 6r-6v, 22v.1-10, 25v.13-11, 31r.1-7, 31v.12-2, 33r, 33v, 36v.1
Flibustier-Geschichten ⟨→ *Bargan*-Erzählungen⟩
Gedicht ***NB 13***: 1v.3-6, 4v, 7r.1-3, 7r.8-17, 8v.1-6, 12v-14r, 18r.5-18, 18v, 19r.11-13, 20r.1-4, 25r.4-25v.10, 25v.13-22, 26r.7-10, 26v.10-27r, 27v.1-8, 28v.1-7, 30v, 32v-33r.4, 33r.6-9, 34r.2, 41r-42v, 45r, 45v-46v, 48r-49r, 50r ***NB 14***: 54v.10-55r, 55v, 57r-58r.11, 58v-59r, 59v, 60r-62r, 63r, 64v ***NB 15***: 7v.8-10, 8r, 13r.9-2, 13v-14r.3, 14v.7-6, 18v.1-17, 26v.1-5, 32v.6-9, 34r, 36v.5
Geschichte ⟨→ Erzählung⟩
Geschichten vom Herrn Keuner ***NB 15***: 8v
Hörspiel ***NB 15***: 3r
Inszenierung ⟨→ Bühnenbearbeitung⟩
Journal ***NB 14***: 54v.10-55r
Keuner-Geschichten ⟨→ *Geschichten vom Herrn Keuner*⟩
Klampfenbibel ⟨→ *Lieder zur Klampfe von Bert Brecht und seinen Freunden*⟩
Klampfenfibel ⟨→ *Lieder zur Klampfe von Bert Brecht und seinen Freunden*⟩
Komödie ***NB 13***: 31v ***NB 15***: 9r, 34v.1-3
Kritik ***NB 15***: 32r, 34r
Kurzgeschichte ⟨→ Erzählung⟩
Lautenbibel ***NB 15***: 36v.5
Lied ***NB 13***: 4v, 18v ***NB 15***: 16v-17v.4, 22v.1-10, 32v.6-9
Lieder zur Klampfe von Bert Brecht und seinen Freunden ***NB 15***: 36v.5
Lustspiel ⟨→ Komödie⟩
Nachdichtung ***NB 14***: 55r.5-11
Oper ***NB 15***: 13v-14r.3, 16v-17v.4, 22v.1-10
Prosa ⟨→ Aufsatz, Erzählung, Kritik, Roman⟩
Plunderhorn ⟨→ *Des Knaben Plunderhorn oder Schmatzkästlein des schweinischen Hausfreunds*⟩
Prosagedicht ***NB 13***: 6r.1-11, 11r.6-18, 45r ***NB 14***: 57r-58r.11, 63v, 64r.1-7, 64r.9-13 ***NB 15***: 7v.8-10, 8r
Psalmen ***NB 15***: 8r, 36v.5

Reklame-Film ⟨→ *Filme*⟩
Roman ***NB 15***: 3^{r}, 8^{v}, 9^{r}
Schwank ***NB 13***: 39^{v}.1, 3
Sonett ***NB 13***: 7^{r}.8-17 ***NB 14***: 54^{v}.10-55^{r}
Song ⟨→ Lied⟩
Stück ⟨→ Theaterstück⟩
Stückbearbeitung ⟨→ Bühnenbearbeitung⟩
Stücke 1, Berlin: Aufbau 1955 ***NB 13***: 6^{v}
Tagebuch ***NB 13***: 2^{r}, 6^{v}, 18^{r}.5-18, 19^{r}.1-10, 20^{r}.6-12, 26^{r}.1-6 ***NB 14***: 57^{r}-58^{r}.11, 58^{r}.1-5 ***NB 15***: 2^{v}, 3^{r}, 8^{r}, 8^{v}, 14^{v}.7-6, 24^{v}.7-5, 33^{r}, 36^{v}.5
Tanzfilm ⟨→ Film⟩
Theaterkritik ⟨→ Kritik⟩
Theaterstück ***NB 13***: 1^{v}.7-14, 2^{r}, 3^{r}, 4^{r}, 6^{r}.13-14, 6^{v}, 7^{r}.8-17, 8^{v}.8-16, 9^{r}-28^{r}, 9^{v}-22^{v}.14, 11^{r}.1-4, 11^{v}.9-12^{r}, 18^{r}.5-18, 19^{r}.1-10, 19^{v}, 21^{r}.19-26, 22^{v}.4-14, 23^{r}.7-24^{r}.15, 24^{r}.8-11, 24^{v}, 26^{r}.1-6, 26^{r}.7-10, , 27^{v}.10-28^{r}, 28^{v}.9-10, 33^{v}.5-6, 35^{r}.6-1, 40^{v}.19, 45^{r}, 45^{v}-46^{v}, 51^{r}-52^{v} ***NB 14***: 60^{r}-62^{r}, 64^{v} ***NB 15***: 1^{v}.1-6, 2^{r}.1-4, 2^{v}, 3^{r}, 3^{v}, 4^{v}.5-10, 8^{r}, 8^{v}, 9^{r}, 14^{r}.5-10, 19^{v}.3-7, 24^{v}.7-5, 28^{r}.5-2, 30^{r}.5-1, 31^{r}.1-7, 31^{v}.1, 31^{v}.12-2, 32^{v}.1-5, 34^{r}, 34^{v}.1-3
Übersetzung ⟨→ Nachdichtung⟩
Volksliederparodien ⟨→ *Des Knaben Plunderhorn oder Schmatzkästlein des schweinischen Hausfreunds*⟩
Werbe-Film ⟨→ Reklame-Film⟩

Brecht: Einzeltitel

aber eines von Papa ***NB 13***: 25^{v}.12
Aber jetzt geht alles weiter … ***NB 13***: 8^{r}.1-6
Aber wachet erst recht auf … ***NB 13***: 34^{v}.1-4
Ach in Mahagoni war die Jenny schlecht gestellt … ***NB 15***: 16^{v}-17^{v}.4
Ach schenket in solcher Irrnis uns Taubheit … ***NB 15***: 13^{r}.9-2
Alabama Song ***NB 15***: 16^{v}-17^{v}.4 ⟨→ *Mahagonnygesänge*⟩
„Als er aber das Gerücht von den neuen Menschen … ***NB 14***: 53^{v}.1-4
Als Prälat der eine Aktiengesellschaft mit gründet … ⟨*Der neue Vautrin*⟩ ***NB 15***: 5^{v}
amerikanisches Duell … ⟨*Das Goldfieber*⟩ ***NB 13***: 47^{r}.1-10
An grünen Abenden mit einem Kirschwasser … ***NB 13***: 49^{r}.1-4
Anderes Gedicht ⟨→ Früher dachte ich: ich stürbe gern auf eigenem Leinzeug …⟩
Anton du bist ein Gewohnheitstier … ***NB 13***: 31^{v}
Antonius und Kleopatra ***NB 13***: 26^{r}.1-6
Apfelböck oder Die Lilie auf dem Felde ***NB 15***: 36^{v}.5
auf den Gottesäckern … ***NB 13***: 19^{r}.11-13
Aufgewachsen in dem zitronenfarbenen Lichte der Frühe … ***NB 13***: 8^{v}.1-6
Aufstieg und Fall der Stadt Mahagonny ***NB 15***: 13^{v}-14^{r}.3, 16^{v}-17^{v}.4
Aus den Rauchern ⟨→ *Die Raucher*⟩
Baal ***NB 13***: 9^{v}-22^{v}.14, 19^{r}.1-10, 21^{r}.19-26, 40^{v}.19, 45^{v}-46^{v} ***NB 15***: 3^{r}, 5^{r}, 8^{r}, 14^{v}.7-6, 26^{v}.12-8, 36^{v}.5, 41^{r}-42^{v}
Balaam Lai im Juli ***NB 14***: 64^{v}
Balaam Lei in seinem 30. Jahr … ***NB 14***: 64^{v}
Ballade ⟨Und als sie lag auf dem Sterbebett …⟩ ***NB 13***: 5^{r}-5^{v}
Ballade der Billigkeit ***NB 13***: 14^{v}-16^{r}
Ballade eines Mädchens ⟨→ *Von der Kindsmörderin Marie Farrar*⟩
Ballade vom Liebestod ⟨→ *Die Ballade vom Liebstod*⟩
Ballade vom verliebten Schwein ***NB 15***: 36^{v}.5
Ballade von der Hanna Cash ***NB 13***: 20^{r}.6-12
Ballade von der Kindsmörderin Marie Farrar ⟨→ *Von der Kindsmörderin Marie Farrar*⟩
Ballade von des Cortez Leuten ***NB 13***: 7^{r}.1-3
Bankett: die Generale mit Tonpfeifen … ***NB 13***: 21^{r}.9-12 ⟨→ *Gösta Berling*⟩
Bargan / Das Schiffstagebuch der Sterbenden ***NB 13***: 20^{r}.6-12 ***NB 15***: 8^{v}.10-12 ⟨→ *Bargan*-Erzählungen⟩
Bargan läßt es sein ***NB 13***: 20^{r}.6-12 ***NB 15***: 8^{v}.10-12 ⟨→ *Bargan*-Erzählungen⟩
Bargans Jugend ***NB 13***: 24^{v}, 25^{r}.1-3 ⟨→ *Bargan*-Erzählungen⟩
Baum \ Gartenbank ***NB 13***: 38^{v}.1, 3
Bei Durchsicht meiner ersten Stücke ⟨→ *Stoff und Formung*⟩
Belaam + Edschmidt ***NB 14***: 64^{v}
Benares Song ***NB 15***: 16^{v}-17^{v}.4 ⟨→ *Mahagonnygesänge*⟩
Bertold Brechts Kolportagedramatik ***NB 13***: 31^{v}
Beschreibung der schwarzen Stadt … ⟨*Bargan*-Erzählungen⟩ ***NB 13***: 20^{r}.6-12
Bin gewiß nicht mehr wie jeder Rupfensack … ***NB 14***: 58^{v}-59^{r}
blau \ – schwarz … ⟨*Bühnenskizze*⟩ ***NB 15***: 7^{v}.1-6

Börse / Die Gigantik ist für ewige Zeiten … ***NB 15***: 3^v
Bringt, toter Timon, dich die Grabnacht nicht … ***NB 14***: 54^v.10-55^r
Boxkämpfe ***NB 15***: 13^v-14^r.3
Buchinhaltfoto ***NB 13***: 36^v.11
Buridan \ der *nichts* weiß ***NB 15***: 25^r.10-9
Caesar unter den Seeräubern ⟨Lustspiel⟩ ***NB 15***: 9^r
Chanson vom Geld ***NB 13***: 4^v
Choräle ***NB 13***: 17^v.8-18^r.3
Civilis-Song ***NB 15***: 8^r
Das Feuerschiff \ Die Lügner \ Der Pariser Bulle … ***NB 15***: 14^r.5-10, 44^r.1-2
Das Fleisch ***NB 13***: 31^v ⟨→ *Der Impotente*⟩
Das Goldfieber ***NB 13***: 47^r-47^v
Das ist ein guter Artillerist … ⟨*Boxkämpfe*⟩ ***NB 15***: 13^v-14^r.3
Das Lazarettschiff ***NB 13***: 45^r ⟨→ *Der Kaufmann*⟩
Das kalte Chik⟨ago⟩ ***NB 15***: 3^r ⟨→ *Asphalttschungel*⟩
Das Leben ist kein Uhrwerk. Prezision nützt nichts …. ***NB 14***: 54^v.3-4
Das Leben spielt sich in den Werkräumen ab. ***NB 13***: 1^v.1-2
Das Milchgeschäft. Abend … ⟨*Friedland/Familie Murk*⟩ ***NB 13***: 11^v.9-12^v
Das milchglasige Licht vom Hofe her … ⟨*Der Narziß*⟩ ***NB 13***: 25^r.4-25^v.10
Das Mysterium der Jamaika-Bar ***NB 13***: 38^v.8
Das Schiffstagebuch der Sterbenden ***NB 13***: 20^r.6-12 ***NB 15***: 8^v.10-12 ⟨→ *Bargan*-Erzählungen⟩
Das Stück Ehe ***NB 13***: 18^r.5-18, 19^r.1-10,
Das Stück mit laufender Handlung … ***NB 13***: 7^v.8-17
Das Stück vom kalten Chigago ***NB 15***: 3^r
Das violette Licht vom Hofe her … ⟨*Der Narziß*⟩ ***NB 13***: 25^r.4-25^v.10
Das violette Licht von oben her … ⟨*Der Narziß*⟩ ***NB 13***: 25^r.4-25^v.10
Das Weib des Soldaten … ⟨*Trommeln in der Nacht*⟩ ***NB 15***: 2^r.1-4
daß er, falls es sich nur rentiere … ***NB 13***: 48^r.1-3
Daß sie schwarz sind … ***NB 13***: 8^v.1-6
David ***NB 13***: 24^v ***NB 15***: 22^v.1-10
Den roten Schanker laß uns wieder ***NB 13***: 25^v.22
denn die Freunde gehen in die Binsen … ***NB 13***: 4^v ⟨*Chanson vom Geld*⟩
Der Ast \ Der Hund … ⟨*Das Goldfieber*⟩ ***NB 13***: 47^r.32-11
der Betrunkene <in ein Loch der Stube hinein schreit> … ***NB 13***: 19^v
Der Brillantenfresser ***NB 15***: 22^v.1-10, 33^v
Der Brotladen ***NB 15***: 31^v.1
Der das Totesurteil bringt … ⟨*Kranke Liebe*⟩ ***NB 13***: 2^v.10-11
Der elfte Psalm ***NB 15***: 36^v.5
Der Frauenarzt kratzt sich sein Geld zusammen ***NB 13***: 7^r.5-6
Der Gefängnisdirektor <braun> … ⟨*Kranke Liebe*⟩ ***NB 13***: 2^v.13-15
Der Herr spende Brot den Geistig Armen: sie werden es uns geben. ***NB 14***: 58^r.13-14
Der Impotente ***NB 13***: 1^v.7-14, 31^v ***NB 15***: 34^v.1-3 ⟨→ *Komoedie*⟩
Der Jude der im Kouppee … ***NB 14***: 60^r-62^r
Der Kampf gegen die unsterbliche Seele ***NB 15***: 8^r.10-11
Der Kaufmann ***NB 13***: 45^r ***NB 15***: 2^v.7-8 ⟨→ *Das Lazarettschiff*⟩
Der Knecht nähert sich der verschmähten Geliebten … ***NB 15***: 32^v.1-5
Der kosmopolitische Klub ***NB 13***: 26^v.8
Der <Kraus> Mensch, der erkennend … ⟨*Die Kellerrassel*⟩ ***NB 13***: 11^r.1-4
Der Lügner ***NB 15***: 14^r.5-10, 44^r.1-2
Der Mann, der aufs Paßbüro … ***NB 13***: 6^r.16-17
Der Mann, der wie der Kroisos … ***NB 13***: 19^r.1-10
Der Mann spricht leise … ***NB 15***: 28^r.5-2
Der Mime liebt die Kaiserin ***NB 13***: 30^r.10-11
Der Mißbrauch der Natur abzustellen … ⟨*Die Renaissance*⟩ ***NB 14***: 62^v.7-10
Der Narziß ***NB 13***: 25^r.4-25^v.10
Der neue Vautrin ***NB 15***: 5^v
Der Pariser Bulle … ***NB 15***: 14^r.5-10
Der Pestkaufmann ***NB 13***: 19^r.1-10
Der Protagonist ***NB 13***: 32^r.6
Der schamlose Dünnhäuter <Polgar> ***NB 13***: 4^r.10-11
Der Schlächterssohn und die schwer geprüfte Barmamsell … ***NB 13***: 10^v.1-8
Der siebente Psalm ***NB 15***: 36^v.5
Der stählerne Blick ***NB 15***: 45^v
Der Sterbende ***NB 13***: 6^r.1-11
Der Tui-Roman ***NB 15***: 3^r
Der Untergang der Romantik … ⟨*Gösta Berling*⟩ ***NB 13***: 22^v.4-14

Der Untergang des römischen Feldhauptmanns … ⟨*Antonius und Kleopatra*⟩ *NB 13*: 26^{r}.1-6
Der verkommene Napoleon ⟨→ *Friedland/Familie Murk*⟩
Der Verrat: er tat Einmal nicht das Richtige … *NB 13*: 35^{r}.6-1
Der V. R. = Virginienraucher de principe *NB 15*: 7^{v}.8-10
Der Virginienraucher *NB 15*: 7^{v}.8-10 ⟨→ *Müdigkeit*⟩
Der Wald *NB 15*: 3^{r} ⟨→ *Asphaltschungel*⟩
Der zwölfte Psalm *NB 15*: 8^{r}
D ichte r … *NB 15*: 18^{v}.1-17
Dickicht ⟨→ *Im Dickicht, Im Dickicht der Städte*⟩
Die Bälge *NB 14*: 60^{r}-62^{r}
Die Ballade vom Liebestod *NB 15*: 4^{v}.5-10, 36^{v}.5
Die Ballade vom Mazeppa *NB 13*: 28^{v}.1-7
Die Ballade von dem Liebestod ⟨→ *Die Ballade vom Liebestod*⟩
Die Ballade von der Kindsmörderin Marie Farrar ⟨→ *Von der Kindsmörderin Marie Farrar*⟩
Die Ballade von François Villon *NB 15*: 36^{v}.5
Die brutale Logik *NB 15*: 8^{r}.3, 31^{v}.9
Die 3 Mörder mit vollen dummen, lächelnden Backen ⟨*Filme*⟩ *NB 15*: 2^{v}.7-8
Die Dreigroschenoper *NB 15*: 22^{v}.1-10, 34^{r}
Die Erledigung des Idealisten … *NB 13*: 17^{v}.4-6
Die Ernte die in S⟨*üd-*⟩Amerika verbrennt ⟨*Filme*⟩ *NB 15*: 2^{v}.4-5
Die fahrbaren Häuser … *NB 13*: 39^{r}.3-5
Die Fleischbarke *NB 13*: 45^{r}
Die Gedanken eines Grammophon-Besitzers *NB 15*: 36^{v}.5
Die geldjagende Menschheit *NB 15*: 3^{r} ⟨→ *Asphaltschungel*⟩
Die Geschäfte des Herrn Julius Caesar *NB 15*: 9^{r}
Die Geschichte der Sintflut *NB 15*: 3^{r}
Die Geschichte von Bargans Jugend *NB 13*: 9^{v}-22^{v}.14, 20^{r}.6-12
Die Geschichte von Jarrys Mamma *NB 13*: 9^{v}-22^{v}.14, 20^{r}.6-12
Die Geschichte vom Kapitän Peter Waals *NB 13*: 20^{r}.6-12, 21^{v} ⟨→ *Bargan*-Erzählungen⟩
Die Götter verkaufen Messer usw. *NB 15*: 13^{r}.10
Die heilige Johanna der Schlachthöfe *NB 13*: 26^{r}.7-10
Die Indianer: Jedermann sieht daß es schlechtes Volk ist *NB 15*: 12^{v}.2-1
Die Jungfrauen untscheiden sich … *NB 13*: 33^{v}.1-3
Die Kellerrassel *NB 13*: 11^{r}.1-4
Die Kupferminen. Streitereien … *NB 13*: 22^{v}.1-2
Die Liebhaber beim Grogbier … ⟨*Kranke Liebe*⟩ *NB 13*: 2^{v}.7-8
Die Liebhaber, die Schlechtes tun … ⟨*Kranke Liebe*⟩ *NB 13*: 2^{v}.1-3
Die Liebschaft kommt in einer Gerichtsszene auf. ⟨→ Der Mime liebt die Kaiserin⟩ *NB 13*: 30^{r}.10-11
Die Lügner *NB 15*: 14^{r}.5-10, 44^{r}.1-2
Die Malaien *NB 15*: 44^{r}.4
Die Päpstin Johanna *NB 15*: 3^{r}
Die Raucher *NB 13*: 23^{r}.7-24^{r}.15, 33^{v}.5-6
Die Renaissance *NB 14*: 62^{v}
Die rote Zibebe *NB 13*: 39^{v}.1, 3 *NB 15*: 7^{v}.8-10, 22^{v}.1-10, 36^{v}.3
Die Seeräuber *NB 13*: 20^{r}.6-12
Die Sommersymphonie vor diesem Karton! … ⟨*Sommersinfonie*⟩ *NB 13*: 2^{r}
Die Sünder ⟨→ *Von den Sündern in der Hölle*⟩
Die Tabakraucher *NB 13*: 33^{v}.5
Die Teufel ⟨*Kranke Liebe*⟩ *NB 13*: 2^{v}.5
Die Theetrinker, die das Dynamit lieben *NB 13*: 10^{v}.10-11
Die Tigerin … *NB 15*: 6^{r}.3-1
Die über den Tod ihres Mannes untröstliche Witwe Elers …. *NB 13*: 11^{v}.1-7
Die Verspottung der Einsamen …. *NB 13*: 8^{r}.8
Die Zeltgenossen *NB 15*: 4^{v}.5-10
Die zweite Sintflut ⟨→ *Robinsonade auf Assuncion*⟩
Die 42jährige Jungfer, die sich ermordet … *NB 13*: 17^{v}.1-3
dilexi iustitiam et odi iniquitatem … *NB 14*: 53^{v}.10-14
Diu Djitsu *NB 15*: 2^{v}
Doch einmal ließ sies gelten … *NB 13*: 7^{r}.1-3
13. Juli † \ Marat … *NB 13*: 7^{v}
3 \ Drei Akte: … ⟨*Sommersinfonie*⟩ *NB 13*: 3^{r}.12-16
Drei im Turm *NB 13*: 34^{r}.1
Dreigroschenoper ⟨→ *Die Dreigroschenoper*⟩
Drum Herr Pfarrer müsset ihr bei uns verbleiben … *NB 13*: 9^{r} ⟨*Gösta Berling*⟩
Dschiu Dschitsu ⟨*Filme*⟩ *NB 15*: 2^{v}.6
Dumm figgt gern, gescheit auch *NB 15*: 18^{v}.1-17
Ein Schweißfuß kommt selten allein *NB 15*: 31^{v}.1
Ein Wicht: Bringt, toter Timon, dich die Grabnacht nicht … *NB 14*: 54^{v}.10-55^{r}
Eine Ballade von Männer, die rauchten, fluchten und an sich hielten *NB 13*: 30^{v}.4-15

Einer <in einer schwachen Stunde … *NB 13*: 8^{v}.8-16
1 \ Bin gewiß nicht mehr wie jeder Rupfensack … *NB 14*: 58^{v}-59^{r}
1) Börse / Die Gigantik … *NB 15*: 3^{v}
1) Das Milchgeschäft. Abend … ⟨*Friedland/Familie Murk*⟩ *NB 13*: 11^{v}.9-12^{v}
1) der Bauer 2) der Soldat … *NB 13*: 25^{r}.1-3
1 D ichte r \ 2 U lane n … *NB 15*: 18^{v}.1-17
1) Drum Herr Pfarrer müsset ihr bei uns verbleiben … *NB 13*: 9^{r} ⟨*Gösta Berling*⟩
1) „Ich will nicht sagen daß sie durchkamen, Messieurs … ⟨*Eine Ballade von Männer, die rauchten, fluchten und an sich hielten*⟩ *NB 13*: 30^{v}.4-15
1) In den finstersten Zeiten, vor Jahren … *NB 13*: 11^{r}.6-18
1) Ludwig II *NB 15*: 18^{v}.17, 19^{r}.4
1 \ Marie Farrar, geboren im April … ⟨*Ballade eines Mädchens*⟩ *NB 14*: 60^{r}-62^{r} ⟨→ *Von der Kindsmörderin Marie Farrar*⟩
1) Nun danket/bittet alle Gott … *NB 13*: 17^{v}.9-13 ⟨→ *Choräle*⟩
1) Oaha – Hidalla – … *NB 13*: 9^{v}.10-13
1 \ Sie muß ihren Mann lieben … ⟨*Sommersinfonie*⟩ *NB 13*: 3^{r}.1-5
1) Siegfried hatte ein rotes Haar … *NB 13*: 32^{v}-33^{r}.4
1 \ Vielleicht bin ich überhaupt zu spät gekommen … ⟨*Epistel*⟩ *NB 14*: 57^{r}
1) Wenn der Abend kommt Bruder … ⟨*Lied*⟩ *NB 13*: 18^{v}
1 \ Wiederbelebung der asiatischen Antike … ⟨*Die Renaissance*⟩ *NB 14*: 62^{v}.2-6
1 \ 2 Seltsamkeiten … *NB 15*: 31^{r}.1-7
Elektrizität des Knies *NB 13*: 37^{r}.6
11. Likörbude ⟨*Im Dickicht*⟩ *NB 14*: 57^{r}-58^{r}.11
11. Psalm ⟨→ *Der elfte Psalm*⟩
Enthaltsamkeit ist das Vergnügen … *NB 13*: 30^{v}
Enttäuschung \ im Rausch \ die brutale Logik *NB 15*: 8^{r}.1-3
Epistel *NB 14*: 57^{r}-58^{r}.11
Er geht weiter nach, \ <Die Entsühnung> ⟨*Friedland/Familie Murk*⟩ *NB 13*: 28^{r}.9-10
er kann dabei sitzen, der Leichnam … ⟨*Sommersinfonie*⟩ *NB 13*: 3^{r}.6-11
Er macht die Kohlenstiftkreuze … ⟨*Friedland/Familie Murk*⟩ *NB 13*: 19^{r}.1-10
Er vollzieht den Verrat nicht … *NB 13*: 9^{r}-28^{r}
Erinnerung an die Maria *NB 15*: 36^{v}.5 ⟨→ *Erinnerung an die Marie A.*⟩
Erinnerung an die Marie A. ⟨→ *Sentimentales Lied № 1004*⟩
Erster Akt. \ Diele auf Ekeby … ⟨*Gösta Berling*⟩ *NB 13*: 21^{r}.9-12
Es sind zu viele Menschen … *NB 14*: 64^{r}.9-13
Es soll mit der Vorsehung kein Spiel getrieben werden … *NB 15*: 26^{r}-27^{v}
Es trübt ihm den Kaffee *NB 13*: 39^{r}.1
Eure falschen Lippen … *NB 15*: 6^{r}-6^{v}
F K ⟨*Franz Kaisch*⟩ *NB 13*: 31^{v} ⟨→ *Der Impotente*⟩
Familie Murk *NB 13*: 7^{r}.8-17, 9^{r}-28^{r}, 11^{v}.9-12^{r}, 19^{r}.1-10, 24^{r}.8-11, 35^{r}.6-1 ⟨→ *Friedland*⟩
Feuerschiff *NB 15*: 44^{r}.1
Filme *NB 15*: 2^{v}
Fleischhacker ⟨→ *Jae Fleischhacker*⟩
Flibustiergeschichten *NB 13*: 20^{r}.6-12 ⟨→ *Bargan*-Erzählungen⟩
Flucht Karls des Kühnen nach der Schlacht bei Murten *NB 15*: 8^{v}
Franz Kaisch *NB 13*: 31^{v} ⟨→ *Der Impotente*⟩
Friedland *NB 13*: 7^{r}.8-17, 9^{r}-28^{r}, 11^{v}.9-12^{r}, 19^{r}.1-10, 24^{r}.8-11, 27^{v}.10-28^{r}, 35^{r}.6-1 ⟨→ *Familie Murk*⟩
Früher dachte ich: ich stürbe gern auf eigenem Leinzeug … *NB 14*: 57^{r}-58^{r}.11
Fünf Männer sitzen … *NB 13*: 20^{r}.6-12
V akt: hämmern hinten … ⟨*Maria Stuart*⟩ *NB 15*: 6^{v}
G ⟨→ *Garga*⟩: \ Wissen Sie, was mir einfiel? … ⟨*Im Dickicht*⟩ *NB 13*: 51^{r}-52^{v}
Galgei ⟨→ *Mann ist Mann*⟩
Garga ⟨→ *Im Dickicht*⟩
Geben ist seliger als nehmen … *NB 13*: 17^{v}.14-18^{r}.3 ⟨→ *Choräle*⟩
Gegen Schluß des Dickicht … ⟨*Im Dickicht*⟩ *NB 13*: 6^{v}.12-17
genießen – erobern *NB 13*: 35^{r}.7
geölte Schenkel *NB 13*: 37^{r}.4
Gesänge vom V R *NB 15*: 7^{v}.8-10
Geschichte auf einem Schiff *NB 13*: 20^{r}.6-12
Geschichte: Das Leben der Frau C. … *NB 13*: 20^{v}.3-6
Geschichte im Stil des Tazitus … *NB 13*: 7^{r}.8-17 *NB 15*: 8^{v}.5-8
Geschichten von St. Patriks Weihnachtskrippe *NB 13*: 20^{r}.6-12 ⟨→ *Bargan*-Erzählungen⟩
Gösta Berling *NB 13*: 1^{v}.7-14, 7^{r}.8-17, 9^{v}-22^{v}.14, 9^{v}.1-8, 18^{r}.5-18, 20^{r}.6-12, 21^{r}.9-12, 22^{v}.4-14 *NB 15*: 7^{r}.3-4

Gottes nackter Lümmel ***NB 13***: 25^{v}.16
Großes Schauspielhaus \ Tamerlan … ***NB 13***: 7^{r}.8-17
Hannibal ***NB 13***: 1^{v}.7-14, 19^{r}.1-10, 34^{r}.1 ***NB 15***: 2^{v}, 34^{r}
Herabgewirbelt wie ein gelbes Blatt … ***NB 14***: 59^{v}
Herr Keuner ging durch ein Tal ***NB 15***: 8^{v}
„Heute Nacht macht der Himmel und der Abgrund Hochzeit … ⟨*Wald. Der Mensch*⟩ ***NB 14***: 64^{r}.1-7
Hier entscheiden keineswegs die addierten Jahre … ***NB 13***: 48^{r}.5-8
Hier sollen schließlich auch nicht harmlose Leute … ***NB 13***: 48^{r}.10-48^{v}.12
Hierauf wurde …. Kapitän der X X. ***NB 13***: 20^{r}.11-12 ⟨→ *Bargan*-Erzählungen⟩
Historie vom verliebten Schwein Malchus ⟨→ *Ballade vom verliebten Schwein*⟩
Hoggarth Stahlstiche … ***NB 13***: 9^{r}-28^{r} ⟨→ *Familie Murk*⟩
Ich, Berthold Brecht, alt: 20 Jahre … ***NB 13***: 12^{v}-14^{r}
Ich, Bertold Brecht, bin aus den schwarzen Wäldern … ***NB 13***: 12^{v}-14^{r} ⟨→ *Vom armen B. B.*⟩
Ich bin auf dem Markt gewesen … ***NB 15***: 5^{r}
Ich bin nicht sein Freund, sondern sein Liebhaber ***NB 14***: 57^{v}.2-3
Ich ging mitunter durch die Gasse … ***NB 13***: 23^{r}.1-5
Ich habe ihre Herzen genossen ***NB 13***: 35^{r}.9-8
Ich hatte in Berlin am damaligen Staatstheater … ***NB 13***: 6^{v}
Ich möcht vor Alle Taler nicht … ***NB 13***: 27^{v}.1-8
ich werde kaltblütig aufgeopfert … ***NB 15***: 4^{v}.1-3
„Ich will nicht sagen daß sie durchkamen, Messieurs … ⟨*Eine Ballade von Männer, die rauchten, fluchten und an sich hielten*⟩ ***NB 13***: 30^{v}.4-15
Ihering bitten, die Geschichte der deutschen Theatererfolge … ***NB 13***: 21^{r}.19-26
Ihre Gelüste sind so nackt … ***NB 15***: 33^{r}
Ihre Worte waren bitter … ⟨*Lupu Pick und Manke Pansche*⟩ ***NB 13***: 45^{v}-46^{v}
Im Dickicht ***NB 13***: 2^{r}, 6^{r}.13-14, 6^{v}, 19^{r}.1-10, 21^{r}.19-26, 28^{v}.9-10, 34^{r}.1, 39^{v}.1, 3, 45^{v}-46^{v}, 51^{r}-52^{v} ***NB 14***: 53^{r}.1, 57^{r}-58^{r}.11, 64^{v} ***NB 15***: 3^{r}, 8^{r}, 22^{v}.1-10, 24^{v}.7-5, 26^{v}.12-8, 36^{v}.5, 44^{r}.4
Im Dickicht der Städte ***NB 15***: 2^{v}, 36^{v}.5 ⟨→ *Im Dickicht*⟩
In den finstersten Zeiten, vor Jahren … ***NB 13***: 11^{r}.6-18
In der Zeit wo die Wiesen alljährlich … ***NB 13***: 9^{v}-20^{v}.19-14
Is jetz so oder so … ***NB 15***: 26^{v}.1-5
Ja so ist das Leben ***NB 13***: 25^{v}.14
Jae Fleischhacker ***NB 15***: 3^{r}, 4^{v}.5-10
Jarrys Mamma ***NB 13***: 9^{v}-22^{v}.14, 20^{r}.6-12
Jeder Mann hat das Recht sich zu kotzen <auf eine Blinddarmentzündung> ***NB 13***: 23^{v}.5-8
Jeder Mensch auf seinem Eiland sitzt … ***NB 14***: 55^{v}
Jeiners Theorie war, daß kein wirklicher Mann … ⟨*Reportergeschichten*⟩ ***NB 15***: 4^{r}
Jener ***NB 13***: 12^{v}-14^{r}
Jiu Jitsu (= Die leichte die fröhliche Kunst) ***NB 15***: 2^{v}.6
Jörgen \ Ihre Gelüste sind so nackt … ***NB 15***: 33^{r}
K \ Anton du bist ein Gewohnheitstier … ***NB 13***: 31^{v}
K ⟨Kaisch⟩ hält das aufrecht … ***NB 13***: 31^{v} ⟨→ *Der Impotente*⟩
Kaisch hängt sich nach einer Liebesszene mit der jungen Magd auf … ***NB 13***: 31^{v} ⟨→ *Der Impotente*⟩
Kakao ⟨*Filme*⟩ ***NB 15***: 2^{v}.3
Kalenderballade ***NB 13***: 26^{v}.10-27^{r}
Kalendergedicht ***NB 13***: 26^{v}.10-27^{r}
Kindbetterin ***NB 13***: 17^{r}.6
Kleider machen Leute ⟨*Filme*⟩ ***NB 15***: 2^{v}.2
Kleopatra ***NB 13***: 26^{r}.1-6 ⟨→ *Antonius und Kleopatra*⟩
Klöpfer – Friedland + Krauss, Scharlach … ***NB 13***: 18^{r}.5-18 ⟨→ *Friedland/Familie Murk*⟩
Komoedie ⟨vom Impotenten Kaisch …⟩ ***NB 13***: 31^{v} ⟨→ *Der Impotente*⟩
Konservenfische, solang da … ***NB 15***: 31^{v}.12-2
Kouplets für Blandy ***NB 13***: 34^{r}.2
Krank, die Anarchie in der Brust … ⟨*Epistel*⟩ ***NB 14***: 57^{v}.5-58^{r}.11
Kranke Liebe ⟨Bühnenbearbeitung von H. H. Jægers Roman⟩ ***NB 13***: 1^{v}.7-14, 2^{v}, 4^{r}.1-8
Kühn voran! sie ist einfach unschuldig … ⟨*Sommersinfonie*⟩ ***NB 13***: 3^{r}.17-20
Kühne Streiter der Vorzeit ***NB 15***: 19^{r}.4-5
Kupferne Berge + ein schwarzer Himmel ***NB 13***: 37^{r}.1-2
Leben Eduards des Zweiten von England ***NB 13***: 7^{r}.8-17, 21^{r}.19-26, 34^{r}.1, 39^{v}.2 ***NB 15***: 1^{v}.1-6, 22^{v}.1-10, 36^{v}.5
Legende vom toten Soldaten ***NB 15***: 41^{r}-42^{v}

Legt auf den Tisch die funkelnden Granaten … **NB 13**: 25^{v}.12-22
Liebestod ⟨→ *Die Ballade vom Liebestod*⟩
Lied ⟨Wenn der Abend kommt Bruder …⟩ **NB 13**: 18^{v}
Ludwig II **NB 15**: 18^{v}.17
Lupu Pick und Manke Pansche **NB 13**: 45^{v}-46^{v}
Lustspiel: Caesar unter den Seeräubern **NB 15**: 9^{r}
Lux in tenebris **NB 15**: 34^{r}
März **NB 13**: 25^{v}.12-22
Mahagonny ⟨Songspiel⟩ **NB 15**: 16^{v}-17^{v}.4
Mahagonnygesänge **NB 15**: 16^{v}-17^{v}.4
Malvi **NB 13**: 7^{r}.8-17
Manche Damen eignen sich nicht für Dinge **NB 13**: 10^{r}.12-13
Mankeboddel Bol sieht wie ne Bulldog aus … **NB 13**: 45^{v}-46^{v}
Mann ist Mann **NB 13**: 19^{r}.1-10, 45^{v}-46^{v} **NB 15**: 8^{r}, 22^{v}.1-10, 36^{v}.5 ⟨→ *Galgei*⟩
Marat **NB 13**: 7^{v}
Maria **NB 13**: 34^{r}.2
Maria Stuart **NB 15**: 6^{r}-6^{v}
Marie Farrar, geboren im April … ⟨*Ballade eines Mädchens*⟩ **NB 14**: 60^{r}-62^{r} ⟨→ *Von der Kindsmörderin Marie Farrar*⟩
Marie Garga oder der Unterleib ohne Dame **NB 13**: 28^{v}.9-10 ⟨→ *Im Dickicht*⟩
Mazeppa **NB 13**: 28^{v}.1-7
Mit dem blauen Aug sieht man nämlich auch noch …. **NB 14**: 54^{v}.1-2
Mit ebensoviel einfacher und frischer Interessiertheit … **NB 15**: 20^{v}
Mond hing kahl im Lilahimmel … ⟨*März*⟩ **NB 13**: 25^{v}.12-22
Müdigkeit **NB 15**: 7^{v}.8-10 ⟨→ *Der Virginienraucher*⟩
Mysterien eines Frisiersalons **NB 13**: 34^{r}.1, 34^{r}.2 **NB 15**: 22^{v}.1-10, 36^{v}.3
Nicht als ob er von gewissen Künsten dieses Mannes nicht einiges hielte … **NB 13**: 26^{v}.1-6
Nichts geht, sagt ein alter Spruch … **NB 13**: 20^{r}.1-4
Niemand weiß wo der Bargan eigentlich hergekommen ist … **NB 13**: 24^{v} ⟨→ *Bargans Jugend*⟩
Noch einmal sitzen unter den gelben Gaslampenbällen … ⟨*Friedland/Familie Murk*⟩ **NB 13**: 9^{r}.1-9
Nun danket/bittet alle Gott … **NB 13**: 17^{v}.9-13 ⟨→ *Choräle*⟩
Nun, Timon, da du tot … **NB 14**: 54^{v}.10-55^{r}
Nun, Timon, Menschenfeind im Hadez, sag: … **NB 14**: 54^{v}.10-55^{r}
Oaha – Hidalla – … **NB 13**: 9^{v}.10-13
Ode an meinen Vater **NB 13**: 8^{v}.1-6
Outsiderorden **NB 13**: 33^{v}.6
Paolo und Francesca … **NB 15**: 15^{v}.1
Pastor Ephraim Magnus **NB 13**: 18^{r}.5-18
Pfui Teufel, diese Kälte! \ Konfiszieren ⟨*Kranke Liebe*⟩ **NB 13**: 2^{v}.17-18
Pfui Teufel diese verbrannten Zigarren … ⟨*Sommersinfonie*⟩ **NB 13**: 4^{r}.1-8
Polemik gegen Lenin **NB 14**: 53^{v}.5-6
Rat an die Lyriker der USSSR, öffentliche Bauwerke zu beschriften **NB 14**: 54^{v}.10-55^{r}
Reportergeschichten **NB 13**: 4^{r}
Robinsonade auf Assuncion **NB 13**: 7^{r}.8-17, 18^{r}.5-18, 32^{r}.1-4 **NB 15**: 25^{v}.13-11, 31^{r}.1-7
Ruhig sitz ich bei den Wassern … **NB 13**: 26^{r}.7-10
Sahib, das Schiff ist angekommen … **NB 13**: 23^{r}.7-24^{r}.15 ⟨→ *Die Raucher*⟩
Schwarze Freier \ Vor Anker gehn bei einem Muttermund **NB 15**: 32^{v}.6-9
Schweyk im Zweiten Weltkrieg **NB 15**: 31^{v}.1
16. Psalm **NB 15**: 8^{r}
Sein Gestirn, an das er glaubt … ⟨*Friedland/Familie Murk*⟩ **NB 13**: 28^{r}.5-7
seinem letzten Gesuch, mit einem Leichenauto der A. G. Pietät … **NB 13**: 10^{r}-10^{v}
Seltsamkeiten … **NB 15**: 31^{r}.1-7
Sentimentales Lied № 1004 **NB 13**: 18^{r}.5-18 ⟨→ *Erinnerung an die Marie A.*⟩
Sentimentalische Erinnerungen vor einer Inschrift **NB 13**: 50^{r}
Sh ⟨*Shlink*⟩ \ Statt, sich dem Licht zu stellen … ⟨*Im Dickicht*⟩ **NB 13**: 6^{v}.1-9
sich vom Fleische der Toten nähren/zehren **NB 13**: 10^{r}.15-16
Sie muß ihren Mann lieben … ⟨*Sommersinfonie*⟩ **NB 13**: 3^{r}.1-5
Sie pudert sich vor dem Spiegel … ⟨*Maria Stuart*⟩ **NB 15**: 6^{r}-6^{v}
Sie sanken noch lang durch milde Luft … **NB 13**: 45^{r}
Sie stacken in den Musikhallen wie Milchzähne … **NB 14**: 63^{v}
„Sie werden es nicht wagen." … ⟨*Friedland/Familie Murk*⟩ **NB 13**: 27^{v}.10-28^{r}

Sie werden nicht aufkommen gegen die Popularität der Niggerschwänze *NB 15*: 8^{r}.5-8
7. Psalm ⟨→ *Der siebente Psalm*⟩
Siegfried hatte ein rotes Haar… *NB 13*: 32^{v}-33^{r}.4
Siehe Adam ist worden als unsereiner… *NB 14*: 53^{v}.5-6
Sind sie nicht in Boudry geboren?… *NB 13*: 7^{v}
Sind sie vielleicht in den Septemberwinden… *NB 13*: 41^{r}-42^{v}
Spinett modern *NB 13*: 36^{v}.12
Soldaten, im Gehölz, Zelte… ⟨*Bargans Jugend*⟩ *NB 13*: 25^{r}.1-3
Sommersinfonie *NB 13*: 1^{v}.7-14, 2^{r}, 3^{r}, 4^{r},
Sonett № 1. ⟨*Über Mangel an Bösem*⟩ *NB 13*: 7^{r}.8-17
SS \ 1 \ Sie muß ihren Mann lieben… ⟨*Sommersinfonie*⟩ *NB 13*: 3^{r}.1-5
SS \ Pfui Teufel diese verbrannten Zigarren… ⟨*Sommersinfonie*⟩ *NB 13*: 4^{r}.1-8
Steinbruch \ weißer Kalk vormittag… ⟨*Im Dickicht*⟩ *NB 13*: 51^{r}-52^{v}
Stell auf den Tisch die duftenden *NB 13*: 25^{v}.18
Stoff und Formung *NB 13*: 6^{v}.1-9 ⟨→ *Bei Durchsicht meiner ersten Stücke*⟩
Stück *NB 14*: 64^{v} ⟨→ *Im Dickicht*⟩
Stück aus Jägers „Kranke Liebe"… *NB 13*: 1^{v}.7-14
Stück von den 2 Malaien… *NB 13*: 6^{r}.13-14 ⟨→ *Im Dickicht*⟩
Tamerlan *NB 13*: 7^{r}.8-17, 18^{r}.5-18 *NB 15*: 8^{v}
The Duchess of Malfi *NB 15*: 30^{r}.5-1
Timur, höre ich, nahm sich die Mühe… *NB 13*: 7^{r}.8-17 *NB 15*: 8^{v}.5-8
Tod im Walde *NB 15*: 14^{v}.7-6, 36^{v}.5
Trommeln in der Nacht *NB 13*: 2^{r}, 19^{r}.1-10, 34^{r}.1, 34^{r}.2, 45^{v}-46^{v} *NB 15*: 1^{v}.1-6, 2^{r}.1-4, 19^{v}.3-7, 22^{v}.1-10, 26^{v}.12-8, 26^{r}-27^{v}, 34^{r}, 36^{v}.5
Tuigeschichten ⟨→ *Der Tui-Roman*⟩
Turm zu Babel *NB 15*: 44^{r}.3
Über die Anstrengung *NB 15*: 34^{r}
Über die deutsche Literatur *NB 14*: 64^{v}
Über Mangel an Bösem ⟨*Sonett № 1.*⟩ *NB 13*: 7^{r}.8-17
„um Weihnachten, der toten Zeit… *NB 14*: 54^{r}.1-5
Und als sie lag auf dem Sterbebett… ⟨*Ballade*⟩ *NB 13*: 5^{r}-5^{v}
Und ich bat, es möchte mir… *NB 13*: 33^{r}.6-9
Und von ihr stammt auch das Frottierrezept… *NB 13*: 50^{r}
Und wächst mir der Nagel… *NB 13*: 1^{v}.3-6
Und was hatte er nicht alles gegessen!… ⟨*Der Sterbende*⟩ *NB 13*: 6^{r}.1-11
und wenn wir allen verziehen hätten… ⟨*Ballade der Billigkeit*⟩ *NB 13*: 14^{v}-16^{r}
Und wie du dann…. *NB 13*: 25^{v}.20
Valentin ¿ sein Stück *NB 15*: 36^{v}.3
Vater Goriot *NB 15*: 3^{r}
Verrat an einem Menschen… *NB 13*: 24^{r}.8-11 ⟨*Friedland/Familie Murk*⟩
Verrat dessen Bitternis der erfahrene Mann ohne Abscheu trinkt. *NB 15*: 8^{v}.1-3
Vielleicht bin ich überhaupt zu spät gekommen… ⟨*Epistel*⟩ *NB 14*: 57^{r}-58^{r}.11
4 \ Kühn voran! sie ist einfach unschuldig… ⟨*Sommersinfonie*⟩ *NB 13*: 3^{r}.17-20
4 Monate \ 12 *NB 15*: 29^{r}
Vom armen B. B. *NB 13*: 12^{v}-14^{r} ⟨→ Ich, Bertold Brecht, bin aus den schwarzen Wäldern…⟩
Vom ersoffenen Wald *NB 13*: 25^{v}.13-17
vom Impotenten Kaisch… ⟨*Der Impotente*⟩ *NB 13*: 31^{v}
Vom Tod im Wald ⟨→ *Tod im Walde*⟩
Vom V R *NB 15*: 7^{v}.8-10
Vom verliebten Schwein *NB 15*: 36^{v}.5 ⟨→ *Ballade vom verliebten Schwein*⟩
Von den Sündern in der Hölle *NB 15*: 36^{v}.5 ⟨→ *Ballade vom verliebten Schwein*⟩
Von der Kindsmörderin Marie Farrar *NB 14*: 60^{r}-62^{r} ⟨→ *Ballade eines Mädchens*⟩
Von seiner Sterblichkeit *NB 15*: 7^{v}.8-10 ⟨→ *Der Virginienraucher*⟩
Vor Anker gehn bei einem Muttermund *NB 15*: 32^{v}.8-9
Vorschuß von Dreimasken *NB 15*: 36^{v}.4
Vorspiel ⟨*Gösta Berling*⟩ *NB 13*: 9^{v}-22^{v}.14, 9^{v}.1-8
Vortragsabend von Hans Karl Müller *NB 15*: 34^{r}
Wald. Der Mensch *NB 14*: 64^{r}.1-7
Wallenstein \ – Bazaine ⟨→ *Friedland/Familie Murk*⟩
Wallensteininszenierung: Wallenstein, rothaarig, lang… *NB 13*: 20^{v}.8-21^{r}.7,
Was druckt es keiner von euch in die Zeitung… *NB 14*: 63^{r}
Weil sich die Welt wohl mehr als schicklich… ⟨*Ballade der Billigkeit*⟩ *NB 13*: 14^{v}-16^{r}
Wenn der Abend kommt Bruder… ⟨*Lied*⟩ *NB 13*: 18^{v}
Wenn ein Mensch Alles bedenkt… *NB 14*: 54^{v}.5-8

wenn er eine Zeichnung zu einem Wettbewerb einschickt... *NB 13*: 28ᵛ.12-15
Wenn man zur Polizei geht... *NB 13*: 10ʳ.9-10
Wer sein Kind lieb hat, der bringt es um. *NB 13*: 21ʳ.14-16
Wie Tacitus den Untergang einer Legion in einem Meeresarm beschreibt *NB 15*: 8ᵛ
Wiederbelebung der asiatischen Antike... ⟨*Die Renaissance*⟩ *NB 14*: 62ᵛ.2-6
Wir kullerten also... *NB 13*: 20ʳ.6-12
Wohl trug ihn der Gaul weg... *NB 13*: 28ᵛ.1-7 ⟨→ *Mazeppa*⟩
Zeltgenossen *NB 14*: 55ʳ.4
Zu allen Zeiten wurde Getreide, Wein und Ruhm geerntet... *NB 13*: 24ʳ.1-6
Zur Vesperzeit *NB 13*: 25ʳ.4-25ᵛ.10 ⟨→ *Hauspostille*⟩
Zwar ist meine Haut von Schnee zerfressen... ⟨*Kalenderballade*⟩ *NB 13*: 26ᵛ.10-27ʳ
2 \ Der Mißbrauch der Natur abzustellen... ⟨*Die Renaissance*⟩ *NB 14*: 62ᵛ.7-10
2 Elisabethaner \ Der römische Mime \ + \ / .... v. Decker *NB 13*: 29ᵛ.1-4
2 \ er kann dabei sitzen, der Leichnam... ⟨*Sommersinfonie*⟩ *NB 13*: 3ʳ.6-11
2) Geben ist seliger als nehmen... *NB 13*: 17ᵛ.14-18ʳ.3 ⟨→ *Choräle*⟩
2) Klöpfer – Friedland + Krauss, Scharlach... *NB 13*: 18ʳ.5-18 ⟨→ *Friedland/Familie Murk*⟩
2 \ Krank, die Anarchie in der Brust... ⟨*Epistel*⟩ *NB 14*: 57ᵛ.5-58ʳ.11
2) Kühne Streiter der Vorzeit *NB 15*: 19ʳ.4-5
2 \ Steinbruch \ weißer Kalk vormittag... ⟨*Im Dickicht*⟩ *NB 13*: 51ʳ-52ᵛ
Zwischen gelbem Papier, das mir einst was gewesen... ⟨*Sentimentalische Erinnerungen vor einer Inschrift*⟩ *NB 13*: 50ʳ
12. Psalm ⟨→ *Der zwölfte Psalm*⟩

Institutionen

ACFA ⟨→ American Continental Film Association⟩
Akademie der Bildenden Künste ⟨München⟩ *NB 14*: 53ʳ.1
Albert Langen Verlag ⟨München⟩ *NB 15*: 39ᵛ.1-5
American Continental Film Association ⟨Berlin⟩ *NB 15*: 46ʳ
Amtsgericht ⟨Westerland/Sylt⟩ *NB 15*: 26ʳ.1-5
Augsburger Neueste Nachrichten *NB 14*: 60ʳ-62ʳ *NB 15*: 34ʳ
Autorenhaus ⟨Verlag, Berlin⟩ *NB 15*: 19ᵛ.1-2
Baumgartenbrück ⟨Gasthaus; Geltow⟩ *NB 15*: 35ᵛ.7-5
Bavaria Film AG ⟨München⟩ *NB 15*: 36ᵛ.1
Berg's Restaurant ⟨Berlin⟩ *NB 15*: 19ʳ.3-2
Berliner Börsen-Courier *NB 13*: 18ʳ.5-18, 21ʳ.19-26, 28ᵛ.1-7
Bicor-Film AG ⟨Berlin⟩ *NB 15*: 7ʳ.1-2
Bierhaus Maenz ⟨→ Maenz' Bierhaus⟩
Börsensaal ⟨Augsburg⟩ *NB 15*: 34ʳ
Bosse ⟨Pension, Suderode⟩ *NB 15*: 25ʳ.8-4
Brauns Verlag ⟨→ Kommissionsverlag G. Brauns⟩
Bristol ⟨Hotel, Berlin⟩ *NB 15*: 24ᵛ.7-5
Café des Westens ⟨Berlin; → Kabarett Größenwahn⟩ *NB 15*: 34ʳ
Carl Mayer-Film ⟨Filmstudio, Berlin; → Richard Oswald AG⟩ *NB 15*: 25ᵛ.13-11
Cassirer Verlag ⟨→ Verlag Paul Cassirer⟩
Charité ⟨Berlin⟩ *NB 13*: 18ʳ.5-18, 20ʳ.6-12
Charivari ⟨Kabarett im Hotel Germania, München⟩ *NB 15*: 36ᵛ.3
Conrad Veidt-Film ⟨Filmstudio, Berlin; → Richard Oswald AG⟩ *NB 15*: 25ᵛ.13-11
Das Kunstblatt ⟨Potsdam⟩ *NB 13*: 9ᵛ-22ᵛ.14
Das Tage-Buch ⟨Berlin⟩ *NB 13*: 18ʳ.5-18 *NB 14*: 53ʳ.5-6, 53ᵛ.1-4 *NB 15*: 7ᵛ.8-10, 25ᵛ.13-11, 36ᵛ.1
Das Theater ⟨Berlin⟩ *NB 13*: 18ʳ.5-18
Der blaue Vogel ⟨Kabarett, Berlin⟩ *NB 14*: 58ʳ.1-5
Der blaue Vogel ⟨Zeitschrift, Berlin⟩ *NB 14*: 58ʳ.1-5
Der Feuerreiter. Blätter für Dichtung und Kritik ⟨Hans Heinrich Tillgner Verlag, Berlin⟩ *NB 13*: 7ʳ.1-3
Der Neue Merkur ⟨München⟩ *NB 13*: 20ʳ.6-12
Der Türmer ⟨Stuttgart⟩ *NB 13*: 19ᵛ
Deutsches Theater ⟨Berlin⟩ *NB 13*: 7ʳ.8-17, 18ʳ.5-18, 19ʳ.1-10, 32ʳ.1-4, 34ʳ.2, 35ᵛ.1-2, 39ᵛ.2, 39ᵛ.5 *NB 15*: 22ᵛ.1-10, 26ᵛ.12-8, 34ʳ
Die Fackel ⟨Wien⟩ *NB 15*: 3ʳ
Die Weltbühne ⟨Berlin⟩ *NB 15*: 32ᵛ.6-9, 41ʳ-42ᵛ
Die Zukunft ⟨Berlin⟩ *NB 13*: 29ʳ.4-1
Drei Masken Verlag ⟨München⟩ *NB 15*: 26ᵛ.12-8, 27ʳ-27ᵛ, 36ᵛ.4
Eiko-Film AG ⟨Berlin⟩ *NB 13*: 35ᵛ.4-6
Eist-Film GmbH ⟨Berlin⟩ *NB 15*: 7ʳ.1-2
Erich Reiß Verlag ⟨→ Verlag Erich Reiß⟩
Ernst Rowohlt Verlag ⟨→ Verlag Ernst Rowohlt⟩

Ethnographisches Museum ⟨→ Museum für Völkerkunde, München⟩
Europäische Gespräche. Hamburger Monatshefte für Auswärtige Politik ***NB 15***: 7^r.13-12
Evangelische Buchhandlung K. J. Müller ⟨Berlin⟩ ***NB 13***: 17^r
Festspiele Salzburg ⟨→ Salzburger Festspiele⟩
Filmkopier- und Entwicklungsanstalt Funk & Co. ⟨Berlin⟩ ***NB 13***: 36^v.1-3
Fischer Verlag ⟨→ S. Fischer Verlag⟩
Frankfurter Schauspielhaus ⟨→ Schauspielhaus Frankfurt⟩
Fürstenhof ⟨Hotel, Berlin⟩ ***NB 15***: 23^v.2-6
Funk & Co. ⟨→ Filmkopier- und Entwicklungsanstalt Funk & Co.⟩
G. Brauns Verlag ⟨→ Kommissionsverlag G. Brauns⟩
Georg Nauck ⟨Buchhandlung, Berlin⟩ ***NB 13***: 17^r
Georg Müller Verlag ⟨München⟩ ***NB 15***: 36^v.5
Geprak ⟨Gesellschaft für praktische Kinematographie, München⟩ ***NB 13***: 39^r.6
Germania-Brettl ⟨Kabarett im Hotel Germania, München⟩ ***NB 15***: 36^v.3
Großes Schauspielhaus ⟨Berlin⟩ ***NB 13***: 7^r.8-17 ***NB 15***: 3^r
Gustav-Kiepenheuer-Verlag ⟨→ Verlag Gustav Kiepenheuer⟩
Haindl ⟨Papierfabrik, Augsburg⟩ ***NB 14***: 53^r.1
Hamburger Echo ***NB 15***: 7^r.13-12
Hegner ⟨Druckerei; → Jakob Hegner⟩
Heinz Ullstein-Film ⟨Filmstudio, Berlin; → Richard Oswald AG⟩ ***NB 15***: 25^v.13-11
Hermann ⟨→ Baumgartenbrück⟩
Heute und Morgen ⟨Künstlervereinigung, Berlin⟩ ***NB 13***: 39^v.5
Hotel Germania ⟨→ Charivari, → Germania-Brettl⟩
Institut für Auswärtige Politik ⟨Hamburg⟩ ***NB 15***: 7^r.13-12
Jakob Hegner ⟨Druckerei; Hellerau⟩ ***NB 15***: 36^v.5
Jeßner-Film ⟨→ Leopold Jeßner-Film; Richard Oswald AG⟩
Junge Bühne ⟨Berlin⟩ ***NB 13***: 18^r.5-18, 39^v.2
Kabarett Größenwahn ⟨Berlin; → Café des Westens⟩ ***NB 15***: 34^r
Kammerspiele München ***NB 13***: 18^r.5-18, 20^v.8-21^r.7, 21^r.19-26, 34^r.1, 34^v.11, 39^v.1,3, 39^v.25-12 ***NB 15***: 1^v.1-6, 7^r.10, 7^v.8-10, 22^v.1-10, 27^r-27^v, 32^r, 33^v, 34^r, 36^v.3, 36^v.5, 40^r.2-3
Karussell ⟨Kabarett, Berlin⟩ ***NB 15***: 32^v.6-9
Kiepenheuer Verlag ⟨→ Verlag Gustav Kiepenheuer⟩
Königlich Ethnographisches Museum ⟨→ Museum für Völkerkunde, München⟩
Kommissionsverlag G. Brauns ⟨Leipzig⟩ ***NB 13***: 23^v.3
Kottmeier ⟨Gasthaus; Planegg⟩ ***NB 15***: 38^r
Kurhaus Neubabelsberg ⟨Berlin⟩ ***NB 13***: 40^r.6-8, 40^v.14
L'Ami du Peuple ⟨Paris⟩ ***NB 13***: 7^v
Landgericht ⟨München⟩ ***NB 15***: 22^r.1-3
Leopold Jeßner-Film ⟨Filmstudio, Berlin; → Richard Oswald AG⟩ ***NB 15***: 25^v.13-11
List Verlag ⟨→ Paul List Verlag⟩
Lizza-Film ⟨→ Nina Lizza-Film; Richard Oswald AG⟩
Lobe-Theater ⟨Breslau⟩ ***NB 13***: 32^r.6
Louis Peiser ⟨Zuckergroßhandlung, Berlin⟩ ***NB 15***: 25^v.22-21
Ludwig-Maximilians-Universität ⟨München⟩ ***NB 15***: 7^r.13-12
Lustspieltheater ⟨Berlin⟩ ***NB 15***: 7^r.10
Maenz' Bierhaus ***NB 13***: 19^r.1-10
Mayer-Film ⟨→ Carl Mayer-Film; Richard Oswald AG⟩
Messter-Film GmbH ⟨Berlin⟩ ***NB 13***: 40^r.6-8
Monumental Film-Werk GmbH ⟨→ Robert Reinert Monumental Film-Werk GmbH, München⟩
Monumentalfilm GmbH ⟨→ Produktionsgesellschaft für Monumentalfilms GmbH, Berlin⟩
Moritz Schäfer ⟨→ Verlagsbuchhandlung Moritz Schäfer⟩
Mosse Verlag ⟨Berlin⟩ ***NB 15***: 38^v.1-3
Müller, K. J. ⟨→ Evangelische Buchhandlung K. J. Müller⟩
Müller Verlag ⟨→ Georg Müller Verlag⟩
München-Augsburger Abendzeitung ***NB 15***: 1^v.1-6
Münchener Kammerspiele ⟨→ Kammerspiele München⟩
Museum Fünf Kontinente ⟨→ Museum für Völkerkunde, München⟩
Museum für Völkerkunde ⟨München⟩ ***NB 13***: 43^r.2-4
Nationaltheater ⟨München⟩ ***NB 13***: 34^v.6-10
Nauck, Georg ⟨→ Georg Nauck⟩
Neue Bühne ⟨München⟩ ***NB 13***: 19^r.1-10
Neues Volkstheater ⟨Berlin⟩ ***NB 13***: 21^r.19-26
Nina Lizza-Film ⟨Filmstudio, Berlin; → Richard Oswald AG⟩ ***NB 15***: 25^v.13-11
Olga Tschechow-Film GmbH ⟨Berlin⟩ ***NB 14***: 58^r.1-5

Oswald-Film ⟨→ Richard Oswald AG; Richard Oswald-Film AG⟩
Otto Schulze ⟨Seifenhandlung, Berlin⟩ *NB 15*: 26^{r}.17
Paul Cassirer Verlag ⟨→ Verlag Paul Cassirer⟩
Paul List Verlag ⟨Leipzig⟩ *NB 15*: 36^{v}.5
P. E. N. (Poets, Essayists, Novelists) ⟨London⟩ *NB 13*: 20^{r}.6-12
Peter Baumgartner ⟨Konditorei, München⟩ *NB 15*: 14^{v}.11,13
Preußische Staatstheater ⟨Generalverwaltung, Berlin⟩ *NB 15*: 25^{v}.2, 16-15, 38^{v}.5-6
Produktionsgesellschaft für Monumentalfilms GmbH ⟨Berlin⟩ *NB 15*: 7^{r}.1-2
Propyläen Verlag ⟨Berlin⟩ *NB 13*: 20^{r}.6-12 *NB 15*: 36^{v}.5
Reichswehrministerium ⟨Berlin⟩ *NB 13*: 38^{v}.7
Residenz-Theater ⟨München⟩ *NB 13*: 34^{r}.1 *NB 15*: 22^{v}.1-10
Richard Oswald AG ⟨Filmkonzern, Berlin⟩ *NB 13*: 9^{v}-22^{v}.14, 38^{v}.4 *NB 15*: 25^{v}.13-11
Richard Oswald-Film AG ⟨Filmstudio, Berlin; → Richard Oswald AG⟩ *NB 15*: 25^{v}.13-11
Robert Reinert Monumental Film-Werk GmbH ⟨München⟩ *NB 15*: 15^{v}.8, 16^{r}
Romanisches Café ⟨Berlin⟩ *NB 15*: 25^{v}.18-17, 27^{r}-27^{v}
Rowohlt Verlag ⟨→ Verlag Ernst Rowohlt⟩
S. Fischer Verlag ⟨Berlin⟩ *NB 15*: 36^{v}.1, 39^{v}.1-5
Schäfer, Moritz ⟨→ Verlagsbuchhandlung Moritz Schäfer⟩
Salzburger Festspiele *NB 15*: 33^{v}
Schauspielhaus ⟨Frankfurt⟩ *NB 15*: 27^{r}-27^{v}, 34^{r}
Schauspielhaus am Gendarmenmarkt ⟨Berlin⟩ *NB 13*: 6^{v}, 7^{r}.8-17, 7^{v}, 18^{r}.5-18 *NB 15*: 24^{v}.7-5, 33^{v}, 34^{r}, 38^{v}.5-6
Schauspielhaus in der Maximilianstraße ⟨München⟩ *NB 15*: 10^{r}.5-6, 47^{v}.3-1
Schillertheater ⟨Berlin⟩ *NB 15*: 22^{v}.1-10, 34^{r}, 38^{v}.5-6
Schilling ⟨Konditorei, Berlin⟩ *NB 13*: 29^{r}.4-1
Schlichter ⟨Künstlerlokal, Berlin⟩ *NB 15*: 22^{r}.1-3
Signale für die Theaterwelt ⟨Berlin⟩ *NB 15*: 19^{v}.1-2
Simplicissimus ⟨Kabarett, München⟩ *NB 13*: 39^{r}.1, 3
Sinn und Form ⟨Berlin⟩ *NB 13*: 2^{v}-14^{r}
Staatliches Schauspielhaus ⟨→ Schauspielhaus am Gendarmenmarkt⟩
Staatstheater ⟨Berlin⟩ *NB 13*: 38^{v}.2
Staatstheater ⟨München⟩ *NB 13*: 21^{r}.19-26
Stadttheater ⟨Augsburg⟩ *NB 13*: 9^{v}.10-13, 27^{v}.10-28^{r} *NB 15*: 22^{v}.1-10, 32^{r}
Stadttheater ⟨Frankfurt⟩ *NB 15*: 33^{v}
Stadttheater ⟨Kiel⟩ *NB 15*: 41^{r}-42^{v}
Städtisches Wohnungsamt ⟨München⟩ *NB 17*: 47^{v}.7-6
Super-Film Companie GmbH ⟨Berlin⟩ *NB 15*: 7^{r}.1-2
Tage-Buch ⟨→ *Das Tage-Buch*⟩
Terra Glashaus GmbH ⟨→ Eiko-Film AG⟩
Theater am Bülowplatz ⟨Berlin⟩ *NB 15*: 22^{v}.1-10
Theater am Gärtnerplatz ⟨→ Staatstheater München⟩
Theater am Kurfürstendamm ⟨Berlin⟩ *NB 15*: 33^{v}
Theater am Schiffbauerdamm ⟨Berlin⟩ *NB 15*: 34^{r}
Tschechow-Film ⟨→ Olga Tschechow-Film GmbH⟩
Ufa ⟨→ Universum Film AG⟩
Ugrino ⟨Glaubensgemeinde, Klecken⟩ *NB 15*: 23^{v}.2-6
Ugrino Verlag ⟨Klecken⟩ *NB 15*: 23^{v}.2-6
Ullstein-Film ⟨→ Heinz Ullstein-Film; Richard Oswald AG⟩
Ullstein Verlag ⟨Berlin⟩ *NB 15*: 36^{v}.5
Ullsteinhaus ⟨Druckerei; Berlin⟩ *NB 15*: 36^{v}.5
Ungo Film AG Unger & Gottschalk ⟨Berlin⟩ *NB 15*: 15^{r}.8-5
Universität München ⟨→ Ludwig-Maximilians-Universität⟩
Universum Film AG ⟨Berlin⟩ *NB 13*: 40^{r}.6-8 *NB 15*: 28^{r}.1
Veidt-Film ⟨→ Conrad Veidt-Film; Richard Oswald AG⟩
Verlag Albert Lange ⟨→ Albert Langen Verlag⟩
Verlag Autorenhaus ⟨→ Autorenhaus⟩
Verlag Drei Masken ⟨→ Drei Masken Verlag⟩
Verlag Erich Reiß ⟨Berlin⟩ *NB 13*: 20^{r}.6-12 *NB 15*: 36^{v}.5
Verlag Ernst Rowohlt ⟨Berlin, Hamburg⟩ *NB 13*: 18^{r}.5-18 *NB 14*: 53^{r}.7-8 *NB 15*: 39^{v}.1-5
Verlag Georg Müller ⟨→ Georg Müller Verlag⟩
Verlag Gustav Kiepenheuer ⟨Berlin, Potsdam, Weimar⟩ *NB 13*: 9^{v}-22^{v}.14, 20^{r}.6-12, 35^{v}.1-2 *NB 15*: 2^{v}, 5^{r}, 7^{r}.3-4, 14^{v}.7-6, 27^{r}-27^{v}, 36^{v}.5
Verlag Paul Cassirer ⟨Berlin⟩ *NB 15*: 39^{v}.1-5
Verlag S. Fischer ⟨→ S. Fischer Verlag⟩
Verlagsbuchhandlung Moritz Schäfer ⟨Leipzig⟩ *NB 15*: 11^{r}

Volksbühne ⟨Berlin⟩ *NB 13*: 19^{r}.1-10 *NB 15*: 22^{v}.1-10, 33^{v}
Volksbühne im Theater am Bülowplatz ⟨Berlin⟩ *NB 15*: 22^{v}.1-10
»Volkswille«. Tageszeitung der Unabhängigen soz. Partei für Schwaben u. Neuburg ⟨Augsburg⟩ *NB 15*: 32^{r}
Vorwärts ⟨Berlin⟩ *NB 13*: 39^{v}.5
Vossische Zeitung ⟨Berlin⟩ *NB 13*: 20^{r}.6-12
Waldhorn ⟨→ Zum Waldhorn⟩
Wilde Bühne ⟨Kabarett, Berlin⟩ *NB 13*: 4^{v} *NB 15*: 32^{v}.6-9, 41^{r}-42^{v}
Zum Waldhorn ⟨Gasthof, Erzklösterle⟩ *NB 15*: 7^{r}.8-6

Personen und Werke

Aicher, Rudolf *NB 13*: 20^{v}.8-21^{r}.7 *NB 15*: 22^{v}.1-10
Alberts, O. A.
Komm nach Mahagonne *NB 15*: 16^{v}-17^{r}.4
Ammer, K. L. ⟨→ Klammer, Karl⟩
⟨Anonym⟩
Gelehrsamkeit und Fremdwörterei *NB 13*: 19^{v}
Antonius ⟨→ Marcus Antonius⟩
Arnim, Ludwig Achim ⟨oder: Carl Joachim Friedrich Ludwig⟩ (1781-1831)
Des Knaben Wunderhorn *NB 13*: 27^{v}.1-8
Was möchtest du nicht? *NB 13*: 27^{v}.1-8
Aron, Gustav ⟨Telefonnummer; → Sonja⟩ *NB 15*: 23^{v}.1
Artois, Charles d' ⟨→ Charles Compte d'Artois⟩
Augustus (63 v. Chr. – 14 n. Chr.) *NB 13*: 26^{r}.1-6
Bach, Johann Sebastian (1685-1750)
Mache dich, mein Geist, bereit… *NB 13*: 34^{v}.1-4
Bahn, Roma (1896-1975) *NB 13*: 39^{v}.5
Bahr, Hermann (1863-1934)
Die Meister *NB 13*: 39^{v}.2
Bahrs, Friedrich ⟨Adresse⟩ *NB 13*: 29^{r}.5
Balaam ⟨→ Bileam⟩
Balzac, Honoré de (1799-1850)
Die menschliche Komödie *NB 15*: 5^{v}
Glanz und Elend der Kurtisanen *NB 15*: 5^{v}
Vater Goriot *NB 15*: 3^{r}, 5^{v}
Verlorene Illusionen *NB 15*: 5^{v}
Banholzer, Frank (1919-1943) *NB 13*: 32^{r}.8-13
Banholzer, Paula ⟨oder: Bittersweet, Bi, Bie; ab 1924 Paula Groß⟩ (1901-1989) *NB 13*: 7^{r}.8-17 *NB 14*: 60^{r}-62^{r} *NB 15*: 11^{v}, 21^{r}, 38^{v}.9-7
Barlach, Ernst (1870-1938)
Der arme Vetter *NB 13*: 40^{v}.17
Bassermann, Albert (1867-1952) *NB 13*: 7^{r}.8-17 *NB 15*: 33^{v}
Bauer ⟨Adresse⟩ *NB 15*: 39^{r}.5-6
Baumgartner, Peter ⟨Adresse⟩ *NB 15*: 14^{v}.11,13
Bazaine, François-Achille (1811-1888) *NB 13*: 9^{r}
Beneckendorff, Wolf von (1891-1960) *NB 15*: 22^{v}.1-10
Bibel ⟨*Altes Testament*⟩
Erstes Buch Mose ⟨*Genesis*⟩ *NB 14*: 53^{v}.6-8 *NB 15*: 44^{r}-45^{v}
Buch der Psalmen *NB 13*: 26^{r}.7-10
Sprüche *NB 13*: 21^{r}.14-16
Bibel ⟨*Neues Testament*⟩
Apostelgeschichte *NB 13*: 17^{v}.8-18^{r}.3
Lukas *NB 13*: 17^{v}.8-18^{r}.3
Titus *NB 13*: 25^{r}.4-25^{v}.10
Bierbaum, Otto Julius (1865-1910)
Stilpe *NB 13*: 20^{v}.8-21^{r}.7
Bileam ⟨alttestamentarischer Prophet⟩ (8./9. Jahrhundert v. Chr.) *NB 14*: 64^{r}
Bloch, Sarah Alice ⟨→ Oswald, Marianne⟩
Blumann ⟨Adresse⟩ *NB 15*: 23^{r}.7-6
Bötticher, Hans Gustav ⟨→ Ringelnatz, Joachim⟩
Bostock, John (1773-1846) *NB 13*: 20^{v}.19-14
Brecht, Berthold (1869-1939) *NB 13*: 20^{r}.6-12, 35^{v}.1-2
Brecht, Hanne Marianne ⟨→ Hiob, Hanne⟩
Brecht, Stefan (1924-2009) *NB 14*: 54^{v}.10-55^{r}
Brentano, Clemens (1778-1842)
Des Knaben Wunderhorn *NB 13*: 27^{v}.1-8
Was möchtest du nicht? *NB 13*: 27^{v}.1-8
Brod, Fritta ⟨ab 1919 verheiratet mit Paul Kornfeld⟩ (1896-1988) *NB 15*: 34^{r}
Bronnen, Arnolt ⟨Pseudonym für Arnold Bronner⟩ (1895-1959) *NB 13*: 9^{v}-22^{v}.14, 18^{r}.5-18, 19^{r}.1-10, 20^{v}.1, 21^{r}.19-26, 26^{v}.1-6, 35^{v}.1-10 *NB 14*: 58^{r}.1-5 *NB 15*: 2^{v}, 7^{r}.10, 10^{v}, 25^{v}.14-12, 26^{r}.15-14, 29^{v}, 33^{v}, 34^{r}, 36^{v}.1
Die Exzesse *NB 13*: 18^{r}.5-18, 40^{v}.13-12 *NB 15*: 33^{v}
Robinsonade auf Assuncion *NB 13*: 7^{r}.8-17, 18^{r}.5-18, 32^{r}.1-4 *NB 15*: 25^{v}.13-11, 31^{r}.1-7
Spiel mit der Bewegung *NB 13*: 18^{r}.5-18
Vatermord *NB 13*: 18^{r}.5-18, 19^{r}.1-10, 39^{v}.2, 40^{r}.6-8, 40^{v}.2-10, 40^{v}.14 *NB 15*: 34^{r}
Verrat *NB 13*: 18^{r}.5-18
Bronner, Arnold ⟨→ Bronnen, Arnolt⟩
Brust, Alfred (1891-1934)
Der singende Fisch *NB 13*: 39^{v}.5, 39^{v}.5

Büchner, Georg (1813-1837)
Dantons Tod ***NB 13***: 27^{v}.10-28^{r}
Buridan, Johannes ⟨oder Jean⟩ (um 1300 – nach 1358) ***NB 15***: 25^{r}.10-9
Busch, Wilhelm (1832-1908)
Der Haarbeutel ***NB 13***: 30^{v}
Buse, Franz (1900-1971) ***NB 15***: 23^{v}.2-6
Buxtehude, Dietrich (ca. 1637-1707) ***NB 15***: 23^{v}.2-6
Byk, Suse ⟨ab 1929 verheiratet mit Hellmuth Falkenfeld⟩ (vor 1890 – wohl nach 1960) ***NB 15***: 43^{r}-43^{v}
Cäsar (100-44 v. Chr.) ***NB 13***: 26^{r}.1-6 ***NB 15***: 9^{r}
Charles Compte d'Artois ⟨1824-1830 Charles X. Philippe, Roi de France⟩ (1757-1836) ***NB 13***: 7^{v}
Charles X. ⟨→ Charles Compte d'Artois⟩
Cleopatra ⟨→ Kleopatra VII.⟩
Coke, Edward (1552-1634) ***NB 15***: 2^{r}.1-4
Corday, Charlotte (1768-1793) ***NB 13***: 7^{v}
Cserépy, Arzen von (1881-1958)
Fridericus Rex ***NB 15***: 34^{r}
Dafner ⟨Adresse⟩ ***NB 15***: 20^{r}.4-3
Dalai Lama ***NB 15***: 3^{r}
Danker, Georg ⟨Telefonnummer⟩ ***NB 15***: 34^{v}.9
Dante Alighieri (1265-1321)
Die göttliche Komödie ***NB 15***: 15^{v}.1
Dekker, Thomas ⟨auch: Dekkar, Decker⟩ (ca. 1572-1632)
Fortunatus und seine Söhne ***NB 13***: 29^{v}.1-4
Deutsch, Ernst (1890-1969) ***NB 14***: 58^{r}.1-5
Diamant, Eduard (1882-1945)
NB 15: 26^{r}.1-5, 12-9, 43^{r}
Diamant, Franziska ⟨geb. Feuchtwanger⟩ (geb. 1889) ***NB 15***: 26^{r}.1-5,12-9, 43^{r}, 43^{r}-43^{v}
Dieterle, Wilhelm ⟨ab 1930: William⟩ (1893-1972) ***NB 13***: 39^{v}.5 ***NB 14***: 58^{r}.1-5
Dietz, Marie ⟨Adresse⟩ ***NB 13***: 29^{r}.5
Ditrichstein, Leo (1865-1928)
Der große Bariton ***NB 15***: 33^{v}
Döblin, Alfred (1878-1957)
Die drei Sprünge des Wang-lun ***NB 15***: 3^{r}
Donath, Ludwig (1900-1967) ***NB 15***: 22^{v}.1-10
Donizetti, Gaetano (1797-1848)
Maria Stuarda ***NB 15***: 6^{r}-6^{v}
Doyle, Arthur Conan (1859-1930) ***NB 15***: 35^{v}.1-4
Ebinger, Blandine ⟨Hassenpflug-Ebinger, geb. Loeser, 1919-1926 verheiratet mit Friedrich Hollaender⟩ (1899-1993) ***NB 13***: 34^{r}.2 ***NB 15***: 26^{v}.12-8
Edschmid, Kasimir ⟨Pseudonym von Eduard Schmid⟩ (1890-1966) ***NB 14***: 64^{v}
Kean ***NB 13***: 7^{r}.8-17
Eichendorff, Joseph Freiherr von (1788-1857)
Die Freier ***NB 15***: 33^{v}
Engeland, Heinrich ⟨Adresse⟩ ***NB 15***: 39^{v}.7-6
Engel, Erich (1891-1966) ***NB 13***: 34^{r}.1 ***NB 15***: 22^{v}.1-10
Engel, Fritz (1867-1935) ***NB 13***: 21^{r}.19-26
Engel-Berger, Willy (1890-1946)
Choral für Seemannsleute ***NB 15***: 32^{v}.6-9
Erhard, Therese ⟨Adresse⟩ ***NB 15***: 39^{r}.5-6
Ernst, Ferdinand ⟨Adresse⟩ ***NB 15***: 12^{r}
Faber, Erwin (1891-1989) ***NB 13***: 9^{v}-22^{v}.14, 34^{r}.1 ***NB 15***: 10^{v}, 41^{r}-42^{v}
Färber, Ludwig ⟨Adresse⟩ ***NB 13***: 39^{v}.16-17
Falckenberg, Otto (1873-1947) ***NB 13***: 32^{r}.1, 34^{r}.2, 39^{v}.25-12 ***NB 15***: 26^{v}.12-8
Falkenfeld, Suse ⟨→ Byk, Suse⟩
Fehling, Jürgen (1885-1968) ***NB 13***: 39^{v}.2
Feldhammer, Jacob ⟨auch Jakob Feldhamer⟩ (1882-1942) ***NB 15***: 34^{r}
Felke, Naldo (geb. 1873) ***NB 13***: 9^{v}-22^{v}.14
Ferber, Walburga (geb. 1895) ***NB 14***: 60^{r}-62^{r}.
Feuchtwanger, Franziska ⟨→ Diamant, Franziska⟩
Feuchtwanger, Lion (1884-1958) ***NB 13***: 21^{r}.19-26, 29^{v}.1-4 ***NB 15***: 1^{v}.1-6, 26^{r}.1-5,12-9, 43^{r}
Der holländische Kaufmann ***NB 13***: 40^{v}.13
Feuchtwanger, Marta ⟨geb. Löffler; 1912 Heirat mit Lion Feuchtwanger⟩ (1891-1987) ***NB 15***: 43^{r}
Fey, Valentin Ludwig ⟨→ Valentin, Karl⟩
Fiering, Bruno ⟨Adresse; → Romanisches Café⟩ ***NB 15***: 25^{v}.18-17, 27^{r}-27^{v}
Flieser, Hedwig ⟨Adresse⟩ ***NB 13***: 39^{v}.9
Ford, John (ca. 1586 – nach 1639)
Giovanni und Annabella/Arabella ⟨*'Tis Pity Shee's a Whore*⟩ ***NB 15***: 30^{r}.5-1
Francesca da Rimini ⟨oder da Polenta⟩ (ca. 1255 – ca. 1285) ***NB 15***: 15^{v}.1
Frank, Rudolf (1886-1979) ***NB 13***: 20^{v}.8-21^{r}.7 ***NB 15***: 1^{v}.1-6
Friedland ⟨→ Wallenstein, Albrecht von⟩
Friedrich II. ⟨oder Friedrich der Große; König von Preußen⟩ (1712-1786) ***NB 15***: 34^{r}
Frisch, Efraim (1873-1942) ***NB 13***: 20^{r}.6-12
F. W. ***NB 13***: 20^{v}.19-14
Freystein, Johann Burchard (1671-1718)
Mache dich, mein Geist, bereit… ***NB 13***: 34^{v}.1-4

Frisch, Werner (1928) *NB 13*: 34^{r}.2
Gadow, Hans Jürgen von (geb. 1882) ⟨Adresse⟩ *NB 13*: 40^{v}.2-5
Gaius Iulius Caesar ⟨→ Cäsar⟩
Gaius Octavius ⟨→ Augustus⟩
Gaius Suetonius Tranquillus ⟨→ Sueton⟩
Gauger, Frieda ⟨Adresse⟩ *NB 13*: 29^{r}.5
Gauguin, Paul (1848-1903)
Vorher und Nachher *NB 13*: 25^{r}.4-25^{v}.10
Gebühr, Otto (1877-1954) *NB 15*: 34^{r}
Geis, Jacob (1890-1972) *NB 13*: 34^{v}.6-10
Gelbcke, Ferdinand Adolf (1812-1892)
Die englische Bühne zu Shakespeare's Zeit *NB 13*: 29^{v}.1-4
George, Heinrich (1893-1946) *NB 13*: 18^{r}.5-18, 19^{r}.1-10, 39^{v}.2, 40^{r}.6-8, 40^{v}.14
Germanicus ⟨Nero Claudius Germanicus⟩ (15 v. Chr. – 19 n. Chr.) *NB 15*: 8^{v}
Gesualdo, Carlo (1566-1613) *NB 15*: 23^{v}.2-6
Giese, Ernst ⟨Adresse⟩ *NB 13*: 29^{r}.4-1
Gilm zu Rosenegg, Hermann von ⟨auch: Hermann Gilm von Rosenegg⟩ (1812-1964)
Allerseelen *NB 13*: 25^{v}.12-22
Gluth, Felix (1882-1926) *NB 15*: 22^{v}.1-10
Godon, Fritz ⟨Adresse⟩ *NB 13*: 29^{r}.4-1
Goethe, Johann Wolfgang von (1749-1832) *NB 13*: 9^{r}-28^{r}
Die Farbenlehre *NB 13*: 7^{v}
Götz von Berlichingen *NB 13*: 18^{r}.5-18
Gogol, Nikolai Wassiljewitsch (1809-1852)
Der Revisor *NB 15*: 33^{v}
Gozzi, Carlo (1720-1806)
Turandot *NB 15*: 32^{r}
Granach, Alexander ⟨Pseudonym für Jessaiah Szajko Gronach, Hermann Granach⟩ (1890-1945) *NB 13*: 18^{r}.5-18, 19^{r}.1-10, 26^{r}.1-6
Grandke, Hans Otto Karl Gustav ⟨oder: Hans Carl Grandke⟩ (geb. 1884) ⟨Adresse⟩ *NB 13*: 32^{r}.1-4
Gregor VII. ⟨Papst; bürgerlich: Hildebrand von Soana⟩ (ca. 1025-1086) *NB 14*: 53^{v}.10-14
Griffith, John (1831-1912)
The Paintings in the Buddhist Cave-Temples of Ajanta *NB 15*: 37^{r}.5-4
Gronach, Jessaiah Szajko ⟨→ Granach, Alexander⟩
Großmann, Stefan (1875-1935) *NB 13*: 20^{v}.1 *NB 14*: 53^{r}.5-6 *NB 15*: 35^{v}.7-5
Groß, Paula ⟨→ Banholzer, Paula⟩
Gurk, Paul (1880-1953)
Persephone *NB 13*: 21^{r}.19-26
Harden, Maximilian (1861-1927) *NB 13*: 29^{r}.4-1
Hamberger, Magdalena ⟨Adresse⟩ *NB 15*: 12^{r}
Hamsun, Knut (1859-1952)
Königin Tamara *NB 13*: 30^{v}.22
Vom Teufel geholt *NB 15*: 34^{r}
Hansen, Hermann Niels (1862-1950) *NB 15*: 26^{r}.1-2, 43^{r}-43^{v}
Harms, Gottlieb (1893-1931) *NB 15*: 23^{v}.2-6
Harnisch, Wolfgang ⟨Pseudonym von Wolfgang Hoffmann; auch Wolfgang Hoffmann-Harnisch, Wolfgang Lindroder⟩ (1893-1965) *NB 15*: 34^{r}
Hasenfratz, Doris ⟨→ Mannheim, Doris⟩
Hauck, Liane ⟨Mrsic, Maximiliane⟩ *NB 15*: 10^{r}.5-6, 13^{r}.1, 47^{v}.4
Hauptmann, Elisabeth (1897-1973) *NB 13*: 25^{v}.12-22 *NB 15*: 36^{v}.5
Hauptmann, Gerhart (1862-1946)
Der Bogen des Odysseus *NB 13*: 40^{v}.12-11
Die versunkene Glocke *NB 15*: 1^{v}.1-6
Hanneles Himmelfahrt *NB 15*: 34^{v}.1-3
Kaiser Karls Geisel *NB 13*: 40^{v}.11, 9
Hauser, Heinrich ⟨oder Heinrich Bona Hauser⟩ (1891-1956) *NB 15*: 34^{r}
Hebbel, Friedrich (1813-1863) *NB 13*: 9^{r}-28^{r}
Der Diamant *NB 15*: 33^{v}
Heims, Else ⟨ab 1910 Ehefrau von Max Reinhardt⟩ (1878-1958) *NB 15*: 34^{r}
Henschke, Alfred ⟨→ Klabund⟩
Hering, Paula ⟨Adresse⟩ *NB 13*: 40^{r}.3-4
Herrmann ⟨Gasthaus; Adresse⟩ *NB 15*: 35^{v}.7-5
Herrmann, Joseph ⟨Adresse⟩ *NB 15*: 10^{r}.1-4
Herz, Emil (1877-1971) *NB 13*: 20^{r}.6-12
Hesterberg, Trude ⟨Gertrud⟩ (1892-1967) *NB 13*: 4^{v} *NB 15*: 32^{v}.6-9, 41^{r}-42^{v}
Hildebrand von Soana ⟨→ Gregor VII.⟩
Hilpert, Heinz (1890-1967) *NB 15*: 33^{v}
Hiob, Hanne ⟨geb. Brecht⟩ (1923-2009) *NB 15*: 11^{v}
Hochdorf, Max (1880-1948) *NB 13*: 39^{v}.5
Hogarth, William (1697-1764) *NB 13*: 9^{r}-28^{r}
Holberg, Ludvig (1684-1754)
Herr Vielgeschrey ⟨oder *Viel Geschrei um wenig Wolle*⟩ *NB 15*: 33^{v}, 34^{v}.5-7
Hollaender, Friedrich ⟨1919-1926 verheiratet mit Blandine Ebinger⟩ (1896-1976) *NB 13*: 34^{r}.2 *NB 15*: 26^{v}.8-6, 26^{v}.12-8

Hofer, Johanna ⟨ab 1924 Johanna Kortner⟩ (1896-1988) ***NB 13***: 6^{v}
Hoffmann, Kurt ***NB 15***: 32^{r}
Hoffmann-Harnisch, Wolfgang ⟨→ Harnisch, Wolfgang⟩
Homolka, Oskar (1898-1978) ***NB 15***: 41^{r}-42^{v}
Hornung, Ernest William (1866-1921)
Stingaree ***NB 15***: 35^{v}.1-4
Horwitz, Kurt (1897-1974) ***NB 15***: 7^{v}.8-10, 22^{v}.1-10
Hübsch, Erner ⟨oder: Ernst⟩ (vor 1895-1925) ***NB 13***: 38^{v}.8
Ihering, Herbert ⟨oder: Jhering⟩ (1888-1977) ***NB 13***: 21^{r}.19-26 ***NB 15***: 5^{r}, 26^{v}.12-8, 36^{v}.5
Impekoven, Niddy ⟨Luise⟩ (1904-2002) ***NB 15***: 33^{v}
Impekoven, Sabine (1889-1970) ***NB 15***: 33^{v}
Impekoven, Toni ⟨Anton⟩ (1881-1947) ***NB 15***: 33^{v}
Ittenbach, Hans ⟨Telefonnummer⟩ ***NB 15***: 26^{r}.15-14
Jæger, Hans Henrik (1854-1910) ***NB 13***: 1^{v}.8
Kranke Liebe ***NB 13***: 1^{v}.7-14, 2^{v}, 4^{r}.1-8
Gefängnis und Verzweiflung ***NB 13***: 1^{v}.7-14, 2^{v}
Jahnn, Hans Henny (1894-1959)
Pastor Ephraim Magnus ***NB 13***: 18^{r}.5-18 ***NB 15***: 23^{v}.2-6
Jannings, Emil (1884-1950) ***NB 13***: 26^{r}.1-6
Járosy, Friedrich ⟨Fryderyk Jarossy⟩ (1890-1960) ***NB 14***: 58^{r}.1-5
Die Mumien von Kreuzburg ***NB 14***: 58^{r}.1-5
Die Pagode ***NB 14***: 58^{r}.1-5
Jensen, Johannes Vilhelm (1873-1950)
Das Rad ***NB 15***: 3^{r}
Jerabek, Maria ***NB 13***: 39^{r}.6
Jessner, Leopold (1878-1945) ***NB 13***: 6^{v} ***NB 15***: 24^{v}.7-5
Jhering, Herbert ⟨→ Ihering, Herbert⟩
Jörgen, Elsa ***NB 15***: 33^{r}
Jordan, Maria ⟨Adresse⟩ ***NB 15***: 11^{v}
Judas Iskariot (1. Jh.) ***NB 15***: 3^{r}
Julius Caesar ⟨→ Gaius Iulius Caesar⟩
Kaeser, Hermann ⟨→ Kesser, Hermann⟩
Kahane, Arthur (1872-1932) ***NB 14***: 53^{r}.5-6
Kaiser, Georg (1878-1945) ***NB 15***: 22^{r}.10-4
Der Protagonist ***NB 13***: 32^{r}.6
Von Morgens bis Mitternacht ***NB 13***: 19^{r}.1-10
Kalischer, Erwin ⟨→ Kalser, Erwin⟩
Kalischer, Fritz (1881-1964) ***NB 13***: 29^{r}.4-1
Kallimachos von Kyrene (ca. 305 v. Chr. – ca. 240 v. Chr.) ***NB 14***: 54^{v}.10-55^{r}
Kalser, Erwin ⟨Pseudonym von Erwin Kalischer⟩ (1883-1953) ***NB 15***: 30^{r}.5-1
Kampers, Fritz (1891-1950) ***NB 13***: 39^{v}.5
Karin, Ellyn ⟨Pseudonym von Emilie Sigmund, geb. Karger⟩ (geb. 1871) ***NB 13***: 9^{v}-22^{v}.14, 18^{r}.5-18 ***NB 15***: 7^{r}.3-4
Karl Graf von Artois ⟨→ Charles Compte d'Artois⟩
Karl X. ⟨→ Charles Compte d'Artois⟩
Karlstadt, Liesl ⟨Pseudonym von Elisabeth Wellano⟩ (1892-1960) ***NB 15***: 15^{v}.5-7
Bei der Huberbäuerin brennt's ***NB 15***: 36^{v}.3
Der Firmling ***NB 15***: 36^{v}.3
Der Weihnachtsabend ⟨Das Christbaumbrettl⟩ ***NB 15***: 36^{v}.3
Mit Karl Valentin und Liesl Karlstadt auf der Oktoberwiese ***NB 15***: 15^{v}.5-7
Mysterien eines Frisiersalons ***NB 13***: 34^{r}.1, 34^{r}.2, 22^{v}.1-10
Kasack, Hermann (1896-1966) ***NB 13***: 9^{v}-22^{v}.14, 20^{r}.6-12, 35^{v}.1-2 ***NB 15***: 2^{v}, 14^{v}.7-6, 36^{v}.5
Kaufmann, Adolf (1883-1933) ***NB 15***: 40^{r}.2-3
Kayssler, Christian (1898-1944) ***NB 15***: 22^{v}.1-10
Keller, Gottfried (1819-1890)
Kleider machen Leute ***NB 15***: 2^{v}
Kesser, Hermann ⟨Pseudonym von Hermann Kaeser⟩ (1880-1952)
Die Reisenden ⟨Zinnoberspitze⟩ ***NB 15***: 39^{v}.1-5
Kiepenheuer, Gustav (1880-1949) ***NB 13***: 9^{v}-22^{v}.14 ***NB 15***: 36^{v}.5
Kindel, Max ⟨Adresse⟩ ***NB 13***: 40^{r}.6-8
Kipling, Rudyard (1865-1936)
Gedichte ***NB 15***: 36^{v}.5
Kirchner, Ernst Ludwig (1880-1938)
Fünf Badende am See ***NB 15***: 37^{r}.5-4
Klabund ⟨Pseudonym von Alfred Henschke⟩ (1890-1928) ***NB 14***: 58^{r}.1-5
Klammer, Karl (1879-1959) ***NB 14***: 54^{r}.1-5
Kleist, Heinrich von (1777-1811) ***NB 13***: 9^{r}-28^{r}
Amphitryon ***NB 15***: 33^{v}
Der zerbrochene Krug ***NB 15***: 33^{v}
Prinz Friedrich von Homburg ***NB 13***: 40^{v}.15 ***NB 15***: 3^{r}
Kleopatra VII. (69-30 v. Chr.) ***NB 13***: 26^{r}.1-6
Klöpfer, Eugen (1886-1950) ***NB 13***: 18^{r}.5-18, 19^{r}.1-10, 20^{v}.8-21^{r}.7 ***NB 15***: 19^{r}.7-6, 26^{r}.17
Knipper, Olga von ⟨→ Tschechowa, Olga⟩
Kobe, Hanns ⟨oder Hannes⟩ ***NB 15***: 15^{r}.8-5
Koch, Georg August (1883-1963) ***NB 15***: 22^{v}.1-10

Körner, Hermine (1878-1960) *NB 15*: 10^{r}.5-6
Koppenhöfer, Maria (1901-1948) *NB 15*: 41^{r}-42^{v}
Kortner, Fritz ⟨Friedrich⟩ (1892-1970) *NB 13*: 6^{v}
Kortner, Johanna ⟨→ Hofer, Johanna⟩
Kottmeier ⟨Adresse⟩ *NB 15*: 38^{r}
Kramer, Em. Selma ⟨Adresse⟩ *NB 15*: 10^{r}.1-4
Kramer, Hermann ⟨Adresse⟩ *NB 15*: 10^{r}.1-4
Kraus, Karl (1874-1936) *NB 15*: 37^{r}.1-2
Großer Sieg der Technik: Silbernes Besteck für zehntausend Menschen oder Furchtbare Versäumnisse: Gott hat nicht Schiffbau studiert *NB 15*: 3^{r}, 3^{v}
Krause, Otto ⟨Adresse⟩ *NB 13*: 36^{v}.1-3
Krauß, Werner (1884-1959) *NB 13*: 7^{r}.8-17, 11^{r}.1-4, 18^{r}.5-18, 19^{r}.1-10 *NB 15*: 2^{r}.6-5, 3^{r}, 37^{r}.1-2
Krauss-Elka, Leopold (1891-1964)
Komm nach Mahagonne *NB 15*: 16^{v}-17^{r}.4
Krohg, Oda (1860-1935) *NB 13*: 1^{v}.7-14
Kuhn, Hedwig ⟨oder: Hedda, He, Heh, Hete⟩ (1898-1976) *NB 14*: 58^{r}.1-5 *NB 15*: 14^{v}.7-6
Kulka, Georg (1897-1929) *NB 13*: 35^{v}.1-2
Kutscher, Artur ⟨oder: Arthur⟩ (1878-1960) *NB 15*: 7^{r}.13-12
Kyser, Hans (1882-1940) *NB 13*: 18^{r}.5-18 *NB 15*: 36^{v}.1, 36^{v}.2
Lagerlöf, Selma (1858-1940) *NB 13*: 9^{v}-22^{v}.14
Gösta Berling *NB 13*: 7^{r}.8-17, 9^{v}-22^{v}.14, 18^{r}.5-18, 20^{r}.6-12, 21^{r}.9-12, 22^{v}.4-14, 35^{v}.1-2 *NB 15*: 7^{r}.3-4
Lang, Fritz (1890-1976)
Der müde Tod *NB 13*: 38^{v}.8
Dr. Mabuse, der Spieler *NB 13*: 38^{v}.8
Leblanc, Maurice (1864-1941) *NB 15*: 35^{v}.1-4
Lehringer, Paula ⟨Adresse⟩ *NB 15*: 14^{v}.11,13
Leibelt, Hans (1885-1974) *NB 15*: 22^{v}.1-10
Lenz, Jakob Michael Reinhold (1751-1792)
Der Hofmeister oder Vortheile der Privaterziehung *NB 13*: 31^{v}, 40^{v}.9, 7 *NB 15*: 34^{v}.1-3
Lepidus ⟨→ Marcus Aemilius Lepidus⟩
Liebmann, Robert (1890-1942) *NB 13*: 38^{v}.4
Linzenhuber, Josef ⟨Adresse⟩ *NB 15*: 12^{r}
Loerke, Oskar (1884-1941) *NB 15*: 36^{v}.5
Louis Auguste Duc de Berry (1754-1793) ⟨1774-1792 Louis XVI Roi de France⟩ *NB 13*: 7^{v}
Louis XVI ⟨→ Louis Auguste Duc de Berry⟩
Ludwig II. der Strenge, Herzog von Bayern und Pfalzgraf bei Rhein (1229-1294) *NB 15*: 18^{v}.17, 19^{r}.4
Ludwig II. Otto Friedrich Wilhelm von Wittelsbach, König von Bayern (1845-1986) *NB 15*: 18^{v}.17, 19^{r}.4
Ludwig XVI. ⟨→ Louis Auguste Duc de Berry⟩
Lübeck, Vincent (ca. 1654-1740) *NB 15*: 23^{v}.2-6
Lüdike, P. ⟨Adresse⟩ *NB 15*: 22^{r}.1-3
Märker, Friedrich (1893-1985) *NB 15*: 1^{v}.1-6
Malatesta, Paolo (ca. 1264-1285) *NB 15*: 15^{v}.1
Mannheim, Doris ⟨oder: Dora, Doris Hasenfratz⟩ (1896-1974) *NB 14*: 53^{r}.3-4
Mannheim, Moritz *NB 14*: 53^{r}.3-4
Marat, Jean Paul (1743-1793) *NB 13*: 7^{v}
Entdeckungen über das Licht *NB 13*: 7^{v}
L'Ami du Peuple *NB 13*: 7^{v}
Marcus Aemilius Lepidus (ca. 90-12 v. Chr.) *NB 13*: 26^{r}.1-6
Marcus Antonius (86/82-30 v. Chr.) *NB 13*: 26^{r}.1-6
Marlé, Arnold (1887-1970) *NB 13*: 39^{r}.6
Marlowe, Christopher (1564-1593)
Eduard II. *NB 13*: 29^{v}.1-4 *NB 15*: 1^{v}.1-6
Martin, Karl Heinz ⟨Karl Joseph Gottfried; auch: Karlheinz, K. H.⟩ (1886-1948) *NB 13*: 39^{v}.5
Masepa, Iwan Stepanowitsch (1639-1709) *NB 13*: 28^{v}.1-7
Massinger, Philipp (ca. 1583 – ca. 1640)
Der römische Mime *NB 13*: 29^{v}.1-4, 29^{v}.5-30^{r}
Mazeppa, Ioannes ⟨→ Masepa, Iwan Stepanowitsch⟩
Mederer, R. ⟨Adresse⟩ *NB 15*: 22^{r}.1-3
Mehring, Walter (1896-1981)
Choral für Seemannsleute *NB 15*: 32^{v}.6-9, 41^{r}-42^{v}
Meingast, Erika ⟨Friederike⟩ (1901-1972) *NB 15*: 26^{r}.17
Meleagros von Gadara (ca. 130 bis ca. 60 v. Chr.) *NB 14*: 54^{v}.10-55^{r}
Mendel von Steinfels, Ferdinand Karl Josef Ritter Edler (1864-1937) *NB 15*: 14^{v}.12,10
Messter, Oskar (1866-1943) *NB 13*: 40^{r}.6-8
Mewes, Elisabeth Anna Antonie ⟨oder: Anni⟩ (1895-1980) *NB 13*: 32^{r}.1-4, 38^{v}.5-6
Moonenkalf von Avensteern, Christian
Bonnette Poggensee – Assessor Teggelstärdh: Verlobte *NB 13*: 23^{v}.3
Morgan, Paul ⟨Pseudonym von Georg Paul Morgenstern⟩ (1886-1938) *NB 15*: 34^{r}
Mrsic, Maximiliane ⟨→ Hauck, Liane⟩
Müller, Gerda (1894-1951) *NB 15*: 25^{r}.2-1, 32^{r}, 34^{r}
Müller, Hans Carl (1889-1960) *NB 15*: 34^{r}

Müller, Imre ***NB 13***: 43^{r}.5-7
Münsterer, Hanns Otto (1900-1974) ***NB 13***: 4^{v}, 20^{r}.6-12 ***NB 15***: 8^{r}, 36^{v}.3
Nansen, Peter (1861-1918)
Eine glückliche Ehe ***NB 15***: 39^{v}.1-5
Napoleon Bonaparte (1769-1821) ***NB 13***: 9^{r}
Natonek, Hans (1892-1963)
Bemerkungen ***NB 15***: 41^{r}-42^{v}
Nebelthau, Otto (1894-1943) ***NB 15***: 10^{r}.5-6, 43^{v}
Neher, Carola (1900-1942) ***NB 15***: 29^{v}
Neher, Caspar ⟨oder: Cas⟩ (1897-1962) ***NB 13***: 20^{r}.6-12, 20^{v}.8-21^{r}.7, 45^{r} ***NB 14***: 53^{r}.1 ***NB 15***: 1^{v}.1-6, 24^{v}.7-5, 36^{v}.5
Neher, Karl Wilhelm ***NB 14***: 53^{r}.1
Nero Claudius Germanicus ⟨→ Germanicus⟩
Neugarten, Richard ⟨Anwalt von Ellyn Karin⟩ ***NB 13***: 9^{v}-22^{v}.14
Newton, Isaak (1643-1727) ***NB 13***: 7^{v}
Nibelungenlied ***NB 13***: 32^{v}-33^{r}.4
Oberländer, Hans (1870-1942) ***NB 15***: 32^{r}
Octavia Minor (ca. 69-11 v. Chr.) ***NB 13***: 26^{r}.1-6
Octavianus ⟨→ Augustus⟩
Oehler, August (1881-1920) ***NB 14***: 54^{v}.10-55^{r}
O'Neill, Eugene (1888-1953) ***NB 15***: 7^{r}.10
Kaiser Jones ***NB 15***: 7^{r}.10
Plays ***NB 15***: 7^{r}.10
Oswald, Marianne ⟨Pseudonym von Sarah Alice Bloch⟩ (1901-1985) ***NB 15***: 22^{v}.1-10
Oswald, Richard (1880-1963) ***NB 13***: 9^{v}-22^{v}.14, 18^{r}.5-18 ***NB 15***: 25^{v}.13-11, 34^{r}, 36^{v}.1
Es werde Licht ***NB 15***: 34^{r}
Palitzsch, Marie ⟨Adresse⟩ ***NB 15***: 38^{v}.9-7
Pasetti, Leo (1889-1937) ***NB 15***: 1^{v}.1-6
Peiser, Louis ⟨Adresse⟩ ***NB 15***: 25^{v}.22-21
Pfanzelt, Georg ⟨oder: George, Orge, That's all⟩ (1893-1963) ***NB 13***: 9^{v}-22^{v}.14
Pick, Lupu (1886-1931) ***NB 13***: 45^{v}-46^{v}
Platz, Gustav ⟨Adresse⟩ ***NB 15***: 12^{r}
Plutarch (ca. 45 – ca. 125)
Antonius ⟨in: *Lebensbeschreibungen*⟩ ***NB 13***: 26^{r}.1-6
Cäsar ⟨in: *Lebensbeschreibungen*⟩ ***NB 15***: 9^{r}
Polenta, Francesca da ⟨→ Francesca da Rimini⟩
Polgar, Alfred ⟨Pseudonym von Alfred Pollak⟩ (1873-1955) ***NB 13***: 4^{r}.11
Die Namenlosen ***NB 15***: 41^{r}-42^{v}
Pollak, Alfred ⟨→ Polgar, Alfred⟩
Prankl, Josef ⟨Adresse⟩ ***NB 13***: 44^{v}
Prankl, Lorenz ⟨Adresse⟩ ***NB 13***: 44^{v}
Pulver, Gustav (1861-1942) ***NB 15***: 22^{r}.1-3
Pulvermacher, Emil ⟨→ Rameau, Emil⟩
Rameau, Emil ⟨Pseudonym von Emil Pulvermacher⟩ (1878-1957) ***NB 15***: 22^{v}.1-10
Rasmussen, Knud (1879-1933)
Neue Menschen. Ein Jahr bei den Nachbarn des Nordpols ***NB 14***: 53^{v}.1-4
Raumann, Bertha ⟨Adresse⟩ ***NB 15***: 10^{r}.1-4
Recht, Oscar Camillus (1884-1959) ***NB 15***: 3^{r}
Reck-Malleczewen, Friedrich (1884-1945)
Die Dame aus New York ***NB 15***: 38^{v}.1-3
Frau Übersee ***NB 15***: 38^{v}.1-3
Rehfisch, Hans José (1891-1960) ***NB 13***: 39^{v}.5
Reich, Bernhard (1894-1972) ***NB 13***: 39^{v}.5
Reicher, Ernst (1885-1936) ***NB 13***: 38^{v}.8
Reimer, Max (um 1873 – nach 1933) ***NB 15***: 34^{r}
Reinert, Robert (1872-1928) ***NB 15***: 15^{v}.5-7, 16^{r}, 36^{v}.6
Mit Karl Valentin und Liesl Karlstadt auf der Oktoberwiese ***NB 15***: 15^{v}.5-7
Reinhard, Max ⟨ab 1910 verheiratet mit Else Heims⟩ (1873-1943) ***NB 13***: 39^{v}.5 ***NB 15***: 22^{v}.1-10
Reisiger, Hans (1884-1968) ***NB 15***: 36^{v}.5
Riewe, Erich (1889-1972) ***NB 15***: 22^{v}.1-10, 34^{v}.10, 41^{r}-42^{v}
Rimini, Francesca da ⟨→ Francesca da Rimini⟩
Rinckart, Martin (1586-1649)
Nun danket alle Gott … ***NB 13***: 17^{v}.8-18^{r}.3
Ringelnatz, Joachim ⟨Pseudonym von Hans Gustav Bötticher⟩ (1883-1934) ***NB 13***: 39^{v}.1,3
Die Riesendame der Oktoberwiese ***NB 13***: 39^{r}.1,3
Kuttel Daddeldu oder das schlüpfrige Lied ***NB 13***: 39^{r}.1,3, 45^{v}-46^{v}
Ruhemann, Helmut (1891-1973) ***NB 15***: 39^{r}.1-4
Sauer, Hanne ⟨Adresse⟩ ***NB 13***: 37^{v}
Sauer, Peter ⟨Adresse⟩ ***NB 13***: 37^{v}
Schäfer ⟨Adresse⟩ ***NB 15***: 38^{r}.5
Schäfer, Moritz ⟨Adresse⟩ ***NB 15***: 11^{r}
Schayer, Fritz (geb. 1888) ***NB 13***: 9^{v}-22^{v}.14
Scheidt, Samuel (ca. 1587-1654) ***NB 15***: 23^{v}.2-6
Schickele, René (1883-1940)
Am Glockenturm ***NB 15***: 39^{v}.1-5
Schiller, Friedrich (1759-1805) ***NB 13***: 9^{r}-28^{r}
Die Jungfrau von Orleans ***NB 15***: 1^{v}.1-6
Kabale und Liebe ***NB 15***: 32^{r}
Maria Stuart ***NB 15***: 6^{r}-6^{v}

Turandot, Prinzessin von China *NB 15*: 32^{r}
Wallenstein *NB 13*: 20^{v}.8-21^{r}.7, 40^{v}.16-15
Schlichter, Max (1882-1933) *NB 15*: 22^{r}.1-3
Schlichter, Rudolf (1890-1955) *NB 15*: 22^{r}.1-3, 47^{r}
Schlick, Arnolt (vor 1460 – nach 1521) *NB 15*: 23^{v}.2-6
Schmid, Eduard ⟨→ Edschmid, Kasimir⟩
Schmid, Joseph ⟨Adresse⟩ *NB 15*: 39^{r}.5-6
Schmidtbonn, Wilhelm (1876-1952)
Neue, alte Menschen *NB 14*: 53^{v}.1-4
Schubert, Wilhelm ⟨Adresse⟩ *NB 15*: 14^{v}.12,10
Schuller, Alois ⟨Adresse⟩ *NB 15*: 37^{r}.1-2
Schulze, Otto ⟨Telefonnummer⟩ *NB 15*: 26^{r}.17
Seeler, Moriz (1896-1942) *NB 13*: 18^{r}.5-18, 39^{v}.5
Seelig, Carl (1894-1962) *NB 14*: 53^{v}.1-4
Seitz, Franz (1888-1952) *NB 13*: 40^{r}.3-4, 43^{r}.10-11
Shakespeare, William (1565-1616)
Antonius und Kleopatra *NB 13*: 26^{r}.1-6
Othello *NB 13*: 6^{v}
Richard III. *NB 15*: 3^{r}
Was ihr wollt *NB 15*: 33^{v}
Shaw, George Bernard (1856-1950) *NB 15*: 33^{v}
Pygmalion *NB 13*: 9^{v}.10-13 *NB 15*: 32^{r}, 33^{v}
Smekal ⟨Adresse⟩ *NB 15*: 46^{v}
Sonja ⟨Telefonnummer; → Aron, Gustav⟩ *NB 15*: 23^{v}.1
Spielhofer, Hans *NB 15*: 20^{r}.1-2
Stark, Xaver und Kreszentia ⟨Pflegeeltern von Frank Banholzer⟩ *NB 13*: 32^{r}.8-13
Sternheim, Carl (1878-1942)
Der Snob *NB 15*: 33^{v}
Steuben, Hertha *NB 13*: 40^{v}.18-20
Straub, Agnes (1890-1941) *NB 13*: 18^{r}.5-18, 39^{v}.2, 40^{r}.6-8, 40^{v}.2-10
Strauss, Richard (1864-1949)
Allerseelen *NB 13*: 25^{v}.12-22
Streut, Isidor ⟨Adresse⟩ *NB 15*: 11^{v}
Strindberg, August (1849-1912)
Das Geheimnis der Gilde ⟨*Gillets Hemlighet*⟩ *NB 13*: 9^{v}.10-13, 40^{v}.22-21 *NB 15*: 34^{v}.1-3
Traumspiel *NB 13*: 18^{r}.5-18 *NB 14*: 53^{r}.5-6
Sueton ⟨Gaius Suetonius Tranquillus⟩ (ca. 70 – nach 122)
Cäsar ⟨in: *Kaiserviten*⟩ *NB 15*: 9^{r}
Synge, John Millington (1891-1909)
Der heilige Brunnen *NB 13*: 9^{v}.10-13 *NB 15*: 32^{r}
Der Held des Westerlands *NB 13*: 9^{v}.10-13, 40^{v}.24 *NB 15*: 32^{r}
In der Bergschlucht *NB 13*: 9^{v}.10-13
Tacitus, Publius Cornelius (ca. 55 - ca. 120) *NB 13*: 7^{r}.8-17 *NB 15*: 8^{v}
Annalen *NB 15*: 8^{v}
Germania *NB 15*: 8^{v}
Tamerlan ⟨→ Timur Lenk⟩
Timon von Athen (5. Jh. v. Chr.) *NB 14*: 54^{v}.10-55^{r}
Timur Lenk (1336-1405) *NB 13*: 7^{r}.8-17 *NB 15*: 8^{v}
Toller, Ernst (1893-1939) *NB 13*: 21^{r}.19-26 *NB 15*: 7^{r}.10
Trager, Johann ⟨Adresse⟩ *NB 15*: 11^{v}
Tschechowa, Olga ⟨geb. Olga von Knipper⟩ (1897-1980) *NB 14*: 58^{r}.1-5
Twardowski, Hans Heinrich von (1898-1958) *NB 13*: 39^{v}.2, 40^{r}.6-8
Unda, Emilie (1879-1939) *NB 13*: 39^{v}.5
Vagts, Alfred (1892-1986) *NB 15*: 7^{r}.13-12
Ritt in die Not *NB 15*: 7^{r}.13-12
Valentin, Karl ⟨Pseudonym von Valentin Ludwig Fey⟩ (1882-1948) *NB 15*: 36^{v}.3, 38^{r}
Bei der Huberbäuerin brennt's *NB 15*: 36^{v}.3
Der Firmling *NB 15*: 36^{v}.3
Der Weihnachtsabend ⟨*Das Christbaumbrettl*⟩ *NB 15*: 36^{v}.3
Die rote Zibebe *NB 13*: 39^{r}.1,3 *NB 15*: 7^{v}.8-10, 22^{v}.1-10, 36^{v}.3
Mit Karl Valentin und Liesl Karlstadt auf der Oktoberwiese *NB 15*: 15^{v}.5-7
Mysterien eines Frisiersalons *NB 13*: 34^{r}.1, 34^{r}.2, 22^{v}.1-10
Valetti, Rosa ⟨Pseudonym von Rosa Alice Vallentin⟩ (1876-1937) *NB 15*: 34^{r}
Viertel, Berthold (1885-1953) *NB 13*: 9^{v}-22^{v}.14, 18^{r}.5-18, 39^{v}.2 *NB 15*: 7^{r}.10
Villon, François (ca. 1431 – ca. 1463)
Das kleine Testament *NB 14*: 54^{r}.1-5
Wallenstein, Albrecht von, Herzog von Friedland (1583-1634) *NB 13*: 9^{r}
Warschauer, Esther *NB 15*: 26^{r}.1-5, 43^{r}
Warschauer, Frank ⟨oder: Franz⟩ (1892-1940) *NB 15*: 25^{v}.6-4, 25^{v}.13-11, 26^{r}.1-5, 43^{r}
Wedekind, Frank (1864-1918) *NB 13*: 9^{r}-28^{r}
Bismarck *NB 13*: 40^{v}.23
Die junge Welt *NB 13*: 40^{v}.16
Hidalla oder Sein und Haben *NB 13*: 9^{v}.10-13
Karl Hetmann, der Zwerg-Riese *NB 13*: 9^{v}.10-13

Lulu ***NB 15***: 22v.1-10
Musik ***NB 13***: 40v.9
Oaha, die Satire der Satire ***NB 13***: 9v.10-13
Selbstschau ***NB 13***: 40v.24
Till Eulenspiegel ***NB 13***: 9v.10-13
Wegener, Paul (1874-1948) ***NB 13***: 18r.5-18, 36v.4-5 ***NB 15***: 26v.8-6
Weichert, Richard (1880-1961) ***NB 15***: 27r-27v
Weigel, Helene (1900-1971) ***NB 15***: 34r
Weill, Kurt (1900-1950)
Aufstieg und Fall der Stadt Mahagonny ***NB 15***: 16v-17r.4
Weitbrecht, Oda ⟨ab 1930 Oda Buchenau⟩ (1900-1988) ***NB 13***: 9v-22v.14, 14v-16r, 20r.6-12, 21r.19-26, 33v.1-3, 35v.1-2 ***NB 15***: 36v.5
Wellano, Elisabeth ⟨→ Karlstadt, Liesl⟩
Wenzel, Luise ⟨Adresse⟩ ***NB 15***: 2r.8-7
Wernicke, Otto (1893-1965) ***NB 15***: 22v.1-10, 41r-42v
Wied, Gustav (1858-1914)
Erotik ***NB 15***: 39v.1-5
Woyen, Olga ***NB 13***: 35v.4-6
Zarek, Berta ⟨Mutter von Otto Zarek⟩ ***NB 13***: 18r.5-18
Zarek, Otto (1898-1958) ***NB 13***: 18r.5-18 ***NB 15***: 1v.1-6
Zarek, Walter ⟨Bruder von Otto Zarek⟩ ***NB 13***: 18r.5-18
Zoff, Marianne (1893-1984) ***NB 13***: 9v-22v.14, 12v-14r, 20r.6-12, 34r.1, 39v.2 ***NB 14***: 60r-62r ***NB 15***: 1v.1-6, 3r, 11v, 13v-14r.3, 36v.5, 43r
Zoff, Otto (1890-1963) ***NB 13***: 34v.11 ***NB 15***: 1v.1-6, 33v
Zola, Émile (1840-1902)
L'Argent ⟨deutsch: *Das Geld*⟩ ***NB 13***: 22v.1-2
Les Rougon-Macquart ***NB 13***: 22v.1-2
Zuckmayer, Carl (1896-1977) ***NB 15***: 41r-42v
Kriechtiere und Lurche ***NB 15***: 41r-42v

Editionsplan

Band 1	*Notizbücher*	1-3	(1918-20)
Band 2	*Notizbücher*	4-8	(1920)
Band 3	*Notizbücher*	9-12	(1921)
Band 4	*Notizbücher*	13-15	(1921-23)
Band 5	*Notizbücher*	16-20	(1924-26)
Band 6	*Notizbücher*	21-23	(1927-29)
Band 7	*Notizbücher*	24-25	(1927-30)
Band 8	*Notizbücher*	26-30	(1928-31)
Band 9	*Notizbücher*	31-35	(1931-37)
Band 10	*Notizbücher*	36-45	(1932-38)
Band 11	*Notizbücher*	46-49	(1940-49)
Band 12	*Notizbücher*	50-54	(1948-53)
Band 13	*Adreßbücher*	1-2	(1930-56)
Band 14	*Einzelblätter*		